REFORMATION, PIETISMUS, SPIRITUALITÄT

D1668231

SIEBENBÜRGISCHES ARCHIV

ARCHIV DES VEREINS FÜR SIEBENBÜRGISCHE LANDESKUNDE
DRITTE FOLGE – IM AUFTRAG DES ARBEITSKREISES FÜR
SIEBENBÜRGISCHE LANDESKUNDE
HERAUSGEGEBEN VON
HARALD ROTH UND ULRICH A. WIEN

BAND 41

REFORMATION, PIETISMUS, SPIRITUALITÄT

Beiträge zur siebenbürgisch-sächsischen
Kirchengeschichte

Unter Mitarbeit von
von Bernhard Heigl und Thomas Şindilariu
herausgegeben von Ulrich A. Wien

2011

BÖHLAU VERLAG KÖLN WEIMAR WIEN

Das Siebenbürgische Archiv setzt in III. Folge die vier Bände der »Alten Folge«
(1843–1850) und die 50 Bände der »Neuen Folge« (1853–1944) des
»Archivs des Vereins für siebenbürgische Landeskunde« fort.

Gefördert vom
Beauftragten der Bundesregierung für Kultur und Medien
aufgrund eines Beschlusses des Deutschen Bundestages

Bibliografische Information der Deutschen Nationalbibliothek:
Die Deutsche Nationalbibliothek verzeichnet diese Publikation in der
Deutschen Nationalbibliografie; detaillierte bibliografische Daten
sind im Internet über http://dnb.d-nb.de abrufbar.

Umschlagabbildung:
Emblematisches Motiv auf dem Grabstein des Superintendenten Franz Graffius
in Birthälm. Fotoarchiv des Siebenbürgen-Instituts, Gundelsheim/N.

© 2011 by Böhlau Verlag GmbH & Cie, Köln Weimar Wien
Ursulaplatz 1, D-50668 Köln, www.boehlau-verlag.com

Gesamtherstellung: WBD Wissenschaftlicher Bücherdienst, Köln
Gedruckt auf chlor- und säurefreiem Papier

ISBN 978-3-412-20697-0

INHALT

VORWORT

Dem siebenbürgisch-sächsischen Historiker und Bischof Friedrich Müller-Langenthal sind die hier im Druck vorgelegten Beiträge als Teile von umfangreicheren Typoskript-Festschriften – anlässlich seines 70. (1954) und 80. (1964) Geburtstags – überreicht worden. Müller, früh verwaist und im ländlichen Milieu aufgewachsen, hatte nach dem Abitur in Hermannstadt und einem Doppelstudium der Geschichte, Geographie und Theologie als „homo novus" am Honterus-Gymnasium seit 1909 in Kronstadt unterrichtet. Er leitete von 1917 bis 1922 die Lehrerinnenbildungsanstalt in Schäßburg und war danach bis 1928 Schulrat für das Volksschulwesen der Evangelischen Landeskirche A. B. in Rumänien. Im Jahre 1928 wurde er zum Stadtpfarrer der größten Kirchengemeinde, Hermannstadt, gewählt und amtierte seit 1932 zugleich als Bischofsvikar. 1933 folgte er Friedrich Teutsch im Amt des Vorsitzenden des Vereins für siebenbürgische Landeskunde, den er bis zum staatlichen Verbot 1947 leitete. Als Anführer der wertkonservativen kirchlichen Opposition gegen die gleichgeschaltete Kirchenleitung unter Wilhelm Staedel (1941-1944) wurde Müller 1945 zum Bischof der vielfältig bedrängten Landeskirche gewählt, die er bis zu seinem Tode beharrlich unter widrigsten Umständen führte.

Theologisch mit einer pietistischen Frömmigkeit aufgewachsen und im akademischen Liberalismus sozialisiert, pflegte er eine eigentümliche, gebetgeleitete, an der Luther-Renaissance orientierte Frömmigkeit, die aber auch Valenzen zum neupietistischen Spektrum erkennen ließ.

Die Müller gewidmeten Festschriftbeiträge umkreisen somit dessen weitgespannte Interessengebiete: die Geschichte, insbesondere die Kirchengeschichte der Siebenbürger Sachsen, und vornehmlich deren Theologie- und Frömmigkeitsgeschichte im Zentrum der vierbändigen Festgabe 1964. Nicht zuletzt bilden diese Aufsätze u. a. im Hinblick auf die unterschwellige zeitgenössische Konfliktlage mit der Ideologie des historischen Materialismus ein interessantes Ensemble der indirekten Auseinandersetzung mit dem politischen Zeitgeist im historiographischen Gewande. Dabei blieb das Risiko begrenzt, denn an eine Veröffentlichung dieser Beiträge war nicht zu denken; für Müller wurde eine weitere Festschrift zum 80. Geburtstag im Westen konzipiert und später – 1967 – auch gedruckt. Die inhaltliche Fokussierung auf die Frömmigkeits- und Theologiegeschichte zeigte darüber hinaus, dass Problembereiche der kirchlichen Vergangenheit (aus dem 19. und 20. Jahrhundert) übersprungen wurden, womit u. a. auch die kirchenpolitischen Konfliktlinien der wertkonservativen Positionen aus der Zwischenkriegszeit verlängert und verstetigt wurden.

Sofern die historiographischen Beiträge nicht bereits zwischenzeitlich veröffentlich worden waren oder durch weiterführende Publikationen wissenschaftlich überholt wurden, sind sie in diesem Sammelband vereinigt worden. Die Original-Typoskripte waren mehrere Jahrzehnte bei Dr. Gerhard Schullerus aufbewahrt worden, der dem Herausgeber die Anregung zur auswahlweisen Veröffentlichung gab. Sie werden künftig im Zentralarchiv der Evangelischen Landeskirche A. B. in Rumänien archiviert. Die aufwändige digitale Erfassung und Texterkennung, Erstkorrektur und bibliographische Bearbeitung ist dankenswerter Weise mit Unterstützung der Evangelischen Kirchengemeinde Kronstadt im Archiv der Honterusgemeinde durch Bernhard Heigl und Thomas Şindilariu geleistet worden. Dabei wurden sämtliche Anmerkungen und Literaturangaben der Autoren überprüft und formell vereinheitlicht. Archivalien sind nach Möglichkeit um die heute gültigen Signaturen ergänzt angeführt worden.

Inhaltlich orientierten sich die Autoren an Forschungsinteressen des Jubilars. So spannt sich ein Bogen vom Mittelalter bis ins 20. Jahrhundert. Thematisch umgreifen sie das seit der Ansiedlung der Sachsen im 12./13. Jahrhundert gebräuchliche Finanzinstrument des „Meddem" und die Institution der Kapitularverbrüderung über mehr als sechs Jahrhunderte. Die Verschränkung von Politik und kirchlichem Handeln in der Frühen Neuzeit und die Einflüsse der sich sowohl pluralisierenden als auch uniformisierenden reformatorischen Theologie werden bemerkenswert gründlich herausgearbeitet und dokumentiert. Angelologie im Luthertum, Pietismus, aufgeklärter Rationalismus und die neupietistische Gegenbewegung in der Gemeinschaftsbewegung lassen punktuell erkennen, welche Wandlungen, Bewegungen beziehungsweise Randphänomene in der siebenbürgisch-sächsischen Frömmigkeitsgeschichte zu beobachten und festzustellen sind, die über die regionale Entwicklung hinaus jeweils von binnendeutschen Strömungen beeinflusst wurden, mit ihnen verbunden waren und parallel verlaufen sind. Schließlich wurde noch auf dezidiert regionalspezifische Besonderheiten aufmerksam gemacht:
– die aus dem 19. Jahrhundert stammenden – bis zum Ende des 20. Jahrhunderts völlig aus dem gemeinsächsischen Bewusstsein ausgesparten – agendarischen Formeln in rumänischer Sprache, die im Nösnergau bei Kasualien an evangelischen Roma Verwendung fanden;
– die im Gefolge des Kalten Krieges unterbrochene *peregrinatio academica* der Theologen, die aufgrund der staatlich gestatteten Gründung und Etablierung des gemeinsam mit den Reformierten und Unitariern betriebenen Protestantisch-Theologischen Instituts mit Universitätsgrad in Klausenburg ersetzt worden war, um den beteiligten Kirchen den Pfarrernachwuchs zu sichern.

Kirchliche Kontinuitäten zurück bis ins Mittelalter und in die Frühe Neuzeit waren zur Zeit der Abfassung der Beiträge in siebenbürgisch-sächsischen Gemeinden zwar nicht die Regel, aber punktuell durchaus vorhanden. Es sei erinnert an das (Abendmahls-)Glöckchen in Michelsberg, an die täglichen „Morgenkirchen" (im Winter) oder die sonntäglichen Vespergottesdienste in Großpold oder auch an die Institutionen der kirchlichen Nachbarschaften

beziehungsweise Bruder- und Schwesterschaften, deren sozialdisziplinierende
und religiöse Funktion seit der Frühen Neuzeit durchgehend nachzuweisen waren. Insofern bildeten die in den Festschriften vorgelegten historiographischen
Notizen mehr als nur Rückerinnerungen an längst vergangene, zum Teil auch
unwiderruflich abgebrochene Traditionen, sondern stellten eine selbstbewusste
Vergewisserung eigener kirchlich-ethnischer Existenz in einem dazu konträr
gesteuerten gesamtgesellschaftlichen Klima dar. Darüber hinaus schließen die
wissenschaftlich gediegenen Beiträge auch heute eine beachtliche Lücke in der
kirchenhistoriographischen Literatur der siebenbürgisch-sächsischen Kirche.

Ulrich A. Wien

DIE KAPITELSBRUDERSCHAFTEN
DER EVANG. KIRCHE A. B. IN SIEBENBÜRGEN

Von Ludwig Klaster

I.

Die siebenbürgisch-deutsche Geschichtsschreibung (vor allem D. Dr. Fr. Teutsch) redet von den auf dem Gebiete unserer Kirche bestandenen und noch bestehenden Kapiteln als von kirchlichen Verwaltungsbezirken, nicht ohne hinsichtlich des Ursprungs dieser Kapitel eine eigentümliche Übersicht in Bezug auf die Benennung Dekanat und Kapitel durchblicken zu lassen.

G. Müller und Fr. Teutsch stellen gleichmäßig fest, es hätte die Einrichtung der L a n d d e k a n a t e in der katholischen Kirche Deutschlands vor der Auswanderung der Siebenbürger Sachsen bestanden, weshalb mit Fug und Recht angenommen wird, die Einwanderer hätten diese Einrichtung der Dekanate aus ihrer Heimat nach Siebenbürgen verpflanzt. G. Müller weist zur Erhärtung dieser Annahme auf die Geschichtswerke von Franz Gescher, Julius Krieg und J. Ahlhaus hin, die die Entstehung der Landdekanate für die Diözesen Köln, Würzburg und Konstanz im 11. und 12. Jahrhundert nachweisen. Fr. Teutsch beruft sich auf Hinschius. Hiemit stimmt die Urkundenlage Siebenbürgens überein, indem hier anfangs nur von Dekanaten, bzw. Dekanen die Rede ist. Der Dekan des Burzenlandes wird 1223 und 1235 erwähnt, das Burzenländer Kapitel zum ersten Mal 1379; das Hermannstädter Dekanat 1264 und 1282, das Hermannstädter Kapitel zum ersten Mal 1302; das Mediascher Dekanat 1283, 1289 und 1307, dagegen als Kapitel zum ersten Mal 1397; und schließlich das Mühlbacher Dekanat im Jahr 1303 als Kapitel 1308. Hieraus erhellt, daß die D e k a n a t e die ursprünglichen kirchlichen Verwaltungsbezirke waren, deren Geistlichkeit sich im Laufe des 14. Jahrhunderts zu K a p i t e l n zusammenschloß.

Fr. Teutsch, nachdem er dargelegt hat, die Dekanate des Auswanderungsgebietes hätten sich mit den dortigen politischen Verwaltungsbezirken gedeckt, fährt dann auf Hinschius gestützt fort:

> „Die Geistlichen eines Dekanates traten zu einem „Kapitel" zusammen, entsprechend dem Drang des Mittelalters nach genossenschaftlicher Einigung, unter dem Vorsitz des Dekans, um für die Mitglieder, „die Kapitularen", nicht nur die widrigeren lokalen kirchlichen Verhältnisse zu regeln, sondern auch den einzelnen Mitgliedern Schutz zu gewähren, sie in ihren Interessen zu

fördern und ihnen Hilfe zu leisten. Für die verstorbenen Mitglieder hielten sie Totengottesdienste, bei Streitigkeiten sollten die Dekane vermitteln".

Das Kapitel ist demnach die Zusammenfassung der Geistlichen eines Dekanates, genau wie es Calwers Kirchenlexikon umschreibt: „Der Name capitulum bedeutet in Chrodegangs Regel zunächst das bei den täglichen Zusammenkünften der Kleriker zu verlesende Kapitel der Hl. Schrift. Dann wurde der Name übertragen auf den Versammlungsraum, in welchem die Verlesung erfolgte und auch sonstige Angelegenheiten besprochen wurden (Kapitelssaal), auch in Klöstern, endlich auf die Versammlung in diesem Saal und die Gesamtheit der gemeinsam lebenden Kleriker. In diesem Sinne unterscheidet man Kollegiat- und Domkapitel." Die siebenbürgischen Kapitel sind demnach als Kollegiatkapitel anzusprechen.

Die Zusammenfassung der siebenbürgischen Geistlichkeit zu Kapiteln, von der G. A. Schuller gewiß mit Recht angibt, sie sei „im Keim mit eingewandert", mußte hier in Siebenbürgen schwer erkämpft werden. Noch 1307 will der siebenbürgische Bischof von Weißenburg das Mediascher Kapitel nicht anerkennen, wogegen er den Dekan gelten läßt. Der ganze durch viele Jahrzehnte hindurch geführte Kampf der sächsischen Kapitel gegen den Bischof von Weißenburg hat darin seine tiefere Begründung, daß durch die Verselbständigung der sächsischen Kapitel die Geltung des Domkapitels von Weißenburg gemindert wurde. Dies Domkapitel, das seit dem Jahre 1231 als *Capitulum albensis ecclesiae beati Michaelis archangeli Transilvaniae* urkundlich bezeugt ist, fungierte als *locus credibilis* bis zu der Auflösung des siebenbürgischen katholischen Bistums. Unter seinen Beamten, die in den vom Kapitel ausgestellten Urkunden immer wieder als Zeugen aufgeführt werden, findet sich neben dem *praepositus* (Probst) sowie dem *cantor* und *custos* der *decan*, dessen Amt, wie Fr. Zimmermann bezeugt, sehr häufig mit dem des Archidiakons gekoppelt erscheint. Der Archidiakon aber ist vom Bischof dazu bestellt, die Dekanate zu visitieren, zu beaufsichtigen und zu schätzen. Gegen ihn mußte die Geltung der sächsischen Kapitel durchgesetzt werden, was bis zur Mitte des 16. Jahrhunderts auch überall gelang.

Die Bezeichnung Kapitel für die Gesamtheit der Geistlichen eines Dekanates bürgert sich nur allmählich ein und ist das Adaequat für „*universitas Plebanorum Decanatus*", wie es beispielsweise im Jahr 1309 gebraucht wird, in welchem der Cardinallegat Gentilis „Universitatem sacerdotum archidiaconatus de majore Küküllő [...] Item Capitulum Plebanorum de Kyzd et Capitulum sacerdotum de Trys et [...] universitatem sacerdotum Archidiaconatus de minori Kükölö" in ihrer Streitsache mit dem siebenbürgischen Bischof vor sein geistliches Gericht nach Ofen vorlädt.

Derselbe Sachverhalt liegt vor, wenn 1420 festgestellt wird: „quot totus clerus ecclesiarum exemptarum vel liberarum partim Transsiluanarum ad novem partes seu capitula ab antiquo fuisset distinctus", und wenn es dort weiter heißt, das Hermannstädter Dekanat habe von altersher zwei Kapitel (*duo capitula*) repräsentiert, das Kronstädter Dekanat jedoch nur eines.

Die Entwicklung geht dann dahin, daß die Versammlung der Geistlichen statt Konvent – wie allgemein üblich – „Kapitel" genannt wird, so gebraucht im Jahr 1302 in Hermannstadt. Es ist dies die älteste urkundlich bezeugte Benennung der Gesamtheit der Geistlichen, die sich korporativ zusammenfindet als „Kapitel", was im übrigen dem allgemeinen damaligen Sprachgebrauch entspricht, wie jener Fall zeigt, wo Philippus de Cingulo, der Vertreter des siebenbürgischen Domkapitels am 7. Juni 1309 in Ofen klagt, Berthold, der Pleban von Kelling mit seinen Streitgenossen hätten die Kanoniker von Weißenburg, die zum Kapitel zusammengerufen waren (*ad Capitulum convocatos*), schwer insultiert und bis in die Sakristei der Kirche verfolgt.

Für den Diözesanbischof und den Papst blieb es noch lange bei der Bezeichnung Dekanat, wie es den allgemeinen Verhältnissen der kath. Kirche entsprach. Der Notar Petrus Ungelter bestätigt, es hätten sich am 6. Juli 1420 in Mediasch zusammengefunden „Decani et quam plures Plebani de unversis Decanatibus". 1518 lädt Michael, der Bischof von Milkow, die siebenbürgischen Dekanate (darunter Kronstadt, Hermannstadt, Bistritz, Kisd und Kosd) zu einer Synode. Papst Leo X. gebietet 1519 dem Klerus und den Laien *Districtuum Decanatus* sich dem Milkower Bischof zu unterwerfen. Derselbe Papst bestätigt 1520 dem Klerus der unter dem siebenbürgischen Bischof stehenden sächsischen „Dekanate" das Recht, Testamente zu machen. Bischof Statilius verlangt unterm 4. Februar 1531 dringend sechs Zugpferde „a Decanatibus Kysd et Kozd".

Es erhebt sich die Frage: Was lag hinter der Entstehung der Kapitel in den Landdekanaten und welches waren die starken Antriebe zu ihrer Bildung. Die Angabe von Hinschius, „entsprechend dem Drang des Mittelalters nach genossenschaftlicher Einigung", trifft den Kern der Sache nicht, da wir weiter forschen müssen, was lag diesem Drang nach genossenschaftlicher Einigung zugrunde? Hierauf gibt es nach neueren Erkenntnissen nur eine Antwort: Die geistliche Bruderschaft.

W. Staehlin, der in seinem Buche „Bruderschaft" ausführt, die Kirche sei als Bruderschaft gegründet worden und müsse den Gedanken der Bruderschaft stets in sich tragen, macht die Feststellung, um diese Bruderschaft der Kirche zu erhalten, seien je und je Bruderschaften gegründet worden. So sei der grundlegende Gedanke des Mönchtums, das sich von der ägyptischen Wüste aus über den ganzen Osten ausbreitete, dieser gewesen: Wenn Tausende und Abertausende sogenannter Christen das Lob Gottes und das Gebet versäumen, so soll doch irgendwo in dieser gottlosen Welt die Kette des Gebetes nicht abreißen und bei Tag und Nacht dem Psalmgebet die menschliche Stimme nie mangeln. Benedikt von Nursia, der Abt des Abendlandes, will durch seinen Orden eine Kraft der Erneuerung und Heilung in der kranken Kirche wecken und baut durch seine Brüder in harter Arbeit eine neue Gestalt in diese verrottete Welt hinein.[1]

---

[1] Wilhelm S t ä h l i n : Bruderschaft. Kassel 1940, S. 34.

W. Staehlin fährt dann fort:

> „Schon im 13. Jahrhundert kündigt sich eine tiefgreifende Veränderung des ganzen menschlichen Seelenzustandes an, die dann in den beiden folgenden Jahrhunderten alle Bereiche des Denkens, des Weltgefühls, der Andacht, des Gemeinschaftslebens in einen großen Umschmelzungsprozeß hineinzieht. Die Kräfte, die das eigentliche „Mittelalter" geformt hatten, waren längst versiegt, als Renaissance und Reformation auch die äußeren Formen zerbrochen. Zu dieser Wandlung gehört nun vor allem dies, daß in fortschreitendem Maß die großen objektiven Formen geistlicher Wirklichkeiten durch den Ausdruck subjektiver Frömmigkeit und frommer Bedürfnisse, der Kultus durch die Andacht verdrängt wurde. Nicht mehr das *regnum Christi*, sondern das fromme Werk im Dienst der eignen Heiligkeit und Seligkeit fordert Hingabe und Opfer. Die Angst wird zur treibenden Kraft einer eifrigen Frömmigkeitspflege, und die Bilder aus der Mitte des 15. Jahrhunderts lassen uns schaudernd nachempfinden, von welcher abgründigen Todes- und Höllenangst die Menschen jener Zelt ergriffen waren".

Dieser besondere Geistes- und Seelenzustand hat die Orden der Franziskaner und Dominikaner auf den Plan gerufen, die zu den Hauptträgern dieser neuen Frömmigkeit und all der frommen Übungen im Dienste der eigenen Seelenrettung wurden. Eben diesem Umstande verdankten sie ihre Popularität, was auch in den siebenbürgischen Verhältnissen klar zutage tritt. Diese neuartige, vertiefte, mystische Frömmigkeitsübung ließ aber allenthalben auch „weltliche" Bruderschaften entstehen, deren Ziel es war, gemeinsam für das Heil der Seele zu sorgen. Die „Brüder vom gemeinsamen Leben", deren Glieder im allgemeinen in ihrem bürgerlichen Beruf blieben, aber eine geistliche Lebensordnung befolgten, bilden den Übergang von den Mönchsorden zu den Bruderschaften, wie hier überhaupt der Ursprung aller Bruderschaften der Zünfte zu suchen ist. Auch unsere ländlichen Bruderschaften gehen mit Einschmelzung älteren, zum Teil vorchristlichen Erbgutes auf diese Zeit zurück.

G. Seiwert hat uns als erster mit der Zusammenfassung unserer Geistlichen zu Kapitelsbruderschaften näher bekannt gemacht. Er berichtet, es fände sich im Archiv des Hermannstädter Pfarramtes ein Missale aus dem Jahre 1394, welches von dem Kleinscheuerner Pleban, Michael mit Namen, zum Gebrauch der Bruderschaft des Hermannstädter Stuhles (*fraternitas per Cibinium*, auch *sedis Cibiniensis*) angefertigt wurde und ein Verzeichnis der von dieser Bruderschaft beerdigten Toten enthält, die selbstverständlich bei Lebzeiten Mitglieder dieser Bruderschaft waren. Obenan stehen in diesem Verzeichnisse die Plebane der Gemeinden des Hermannstädter Stuhles, welche also lückenlos Mitglieder dieser Bruderschaft gewesen sind. Das Verzeichnis nimmt, wie G. Seiwert nachweist, seinen Anfang am Beginn des 14. Jahrhunderts und geht bis zur Reformation, ja als „einfaches Pfarrerverzeichnis" bis zum Schluß des 16. Jahrhunderts. Es handelt sich hier augenscheinlich um die Kapitelsbruderschaft des Hermannstädter Dekanates, die 1302 zum erstenmal als „Kapitel" auftritt.

G. Seiwert führt zur Erklärung der Entstehung dieser und anderer Bruderschaften vor allem die Tätigkeit der Mönchsorden an. Um dem „überwiegenden

und bedrohlichen Einfluß des Mönchswesens gegenüber" den vertieften religiösen Bedürfnissen der Zeit, insbesondere nach würdiger christlicher Bestattung
mit Seelenmessen und allem sonstigen Erfordernis Rechnung zu tragen, seien
diese Bruderschaften ins Leben gerufen worden. Er führt zwei Beispiele dafür
an, wie die seelsorgerliche Betreuung durch die Mönche zur Schädigung des
Kuratklerus in Übung gekommen war. Im Jahre 1300 vermachte Elisabeth,
die Witwe des Grafen Herbord von Winz, eine Tochter Cheels von Kelling, 50
Mark Silber zu frommen Zwecken, darunter an Klöster in Hermannstadt, Kerz
und Winz, aber keinen Denar an eine Plebanie. Wider die Witwe des Michael
Altemberger, der selbst Mitglied der *fraternitas sedis Cibinensis* gewesen war,
mußte gerichtlich verhindert werden, ihr Vermögen dem Dominikanerkloster
in Hermannstadt zu testieren. So geschehen im Jahr 1523. Die Fürbitten der
Ordensbrüder galten eben als kräftiger und wirksamer. Diese Feststellung für
Siebenbürgen berührt sich mit jener von W. Staehlin bezüglich der allgemeinen
religiösen Lage, die zur Gründung dieser Orden geführt hatte.

    Andererseits wurde das gesamte kirchliche Leben von dem Gedanken der
Bruderschaft beherrscht. 1351 hat sich das Hermannstädter Kapitel ein neues
Statut gegeben, 1376 erfolgte die allgemeine Regulation der Zünfte, die sich
bestimmend und grundlegend ausgewirkt hat. In dieser heißt die Zunft *„fraternitas"*, was mit Nichten ein leeres Wort war, da die Bestimmungen über die
kirchlichen Pflichten und insbesondere die Beerdigung der Zunftgenossen in
den Statuten einen breiten Raum einnehmen.

    Dafür, daß jedes Kapitel die Bruderschaft (*fraternitas*) der Geistlichen *„fra-
tres"* in dem betreffenden Dekanate war, einige Beispiele. In der Streitsache
zwischen dem Burzenländer und Hermannstädter Dekanat, die am 13. Januar
1423 entschieden wurde, klagt der Burzenländer Dechant für sich und seine
Mitbrüder, die Plebane des Kronstädter Dekanates (*pro se et suis confratribus
plebanis de decanatu Braschoviensi*) gegen den Hermannstädter Dekan und sämtliche Plebane des Hermannstädter Dekanates (*aduersum decanum Cybiniensem
et vniuersos plebanos decanatus Cybiniensis*), will sagen Kapitel gegen Kapitel.

    Der Honigberger Pfarrer wird 1457 präsentiert und bestätigt *„praesentibus
ibidem universis ac singulis dominis et confratribus nostris ibidem fraternaliter con-
gregatis"*.

    Bischof Nikolaus von Gerend fordert am 24. Oktober 1528 den General-
dechanten auf, zusamt seinem Kapitel (*vos et Capitulum vestrum*) vor ihm zu
erscheinen, damit er die Streitsache mit dem Hermannstädter Kapitel (*cum
Dominis Plebanis Decanatus Cibiniensis*) entscheide.

    Und schließlich heißt es in der Übereinkunft vom 17. Mai 1545, davon, was
jedes Dekanat in seinen eignen Angelegenheiten verausgabe, seien die Brüder
eines anderen Dekanates frei zu halten.

    In der Folge werden Kapitel und Bruderschaft synonyme Begriffe. Im Jahre
1364 wird die in Freck abgehaltene Versammlung des Hermannstädter Kapitels als „Bruderschaft" bezeichnet. Genau die gleiche Bezeichnung wird für

die Versammlung des Mediascher Kapitels im Jahre 1397 gebraucht, für das
Burzenländer Kapitel im Jahr 1444, für das Schenker Kapitel im Jahr 1521,
für das Unterwälder Kapitel im Jahr 1523. Die Statuten des Herrmannstädter
Kapitels vom Jahre 1448 und ebenso jene der Jahre 1515-1525 haben für die
Kapitelsversammlung, den Kapitelskonvent nur die Bezeichnung: „Bruder-
schaft/*fraternitas*". Aus dieser Verschmelzung von Kapitel und Bruderschaft
hat sich in der Folge der Begriff der „Kapitelsbruderschaft" als Bezeichnung
der Geistlichkeit eines Dekanates entwickelt.

Die Kapitelsbruderschaften sind in Siebenbürgen allgemein, soll heißen in
allen Dekanaten, vorhanden gewesen. Über einzelne ist aus der Zeit vor der
Reformation umfangreiches Urkundenmaterial erhalten geblieben, so z. B. das
Mitglieder-Verzeichnis der Hermannstädter und der Kisder Bruderschaft. Die
Bistritzer Kapitelsbruderschaft („fraternitas capituli Bistriciensis in honorem
asumptionis beatae virginis gloriosae") ist nach Emerich Lieb im Jahre 1397 gegründet worden, umfaßte aber im Jahr 1464 das Bistritzer und Kiralyer Kapitel.

Schutzheilige der Kapitelsbruderschaften war allgemein die Jungfrau Maria,
wie es aus den Statuten und sonstigen Urkunden hervorgeht, so z. B. schenkt
Frau Ursula Meister Paulin „der Bruderschaft unserer lieben Frauen des Capitels" ein Haus in Bistritz und bestimmt, „sie sollen meinem Capellanen lassen
machen ein Stüblein und ein Kammer und ein halben Keller in dem Haus, das
sie zum Capitel machen werden".

Äußerlich betrachtet waren die Kapitelsbruderschaften eine der damals
allgemein üblichen kirchlichen Vereinigungen. Jede Zunft war eine Bruderschaft, jede Zunft besaß ihre Gesellenbruderschaft mit Konvent (Zugang), Lade
und Artikeln. Aber über dies hinaus gab es allenthalben auch noch besondere
Bruderschaften. Das Calwer Kirchenlexikon belehrt uns:

> „Bruderschaften sind kath. Vereine zur Pflege der Frömmigkeit und Näch-
> stenliebe und zur Förderung des öffentlichen Gottesdienstes. Ihre Mitglieder
> bleiben im bürgerlichen Leben und Beruf und sind an kein Gelübde gebun-
> den. Schon im Jahr 336 werden in Konstantinopel Bruderschaften erwähnt
> zur Leichenbestattung; sie blühten aber erst im Mittelalter auf, zum Teil im
> Zusammenhang mit dem Zunftwesen".

Es ist das genaue Spiegelbild einer solchen Kalandsbruderschaft, die uns G.
Seiwert, als in den Jahren 1366 bis zur Reformation in Hermannstadt bestehend,
vor Augen führt. Sie hieß Heilig-Leichnam-Bruderschaft. Der Hermannstädter
Pleban hatte sie gegründet. Ihre Stiftungsurkunde nennt als Zweck derselben
1. die Feier des Fronleichnamfestes zu erhöhen und zu verherrlichen und dadurch die Andacht für dieselbe bei allen Gläubigen zu fördern und 2. Arme
und Fremde auf ihre Kosten beerdigen zu lassen, sie selbst zu Grabe zu geleiten
und Seelenmessen für sie zu lesen. Während der 155 Jahre ihres Bestandes hat
sie sich redlich bemüht, diesem Ziele nachzukommen. Sie stiftete einen Altar in
der Stadtpfarrkirche und bestellte einen Kaplan dafür, der täglich die Messe zu
lesen hatte, und verstand es, ihren Mitgliedern für die Teilnahme daran reichli-
chen Ablaß zu erwirken. – Kalandsbruderschaften dieser Art gab es überall in

unseren Städten, ohne daß wir in allen Fällen Kunde davon erhalten hätten. Oft verraten nur zufällige Eintragungen in Rechnungsbüchern oder Verzeichnissen von Grundstücken das Bestehen einer solchen Bruderschaft, so z. B. wird in dem Bruchstück eines Vermögensverzeichnisses von Schäßburg um das Jahr 1500 herum ein Kirchengrundstück unvermittelt als „an der heilig leichnam preder landt" gelegen bezeichnet.

Es gehört zur Charakteristik dieser Bruderschaften, daß sie nicht nur geistliche sondern auch weltliche Mitglieder in sich faßten. Auch die Kapitelsbruderschaften machten davon keine Ausnahme. Die Kapitelsbruderschaft von Hermannstadt hat angefangen vom Vizewoiwoden Nikolaus von Salzburg alle Bürgermeister und Königsrichter samt ihren Gemahlinnen zu Mitgliedern gezählt und mit dem größtmöglichen kirchlichen Pomp bestattet. In die Kapitelsbruderschaft von Kisd tritt im Jahr 1483 der ganze Rat von Schäßburg korporativ ein, nachdem bis dahin schon einzelne Personen aus Schäßburg, Schaas, Trappold, Radeln und Weißkirch als Mitglieder geführt worden waren. Die Unterwälder Bruderschaft nimmt in das neue Kapitelsstatut von 1523 ausführliche Bestimmungen über die Laienbrüder auf. Die Mitgliedschaft dieser Laien fällt nach der Reformation fort, wirkt jedoch im Aufkommen der Konsistorien nach.

II.

Bei Darstellung der Tätigkeit der Kapitelsbruderschaften muß wieder die Verschmelzung der ursprünglichen Landdekanate mit den Kapiteln in Betracht gezogen werden, die so weit ging, daß schließlich das eine vom andern nicht mehr zu unterscheiden und noch weniger zu trennen war. Den Ausgangspunkt dieser Verschmelzung bildete der gemeinsame Dechant. J. Ahlhaus ist der Ansicht, es habe vor der korporativen Kapitelsverfassung ein Dekanatsamt mit einem vom Bischof ernannten Dechanten als Vorgesetzten der Geistlichen des Dekanatsbezirkes gegeben. Dieses ist, verglichen mit den siebenbürgischen Verhältnissen, jedenfalls richtig, denn der Weißenburger Bischof besaß in seinem Domkapitel, wie oben ausgeführt, als untersten Beamten den Dekan, dessen Amt mit jenem des Archidiakons gekoppelt erscheint. Dieser Dekan erhielt nach allgemeinem kirchlichen Brauch einen Kirchenbezirk zugewiesen und hatte diesen, sein Dekanat, zu verwalten. Die deutschen Ansiedler ließen sich aber hievon abweichende kirchliche Rechte zusichern. Aus der ihnen zugestandenen freien Pfarrerwahl ergab sich auch die freie Wahl des Dechanten. Die Ansiedler haben hier nicht locker gelassen und sich gegen den vom Bischof bestellten Archidiakon hartnäckig gewehrt. Selbst in den dem Weißenburger Bischof unterstellten Dekanaten konnte der Bischof nicht mehr erreichen, als daß der von den Geistlichen frei gewählte Dechant ihm zur Bestätigung präsentiert wurde, was der Papst 1436 anerkannte.

Als Verwaltungsaufgaben, die zur Bildung der Dekanate geführt haben, bezeichnet G. Müller, gewiß mit Recht, die Zehntrechtsverhältnisse und die Abgabenpflichten und mutmaßt, die Ansiedler hätten in der Landdekanatsverfassung das geeignete Mittel gesehen, sich im Wege der Selbstverwaltung deutsche Pfarrer für ihre Gemeinden zu sichern. Die Dekanate besaßen das Statutarrecht und die geistliche Jurisdiktion. Was über diese verwaltungsrechtlichen Aufgaben hinausgeht, müssen wir als zum Wesen der Kapitelsbruderschaft gehörig ansehen: Präsentation und Aufnahme ins Kapitel, Beerdigung der Brüder, gemeinsame Andachtsübungen, gemeinsames Leben, das sich im Konvent, gemeinsamen Mahlzeiten und dem Kapitelsheim kundtut, sowie die Sorge für den Nachwuchs und die Fortbildung der Brüder, vor allem aber Reinheit der Lehre und brüderliche Zucht.

Am augenfälligsten kam die Bruderschaft im Konvente, dem Zugang, zum Ausdruck, der als Versammlung des Kapitels gewöhnlich viermal im Jahre reihum bei den einzelnen Amtsbrüdern abgehalten wurde. Dies war mit der Anlaß, daß auf jedem Pfarrhof ein größeres Gemach als Versammlungsraum vorhanden war. Diese große Stube heißt auch heutigentags noch mancherorts geradezu Kapitelszimmer (Kronstadt) oder Kapitelsstube (Kokel) oder auch Palat= Palatium (Urwegen). Die Bruderschaftskonvente fanden nach Angabe der Mediascher Statuten vom Jahre 1397 und der Bistritzer aus der gleichen Zeit viermal im Jahre statt. In diesem Zusammenhange sei darauf hingewiesen, daß in den ländlichen Bruderschaften im früheren Kisder Kapitel, z. B. in Draas, vierteljährliche Zugänge üblich sind, die Quartale heißen. Gewiß sind sie oftmals mit anderen Kapitelsangelegenheiten, wie Wahl des Dechanten, Präsentation und Aufnahme eines neuen Amtsbruders u. a., zusammengefallen.

Zum Konvente gehörte jeder Kapitelsbruder und mußte bei Strafe daran teilnehmen. Die Aufgaben des Bruderschaftskonventes waren mannigfach und sind je und je dann mit den Aufgaben der kirchlichen Verwaltung stark vermengt gewesen, der Charakter der geistlichen Bruderschaft hat sich aber nie verloren. Die *Celebratio*, der Gottesdienst war grundsätzlich der Auftakt zu allen Kapitelsversammlungen, meist wurden diese aber von der gottesdienstlichen Handlung vollständig beherrscht. Den Verlauf solch eines Bruderschaftskonventes schildert Fr. Teutsch an Hand der Statuten des Hermannstädter Kapitels aus dem Jahr 1447 in folgender Weise:

> „Er begann mit einem Gottesdienst, in dem zugleich ein Bruder sich zur Messe für die Verstorbenen vorbereitete. Mit dem geweihten Wasser und dem Weihrauchfaß gingen sie auf den Kirchhof hinaus, sangen dort das *Responsorium*: *Libera me Domine de morte aeterna* und *Absolve quaesimus Domine*, am Grabe wurde *De profundis* gelesen und in der Kirche, in die sie zurückkamen, die Messe für die Verstorbenen. Dann hielt ein anderer die Hochmesse und darauf eine Ansprache an das Volk über die Verstorbenen, wobei er der verstorbenen Pfarrer gedachte, die nach der Reihenfolge in einem Register verzeichnet waren. Nach der *Elevatio* des Sakraments gingen sie auf den Pfarrhof zum gemeinsamen Mahl".

Hiebei wurde folgende Weise beobachtet, die auch für Laienmahlzeiten das Ideal bildete – Fr. Teutsch schildert sie wieder aufgrund der genannten Kapitels-Statuten: Einer der geistlichen Brüder hatte die Speisen zu weihen, einer aus der Heiligen Schrift etwas vorzulesen:

„Jeder sollte dem andern die gebührende Ehre geben und mit schönen Gesprächen das Seelenheil fördern, nicht Anlaß zur Sünde geben und die Erfrischung mit Dank gegen Gott empfangen. Keiner sollte den andern zum Trinken reizen, wetteifernd den Pokal zu leeren, nicht Würfel spielen, vor Trunkenheit sich hüten. Zum Schluß sollten sie den heiligen Hymnus singen, dem Gastgeber danken und mit Ehre und Anstand nach Hause zurückkehren und dadurch den Laien ein gutes Beispiel geben."

„Im Anschluß an das Mahl wurden, bei Anwesenheit ausschließlich der Kapitelsbrüder, die Statuten des Kapitels vorgelesen, damit die jüngeren Brüder sie kennen lernten. Zugleich wurden sie belehrt über die Feste, Einteilung des Jahres und die goldene Zahl und über die Heiligengeschichten, die dem Volk vorzuführen seien".

Die Einführung eines neuen Amtsbruders in das Pfarramt einer Gemeinde, die Präsentation, war nicht eine kirchliche Verwaltungsangelegenheit, sondern ein Akt der Kapitelsbruderschaft. Alle Brüder hatten anwesend zu sein, alle Brüder hatten den neuen Bruder einzeln durch Handauflegen zu segnen. Viel später erst ist die Amtshandlung des Kapitels durch den Dechanten und zwei Assistenten aufgekommen. Gleichzeitig erfolgte die Aufnahme ins Kapitel, die, wie Fr. Teutsch behauptet, nach vorausgegangener Glaubensprüfung und *recommendatio* (Empfehlung) unter Kniefall und Handauflegung vor sich ging. Die Aufnahme ins Kapitel war der Eintritt in die Bruderschaft, die den einzelnen Bruder schützte, trug und bewahrte bis an sein Ende. Die geistliche Fortbildung der Brüder und die Sorge für den Nachwuchs war von Anfang an bestimmend für die Tätigkeit der Kapitelsbruderschaft. Hier liegen die Wurzeln für die Entstehung unserer Kirchenschulen, die sich immer noch rühmen dürfen, die ersten allgemeinen „Volksschulen" im deutschen Volke gewesen zu sein. Und wenn Jahrhunderte später die Leitung der evangelischen Landeskirche die Ausbildung des Pfarrernachwuchses systematisch und entsprechend den übrigen Hochschulstudien ordnen konnte, so erntete sie, was die Kapitelsbruderschaften gesät hatten, die ihren Dechanten verpflichteten, jeden Bewerber um ein geistliches Amt in den Hauptartikeln des christlichen Glaubens ernstlich zu prüfen und ihn dann erst dem Bischof zur Ordination zu empfehlen. Das Burzenländer Kapitel beschloß im Jahr 1444, es solle niemand zu einer Pfarre zugelassen werden, der nicht auf einer ausländischen Hochschule studiert habe.

Die Kapitelsbruderschaft als solche entschied über die Würdigkeit eines Pfarramtsanwärters, was die Synode von 1691 ausdrücklich anerkannte, und nahm bei Besetzung der Pfarreien das Recht der Kandidation in Anspruch, wie es auch noch für die Jahre 1571 und 1574 (*decano et fratribus*) nachgewiesen ist. Von der Gesamtheit der Bruderschaft ging dies Recht allmählich auf den Dechanten über, der es z. B. im Unterwald so streng handhabte, daß er den Kandidaten die Annahme der Kirchenschlüssel, das Zeichen der vollzogenen Wahl, untersagte oder anbefahl. Noch später ging dieses Recht der Kandidation, nachdem es auch von den weltlichen Behörden beansprucht worden war, auf die Konsistorien über, die Präsentation aber, verbunden mit der „Aufnahme ins Kapitel" blieb Angelegenheit der Kapitelsbruderschaft.

Von Anfang an haben die Kapitelsbruderschaften auf die würdige Bestattung der Brüder das größte Gewicht gelegt. Die Schilderung einer solchen verdanken wir den Statuten des Unterwälder Kapitels vom Jahr 1523, welche bestimmen:

„Fünftens wollen wir, daß, wenn irgendeiner aus unseren Brüdern ins Krankenbett kommt und von Schwäche überwältigt wird, so soll er die zwei Nachbarbrüder oder zwei andere aus unseren Brüdern, zu denen er das meiste Vertrauen hat, rufen. Die, nachdem sie seine Beichte gehört und ihm die schuldige Wohltat der Absolution seiner Sünden gespendet und ihm die Sakramente des teuren Leibes Christi und der hl. letzten Ölung dargereicht haben, den Kranken nach Zahlung seiner Verpflichtungen gegenüber seinen Gläubigen und Bediensteten ermahnen sollen, Testierungen zu machen für die Kathedralkirche, sodann für seine Parochialkirche, für die Brüder und für die Armen und wenn derselbe Kranke aus dieser Zeit abscheidet, daß dann jene zwei Testamentsvollstrecker die Sachen und Güter des Verstorbenen unter Schutz und Schirm irgendeines guten Menschen oder einiger guter Menschen sicher zu stellen trachten, bis die Anteile den einzelnen Berechtigten zugeteilt werden. Und die Brüder selbst sollen am Tage des Abscheidens und Begräbnisses im Ornat (*superpelliciati*) zusammenkommen und nachdem sie vorher aus dem Psalter die Vigilien der neun Lesungen, mit den Lobpreisungen andächtig zum Begräbnis gesungen haben, soll derselbe mit angezündeten Kerzen in feierlichem Zuge durch die Hände der Brüder in die Kirche getragen werden und irgendeiner, der kürzlich gebeichtet hat, soll die Totenmesse zelebrieren, indem er eine Spezialkollekte für den verstorbenen Bruder hinzufügt, und im Mittelpunkt der Messe bei der Elevation des Leibes Christi sollen vier von den Brüdern um die Bahre stehen und, indem sie ihn ehrfürchtig aufheben, die Antiphon singen: *Domine suscipe me, ut cum Fratribus meis sim!* (Herr, nimm mich auf, damit ich bei meinen Brüdern sei!). Der Chor darauf: *Cum quibus veniens visitasti me. Et hoc tribus vicibus.* (In deren Begleitung du mich besucht hast. Dies zu drei Malen). Zum drittenmal aber singt der Chor die Antiphon bis zum Ende. Nachdem dies geschehen ist, soll einer von den Brüdern, der hiezu bestimmt ist, die heilige Empfehlung der Toten mit anderem Dazugehörigen ausdrucksvoll lesen, wie sie in der Kirchenagende enthalten ist. Darauf soll der Tote durch die Hände der Brüder zu Grabe getragen werden, ein Wachskelch und eine Patene aus Wachs mit der Oblate drauf und Wein und Wasser eingegossen, soll auf die Brust des Toten gesetzt werden. Wenn der Tote begraben und das Grab bezeichnet ist, sollen die Heimkehrenden aus den Sachen des Verstorbenen, wenn vorhanden, wenn nicht aus eignen Mitteln oder aus der Opferkollekte mit vier Gerichten zufriedengestellt werden. Wir wollen auch, daß die siebente und dreißigste Wiederkehr des Todestages des verstorbenen Bruders mit Vigilien und Messen genau wie am Tage des Begräbnisses durch die Brüder andächtig gefeiert wird und in jedem Kreislauf des Jahres das Gedächtnis des verstorbenen Bruders in seiner Kirche, wie es üblich ist, von der Kanzel aus an den einzelnen Sonntagen und erst recht in den einzelnen Messen erwähnt werde. Daher wollen wir, was das Gedenken der verstorbenen Brüder anbelangt, daß in jeder gottesdienstlichen Feier unserer genannten Bruderschaft in der ersten oder zweiten Totenmesse eine Ermahnung an das Volk gerichtet werde, in der unter anderem von der Kanzel aus namentlich für die Brüder und Mitbrüder gebetet und für die Erquickung ihrer Seelen Gott inständig angerufen wird.“

Die Kraft der Kapitelsbruderschaften lag in ihrer straffen Geschlossenheit, die in dem unbedingten Gehorsam gegenüber dem selbstgewählten Dechanten und der strengen brüderlichen Zucht zum Ausdruck kam. Das Statut des Unterwälder Kapitels vom Jahre 1523 bestimmt hierüber:

„Zum ersten und vor allem setzen wir fest, daß wir dem Ehrwürdigen, der göttlichen Gnade sich erfreuenden Vater in Christo, dem jeweiligen Bischof von Siebenbürgen und seinen nach kanonischem Recht bestellten Nachfolgern in allem Erlaubten und Ehrenhaften gehorsam sein wollen, wie wir verpflichtet sind. Zum zweiten, daß wir unserem jeweils bestellten und von demselben unserm Herrn Bischof bestätigten Dekan ebenfalls in allem Üblichen gehorsam zu sein schuldig sind."

Die Autorität des Dekans als Leiter der Bruderschaft wurde zweifellos dadurch erhöht, daß er zugleich mit richterlicher Gewalt und statutarischer Rechtsbefugnis ausgestatteter Amtsträger der kirchlichen Verwaltung war. Andererseits ist das selbst geschaffene Kapitelsstatut für die Brüder Recht und Gesetz von dessen einzelnen Bestimmungen die Brüder bekannten, sie sollten „als wahre brüderliche Ordnung durch jedweden von uns unverbrüchlich" gehalten werden.

Die Kapitelsbruderschaften strebten danach, sich in ihrem Vorort ein eigenes Heim zu erwerben, was jedoch nicht allen Kapiteln gelang. Nur für Hermannstadt (1449), Kronstadt (1449) und Bistritz (1512) sind eigene Kapitelshäuser bezeugt. Aber auch dort, wo die Bruderschaft das eigne Haus besaß, wurden die Mahlzeiten immer im Hause des Bruders auf dem Stadtpfarrhofe eingenommen und für Gottesdienste, Wahlen und andere feierliche Anlässe kam von vorneherein nur die Kirche in Betracht.

Es darf unter keinen Umständen übersehen werden, daß die Gesamtvertretung unserer Kirche, die Synode, sich auf den Kapiteln aufbaute und aus den Vertretern dieser zusammensetzte. Was durch die Synode behandelt wurde, war durch die Kapitel vorberaten und wurde zur Durchführung wieder von den Kapiteln übernommen. In den Kapitelsarchiven finden sich die Berichte über die Synodalverhandlungen, von der fleißigen Hand der Kapitularen so ausführlich aufgezeichnet, als wäre es der Verhandlungsbericht der Synode selber, stets ein Zeichen des geistlichen Lebens in der betreffenden Kapitelsbruderschaft. Die Kapitelsarchive enthalten überhaupt die Urkunden des geistigen Lebens unseres Volkes in den fünf ersten Jahrhunderten seines Daseins in Siebenbürgen.

III.

In solcher Weise festgefügt, mit genau umrissenem Wirkungskreis, in Ansehen und Geltung dadurch erhöht und gekräftigt, daß sie von Anfang an die gesamte kirchliche Verwaltung der Landdekanate besorgten, sind die Kapitelsbruderschaften aus der katholischen Zeit unserer Kirche über die Reformation hinüber unverändert in die evangelische Zeit hinübergegangen. Geboren aus katholischem Geiste haben sie sich in unserer evangelischen Kirche nicht minder bewährt und bilden so einen Teil jenes guten „katholischen" (allgemein christlichen) Erbgutes, das sich in unserer siebenbürgischen Kirche so segensreich ausgewirkt hat bis zum heutigen Tage.

Das 17. Jahrhundert hat den Begriff der Kapitularverbrüderung geprägt, lateinisch aber heißt das Kapitel unentwegt *fraternitas* (Bruderschaft), die Kapitularen *fratres*, das Kapitelsmahl *fraternitas convivium* (Bogeschdorfer Kapitel 1615). Im Burzenland findet sich unter anderem 1628 das Gastmahl der Kapitelsb r u d e r s c h a f t verzeichnet, ebenso in der Magareier Surrogatie im Jahr 1643. Im Schenk-Kosder Kapitelsbuch steht auf Seite 88/89 das Protokoll des B r u d e r s c h a f t s k o n v e n t e s vom Jahre 1726, welcher unter anderem über die Durchführung der Katechisation in den Gemeinden verhandelt. Als der nachmalige Bischof Andreas Scharsius im Jahr 1706 eine Übersicht über die ganze evangelische Kirche in Siebenbürgen anfertigte, da zählte er die Kapitel nur nach Brüdern:

„Ordinata Digestio Status Ecclesiastici in Transylvania.

I. Capitulum Medjense constans ex fratribus 13
II. Capitulum Cibiniense continet Fratres 24
III. Capitulum Barcenses s. Coronense continet Ecclesias Capitulares 14
IV. Capitulum Bistriciense comprehendit Fratres 24
V. Capitulum Antesylvanum alis Valdense Fratres numerat 15
VI. Capitulum Kizdense numerat Fratres 18
VII. Capitulum Kozdense continet Fratres 27
VIII. Capitulum Schelkense constat Fratribus 13
IX. Capitulum Schenkense habet fratres 15
X. Capitulum Leschkirchense constat ex fratribus 5
XI. Capitulum Bolgatiense habet inscriptos fratres 14
XII. Capitulum Bogatiense numerat fratres 24
XIII. Capitulum Regnense numerat Fratres 6
XIV. Capitulum Laszlense numerat fratres 8
Summa fratrum seu Ecclesiarum Capitularium emergit ad 238."

Wie festgefügt die Kapitelsbruderschaften waren und wie strenge sie ihre Statuten handhabten, dafür muß jene stürmische Kapitelsversammlung, abgehalten im Jahr 1623 in Schergied auf dem Zeckesch dienen. Der Blutrother Pfarrer Johannes hatte den Schergieder Amtsbruder einer unzüchtigen Handlung geziehen. Jener aber griff ihm „in sein geweiht Haar, mit dem nicht genug, sondern vom Tisch herausgezogen, mit Füssen getreten und mit einem Stück Holz am Haupt blutig geschlagen, daß ihm das Blut entgangen". Von dem Dechanten zur Ruhe gerufen, hat er diesem „mit dem Finger für der Nasen geschnappet und gesaget: Ihr habt mir nichts zu gebieten, in meinem Hause bin ich Dekanus". Dazu stellt das Unterwälder Kapitel fest:

„Herr Valentinus habe seinen Decanum lebendig getödet, weil er ihm für der Nasen geschnappet hette und darum habe er das Glied nemlich die Hand ferspillet, damit er dem Decano insultiert und für der Nasen geschnappet hette. *Reputatur pro crimine laesae maiestatis*",

und bestraft ihn

„1. Für die Hand, damit Herr Valentinus dem Decano für die Nasen geschnappet *poena* fl. 20. 2. *Pro degradatione decani*, das er sagt, er wäre decanus, ich frag nichts nach ihm, er hat mir nichts zu gebieten, fl. 20, den es ist *emenda linguae*."

Gerade diese Streitsache beweist uns auch, wie die Brüder gehalten waren, sich gegenseitig zu überwachen und geistig und geistlich zu fördern. Der peinliche Vorfall war dadurch hervorgerufen worden, daß der Blutrother Amtsbruder jenen von Schergied ermahnte, er solle sich von übler Nachrede „*purgieren*". Zu

seiner Verteidigung will der *Csergödiensis* die Sache auch so drehen, als hätte
damit der Blutrother Bruder dem Dekanus ins Amt gegriffen und das *vivum
homagium* an ihm vollführt, was jedoch das Rechtsgefühl des Kapitels schroff
abweist, denn jeder Bruder hat nicht nur das Recht, sondern auch die Pflicht,
auf den Bruder zu sorgen.

Bischof Fr. Teutsch unterstreicht in seiner Kirchengeschichte die Bedeutung
der „Kapitularverbrüderung, die aus der katholischen Zeit herübergenommen
wurde", für das neue Leben nach der Reformation und berichtet über die
Wirksamkeit derselben, es habe gelegentlich der Präsentation die Aufnahme ins
Kapitel stattgefunden, wobei der neue Amtsbruder den Eid ablegte, der wahren
Lehre treu zu bleiben und dem Dechanten und den Kapitelsbrüdern treu zu
sein. Die Kapitelskonvente hätten abwechselnd auf den einzelnen Pfarrhöfen
stattgefunden und dabei wäre Glauben und Leben der Pfarrer einer Prüfung
unterzogen worden. Die dabei üblichen Konvivien haben die brüderliche Gemeinschaft erst recht gefördert. Die Beteiligung sämtlicher Kapitularen an der
Beerdigung eines Bruders blieb selbstverständlich, wie das Kapitel auch an den
sonstigen Ereignissen im Leben des einzelnen Bruders lebhaften Anteil nahm.

„Für das gesamte kirchliche Leben" des 17. Jahrhunderts, so fährt Fr. Teutsch
fort, „blieben die Kapitel von maßgebender Bedeutung". Sie wachten „über
die Reinheit der Lehre und des Lebens der Amtsbrüder", über die gewissenhafte Pflichterfüllung im heiligen Dienst. Der neugewählte Pfarrer wurde
vom Kapitel einer Prüfung unterzogen, die seinen rechten Glauben und seine
Gelehrsamkeit beweisen und zur Lesung guter Schriften aneifern sollte. Dabei
verhieß der Dechant „mit der Wahrheit Frömmigkeit und mit der Frömmigkeit
Liebe" zum Bruder zu verbinden. Nach der Prüfung leistete der Geprüfte den
Eid auf die reine Lehre und den Gehorsam, worauf er in die Kapitelsbruderschaft aufgenommen wurde.

> „Wenn der Tod hier oder dort anklopfte, so wurde die Bruderschaft verstän-
> digt und die Kapitelsbrüder kamen zur Beerdigung, wie zur Taufe und zur
> Hochzeit und zur Amtseinführung."

Im Kosder Kapitel war 1711 eine Visitation vorgenommen worden, die fest-
stellte, daß die „Brüder" in regelmäßigen Kapitelskonventen alle Fälle, die das
Leben brachte, behandelten und von neuem bestimmten, wie Pfarrerwahl und
Präsentation, Begräbnis und Versammlungen zu halten seien. Nach der *Forma
praesentationis pastorum Sax.* von 1719 hat der Praesentator zu den einseligenden
Worten hinzuzufügen: „juxta huius capituli receptam consuetudinem".

Wie ein breiter Strom seine Wasser ruhig und trotzdem allenthalben Frucht-
barkeit erregend dahinwälzt, so ging das Leben in den Kapitelsbruderschaften
seinen stillen, aber segensreichen Gang durch das ganze 18. und 19. Jahrhundert
hindurch. Der siebenbürgisch-sächsische Pfarrer und die evangelisch-sächsische Frömmigkeit sind in ihrer Eigenart aus diesem Leben herausgewachsen.
Es ist sehr zu bedauern, daß die kirchenregimentlichen Aufgaben der Kapitel
immer mehr in den Vordergrund traten und das eigentliche Anliegen der

geistlichen Bruderschaft überwucherten, bis schließlich nur noch diese äußere harte Schale gewahrt wurde und nicht mehr der innere süße Kern, bis sich der ungebrochen fortwirkende Gedanke der Bruderschaft schließlich nur noch als ungeschriebenes Gesetz in überlieferter Sitte und altgewohntem Herkommen kundtat. Aber ausgestorben ist er keineswegs. Johann Fabini führt in seinem Buch „Recht und Brauch der ev. Landeskirche A. B. in Siebenbürgen, Hermannstadt, 1882" unter den besonderen Pflichten des Pfarrers an: „Er gehört einem Capitelsverbande an und hat an den Conventen des Capitels theilzunehmen und die Satzungen desselben zu befolgen." Die meisten Kapitel haben ihre Konvente, wenn auch nicht regelmäßig, so doch abgehalten bis in die Gegenwart. Das Unterwälder Kapitel gab sich im Jahr 1939 ein neues Statut. Das Meisterwerk von D. Dr. Victor Roth „Kunstdenkmäler aus den sächsischen Kirchen Siebenbürgens, I. Goldschmiedearbeiten, Hermannstadt, 1922" war die „Festgabe der Generalsynode an die evang. Landeskirche A. B. in Siebenbürgen bei der vierhundertsten Wiederkehr des Thesenanschlags und des Reichstags zu Worms".

Die Frage nach Sein oder Nichtsein der Kapitelsbruderschaften wurde gestellt, als unsere Kirche in der zweiten Hälfte des 19. Jahrhunderts vor der geschichtlichen Notwendigkeit stand, sich eine neue Verfassung zu geben. Der Schöpfer dieser Verfassung, Bischof G. D. Teutsch, stand wohl unter dem tiefgehenden Eindruck des in den Kapiteln gewachsenen geistlichen Lebens, verlor aber über dem großen Ziel der Schaffung der einheitlichen Volkskirche den Blick für die in den Kapitelsbruderschaften gelegenen geistlichen Werte, wogegen sein Sohn und Biograph, der Verfasser unserer heimischen Kirchengeschichte, aus einem gewissen Unmut darüber, daß der Widerstand gegen die Schaffung der einheitlichen Volkskirche, des Lebenswerkes seines großen Vaters, aus den Kapiteln hervorging, diese, in Verkennung ihres berechtigten Anliegens einfach überging und ihre Vertreter als „klerikal" brandmarkte.

Er berichtet, die 1. Landeskirchenversammlung (1861) habe beschlossen: „die Verfassung der Kapitel und Synode, in wieweit sie nicht durch die neue Kirchenverfassung geändert sei", aufrecht zu erhalten, und die Geistlichkeit habe den Versuch unternommen,

> „den Kapiteln und der Synode einen neuen Inhalt zu gehen, nicht so sehr aus Gegensatz zur neuen Verfassung, sondern aus dem Bedürfnis heraus, diese alten Formen nicht ganz inhaltlos werden zu lassen."

Die Synode nahm nach grundsätzlicher Zustimmung zur neuen Verfassung für sich in Anspruch: Erhaltung und Förderung der Reinheit der Lehre, eines fruchtbaren kirchlichen Gemeindelebens, wissenschaftlicher Fortbildung der Pfarrer, brüderlicher Disziplin der Geistlichen durch geistliche Mittel, Wahrung der Rechte der Geistlichen u. a. m. Hierüber wurde 1865 ein neues Statut aufgesetzt.

Bischof G. D. Teutsch war aber nicht der Meinung, als sei die Synode „durch die neue Verfassung völlig beseitigt". Unter seinem Vorsitz und nach seinen

Ausführungen zum Gegenstande konnte der Vertreter des Unterwälder Kapitels, Pfarrer David Krasser von Großpold, unwidersprochen ausführen: „Immer ist es ihm, wenn er hie und da die Befürchtung einer gänzlichen Auflösung der Capitel aussprechen hörte, unbegreiflich gewesen, wie zu einer Zeit, welche auf allen anderen Lebensgebieten zu Schaffung neuer Einigung so mächtig dränge, um die gemeinsamen Ziele mit vereinten Kräften zu erstreben, bloß auf dem Gebiete der Kirche die naturgemäße Einigung der Geistlichkeit in ihren Teilen und ihrer Gesamtheit – also die Capitel, die geistliche Synode der Auflösung und Vernichtung sollten preisgegeben werden. Um so mehr habe es ihn erfreut, in den lichtvollen Erörterungen des Vorsitzers, aus dessen eignem Munde die Worte vernommen zu haben, daß niemand die Capitel und Synode auflösen wolle, niemand es mit Recht tun könne. Und noch mehr freue es ihn, in der beantragten Schlußfassung nun auch einen festen sicheren Boden ihres Bestandes dargeboten zu sehen."

Bischof G. D. Teutsch hatte vorher auf der Synode von 1870 den Synodalen „Einige Züge aus dem Lebensbild unserer Synode im letzten Jahrhundert" vorgeführt mit dem betrüblichen Ergebnis, es sei die Tätigkeit der Synode und Capitel „gebunden an die Scholle und beeinträchtigt durch die aufwirbelnde Staubwolke kirchenregimentlicher Alltagsgeschäfte, ein endloses Schöpfen mit dem Danaidensiebe, ein mühevolles Wälzen des Sisyphussteines gewesen". Ihn beschäftigt die Frage: Welches nach Einführung der neuen Kirchenverfassung der zukünftige Wirkungskreis der Synode und Kapitel zu sein habe. Dabei ist ihm durch den Zeitgeist der Aufklärung der Blick verbaut für das Anliegen der geistlichen Bruderschaft, das merkwürdiger Weise auch von den Vertretern der Kapitel wohl empfunden, aber nie hervorgekehrt wird, wahrscheinlich aus dem Grunde, weil sie es nicht für möglich hielten, daß unter der neuen Kirchenverfassung das Leben in geistlicher Bruderschaft in Gefahr geraten könnte.

Bischof G. D. Teutsch gibt der Synode von 1870 zu bedenken, der Inhalt des Statutes von 1865 gehöre nicht in den Wirkungskreis der Synode und Kapitel; „wenn nicht der Sinn derselben genauer angedeutet werde. So kann die Bestimmung: Die Synode hat anzustreben die Erhaltung und Förderung der schriftmäßigen Reinheit der Lehre, nur heißen: Die Synode habe dahin zu streben, daß jedem Geistlichen das Verständnis der schriftmäßigen Reinheit immer mehr und mehr aufgehe. ‚Die Beförderung eines fruchtbaren kirchlichen Gemeindelebens' könne nicht den Sinn haben, daß man Satzungen, Ordnungen, Statuten usw. mache, sondern, daß durch gegenseitige Besprechung und Arbeit der Amtsgenossen der einzelne an sich je mehr in den Stand gesetzt werde, das religiös-sittliche Leben seiner Gemeinde in seinem Amtsberuf immer mehr und mehr zu fördern. Die ‚wissenschaftliche Fortbildung der Geistlichen' werde wohl auch nicht den Sinn haben wollen, wie etwa sonst in manchen Teilen der evangelischen Kirche, wo einzelnen Kreisen der Pfarrämter, ja jedem einzelnen Pfarrer wissenschaftlich-theologische Arbeiten aufgegeben würden. Es solle vielmehr im geordneten Zusammenleben der Geistlichen ein Boden geschaffen werden, auf dem man auch wissenschaftlich tätig sein und sich fortbilden könne. Die ‚brüderliche Disziplin der Geistlichen durch geistliche Mittel', sei wohl auch nicht auszulegen, daß, wie hie und da in Konventen, bei gegebenem Ärgernis, jemand in *facie capituli* disziplinarisch verwarnt und von dieser Verwarnung an die vorgesetzte Behörde Mitteilung gemacht werde; sondern es sei wohl die Besprechung solcher Fragen gemeint, welche überhaupt auf die Gewissenhaftigkeit der Amtsführung, ja sogar auf das äußerliche Verhalten der Geistlichen (z. B. wie sich der evang. Geistliche in Bezug auf sogenannte *Adiaphora* zu verhalten habe) Bezug haben und dadurch heilsamen Einfluß auf Viele äußern können. Daß der bloße Hinweis auf dieses oder jenes Ungeziemende ohne alle Nennung von Namen bei Vielen nicht wirkungslos bleiben werde, liege nahe. Ehesachen werden Gegenstand tief eingehender Verhandlung sein können und müssen. (Was hat man zu tun, daß die immense Zahl von Eheprozessen eine geringere werde?)

Betreffend ,die Wahrung der Rechte der Geistlichen' könne man wohl keine bindenden Beschlüsse fassen, doch werde sich auch in dieser Richtung Gelegenheit zu Besprechungen ergeben, deren Resultat in Form von Wünschen und Anträgen den verfassungsmäßigen Behörden vorgetragen, gewiß entsprechende Berücksichtigung finden, also gleichfalls nicht unfruchtbar sein würden. Überhaupt: Es müsse ein ,neuer Licht- und Luftstrom' in unser Synodal- und Capitularleben kommen."

Er stellt selbst den Antrag:

„Indem die Synode in voller Übereinstimmung mit dem Vorsitzer die Notwendigkeit eines ernsten, wissenschaftlichen Lebens und gegenseitiger amtsbrüderlicher Anregung und Förderung für die Aufgaben des Berufes anerkennt und als Boden hiefür insbesondere die Capitular- und Synodalversammlungen ansieht, nimmt sie aus den Mitteilungen der vorangeführten Capitelsdechanten und respectiven Abgeordneten mit lebhafter Teilnahme die mannigfach erfreulichen Anfänge zur Kenntnis, die in dieser Beziehung in einzelnen Capiteln sich schon fruchtbar bewiesen haben und erklärt einstimmig: Die Synode erwartet, daß die einzelnen Capitel der Landeskirche jährlich mindestens viermal in regelmäßigen Zusammenkünften zu geordneter wissenschaftlicher Besprechung und Verhandlung über Gegenstände, welche auf die Führung des geistlichen Amtes in seinem gesamten Umfange Bezug haben, mit besonderer Berücksichtigung der eignen örtlichen Entwicklungen und Bedürfnisse, zusammentreten. Aufgabe der Synode wird es sein, in ihren Zusammenkünften den gesamten Kreis der geistlichen Berufstätigkeit, nötigenfalls mit Berücksichtigung der Ergebnisse jener Capitularverhandlungen, vom Standpunkt der gesamten Kirche zu allseitiger Förderung des religiös-sittlichen Lebens derselben, zur Förderung des wissenschaftlichen Lebens der Geistlichen und ihrer beruflichen und sittlichen Tüchtigkeit zum Gegenstand geordneter Besprechung zu machen und die Ergebnisse der gesamten Geistlichkeit zur Kenntnis zu bringen.

Diese Schlußfassung empfehle er der Synode zur Annahme, mit dem Bemerken, daß die Ausführung des darin Enthaltenen im Geiste protestantischer Freiheit und evangelischen Fortschrittes möge bewerkstelligt werden. Eventuelle Verhandlungsgegenstände können beispielshalber für den Anfang sein: Was hat der evangelische Pfarrer zu tun, damit er seiner Pflicht, Schulinspektor zu sein, immer mehr und mehr entspreche? Was ist zu tun, damit die Predigt des göttlichen Wortes immer mehr und mehr fruchtbar werde? Was haben wir zu tun mit unseren in vielen Teilen der Landeskirche bestehenden Frühkirchen und Vespern, die hier und dort immer mehr ein *opus operatum* zu werden beginnen? Was ist zu tun, daß die Kinderlehre aus ihrer Unfruchtbarkeit, Starrheit oder ihrem Tod erlöset werde, und ob nicht etwa die ganze Art eines derartigen Unterrichtes als nicht mehr zeitgemäß mit einer bessern zu vertauschen sei? Wie soll der Konfirmandenunterricht beschaffen sein? Wie hat man sich in sogenannten *Adiaphoris* zu verhalten? Was ist zu tun, daß der geistliche Stand der Gegenwart bei der immens fortschreitenden Wissenschaft nicht hinter den übrigen Gliedern der Kirche zurückbleibe? Die Früchte solcher Tätigkeit in den Capiteln würden bald in ihrem Segen für Amt und Kirche zu tage treten."

Schon in der Eröffnungsrede hatte Bischof G. D. Teutsch auf die Kapitel das Wort der Schrift angewandt: „Das Alte ist vergangen, siehe, es ist alles neu geworden" und dazu ausgeführt:

> „Der neue Verfassungsbau unserer Kirche auf dem Boden des von der Synode 1870 allein für heilsam erklärten repräsentativen oder Presbyterialprinzips hat hundert Fragen gelöst, deren Entscheidung, wenn sie auf dem Wege synodaler Schlußfassung hätte erfolgen sollen, die Kirche noch lange hätte warten lassen, noch lange die Gemüter getrennt hätte. An uns, am geistlichen Stande, ist es nun, fortan nicht zurückzubleiben in treuer Hingabe an den neuen schaffenden Gedanken, in ernster redlicher Arbeit mitzuhelfen, daß der rechte Geist die neue Form immer mehr erfülle.

> Ein reiches Mittel dazu werden, recht erfaßt, auch die Capitel, wird auch die Synode bieten. Frei von der Pflicht kirchenregimentlicher oder gerichtlicher Tätigkeit, wohin ihre natürliche Eignung im Verhältnis zur Entwicklung der Gegenwart sie immer weniger weist, werden sie nach einem edleren Ziel mit vollerer Kraft und gesegneterem Erfolg ringen können. Das ist: In den Gliedern des geistlichen Standes selbst durch geordnete Zusammenkünfte das Bewußtsein der Zusammengehörigkeit heben, das wissenschaftliche Streben fördern, die Einheit der Aufgaben nahebringen und ihr Verständnis mehren, den Kreis der einzelnen Erfahrung bereichern, die oft vereinsamt sich fühlende Tätigkeit durch die Anschauung des gemeinsamen Strebens stärken, damit aber die Pflicht- und Berufsfreudigkeit, diese Wurzeln alles Besten, nähren und also in wissenschaftlicher, sittlicher und beruflicher Hebung des geistlichen Standes diesen immer mehr befähigen, zum rechten Träger des evangelischen Geistes zu werden und denselben auch im Verfassungsleben und im Regiment der Kirche, wo eben diesem Stande die neue Zeit eine unzweifelhaft bedeutendere Stellung als früher angewiesen hat, zu immer vollerem und würdigerem Ausdruck zu bringen.

> Gewiß da liegt eine Aufgabe der ernsten Arbeit aller Freunde der Kirche, des Ringens der Edelsten wert! Dahin vorwärts, nicht rückwärts, wende sich Geist und Auge!"

In dieser Weise hat Bischof G. D. Teutsch die „alte Form" der Kapitel beibehalten, aber mit einem neuen Inhalt zu erfüllen gesucht, worüber der Gedanke der „Bruderschaft", der den Kapiteln von Anfang an zugrunde lag, ja noch mehr, der ihre Bildung veranlaßt hatte, gänzlich vernachlässigt und zum Aussterben verurteilt wurde. Denn der „neue Inhalt" der wissenschaftlichen Fortbildung der Pfarrer wurde in gleicher Weise auch den nach der neuen Kirchenverfassung ins Leben gerufenen Pfarrerversammlungen gegeben, wodurch ein abträgliches Nebeneinander, eine Rivalität entstand, deren Ausgang nicht zweifelhaft sein konnte. Das Ende dieser Entwicklung war die Bestimmung in § 3 des Gesetzes über die Gebietseinteilung und das Wahlrecht der Evangelischen Landeskirche A. B. in Siebenbürgen, das auf Grund der neuen Kirchenordnung im Jahr 1920 geschaffen wurde, wo es heißt:

> „Die alte Vereinigung der Kirchengemeinden zu Kapiteln und deren Zusammenfassung in der Synode bleibt aufrecht, doch beschränkt sich der amtliche Wirkungskreis der Kapitel ausschließlich auf die Verwaltung ihrer Fonde und Stiftungen aus früherer Zeit."

Für diese Entwicklung, die die gänzliche Entleerung der Kapitelsbruderschaften bedeutet, trägt Bischof D. Dr. Friedrich Teutsch die Hauptverantwortung. Seine Stellungnahme gegen Kapitel und Synode tritt besonders deutlich in der von ihm verfaßten Biographie „Georg Daniel Teutsch" zutage, wo er schreibt (S. 249f.):

„Die neue Kirchenverfassung war gegen den Widerspruch eines Teiles der Geistlichen geschaffen worden. Ihm war die ausgedehnte Mitarbeit des weltlichen Standes unsympathisch und die Beseitigung des kapitularen Regiments wie die Verdrängung der Synode durch Landeskonsistorium und Landeskirchenversammlung schmerzlich. So unternahm er den Versuch, noch zu retten, was möglich sei, alle durchwegs in bester Absicht, aber in völliger Verkennung nicht nur der neugeschaffenen Gesetzeslage, sondern auch der tatsächlichen Verhältnisse. Die Unfähigkeit, in der Kirche Ordnung zu erhalten und Leben zu erwecken, war ja der innere Grund für die neue presbyterial-synodale Verfassung gewesen, die Versteinerung der alten Formen ließ ein neues Leben nicht mehr zu. Dieser klerikalen Richtung war insbesondere die neue Stellung des Bischofs, seine Wahl durch die Landeskirchenversammlung, die in Aussicht stehende Übersiedlung nach Hermannstadt ein Greuel. Sie fürchtete ein strammes Regiment und das besonders, wenn sie daran dachten, daß Teutsch etwa der Nachfolger des alternden Bischofs Binder sein könne, was in der Kirche selbst vielfach erörtert und gewünscht wurde. So erlebte die Kirche in der Tat das seltene Schauspiel, daß ein Belebungsversuch der begrabenen Verfassung durch die Synode zu einer Zeit gemacht wurde, als es schon zu spät war und diese Versuche geradezu als Angriff, als eine Konspiration gegen die zurecht bestehende Verfassung angesehen werden mußten, was die Veranstalter der Exhumierung zum Teil gar nicht ahnten. Im Jahr 1864 hatte die Synode eine Kommission eingesetzt, die eine Vorlage über die Abrundung der Kapitel und eine Synodalordnung ausarbeiten sollte. Am 17. Mai 1865 trat die Synode zur Beratung dieser Fragen in Hermannstadt zusammen. Bischof Binder – dem achtzigjährigen –, dem die Zügel aus den Händen entfielen, war nicht zugegen. In der Tat beschloß die Synode die Zusammenlegung der Kapitel in zwölf und ein Synodalstatut, in dem u. a. die Wirksamkeit der Synode dahin bestimmt wurde: sie habe anzustreben die Erhaltung und Förderung der schriftmäßigen Reinheit der evangelischen Lehre, die brüderliche Disziplin der Geistlichen durch geistliche Mittel, die gewissenhafte Handhabung des Eherechts und der Ehegerichtsbarkeit, die Wahrung der Rechte der Geistlichkeit u.s.f. Es waren lauter Undinge, denn nach der Verfassung hatte für die Reinheit der Lehre die Landeskirchenversammlung zu sorgen, die Disziplin, die sich leider „durch geistliche Mittel" allein überhaupt nicht erhalten läßt, stand dem Presbyterium, dem Bezirks- und Landeskonsistorium zu, der Entwurf eines neuen Eherechts lag im Auftrag des Landeskonsistoriums ausgearbeitet seit 1863 schon vor, also das Ganze war ein Flattern mit gelähmten Flügeln, ein aussichtsloses Beginnen von vornherein. In der Tat ist gar nichts von all den Beschlüssen ins Leben getreten und der Spuk zerrann, indem die Landeskirchenversammlung einfach die von der Verfassung vorgeschriebenen Wege ging. Aber all das wirbelte doch viel Staub auf, und die Schöpfer der neuen Kirchenverfassung sahen sich in die Notwendigkeit gesetzt, Stellung dagegen zu nehmen. Auch einzelne Bezirkskirchenversammlungen sahen sich in den Strudel hineingezogen und begannen mit Protesten gegen die Absicht der Landeskirchenversammlung, über das Intervall zu verfügen, das Eherecht zu ordnen u.ä., und Teutsch hat schwere Sorgen gehabt, es könne der Sturm die schwer errungene Einheit der Kirche am Ende wieder sprengen. Die Bekämpfung des unseligen Beginnens vollzog sich aber mehr im Stillen als in der Öffentlichkeit."

Am schwersten prallten die Gegensätze in der Frage des Intervalls aufeinander, d.i. der Zehntrentenanteil erledigter Pfarreien. Das Landeskonsistorium wollte das Intervall der Verwaltung durch die Kapitel entziehen und dem Landeskonsistorium für Zwecke der Gesamtkirche zueignen.

„Gegen diese Vorlage erhob sich in der Landeskirche ein großer Sturm. Joachim Heinrich Wittstock von Heltau und David Krasser von Großpold, die alten Freunde Teutschs, waren die Rufer im Streit, [die] die Kapitel mobilisierten. Es kommt immer wieder vor, daß absterbende und abgestorbene Institutionen vor dem letzten Ausatmen noch einmal tun, als ob sie lebendig wären und ein traumhaftes Dasein für kurze Zeit beginnen – so hier die Kapitel.

Schon vor der Landeskirchenversammlung war der Streit ein heftiger, in den Kapiteln, in den Bezirkskirchenversammlungen, in der Publizistik. Krasser schickte an die Kapitel ein Zirkular, das der Bischof als eine Organisierung des Kampfes auf verfassungswidrigem Boden ansah und dem Verfasser schwer verhob, wofür der Hermannstädter Kapitelsdechant C. Harth dem Hermannstädter Stadtpfarrer Friedrich Müller eine Rüge erteilte, weil er gegen die Kapitelsbeschlüsse sich für die Landeskonsistorialvorlage erklärte, und in der Landeskirchenversammlung erzählten sie das grimmige Wort: Nur zwei Männer hätten es gewagt, den sächsischen Zehnten anzugreifen, Gabriel Báthory und Bischof Teutsch."

Bischof G. D. Teutsch hat diesen Widerstand „in großangelegter Rede, in der das gesamte historische Rüstzeug verarbeitet in jedem Augenblick ihm zur Verfügung stand", niedergerungen, wobei er gegen das Bistritzer Kapitel, welches gegen den Beschlußantrag des Landeskonsistoriums „feierlichst Verwahrung" eingelegt hatte, „weil das die Würde des geistlichen Standes erfordere", folgenden scharfen Ausfall machte:

„Ich finde nirgends, daß die geistliche Würde an die Träger des geistlichen Amtes den Gegensatz gegen die Verfassung der eigenen Kirche und Hinwegsetzung über die gesetzlichen Beschlüsse der obersten Kirchenvertretung verlangt oder verlangen kann. Noch nachdrücklicher aber muß ich darauf hinweisen, daß es geradezu unrichtig und mir unbegreiflich ist, was das Bistritzer Kapitel in derselben Erklärung ungescheut hat drucken lassen, daß ‚jedem ev. Geistlichen unserer Kirche bei der Ordination die Wahrung und Förderung der auf ihn übertragenen Standes- und Amtsrechte auf das wärmste an das Herz gelegt wird'. In einer protestantischen Kirche! Es wird wohl genügen, wenn ich erkläre, daß das in unserer Kirche nicht der Fall ist, wie der Amtseid der Ordinierten beweist."

Sein Standpunkt drang durch und obwohl der Beschluß nur ein Kompromiß war, ist hiemit den Kapiteln der letzte Rest verfassungsmäßiger Geltung genommen worden. Das gemeinsame Leben der Brüder flüchtete sich in die Pfarrerskränzchen, die hergebrachten Ordnungen bei Präsentation und Beerdigung der Brüder aufrechtzuerhalten und brüderliche Zucht mit geistlichen Mitteln zu üben, blieb dem Dechanten als zweite Meile überlassen, soweit er selber in dieser Überlieferung stand und willens war, auch dieser Seite seines Amtes gerecht zu werden. Das Unkraut wucherte auf dem aufgelassenen Ackerland.

IV.

W. Staehlin hat durch sein erwähntes Buch die Aufmerksamkeit der evangelischen Kirche auf den Wert geistlicher Bruderschaft gelenkt. Er stellt fest: Bruderschaft ist nicht eine Wahlverwandtschaft, sondern eine Lage, in die wir durch unsere Zugehörigkeit an Christus versetzt werden.

„Ohne Bruderschaft kein glaubwürdiges Zeugnis von Christus",

„denn die Brüder sind im Leiblichen und im Geistlichen für einander verantwortlich; sich den Brüdern entziehen heißt, den Glauben verleugnen."

„Der Mangel an Bruderschaft ist Armut und Krankheit der Kirche."

Als ein überraschendes Novum führt Staehlin an, es habe sich Luther und die Reformatoren, als die Gesandten des Königs von England im Jahr 1536 nach Wittenberg kamen, um die Durchführung der Reformation in England zu beraten, sehr entschieden für die Beibehaltung des klösterlichen Lebens für die evangelischen Theologen und zukünftigen Pfarrer ausgesprochen. Dort heißt es:

„Wenn aber Männer, die für das klösterliche Leben wohlgeeignet sind, den Wunsch haben, in jenen Stätten gemeinsamen Lebens zu leben und von jenen geistlichen Weihen als von einer Sache evangelischer Freiheit Gebrauch machen wollen, so wollen wir solche nicht tadeln und sind vielmehr der Überzeugung, daß viele heilige und treffliche Männer in dieser Gesinnung in den Klöstern gelebt haben; ja, es ist sogar zu wünschen, daß solche Hausgemeinschaften gelehrter und frommer Männer bestehen, in denen zum allgemeinen Nutzen der Kirche das Studium der christlichen Lehre gepflegt wird und die jungen Männer nicht nur in der Lehre unterwiesen, sondern auch durch fromme Übungen und jene liturgische Erziehung zur Frömmigkeit gewöhnt werden. Eine solche Lebensform, bestimmt für den Nutzen der Kirche, zur Unterweisung und Übung jener Gruppen, aus denen hernach die Lehrer der Kirche genommen werden können, wäre fromm und Gott wohlgefällig; denn sie hätte die von Gott befohlene Weise des Gottesdienstes."

W. Staehlin berichtet weiter:

„Der Verfall der reich gegliederten kirchlichen Ämter zugunsten eines isolierten und die Gemeinde allein beherrschenden Predigtamtes ließ es auf dem Boden des Luthertums zu solchen Bildungen nicht kommen. Wohl aber gab es Ansätze einer amtsbrüderlichen Zuchtordnung unter den Trägern des Predigtamtes selbst. Diese Ansätze sind zum Teil noch wenig erforscht, und manches ist wohl auch bald zu rein bürgerlichen Gesellschaften entartet. Doch waren in manchen Kirchengebieten die für die Pfarrer bestehenden ‚Konventsordnungen' durch lange Zeit wirklich in Geltung. Diese Ordnungen verpflichteten die Pfarrer, sich zu regelmäßigen Zusammenkünften einzufinden, einem persönlichen *Confessionarius* (Beichtvater) und wohl auch im Kreis der Amtsbrüder Rechenschaft zu geben; sie unterstellten jeden Einzelnen, seine Predigten und gesamte Amtsführung wie auch sein persönliches Leben einer strengen und offenherzigen brüderlichen Zensur; solche Zensur zu üben, war ebenso eine Pflicht der amtsbrüderlichen Gemeinschaft, wie sie anzunehmen und sich gefallen zu lassen. Auf solche Weise entstanden zwar keine Bruderschaften im eigentlichen Sinn – dazu fehlte die wirkliche Ordnung eines gemeinsamen Lebens –, aber es wurde doch in dem begrenzten Kreis der Träger des kirchlichen Amtes eine wirkliche und wirksame Zucht geübt, nicht im Sinne einer behördlichen Aufsicht, sondern im Sinne einer brüderlichen Verantwortung der Einzelnen für einander."

Und das Abschließende, das wir uns von W. Staehlin sagen lassen wollen, ist, daß einige Landeskirchen daran gegangen sind, ihre alten Konventsordnungen zu erneuern, so Hannover im Jahr 1935, und Kurhessen im Jahr 1936, um die Pfarrkonvente aus der Sphäre der nur theologischen Arbeit, die sie im letzten Jahrhundert allein bestimmt hatte, zurück zu führen zu einer wirklichen geistlichen Gemeinschaft und zur Übung seelsorgerlicher Zucht, denn, so sagt Staehlin weiter:

> „Männern, die selbst nie und nirgend zur Rechenschaft verpflichtet waren und nie und nirgends Seelsorge an sich selbst erfahren haben, die Seelsorge anderer Menschen und ganzer Gemeinden zu übertragen, ist ein gar nicht zu verantwortendes Wagnis, ja, eine Wurzel der Sünde und des Verderbens. Wenn die Kirche ihre beamteten Seelsorger zwar unter eine offizielle Dienstaufsicht stellt, aber keineswegs immer seelsorgerlich betreut, dann muß die Bruderschaft hier stellvertretend eintreten und, der schrecklichen Warnung des Herrn: Luk. 6,39 ‚Kann auch ein Blinder einen Blinden leiten? Werden sie nicht alle beide in die Grube fallen?' eingedenk, dafür sorgen, daß niemand sich unterfängt, eines anderen Berater und Helfer zu sein, der nicht bereit ist, sich selber raten und helfen zu lassen."

Solche Erkenntnisse und Einsichten rücken den Wert unserer geschichtlich gewachsenen und in unserem geistlichen Leben so tief verwurzelten Kapitelsbruderschaften deutlich vor unsere Augen. Hat es sich doch in der kurzen Zeitspanne seit Auflösung der Kapitel gezeigt, „fehlende Bruderschaften sind Notstand der Kirche". Und diese Not ruft gebieterisch nach dem Dienst, den nur Bruderschaften der Kirche leisten können, auf dem Gebiet der Lehre, des Kultus und in der Ordnung der Gemeinschaft. Der Versuch, diese Dinge durch einen Pfarrverein bewerkstelligen zu lassen, mußte sich als ungenügend erweisen. Alle, denen das wahre Wohl der Kirche am Herzen liegt, dürfen sich nicht damit abfinden, daß gelegentlich der letzthin notwendig gewordenen Überarbeitung der kirchlichen Vorschriften auch die letzte dürftige Erwähnung der Kapitel verschwunden ist, sondern müssen sich bereit halten, bei der ersten sich bietenden Gelegenheit die Kapitelsbruderschaften und die Synode wieder mit festumrissenem Wirkungskreis und weitausgedehntem Arbeitsfeld in die Kirchenordnung einzubauen. Es würde damit nicht nur eine Dankesschuld abgetragen und unserer Kirche ein Ehrenkranz mehr erworben, sondern zur Festigung und Auferbauung unserer evangelischen Kirche A. B. Wesentliches beigetragen werden.

Literatur

Für diese Untersuchung wurden eingesehen:

Johann F a b i n i : Recht und Brauch der ev. Landeskirche A. B. in Siebenbürgen, Hermannstadt, 1882.

Karl F a b r i t i u s : Urkundenbuch zur Geschichte des Kisder Kapitels vor der Reformation. Hermannstadt 1875.

Friedrich M a r i e n b u r g : Gedenkbuch des Bogeschdorfer Capitels. Archiv N.F. 19 (1884), S. 30-77.

Georg M ü l l e r : Die deutschen Landkapitel in Siebenbürgen. Archiv 48 (1935).

Andreas Scharsius: Ordinata digestio. Handschrift Im Universitätsarchiv in Hermannstadt. [mehrere Fassungen: STAH: Ordinata digestio status saxo-ecclesiastici in Transilvania. 1705, STAH: MS Varia, I 24, II 29, II 49, II 48, II 165, II 174, III 26]

Gustav Adolf Schuller: Das Lassler Kapitel. In: Archiv 30 (1901), S. 97-138.

Richard Schuller: Der evangelisch-sächsische Pfarrer in seiner kulturgeschichtlichen Bedeutung, Schäßburg 1930. [Nachdruck: Der siebenbürgisch-sächsische Pfarrer. Eine Kulturgeschichte. Köln, Weimar, Wien 2003 (= Schriften 27).]

Gustav Seiwert: Die Bruderschaft des heiligen Leichnams in Hermannstadt. In: Archiv N.F. 10 (1872), S. 314-360.

Friedrich Teutsch: Geschichte der ev. Kirche in Siebenbürgen. 2 Bde. Hermannstadt 1921/22.

Friedrich Teutsch: Georg Daniel Teutsch. Geschichte seines Lebens. Hermannstadt 1909.

Friedrich Teutsch: Beiträge zur sächsischen Kirchengeschichte. Archiv 40 (1921), S. 303-347.

Georg Daniel Teutsch: Das Zehntrecht der ev. Landeskirche A. B. in Siebenbürgen. Schässburg 1858.

Georg Daniel Teutsch: Urkundenbuch der ev. Landeskirche A. B. in Siebenbürgen. Hermannstadt 1862.

Verhandlungen der General-Synode der ev. Kirche A. B. in Siebenbürgen. Hermannstadt 1870.

Franz Zimmermann: Die Zeugenreihe in den mittelalterlichen Urkunden des Weißenburger Kapitels. In: Archiv N.F. 21 (1887), S. 121-160.

DER MEDDEM.
EIN ORTSGESCHICHTLICHER BEITRAG

Von Hans Scheerer

Über den Meddem schreibt Friedrich Teutsch[1] Folgendes:

„Das Wort wird auf das Lateinische medimnum (auch medimnus) Scheffel zurückgeführt. Es war der Zins, der bei Rodungen gezahlt wurde, ein fränkischer Rechtsbrauch, der das ganze Moselgebiet beherrschte. Er trug dort in der Regel die siebente Garbe. Nach der Kulmer Bestimmung von 1223 machte die Getreideabgabe von der Hufe einen Scheffel Weizen und einen Scheffel Hirse aus, und zwar dort an Stelle des dem Bischof zustehenden Zehntens. Bei uns hatte die Abgabe eine etwas andere Form erhalten. Es war eine Zinsabgabe an die Kirche, und zwar in der Regel von einem Joch Acker, nur Acker war Meddemland, jährlich ein kleiner Kübel (ungefähr ¾) Korn oder Hafer, je nachdem wie das Land bebaut war, im Brachjahr nichts. Und zwar scheint – bei dem Mangel an urkundlichen Nachrichten sind wir auf Rückschlüsse angewiesen – der Gang dieser gewesen zu sein: Bei der Ansiedlung erhielt jeder Hof den gleichen Teil, wohl ein Joch, von dem als Bestiftung der Kirche ausgeschiedenen Ackerland, mit der Verpflichtung, den Meddem, den obigen Zins, an die Kirche zu geben. Dieses Land gehörte der Kirche, war aber unlösbar dem betreffenden Hof zugewiesen, mit dem es weiter vererbt wurde. Es konnte nicht veräußert werden. Es ist sicher, daß ursprünglich jeder Hof mit so einem Meddemland versehen war und charakteristisch blieb, daß der Meddem, auch als der Mais an Stelle des Hafers und der Hirse trat, doch nur in der alten Fruchtgattung, Korn und Hafer, entrichtet wurde.

Diese Meddemländer, bei denen der alte Rodzins noch durchschimmert, wurden später auch durch Schenkungen vermehrt, wobei inzwischen das Wort Meddem die allgemeine Bedeutung Zins angenommen hatte. Vorhandene Meddemregister in den einzelnen Gemeinden gehen nur bis ins 16. Jahrhundert hinauf. [...] Natürlich besaßen die Kirchen auch andern Grundbesitz, den sie nach Belieben voll auszunützen in der Lage waren und den sie tatsächlich so wie sie wollten, besser verwerteten. Daß übrigens Meddemländer, für die in späterer Zeit vielfach eine Ablösung der alten Naturalabgabe in Geld erfolgte, auch von Gemeinde wegen neu geschaffen wurden, besagt die Aufzeichnung aus Trappold aus dem Ende des 17. Jahrhunderts: [...]"

Aus dem 19. Jahrhundert berichtet Teutsch über die Meddemländer:[2]

„Vergebens wurde angeordnet, die Meddemländer an den Meistbietenden zu verpachten, das Rechtsverhältnis lag doch nicht ganz so einfach."

---

[1] Friedrich T e u t s c h : Geschichte der evangelischen Kirche in Siebenbürgen. Bd. I. Hermannstadt 1921, S. 165.

[2] Friedrich T e u t s c h : Geschichte der evangelischen Kirche in Siebenbürgen. Bd. II. Hermannstadt 1922, S. 421.

(Hier ist gedacht an die Anordnung des Oberkonsistoriums Z. 321A857.)

Obige Skizze über Wesen und Geschichte des Meddems aus der Feder eines
Kundigen wurde vorausgeschickt, weil sie gleichsam eine Fliegeraufnahme
des Feldes bietet, das wir nun durch eine Fußwanderung etwas konkreter
kennenlernen wollen.

Solche „Fußwanderungen" (um im Bilde zu bleiben) könnte man durch das
Material jeder Ortsgeschichte machen: denn so allgemein und zäh hat sich die
aus uralten Rechtsvoraussetzungen stammende Erscheinung des Meddems
bei uns bis in die neueste Zeit durchgesetzt. Man würde dabei vermutlich im
allgemeinen übereinstimmende Beobachtungen machen. Hier soll das Material
der Ortsgeschichte der ev. Kirchengemeinde Pretai verarbeitet werden. Die
Frage lautet also: Was erfahren wir über den Meddem aus dem geschichtlichen
Material der Kirchengemeinde in Pretai?

In dem Präsentationsvertrag, betreffend Pfarrer Johannes Fabini vom 18. November 1623, ist im 4. Punkt das Folgende vereinbart worden:

> „Jährlich sol der Pfarrer die Gemein am Palmsontag auff den Pfarrhoff thuen
> zusammen kommen, damit alda der Kirchen-Meddem durch die Kirchen
> Vaeter möge gesamlet werden".[3]

Hier befindet sich auch ein nach Hauswirten geordnetes

> „Register über das Kirchenland, wie viel ein ieder unter sich hat, und wie viel
> ein ieder Palmarum schuldig ist zu erlegen."

In diesem Register sind 33 Hauswirte verzeichnet. Das, was die einzelnen Wirte
„unter sich" haben, weicht im Ausmaß sehr stark voneinander ab. Einige haben
über 6 Joch, andere nur 1 Joch. Wenn man die schadhaften Stellen des Verzeich-
nisses per analogiam rekonstruiert, kommt man zu dem Ergebnis: viel Grund,
geringer Ertrag. Es handelt sich nämlich um 83 Joch mit einem Gesamtertrag
von 4,75 fl.

Das 83 Joch umfassende „Kirchenland" ist in unserem Inventarium zweimal
verbucht: einmal unter dem Gesichtspunkt derer, die es bearbeiten (das oben
genannte Register der 33 Hauswirte) und dann unter dem Gesichtspunkt der
topographischen Ordnung (eine überaus ergiebige Quelle für alte Pretaier Ried-
namen!) Die etwas langatmige Überschrift dieses zweiten Registers beleuchtet
die Meddemfrage, wie folgt:

> „Kirchen-Länder [...] von welchen, uraltem Brauch nach [...] der Medem [...]
> der Kirchen zufällig ist."

---

[3] Der genannte Präsentationsvorschlag ist enthalten in dem „Inventarium Ecclesiae
Parathiensis" aus dem Jahre 1676, dem ältesten Pretaier Kirchenbuch im Pretaier Kirchen-
archiv. [Heute liegt das Archiv der Kirchengemeinde Pretai im Archiv des Kirchenbezirks
Mediasch, das Inventar wird unter Signatur 301 geführt. Ein geringer Teil des Pretaier
Gemeindearchivs ist auch im Zentralarchiv der Ev. Kirche in Rumänien zu finden, wo
es unter Bestand Nr. 317 geführt wird.]

Das vorhandene Material bietet die Möglichkeit, den Schlüssel zu rekonstruie-
ren, der zur Berechnung dessen, „wie viel ein ieder Palmarum schuldig ist zu
erlegen", angewendet worden ist:

Für 1 Joch Acker oder Wiese ....5 Denar,
für 1/2 Joch Acker oder Wiese ....3 Denar,
für 1/2 Joch Hanfland ....5 Denar,
für 1/4 Joch Weingarten ....10 Denar.

Wir sehen also, daß in diesem Schlüssel außer dem Flächenausmaß auch der
Ertrag der Meddem-Länder einigermaßen Berücksichtigung fand.

Bemerkenswert ist auch, was in dem Pretaier Kirchenbuch von 1676 über
das Eigentums- bzw. Besitzrecht dieser Meddem-Länder aufgezeichnet ist:

> „Die droben Verzeichnete, sind solcher gestalt an die Kirche gegeben worden:
> daß der Medem jährlich davon an die Kirche gehen, die länder aber solten
> denen legierenden Erben und freunden nicht entzogen werden. Hat also der
> Pastor mit d. Kirchen-Vätern über dieselbige länder nichts zu dispensieren."

„Dispensieren" heißt also in diesem Zusammenhang soviel wie „verfügen".
Und zwar verfügen bezüglich die Wahl eines Pächters, Hälftlers oder gar über
Bearbeitung in eigener Regie der Kirche. Es handelt sich also um Länder, deren
Eigentümerin die Kirche bzw. Kirchengemeinde ist, deren Besitzer jedoch Erb-
pächter sind.

Über den Ursprung dieses Eigentums wird man um so vorsichtiger urteilen,
als es sich um eine „uralte" Angelegenheit handelt. Jedenfalls hat sich in dem
Wachstumsprozeß dieses kirchlichen Vermögensteiles eine Reihe von „legie-
renden Erben" als Mehrer dieses Kircheneigentums eingeschaltet. In *einem*
Falle können wir dies direkt nachweisen:

> „Anno 1779 d. 12- t. Aprill legiret Mechel Neckel 1 Erdoch Land an die Kirche
> nehml. beym Stokbrunnen."

Es ist die letzte – zusätzliche – Eintragung in der topographischen Meddem-Liste.
Die in Frage stehenden Pretaier Meddem-Länder hatten zur Zeit ihrer Inventarisierung einen recht verwickelten Schlüssel zur Berechnung der zu ihren Lasten
gehenden mancherlei Abgaben. Der Ortspfarrer, die Kirchengemeinde und der
Landesfürst hatten ihre berechtigten Forderungen. Der Zehnte wurde zwischen
Pfarrer und Landesfürst im Verhältnis ¾ zu ¼ geteilt. Die Kirchengemeinde
aber erhielt:
a) den ganzen Meddem,
b) den Natural-Zehnten von der Zehntquarte des Fürsten.

So kommt denn eine Gleichung zustande, die in die Überschrift des topographischen Meddem-Verzeichnisses eingearbeitet ist; eine Gleichung, deren
Lösung soeben gezeigt wurde. Die verwickelte Überschrift lautet, wie folgt:

> „Verzeignuß deroselbiger Örter, darinnen diejenige Kirchen-Länder zufinden,
> von welchen, uraltem Brauch nach, aus des H. Pastoris Theil-Quarten nur der
> Medem, aus des Fürsten Theil-Quart der Medem und auch der Zehenden der
> Kirchen zufällig ist."

Nun zurück zur Teilfrage: Meddem! Daß die Erbpächter durch starke Rechtsgefühle besonderer Art mit den betreffenden Meddem-Ländern verbunden waren, geht ja schon aus der Tatsache hervor: sie erhielten uralte Rechtsame in einer ganz veränderten Rechtsatmosphäre bis tief in das 19. Jahrhundert hinein! Daß eine Verletzung dieser eigenartigen Rechtsgefühle böse Folgen nach sich zog, darauf weist eine an die Adresse der Amtsnachfolger gerichtete Warnung des Pfarrherrn, der die 1676er Inventarisierung durchgeführt hatte. Er schreibt, da er ja die Amtsbrüder vor Augen hatte, im Unterschied zu der in deutscher Sprache abgefaßten Inventaraufnahme nunmehr lateinisch:

> „Itaque de industria isthaec adjeci, ut ne, sicuti hactenus saepe factum, inter Dn. Pastorem vel Ministrum et auditores, ptr. prioris generis Ecclesiae agros, altercationes atque rixae sine scandalo exoriantur." [Übersetzung: Darum habe ich mit Absicht dies erwähnt, daß nicht, wie es bis jetzt oft geschehen ist, zwischen dem Herrn Pfarrer oder Prediger und den Gemeindegliedern wegen der erstgenannten Art der Kirchenäcker Streit und Hader – was nicht ohne Ärgernis abgeht – entstehen.]

In Befolgung dieser Vorsicht werden denn in dem Verzeichnis der 33 Erbpächter verschiedene Veränderungen folgerichtig in Evidenz gehalten. Z.B.: „Aus diesin kriegt Jacobus, sein Sson, ½ Erdoch bey den Eychin. Auff der Huele auch einen halben Erdoch." Oder: „Auß diesin Erben nimpt Anno 1693 Dnica Palmarum Andreas Ganther die Hälfte, die andere Hälfte der Kant[o]r Andreas."

Im Meddem-Register jener 33 Wirte findet sich gegen Ende der Satz: „Etliche, so … den gewöhnlichen Kirchengroschen neml. den. 5 zu geben schuldig seyn." Das Register weist allerdings nur zwei Personen aus, die je 5 Den. „schuldig seyn". Immerhin dürfen wir daraus vielleicht einen Hinweis darauf entnehmen, daß der geringe Erbzins von 5 Denar ursprünglich tatsächlich mit jedem (!) Hofe verbunden war und so als Minimalabgabe empfunden wurde, der sich niemand entziehen durfte („Gewöhnliche Kirchengroschen").

Da das Wort „Meddem" neben dieser alten Bedeutung im Sinne von Erbzins im 17. Jahrhundert schon eine allgemeinere im Sinne von „Pacht" überhaupt hatte, waren ja leicht unangenehme Verwechselungen möglich. In Pretai gab es (wie auch sonstwo) im 17. Jahrhundert noch eine zweite, ganz andere Art von „Meddem"-Ländern. Ich zitiere wieder das Pretaier Kirchenbuch aus 1676:

> „Was aber d i e s e Kirchenländer betrifft mit denen mag Dn. Pastor cum Aedituis machen was er wil, nur daß der Medem, (d.[enar] 5) gleich wie von jenen, der Kirchen nicht entzogen werde."

Als Überschrift über diese 11 Parzellen im Gesamtausmaß von schätzungsweise 9¾ Joch ist zu lesen: „Uralt und bleibend Kirchen Erbe, darüber der Pastor sampt den Kirchen-Vätern zu dispensieren haben." Hier handelt es sich also um den Grund, den wir heute als „Kirchengrund" ansprechen würden. Über diesen Grund darf die Leitung der Kirchengemeinde (abgesehen von der unbedingt zu leistenden Minimalabgabe von 5 Denar pro Joch) nach Gutdünken verfügen. Dieser Grund ist an keinen Erbpächter gebunden. Der rechtskundige Pfarrherr

kommentierte im Zusammenhange seiner (oben zitierten) wohlmeinenden Warnung an seine Amtsnachfolger also:

„Huius distinctionis ratio est, parti, a n t i q u a consvetudo cum traditione,
partim Ecclesiae agrorum praemissi tituli, qui praedictam illam distinctio-
nem implicite continent." [Übersetzung: Der Grund dieser Unterscheidung
liegt teils in altem Gewohnheitsrecht, das überliefert wurde, teils handelt es
sich um Kirchenäcker, deren vorausgeschickte Rechtstitel die obengenannte
Unterscheidung in sich enthalten.]

Aufgrund der spärlichen Quellen sind wir nicht in der Lage, eine Verhältnisbe-
stimmung zwischen den Flächenausmaßen des primären und sekundären Pretaier Kirchengrundes durchzuführen, ja nicht einmal abzuschätzen. Unter „primär"
ist an das zu denken, was Teutsch in den oben zitierten Worten zusammenfaßt:

„Bei der Ansiedlung erhielt jeder Hof den gleichen Anteil, wohl ein Joch,
von dem als Bestiftung der Kirche ausgeschiedenen Ackerland, mit der Verpflichtung, den Meddem, [...] an die Kirche zu geben [...]. Es ist sicher, daß
ursprünglich jeder Hof mit so einem Meddemland versehen war."

Unter „primär" wäre auch zu denken an den Teil „von dem als Bestiftung der
Kirche ausgeschiedenen Ackerland", der nach Abzug der auf die Höfe verteil-
ten Meddem-Joche der Kirchengemeinde zur Verfügung (im engeren Sinne)
geblieben. Unter „sekundär" wäre an das durch Schenkungen etc. erweiterte
Flächenausmaß des Kirchenvermögens nach der Ansiedlung zu denken.

Unauflösbar bleibt ferner folgende Tatsache: Es gab (1676) in Pretai „Etliche, so außer diesem (nämlich den auf die Meddem-Ländereien entfallenden
Meddem-Beträge) den gewöhnlichen Kirchengroschen, nehml.[ich] d.[enar]
5. zu geben schuldig seyn." Es bleibt die Frage unbeantwortet: Warum nur
„etliche"? (Es waren nur zwei Wirte.)

Die von Friedrich Teutsch zitierte Anordnung des Oberkonsistoriums von
1857, die Meddemländer an die Meistbietenden zu verpachten, verkannte
die zähe Wurzel der Rechtsgefühle, die mit den Meddem-Ländern selbst im
19. Jahrhundert noch verbunden waren. Zudem machte sie sich einer Rechtser-
schleichung schuldig, vor der der Pretaier Pfarrer 1676 seine Nachfolger warnt:

„Es ist zu wissen und wohl in acht zu nehmen, daß zweyerley Kirchen-Länder
allhier sind."

„Addo, quod et vicina Etzellensis Ecclesia tales diversi generis agros habeat".
[Übersetzung: Ich füge hinzu, daß auch die benachbarte Hetzeldorfer Kirchengemeinde solche verschiedenartige Äcker besitzt.]

Als das erwähnte Rundschreiben ausging, bezahlten die Pretaier noch regelmäßig
ihre Meddem-Beträge. Die Kirchenrechnungen weisen unter den Einnahmen den
„Palmsonntags-Medem" im Betrage von 4 fl. 15 kr. regelmäßig aus.

In den Generalkirchenvisitationsberichten des Bischofs Georg Daniel Teutsch
aber lesen wir: „in Pretai hatten die guten Leute den Medem seit etwa 6 Jahren
allmählich ‚versickern' lassen".[4] Diese Feststellung hatte der Bischof am 12. August 1880 gemacht. Die daraufhin erfolgte Aufforderung an das Presbyterium,

---

[4] Die Generalkirchenvisitationsberichte. Hermannstadt 1925, S. 355.

„Aufklärung wegen Abschaffung der Meddemgelder" zu erteilen, beantwortet dies einfach durch den Hinweis auf den Gemeindevertretungsbeschluß vom 17. Januar 1874, worin es heißt:

> „Praeses trägt der gr. Gv. [größeren Gemeindevertretung] vor, sich über den Gegenstand aussprechen zu wollen, wie dem Übelstand der uneinbringlichen Meddem-Gelder abzuhelfen sei, da die Aecker, für die dieser Betrag gelte, theils an andere verkauft worden wären, theils aber auch nicht mehr recht zu wissen sei, wem man eigentlich den erwähnten Betrag zu verlangen habe. Zum Zweck der uneinbringlichen Meddem-Gelder schenkt der Fond für arme Schulkinder nach Beschluß der gr. Gv. vom 17. 1. 1874 den Betrag von 174 fl. 10 kr."

In den Kirchenrechnungen des 19. Jahrhunderts versteht man in Pretai unter „Medem" immer den „Palmsonntags-Medem". Vollständig ist der „Palmsonntags-Medem" noch im Jahr 1864 eingehoben worden. Seither datiert das allmähliche „Versickern". Und seit dem Abschreibungs-Beschluß von 1874, der eine uralte Einrichtung einfach liquidierte, brauchte niemand mehr – wie es im Kirchenbuch von 1676, also 200 Jahre vorher, verzeichnet worden – „zuwissen und wohl in acht zunehmen, daß zweyerley Kirchen-Länder allhier sind". Es gab hinfort nur noch einerlei Länder. Die 83 Joch aber, die 1676 in einem Doppel-Verzeichnis als „Kirchen-Länder" inventarisiert worden waren, versanken wie ein von reißenden Wassern unterwaschener Baum in den Fluten des eindeutigen Rechtsgefühles einer neuen Zeit. Die Rechtsentwicklung hatte schon seit langem ein neues Flußbett gegraben. In diesem aber mußte auch der seltsame Meddem-Baum, Zeuge uralter Rechtsüberlieferung, früher oder später verschwinden.

ANFÄNGE VON DONNERSMARKT UND DER SOG. „VIERDÖRFER-SURROGATIE"

Von Hellmut Klima

Die außerhalb des Königsbodens liegende sächsische Ortschaft Donnersmarkt in Siebenbürgen ist schicksalsmäßig mit den Dörfern Schoresten, Scholten und Abtsdorf sehr eng verbunden und bildete mit diesen die sogenannten „Vierdörfer-Surrogatie". Während anfänglich die drei genannten Orte weniger als selbständig handelnde Siedlergemeinschaften urkundlich in Erscheinung treten, geben uns die Urkunden über Donnersmarkt ein aufschlußreiches Bild.

Erstmals erscheint Donnersmarkt 1263 unter dem Namen „Munora" in der Geschichte. König Stefan der Jüngere verleiht diesem Ort, zusammen mit andern, seinem Getreuen dem Magister „Jule", dem Sohn des verstorbenen Bans Ladislaus. Wahrscheinlich noch seit 1241, dem großen Mongolensturm, ist die Ortschaft wüst und unbewohnt, entblößt von den ursprünglichen Bewohnern. Sie gehörte zu den *terras udvarnicorum* des ungarischen Königslandes. Es ist darunter wahrscheinlich Land zu verstehen, das von königlichen Beamten (Hofleuten) verwaltet wurde. Mit der Verleihung wird Königsland in Adelsboden umgewandelt.[1]

Die Ortschaft ist jedoch nicht in den Händen eines Adligen geblieben, sondern ist Kirchenbesitz geworden.

1320 ist Donnersmarkt in den Händen des Abtes von Egresch. Vor dem Woiwodalgericht nämlich gewinnt Herbord, der Sohn des Blasius, einen Prozeß wegen einem Landstrich der Nachbargemeinde Wéza, gegen den Abt von Egresch. Dieser Landstrich wird hier von Donnersmarkt abgegrenzt. Wenn nun der Egrescher Abt der Verlusttragende war, muß er eben Donnersmarkt damals schon besessen haben.[2]

In einer undatierten Urkunde von König Karl Robert, in der die Egrescher Abteibesitzungen aufgezählt werden, ist Donnersmarkt noch nicht erwähnt, woraus zu schließen ist, daß es etwa zwischen 1308 (tatsächlicher Regierungsantritt Karl Roberts) und 1320 Abteibesitzung geworden ist.[3]

---

[1] Ub. Bd. 1, Nr. 102, S. 90.
[2] Ub. Bd. 1, Nr. 370, S. 343.
[3] Ub. Bd. 1, Nr. 328, S. 301.

Die Abtei von Egresch lag westlich von Arad, am Mieresch, und gehörte zur bischöflichen Diözese von Tschanad. Der bischöfliche Grundherr ist somit sehr weit von seinem Besitz wohnhaft gewesen, was sich vielfach günstig für die deutschen Dörfer der Abtei auswirkte. Der Abt wird schon 1225 als päpstliches Kommissionsmitglied in dem Streit zwischen dem ungarischen König und den deutschen Rittern des Burzenlandes, genannt.[4] Die Abtei ist vom Benediktinerorden gegründet worden.[5]

1336 findet eine Grenzbegehung der Nachbargemeinde von Donnersmarkt, der Weißenburger Kapitelsbesitzung Groß-Schergied statt. Eine geistlich-weltliche Kommission, bestehend aus Vertretern des Königs und des Großwardeiner Kapitels grenzen das Gebiet von Groß-Schergied gegen die Nachbarbesitzungen ab. Im Tal des Bächleins, das durch Groß-Schergied fließt, gelangt die Kommission zu einem Brunnen, im Hatterteil, der gegen Donnersmarkt zu gelegen ist. Dort erscheinen Nikolaus, Albert und Peter von Donnersmarkt, Söhne des Blasius, zusammen mit 12 Geschworenen ihres Ortes und legen Protest ein, im Namen des Egrescher Abtes gegen die Besitzergreifung eines Landstriches. Den Abt von Egresch bezeichnen sie als „ihren Herrn". Aus den Namen der Vertreter von Donnersmarkt ist klar ersichtlich, daß es sich um deutsche Bauern handelt. Die drei namentlich aufgezählten Söhne des Blasius, werden „Hannen" (*villici*) genannt. Das Dorf muß volkreich gewesen sein, wenn drei Hannen und 12 Geschworene dasselbe vertreten. Die Kommission lädt Kläger und Beklagte vor das Woiwodalgericht.[6] Die ganze Gemeinde (*tota communitas villae Munerad*) protestiert gegen den Rechtseingriff, heißt es in der Urkunde, woraus wir auf eine festgefügte bäuerliche Gemeinschaft schließen können.[7]

Der Streit zwischen dem Weißenburger Kapitel und dem Abt von Egresch um den Hatterteil zwischen Donnersmarkt und Groß-Schergied war noch nicht beendet. Als 1366 wiederum eine Grenzbegehung der Kapitelsbesitzung Groß-Schergied gegen Donnersmarkt zu vorgenommen werden sollte, protestieren gegen die Grenzziehung der Gref Nikolaus und der Richter Nikolaus von Donnersmarkt im Namen ihres Herrn, des Abtes Alard von Egresch. Die Parteien beschuldigen sich vor dem Woiwodalgericht gegenseitig der Grenz-

---

[4] Ub. Bd. 1, Nr. 46, S. 38.

[5] Ub. Bd. 1, Nr. 53, S. 45.

[6] Ub. Bd. 1, Nr. 525, S. 477.

[7] Im Ub. 1, Nr. 304, S. 232 ist eine Urkunde veröffentlicht, die fast genau denselben Inhalt aufweist, wie die obengenannte Urkunde Nr. 525 von 1336. Am Ende des Textes bei der Datierung heißt es aber: „millesiomo trecentisimo sexto" (1306). Da diese Urkunde nur als Abschrift aus dem 19. Jahrhundert vorliegt, ist einfach an einen Abschreibefehler zu denken, durch den statt 1336 nur 1306 abgeschrieben wurde. Der in beiden Urkunden als Zeuge erwähnte Woiwode Thomas hat erst von 1322 bis 1342 amtiert, kommt also für 1306 nicht als Zeuge in Frage. Damals war noch der gewalttätige Woiwode Ladislaus im Amt. M. W e r t n e r : Die Wojwoden Siebenbürgens im vierzehnten Jahrhundert. In: Archiv 29 (1899), S. 114-155, hier S. 116, 123. Außerdem ist Donnersmarkt 1306 noch gar nicht Abteibesitz gewesen.

verletzung. Es werden nun beide Teile zur Vorlage von Eigentumsurkunden verhalten. Bei der nächsten Verhandlung erscheinen die Vertreter des Kapitels mit vielen Urkunden, aus denen sie ihr Besitzrecht ableiten, während der Abt von Egresch erklärt, im Besitz von alten Urkunden aus der Zeit des Königs Andreas II. zu sein, diese aber wegen Hochwassergefahr nicht mit sich zur Verhandlung zu nehmen gewagt hatte. Es wird ihm ein weiterer Termin zur Vorlage der Urkunden anberaumt. Das Gericht ist der Meinung, daß der Abt den Prozeß in die Länge ziehen will. Da bei der nächsten Verhandlung, 1367, Gref Nikolaus als Vertreter des Abtes keinerlei rechtskräftige Urkunden vorlegen kann, spricht das Woiwodalgericht das strittige Hattertstück dem Weißenburger Kapitel zu. Der Vize-Woiwode als Vorsitzer dieses Gerichtes beauftragt nun das Kapitel von Kolozsmonostor die Einführung des strittigen Hattertstückes in den Besitz des Weißenburger Kapitels vorzunehmen, die Grenzen gegen Donnersmarkt zu neu festzusetzen und neue Hatterthaufen aufheben zu lassen. Ein eventueller Protest des Abtes von Egresch sollte nicht mehr in Betracht gezogen werden. Gleichzeitig sollte der Hattertteil ausgemessen und wertmäßig eingeschätzt werden.[8]

Als nun die Grenzbegehungskommission am 1. Juli 1367 bestehend aus Adligen und Geistlichen des Kolozsmonostorer Klosters auf dem Gebiet zwischen Groß-Schergied und Donnersmarkt sich einfindet um die neuen Hatterthaufen aufzuwerfen, da sind sämtliche Bauern aus Donnersmarkt („universi populi seu hospites de ipsa villa Monora") ebenfalls bewaffnet an Ort und Stelle. Die Kommission wird in ihrer Arbeit unterbrochen und verjagt. In Todesangst (*metu mortis*) flieht die Kommission vor den erregten Bauern.[9] Trotz dieses bewaffneten Widerstandes stellt der Vize-Woiwode dem Weißenburger Kapitel eine Besitzurkunde aus.[10]

Die Sachsen von Donnersmarkt haben sich den Boden nicht nehmen lassen. Sie betrachteten ihn als Eigentum ihres Herrn, des Egrescher Abtes. Die Wiesen wurden gemäht und das Heu eingeführt. Die Jobagyen von Groß-Schergied waren, wenn sie diesen Hattertteil betraten, ihres Lebens nicht mehr sicher. Die bereits aufgeworfenen Hatterthaufen wurden von den Bewohnern aus Donnersmarkt wieder entfernt und die aufgeworfene Erde wieder verteilt. Diesen Sachverhalt stellte eine Untersuchungskommission nach Befragung der Zeugen fest. Als nun die Bauern von Donnersmarkt befragt wurden, warum sie denn widerrechtlich die Hatterthaufen zerstört hätten, antworteten sie in zorniger Erregung, sie würden dieselben nicht nur einmal, sondern auch zweimal, dreimal oder gar zehnmal zerstören, wenn man sie wieder aufwerfen würde.[11] Der Streit wurde erst beendet als 1368 ein neuer Mann, Johann, Abt von Egresch wurde. Es kommt zu einem Vergleich. Nichts mehr

---

[8] Ub. Bd. 2, Nr. 897, S. 294-297.

[9] Ub. Bd. 2, Nr. 901, S. 299-300.

[10] Ub. Bd. 2, Nr. 902, S. 300-301.

[11] Ub. Bd. 2, Nr. 903, 904, S. 302-303.

ist von dem Widerstandswillen der Bauern zu merken. Auf einem Gerichtstag in Thorenburg erscheint der neue Abt persönlich, um sich mit den Vertretern des Weißenburger Kapitels zu vergleichen. Der Abt verzichtet auf das strittige Gebiet und stimmt zu, daß seine Untertanen aus Donnersmarkt als Gewalttäter abgeurteilt werden sollten, falls sie ohne Einwilligung des Weißenburger Kapitels noch weiter das Gebiet benützen würden. Für den erlittenen Schaden sollte das Kapitel 200 Gulden erhalten. Das Kapitel andererseits gestattete den Bauern von Donnersmarkt, die Feldfrüchte des Jahres gegen eine Pacht und Ablieferung des Zehnten einzuernten.[12]

In diesem Streit fällt auf, daß die Bauern von Donnersmarkt mit ihrem Abt Alard, der wahrscheinlich ein Deutscher war, gemeinsam den Boden verteidigen. Der Abt läßt sich vom Grefen Nikolaus vertreten, woraus man auf den Gleichklang der Interessen schließen kann. Das Verhalten der Bauern ist nicht das von gedrückten Hörigen, sondern von freien Bauern, die nur in sehr losem Abgabeverhältnis zu der fernen Abtei stehen. Wie anders sind die Hörigen von Groß-Schergied, die sich tödlich bedroht fühlen.

Als der Nachfolger Alards, der Abt Johann, den Vergleich mit dem Kapitel durchführte, hat er sicherlich seine Bauern nicht gefragt, die hier auch nicht mehr *hospites* sondern *iobagiones* genannt werden.

Zur Egrescher Abtei gehörten auch die übrigen drei Dörfer der Surrogatie, Schoresten, Scholten und Abtsdorf. Sie sind sogar früher noch als Donnersmarkt als solche erwähnt.

König Karl Robert bittet in einer undatierten Urkunde die Sachsen von Hermannstadt, die Egrescher Abteibesitzungen in ihren Schutz zu nehmen. Es werden als solche erwähnt die Orte Abtsdorf (*villa Abbatis*), Scholten (*Salencen*), Schoresten (*Sorensten*) und ein Teil von Kleinschelken (*villa Salchelk*). Der Abt Egidius von Egresch hatte dem König persönlich geklagt, daß seine Besitzungen vom verstorbenen siebenbürgischen Woiwoden Ladislaus besetzt worden waren. König Karl, der sich als Beschützer der Kirche dazu verpflichtet fühlt, stellt ihm feierlich diese Besitzungen zurück und verspricht die Rechte der Abtei zu wahren. Die Sachsen von Hermannstadt sollen dann die Bewohner (*populos*) dieser Orte in ihren Schutz nehmen und vor fremden Eingriffen bewahren, damit diese der Abtei gegenüber ihren Verpflichtungen nachkommen können. Hermannstadt muß damals schon eine beachtliche Macht besessen haben, wenn der König ihm solche Ordnungsaufgaben zuweist. Die ungarischen Adligen der Umgebung haben immer wieder versucht, die Besitzungen der fernen Abtei an sich zu reißen, so daß sie zur Ordnung gerufen werden mußten. Die Bewohner dieser Orte sind sicher auch damals schon Deutsche gewesen, da sie unter den Schutz einer deutschen Stadt gestellt werden.

Die nicht datierte Urkunde stammt aus einer Zeit, als Donnersmarkt, das nicht genannt wird, noch nicht der Egrescher Abtei gehörte, sondern wahr-

---

[12] Ub. Bd. 2, Nr. 916, S. 314–315.

scheinlich noch in den Händen ungarischer Adliger war.[13] Die Ortschaft Klein-schelken ist nicht Abteibesitzung geblieben, sondern Königsboden geworden. Vergeblich versuchte der Egrescher Abt später Ansprüche darauf geltend zu machen.[14]

Die frühzeitige, engste Verbindung mit den Deutschen des Königsbodens steht somit fest. Möglicherweise sind die Orte durch Siedler entstanden, die als Bevölkerungsüberschuß aus dem Gebiet der Sieben Stühle wegwanderten. Der Name Abtsdorf und der ungarische Name von Scholten, Csanád, lassen uns schon bei der Besiedlung einen Einfluß der Egrescher Abtei annehmen.[15] Tschanád in Ungarn ist der Sitz des Bischofs gewesen, zu dessen Diözese auch die Egrescher Abtei gehörte.

Wenn die Vier Dörfer grundherrlicher Besitz der Abtei gewesen sind, so bedeutet das jedoch nicht, daß sie auch in kirchlicher Hinsicht ihm unterstellt gewesen sind. Wir finden sie in kirchlicher Gemeinschaft mit andern deutschen Siedlungen des Adels- und Königsbodens.

1309 wird Abtsdorf das erste Mal in dem großen Zehntprozeß genannt, den die sächsische Geistlichkeit mit dem Weißenburger Kapitel führen muß. Abts-dorf (*Hulduulach*)/Holdvilág gehört zum „Großkokler Archidiakonat" einem Vorläufer des späteren Bulkescher Kapitels.[16]

In den Registern des päpstlichen Steuersammlers zwischen 1332 und 1337 wird Donnersmarkt (*Chunradus de Munerad*) und Scholten (*Chanad*) zu den Ortschaften des Springer Kapitels gezählt (*decanatu de Spring*).[17] Schoresten (*Philippus de Camino* ungarische Übersetzung von kémény = Schornstein lati-nisiert) und Abtsdorf (*Johannes de villa Abbatis*) werden zum Schelker Kapitel (*decanatu de Selk*) gezählt.[18]

Nach der Reformation gehörten die Vier Dorfer als Surrogatie zum Schelker Kapitel.[19]

Unter König Sigismund bilden die Abteibesitzungen schon eine feste Einheit unter dem Schutz der Sieben Stühle. Die Bauern der Dörfer Donnersmarkt, Scholten, Abtsdorf und Schoresten (*Munera, Chanad, villa Abbatis, et Soristen*) haben sogar das Recht, zusammen mit dem Aufgebot der Sieben Stühle Kriegs-dienste zu leisten. Da aber die Adligen Ihnen dieses Recht streitig machten, bekräftigte es 1416 der König erneut und befiehlt dem Woiwoden die Vier

---

[13] Ub. Bd. 1, Nr. 328, S. 301. Da wir 1320 Donnersmarkt als Abteibesitzung nachge-wiesen haben, ist dies Jahr als terminus ad quem bei der Datierung dieser Urkunde anzusehen.

[14] Ub. Bd. 4, Nr. 1854, S. 88.

[15] Vgl. Franz M i c h a e l i s : Beiträge zur Siebenbürgisch deutschen Siedlungsgeschich-te. In: Deutsche Forschung im Südosten 2 (1943), S. 574.

[16] Ub. Bd. 1, Nr. 314, S. 240.

[17] Mon.[umenta] Vat.[icana] Hist.[oriam regni Hungariae illustrantia Ser.] I/126.

[18] Ebenda, I/144.

[19] Georg M ü l l e r : Die deutschen Landkapitel in Siebenbürgen und ihre Dechanten. [= Archiv N.F. 48] Hermannstadt 1934/1936, S. 95.

Dörfer der Egrescher Abtei vor Übergriffen der Adligen zu schützen.[20] Besonders in der Zeit der Sedisvakanz der Abtei Egresch waren die Abteibesitzungen verschiedentlichen Übergriffen der Adligen ausgesetzt. Öfter kam es vor, daß nach dem Tod oder der Versetzung eines Egrescher Abtes weltliche Machthaber sich die Besitzungen widerrechtlich aneigneten, die Bewohner mit Abgaben belasteten und aus den Händen der Abtei an sich zu reißen versuchten. Dieses berichtete dem König der Abt Emerich, der früher königlicher Kaplan [gewesen] war. Da der König dieser Abtei besonders gnädig gesinnt sein will, verbietet er 1417 selbst den höchsten Würdenträgern Siebenbürgens die Ausnützung der Vier Dörfer. In der Zeit der Sedisvakanz sollen die Deutschen der Sieben Stühle die Vier Dörfer vor allen Übergriffen schützen. Unter ihrem Schutz sollen die Bewohner dieser Orte der Abtei die vorgeschriebenen Abgaben leisten.[21]

Die Geschichte dieser Dörfer im Laufe des 15. Jahrhunderts ist voll des Kampfes um den Zusammenhang mit dem Verband der Sieben Stühle. Nicht nur gegen die Adligen der Umgebung mußten sich die Bauern schützen, sondern oft auch gegen den eigenen Grundherrn, den Abt. Wenn die Stelle des Abtes vakant war, vertrat der Bischof von Tschanád dessen Rechte. 1476 schrieb König Mathias an diesen, daß ihm durch die Sachsen zu Ohren gekommen sei, er wolle die Vier Dörfer von der Gemeinschaft der Sieben Stühle loslösen „trotz altverbriefter Rechte und Freiheiten" und einfach als Pfründe behandeln. Der König verbietet dieses dem Bischof von Tschanád, da die Abteibesitzungen, soweit menschliches Gedächtnis reicht, in Bezug auf Steuern, Heeresfolge und öffentliche Lasten stets mit den Sieben Stühlen verbunden gewesen seien.[22]

1488 mahnt wiederum der König den Egrescher Abt Martin, die Bewohner der Vier Dörfer nicht zu bedrücken. Seine Bedrückungen waren so arg, daß die Bewohner ihre Wohnstätten verließen, um zu fliehen. Die Abgaben, die der Abt zu fordern hatte, waren durch ihn bedeutend erhöht worden. Der König wußte wohl, daß ein Pergament geringen Eindruck auf den Abt machen würde und beauftragt die Sieben Stühle, die Bewohner der Vier Dörfer gegen diesen zu schützen. Damit war den Deutschen der Sieben Stühle das Recht eingeräumt, nötigenfalls mit Gewalt ihre Volksgenossen gegen Übergriffe des fremdnationalen kirchlichen Würdenträgers zu schützen.[23]

Besonders arg verletzten die Adligen des Weißenburger Komitates die Rechte der Vierdörfer im letzten Jahrzehnt des 15. Jahrhunderts. Immer wieder gingen vom Woiwoden und König Verbote gegen solche Bedrückungen aus. Besonders gern erhoben die Adligen von den Bewohnern eine Hoftaxe, udwarlopenz (ung.), genannt, um dadurch die Steuerlast der eigenen Untertanen zu verkleinern.[24] Auch durch eine Steuer vom 20ten per Hof fühlten sich die Sieben Stühle zur

---

[20] Ub. Bd. 4, Nr. 1794, S. 17-18.
[21] Ub. Bd. 4 Nr. 1827, S. 55.
[22] STAH: Urkundensammlung U II, Nr. 367. [Druck: Ub. Bd. 7, Nr. 4133].
[23] STAH: Urkundensammlung U II, Nr. 457 u. 458.
[24] STAH: Urkundensammlung U III, Nr. 78.

Klage berechtigt und erzwangen das Einschreiten des Woiwoden.[25] 1492 wird allen Adligen streng verboten, bei Steuereinhebung und Heeresaufgebot die Vier Dörfer den übrigen adligen Dörfern zuzuzählen.[26] Trotz allen Vernehmungen und obwohl König Wladislaw II. den Richtern, Geschworenen und Einwohnern der Vier Dörfer die Urkunde des Königs Sigismund von 1417,[27] durch welche diese in der Zeit der Sedisvakanz der Egrescher Abtei unter dem Schutz der Sieben Stühle standen, bestätigt hatte,[28] hörten die Irrungen mit dem Komitatsadel nicht mehr auf. Als die Steuereinnehmer des Komitates 1495 widerrechtlich Steuern einheben wollten, verweigerten die Bauern der Vier Dörfer deren Zahlung. Daraufhin wurden die Dörfer geplündert, wodurch großer Schaden entstand. Als der König davon erfuhr, trug er sogar dem Woiwoden auf, diese in Schutz aufnehmen.[29] Als Entschädigung für erlittenen Schaden wurde den Vier Dörfern aus Salzburg Salz im Werte von 100 Gulden zugesprochen.[30]

Die Obrigkeit der Sieben Stühle hat sich immer wieder für die Bewohner der Vier Dörfer eingesetzt. Sie entsandte 1495 einen ihrer Vertreter mit den Abgeordneten der Vier Dörfer zum Woiwodalgericht um Klage gegen Beraubung der armen Dörfer durch Adlige zu führen.[31] In ihrem Namen führt Andreas Doleator Klage vor dem Woiwoden gegen den Abt von Egresch, da dieser den Neunten erheben will.[32] Im Interesse der Vier Dörfer verhandeln zwei Vertreter der Sieben Stühle mit dem Abt von Egresch, der sich 1496 gerade in Donnersmarkt aufhielt.[33] Ja, sogar bis Tschanád gingen Vertreter der Sieben Stühle zu Verhandlungen.[34]

Nach der Einführung der Reformation wurde das kirchliche Vermögen säkularisiert. Auf diese Art kamen auch die Besitzungen der Egrescher Abtei an den siebenbürgischen Fürsten, der sie weiter an ungarische Adlige vergab. Damit beginnt ein neuer Abschnitt in der Geschichte dieser Dörfer.[35] Vergeblich versuchte die Obrigkeit der Sieben Stühle durch Verleihungsurkunden des Habsburgers Ferdinand sich in den Besitz dieser Orte zu setzen. Bis 1848 blieben sie ungarischer Adelsbesitz.

---

[25] STAH: Urkundensammlung U III, Nr. 509.
[26] STAH: Urkundensammlung U II, Nr. 514.
[27] Ub. Bd. 4, Nr.1827, S. 55.
[28] STAH: Urkundensammlung U II, Nr. 565.
[29] STAH: Urkundensammlung U II, Nr. 572 u. 574.
[30] STAH: Urkundensammlung U III, Nr. 110.
[31] Quellen zur Geschichte Siebenbürgens aus sächsischen Archiven Bd. 1. Rechnungen aus dem Archiv der Stadt Hermannstadt und der Sächsischen Nation ca. 1380-1515. Hermannstadt 1880, S. 184 u. 186.
[32] Ebenda, S. 190, 191.
[33] Ebenda, S. 218.
[34] Ebenda, S. 237.
[35] Rudolf Theil (Hg.): Michael Conrad von Heidendorf. Eine Selbstbiographie. In: Archiv N.F. 18 (1883), S. 180.

Zusammenfassend läßt sich feststellen, daß die Vierdörfer sich in einer eigenartigen rechtlichen Mittelstellung zwischen Freiheit und Untertänigkeit befanden. Der Abt von Egresch war weit weg und machte sich nur manchmal unangenehm bemerkbar. Die Deutschen der Sieben Stühle dagegen waren nahe und suchten den Zusammenhang mit diesen Dörfern sehr enge zu gestalten.

Es ist nicht ausgeschlossen, daß schon bei der Gründung der Gemeinden gewisse Rechte den Siedlern zugestanden worden sind. Donnersmarkt hat sogar Grefen an seiner Spitze, die wahrscheinlich als Führer zwischen Dorfgemeinschaft und Grundherrn standen.

Welcher Art die Abgaben der Dörfer an die Abtei gewesen sind, ist nicht feststellbar. Als der Grundherr die Dörfer als Pfründe behandeln will, wird dagegen protestiert, ebenso als er den Neunten erheben will. Wahrscheinlich haben die Bewohner ähnlich dem Martinszins, eine Geldsteuer abführen müssen.

Nicht nur die rechtlichen Verhältnisse, sondern das tatsächliche Verhalten der deutschen Bauern der Vier Dörfer im Laufe der Geschichte ist für die Beurteilung ihrer Vergangenheit entscheidend. Die ständigen Proteste gegen Rechtsbruch und der aktive Kampf um das Recht wie wir ihn besonders bei Donnersmarkt beobachten konnten, läßt uns die Bewohner als freiheitsliebende Bauern erkennen, die durchaus nicht die Charakterzüge von Leibeigenen aufweisen. Wie deutlich heben sich die unerschrockenen Donnersmarkter von den furchtsamen bischöflichem Hörigen von Groß-Schergied ab!

Das Bestreben nach engstem Zusammenhang mit den sächsischen Zentren in Siebenbürgen läßt uns schließen, daß der Kampf um die Erhaltung ihrer Art für die Bauern dieser Dörfer ein Lebensgrundsatz war.

THEOLOGIE UND BEKENNTNIS AUF SYNODEN DER EVANG.-SÄCHSISCHEN KIRCHE 1545-1578

Von Ludwig Binder

Der Altprotestantismus bis 1578

Einleitung

Die sonst so fruchtbare Geschichtsschreibung über die Siebenbürgische Sächsische Kirche hat bis jetzt der theologiegeschichtlichen Entwicklung in nachreformatorischer Zeit wenig Beachtung geschenkt. Die Arbeit von Adolf Schullerus: „Die Augustana in Siebenbürgen"[1] bricht mit dem Jahr 1572 ab. Sie gibt wohl einen Überblick über die theologische Entwicklung bis zu diesem Zeitpunkt, läßt aber die weitere Entwicklung außer Betracht. Dasselbe gilt auch für den zweiten Teil der Arbeit Erich Roths über die „Reformation in Siebenbürgen"[2]. Mit dem Kapitel: „Der Schlußstein" worunter ebenfalls die Ereignisse um die Synode und das Bekenntnis von 1572 zu verstehen sind, wird diese Arbeit beendet. Friedrich Teutsch hat in seiner „Geschichte der evangelischen Kirche in Siebenbürgen"[3] zwar viele Quellen verwendet, die sich auf diesen Zeitraum beziehen, konnte aber auf theologische Einzelfragen nicht näher eingehen. So sind denn auch die Berichte über die Synodalverhandlungen im Reformationsjahrhundert,[4] zum großen Teil unausgewertet geblieben.

Es wird nun in der vorliegenden Arbeit versucht, diese Lücke in der Forschung zu schließen. Diesem Anliegen kommen auch die Bestrebungen des lutherischen Weltbundes entgegen, der auf der Vollversammlung in Helsinki

---

[1] Adolf Schullerus: Die Augustana in Siebenbürgen. In: Archiv N.F. 41 (1923), S. 161-296.

[2] „Von Honterus zur Augustana". Göttingen 1944, mir im Manuscript zugänglich. [Druck: Erich Roth: Die Reformation in Siebenbürgen – Ihr Verhältnis zu Wittenberg und der Schweiz. II. Teil: Von Honterus zur Augustana. (= Archiv 4). Köln, Graz 1964.

[3] Friedrich Teutsch: Geschichte der evangelischen Kirche in Siebenbürgen. 2 Bde. Hermannstadt 1921-1922.

[4] Georg Daniel Teutsch: Urkundenbuch der evangelischen Landeskirche in Siebenbürgen [fortan UEL]. Bd. 2. Die Synodalverhandlungen der evangelischen Landeskirche im Reformationsjahrhundert. Hg. Landeskonsistorium der ev. Landeskirche A. B. in Siebenbürgen. Hermannstadt 1883.

1963 durch die theologische Kommission den einzelnen Gliedkirchen die
Beschäftigung mit ihren eigenen Bekenntnissen empfahl.[5] Nun steht für die
siebenbürgisch-sächsische Kirche fest, daß die zweite Hälfte des sechzehnten
Jahrhunderts die große Zeit ihrer Bekenntnisbildung war. Es fragt sich aber, ob
sie Bekenntnisse hervorbrachte, die den Anforderungen entsprechen, die heute
an ein lutherisches Bekenntnis gestellt werden. Zur Klärung dieser Frage sei
der grundlegende Vortrag Clifford Nelsons auf der Tagung des Lutherischen
Weltbundes über das Thema „Die eine Kirche und die Lutherischen Kirchen"
herangezogen.[6] Es heißt dort, daß die lutherischen Bekenntnisse ökumenische
Dokumente seien, die die Aufmerksamkeit nicht auf sich selbst, sondern mit
einer so klaren und unmißverständlichen Sprache wie nur möglich, von sich
selbst auf Christus lenken wollen. Gott habe die lutherischen Bekenntnisse zu
einem bestimmten Zweck geschaffen, habe aber deshalb das Luthertum nicht
zu einer ständigen Isolation bestimmt. – Legt man diesen Maßstab an die Bekenntnisse der siebenbürgisch-sächsischen Kirche an, so kann man feststellen,
daß sie keine Trennung wollen, sondern die Einheit der Kirche bekennen und
um das rechte Verständnis der evangelischen Wahrheit ringen. Das wird in
dieser Arbeit noch im Einzelnen zu zeigen sein.

Damit ist das Studium des Bekenntnisses und der Theologie in der siebenbürgisch-sächsischen Kirche auch in den Bereich der ökumenischen Forschung
hineingestellt. In seinem Buch „Kirchengeschichte in ökumenischer Sicht"[7]
erhebt Ernst Benz die Forderung, die bisherige Methode der Kirchengeschichts-
schreibung zu revidieren. Es habe sich in ihr „in einer oft völlig naiven und
unreflektierten Weise der Nationalismus bemerkbar" gemacht. Es fragt sich,
ob eine solche Revision der Geschichtsschreibung im Blick auf die siebenbürgisch-sächsische Kirche zu erfolgen hat. Sie ist wohl ihrer Struktur nach
„Nationalkirche Lutherischen Gepräges". Im Laufe der Entwicklung verschob
sich aber das Schwergewicht immer mehr nach der Richtung des Nationalen
hin, während der konfessionell lutherische Gesichtspunkt in den Hintergrund
trat. Die Geschichtsschreibung war an diesem Vorgang nicht unbeteiligt; so
kam es, daß die eigentlichen Bekenntnisgrundlagen nicht genügend beachtet
wurden. Wenn das hier nun geschehen soll, so in der Weise, daß die gesamt-
protestantische und darüber hinaus die ökumenische Perspektive stärker in
den Vordergrund tritt.

Überblickt man die verschiedenen Bemühungen der siebenbürgisch-sächsischen Kirche, ihre theologischen Anschauungen in festen bekenntnisartigen

---

[5] Empfehlungen der Theologischen Kommission. Arbeitsmappe der Teilnehmer
an der Vollversammlung. Helsinki 1963. [Vierte Vollversammlung des Lutherischen
Weltbundes 30. Juli bis 11. August 1963 in Helsinki unter dem Motto: „Christus heute".]

[6] Clifford N e l s o n : Die eine Kirche und die lutherischen Kirchen (Dokument Nr. 32).
In: Offizieller Bericht der Vierten Vollversammlung des Lutherischen Weltbundes. Helsinki, 30. Juli - 11. August 1963. Berlin, Hamburg 1965.

[7] Ernst B e n z : Kirchengeschichte in ökumenischer Sicht (= Ökumenische Studien 3).
Leiden, Köln 1961.

Formulierungen auszusprechen, so ist man zunächst auf den Zeitraum von 1572-1615 verwiesen. Es kommt in ihm nach der anfänglichen Vorherrschaft der Theologie des Melanchthon zur Verfestigung des Bekenntnisses im Sinne der lutherischen Hochorthodoxie wittenbergischer Prägung. Doch ist es nicht möglich, erst beim Jahre 1572 einzusetzen, ohne vorher die vorangegangene Zeit, in welcher es im Gespräch mit den protestantischen Gruppen Siebenbürgens zu einer Verselbständigung der sächsischen Kirche kam, zu berücksichtigen. Wiederum ist es offensichtlich, daß die eingeschlagene Richtung der Theologie und Bekenntnisbildung nicht mit einem bestimmten Datum abreißen kann. So gehen dieser eigentlichen Mitte der Bekenntnisbildung fünfzehn Jahre voraus, in welchen es zu Formulierungen vorwiegend über das Abendmahl und die Christologie kommt; wiederum folgt ihr ein Jahrzehnt, in welchem sich das Bekenntnis des Jahres 1615 gegen Angriffe zu verteidigen hat. Man kann aber die Linie nach rückwärts auch weiter ausziehen. Wenn auch die reformatorischen Kirchenordnungen der vierziger Jahre nicht ausdrücklich Bekenntnisschriften sein wollen, also etwa über die Schrift, die Rechtfertigung, das Abendmahl und Christus keine eindeutigen Aussagen machen, so sind die in ihnen enthaltenen Ordnungen und Aussagen doch nur auf Grund des reformatorischen Bekenntnisses möglich. Will man aber einen Schlußpunkt in der Entwicklung des Bekenntnisses finden, so kann man auf die Julisynode des Jahres 1666 verweisen. Sie beschließt, daß als öffentliches Bekenntnis allein die unveränderte Augsburgische Konfession zu gelten habe. Damit ist aber die Frage nach der Gültigkeit der Bekenntnisse gestellt, die auf den Synoden der siebenbürgisch-sächsischen Kirche bisher formuliert und angenommen worden sind. Sie können nicht anders gewertet werden als ein gemeinschaftliches Bezeugen der evangelischen Wahrheit zu einem bestimmten Zeitpunkt auf Grund der jeweiligen theologischen Lage.

Wenn nun in dieser Arbeit das theologische Reden und Bekennen in der zweiten Hälfte des 16. Jahrhunderts dargestellt werden soll, so müssen zunächst die Voraussetzungen geklärt werden, die für den ganzen Zeitraum des Altprotestantismus maßgebend gewesen sind.

Den Niederschlag der theologischen Arbeit aus dieser Zeit finden wir in den Synoden der Geistlichen wieder; die Abfassung der Bekenntnisse ist wiederum nicht möglich, ohne die gemeinsame Arbeit der auf den Synoden versammelten Geistlichen. So ist es möglich, sich Klarheit über die Tätigkeit der Synoden und ihre hauptsächlichsten Verhandlungsgegenstände, soweit sie theologische Fragen betreffen, zu verschaffen. Das führt zu einer kritischen Durchsicht der Synodalprotokolle und der sonstigen Berichte, die über die Synoden vorliegen, sowie zu einer Darstellung der hauptsächlichsten theologischen Fragen, die aufgegriffen worden sind. Die theologische Arbeit auf den Synoden führt zu Bekenntnissen, in welchen sich die zur Synode Versammelten auf Glaubensartikel einigen, die sie für die ganze Kirche als gültig anerkennen. Es ist also die Aufgabe gestellt, die Synoden der siebenbürgischen-sächsischen Kirche zu charakterisieren, die Überlieferung über sie kritisch zu sichten und die Ergebnisse der Verhandlungen, so ferne sie sich auf Theologie und Bekenntnis beziehen, darzustellen.

Die theologischen Anschauungen auf den Synoden sind aber bestimmt von der Theologie und Bildung derer, die an ihnen teilgenommen haben, also der Superintendenten, der Dekane und der abgesandten Pfarrer der einzelnen Kapitel. Es ist also nötig, ihren Bildungsgang, ihr Studium und ihre Theologie kennen zu lernen. Dabei sind nun nicht allein diejenigen Theologen maßgebend, die auf der jeweiligen Synode anwesend waren, sondern auch diejenigen, welche die allgemeine geistige Lage der siebenbürgisch-sächsischen Kirche beeinflußten. Es muß also festgestellt werden, welcher theologischen Schule die Pfarrer einer Generation angehörten und welche theologischen Richtungen zu gleicher Zeit vertreten wurden. Das kann nur geschehen, indem der Werdegang einzelner Persönlichkeiten mit besonderer Berücksichtigung ihrer theologischen Bildung und ihrer Äußerungen untersucht wird. Eine solche Untersuchung steht noch aus. Hermann Jekeli hat eine volkstümliche Darstellung über die Bischöfe der siebenbürgisch-sächsischen Kirche gegeben, aus der vieles auch in die theologische Arbeit herübergenommen werden kann. Doch zeigt sich bei einer näheren Betrachtung, daß durchaus nicht immer die Superintendenten der Kirche ausschlaggebend gewesen sind. Bei Mathias Hebler ist das eindeutig der Fall gewesen, aber schon Lukas Unglerus hat wegen seiner theologischen Haltung Schwierigkeiten, und vollends sind die Superintendenten am Beginn des siebzehnten Jahrhunderts nicht gleichzeitig die theologischen Führer der Kirche gewesen. Es sind besonders Theologen aus dem Hermannstädter und Kronstädter, aber auch aus andern Kapiteln, die, je nach ihrer Bildung und Fähigkeit, die Theologie und Bekenntnisbildung beeinflußt haben. Es wird nun versucht werden, auf Grund von Einzeldarstellungen ein Gesamtbild der theologischen Lage zu geben.

Dabei ist aber zu beachten, daß die siebenbürgischen Theologen abhängig waren von auswärtigen theologischen Autoritäten, von ihren Lehrern, die sie während ihres Studiums gehört haben, und von den Büchern, die sie gelesen hatten. Es wird also zu untersuchen sein, wie Melanchthon, Brenz, Hesshusius und andere an der Bildung der siebenbürgisch-sächsischen Theologie maßgebend beteiligt sind. Daß die entscheidende persönliche Autorität Luther selbst blieb, muß auch hervorgehoben werden. Es geht aber nicht bloß um die persönlichen Autoritäten, sondern um die Lehrmeinungen, die im Altprotestantismus miteinander rangen und in Siebenbürgen ihre Nachwirkungen gehabt haben. Wenn von auswärtigen Autoritäten gesprochen wird, so müssen auch die verschiedenen Bekenntnisse untersucht werden, und es muß festgestellt werden, seit wann, inwieweit und in welchem Ausmaße sie in der siebenbürgisch-sächsischen Kirche Gültigkeit hatten. Das gilt vor allem von den Problemen der Augsburgischen Konfession, der *invariata* und *variata*, von der *Confessio saxonica* aus dem Jahre 1553 wie auch von sonstigen Bekenntnisbildungen. In diesem Zusammenhang wird ein besonders wichtiges Problem der Streit über die Gültigkeit der Konkordienformel sein.

Neben diesen auswärtigen Autoritäten müssen aber auch theologische Autoritäten im Inland berücksichtigt werden. Sie sind allerdings nur insoweit Autoritäten, als sie das Lehrgut und das kirchliche Verhalten des Protestantismus wiedergeben und aufbewahren. Es ist dabei zu fragen, wie die Entwicklung des sächsischen Protestantismus vor der Mitte des 16. Jahrhunderts die Theologie und Bekenntnisbildung beeinflußt hat, also inwieweit Honterus und die Burzenländer Reformation wie auch die Durchführung der Reformation im übrigen Sachsenland in der Theologie und Bekenntnisbildung fortwirken, welchen Einfluß das Reformationsbüchlein und andere Schriften haben. Hinzu kommt, daß die Synoden selbst, durch ihre Übereinkünfte und Beschlüsse Autorität waren, so daß sich nun eine Tradition ausbildete, die beachtet werden mußte.

Ist somit das Traditionsbewußtsein ein Hauptmerkmal der theologischen Arbeit des sächsischen Altprotestantismus, so hängt damit die Verteidigung der reinen Lehre gegenüber dem, was als Irrlehre bezeichnet wurde, auf das engste zusammen. Jede Neuerung und Abweichung von der einmal als richtig erkannten Glaubensnorm, wird strengstens abgelehnt. Die theologische Arbeit der Synoden wird dadurch besonders angeregt, daß sie das Wächteramt gegen Umdeutungen und Verunstaltungen der reinen Lehre auszuüben hatte. Es geht dabei nicht bloß darum, die lutherische Lehre rein zu bewahren, sondern auch darum, das altkirchliche Bekenntnis gegen Angriffe, vor allem gegen solche der Sozinianer zu schützen. So erhält die theologische Arbeit eine ganz deutliche Zielsetzung: Die in der Schrift [des] Alten und Neuen Testamentes enthaltene Wahrheit, welche in den altkirchlichen Symbolen aufbewahrt worden ist und von Luther und den Mitreformatoren nach ihrer Verderbnis durch die römisch-päpstliche Kirche wieder an das Licht gebracht wurde, rein und unverfälscht zu bewahren.

Bei der Schilderung der theologischen Arbeit in dieser Zeit, darf aber nicht außer Acht gelassen werden, daß die weltlichen politischen Körperschaften ganz wesentlich Theologie und Bekenntnisbildung beeinflußt haben. Manche der Fürsten Siebenbürgens haben an der Arbeit der Theologie und Bekenntnisbildung der siebenbürgisch-sächsischen Kirche teil genommen. Das gilt zunächst von Johann Sigismund Zápolya, der durch die von ihm veranstalteten Disputationen der protestantischen Gruppen dazu beigetragen hat, daß zwei Superintendenturen in Siebenbürgen entstanden, eine lutherische sächsische und eine reformierte ungarische, und der schließlich ein Förderer der Sozinianer wurde und so die Entstehung einer dritten protestantischen Kirche ermöglichte. In ganz anderem Sinne hat sein Nachfolger, der katholische Stephan Báthory, die Bekenntnisbildung beeinflußt: Sein ausdrücklicher Wunsch, die evangelisch-sächsische Kirche möge die unveränderte Augsburgische Konfession annehmen, förderte die Festigung des Luthertums in ihr, und seine Gegnerschaft zu den Antitrinitariern, die auch seine politischen Gegner waren,

ließ in der theologischen Arbeit innerhalb der sächsischen Kirche die Fragen
der Dreieinigkeit und der Christologie besonders akut werden. Gabriel Bethlen
aber, der als reformierter Fürst ein großes Interesse daran hatte, daß sich die
sächsische evangelische Kirche nicht auf die Theologie der Konkordienformel
festlege, die die Einheitsbestrebungen innerhalb des Protestantismus zerschlug,
hat auch maßgebend in die theologische Arbeit der Synoden eingegriffen. Zu
den weltlich-politischen Einrichtungen, die auf die Theologie und das synodale
Leben Einfluß nahmen, sind auch die Landtage von Siebenbürgen zu zählen,
welche oft den Zusammentritt von Synoden anordneten und die wichtigsten
Verhandlungsgegenstände eingaben. Neben dem Fürsten und den Landtagen
ist es aber die sächsische Nationsuniversität, die lebhafte Anteilnahme an der
theologischen Arbeit nahm. Sie war vor allen Dingen daran interessiert, daß
die Einheit der sächsischen Kirche auf dem Grunde des überlieferten Bekenntnisses gewahrt bleibe und es zu keiner Spaltung käme, die auch für sie von
nachteiligen Folgen sein könnte.

Mit den vorangegangenen Ausführungen sind die für die theologische
Arbeit der sächsischen Kirche in Siebenbürgen wichtigen Voraussetzungen
gekennzeichnet. Es ist damit die theologische Arbeit in der zweiten Hälfte des
sechzehnten und im siebzehnten Jahrhundert gemeint. Es zeigt sich also, daß
die theologische Arbeit bestimmt wird durch ausländische und inländische Autoritäten, durch die Anliegen, welche die Kirche der damaligen Zeit hatte, und
durch den Willen der weltlichen politischen Machthaber und Körperschaften.
Dabei sind alle diese Anliegen miteinander verflochten und bilden zusammen
ein Ganzes. Maßgebend dabei ist aber das grundlegende theologische und
reformatorische Anliegen, dem sich die anderen unterordnen. So wird auch
als Endergebnis der Arbeit eine systematische Darstellung der theologischen
Hauptfragen und der Lösungen, die gefunden wurden, sein.

Theologie und Bekenntnis
auf den siebenbürgischen Synoden 1545-1571

Grundsätzliches zu den Synoden der evangelischen-
sächsischen Kirche in Siebenbürgen

Wie schon in der Einleitung erwähnt wurde, ist die theologische Entwicklung
in der siebenbürgischen sächsischen Kirche nicht denkbar ohne die Tätigkeit,
welche die Synoden entfalteten. Die erste Frage, die man stellen muß, ist also die
nach dem Wesen und der Bedeutung dieser Synoden. Das Wort „Synode" kann
zur Annahme verleiten, daß man es bei dieser Körperschaft der lutherischen
evangelischen Kirche von Anfang an mit Einflüssen der presbyterial-synodalen
Kirchenverfassung zu tun hat, in welcher durch den Zusammentritt von Pastoren
und Laien die Lehre und Zucht der Gemeinde und Kirche geregelt wird.[8] Es

---

[8] Aemilius Ludwig R i c h t e r : Lehrbuch des katholischen und evangelischen Kirchenrechts. Mit besonderer Rücksicht auf deutsche Zustände verfaßt. Bearbb. Richard

stünde dem grundsätzlich nichts entgegen, denn auch lutherische Kirchen haben mitunter diese Verfassung angenommen;[9] so haben auch die Reformatoren im Kurfürstentum Sachsen „oft die Synoden als das Organ der Kirche für das Urteil über die falsche Lehre bezeichnet",[10] wobei ausdrücklich mit der Mitbeteiligung der Weltlichen gerechnet wird. Doch sind diese Synoden nicht zur ständigen Einrichtung der lutherischen Kirchenverfassung geworden. Dagegen gab es Gebiete, in denen sich die Pfarrer zur Beratung über geistliche Angelegenheiten, zur gegenseitigen Stärkung und Anregung versammelten und diese Zusammenkünfte als Synoden bezeichneten. In manchen lutherischen Landstrichen, wie zum Beispiel in Pommern, griffen diese Synoden selbst in das Regiment der Kirche ein.[11]

Die Synode der siebenbürgischen sächsischen Kirche zeigt Berührungen mit dieser hier zuletzt angeführten Einrichtung. Für sie treffen die beiden Bestimmungen zu, daß sie eine Versammlung der Geistlichen ist und daß sie in das Kirchenregiment eingreift. Allerdings gilt dieses nur mit der Einschränkung, daß auf ihr nicht alle Geistlichen der Kirche teilnehmen, sondern nur die mit Vollmachten versehenen Abgeordneten der einzelnen Kapitel. Als Synode in der Hinsicht, daß jeder selbständige Geistliche einer Gemeinde daran teilnimmt, könnte in übertragenem Sinne die Versammlung der einzelnen Kapitelsverbände angesehen werden, welche auch Fragen der Lehre und der Kirchenzucht behandelte. Bei genauerer Betrachtung zeigt sich, daß der Begriff der Synode, auf die siebenbürgische evangelische Kirche angewendet, ein recht vielfältiges Gebilde ist, welches auf seine geschichtlichen Ursprünge, auf seine Zusammensetzung und seine Befugnisse hin untersucht werden muß. Es gibt in der Geschichte der Synoden auch Einzelfälle, die sich schwer einer allgemeinen Begriffsbestimmung einordnen lassen. Erst ein geschichtlicher Überblick über die synodale Tätigkeit wird diese in ihrer Vielfalt zum Ausdruck bringen.

Bei der Schilderung der Synoden läßt es sich nicht vermeiden, auf die vorreformatorische Zeit zurückzugreifen. Die einzelnen Kapitelsverbände traten damals zu regelmäßigen Konventen zusammen, in den[en] Messen, besonders Messen für die Verstorbenen, gelesen und gemeinsame Angelegenheiten besprochen wurden. Zu diesen gehörten auch die Fragen der Abgaben, der Kirchenzucht und der Vertretung des Kapitels.[12] Die Kapitel traten auch gemeinsam hervor, so 1309 in dem großen Prozeß gegen den Weißenburger Bischof.[13] Die anschließenden zweihundert Jahre vor der Reformation begünstigen eine Entwicklung, die zur Annäherung und Vereinheitlichung hinführt. Die Beratungen

---

D o v e , Wilhelm K a h l . Leipzig [8]1886, S. 317.

[9] Ebenda, S. 550.

[10] Ebenda, S. 554.

[11] Ebenda.

[12] Georg Eduard M ü l l e r : Die deutschen Landkapitel in Siebenbürgen und ihre Dechanten 1192-1848. Hermannstadt 1934/1936 (= Archiv N.F. 48), S. 233ff.

[13] Gustav Adolph S c h u l l e r : Das Laßler Kapitel. In: Archiv N.F. 30 (1901-1902), S. 97-138, S. 130.

der Vertreter der einzelnen Kapitel beziehen sich nun nicht so sehr auf die Fragen der Lehre, denn diese war durch das einheitliche Dogma gewährleistet. Doch gab es verschiedene Auslegungsmöglichkeiten der kirchenrechtlichen Verfügungen, und damit im Zusammenhang war vor allem des öfteren die Frage der Abgaben der einzelnen Kapitel zu klären. Auch die strittige Frage der Zugehörigkeit der Kapitel zu Weißenburg, Milkow oder Gran machte gemeinsame Besprechungen notwendig. Die Art, wie auf solchen Versammlungen verhandelt wurde, hat in die evangelische Zeit hinübergewirkt.[14] Die Form dieser Zusammenkünfte setzt sich auch in reformatorischer Zeit fort.[15] Es ist dabei selbstverständlich, daß der Kapitelsdechant und seine Begleiter, die zur gemeinsamen Besprechung reisten, von ihren Kapitelsbrüdern mit bestimmten Vollmachten ausgestattet wurden. So bildet sich diese Abgabekongregation zu einer Repräsentativversammlung der an ihr beteiligten Kapitel aus, deren Beschlüsse gültige Rechtsverfügungen darstellen. Auf diese Entwicklung ist es zurückzuführen, daß die Synode in der Zeit nach der Reformation unter anderem ein Rechts- und Abgabeverband ist.

Als ein anderes Erbe aus vorreformatorischer Zeit macht sich in der Entwicklung der Synoden die Erörterung der geistlichen Gerichtsbarkeit, ihrer Grenzen und ihrer Ausdehnung, geltend. Vielleicht geht diese Frage noch auf die Zeit der Einwanderung zurück, denn schon in den rheinischen Landdekanaten tritt der Erzpriester mit besonderer Jurisdiktionsgewalt ausgestattet hervor.[16] Die mittelalterliche Zeit unserer Kirchengeschichte kennt viele Streitigkeiten um das Ausmaß der geistlichen Gerichtsbarkeit. So verbietet König Sigismund 1421 den Geistlichen, weltliche Rechtsfälle vor ihr Gericht zu ziehen.[17] Vorher stritten die Geistlichen mit dem Bischof um das Recht der Testamentsvollstreckung, welches ihnen vom Papst zugesprochen wird.[18] Noch nach Einführung der Reformation schützt Königin Isabella die Jurisdiktionsrechte der Geistlichen, die ihnen von Fürsten und Bischöfen in vorreformatorischer Zeit zugesprochen worden waren.[19] Solche Maßnahmen haben die Selbständigkeit des geistlichen Standes und damit die Eigenständigkeit der Synode sehr gefördert und sie gleichzeitig zu einer Institution werden lassen, die für die Geltung der Jurisdiktionsrechte der Geistlichen eintrat und sie gegenüber den weltlichen Behörden verteidigte.

Man kann aber auch noch von anderen mittelalterlichen Überlieferungen sprechen, die sich in der Reformationszeit fortgesetzt haben und für die Tätigkeit der Synoden in Siebenbürgen bestimmend geworden sind. Es handelt sich

[14] Fr. Teutsch, Geschichte (wie Anm. 3). Bd. 1, S. 31.
[15] Friedrich Teutsch: Ist die Synode von 1545 eine evangelische gewesen? In: Kbl. VfSL 35 (1912), S. 1-3.
[16] Richter, Kirchenrecht, S. 472ff.
[17] Fr. Teutsch, Geschichte (wie Anm. 3). Bd. 1,, S. 96.
[18] Ebenda, S. 95.
[19] Zuschriften Isabellas vom 11. Februar 1550, UEL Bd. 1, S. 158; vom 22. April 1557, UEL Bd. 1, S. 161, vom 22. April 1557, UEL Bd. 1, S. 163.

dabei nicht so sehr um charakteristische Merkmale der siebenbürgischen Kirche, sondern um solche der allgemeinen kirchlichen Kultur. Wenn es im Mittelalter Brauch war, im theologischen scholastischen Gespräch Thesen aufzustellen, die eine besondere Wahrheit festhielten und gegen andere Lehrmeinungen verteidigt werden sollten, so wurde nun diese Methode, allerdings mit den sich aus dem Wandel der Glaubensanschauungen ergebenden Änderungen, auf die Arbeit der evangelischen Synoden übertragen. Daß in den Erörterungen über die Lehre auf den Synoden in Siebenbürgen weitgehend das Abendmahlsgespräch im Vordergrund stand, hat auch seinen besonderen Grund; es setzt sich dabei, wiederum mit verändertem Vorzeichen, die Hochschätzung der Messe im mittelalterlichen Gottesdienst unserer Kirche fort.[20]

Es ist aber neben dem mittelalterlichen Erbe auch auf die mit der Reformation gleichlaufende Bewegung des Humanismus hinzuweisen, welche das Gespräch auf den Synoden beeinflußt hat. Der Humanismus förderte das gelehrte Gespräch und berief sich auf gelehrte Männer, die als Autoritäten angesehen wurden und auf die man hörte. So konnte auch Honterus in seiner Apologie sich auf die Autorität der gelehrten Männer berufen.[21] Der gebildete Humanist liebte aber das gelehrte Gespräch und die leidenschaftliche Diskussion, und es ist erklärlich, daß die Gelehrten Siebenbürgens hinter dieser Gepflogenheit nicht zurückbleiben wollte; dies um so mehr, als hier bedeutende Diskussionsredner auftraten und die weltliche Obrigkeit die Abhaltung der theologischen Gespräche förderte.[22] Werden die Gespräche auf den Synoden geführt, so wird dabei meistens die Lehre hervorragender Professoren und ihrer maßgebenden Schüler vorgebracht; zugleich ist ein Forum da, welches bestimmt und ablehnt. In mancher Hinsicht sind die Vorträge und Diskussionen auf den Synoden bloß eine Fortsetzung davon, was die einzelnen Teilnehmer während ihrer Hochschulzeit von ihren akademischen Lehrern und hervorragenden Kirchenmännern gehört haben oder was ihnen später durch Bücher und Berichte zur Kenntnis gebracht worden ist.[23] Damit ist aber auch das synodale Gespräch in seinem Inhalt bestimmt: Es ringt um das rechte Verständnis des reformatorischen Glaubensgutes und um seine treue Überlieferung. Bei der Charakterisierung des synodalen Lebens müssen aber noch einige andere Merkmale erwähnt werden. Unter einer Synode versteht man nicht die Versammlung einer beliebigen Zahl von

---

[20] Es ist damit nicht gesagt, daß dies der einzige Grund sei, warum das Abendmahlsgespräch geführt wurde.

[21] Johannes Honterus, Apologie, siehe Julius G r o s s : Deutsche Übersetzung des Reformationsbüchleins für Kronstadt und das ganze Burzenland 1543 und der Apologie des Johannes Honterus. In: Schul- und Kirchenbote 53 (1918), S. 129-134, 151-154, 172-176, 184-189; 54 (1919), 30-31, 44-46, 74-77, 90-93, 125-126, 156-158; auch als Sonderdruck Kronstadt 1919.

[22] So Johann Sigismund Zápolya bei den Gesprächen in Enyed und Weißenburg. siehe: UEL Bd. 1, S. 186 u. S. 193.

[23] Siehe Bericht über die Vorbereitungen zur Synode von Enyed 1564. In: UEL Bd. 2, S. 79.

Geistlichen die zufällig zusammengekommen sind. An den Synoden der sich
nach der Mitte des sechzehnten Jahrhunderts konsolidierenden siebenbürgischen sächsischen Kirche nahmen die Dekane und Senioren der Kapitel teil;
einflußreiche Kapitel entsandten noch andere Mitglieder.[24] Doch gab es auch
die Einrichtung der Spezialsynode, die weniger Teilnehmer zählte, so die die
Superintendentenwahl vorbereitende Synode vom Jahr 1600.[25] Damit aber die
Zusammenkunft den Charakter einer Synode habe, muß ein entsprechendes
Einberufungsschreiben vorliegen, welches vom Superintendenten oder dem
Generaldechanten ausgeht; aber auch der Fürst kann den Zusammentritt der
Synode veranlassen. Wenn der Fürst die Synode einberuft, so weitet sich oft
der landschaftliche Umkreis, aus dem die Synodalen kommen. Das ist beson-
ders bei den sogenannten Provinzialsynoden der Fall, an denen Geistliche der
sächsischen und der ungarischen Nation teilnehmen. Zu diesen gemeinsamen
Synoden der Sachsen und Ungaren kommt es in der Zeit, da eine Konsolidie-
rung der protestantischen Kirchengemeinschaften in Siebenbürgen erst im
Gange und noch nicht vollzogen ist. So konnte Johann Sigismund Zápolya die
Vertreter der verschiedenen protestantischen Kirchen zu einem theologischen
Gespräch nach Weißenburg zusammenrufen und ungeachtet der wegen der
Abendmahlsfrage vollzogenen Trennung der Superintendenturen, welche
nach der Synode von Enyed erfolgt war, (1564) dem Superintendenten der
sächsischen evangelischen Kirche das Amt eines Schiedsrichters übertragen.[26]
Von der Übung, Provinzialsynoden einzuberufen, hat auch Stephan Báthory
Gebrauch gemacht, nachdem sich schon unter seiner Mitwirkung die sächsische
Kirche als Kirche Augsburgischen Bekenntnisses auf der Synode von Mediasch
1572 gefestigt hatte; er berief zwei Provinzialsynoden in der Angelegenheit
der Verurteilung des Franz Davidis ein.[27] Erwähnt muß noch werden, daß die
synodale Tradition der sächsischen Kirche Augsburgischen Bekenntnisses,
welche durch das Luthertum des siebzehnten Jahrhunderts geprägt worden
ist, auch Beschlüsse von Synoden anerkennt, an denen nachweislich keine
sächsischen Geistlichen teilgenommen haben; so die Synode von Erdőd aus

---

[24] Teilnehmerliste der Synode von 1585. In: UEL Bd. 2, S. 257. Bericht des Hermannstäd-
ter Dechanten über die Synode von 1601 im Hermannstädter Kapitelsprotokoll 1600-1606,
S. 17. Es wird berichtet, daß an der Synode teilnahmen: der Kapitelsdechant, der Stadt-
pfarrer von Hermannstadt und der Pfarrer von Hammersdorf. [STAH: Landkapitel der
Ev. Kirche in Siebenbürgen. Inv. Nr. 298. Nr. 1006/2. Protokollbuch des Hermannstädter
Kapitels (1600-1611)].

[25] Bericht im Codex Pöldner, S. 281ff. [STAH: MS Varia II 81. Pöldner, Georg: Codex
Poeldner (um 1750)]

[26] Brevis ennaratio disputatione Albane de Deo [...] et Christo Duplicu coram Se-
renissimo Principe et tota Ecclesia decem diebus habita. Siehe auch: UEL Bd. 2, S. 111.

[27] STAH: MS Varia, I 25, Scharsius, Andreas: Compendium Actorum Synodalium
inde a Reformat[ione] tempore (fortan: CAS), S. 26. (Enyed, 10. Januar 1576), Weißenburg
1578; CAS, S. 29: Utriusque Gentes Pastoribus ac Nobilibus compluribus coacta in causa
ultimae condemnationis Francisci Davidis.

dem Jahre 1545 und die von Óvár des Jahres 1554.[28] Die Tradition will damit zum Ausdruck bringen, daß diese Synoden dem Lehrgehalt der evangelischen Kirche Augsburgischen Bekenntnisses nicht widersprechen.

Der Zusammentritt der Synode erfolgt, wenn einer oder mehrere wesentliche Programmpunkte zu verhandeln sind. Als eines der hauptsächlichen Arbeitsgebiete ist die Belehrung der Geistlichen und ihre Ausrichtung auf ein gültiges Bekenntnis hin zu nennen. Solche von der Synode aufgestellten Bekenntnisse und der Hinweis auf schon bestehende, seien es inländische oder ausländische, sind maßgebend für alle Geistlichen und sonstigen Diener der Kirche,[29] und sind auch vom Kirchenvolk zu beachten. Die Bekenntnisbildung kommt unter maßgeblicher Beteiligung bedeutender inländischer Theologen zustande, doch hat das von ihnen vorgelegte Bekenntnis nur mit Zustimmung der Synode Geltung.[30] Die Normierung der Lehre und des Bekenntnisses geschah meistens nach vorangegangener Belehrung, in welcher die einzelnen Artikel, und zwar meistens diejenigen, deren rechtes Verständnis auf der jeweiligen Synode gefährdet war, dargelegt wurden.[31] Die Synode nimmt sich aber auch das Recht heraus, den Bekenntnisstand der Geistlichen zu überprüfen. Das geschieht meistens in der Form, daß die Dechanten nach der Aufforderung des Superintendenten über den Glaubensstand der Pfarrer in ihren Kapiteln berichten. Solche Umfragen wurden gewöhnlich bei der Neuwahl des Superintendenten durch den Generaldechanten gestellt; sie erfolgten aber nach Bedarf auch öfter.[32] Dieses Vorgehen der Synode in Fragen des Glaubens und des Bekenntnisses bringt eindeutig den Geist der lutherischen Orthodoxie zum Ausdruck.

Die Synode tritt aber auch als Gerichtsbehörde auf, die Amtsvergehen und sittliche Vergehen der Geistlichen rügte und bestrafte. So kam der „Simonieprozeß" des Tartlauer Pfarrer Zytopaeus, der, zum Birthälmer Pfarrer gewählt, einen Teil des Birthälmer Zehnten an den Fürsten Gabriel Bethlen pfändete, vor das Gericht der Synode, welches ihn schuldig sprach.[33] Nicht nur Vergehen der

---

[28] CAS, S. 4. u. 6; Georg H a n e r : Historia Ecclesiarum Transylvanorum [...]. Frankfurt 1694, S. 208, S. 223 u. S. 224. Scharsius spricht allerdings von der Teilnahme der Sachsen ohne sie zu begründen.

[29] UEL Bd. 2, S. 263. Widerruf des Meschener Rektors Paulus Magariensis; Bericht über die Synode von 1590.

[30] So die Brevis Confessio des Mathias Hebler und die Formula pii consensus des Lucas Unglerus. [vollst. Zitat: Hebler, Mathias: Brevis Confessio, de Sacra Coena Domini, Ecclesiarum Saxonicarum et conjunctarum in Transylvania Anno 1561. [...]. Kronstadt 1561; Ungler(us), Lucas: Formula pii Consensus inter Pastores Ecclesiarum Saxonicarum, inita in publica Synodo Medieni, Anno 1572.]

[31] Siehe Vortrag des Paul Kerzius auf der Synode von 1585. In: CAS, S. 34ff.

[32] Siehe folgende Berichte: Zur Synode 1614: STAH: MS Varia II 45, Georg H a n e r : Nota bene maius [...] in tres partem divisum I-III. Schäßburg 1701-1731. Bd. 1, S. 184ff.; zu 1615: ebenda, S. 198ff.; zu 1619: ebenda, 237ff.; zu 1627: ebenda, S. 292-293; zu 1644: CAS, S. 52.

[33] CAS, S. 46; und Hermann J e k e l i : Unsere Bischöfe 1553-1867. Hermannstadt 1933, S. 59.

Geistlichen, sondern auch solche der übrigen kirchlichen Diener können vor
die Synode kommen.[34] Auch Ehefragen werden vor der Synode entschieden
oder dem Superintendenten zur Entscheidung weitergegeben. Die Synode
entscheidet dabei nach altem kanonischen Eherecht, gibt aber gleichzeitig
Entscheidungen für aktuelle Einzelfragen; so wenn die Synode von 1631 ver-
fügt, daß Walachen, die sich mit sächsischen Frauen verheiraten wollen, zu
trauen sind, weil sie getauft wären.[35] Wenn es demnach auch nicht immer
Angelegenheiten des Glaubens, des Bekenntnisses und Theologie sind, die auf
der Synode verhandelt werden, so liegt doch den Entscheidungen in Diszipli-
nar- und Eheangelegenheiten eine besondere Theologie des Rechts zugrunde.
Es ist auch wichtig, darauf hinzuweisen, daß um eine Zeit die theologischen
Fragen in eigentlichem Sinne auf der Synode stark in den Hintergrund treten.
Das ist besonders gegen die Mitte des siebzehnten Jahrhunderts der Fall, wo
Bischof Theilesius ständig über den beweinenswerten Zustand der Kirche
klagt und der Generaldechant darauf hinweisen muß, daß auf den Synoden
kaum Fragen des Glaubens und der Lehre, sondern immer [nur] Fragen der
Disziplin und des Vergehens der Geistlichen zur Verhandlung kommen.[36] Es
ist dieses zugleich die Zeit des Dreißigjährigen Krieges, in welcher auch in
Siebenbürgen eine allgemeine Verwilderung der Sitten einsetzt, von der sich
auch manche Angehörige des geistlichen Standes nicht fernhalten können. Um
die Fragen des Glaubens wird gegen die Mitte des siebzehnten Jahrhunderts
nicht mehr gerungen, sondern es werden nur die Abweichungen von der
einmal festgelegten Glaubensnorm gerügt. Die vorangegangene Schilderung
des synodalen Lebens, hat vor allem die Zeit von der Mitte des sechzehnten
bis zur Mitte des siebzehnten Jahrhunderts im Auge gehabt. Es ist dieses auch
die Zeit, die nun zunächst in dieser Studie behandelt werden soll. Doch ist es
zweifellos so, daß auch das darauf folgende Jahrhundert des synodalen Lebens
dieselbe Struktur aufweist. Bedingt ist diese Lage durch die Vorherrschaft
der lutherischen Hochorthodoxie, vor allem der Schule von Wittenberg, die
zwei Jahrhunderte des theologischen Lebens in der evangelischen Kirche der
Siebenbürger Sachsen beherrscht hat.

Bevor über die einzelnen Synoden berichtet wird, ist noch etwas über die
Quellen zu sagen, welche dieser Arbeit zugrunde gelegt worden sind. Aus-
gangspunkt bei der Kennzeichnung einer Versammlung der Geistlichen als
Synode der lutherischen sächsischen Kirche ist die Tradition dieser Kirche,
wie sie sich gegen Ende des siebzehnten Jahrhunderts und im achtzehnten
Jahrhundert verfestigt hat. Diese Tradition hat ihren Niederschlag gefunden

---

[34] Über Bestrafung von Vergehen der Geistlichen: Der Pfarrer von Retersdorf, der
den Superintendenten beleidigt hatte, wird gefesselt in den Arrest abgeführt. Siehe:
CAS, S. 45 (1627).

[35] CAS, S. 45. Punkt 6. Scheidungsangelegenheit des Textor Mediensis.

[36] Codex Pöldner, S. 371. [STAH: MS Varia, II 81. Pöldner, Georg: Codex Poeldner
(um 1750).]

in den Aufzeichnungen der Superintendenten und anderer Kirchenmänner, welche sie zum Zwecke der Übersicht hingestellt haben. Georg Daniel Teutsch führt im zweiten Teil des Urkundenbuches der evangelischen Landeskirche A. B. in Siebenbürgen jene Quellen an, in denen über die Synoden des sechzehnten Jahrhunderts berichtet wird.[37] Eine Ausgabe der Synodalverhandlungen des siebzehnten Jahrhunderts hatte Friedrich Teutsch vorbereitet; sie ist aber nicht fertig gestellt worden.[38] So wurden für die Zeit des siebzehnten Jahrhunderts hauptsächlich die handschriftlich erhaltenen Aufzeichnungen zu Rate gezogen. Besonders eingehend sind dabei verwendet worden: Der Codex Actorum Synodalium des Scharsius;[39] der Codex Pancratius;[40] das Manuscriptum Adamianus;[41] die Nota bene Majus des Georg Haner; der Codex Pöldner;[42] Hinzu kommen noch David Hermanns Annales Ecclesiastica[43] und Georg Haners Historia Ecclesiastica[44] sowie die im Laufe dieser Ausführungen noch zu erwähnenden Gesamtdarstellungen lutherischer und reformierter Theologen. Die Berichterstattung in den Codices ist, von geringen Ausnahmen abgesehen, einheitlich und wenig abwechslungsreich in ihrer Beurteilung. Wenn Abweichungen vorhanden sind, so beziehen sie sich meistens darauf, daß Synoden von geringerer Bedeutung von einigen Codices nicht aufgenommen worden sind, während sie bei anderen erwähnt werden. Die frühen Gesamtdarstellungen jedoch, insbesondere die Historia Ecclesiastica des Georg Haner aus dem Jahre 1694, weichen oft von der übrigen Überlieferung ab, wie in den Ausführungen noch zu zeigen sein wird; deshalb ist bei ihrer Verwendung eine kritische Stellungnahme geboten. Daß wir die Tradition der lutherischen Kirche zur Grundlage dieser Darstellung und Beurteilung machen, bedeutet nicht, daß wir sie kritiklos übernehmen; denn es zeigt sich, daß das Geschehen

---

[37] UEL Bd. 2, S. X-XV.

[38] Fr. Teutsch, Geschichte (wie Anm. 3). Bd. 1, S. 379. Anmerkungen. Vorbereitungen zur Ausgabe der Synodalverhandlungen des 17. Jahrhunderts in der Handschriftensammlung des Staatsarchivs in Hermannstadt, Mappe: Die Synodalverhandlungen der evangelischen Landeskirche A. B.

[39] [An dieser Stelle sowie für die folgenden fünf Anm. verweist Binder auf ein Literaturverzeichnis, das jedoch im Typoskript nicht mehr vorliegt. In der Handschriftensammlung des Hermannstädter Staatsarchivs liegen die folgenden Handschriften von Scharsius aus diesem Bestand vor: Ordinata digestio status saxo-ecclesiastici in Transilvania. 1705, STAH: MS Varia, I 24, II 29, II 49, II 48, II 165, II 174, III 26; Compendium actorum synodalium inde a Reformat. tempore. ca. 1710, STAH: MS Varia, I 25, II 96, II 139; Ecclesiarum Aug. Confessioni addictarum per Transylv. ord. Digestio. 1769, STAH: MS Varia II 844; Privilegiorum a [...] regibus, pastoribus Saxonicis [...] super variis libet. Congries. Ca. 1750, STAH: MS Varia III 6].

[40] [STAH: MS Varia, III 20. Codex Pancratius. 1670.]

[41] [STAH: MS Varia, II 65. Manuscriptum Adamianum. Ca. 1700.]

[42] [STAH: MS Varia, II 81. Codex Pöldner. Ca. 1750.]

[43] [STAH: MS Varia, IV 32. Rerum Transilvanicar. annales eccles. inde a reformatione religionis a. 1520...]

[44] Haner, Historia Ecclesiarum (wie Anm. 28).

auf den Synoden unter dem Gesichtswinkel derer gesehen wird, die es nachher überliefert haben. Jedoch kann im allgemeinen der wahre Sachverhalt entnommen werden, und es ist möglich, ihn von der Beurteilung, die er nachher von den Bearbeitern gefunden hat, zu unterscheiden.

Die nun folgenden Ausführungen geben einen Bericht über die abgehaltenen Synoden und versuchen, die Überlieferung kritisch zu betrachten und den wahren Sachverhalt herauszustellen. Die wesentlichsten, auf den Synoden verhandelten theologischen Fragen werden herausgegriffen, ohne daß einer zusammenfassenden systematischen Beurteilung vorgegriffen werden soll.

Die Synoden vom Jahre 1545 bis zum Jahre 1556

Die Überlieferung sagt aus, daß von 1545 bis 1556 eine Reihe von Synoden getagt haben; doch sind die Nachrichten über diese Tagungen sehr lückenhaft und wenig einheitlich. Es ist daher die Aufgabe gestellt, die vorhandenen Berichte auf ihre Zuverlässigkeit hin zu untersuchen.

Die Reihe von Versammlungen, denen der Charakter der Synode beigelegt wird, eröffnet die Zusammenkunft der Dekane des Hermannstädter, Burzenländer und Mediascher Kapitels in Mediasch am 17. Mai 1545. Das auf dieser „Synode" ausgestellte Dokument sagt aus, daß der Generaldechant Michael, Pfarrer von Hetzeldorf, der Hermannstädter Dechant und Pfarrer von Stolzenburg, Johann Friedrich, und Thomas, der Burzenländer Dechant und Pfarrer in Petersdorf, sich in Mediasch darauf geeinigt hätten, daß das Hermannstädter Dekanat mit Leschkirch und Schenk hinfort die Last eines und eines halben Dekanates zu tragen hätte. Alle außergewöhnlichen Lasten solle es aber mit der Gesamtheit in gleicher Weise tragen. Die genannten Dechanten vertreten bei dieser Vereinbarung die Pfarrer und Gemeinden ihrer Dekanate.[45] Georg Daniel Teutsch sieht bloß diese Vereinbarung als gesichert an und gibt sie im Urkundenbuch als Text wieder; in der Anmerkung bringt er die auf Haners „Historia ecclesiatica" fußende Mitteilung, wonach sich die auf der Synode Anwesenden zur Augsburger Konfession bekannt hätten. Er führt dazu aus, daß diese – im folgenden noch genauer zu besprechende Nachricht – nirgends bezeugt sei. Auf Grund dieses Tatbestandes urteilt G. Müller: „Betreffs der angeblichen Synode von 1545 ist hervorzuheben, daß sie [...] weder eine katholische noch eine evangelische Synode, sondern eine der üblichen Versammlungen des kirchlichen Abgabeverbandes der sächsischen Geistlichen unter dem Vorsitz des Generaldechanten war."[46] Ebenso sagt Friedrich Teutsch:

---

[45] UEL Bd. 2, S. 1 u. 2.
[46] Georg M ü l l e r : Verfassungs- und Rechtsgeschichte. Fragen aus der deutsch-siebenbürgischen Verfassungs- und Rechtsgeschichte und deren Beantwortung seit 1890, Kbl. VfSL 42-43 (1919-1920), S. 5-38, S. 23.

„Die erste sogenannte ‚evangelische Synode' darf nicht als Synode und nicht als evangelisch bezeichnet werden."[47] Wie steht es nun aber mit der Nachricht, die Georg Haner in seiner „Historia ecclesiastica" aus dem Jahre 1694 bringt? Er berichtet darüber, daß die dort anwesenden lutherischen Dechanten einmütig die Augsburgische Konfession als Richtschnur des Glaubens angenommen und zugleich angeordnet hätten, daß in der Frage der Zeremonien nach dem Beispiel der Kirchen im Kurfürstentum Sachsen vorzugehen sei. Die Kirchen seien von den überflüssigen Altären unter Beibehaltung eines einzigen zu reinigen. Alle Gemeinden mögen von einem Bischof oder Generalsuperintendenten abhängen.[48] Diese Nachricht nimmt A. Schullerus in seiner Schrift: „Die Augustana in Siebenbürgen"[49] auf und bemerkt dazu in seiner „Quellenkunde zur siebenbürgischen Reformationsgeschichte", daß Haner auch aus Quellen geschöpft habe, die nicht mehr vorrätig seien.[50] Hiezu ist zu bemerken, daß die Angaben Haners das Anliegen der lutherischen Hochorthodoxie wiedergeben; sollte über die von ihm gemachten Angaben eine zuverlässige Quelle vorhanden gewesen sein, so wäre sie bestimmt in den Protokollen über die Synoden aufbewahrt worden. Aber gerade Haner selbst, der als zweiundzwanzigjähriger Jüngling die „Historia ecclesiastica" schrieb, sieht davon ab, die dort gegebenen Nachrichten in sein von ihm angefertigtes Verzeichnis der Synoden und ihrer Beschlüsse aufzunehmen. Denn in seiner: „Nota Bene Majus" vom Jahre 1701 berichtet er über die Synode von 1545: nur soviel: Das Hermannstädter Dekanat möge mit den zu ihm gehörenden Gemeinden aus dem Stuhle Leschkirch und Schenk in öffentlichen Abgaben die Lasten eines und eines halben Dekanates tragen; kein Teil solle ohne das Wissen eines andern etwas auszahlen; der Generaldechant sei gehalten, in jedem Jahr die Höhe der Zahlungen mitzuteilen; Beiträge und Fahrtkosten, die zu Lasten eines einzelnen Dekanates fallen, beeinträchtigten

---

[47] Fr. Teutsch, Geschichte (wie Anm. 3). Bd. 1, S. 246; und ders., Ist die Synode (wie Anm. 15), S. 1-3.

[48] Haner, Historia Ecclesiarum (wie Anm. 28), IV. S. 207. Comuni consesion Lutherani, et Augustanam Confessionem, pro norma confessorum, professionis fidei secundum quam, cum a verbo Dei sit desumpta, omnia alia scripta judicari et recipienda sint in eorundem Ecclesiis diligebant;
Ceremonias ut in Saxonia observandas ordinabant; Ecclesias, super vacaneis altaribus oneratas, unico reservati, ornandas constituebant [...] et concordiam unionemque omnium Ecclesiarum, ut conjunctim ab Uno Episcopo se[u] Superintendente Generali dependerent inibant.

[49] Schullerus, Die Augustana (wie Anm. 1), S. 161f.

[50] Adolf Schullerus: Zur Quellenkunde der siebenbürgischen Reformationsgeschichte. In: Ev. Landeskonsistorium u. Ausschuß des VfSL (Hgg.): Beiträge zur Geschichte der ev[angelischen] Kirche A. B. in Siebenbürgen. Bischof D. Friedrich Teutsch, dem Meister sächsischer Volks- und Kirchengeschichte zum 70. Geburtstage [...]. Hermannstadt 1922, S. 83.

die Gesamtheit nicht.[51] Haner bringt den Bericht über diese Übereinkunft in
vier Artikeln, die er „Articuli Media 1545" nennt. Diese Artikel enthalten nichts
von der Annahme der Augsburgischen Konfession, nichts über die Zeremonien
und die Bestellung eines Bischofs oder Generalsuperintendenten. Nichts wäre
ihm näher gelegen, als diese Angaben in seinem Bericht zu bringen, wenn sie
tatsächlich begründet gewesen wären.

Wenn Adolf Schullerus auch die Nachrichten, die Haner in seiner „Historia
ecclesiastica" über die Synode von 1545 bringt, aufnimmt, so kritisch beurteilt
er sonstige Nachrichten, die er übermittelt. Er weist darauf hin, daß Haner
viele unrichtige Angaben macht, daß er die Ereignisse oft verwechselt und
sich überhaupt in gewagten und zum Teil falschen Kombinationen gefällt.[52]
Diese richtige Beobachtung, welche Adolf Schullerus bei der Beurteilung der
Nachrichten Haners über die Ereignisse der fünfziger Jahre des sechzehnten
Jahrhunderts macht, wäre auch auf die Nachrichten über die „Synode" von
1545 anzuwenden. Daß dieses nicht geschehen ist, ist darauf zurückzuführen,
daß die Tendenz nicht erkannt wurde, welche die Geschichtsschreibung der
lutherischen Hochorthodoxie, zu der auch Haner gehört, verfolgt: nämlich
die Bezeugung der Augsburger Konfession in der siebenbürgischen Kirche in
eine möglichst frühe Zeit zurückzuverlegen, um eine wirksame Waffe gegen
den Calvinismus und Cryptocalvinismus zu haben. Damit geht Hand in Hand
das Bestreben, das kirchliche Rechtsgefüge, welches sich nachher ausgebildet
hat, auf ein möglichst frühes Datum zurückzuführen. Kaum irgendwo ist
diese Absicht so offensichtlich, wie in Haners „Historia ecclesiastica", die mit
der Nachricht schließt, daß es dem Bischof Hermann gelungen sei, die *„turba
calvinistica"* gänzlich zu zerstören.[53] Es ändert an diesem Tatbestand auch
nichts, wenn Lampe in seiner „Historia Ecclesiae Reformatae in Hungaria
et Transilvania" die Nachrichten über die „Synode" von Mediasch aus dem
Jahre 1545 im Sinne Haners wiedergibt, denn sein Bericht zeigt, daß er ganz
von diesem abhängig ist.[54]

Adolf Schullerus führt auch an, daß Scharsius in seinem Compendium der
Synodalakten die Synode von 1545 erwähnt.[55] Dieser berichtet, daß nach dem

---

[51] Abschrift der Articuli 1545 Media aus: [STAH MS Varia, II 45, Bd. I, S. 5] Georg
H a n e r: Nota bene Majus.: Art. I. Cibiniensis Decanus cum pertinentes sen adhaeren-
tibus ex Sede Schenk et Loeschkirch in publicis Taxis onus unies et dimidii Decanatus
ferant. Art. II. Nihil sine utriusque partis Scitu expedantur. Art. III Quotannis Decanus
Generalis publice expensarum rationem dare teneatur. Art. IV. Munera et Rhesae unius
privati Decanus in generalem taxem ne compatentur.

[52] S c h u l l e r u s, Zur Quellenkunde (wie Anm. 50), S. 72-84, besonders S. 81.: Haner
gefällt sich in gewagten, zum Teil falschen Kombinationen.

[53] H a n e r, Historia Ecclesiarum (wie Anm. 28), S. 314.

[54] Friedrich Adolf L a m p e: Historia Ecclesiae Reformatae in Hungaria et Transylvania. Utrecht 1728.

[55] S c h u l l e r u s, Die Augustana (wie Anm. 1), S. 161f. „17 Mai Saxones in Transilvania
[iam Reformati in unionem duarum diocesium consentiunt." Zitat aus FN 4, S. 161f.]

Vertreiben der antichristlichen Nebel, nach dem Tode des Statilius, die Pfarrer der sächsischen Kirchen die erste Nationalsynode in Mediasch abgehalten hätten, wobei sie über die Anerkennung der wahren Lehre und ihre Reinigung von den papistischen Irrtümern beraten hätten. Doch erwähnt Scharsius nichts davon, daß eine Verpflichtung auf die Augustana vorgenommen worden wäre und die Bestellung eines Generalsuperintendenten erfolgte. Die Beschlüsse, die Scharsius wiedergibt, decken sich mit den vier Artikeln, die Haner in seiner „Nota bene Ma-jus" über die Regelung der Abgaben der Dekanate bringt. Diese Überlieferung ist also eindeutig und weist darauf hin, was tatsächlich auf dieser „Synode" verhandelt worden ist. Der diesen Beschlüssen vorhergehende Bericht ist in ähnlicher Weise unkritisch gehalten wie die Nachricht Haners. Wenn Schullerus mit Berufung auf Scharsius darauf hinweist, daß die sächsischen Kirchen damals schon der Reformation zugetan gewesen seien,[56] so ist damit noch nicht die Verpflichtung auf die Augsburgische Konfession [und auch] noch [nicht] die Bestellung des Generalsuperintendenten einbegriffen. Er selbst ist dieser Frage nicht näher nachgegangen, sonst wäre er bei seiner kritischen Einstellung den Berichten gegenüber, die Haner in seiner „Historia ecclesiastica" bringt, zu ähnlichen Ergebnissen gekommen.

Nun stützt sich Erich Roth in seiner Doktordissertation „Der Durchbruch der Reformation in Siebenbürgen" unter anderem auf die Nachricht Haners über die genannte Synode und geht davon aus, daß seine Mitteilungen über die ersten reformatorischen Synodalbeschlüsse von Schullerus untersucht und hoch eingeschätzt worden seien. Er übersieht dabei die bereits erwähnte kritische Bemerkung Schullerus', daß Haner Berichte über Synodalbeschlüsse wiedergibt, die den Standpunkt seiner Zeit in eine viel frühere zurückverlegen. Anstatt nun kritisch an diesen Bericht heranzugehen, leitet er davon die tatsächliche Annahme der Augustana und die Bestellung des Generalsuperintendenten ab.[57] Auch meint Roth, daß die Synode von 1545 den *Status ecclesiasticus* so gefestigt habe, daß er entschlossen gewesen sei, seine alten Jurisdiktionsrechte zu verteidigen.[58] Auch dieser ist, bei der Unzuverlässigkeit der Quellen eine unbegründete Annahme.

Zusammenfassend läßt sich über die „Synode" von 1545 nach diesen Erörterungen folgendes aussagen: Sie ist eine Versammlung der erwähnten Dechanten gewesen, die bevollmächtigt waren, eine gültige Regelung in der Abgabefrage zu treffen. In dieser Hinsicht ist im Sinne Friedrich Teutschs und G. Müllers zu entscheiden. Dazu ist zu ergänzen, was Reinerth anführt:[59] Es

---

[56] Ebenda.

[57] Erich R o t h : Der Durchbruch der Reformation in Siebenbürgen, Doktordisseration, Handschrift, S. 148. [Druck: d e r s ., Die Reformation (wie Anm. 2)].

[58] Ebenda, S. 170.

[59] Karl R e i n e r t h : Die Reformation der Siebenbürgischen Sächsischen Kirche (= Schriften des Vereins für Reformationsgeschichte Nr. 173, Jg. 61, H. 2). Gütersloh 1956, S. 48f.

ist auf dieser Synode zum erstenmal die Einheit der bisher zu verschiedenen Diözesen gehörenden Kapitel zum Ausdruck gekommen. Auch steht fest, daß die Zusammenkunft insoweit eine evangelische „Synode" war, als die dort anwesenden Dechanten, den Übergang zur evangelischen Lehre bereits vollzogen hatten; somit dürften dabei durchaus nicht katholische Zeremonien abgehalten worden sein, sondern die bei einer derartigen Versammlung auch sonst abzuhaltenden gottesdienstlichen Handlungen verliefen nach evangelischem Ritus. Unter Berücksichtigung der Absicht der Schriften der lutherischen Hochorthodoxie und der tatsächlichen geschichtlichen Lage zur Zeit der Abhaltung dieser Zusammenkunft ist die Nachricht, daß eine Verpflichtung auf die Augsburgische Konfession vorgenommen worden und die Wahl eines Generalsuperintendenten in Aussicht gestellt worden sei, abzulehnen. Eindeutig geht hervor, daß bei einer solchen Annahme die konfessionelle und kirchenrechtliche Festigung, wie sie sich später im Bereich der evangelischen sächsischen Kirche durchsetzte, in die erste Hälfte des sechzehnten Jahrhunderts zurückverlegt wurde. Dieser kritischen Stellungnahme gegenüber der Mediascher Zusammenkunft vom Jahre 1545 könnte entgegengehalten werden, daß sich auf der Synode von Erdőd vom 20. September 1545 neunundzwanzig Geistliche in zwölf Lehrartikeln auf die Augsburgische Konfession verpflichteten.[60] Dabei ist zunächst hervorzuheben, daß die Versammlung von Mediasch und die von Erdőd ganz verschiedenes Gepräge haben. Sie sind zwar bisher von der kirchlichen Tradition zusammengesehen worden, so daß Haner von der oben gekennzeichneten Synode von Mediasch zu der von Erdőd einfach mit dem Bemerken übergehen konnte, daß sich auch die Ungarn zu einer gleichen Beratung zusammengefunden hatten.[61] In Erdőd, einem Ort nicht weit von Nagybánya gelegen, hätten sie unter dem Patronat Dragfis zwölf Artikel über die evangelische Lehre aufgestellt. Scharsius berichtet von dieser Synode, daß an ihr Pfarrer beider Nationen, der Ungaren und Sachsen, teilgenommen hätten,[62] eine Nachricht, die wohl kaum der Wahrheit entspricht. Aus der Erwähnung der Erdőder Synode durch Haner, Scharsius und der Aufzeichnung ihrer Beschlüsse im Codex Adami und Codex Pancratius[63] ist zu entnehmen, daß die kirchliche Tradition der lutherischen sächsischen Kirche die Beschlüsse dieser Synode als solche angesehen hat, die mit ihrer Bekenntnisgrundlage übereinstimmen. Es ist durch die Erwähnung der Teilnahme der Sachsen, die sich bei Scharsius vorfindet, dem Anliegen Raum gegeben, daß sich die Sachsen so früh zur Augsburger Konfession bekannt haben, denn der zwölfte und letzte Artikel hält fest, daß die Versammelten in allen übrigen Glaubensfragen übereinstimmen mit der Augsburger Konfession, die 1530 Karl dem V. übergeben wurde und

---

[60] Lampe, Historia Ecclesiae (wie Anm. 54), S. 93.

[61] Haner, Historia Ecclesiarum (wie Anm. 28), S. 208.

[62] CAS, S. 4.

[63] Codex Adami Fol. 39. [unter STAH: MS Varia, II 65. Als Manuscriptum Adamianum geführt]; STAH: MS Varia, III 20. Codex Pancratius, S. 606.

welche die Ansichten der wahren Kirche wiedergibt.[64] Aber auch die übrigen Artikel zeigen die eindeutige reformatorische Grundlage: Die Rechtfertigung wird denen zuteil, welche durch den Glauben das Verdienst Christi ergreifen. Die guten Werke, welche den Glauben unter Beweis stellen sollen, werden von den Wiedergeborenen erwartet, während die Rechtfertigung aus den Werken verworfen wird. Der Glaube wiederum ist das Vertrauen, mit welchem die Gnade Gottes ergriffen wird. Das Bekenntnis unterscheidet vier Arten der evangelischen Freiheit: die Freiheit vom Gesetz, von den Gefahren der Welt, von den Werken des Gesetzes und von den menschlichen Überlieferungen. Das Bekenntnis grenzt sich ab gegen den Arianismus, der die Dreieinigkeit leugnet und gegen die Anrufung der Heiligen als Mittler zwischen Gott und den Menschen, Christus allein ist der ewige Mittler und Priester und die Heiligen sind bloß zu verehren, damit ihr Glaube und ihr Leben nachgeahmt würden. Fragen, die in das Gebiet des Kirchenrechts und der Kirchenzucht hineinreichen, werden in dem Bekenntnis nur insoweit berührt, als die Sukzession des Episkopates geleugnet und die Ohrenbeichte als ungöttlich angesehen wird. Es handelt sich also bei der Erdöder Synode von 1545 um eine eindeutige Absage an den römischen Katholizismus und um eine Hinwendung zur reformatorischen Glaubenswelt. Die hierbei in Erscheinung tretende Theologie ist aber vorwiegend durch die Theologie Melanchthons geprägt, so daß anzunehmen ist, daß wir es in den Bekennenden mit Melanchthonschülern zu tun haben.[65] Es ist dabei vor allem an die Definition des Glaubens als Vertrauen zu denken, an die Bedeutung der guten Werke bei gleichzeitiger Betonung der lutherischen Lehre von der Rechtfertigung und an die Bedeutung, die der christlichen Freiheit zugestanden wird.

Ein Widerspruch in den Artikeln der Synode, ist aber ganz offensichtlich und deutet gleichzeitig auf die Vorherrschaft der Melanchthonischen Theologie hin: Wohl bekennt, wie schon erwähnt, der zwölfte Artikel die *Augustana invariata*, doch wo dasselbe Bekenntnis von den Anschauungen über das Abendmahl spricht, da benützt es wörtlich die *Augustana variata* des Melanchthon aus dem Jahre 1540, indem es aussagt, daß mit dem Brot und dem Wein dargereicht werde der Leib und das Blut Christi.[66]

Es kann die Frage gestellt werden, ob die Überlieferung über die Beschlüsse von Erdöd nicht ähnlich ungesichert ist, wie die über die Zusammenkunft der Dechanten von Mediasch. Es fragt sich vor allem, ob eine so frühe Bezeugung der *Augustana invariata* möglich ist bei gleichzeitiger Bezeugung der Abend-

---

[64] Fr. Teutsch, Geschichte (wie Anm. 3). Bd. 1, S. 272.

[65] Nach „A Magyar Reformatús Egyház Története, Budapest 1949, S. 29" haben sich die Teilnehmer der Erdöder Synode zur Augustana variata Melanchthons bekannt. Daneben steht aber auf derselben Synode das ausdrückliche Bekenntnis zur Invariata von 1530.

[66] Lodewijk Willem Ernst Rauwenhoff (Hg.): Péter Bod: Historia Hungarorum Ecclesiastica. Leiden 1888, S. 322.: In coena Dominica sub pane et vino vere exhiberi corpus et sanguinem Christi.

mahlslehre nach der *Augustana variata* des Melanchthon aus dem Jahre 1540. Indessen kann angenommen werden, daß die Verfasser des Bekenntnisses von Erdőd, bei der engen Fühlungnahme, die sie mit Melanchthon hatten, davon überzeugt waren, daß die Abendmahlslehre der *Variata* den ursprünglichen Sinn der *Invariata* zum Ausdruck brachte. In ähnlicher Weise ging auch später der aus Oberungarn stammende sächsische Superintendent Mathias Hebler vor, so daß angenommen werden kann, daß er unter denselben Einflüssen stand, wie die Verfasser des Bekenntnisses der Erdőder Synode.[67]

Dieselbe Zurückhaltung, die bei der Beurteilung der „Synode" von Mediasch des Jahres 1545 am Platze ist, ist auch gegenüber den angeblichen sächsischen Synoden am Anfang der fünfziger Jahre des sechzehnten Jahrhunderts zu üben. Georg Daniel Teutsch läßt im Urkundenbuch vom Jahre 1545 bis zum Jahre 1557 überhaupt keine synodale Überlieferung in Erscheinung treten und nimmt den Faden der synodalen Zusammenkünfte erst mit der Januarsynode von 1557 wieder auf.[68] So kann kaum von einer Synode gesprochen werden bei der Zusammenkunft, die der Generaldechant Michael über Auftrag des Großwardeiner Bischofs Georg für den 24. August 1551 nach Mediasch einberufen hatte und über deren Verlauf weiter nichts mehr bekannt ist.[69] Haner berichtet in seiner „Historia ecclesiastica" noch von einer Synode in Hermannstadt im Jahre 1552, auf der Paul Wiener zum Generalsuperintendenten gewählt worden sei.[70] Scharsius, der in der Überlieferung der Synoden zuverlässiger ist als Haners „Historia ecclesiastica", weiß von ihr nichts.[71] Dagegen schreibt Lampe,[72] daß um diese Zeit ein Schisma zwischen den Reformierten und Lutheranern entstanden sei und daß auf der Hermannstädter Synode von 1552 die sächsischen Kirchen Artikel gegen die sogenannten Sakramentarier geprägt hätten; sie hätten ihre Kandidaten des geistlichen Amtes auf die Augustana, die Apologie, die beiden Katechismen Luthers und die Schmalkaldischen Artikel als auf die symbolischen Bücher verpflichtet.[73] Auf die Abhängigkeit Lampes von Haner, wurde bereits bei der Kritik der Überlieferung über die „Synode" von 1545 hingewiesen.[74] Hier ist sie noch viel eindeutiger, denn Lampes Bericht ist genau aus den Aufzeichnungen Haners entnommen; nur daß Haner vom Standpunkt des orthodoxen lutherischen Theologen her schreibt, während Lampe als reformierter Historiker gegen die von Haner berichteten Vorgänge Stellung nimmt. Wenn Haner also schreibt, die Kandidaten müßten Bescheid wissen über die strittigen Artikel gegen die Päpstlichen, die Sakramentarier,

---

[67] Schullerus über die Brevis confessio Heblers in: S c h u l l e r u s, Die Augustana (wie Anm. 1), S. 248-255.

[68] UEL Bd. 2, S. 2.

[69] UEL Bd. 2. S. 3.

[70] H a n e r, Historia Ecclesiarum (wie Anm. 28), S. 217.

[71] CAS geht von den Synoden von 1545 gleich zur Synode von 1553 über.

[72] L a m p e, Historia Ecclesiae (wie Anm. 54), S. 106.

[73] Ebenda.

[74] Siehe oben.

die Wiedertäufer und die Antitrinitarier,[75] so äußert Lampe sein Mißfallen gegen den Ausdruck „Sakramentarier" und weist auf die Tätigkeit des Martin Calmancsehi in Debreczin hin.[76] Die Aufzählung der symbolischen Bücher, der Augsburger Konfession, der Apologie, der beiden Katechismen und der Schmalkaldischen Artikel, die Haner bringt, ist von Lampe, wie schon erwähnt, vollständig übernommen. Adolf Schullerus bemerkt dazu, daß sich Haner bei der Aufzählung der Bekenntnisschriften Einschübe vom Lehrstandpunkt seiner eigenen Gegenwart her erlaubt habe.[77] Wir können diese Kritik noch erweitern: Auch die Bekämpfung der Anderslehrenden, der Päpstlichen, Sakramentarier und Antitrinitarier macht den Eindruck eines solchen Einschubs. Nimmt man noch hinzu, daß die Wahl Paul Wieners zum Generalsuperintendenten durch diese Synode nicht bezeugt ist, daß sich auch kein Synodalprotokoll mit ihr beschäftigt, so ist es zweifelhaft, ob sie überhaupt stattgefunden hat.

Von einer Synode, die im Mai 1553 stattgefunden haben soll, berichtet Scharsius, daß auf ihr Paul Wiener zum Superintendenten gewählt worden sei und daß seit diesem Zeitpunkt die Ordination der Geistlichen durch ihn vorgenommen worden ist. Er fügt aber hinzu, daß weiter nicht bekannt sei, was auf dieser Synode verhandelt worden wäre.[78] Für die weitere Entwicklung der Theologie und des Bekenntnisses scheidet diese Synode somit aus.

Schwierig ist es auch, die in Óvár am Szamosch bei Szatmár am 4. April 1554 abgehaltene Synode zu beurteilen. Scharsius[79] und Haner[80] erwähnen sie und bringen damit zum Ausdruck, daß sie sie als eine solche ansehen, welche die Tradition der lutherischen Kirche wahrt. Sie berichten übereinstimmend, daß neun Punkte angenommen wurden, die sich vor allem auf die Fragen der Zeremonien, der kirchlichen Handlungen beziehen. Es handelt sich dabei um Regelungen, die von denen nicht abweichen, die nachher auf den sächsischen Synoden beschlossen wurden. Wenn die Synode aussagt, daß die Eucharistie aus zwei Sachen, einer irdischen und einer himmlischen bestünde, so ist damit noch nicht darüber entschieden, ob diese Aussage lutherisch oder calvinisch ist; wenn aber im Anschluß daran betont wird, daß sie sowohl Gläubigen als auch Ungläubigen ausgeteilt wird, so kann damit eher die lutherische Auffassung wiedergegeben werden. Dies wird auch der Grund gewesen sein, weshalb die Synode von den Vertretern der lutherischen Hochorthodoxie der sächsischen Kirche in das Verzeichnis der Synoden aufgenommen wurde; denn sonst hatte sie mit der sächsischen Kirche kaum etwas gemein, worauf auch die Tatsache hinweist, daß Demetrius Tordai zum ersten Superintendenten der Ungarn ge-

---

[75] Haner, Historia Ecclesiarum (wie Anm. 28), S. 217.
[76] Lampe, Historia Ecclesiae (wie Anm. 54), S. 106.
[77] Schullerus, Zur Quellenkunde (wie Anm. 50), S. 81.
[78] CAS, S. 5.
[79] CAS, S. 6.
[80] STAH MS Varia, II 45, Haner, Georg: Nota bene maius […] T[o]m[us] I. Schäßburg 1701-1731, S. 1055.

wählt wurde. Zu erwähnen ist noch, daß die Synode der weltlichen Obrigkeit die Vollmacht zuschreibt, die Altäre und Bilder in der Kirche zu beseitigen.

Eine Steigerung des Einflusses der weltlichen Machthaber weist auch die zweite Synode von Erdőd vom 24. Februar 1555 auf.[81] Die Synode befaßt sich vor allem mit Fragen der kirchlichen Zeremonien und geistlichen Handlungen, sowie mit Vorschriften über das Leben der Pfarrer. Es werden darin Vorschriften über das Leben der Pfarrer, ja selbst über das der Pfarrfrauen gemacht, welche in späteren Synoden der lutherischen sächsischen Kirche in ähnlicher Weise vorkommen. Es wird betont, daß dem vorgesetzten Magistrat Gehorsam zu leisten sei und daß Ortsveränderungen der Pfarrer nur mit Einverständnis der Senioren möglich seien. Gemäß einem Edikt des Fürsten möge in den Kirchen nichts erneuert werden, weder in den Riten, noch in der Lehre. Man sieht, die synodale Entwicklung in den ungarischen protestantischen Gebieten nimmt durch den maßgebenderen Einfluß der weltlichen Gebieter einen anderen Verlauf als in den Gebieten der sächsischen Nation. In der Frage des Abend-mahls setzt die zweite Erdőder Synode die Tradition der ersten fort, indem sie festhält, daß Leib und Blut Christi mit dem Brot und Wein dargereicht würden, womit wiederum der Melanchthonische Standpunkt aus der Variata von 1540 wiedergegeben wird.[82]

Die Bekenntnisbildung in den Jahren 1557-1563

Wenn man die Meinung vertritt, daß die Zusammenkunft der Dechanten in Me-diasch am 17. Mai 1545 nicht als Synode im üblichen Sinne zu werten ist; wenn die Angaben über die kaum bezeugten Synoden in Hermannstadt aus den Jahren 1552 und 1553 zu dürftig sind, um diese als solche anzusehen; wenn man die beiden Synoden von Erdőd aus den Jahren 1545 und 1555 und die Synode von Óvár 1554 als ungarische evangelische Synoden ansieht, was sie auch tatsächlich gewesen sind; so ist die am 13. Januar 1557 in Hermannstadt abgehaltene Synode die erste Zusammenkunft der Geistlichen der evangelischen sächsischen Kirche, von der bezeugt wird, daß auf ihr eine Erörterung und Beschlußfassung in Glaubens- und Bekenntnisfragen stattgefunden hat.[83] Sieht man von den Entscheidungen, die auf ihr über die Zeremonien und geistlichen Handlungen, wie das Anzünden der Kerzen, die Einführung der Wöchnerinnen und der Brautleute u. a. m. ab, so sind es vor allem zwei theologische Hauptfragen, auf die hingewiesen wird: Die Abwehr der Irrtümer des Nestorianismus und die Abweisung der Sakramenta-rier. Unter dem neuen Nestorianismus versteht die Synode die Irrlehre, die im Sohn Gottes, dem Mittler, der wahrer Gott und wahrer Mensch ist, die beiden Naturen auseinanderreißt und ihn nur nach seiner menschlichen Natur als Mittler ansieht; es ist damit das christologische Problem gestellt, welches hinfort mit der

---

[81] CAS, S. 6.

[82] CAS, S. 6.: In coena Domini corpus et sanguis Christi, cum pane et vino exhibetur sumentibus, absque transsubstantiatione, juxta Patrum testimonia.

[83] UEL Bd. 2, S. 3. Dabei auch Angabe der Quellen.

Frage nach der rechten Anschauung über das Abendmahl und in notwendigem Zusammenhange mit ihm der theologische Hauptverhandlungsgegenstand auf den Synoden sein sollte. Bei der Abweisung der Sakramentarier werden diejenigen verworfen, die das Herrenmahl, welches durch das Vermächtnis Christi eingesetzt worden ist, verfälschen, indem sie die „Materie" des Mahles verachten. Die Wirkung des Mahles wird außer Kraft gesetzt, wenn Brot und Wein nur als bloße Zeichen, *nuda symbola*, angesehen werden. Zu denen, die diesen Irrtum gelehrt hätten, werden unter anderem Karlstadt und Zwingli, aber nicht Calvin gezählt.[84] Als Autoritäten bei der Auslegung der Heiligen Schrift gelten vor allem Luther und Melanchthon, während in Fragen der Sakramente und der heiligen Handlungen, die Wittenberger Ordnung als maßgebend angesehen wird.

Dieser „ersten" Synode der siebenbürgischen sächsischen Kirche, schließt sich genau ein halbes Jahr später die Provinzialsynode in Klausenburg am 13. Juni 1557 an. Sie ist als eine Synode der beiden Nationen in Siebenbürgen in die Geschichte eingegangen,[85] wobei die Nationen im ständischen und nicht im völkischen Sinne zu verstehen sind. Nach Haner[86] kamen in Klausenburg die bedeutendsten Pfarrer von ganz Siebenbürgen zusammen und einigten sich auf ein Bekenntnis, welches an Philipp Melanchthon übersandt wurde. Dieses Bekenntnis, welches Scharsius[87] als übereinstimmend mit der Augsburger Konfession bezeichnet, verwirft das Herumführen der Hostie (*pompa persica*), die Vorenthaltung von beiderlei Gestalt im Abendmahl und die Lehre von der Transsubstantiation.[88] Als Ausgangspunkt dient darin der Gedanke der Gemeinschaft Christi mit dem Menschen, der Wiederaufnahme des Sünders in die Gemeinschaft mit Gott. Da dieses nur möglich ist durch die Vergebung der Sünden, und damit an solcher niemand zweifle, dazu ist von Christus das Heilige Abendmahl eingesetzt worden. Wenn Christus im Abendmahl die Gemeinschaft seines Leibes und Blutes geschenkt hat, dann wohnt er im gläubigen Empfänger, schenkt ihm das ewige Leben und erhebt ihn zur Unsterblichkeit.[89]

Das Bekenntnis der Klausenburger Synode unterschreiben unter anderem Franz Davidis und Mathias Hebler, die später die großen Disputationsgegner werden sollten. Es ist bedeutsam, daß das Klausenburger Bekenntnis an Melanchthon übersandt wurde, von dessen vermittelnder Haltung man viel erhoffte. Es muß aber gleichzeitig erwähnt werden, daß Melanchthons Abendmahlslehre zu dieser Zeit im Luthertum den heftigsten Angriffen ausgesetzt war; wenn er nun von den ungarländischen und siebenbürgischen Theologen um ein Gutachten gebeten wird, so ist das zugleich ein Beweis für die Anhäng-

---

[84] UEL Bd. 2, S. 4.

[85] CAS, S. 8. Synodus utrisque in Transilvania Nationis.

[86] H a n e r, Historia Ecclesiarum (wie Anm. 28), S. 228.

[87] CAS, S. 8.

[88] Das Bekenntnis enthält auch Bestimmungen über die Taufe; eine ausführliche Darstellung der Sakramentslehre wird der systematischen Bearbeitung vorbehalten.

[89] Adolf S c h u l l e r u s: Die äußere Entwicklung zur Augustana hin. In: Kirchliche Blätter 10 (1918), S. 187ff.

lichkeit seiner ehemaligen Schüler und eine Vertrauenskundgebung für ihn, welcher als hohe Autorität angesehen wurde.

Im Anschluß an diese beiden Synoden sollte nun auch die sächsische evangelische Kirche an einer reichen synodalen Tätigkeit teilnehmen. Schon die Klausenburger Synode von 1557 ist geschichtlich gesehen eine Nachwirkung der Wirksamkeit Calmancsehis, der vorher im Sinne Zwinglis gelehrt hatte und dem sich die lutherisch-melanchthonisch gesinnten Kreise entgegenstellten.[90] Nun sollte das synodale Gespräch von neuem belebt werden durch den Übergang des Franz Davidis zum Calvinismus, der zwar auf der am ersten Mai 1558 in Torda abgehaltenen Provinzialsynode noch als Verfechter der lutherischen-melanchthonischen [Sache] galt. Diese Synode[91] nimmt die Antwort Melanchthons auf das ihm zugeschickte Klausenburger Bekenntnis entgegen. Melanchthon wies in seiner Antwort auf die wahre und wesenhafte Gegenwart des Sohnes Gottes im Mahle hin, wenn dieses seiner Einsetzung gemäß abgehalten würde. Die Person Christi ist durch die geheimnisvolle Mitteilung seines Leibes und seines Blutes anwesend; dadurch werden die Abendmahlsgäste seine Glieder und empfangen seine Wohltaten. Selbstverständlich weist die Antwort Melanchthons die papistische Lehre von der Anbetung der Hostie zurück und gibt die Anweisung, daß über die Art der Gegenwart Christi im Abendmahl nicht nachgegrübelt werden solle, da sie als ein Geheimnis anzusehen sei; auch wolle er nicht, daß über diese Fragen Streit entstünde, der die Einheit der Kirche zerstöre.[92] Die Synode von Thorenburg nimmt in der Tradition der lutherischen evangelischen Kirche eine ähnliche Stellung ein, wie die beiden Synoden von Erdőd und die von Óvár; ihre Beschlüsse und die auf ihr erfolgte Bekenntnisbildung werden als solche angesehen, die mit der Tradition der sächsischen Kirche in Einklang stehen, so daß Scharsius[93] und Haner[94] auf sie hinweisen; dieser in seiner „Historia ecclesiastica" auch mit der Bemerkung, daß an ihr Pfarrer beider Nationen teilgenommen hätten.[95] Von Scharsius wird noch berichtet, daß in Thorenburg 1558 ein Bekenntnis verfertigt wurde, welches im nächsten Jahre dem König von Polen, dem Bruder der Königin Isabella, übersandt wurde, welcher es

---

[90] Istvan J u h á s z : Reformierte Kirche in der R[umänischen] V[olks] R[epublik]. Handschrift, S. 11; Karl S c h w a r z : Die Abendmahlsstreitigkeiten in Siebenbürgen und die darauf erfolgte Spaltung der evangelischen Glaubensgenossen in Anhänger Luthers und Kalvins. [Ein Beitrag zur Siebenb. Kirchengeschichte. [17 urkundliche Beilagen aus den Jahren 1558-1564] In: Archiv N.F. 2 (1857), S. 246-290, S. 246f.

[91] Von Teutsch UEL Bd. 2 nicht angeführt; dafür CAS, S. 9; H a n e r , Historia Ecclesiarum (wie Anm. 28), S. 217; [STAH MS Varia, II 45] Georg H a n e r : Nota bene Majus Bd. II S. 63.

[92] Brief Melanchthons, veröffentlicht bei S c h w a r z , Abendmahlsstreitigkeiten (wie Anm. 90), S. 264ff.

[93] CAS, S. 9.

[94] [STAH MS Varia, II 45] Georg H a n e r : Nota bene Majus Bd. II, S. 63.

[95] H a n e r , Historia Ecclesiarum (wie Anm. 28), S. 222 u. 223.

gutgeheißen habe. Es enthält auch die Bestimmung, daß das Herrenmahl, von Christus selbst eingesetzt, „sakramentalisch" (*sakramentaliter*) zu genießen sei und daß es gleicherweise den Frommen und Unfrommen ausgeteilt werde; diesen zur Verdammnis, jenen zum Heil. Auch dieses Bekenntnis hat einen vermittelnden Charakter: die Betonung des sakramentalischen Essens kann zur calvinischen Abendmahlslehre hinüberleiten, während die Austeilung des Mahles zum Heile oder zur Verdammnis die lutherische Anschauung nahelegt.

So konnte nun Franz Davidis die Antwort Melanchthons als mit der schweizerischen Reformation übereinstimmend werten und überschwemmte in diesem Sinne mit Briefen die sächsischen Pfarrhöfe.[96] Gegen ihn standen der Superintendent der „Ecclesia Dei Nationis Saxonicae", Mathias Hebler, und der spätere Superintendent der lutherischen ungarischen Kirche, Dionysius Alesius, welche an der nach der lutherischen Auffassung hin tendierenden Abendmahlslehre Melanchthons festhielten. Die so entstandenen Gegensätze sollten auf der Synode von Mediasch vom 14. August 1559 aufeinander prallen,[97] welche von Schullerus[98] als eine sächsische angesehen wird; man konnte sie auch als eine Provinzialsynode bezeichnen, da sie auf das Einberufungsschreiben der Fürstin Isabella zurückgeht und auf ihr Pfarrer beider Nationen teilnahmen. Die Synode ist nicht so sehr wegen des auf ihr zutage geförderten Ergebnisses, sondern wegen der auf ihr zum Ausdruck kommenden Gegensätzlichkeit der Standpunkte von Bedeutung. Die Berichte weisen darauf hin, daß auf dieser Synode auch sächsische Pfarrer teilnahmen, die Franz Davidis für die calvinische Lehre gewonnen hatte.[99] Zur Kennzeichnung der Teilnehmer dient auch die Bemerkung, daß auf ihr viele alte Pfarrer anwesend gewesen wären, die sich mehr durch Bescheidenheit als durch die Kunst des Diskutierens ausgezeichnet hätten.[100] Über die sachlichen Ergebnisse auf der Synode von Mediasch 1559 läßt die Form der Berichterstattung, die über die Heftigkeit im Diskutieren, über das Geschick und die Schlagfertigkeit Heblers Aussagen macht, keine eindeutigen Schlüsse zu. Erwähnenswert ist noch, daß die Nationsuniversität zur Eintracht unter der sächsischen Geistlichkeit mahnt.[101] Das Schreiben, welches sie an die Synode richtet, ist durch seine konservative Haltung gekennzeichnet; ohne daß ausdrücklich irgendwelche Autoritäten genannt werden, geschweige denn eine Berufung auf die Augsburger Konfession erfolgt, werden die Synodalen inständig aufgefordert, in der Lehre zu beharren, die bisher in den sächsischen Kirchen bewahrt wurde, nicht einen Finger breit davon abzuweichen und die Eintracht zu wahren. Das Dokument ist ein Beweis dafür, daß sich schon eine feste Tradition in der sächsischen Kirche ausgebildet hat; im übrigen ist es in

---

[96] Schullerus, Die äußere Entwicklung (wie Anm. 89), S. 89.
[97] UEL Bd. 2, S. 20-23.
[98] Schullerus, Die äußere Entwicklung (wie Anm. 89), S. 89.
[99] UEL Bd. 2, S. 9. sowie CAS, S. 20.
[100] Haner, Historia Ecclesiarum (wie Anm. 28), S. 229; UEL Bd. 2, S. 22.
[101] Fr. Teutsch, Geschichte (wie Anm. 3). Bd. 1, S. 21.

Form und Gedanken so gehalten, daß die Mitwirkung von Theologen an seinem
Zustandekommen angenommen werden kann.[102]

Auf der Synode von Mediasch 1559 wird es offenbar, daß eine Scheidung
innerhalb der protestantischen Gruppen erfolgt ist, ohne daß dabei bereits
eine Entscheidung getroffen wäre. Die konfessionelle Scheidung auf dieser
Synode ist aber nicht identisch mit der völkischen Geschiedenheit in Ungaren und Sachsen; neben dem ungarischen Lutheraner Alesius stehen auf
der Mediascher Synode calvinische sächsische Geistliche. Von den beiden
weltlichen Behörden, dem Fürstenhof und der Nationsuniversität, bezieht
bloß diese eine entschiedene, nämlich eine lutherische, Stellung. Es läßt sich
aber nicht leugnen, daß die konfessionelle Scheidung Hand in Hand geht mit
dem völkischen Bewußtwerden der Ungaren und Sachsen, welches aber viel
eher als Frucht des nationalen Humanismus zu werten ist und nicht auf die
beide Völker umfassende reformatorische Lehre zurückzuführen ist. Es war
deshalb eine notwendige Folge, daß nach der ergebnislos verlaufenden Synode
die beiden protestantischen Parteien von neuem zusammentraten und auf der
Mediascher Synode vom 10. Januar 1560 ihre Standpunkte scharf gegeneinander abgrenzten. Die Synode kann als eine solche der sächsischen Geistlichen
angesehen werden, da ausdrücklich hervorgehoben wird, daß sie unter dem
Vorsitze Heblers ihre Lehre vom Heiligen Abendmahl, wie sie aus der Schrift
zu entnehmen sei, zusammengefaßt und erklärt hätten. Dabei werden neben
dem Worte Gottes auch die Schriften der bedeutenden Gelehrten als Autoritäten angeführt.[103] Die Lehrunterschiede zwischen Lutheranern und Calvinern
in der Frage des Abendmahls werden klar hervorgehoben und durch Thesen
über die Person Christi ergänzt. Lutheraner und Calviner stimmen darin
überein, daß in Christus zwei Naturen, die göttliche und die menschliche, zu
einer Person vereinigt seien; Verschiedenheit bestünde in der Definition der
Art der Personalunion.[104]

Nach solchen Vorgefechten kommt es nun zu der bedeutenden Synode von
Mediasch am 6. Februar 1561, auf der der Grund für das erste Bekenntnis der
lutherischen sächsischen Kirche, für das kurze Bekenntnis über das Abendmahl
gelegt wurde. Die Synode kam auf Beschluß des Klausenburger Landtags vom
10. November 1560 zustande, der zugleich vorsah, daß sowohl aus der Mitte
des ungarischen Adels wie aus der Mitte der sächsischen Nationsuniversität
eine Reihe von Persönlichkeiten anwesend sein sollte.[105] Sie sollte auf Grund
dieses Beschlusses die beiden streitenden Parteien zusammenführen.

---

[102] Über die Bedeutung der Nationsuniversität bei der Bekenntnisbildung siehe die
entsprechenden Sonderausführungen weiter unten, S. 81, 88 passim.

[103] H a n e r , Historia Ecclesiarum (wie Anm. 28), S. 259.; CAS S. 10.; UEL Bd. 2, S. 25.

[104] [STAH: MS Varia, II 81. Pöldner, Georg: Codex Poeldner (um 1750)], S. 127: wiedergegeben in UEL Bd. 2, S. 27.

[105] UEL Bd. 1, S. 87ff.

Die Probleme, die durch Heblers *Brevis Confessio* aufgerollt wurden, müssen im systematischen Teil der Arbeit eingehend erörtert werden; hier sei nur ein allgemeiner Überblick darüber gegeben.

Die *Brevis Confessio* von 1561 ist das erste Bekenntnis der siebenbürgisch-sächsischen Kirche, welches in der späteren synodalen Entwicklung Gültigkeit hatte, wenn diese auch nicht uneingeschränkt war. Sie sollte den lutherischen Standpunkt wiedergeben, tut dieses aber, gemäß der Theologie ihres Schöpfers, Mathias Hebler, mit Formulierungen, die wörtlich aus Melanchthons *Augustana variata* aus dem Jahre 1540 entnommen sind und die *confessio doctrinae Saxonicarum ecclesiarum* [von] 1553 benützen.[106] Eine besondere Frage ergab sich bei der Prüfung der Richtigkeit des Bekenntnisses. Melanchthon war schon tot, aber seine Schule war, wenn auch angefochten, so doch anerkannt und davon überzeugt, daß richtige Erbe Luthers zu wahren. Nun sollten Hochschulen, auf denen diese Anschauungen zur Herrschaft gekommen waren, das Urteil über das Bekenntnis sprechen, und so wurden die „berühmten Akademien" Wittenberg, Rostock, Frankfurt a.O. und Leipzig mit anderen namhaften Gelehrten und kirchlichen Autoritäten um ihr Urteil gebeten. Die so geprüfte Konfession, bei deren Empfehlung auch der nachmalige Superintendent Lukas Unglerus namhaften Anteil hatte, wurde von Mathias Hebler 1563 herausgegeben.[107] Das Bekenntnis gründet sich auf ausführliche Schriftbeweise und viele Väterzitate und will die Feier des Mahles gemäß der ursprünglichen Einsetzung abgehalten wissen. Nach der Verheißung Christi ist das Sakrament so eingesetzt, daß Leib und Blut Christi mit dem Brot und Wein verbunden sind. Die Zusagen Christi werden nicht bloß durch den Glauben ergriffen, sondern auch durch das körperliche Essen der Elemente des Mahles aufgenommen. Alle neugierigen Nachforschungen, welche die Art der Gegenwart Christi ergründen wollen, haben zu unterbleiben; diese ist einfach zu glauben, wie Abraham auf Hoffnung glaubte. Das Bekenntnis unterscheidet ein zweifaches Essen; ein sakramentalisches, bloß äußerliches, welches Gläubigen und Ungläubigen gemeinsam ist, und ein geistliches, welches bloß bei den Gläubigen stattfindet und wodurch sich diese die Wohltaten Christi aneignen. Als Wirkung des Mahles werden die Befestigung des Glaubens, die Erweisung der Gnade und die Mahnung zu gegenseitiger Verbundenheit in der Liebe angegeben; auch bewirkt das Abendmahl die Scheidung zwischen Gläubigen und Ungläubigen.

Mit der *Brevis Confessio* des Mathias Hebler und den sich daran anschließenden Verhandlungen, kommt die Abendmahlsfrage in der siebenbürgisch-sächsischen Kirche zu einem vorläufigen Abschluß. Trotzdem zeigen die Synoden, welche von 1561-1563 abgehalten werden keineswegs, daß die siebenbürgisch-sächsische Kirche befriedet ist.[108] Zwar wird in der Frage des Wortes Gottes

---

[106] S c h u l l e r u s , Die Augustana (wie Anm. 1), S. 249.

[107] Näheres s. S c h w a r z , Abendmahlsstreitigkeiten (wie Anm. 90), S. 256-261; S c h u l -
l e r u s , Die Augustana (wie Anm. 1), S. 248-255.

9[108] UEL Bd. 2, S. 69-70; CAS, S. 13; UEL Bd. 2, S. 74; CAS, S. 13.

Einmütigkeit erzielt, indem alle sächsischen Pfarrer sich auf die Lehre berufen, die in den Schriften der Propheten und Apostel, in den Bekenntnissen der Kirche und in den Auslegungen bewährter Autoren, wie Luther, Melanchthon und Brenz enthalten ist. In der Auffassung über das Abendmahl herrscht insoweit Übereinstimmung, als die *Brevis Confessio* die Grundlage abgibt und die Ablehnung der Sakramentarier beibehalten wird. Sonst kam es aber über die Frage der Zeremonien und Adiaphora zu großen Meinungsverschiedenheiten; besonders heftig war der Streit um die Wiedereinführung schon aufgelassener Zeremonien, in welchem sich Hebler trotz des königlichen Befehls nicht durchsetzen konnte.[109]

Die Gespräche über das Abendmahl und die Christologie auf den Synoden in Enyed 1564 und Weißenburg 1568 und deren Folgen

Als Ergebnis der synodalen Zusammenkünfte der Siebenbürgischen Sächsischen Kirche aus der Zeit von 1557 bis 1563 kann festgehalten werden, daß es auf ihnen zur Fixierung der Lehre vom Heiligen Abendmahl gekommen ist. Das Gespräch über die Abendmahlslehre wurde fortgeführt, da die calvinische Abendmahlsanschauung zahlreiche Anhänger fand und sollte nach der Synode von Enyed 1564 zur Trennung der beiden reformatorischen Kirchen führen. Daneben waren in den obengenannten Synoden, wenn auch in geringerem Ausmaß, Fragen der Christologie erörtert worden; das Gespräch darüber kam von neuem in Gang, als Franz Davidis zum Sozinianismus übertrat. Die Provinzialsynode von Weißenburg bildet hier den Höhepunkt der Auseinandersetzung. Was die übrigen Glaubensartikel anbetrifft, so begnügte man sich vorläufig mit der Berufung auf die Schrift, die ökumenischen Symbole und ihre gültige Auslegung durch die Väter der Reformation, besonders durch Luther, Melanchthon und Brenz, ohne eine Lehrfixierung in den einzelnen dogmatischen Hauptfragen herbeizuführen.

Auf Beschluß des Schäßburger Landtags vom Januar 1564 kam vom 9.-13. April die Synode von Enyed zustande, die den Zweck haben sollte, die Streitigkeiten in der Frage des Abendmahls beizulegen. In dem Bericht, den Pöldner[110] über die Synode gibt, heißt es, daß sich die Calviner an Calvin, Bullinger, Beza und Petrus Martyr hielten, während die Lutheraner Luther, Hesshusius, Martin Chemnitz und Selneccer zu ihren Gewährsmännern wählten. Melanchthon tritt in diesem Bericht insoweit zurück, als nur seine Sammlung der Sentenzen der Väter und nicht seine eigene Abendmahlslehre als autoritativ angesehen wird. Chemnitz ist bisher nicht genannt worden; dafür schloß sich an Luther bisher als erster immer Melanchthon an. Selneccer gehörte zu denen, die sich zur *Brevis Confessio* zustimmend geäußert hatten.[111] Der Bericht Pöldners, der aus der Mitte des achtzehnten Jahrhunderts stammt, kann

---

[109] AHG: I.A.14, Protocollum Capituli actorum Barcensis, S. 26. In: UEL Bd. 2, S. 76, 77.

[110] [STAH: MS Varia, II 81. Pöldner, Georg: Codex Poeldner (um 1750)], S. 189. nach UEL Bd. 2, S. 78 u. 79.

[111] CAS, S. 35; S c h w a r z , Abendmahlsstreitigkeiten (wie Anm. 90), S. 286.

schon tendenziös gefärbt sein; darauf weist das Zurücktreten der Autorität Melanchthons hin. Pöldner bezeichnet die Calviner ausdrücklich als Zwinglianer; auf der Synode selbst distanzierten sie sich von Zwingli. Ähnlich wie der Bericht Pöldners kann auch der des Scharsius tendenziös gefärbt sein. Er berichtet nämlich, daß auf der Synode über die dogmatischen Abweichungen der Antitrinitarier disputiert worden sei, sowie darüber, was die Calviner mit den Arianern gemeinsam hätten.[112]

Die genaue Schilderung der Vorgänge auf der Provinzialsynode von Enyed ist die Aufgabe der systematischen Darstellung der Abendmahlslehre; hier werden bloß die Hauptlinien des Gespräches festgehalten. – Der Fürst entsendet seinen Leibarzt Blandrata mit dem Beglaubigungsschreiben als Moderator zur Provinzialsynode nach Enyed. Das Schreiben ist versöhnlich gehalten; es wird keiner Partei zu nahe getreten; die Meinungen der Theologen beider Parteien werden geachtet. Auch rechnet das Beglaubigungsschreiben schon mit der bevorstehenden Kirchenspaltung und stellt für den Fall, daß eine Einigung nicht zustande kommt, eine Klausenburger und eine Hermannstädter Superintendentur in Aussicht. Zugleich gibt das Schreiben auch die Voraussetzungen an, unter denen das Gespräch geführt wird: Die sächsischen Kirchen behaupten die Gegenwart des Leibes Christi im Abendmahl, während die Gegner der Meinung sind, daß der Leib Christi im Abendmahl abwesend sei.[113]

Zunächst kommen die Senioren der Kirchen in Ungarn und Siebenbürgen zu Worte, welche für die geistliche Nießung des Leibes Christi eintreten.[114] In ihrem *modus con-cordiae* handelt es sich um ein ökumenisches Bekenntnis und um einen Aufruf zur Friedfertigkeit. Der Herr Christus selbst habe in seinem letzten Kampf um die Einigkeit gebeten; so besteht Hoffnung, daß er die wahre Eintracht herbeiführen wird. Die Verfasser lehnen es ab, mit dem Namen der Sakramentarier belegt zu werden. So könnten nur die genannt werden, welche die Sakramente als Kennzeichen der äußeren Zugehörigkeit zur Gemeinschaft ansähen; dagegen sind sie nach Ansicht der Verfasser, Erweise der Gnade Gottes gegen uns und gültige Bestätigung unseres Glaubens.[115] So erfolgt zunächst eine Abgrenzung von der Sakramentslehre Zwinglis. Gott verbindet sich mit dem Sakrament, so daß die äußeren Zeichen die Wirksamkeit der Gnade Gottes widerspiegeln können. Die Gnade und Kraft des Geistes ist aber nicht an das äußere Zeichen gebunden, sondern Gott gebraucht die Sakramente frei, damit sie den Auserwählten eine Stütze zum Heil sind; den übrigen wenden sie nichts zu, und deshalb gehen sie ins Verderben. Die Sakramente nützen nur dann etwas, wenn sie im Glauben empfangen werden; dieser aber ist ein Geschenk des Geistes. Im Sakrament des Mahles belebt nicht die Speise und der Trank

---

[112] UEL Bd. 2, S. 81; CAS, S. 14ff.

[113] „absentiam [videlicet] corporis Christi in coenam contendunt." UEL Bd. 1, S. 186.

[114] „Seniores ecclesiarum in Hungaria et Transilvania in fide[i] et spirituali corporis Christi manducatione censentientes." UEL Bd. 2, S. 87.

[115] UEL Bd. 2, S. 82: „tess[e]ras gratiae dei erga nos".

unsere Leiber, sondern es kommt darauf an, daß Christi Tod unser Leben sei; unter dem Brot und Wein wird die „Rettungsarche" gereicht, welche die Genießenden zu Teilhabern an Christi Leib und Blut macht. Mit diesen Sätzen glauben die Verfasser des *modus concordiae* mit ihren Verhandlungspartnern übereinzustimmen. Die Ursache des Streites ist also nicht diese Bestimmung des Herrenmahles, sondern die unterschiedliche Auffassung über das Essen des Leibes und das Trinken des Blutes. Der Leib Christi ist eine geistliche Nahrung für die Seele. Er wird deshalb Nahrung genannt, weil der Geist uns durch unfaßbare Kraft sein Leben einhaucht, wie sich der Lebenssaft von der Wurzel her in die Äste und die Kraft vom Haupte her in die einzelnen Glieder strömt. Nun erst beginnt die Auseinandersetzung: Der sich hievon nicht überzeugen lassen und den Leib im körperlichen Sinne genießen will, kann sich weder auf die Schrift noch auf das Zeugnis der alten Kirche berufen. Man weicht von der Wahrheit auch keineswegs ab, wenn man vom sakramentalen Essen als von einer Redefigur spricht. Denn das Wort „Figur" ist hierbei nicht gesetzt für eine leere Vorstellung, sondern im Sinne von Metonymie zu verstehen. Eine Metonymie ist die Bezeichnung eines Gegenstandes durch ein anderes Wort, als das dafür üblich ist; es steht aber mit dem gemeinten Gegenstand in einem logischen oder erfahrungsmäßigen Zusammenhang. Auf die Handlungen des Abendmahles bezogen, bedeutet dies, daß das Brechen des Brotes in einem Zusammenhang mit dem geopferten Leib Christi steht ohne daß die Identität von Brot und Leib vorhanden ist. Man kann also auf Grund der figürlichen Redeweise das Brot des Mahles nicht in der gleichen Weise mit Christus identifizieren, wie man von Christus als dem Sohne Gottes spricht. Die Bezeichnung des Leibes Christi wird figürlich auf das Brot übertragen. Dabei ist eine Verbindung gegeben zwischen der Sache, die bezeichnet werden soll, und dem Zeichen, welches auf diese Sache hinweist. Die Sache ist der für uns in den Tod gegebene Leib Christi, das Zeichen ist das gebrochene Brot. So ist die Redewendung erlaubt, daß unter dem Brot oder mit dem Brot gegeben werde der Leib Christi; das ist möglich, weil es dabei nicht zu einer substanziellen Einigung des Brotes mit dem Fleische kommt. Denn die Lehre von der Unendlichkeit des Leibes wird abgelehnt. Wohl sind zwei Naturen in der Person des Mittlers vereinigt, aber doch so, daß die Eigenschaft einer jeden Natur erhalten bleibt. Christus, der in die himmlische Herrlichkeit aufgenommen wurde, ist dem Fleische nach von uns entfernt, erfüllt aber nach seiner Kraft Himmel und Erde. Das Fleisch steigt nicht vom Himmel herab, damit wir durch es genährt würden, sondern es genügt die Kraft des Geistes, welches die räumliche Entfernung beseitigt. Zurückgewiesen wird deshalb die Lehre von der Ubiquität sowie von der substantiellen Gegenwart des Leibes Christi auf Erden.

Eine andere Kontroverse ergibt sich bei dem Verständnis des „geistlichen" Essens. Es wird damit nicht etwas Unwirkliches oder Leeres bezeichnet. Der geistlichen Nießung steht die fleischliche gegenüber. Beim fleischlichen Essen scheint es, als ob der Leib Christi so in uns eindringe, als ob Brot gegessen werde; bei der geistlichen Nießung bewirkt die geheimnisvolle Kraft des heiligen Geistes, daß das Leben aus dem Fleische Christi in uns eindringt. Der Leib Christi, der uns dabei lebendig macht, ist derselbe, welcher gekreuzigt wurde zur Versöhnung der Sünden. Der Leib, den der Gottessohn ein einzigesmal dem Vater darbrachte, wird täglich im Mahle angeboten, damit er unsere Nahrung in geistlicher Weise sei. Dabei bleibt der Leib im Himmel, und auf uns, die wir auf Erden wallen, kommt das Leben aus der Substanz jenes Leibes vermöge der geistlichen Nießung.

Es ist nicht von der Hand zuweisen, daß in diesem *Modus Condordiae* der Senioren der ungarischen und siebenbürgischen Kirchen eine in sich geschlossene Abendmahlslehre calvinischer Prägung vorliegt. Es ist auch verständlich, daß Kreise, die melanchthonisch gesinnt waren, leicht zu dieser Abendmahlsauffassung einschwenken konnten. Trotzdem ist aber gerade auf Grund der Lehre Melanchthons von der Gegenwart des Leibes Christi im Mahl und durch sein Wertlegen auf das mündliche Essen eine Abgrenzung von der hier vorgebrachten Abendmahlslehre vollzogen. Die Gegner, die nun zu Wort kamen, also vor allem die Teilnehmer der sächsischen Kirchen an der Synode, befürchteten, daß durch die Leugnung der realen Gegenwart Christi die Bedeutung der Sakramentshandlung herabgemindert werden könne. Die rational wohlausgewogene Sakramentslehre mußte bei ihnen den Eindruck erwecken, daß der Vernunft zuviel Raum gegeben sei. Zugleich ist aber auch ein wichtiges exegetisches Problem gegeben, nämlich das nach dem Verständnis der Worte: „Dies ist mein Leib."

Wenn die sächsischen Geistlichen auch ein figürliches Verständnis dieser Worte ablehnen, so geht doch aus ihrer Antwort auch hervor, daß sich in vieler Beziehung die beiden Standpunkte annähern. So wird zu Anfang der Dank dafür ausgesprochen, daß mit Gottes Hilfe diese Zusammenkunft zustande gekommen ist. Dann wird der Endzweck des Mahles beschrieben: Er besteht darin, daß Christus es eingesetzt hat, um zu bezeugen, daß er seine Verheißungen wahr machen will. Er will Vergebung der Sünden, Gerechtigkeit und ewiges Leben denen schenken, welche mit wahrer Reue zu ihm fliehen; so können die erschreckten Gewissen die Gewißheit haben, daß ihnen die Sünden vergeben und sie dadurch Erben des ewigen Lebens geworden sind. Die Meinung, daß ohne Glauben der Gebrauch der Sakramente heilbringend sei, wird abgelehnt; ebenso werden die Lehre von der Transsubstantiation, von der Einschließung des Leibes Christi im Brot und von der Ubiquität des Fleisches Christi zurückgewiesen. Die Antwort nimmt auch den Ausdruck des geistlichen Essens des Leibes Christi auf und erklärt sich auch mit dem Bilde einverstanden, daß die Gläubigen durch das Mahl so gestärkt würden wie die Äste durch den Stamm von der Wurzel her. Es wird darauf hingewiesen, daß die geistliche Nießung auch in den sächsischen Kirchen gelehrt wurde. Dabei wurde aber – und hierbei macht sich nun ein entscheidender Unterschied gelten – nicht in solcher Weise von der geistlichen Nießung gesprochen, daß das Essen des Leibes mit dem Munde außer Acht gelassen wurde. Das Entscheidende ist aber nicht die Art des Essens, sondern die Gewißheit der wesenhaften Gegenwart des Leibes Christi im Abendmahl. Denn der Sinn der „katholischen" Lehre vom Mahl ist dieser, daß der Leib Christi wirklich anwesend ist. Die Einsetzungsworte in den Evangelien und bei Paulus sind nur zu verstehen von der Verheißung der Gegenwart des Leibes und des Blutes her. Nicht die Kraft und die Wirksamkeit des Geistes, noch viel weniger die mystische oder die figürliche Redeweise erschließen das Verständnis des Herrenmahles. Nach den offenbaren Aussagen der Schrift kann man den klaren Worten: „Dies ist mein Leib" kein Verständnis unterlegen, welches Christus nicht gemeint haben kann. Deshalb wird auf Grund der Einsetzungsworte die wesenhafte Gegenwart des Fleisches Christi im Abendmahl bekannt und auf den geheimen Ratschluß Gottes und die Weisheit des Sohnes zurückgeführt. An diese Verheißungen des Wortes Gottes hält sich der Glaube und weist alle Albernheiten der Vernunft von sich. So kann man auch von der Präsenz des Leibes und Blutes nicht wie von geometrischen Figuren des Euklid oder des Archimedes sprechen. Die Gewißheit der Gegenwart Christi kann man auch nicht dadurch sicherstellen, daß der Leib Christi ins Unendliche ausgedehnt wird; nur die Worte der Einsetzung, wie sie die Evangelisten und Paulus überliefern, gewährleisten eine solche Gewißheit. Damit wird nicht die Transsubstantiation gelehrt, sondern die wunderbare und undurchdringliche Vereinigung zweier sehr verschiedener Sachen gegen die Ordnung und den Lauf der Natur. Der Symbolcharakter des Brotes und des Weines wird dabei in einem anderen Sinne aufrechterhalten; sie sind Zeichen, Symbole, der ständigen Liebe Gottes und seiner Gnadenerweisungen. Es wird bekannt, daß Fromme und Böse den Leib Christi und sein Blut zu sich nehmen, also das ganze Sakrament genießen, sonst würde der Leib Christi die Bösen nicht anklagen. Auch hier wird vom sakramentalischen Essen gesprochen, welches nicht auf kapernaitische Weise geschieht. Auch die Gegenwart des Leibes Christi wird sakramentalisch genannt. Hier läßt sich auch von einer mystischen Gegenwart sprechen.

Eine Einigung der beiden entgegenstehenden Standpunkte kann nur so erzielt werden: Die Auffassung muß aufgegeben werden, daß Brot und Wein nur Symbole des Leibes und des Blutes Christi sind, die fern von uns im Himmel bleiben. Ebenso muß die Auffassung fallen gelassen werden, daß nur im Sinne einer Metonymie vom Leib und Blut Christi im Abendmahl gesprochen werden kann.

Leider wird diese sachliche Antwort mit einem Spottgedicht geschlossen. Es weist darauf hin, daß der Hauptverfasser des *Modus concordiae* nicht eine eigene Lehre vorträgt, sondern sich mit fremden Federn schmückt. Die Senioren weisen darauf hin, es wäre nicht die Aufgabe der Antwortenden gewesen, nachzuweisen, woher die vorgetragene Lehre stamme, sondern zu prüfen, ob sie mit dem Worte Gottes übereinstimmen. Dann werden noch einmal jene Anschauungen zusammengefaßt, in denen die beiden Parteien übereinstimmen: Die Erteilung der Sündenvergebung im Mahl, die Wirksamkeit der Sakramente durch den Glauben, die Leugnung der Transsubstantiation; die Leugnung der Ansicht, daß der Leib Christi im Brot eingeschlossen sei; die Leugnung der Ubiquität; die Übereinstimmung darüber, daß es ein geistliches Essen im Abendmahl gibt; die Unterscheidung des sakramentalischen oder zeremoniellen und des geistlichen Essens. Aber neben diesen Übereinstimmungen treten auch die Gegensätzlichkeiten hervor. So wird behauptet, daß nirgends in der Schrift gelehrt werde, das Fleisch Christi werde mit dem Munde gegessen, auch habe Christus bei der Einsetzung des ersten Mahles nicht seinen Leib, sondern das Brot zu essen gegeben. Indem nun die sächsischen Geistlichen auf drei Grundansichten beharren, nämlich, daß die Einsetzungsworte in ihrer ursprünglichen Bedeutung zu verstehen seien, daß im Mahl mit den sichtbaren Elementen der unsichtbare Leib Christi gereicht wird und daß Gläubige und Heuchler den Leib Christi empfangen, ist die Scheidung in den beiden Standpunkten der Abendmahlslehre herbeigeführt. Mehr als eine Klärung der beiden Standpunkte haben auch die Nachverhandlungen dieser Synode nicht gebracht. Nach Abbruch der Gespräche sind die beiden protestantischen Kirchen, die vorwiegend ungarisch-calvinische und die vorwiegend sächsisch-lutherische ins Leben getreten.[116]

Die unmittelbare Folge der Disputation, die Trennung der beiden Superintendenturen, tritt auch in der am 25. November 1565 unter dem Vorsitz Heblers in Hermannstadt abgehaltenen Generalsynode in Erscheinung.[117] Sie beschäftigt sich zwar nicht ausdrücklich mit den theologischen Fragen des Abendmahles, da diese auf der Synode von Enyed zum Abschluß gekommen sind. In den achtzehn Artikeln, die die Synode ausstellt, werden vorwiegend Anweisungen über die Ordnung des Gottesdienstes, die Amtsführung der Kirchendiener und der Schulangestellten gegeben. Über das Abendmahl wird ausgesagt, daß es der Einsetzung Christi gemäß mit ungesäuerten Broten zu halten sei.[118] Wenn hierin noch kein klarer Beweis einer konfessionellen Scheidung vorliegt, so können doch die Verfügungen dieser Synode auf eine entschiedene lutherische Haltung hinweisen; so die Weisung, daß die Evangelien und Epistel beizubehalten seien,[119] wodurch eine Abgrenzung von der fortlaufenden Lesung bei den Reformierten vorgenommen wird, und die Anweisung, es solle keiner, der der Irrlehre verdächtig sei, zu kirchlichen Diensten zugelassen werden.[120] Die reine Lehre, auf die sich die Synodalen der Synode von 1565 festlegen,

---

[116] Außer dem fürstlichen Beglaubigungsschreiben siehe auch über den Verlauf der Verhandlungen: S c h u l l e r u s , Die Augustana (wie Anm. 1), S. 256-271.

[117] UEL Bd. 2, S. 101-109. Von der ungarischen lutherischen Kirche ist Dionysius Alesius auf dieser Synode anwesend.

[118] CAS, S. 15.; UEL Bd. 2, S. 101-109.

[119] CAS, S. 14.

[120] UEL Bd. 2, S 103.

ist enthalten in den Bekenntnissen der alten Kirche, in den Schriften Luthers, Melanchthons und Brenz sowie in der Augsburger Konfession von 1530.[121]

Während in Enyed 1564 über die Abendmahlsfrage verhandelt wurde, kamen in Weißenburg 1568 die Fragen der Christologie zur Sprache. Vorausgegangen sind die Ereignisse, daß eine Debrezener Synode vom 24. Februar 1567 sich unter Führung des Petrus Melius zur Helvetischen Konfession bekannte[122] und daß Franz Davidis, der in Enyed die calvinische Abendmahlslehre vertreten hatte, zum „Arianismus" übergegangen war.[123] Scharsius berichtet auch davon, daß diese Irrlehre am Fürstenhof bereits tiefe Wurzeln geschlagen hatte. Die „Synode" nimmt in mancher Beziehung eine Sonderstellung ein. Zwei Gruppen sind vorhanden: Die „Evangelischen", wie sich Franz Davidis und sein Anhang nennen, und die Bekenner des „katholischen" und „orthodoxen" Glaubens.[124] Dabei fällt in der Berichterstattung auf, wie sehr die Grenzen fließend sind; denn zu den Bekennern der wahren Katholizität auf Grund der Schrift und der ökumenischen Symbole werden sowohl die Kreise gezählt, die sich um den sächsischen Superintendenten Mathias Hebler scharen, wie auch diejenigen, welche unter Petrus Melius' Führung bereits die helvetische Konfession angenommen haben. Auf Grund der Berichterstattung gewinnt man den Eindruck, daß die Weißenburger Disputation vom Jahre 1568 die siebenbürgisch-sächsische Kirche zunächst bloß am Rande berührt. Peter Bod[125] berichtet zwar, daß Mathias Hebler und Pfarrer Nikolaus von Großau von den Verteidigern des wahren katholischen Glaubens zu Schiedsrichtern bestimmt worden seien; von einer besonderen nachhaltigen Anteilnahme dieser beiden vernehmen wir aber nichts. Wenn derselbe Bericht erwähnt, daß Laurentius Klein, der Pfarrer von Bistritz, als Verteidiger des wahren katholischen Glaubens Petrus Melius in der Disputation unterstützte, so steht gegen diese Nachricht der ausführliche Bericht, der Laurentius Klein gar nicht erwähnt.[126] Das schließt nicht aus, daß er an der Disputation teilgenommen hat; jedoch ist er keineswegs ein bedeutender Disputationsgegner gewesen, sonst wäre er gekannt worden. Petrus Caroli aber, der Schulrektor von Broos, der gegen Davidis, Blandrata und ihren Anhang auf der Seite des Melius stritt, unterzeichnet im nächsten Jahr, am 10. Oktober 1569, auf einer ungarischen Synode in Broos mit sechzig ungarischen Pfarrern unter Melius' Führung ein Bekenntnis.[127] Man kann also folgern, daß die Ereignisse, die zur „Synode" von Weißenburg 1568 geführt haben, wie auch die Vorgänge auf der Synode selbst, vor allem den ungarischen Protestantismus angingen. Hebler selbst tritt nach dem ausführlichen

---

[121] UEL Bd. 2, S. 102. Die Augsburger Konfession auch genannt in der Brevis Confessio von 1561. Vgl. UEL Bd. 2, S. 52.

[122] H a n e r , Historia Ecclesiarum (wie Anm. 28), S. 281.

[123] CAS, S. 16.

[124] Der folgende Bericht nach der Brevis ennaratio […]. Alba 1568, UEL Bd. 2, S. 111.

[125] R a u w e n h o f f (Hg.): B o d : Historia Hungarorum (wie Anm. 66), S. 412.

[126] Bericht nach der Brevis ennaratio […]. Alba 1568, vgl. UEL Bd. 2, S. 111.

[127] R a u w e n h o f f (Hg.): B o d : Historia Hungarorum (wie Anm. 66), S. 412.

Bericht nur insoweit in Erscheinung, als er zusammen mit Melius nach dem achten Disputationstag vom Fürsten die Genehmigung erbittet, sich entfernen zu dürfen, da er die Erwiderung des Franz Davidis nicht mehr anhören wolle. Er hatte sich schon gegen dessen Christologie entschieden.

Der Eröffnung der Disputation geht ein Streit darüber voraus, nach welcher Richtschnur die vorgebrachten Behauptungen letztlich zu prüfen seien. Die Bekenner der orthodoxen Konfession führen als Prüfstein der Wahrheit die Heilige Schrift, die alten Symbole, die Lehre der Kirche und die Urteile der gelehrten Männer an. Sie führen die Tradition der bisherigen Synoden auch insoweit fort, als sie ein Gutachten von den frommen Akademien befürworten. Die Vorlage der Disputationsberichte an die Akademien lehnen aber die Bekenner der „evangelischen" Wahrheit ab. Ihre Autoritäten seien allein das Wort Gottes und die Symbole nur insoweit, als sie mit diesen übereinstimmten. Es sei erwiesen, daß zu Zeiten Jesu Joseph, Maria und andere einfache Menschen Erkenntnis der Wahrheit gehabt hätten, während die Akademie in Jerusalem die falsche Kirche verherrlicht hätte. Auch zu Luthers und Zwinglis Zeiten hätten sich die Akademien der Wahrheit widersetzt. In diesem Vorgefecht kommen schon deutlich die unterschiedlichen Standpunkte zur Geltung. Die Einen, die sich Verteidiger der prophetischen, apostolischen oder katholischen Wahrheit nennen, sind zugleich diejenigen, die die Tradition der Kirche achten und vor allem die drei ökumenischen Symbole, das Apostolicum, Nicänum und Athanasianum als gültig anerkennen. Ihre Gegner wollen bloß die Schrift anerkennen. Die Frage der Zusendung der Akten an die Akademien wird so entschieden, daß die Partei des Melius in Aussicht stellt, den Bericht in eigenem Namen zu übersenden.

Nach diesem Vorgefecht treten die beiden Parteien in den Hauptkampf ein. Bei der Eröffnung weist Blandrata darauf hin, worüber zu disputieren sei: Über den dreieinigen Gott, das heißt über die Lehre, daß Vater, Sohn und Heiliger Geist gleicher Göttlichkeit teilhaftig seien; sodann über die Frage der ewigen Zeugung des Sohnes aus der Hypostase des Vaters. Melius stellt hierauf die These auf: Die Propheten hätten gelehrt, daß, wie der Vater Gott genannt werden müsse, so gelte dieselbe Ehre auch dem Sohn und dem Geist. Als Beleg dafür führt er neben andern Schriftstellern Jeremia 26 (Du allein bist Jehova, welcher alles in uns gemacht hat) und 1. Korinther 12 (Der Herr ist der Geist) an. So bemüht er sich, seine trinitarische Auffassung durch Schriftstellen zu erhärten: So sah Abraham, als er Gott sah, drei Personen (Gen. 18,19) und wenn davon gesprochen wird, daß die Engel Christus anbeteten, so muß hinzugefügt werden, daß sie diese Ehre nicht einer Kreatur erweisen können. Er könne, so meint Melius, mehr als vierhundert Schriftstellen anführen, in denen Christus ewiger Jehovah genannt werde, also ewiger und einiger Gott und mit diesem in gleicher Weise zu verehren. Denn Vater, Sohn und Geist sind identisch in ihrer göttlichen Natur (nach Johannesev. Kap. 5) und deshalb auch gleicher Ehre wert. Für die Ewigkeit des Sohnes spricht auch der Satz Christi: „Ehe denn Abraham war, bin ich." Wenn der 68. Psalm sagt, daß Gott Jehovah in die Höhe aufgestiegen sei und den Menschen Gaben gegeben hätte, so hat er von Christus gesprochen; denn Paulus bezieht diese Stelle auf ihn. So ist denn Christus anzurufen nicht allein als Mittler des Heils (*mediator*), sondern auch als dessen Urheber.

Gegen diese Behauptungen des Melius, welche hier im Zusammenhang kurz wiedergegeben worden sind, wenden sich nun Blandrata und vorwiegend Franz Davidis. Blandrata bestreitet, daß der Mittler Jesus Christus Vater genannt werden könne. Davidis stellt den Ansichten des Melius die Behauptung entgegen, daß der Vater allein, auch gemäß den Bekenntnissen Christi, Schöpfer genannt werden könne und beruft sich unter anderem auch auf Hiob Kap. 9, wo es heißt: „Ich allein habe den Himmel gemacht." Es gibt keine Stelle im Alten Testament, die von einer Anrufung der Trinität spricht. Auch das Neue Testament berichtet, daß der Sohn nichts anderes tut, als was er sieht den Vater tun. Wenn der Sohn selbst den Vater anruft, so ist offenbar, daß keine Identität, keine Gleichheit zwischen beiden besteht. Damit fällt auch die Behauptung, daß dem Sohn die gleiche Ehre wie dem Vater zukomme. Ehre kommt ihm nur insoweit zu, als der Vater geboten hat, ihn zu ehren.

In den Streit, der hier nicht in seinem vollen Umfange wiedergegeben werden kann, war so wenig eine Einigung zu erzielen, als vier Jahre vorher auf der Synode von Enyed. Es zeigte sich auch, wie die von Johann Sigismund Zápolya und seinem Ratgeber Blandrata eingeschlagene Richtung zu einer neuen Aufspaltung in der Reihe der Protestanten führte. So kann die Zusammenkunft von Weißenburg als eine Fortsetzung der Synode von Enyed bezeichnet werden: Sie führt auf Grund der dogmatischen Verschiedenheit zur Entstehung einer neuen Kirchengemeinschaft, die nachher als die unitarische bezeichnet werden sollte. Die förmliche Anerkennung der vier „rezipierten" Religionen geschah auf dem Landtag in Marosvásárhely in der Epiphaniaswoche des Jahres 1571 mit den Worten: „Daß Gottes Wort überall frei soll verkündigt werden können und wegen seines Bekenntnisses niemand gekränkt werden soll, weder Prediger noch Hörer."[128]

Es wurde bereits erwähnt, daß die Verhandlungen in Weißenburg die siebenbürgisch-sächsische Kirche bloß am Rande berührt haben. Trotzdem sind sie aber für die Theologie und Bekenntnisbildung in ihr von großer Bedeutung gewesen. Zunächst scheinen Mathias Hebler und sein Kreis, unter Zurückstellung der unterschiedlichen Auffassungen in der Abendmahlslehre, Anschluß an den Kreis um Melius gefunden zu haben. Daß Hebler und Melius in Weißenburg gemeinsam vorgingen, geht auch aus der oben erwähnten Vorsprache beim Fürsten hervor, in welcher sie den Wunsch äußerten, mit vielen anderen der anwesenden Pfarrer die Disputation zu verlassen. Die Disputation von Enyed hatte bei näherer Betrachtung nicht bloß die Verschiedenheiten, sondern auch die Gemeinsamkeiten gezeigt. Die Scheidung in die beiden Superintendentu-

---

[128] Nach: UEL Bd. 1, S. 96.

ren war verhältnismäßig friedlich zustande gekommen;[129] in der Lehre war Melanchthon noch das einigende Band geblieben, von dem beide Parteien ausgegangen waren. Beide Parteien legten auch auf die kirchliche Tradition mehr Wert als die neu aufgekommene Richtung des Franz Davidis. Von dieser her drohte nun die größere Gefahr. Vom Fürstenhof in Weißenburg, der zum Mittelpunkt der „Arianer" wurde, waren viele Gemeinden der siebenbürgisch-sächsischen Kirche nicht weit entfernt. Die Gefahr, daß die Pfarrer dieser Gemeinden unter den Einfluß dieser neuen Lehre gerieten, war groß. Die Entwicklung führte aber zu einer Besinnung auf die gültige Tradition der Kirche und zur Abfassung von Bekenntnissen, die sämtliche reformatorische Hauptlehren wiedergaben. Bis zu diesem Zeitpunkt sind in der sächsischen Kirche nur mit dem Hinweis auf besonders strittige Artikel Bekenntnisse verfaßt worden. Die Formulierung des Bekenntnisses über die Hauptartikel der reformatorischen Lehre, welches mit Berücksichtigung der altkirchlichen Tradition zustande kam, ist nicht mehr die Sache Heblers gewesen. Er starb am 18. September 1571. Am 25. Mai desselben Jahres war nach dem Tode Johann Sigismund Zápolyas Stephan Báthory zum Fürsten gewählt worden. An die Spitze des Landes trat ein kraftvoller katholischer Fürst, der zugleich in konfessionellen Fragen Realpolitiker war. Die veränderte politische Lage kündet auch eine neue Epoche in der Theologie und Bekenntnisbildung an.

Rückblick und Ausblick

Der genaue Kenner der Kirchengeschichte Siebenbürgens wird feststellen, daß der Überblick, der hier gegeben worden ist, in mancher Hinsicht nicht viel Neues bringt. Adolf Schullerus hat mit Benützung sehr reicher Quellen den hier behandelten Abschnitt so eingehend dargestellt, daß darüber hinaus kaum noch wesentliche Ergänzungen möglich sind. Es war auch nicht der Zweck dieser Arbeit, die Feststellungen Schullerus' zu wiederholen oder zu ergänzen. Die hier gemachten Erörterungen sollten bloß dazu dienen, das Verständnis für die Entwicklung der Theologie und des Bekenntnisses in der Kirche der Siebenbürger Sachsen zu wecken. Deshalb wurden die Hauptlinien herausgestellt. Darüber ist in diesem Schlußwort nicht viel zu sagen; die Arbeit selbst gibt genügend Aufschluß. Der Inhalt dieser Arbeit zeigt aber auch, daß die hier geschilderte Entwicklung noch nicht abgeschlossen ist, so daß eine Weiterführung als notwendig erscheint.

Es sind jedoch hier einige Behauptungen aufgestellt worden, die gegenüber der bisherigen Forschung etwas Neues bieten. Dabei ist zunächst an die Einschätzung der Synodalberichte gedacht. G. D. Teutsch, Friedrich Teutsch und G. Müller haben eine kritische Stellung den ersten Synodalberichten der evangelischen sächsischen Kirche gegenüber eingenommen. Sie haben aber nicht auf die Tendenz hingewiesen, welche in der Überlieferung der Kirche über den hier behandelten Zeitraum zum Ausdruck kommt. Es ist dieses die

---

[129] ADB Bd. II, S. 201; Fr[iedrich] Müller über Hebler.

Absicht, die theologische Entwicklung schon vor der Mitte des sechzehnten
Jahrhunderts unter dem Gesichtswinkel der lutherischen Hochorthodoxie des
siebzehnten Jahrhunderts zu sehen. Adolf Schullerus macht in seiner „Augustana in Siebenbürgen" darüber Andeutungen, wendet aber seine Erkenntnisse
nicht überall an. Sonst hätte er seiner Schrift nicht den auch sonst nicht sehr
zutreffenden Titel geben können; denn der Kampf um die Augustana liegt nicht
im Vordergrund seiner Untersuchungen. Es ist aber durchaus möglich, daß
er die Untersuchungen über das Jahr 1572 hinaus weiterführen wollte, wie es
auch in der vorliegenden Arbeit geplant ist.

Vielleicht konnte der Leser feststellen, daß in dieser Arbeit mehr denn
sonst versucht worden ist, nicht so sehr das Trennende, sondern viel eher das
Gemeinsame der protestantischen Gruppen Siebenbürgens herauszustellen.
Die Gemeinsamkeit ist bedingt durch die Autoritäten, die zu der Zeit, da die
Auseinandersetzungen um die Mitte des sechzehnten Jahrhunderts beginnen,
maßgebend sind, vor allen Dingen durch die vermittelnde und irenische Haltung Melanchthons. Es fragt sich, ob es nicht auch im siebenbürgischen Protestantismus notwendig ist, zu seiner ökumenischen Haltung zurückzufinden.
Die Auseinandersetzung um Melanchthons Autorität war während des hier
geschilderten Abschnittes im Gang. Auch von diesem Gesichtspunkt her ist
eine Fortführung der Arbeit notwendig.

Auf eine Schwierigkeit möchte ich noch zum Schluß der vorliegenden Abhandlung hinweisen: es ist die Schwierigkeit der Benennung des Kirchengebildes, von dem hier die Rede war. Man könnte einfach von der evangelischen
Kirche Augsburgischen Bekenntnisses sprechen. Friedrich Teutsch hat seine
Kirchengeschichte bloß „Geschichte der evangelischen Kirche in Siebenbürgen"
benannt und ist dabei einesteils als Historiker konsequent geblieben. Man
könnte in seinem Sinne auch von dem hier behandelten Abschnitt der Kirche
nicht von der evangelischen Kirche Augsburgischen Bekenntnisses sprechen;
denn er meint, daß das Augsburgische Bekenntnis erst auf der Synode von
1572 angenommen worden wäre.[130] Er hat allerdings nicht ganz recht, denn die
Synoden von 1561 und 1565 weisen schon auf die Karl dem V. ausgehändigte
Augsburgische Konfession hin.[131] Aber insoweit trifft er das Richtige, als die
Augsburgische Konfession bis 1572 nicht eine hervorragende Geltung in der
siebenbürgisch-sächsischen Kirche hatte. Sonst würde der Bericht über die
Synode dieses Jahres nicht die Mitteilung enthalten, daß die Synodalen die
Augsburgische Konfession nicht gekannt hätten und sie deshalb vorgelesen
werden mußte.[132]

Aber auch die Benennung Teutschs, „Evangelische Kirche" stößt auf Schwierigkeiten. Er bemüht sich zwar, sämtliche evangelische Gruppen in seine
Darstellung einzubeziehen, sammelt sich aber doch vor allem um die evan-

---

[130] Fr. T e u t s c h , Ist die Synode (wie Anm. 15), S. 2.
[131] UEL Bd. 2, S. 52 und 102.
[132] Fr. T e u t s c h , Geschichte (wie Anm. 3). Bd. 1, S. 290.

gelische sächsische Kirche. Wenn man aber von der evangelischen Kirche in Siebenbürgen spricht, so muß man auch jene ungarischen Kreise einbeziehen, die sich 1545 um das Bekenntnis von Erdőd sammelten. Den Anspruch, die evangelische Kirche zu sein, nimmt 1568 zu Weißenburg auch die Partei Davidis' und Blandratas für sich in Anspruch.

Es bleibt also für die Benennung des Kirchengebildes, das hier im Vordergrund der Behandlung steht, doch am ehesten „Die Kirche der Sachsen" der richtige Ausdruck. Das ist auch in geschichtlicher Sicht die treffendste Bezeichnung, Hebler unterzeichnet die Artikel der Hermannstädter Synode von 1567 als Superintendent der „sächsischen Nation in Siebenbürgen".[133] Doch auch bei dieser Bezeichnung melden sich Bedenken. Zur *Ecclesia Dei Nationis Saxonicae* gehören auch ungarische Pfarrer, die mit Vorliebe bei Gesandtschaften an den Fürsten Verwendung finden. Außerdem gehört der ungarische Pfarrer von Fenes [Szászfenes/Floreşti/Sächsisch-Fenisch] Dionysius Alesius, zu den Unterzeichneten der Beschlüsse der Synode von Hermannstadt 1565 auf der sonst nur Vertreter der Sächsischen Kapitel anwesend waren.[134] Man kann deshalb auch nicht sagen, daß die *Ecclesia Dei Nationis Saxonicae* nur die Kirchen umfaßt hätte, die auf dem Verwaltungsgebiet der sogenannten „Nationsuniversität" lagen; denn es gab auch „sächsische" Kapitel und Kirchen auf dem sogenannten Komitatsboden.

Es zeigt sich in diesen Ausführungen, daß sich geschichtliche Gegebenheiten nicht auf logische Begriffsbestimmungen zurückführen lassen. Trotzdem lassen sich einige gesicherte Bestimmungen treffen. Der Kern dieser Kirchengemeinschaft sind die „Kirchen der sächsischen Nation".

Der Ausdruck: *Natio Saxonica* ist dabei sowohl im ständisch-rechtlichen als auch im völkischen Sinne gemeint. Im ständischen Sinne bezieht er sich auf das Verwaltungs- und Rechtsgebiet der sächsischen Nationsuniversität. So ist Mitglied der „sächsischen" Kirche, wer auf diesem Gebiete wohnt und sich zu dieser Kirche bekennt, unabhängig von seiner völkischen Zugehörigkeit; so kann später ein Rumäne als Kirchenvater Ordinationszeuge bei der Ordination eines sächsischen Geistlichen sein. Die „Nation" im völkischen Sinne kommt darin zum Ausdruck, daß die von Sachsen bewohnten Gebiete außerhalb des Wirkungskreises der Nationsuniversität ebenfalls zu dieser Kirche gehören. Zur selben Kirche haben dann noch Kreise den Weg gefunden, die weder in völkischem noch in rechtlichem Sinne mit der sächsischen Nation verbunden waren. Das zeigt, daß sie schon um die Mitte des sechzehnten Jahrhunderts eine Kirche des Bekenntnisses war. Den richtigen Ausdruck hierfür findet das königliche Beglaubigungsschreiben für Blandrata 1564, das von den sächsischen Kirchen spricht, welche die Gegenwart des Leibes Christi im Abendmahl behaupten. So fanden in Siebenbürgen solche Kreise zur sächsischen Kirche, welche mit ihr in diesem Bekenntnis übereinstimmten. Mit den hier gegebenen

---

[133] UEL Bd. 2, S. 19
[134] UEL Bd. 2, S. 108.

Einschränkungen kann man also am besten von der evangelischen sächsischen Kirche sprechen, aus der dann im Laufe der Entwicklung die „Evangelische Kirche Augsburgischen Bekenntnisses in Siebenbürgen" wurde.

Theologie und Bekenntnis auf den Synoden der Evangelisch-Sächsischen Kirche von 1572-1578

Es wurde schon in der Einleitung zu dieser Arbeit erwähnt, daß die siebziger Jahre des sechzehnten Jahrhunderts für die Theologie und Bekenntnisbildung von großer Bedeutung gewesen sind. Mathias Hebler, der bis dahin maßgeblich als Superintendent die theologische Entwicklung bestimmt hatte, scheidet durch seinen Tod aus.[135] Das bedeutet aber nicht, daß ganz neue theologische Richtungen in den Vordergrund treten; vielmehr kam es, nach anfänglicher Beibehaltung der bisherigen Tradition, erst allmählich zu einem Richtungswechsel, der sich schon im Jahrzehnt der siebziger Jahre abzeichnet. Was sich aber in der Bekenntnisbildung schon zu Beginn des Jahrzehnts ändert, ist dies: Während bis dahin bloß Teilfragen des evangelischen Glaubens behandelt wurden, so die Frage nach dem rechten Verständnis des Heiligen Abendmahls und damit im Zusammenhang nach der Person Christi, so tritt nunmehr die Gesamtheit der reformatorischen Glaubensaussagen in Erscheinung. Wir haben es dabei mit drei Bekenntnissen zu tun: 1. Mit der *Formula pii Consensus* des Jahres 1572, 2. Mit den Artikeln der Synode des Jahres 1573 und 3. mit dem Bekenntnis des Jahres 1578. Diese drei Bekenntnisse sollen nun im Folgenden in ihrer Eigenart, ihrem wesentlichen Inhalt und ihren Wirkungen gekennzeichnet werden.

Die Formula pii Consensus (F.P.C.) des Jahres 1572

Die Veranlassung zur Abfassung der F.P.C. von 1572 gab der Landesfürst Stephan Báthory, der von den geistlichen Vertretern der Siebenbürgisch-Sächsischen Kirche eine übersichtliche Darstellung der Glaubenslehren forderte. So ist die Auswahl der einzelnen Aussagen in dem Bekenntnis des Jahres 1572 weder willkürlich, noch von jeder programmatischen Forderung unabhängig, sondern vielmehr bedingt durch die Wünsche des Landesfürsten, der auch die Glaubensartikel nennen ließ, über welche er die Meinung der Synodalen hören wollte. Von diesen Forderungen ist auch, allerdings nur teilweise, der konkrete Inhalt der einzelnen Bekenntnisaussagen abhängig; wo es sich aber um den gründlichen Ausbau der theologischen Ansichten handelt, wird die ganze Lage der altprotestantischen sächsischen Theologie offenbar. Es ist also zu zeigen, welches das Anliegen des Fürsten in der in Frage kommenden Situation war und wie die zur Synode 1572 [entsandte] sächsische Geistlichkeit darauf reagierte. Das führt zur Untersuchung der Religionspolitik des Fürsten, die nicht gesondert von seinen übrigen Anliegen betrachtet werden kann, und zur Prüfung der Einzelanweisungen, die er der Synode durch seinen Beauftragten überbringen ließ. Die

---

[135] Gestorben am 18. September 1571.

Antwort, die er erhielt, ist, neben der Erfüllung einzelner, die Bekenntnisbildung nicht weiter beeinflussender Aufträge, das von Lukas Unglerus ausgearbeitete Bekenntnis des Jahres 1572.[136]

Nach dieser summarischen Vorausschau sind nun die einzelnen Fragenkreise, die bei der Bekenntnisbildung 1572 von Bedeutung waren, ins Auge zu fassen.

Über die Lage des Fürsten Stephan Báthory zu Beginn der siebziger Jahre des sechzehnten Jahrhunderts herrscht unter den Historikern im Wesentlichen Einmütigkeit. Sein Vorgänger, der die Antitrinitarier fördernde Johann Sigismund Zápolya, der am 14. März 1571 starb, hatte kurz vorher mit Maximilian von Österreich Frieden geschlossen.[137] In den Friedensverhandlungen war Kaspar Bekesch, der dem Lager der Antitrinitarier angehörte, der Vertrauensmann des siebenbürgischen Fürsten gewesen. Er hatte Maximilian versprochen, ihm als Oberherrn zu huldigen, wenn er seine Kandidatur bei der nächsten Fürstenwahl unterstütze. So konnte Bekesch mit kaiserlichen Empfehlungsschreiben nach dem Tode Zápolyas dafür werben, daß er zum Fürsten gewählt würde; trotzdem wurde aber am 25. Mai 1571 Stephan Báthory gewählt, dessen Wahl auch die Sachsen unterstützt hatten und den auch die Türken zum Fürsten wünschten. Er hatte jedoch mit einer starken antitrinitarischen Opposition zu kämpfen und ging nun daran, am Fürstenhof den Einfluß der antitrinitarischen Politiker zu brechen.[138] Bekesch konnte aus der Burg in Fogarasch, wo er eingeschlossen war, fliehen, kam aber mit Maximilians Hilfe wieder, und der größte Teil der Adligen fiel ihm zu. Am 10. Juli wurde er aber bei Szent Pál am Mieresch von Stephan Báthory geschlagen, der nunmehr seine Herrschaft befestigen konnte. Diese Ereignisse mußten erwähnt werden, weil sie sich auf die Religionspolitik des Fürsten ausgewirkt haben: sie nahm einen stark antitrinitarischen Charakter an. Hingegen suchte Báthory als Realpolitiker sich auch den Antitrinitariern gegenüber keine Rechtsverletzung zu schulden kommen zu lassen. So bestätigte er ihre Schule in Klausenburg[139] und verhandelte mit dem Superin-

[136] Vollst. Titel: Formula pii consensus inter pastores ecclesiarum Saxonicarum inita in publica synodo Mediensi ann. 1572 die 22. Junii. [Vgl. dazu auch: Die Evangelischen Kirchenordnungen des XVI. Jahrhunderts Band XXIV, Siebenbürgen: Das Fürstentum Siebenbürgen. Das Rechtsgebiet und die Kirche der Siebenbürger Sachsen. Bearb. von Martin A r m g a r t. Tübingen 2011, Nr. 34.]

[137] Georg Daniel T e u t s c h : Die Geschichte der Siebenbürger Sachsen für das Sächsische Volk. Bd. 1. Hermannstadt 1925, S. 288.

[138] Ex aula ire iubet. Siehe: CAS, S. 19.

[139] Hermann R e h n e r : Die gegenreformatorischen Pläne des Fürsten Stephan Báthory in den Jahren 1571-1575 und die sächsische Synode. In: Festschrift für Bischof D. Friedrich Müller. Typoskript. [Hermannstadt] 1954, S. 20; dort Hinweis auf Veress Bd. I, S. 158. [Endre V e r e s s (Hg.): Báthory István Erdélyi fejedelem és lengyel király levelezése. 2 Bde. [Kolozsvár] 1944.]

tendenten Franz Davidis, wenn die Ereignisse in der unitarischen Kirche es
verlangten.[140]

Der Hinweis auf diese Handlungsweise des Fürsten hilft auch sein Verhalten
zu der evangelischen sächsischen Kirche besser zu verstehen. Der katholische
Fürst, der vorher in Padua studiert und sich eine hervorragende Rechtskennt-
nis angeeignet hatte, war als Gesandter des Kaisers in Gefangenschaft geraten
und mit den Jesuiten in Berührung gekommen.[141] An seiner streng römisch-
katholischen Einstellung ist nicht zu zweifeln, doch ist darauf hinzuweisen, daß
er an die Landesgesetze gebunden war, welche die Freiheit der vier rezipierten
Religionen vorsahen. Man hat demnach gefragt, ob sich Stephan Báthory
schon seit Anfang seiner Regierung mit dem Plan beschäftigt habe, das Land
zur römisch-katholischen Kirche zurückzuführen. Um diese Frage zu klären,
müssen wir uns zunächst einen Überblick darüber geben lassen, welche Beantwortung sie bisher gefunden hat.

Johann Höchsmann beschäftigt sich in seiner Studie: „Zur Geschichte der
Gegenreformation in Ungarn und Siebenbürgen"[142] mit den Absichten, welche
Stephan Báthory's Verhalten zur evangelischen Kirche bestimmten. Er führt
dabei unter anderem aus, Báthory hätte die evangelische Kirche nie ange-
griffen, in seinem Auftrage sei sie nie geschädigt worden.[143] Der Fürst wollte
aber die Geistlichen an den Gehorsam gewöhnen, sie in seine Hand bringen,
um später mit ihnen die Pläne der Rekatholisierung durchzuführen. Er wäre
ähnlich vorgegangen wie vor ihm Kaiser Maximilian II., der seinen Landstän-
den die C.A. gestattet hätte, da sie ein gutes Mittel sei, die Lutheraner wieder
mit der katholischen Kirche zu vereinigen.[144] Er habe auch andere Vorbilder
vor Augen gehabt; so konnte er sich auf das „Beispiel deutscher und anderer
evangelischer Potentaten" berufen, die in seinem Sinne gehandelt hätten.[145]
Auch habe er ungenaue Kunde darüber gehabt, daß Karl V. die C.A. viele
Jahre hindurch ertragen habe. Stephan Báthory habe sich bloß äußerlich in das
Gewand der Toleranz gekleidet, während er damit nur die katholische Kirche
stark machen wollte.[146] Er habe durch seine Handlungsweise alles dienliche
zur Schädigung der evangelischen Kirche vorbereitet. Es sei ein Mißbrauch
der Augustana, wenn vom katholischen Fürsten ihre Unterfertigung durch
die Synodalen und nachher die Vereidigung auf sie verlangt worden wäre.[147]
So sei die Verpflichtung auf die Augustana bloß eine Falle gewesen, die der

---

[140] Antal P í r n a t : Die Ideologie der Siebenbürger Antitrinitarier in den 1570er Jahren.
Budapest 1961, S. 167.

[141] R e h n e r (wie Anm. 139), S. 20; dort Hinweis auf V e r e s s , Bd. I, S. 2.

[142] Johannes H ö c h s m a n n : Zur Geschichte der Gegenreformation in Ungarn und Siebenbürgen. I. u. II. In: Archiv N.F. 26 (1895), S. 522-560; 27 (1886), S. 162-260, hier S. 526ff.

[143] Ebenda, S. 531.

[144] Ebenda, S. 526.

[145] Ebenda, S. 525.

[146] Ebenda, S. 526.

[147] Ebenda.

schlaue Fürst der evangelischen Kirche gestellt habe; er sei bestrebt gewesen, den Keim der Zersetzung in sie hineinzutragen, um sie schließlich wieder mit der päpstlichen vereinigen zu können.[148] Schon Friedrich Teutsch hat darauf hingewiesen, daß diese Beurteilung der Absichten Báthorys zu weit geht. Wohl könne der Gedanke der Wiedereingliederung der evangelischen Kirche in die römisch-katholische mitspielen, er sei aber nicht das Hauptmotiv gewesen.[149] Wir können diese Kritik noch ergänzen, indem wir darauf hinweisen, wie die C.A. und die übrigen lutherischen Bekenntnisschriften durchaus ökumenische Bekenntnisse sein wollten, also von der einen wahren Kirche sprachen. Es stand nach der Ansicht der Bekenntnisschriften nicht der traditionelle Katholizismus gegen die Evangelischen in ihren verschiedenen Ausprägungen; vielmehr waren die lutherischen Bekenntnisse bestrebt, die eine Kirche der apostolischen und altkirchlichen Tradition zu bekennen und sie gegen die Verfälschung der wahren Katholizität abzugrenzen. Das tat auch das 1572 auf Veranlassung des Fürsten auf der sächsischen Synode verfaßte Bekenntnis, indem es – wie noch zu zeigen sein wird – den modernen Katholizismus tridentinischer Prägung verwarf. Im übrigen war die Zeit noch nicht lange vorbei, da Melanchthon sich mit der *Confessio saxonica* 1552 zum Trienter Konzil aufmachte, um an den dortigen Verhandlungen teilzunehmen;[150] die *confessio saxonica* war aber eine in Siebenbürgen bekannte und verbreitete Schrift.[151]

Wenn Höchsmann schließlich Anstoß daran nimmt, daß der Fürst die Unterfertigung und Beeidigung der C.A. verlangte, so übersieht er, daß er damit einem in den lutherischen Kirchen geübten Brauch entgegenkam, Lehrer der Kirche auf das Bekenntnis zu verpflichten.[152] Wir können die Beurteilung der Ansichten Höchsmanns mit der Feststellung abschließen: Er beurteilt die kirchlichen Verhältnisse und die Anliegen der lutherischen Bekenntnisschriften nicht nach dem Maßstab, der für die Zeit des sechzehnten Jahrhunderts gültig ist, sondern legt ihnen die theologischen Ansichten gegen Ende des neunzehnten Jahrhunderts unter, wo traditioneller Katholizismus und freier Protestantismus nach den Auseinandersetzungen in der Gegenreformation ganz und gar auseinandergefallen sind.

Wenn Friedrich Teutsch, wie vorhin erwähnt, von den Übertreibungen Höchsmanns spricht, so trifft die zuletzt gemachte Feststellung, nämlich daß

---

[148] Ebenda, S. 528.

[149] Friedrich T e u t s c h : Geschichte der Evangelischen Kirche in Siebenbürgen. Bd. 1. Hermannstadt 1921, S. 290.

[150] Johann von W a l t e r : Die Geschichte des Christentums. 4. Hbd. Gütersloh 1938, S. 356.

[151] Abschrift des Lebellius in: STAH: MS Varia, III 20. Codex Pancratius, S. 629-664.; Dedikation Valentin Wagners an Paul Wiener s.[iehe] n.[näher] Verhältnis der F.P.C. zur Confessio Saxonica.

[152] Fritz B l a n k e : Augsburger Konfession und Apologie. In: Religion in Geschichte und Gegenwart. Bd. I. [Tübingen] ²1927, Sp. 651-655, hier 654.

mit zeitgemäßen Anschauungen an die Probleme der Kirche des sechzehnten Jahrhunderts herangegangen wird, auch auf ihn zu. Er befaßt sich mit der Frage der Zeremonien[153] und meint, daß es katholisch sei, die Äußerlichkeiten so sehr zu betonen, wie Báthory das getan hätte. Hier könne eine Falle stecken, wenn dabei der Fürst von der Einheit des Glaubens rede; denn die alte katholische Auffassung habe in den Äußerlichkeiten einen wesentlichen Bestandteil der Religion gesehen. Es sei evangelisch, daß über diese Sachen in der Kirchenordnung des Honterus so wenig zu lesen war.[154] Er erwähnt auch, daß die versuchte Fesselung an feste äußerlich sichtbare Zeremonien dem Fürsten jederzeit Gelegenheit bieten könne, in das innere und äußere Leben der Kirche einzugreifen.

Wir wissen heute, welch ernster Verhandlungsgegenstand von Anfang an gerade auch unter den siebenbürgischen Reformatoren die Frage nach den Zeremonien war. Das beweist schon der Brief des Hermannstädter Stadtpfarrers Mathias Ramser an die Wittenberger Reformatoren vom 24. Dezember 1544, in welchem gerade die Frage der kirchlichen Gebräuche im Mittelpunkt steht.[155] Es steht also auch in der Frage der Zeremonien nicht eine „katholische" Auffassung einer „evangelischen" gegenüber. Tatsache ist wohl, daß diese Äußerlichkeiten vielmehr in die Augen fielen als die für die Reformation grundlegende Unterscheidungslehre, wie etwa die von der Rechtfertigung aus Glauben allein. Aber auch die Forderung des Fürsten nach Einheitlichkeit der Zeremonien im Sinne der konservativen Richtung muß unter seinem antitrinitarischen Aspekt angesehen werden; eine radikale Abschaffung traditioneller Bräuche hatte viel Ähnlichkeit mit der von ihm bekämpften Religionsform. Hingegen war sonst im Luthertum ein freieres oder konservativeres Verhalten in der Frage der Zeremonien durchaus kein Kennzeichen der Treue oder Untreue zum Bekenntnis; die Augustana hatte ja selbst festgehalten, daß es zur wahren Einigkeit der christlichen Kirche nicht nötig sei, „allenthalben gleichförmige Zeremonien" zu halten.[156] Es war demnach vom Standpunkt des Fürsten nur sachgemäß, wenn er in seinen Instruktionen zusätzlich zur Verpflichtung auf das Augsburgische Glaubensbekenntnis die Einheitlichkeit in den Zeremonien forderte, weil diese in der Konfession nicht enthalten war, und es war wiederum von den Synodalen konsequent gehandelt, wenn sie – wie noch ausführlich zu zeigen sein wird – in ihrem Bekenntnis die Forderung des Fürsten ablehnten, wobei sie sich außer auf die C.A. selbst auf das von Luther sehr oft verwendete Motiv, den Gemeinden durch Veränderung des Standpunktes kein Ärgernis zu geben, berufen konnten. Mit der Forderung nach Gleichförmigkeit der Zeremonien

---

[153] Fr. Teutsch, Geschichte (wie Anm. 3). Bd. 1, S. 291.

[154] Ebenda.

[155] Wiedergabe des Briefs bei Karl Kurt Klein: Der Humanist und Reformator Johannes Honter. Hermannstadt 1935, S. 262f.

[156] C.A. VII, in: Die Bekenntnisschriften der evangelisch-lutherischen Kirche (= BSLK). Göttingen 1930, S. 61.

hätte erst dann eine Rückführung zum römischen Katholizismus in die Wege geleitet werden können, wenn die Wiedereinführung des Messkanons und der Siebenzahl der Sakramente in ihnen vorgesehen worden wäre; doch davon ist nicht die Rede, im Gegenteil, die sonstigen Forderungen des Fürsten bewegen sich durchaus im Rahmen des Augsburgischen Glaubensbekenntnisses.

Auch Erich Roth befaßt sich mit der Religionspolitik Stephan Báthorys im Zusammenhang mit den Vorgängen auf der evangelischen Synode des Jahres 1572.[157] Er erwähnt, daß die ersten Augenblicke der Regierungszeit Báthorys merkwürdig anmuten, da sie in ihrer Toleranz in merkwürdigem Gegensatz zu seinen späteren Handlungen stünden, da er als König von Polen den Jesuiten den Weg nach Siebenbürgen geebnet hätte. Die Berufung eines gelehrten ausländischen Mannes als Superintendenten der Kirche, welche gleicherweise von dem Fürsten und der Nationsuniversität befürwortet wurde, bringt er mit der Erwartung der beiden weltlichen Instanzen in Zusammenhang, dieser würde auf die Ausübung der geistlichen Jurisdiktionsrechte verzichten, die in der Augustana nicht vorgesehen seien.[158] Der Fürst habe die siebenbürgische sächsische Geistlichkeit in die katholische Front einbezogen und die siebenbürgische sächsische Kirche unter dem selben Blickwinkel betrachtet wie die katholische.[159] Es sei bezeichnend, daß die Katholiken mit der verblüffenden Selbstverständlichkeit zu den Konfidenten der Augustana gerechnet würden und daß diese unter den Ketzeroberhäuptern, die zwecks namentlicher Verdammung angeführt würden, keine Katholiken stünden, sondern vor allem Antitrinitarier, wie Blandrata, Davidis und Helth. Die Synode habe sich indessen geweigert, diese unter Nennung ihres Namens zu verdammen. Die letzten Beweggründe Báthorys seien eben doch die Rekatholisierung der sächsischen Kirche gewesen und deswegen hätte er ihr durch die Gewährung der Augustana eine Sonderstellung zugestanden, ihr aber die Verpflichtung auf sie im Namen der *Una sancta* aufgenötigt.

Bei der Beurteilung dieser Anschauungen ist zunächst zu fragen, ob es wirklich so verwunderlich ist, daß Stephan Báthorys Verhalten zunächst tolerant war, später aber den Jesuiten Raum für ihre gegenreformatorischen Pläne ließ. Diese Änderung der Politik muß im Zusammenhang der kirchlichen und weltpolitischen Lage gesehen werden. Maximilian hatte in Österreich 1568 dem Adel die Predigt des Evangeliums nach der Augustana freigegeben;[160] die Zeit der scharfen gegenreformatorischen Aktion war noch nicht angebrochen. Erst mit dem Regierungsantritt Rudolfs II. ändert sich die Lage; das ist aber zugleich die Zeit, da Stephan Báthory König von Polen wurde und die Statthalterschaft über Siebenbürgen seinem Bruder Christoph überließ, der den gegenreforma-

---

[157] R o t h , Die Reformation (wie Anm. 2), S. 108-121, Kapitel: „Der Schlußstein", in der Handschrift S. 166-183.

[158] Ebenda, S. 171, 172. [Druck: Sbg. Arch. 4, S. 111f.]

[159] Ebenda, S. 173. [Druck: Sbg. Arch. 4, S. 112]

[160] W a l t e r , Die Geschichte des Christentums (wie Anm. 150), S. 480.

torischen Kräften Aktionsfreiheit einräumen wollte. Was die Berufung eines
frommen ausländischen Gelehrten zwecks Ordnung der kirchlichen Verhältnisse in Siebenbürgen anbetrifft, so kann auch hier an Maximilians Vorbild
erinnert werden: Drei Jahre vorher, im Jahre 1568, war der einflußreiche Ro-
stocker Theologe Chyträus, Schüler Melanchthons und nachher Mitarbeiter an
der Konkordienformel, in die österreichischen Erblande berufen worden und
dort mit Einwilligung Maximilians mit der Aufstellung einer Agende und dem
Ausbau von Kirchenordnungen beschäftigt.[161] Es ist nicht ausgeschlossen, daß
Stephan Báthory an einen ähnlichen Vorgang – oder vielleicht auch an dieselbe
Person? – gedacht hat. Und wenn schließlich Roth als charakteristisch hervor-
hebt, der Fürst verlange wohl die Verdammung mancher Ketzeroberhäupter,
aber unter diesen befänden sich keine Katholiken, so ist das eigentlich für den
Fürsten und für die Geistlichen, die das Bekenntnis aufzustellen hatten, eine
Selbstverständlichkeit; denn das Anliegen der Augustana war ja, ihre Bekenner
gegen den Vorwurf zu verteidigen, sie wichen von der wahren Lehre und dem
altkirchlichen Bekenntnis ab und hingen Irrlehren an.

Hermann Rehner berichtet in seiner Studie: „Die gegenreformatorischen
Pläne des Fürsten Stephan Báthory von Somlyó in den Jahren 1571-1575 und
die sächsische Synode"[162] Stephan Báthory habe sich das Ziel gesteckt, die kon-
fessionelle Einigung des Landes in der Weise herbeizuführen, daß der Fürst das
Regiment der Kirchen in seiner Hand halte.[163] Es fragt sich, ob dieses im Rahmen
des römischen Katholizismus möglich gewesen wäre. Es deutet jedenfalls auf
eine kirchenpolitische Richtung hin, die schon Karl V. oft im Gegensatz zum
Papsttum vertreten hatte, und die häufige und anerkennende Erwähnung dieses
Herrschers in den von Báthory erlassenen Instruktionen wird nicht zufällig sein.
Es ist auch nicht gesagt, daß die weltlichen katholischen Herrscher mit den
Ergebnissen des Trienter Konzils unbedingt einverstanden waren; jedenfalls
hatte Ferdinand I. ursprünglich ganz andere Pläne[164] und Báthory selbst ließ es
sich nachher gefallen, daß in der F.P.C. der Glaubensbegriff des Tridentinums
abgelehnt wurde. Rehner weist auch darauf hin, wie sich nach dem Tode des
Johann Zápolya und dem Regierungsantritt des Stephan Báthory gelegentlich
einer Reise des Letzteren durch sächsische Gebiete ein Stimmungsumschwung
vollzogen hätte: Die Weltlichen werden die Freunde des Fürsten, weil Fürst und
Nationsuniversität sich darüber einig werden, daß die geistliche Gerichtsbarkeit
in Schranken gehalten werde.[165] Wir können noch ergänzen: Sie waren sich in
der Ausübung des Kirchenregimentes und über die Art der Errichtung der Superintendentur einig. Nicht umsonst verglich Dionysius Alesius die Gewalt des

---

[161] Ebenda, S. 410ff.; Georg L o e s c h e: Chyträus, [David]. In: Religion in Geschichte
und Gegenwart. Bd. I. Tübingen ²1927, Sp. 1680.

[162] R e h n e r (wie Anm. 139).

[163] Ebenda, S. 5.

[164] W a l t e r, Die Geschichte des Christentums (wie Anm. 150), II, S. 359.

[165] R e h n e r (wie Anm. 139), S. 24.

Fürsten mit dem Summepiskopat des Kurfürsten August von Sachsen.[166] Wenn nun, so ergänzen wir, die Nationsuniversität das Summepiskopat des Fürsten anerkannte, so verstand sie sich als *Universitas Saxonum* als ein evangelischer Landstand, der in seinem Bereich einen ähnlichen Anspruch erheben konnte. Das grundlegende Anliegen Stephan Báthorys wird in der Arbeit Rehners folgendermaßen hervorgehoben: „Es war ihm ein hohes und heiliges Anliegen, die Kirche der Sachsen auf dem gemeinsamen ökumenischen Grunde zu der einen Kirche zurückzuführen."[167] Nun ist dazu zu ergänzen, daß die Kirche der Sachsen und die C.A. nie etwas anderes gewollt haben, als auf dem Grunde der einen wahren Kirche zu stehen. Deshalb war auch für diese Kirche die eigene Bekenntnisbildung als Verdeutlichung der Augustana im Sinne der fürstlichen Forderung keine schwere Sache. Wenn der „katholische" Fürst von der Kirche auch andere Vorstellungen gehabt haben mag, so hat er doch die Klärung ihres Bekenntnisses im positiven Sinne gefördert. Die Zeitgenossen haben seine Handlungsweise auch als eine solche wohlwollende Förderung angesehen.[168]

So gab denn der Fürst den Anstoß dazu, daß sich die altprotestantische Gläubigkeit um ihr Bekenntnis bemühte. Jedenfalls geben die Instruktionen, mit denen er seinen Abgesandten Dionysius Alesius für die Maisynode des Jahres 1572 in Mediasch ausstattete, Veranlassung, das eingeforderte Bekenntnis im lutherischen Sinne abzufassen.[169] Eindeutig geht daraus hervor, daß der Fürst lutherische Ratgeber gehabt hat, voran Alesius selbst. Soweit die Anweisungen des Fürsten nicht schon vorher behandelt worden sind, und soweit sie nun für die Bekenntnisbildung nicht nebensächlich sind, sollen sie hier untersucht werden.[170] Die Instruktionen halten fest, die Augustana enthalte die gesunde Lehre und möge unverletzt bewahrt bleiben. Wenn der Fürst schon von der Septembersynode 1571 die Unterfertigung der Augustana verlangte und selbst bereit war, dieses zu tun, so galt das beide Male in verschiedenem Sinne: Für die Synodalen sollte die Augustana als Bekenntnis gelten, in welchem die biblische und evangelische Wahrheit enthalten sei, für den Fürsten war sie die Rechtsurkunde, die einzuhalten er sich verpflichtete, um dem evangelischen Stande Religionsfreiheit zu gewähren. Es war durchaus auch im Sinne des reformatorischen Grundbekenntnisses, wenn in den genannten Instruktionen die altkirchlichen Symbole, das Apostolicum, Nicänum und Athanasianum hervorgehoben wurden, wenn dabei auch durch Ungenauigkeit eine Verwechs-

---

[166] Ebenda, S. 25.
[167] Ebenda.
[168] G. D. Teutsch, Die Geschichte (wie Anm. 137), S. 290; Schullerus, Die Augustana (wie Anm. 1), S. 283.
[169] Die Instruktionen veröffentlicht in: UEL Bd. 1, S. 201-203.
[170] Schullerus, Die Augustana (wie Anm. 1), S. 283ff. Darstellung auch bei Fr. Teutsch, Geschichte (wie Anm. 3). Bd. 1, S. 289f.; Höchsmann, Zur Geschichte der Gegenreformation (wie Anm. 142), S. 527-529; Rehner (wie Anm. 139), S. 25-26; Roth, Die Reformation (wie Anm. 2), S. 111f., im Manuscript S. 172, 173.

lung in der Benennung dieser Bekenntnisse vorkommt.[171] Der Hinweis darauf, daß der Magistrat Kustos beider Tafeln des Gesetzes sei, findet sich schon in den Anweisungen Melanchthons in seinem „Unterricht der Visitatoren an die Pfarrherrn im Kurfürstentum zu Sachsen 1528"; wenn also nach den Instruktionen Báthorys aus dem Jahre 1572 der Magistrat sich dazu berufen fühlen soll, nicht bloß das Leben seiner Untertanen zu schützen,[172] sondern auch zu verhindern, daß falsche Dogmen entstehen und Lästerungen gegen den dreieinigen Gott ausgesprochen werden, so bewegen sich diese Anschauungen durchaus auf dem Boden der traditionellen Lehre des Luthertums über die christliche Obrigkeit. Im übrigen werden sogar die Artikel genannt, über welche sich das Bekenntnis der Synode aussprechen soll: Die Lehre von der Buße, vom rechtfertigenden Glauben, von den verordneten guten Werken, von den Sakramenten, von der Taufe und vom Abendmahl möge erörtert werden.[173] Auch diese Anweisungen deuten auf die Hauptfragen des reformatorischen Bekenntnisses hin. Starken polemischen Charakter trägt die Forderung, es seien diejenigen zu verdammen, welche die Unsterblichkeit der Seele leugneten;[174] es ist dieses, wie noch in der genauen Erörterung des Inhaltes des Bekenntnisses zu zeigen sein wird, eine Spitze gegen eine besondere Form antitrinitarischer Gläubigkeit. Dasselbe gilt auch von der Verwerfung jener, die von Jesus Christus und dem Heiligen Geiste anders lehren als die katholische Kirche, nämlich die Gottheit des Sohnes und des Geistes leugnen;[175] sie werden mit dem „Mahometismus" zusammengesehen und es ist ein Leichtes, hier wiederum die Antitrinitarier zu erkennen.

Es wurde also in den erwähnten Instruktionen der Rahmen dargeboten, in den das zu verfassende Bekenntnis hineingestellt werden sollte. Der Rahmen ist aber so entworfen, daß in ihm das Bekenntnis zum Luthertum und zur Augustana möglich ist. Ob es sich nun in diesen Instruktionen um die Politik eines katholischen Herrschers zur Wiederherstellung der römisch-katholischen Religion durch Förderung des Luthertums, oder ob es sich bloß um Realpolitik eines klugen Landesfürsten ohne sonstige Nebengedanken handelt, das eine steht fest: Die Anordnungen des Landesfürsten haben dazu geführt, daß sich die evangelische Kirche der Siebenbürger Sachsen auf ihr Bekenntnis besann, welches die Gesamtheit ihres Glaubensstandes wiedergab. Der neugewählte Superintendent Lukas Unglerus erhielt den Auftrag, ein solches Bekenntnis zu verfassen, welches der Synode am 22. Juni 1572 verlesen und von ihr gutgeheißen wurde. Somit können wir uns dem Inhalte dieses Bekenntnisses zuwenden.

Wenn wir nun zur Darstellung des Inhaltes der F.P.C. übergehen, so gehen wir zunächst auf jene Darlegungen ein, welche durch die vorangegangenen

---

[171] Instr. IV. UEL Bd. 1, S. 202.
[172] Ebenda VIII. UEL Bd. 1, S. 203.
[173] Ebenda IV. UEL Bd. 1, S. 202.
[174] Ebenda VI. UEL Bd. 1, S. 203.
[175] Ebenda VII. UEL Bd. 1, S. 203.

Instruktionen bedingt sind, und beschäftigen uns nun mit den Aussagen, die gegen das Antitrinitariertum gerichtet sind. Dabei ist aber die Notwendigkeit, sich mit dem Antitrinitarismus auseinanderzusetzen, keineswegs bloß von außen an die sächsische Kirche herangetragen worden. Sie war selbst darüber besorgt, daß einige ihrer Pfarrer, besonders solche des Unterwaldes der Hinneigung zum Antitrinitariertum verdächtigt werden mußten und daß der Zersetzungsprozeß, der die benachbarte ungarische Kirche ergriffen hatte, auch auf die sächsische überzugreifen drohte. So war sie schon deshalb zur übersichtlichen Zusammenfassung ihres Bekenntnisses genötigt.[176] Deshalb trägt die F.P.C. auch den Charakter einer Lehrschrift, indem sie die ganze Ahnenreihe der Irrlehrer der Kirchengeschichte erwähnt, um dann auf Grund der dogmatisch-historischen Erörterung die Verdammung der neuen heimischen antitrinitarischen Irrlehrer, eines Sozinus, Blandrata und Franz Davidis vornehmen zu können.[177] Friedrich Teutsch[178] hat die F.P.C. als eine milde Auslegung der Augustana angesehen, die überall einen freundlichen heimischen Einschlag zeige und Rücksicht nehme auf die heimischen Verhältnisse; von Personen sei dabei nicht die Rede. Nun sind jedoch die Ausführungen gegen die Antitrinitarier sehr scharf, und die obengenannten siebenbürgischen Antitrinitarier werden mit den übrigen geradezu namentlich verdammt und verworfen. Betont die F.P.C. ihnen gegenüber ihre Übereinstimmung mit der rechtgläubigen Lehre über die Trinität, der Homousie des Vaters, des Sohnes und des Geistes und der Dreiheit der Personen und stellt sich damit auf den Boden der altkirchlichen Bekenntnisse, auf welchem auch die Augustana steht, so kommt sie damit auch den Forderungen der Instruktionen entgegen, wobei sie aber genauere Formulierungen als diese verwendet. Bedeutsam ist, daß in der F.P.C. nicht in gesonderten Artikeln vom Vater, Sohn und Geist gesprochen wird, sondern daß die Aussagen darüber alle in einem einzigen Artikel über die Trinität zusammengefaßt sind. Es soll dadurch die sachliche Einheit der Trinität hervorgehoben werden. Eine Beachtung verdient auch, daß die „Arianer" und ihre siebenbürgischen Anhänger in einem Atem mit den Bekennern Mahomets und des Alkorans genannt werden, eine Wendung, die auch die Instruktionen bringen. Es ist dabei an die Leugnung der göttlichen Natur Jesu gedacht, welche die „Arianer" nach der Meinung der Rechtgläubigen mit den Muslimen[179] verband. Die Frage nach der Gültigkeit der altkirchlichen Symbole war in Siebenbürgen schon auf der Disputation in Weißenburg 1568 gestellt worden. Dort hatten sich die sich als „evangelisch" bezeichnenden Anhänger Franz Davidis' nur zur Autorität der Schrift bekannt, während die Gegenpartei die apostolischen Symbole als gültig anerkannte. Die Bekenntnisse der siebenbürgischen sächsischen Kirche bleiben bei dieser zuletzt genannten Position.

---

[176] Schullerus, Die Augustana (wie Anm. 1), S. 284f.

[177] Art. II über die Trinität. In: UEL Bd. 2, S. 148.

[178] Fr. Teutsch, Geschichte (wie Anm. 3). Bd. 1, S. 297f.

[179] Binder verwendete den Ausdruck „Mohammedaner".

Eine besondere Beachtung verdient in der F.P.C. der Artikel über die U n -
sterblichkeit der Seele. Wenn die Instruktionen Báthorys verlangen, die
Synode solle ihre Meinung darüber festlegen, so muß das einen besonderen
Grund gehabt haben. Denn es war ja sonst nicht üblich, in den Bekenntnissen
darüber ausführlich zu sprechen; dagegen macht das Bekenntnis von 1572
darüber ausführliche Aussagen.[180] Sie besagen, daß die Seelen der Frommen bei
ihrem Tode von den Leibern getrennt würden und nicht wie diese zugrunde
gehen, sondern unsterblich sind. Bei der Auferstehung der Toten werden sie
von neuem mit dem auferweckten Leib verbunden. Der Glaube an die Unsterblichkeit der Seele stimmt nach der F.P.C. mit den Aussagen der Heiligen
Schrift überein; denn Jesus spricht von denen, die die Seele nicht töten können
und verweist auf Lazarus im Schoße Abrahams; auch andere Schriftstellen,
darunter alttestamentliche, werden herangezogen. In demselben Artikel wird
auf die Epikuräer verwiesen, welche behaupten, daß die Seele zugleich mit
dem Körper zugrunde gehe. Wer die heilsame Lehre von der Unsterblichkeit
der Seele verneine, sei zu verfluchen, denn mit der Verbreitung solcher Lehren
könne er Ungefestigte zu schlechten Sitten verführen. Es wird erwähnt, daß
epikuräische Irrlehrer in letzter Zeit auch in Siebenbürgen aufgetreten seien.
    Dies ist auch der Grund für die ausdrückliche Bezeugung der Unsterblichkeit
der Seele. Die Aussagen der F.P.C. darüber dürfen nicht mit den Ergebnissen
der neuzeitlichen protestantischen Theologie über die Theologie der Auferstehung zusammengesehen werden. Es liegen ihnen dualistische Anschauungen
zugrunde, die durch die mittelalterliche Seelenlehre und platonische Einflüsse
geprägt sind. Allerdings läßt sich die dualistische Anschauung auch in der
Bibel nachweisen, wie es die F.P.C. auch tatsächlich tut. Ihre Anschauungen
haben sich aber als Entgegenstellung gegen die philosophischen Leugner der
Unsterblichkeit herausgebildet, und diese gehen tatsächlich auf Epikur zurück,
nach dessen Lehre sich die Seele nach dem Tode in Atome auflöst. Das hat ja
nun Folgen auf das sittliche Handeln; denn wenn die Seele nicht unsterblich
ist, hat man nach dem Tode nichts mehr zu fürchten.
    In den lutherischen Bekenntnissen wird von der Unsterblichkeit der Seele
nicht gesprochen und ihre Leugnung wird keineswegs mit der epikuräischen
Philosophie in Zusammenhang gebracht; dagegen nennt aber die Apologie und
die Konkordienformel die Epikuräer,[181] wobei immer auf ein epikuräisches
Leben verwiesen wird, welches sich mit Zuchtlosigkeit deckt. Der Heidelberger
Katechismus spricht allerdings davon, daß die Seele nach diesem Leben zu
Christo, ihrem Haupte, genommen wird und daß das Fleisch wieder mit der
Seele vereinigt werde, und macht dabei ähnliche Aussagen wie die F.P.C.[182]
    Es muß also besondere Ursachen gehabt haben, wenn die fürstlichen Instruk-
tionen fordern, die Unsterblichkeit der Seele solle im Bekenntnis behauptet

---

[180] Art. XX. der F.P.C. „De immortalitate animae". In: UEL Bd. 2, S. 168-169.
[181] BSLK 1930, S. 232, 269; 333,2; S. 343, 50; S. 818, 9 u. S. 950,39.
[182] Frage 57 im Heidelberger Katechismus.

werden. In der Tat haben wir Beweise dafür, daß in Siebenbürgen Leugner der Unsterblichkeit der Seele aufgetreten sind, so daß ihr Vorhandensein in unserem Land nicht nur durch den entsprechenden Artikel des synodalen Bekenntnisses bezeugt ist. In seiner Studie: „Die Ideologie der Siebenbürger Antitrinitarier in den 1570er Jahren"[183] berichtet Antal Pírnat in dem Abschnitt „Die Leugner der Unsterblichkeit der Seele"[184] über einen Brief, den der Heidelberger Student Michael Paksi an den Züricher Josias Simler geschrieben habe, worin er mitteilt, drei junge Männer hätten nach der Rückkehr von ihrer italienischen Studienreise in Klausenburg in einem öffentlichen Glaubensgespräch die Unsterblichkeit der Seele geleugnet.[185] Das sei im vorigen Sommer, also im Sommer 1572 geschehen. Demnach gehen die Instruktionen des Fürsten an die Synode der sächsischen Geistlichkeit der in dem oben genannten Brief erwähnten Disputation voraus. Sie zeigen aber, daß es schon vorher ähnliche Bestrebungen gegeben hat, über die der Fürst beunruhigt war. Noch in den 80er Jahren gab es Bürger in Klausenburg, welche die Unsterblichkeit der Seele leugneten.[186] Das war auch innerhalb der rezipierten antitrinitarischen Religion eine Neuerung, die vom Fürsten nicht geduldet werden konnte.

Es sei hier ein E x k u r s über ein recht merkwürdiges Dokument gestattet, welches sich ebenfalls mit dem aufgeworfenen Problem befaßt und mit dem Artikel von der Unsterblichkeit der Seele in Zusammenhang gebracht werden kann. Es handelt sich um ein Schriftstück, welches darüber berichtet, daß die Lehren von vier ungarischen Predigern über die Frage des Gebetes, der Feiertage, der Seele und des Abendmahls auf einer in Weißenburg am 17. März 1575 abgehaltenen Synode verdammt worden sind.[187] Pírnat spricht davon, daß es sich um einen Beschluß der Weißenburger Synode der sächsischen Geistlichkeit handelt. Nun gibt es keine Überlieferung der Siebenbürgisch-sächsischen Kirche, die diese „Synode" bezeugt. Nach Prüfung der Handschrift im Staatsarchiv Hermannstadt[188] läßt sich nun Folgendes aussagen: Es ist nicht daran zu zweifeln, daß die Handschrift eine zeitgenössische Abschrift über die darin geschilderten Vorgänge ist. Die Signatur auf ihr stammt aber aus späterer Zeit. Sie lautet; 1575: „Puncta confessionis Mathei Teovisi, Ambrosii Temesvari, Jacobi Szigethi et Andreae Erdödi quorum tenore a Synodo die 17a Martii 1575 Albae Juliae celebrata condemnati sunt." Damit ist ausgesagt, daß es sich in der genannten Versammlung um eine Synode gehandelt hat. Nirgends sind aber die Teilnehmer an dieser Synode bezeugt, noch ist ein Einberufungsschreiben darüber vorhanden. Eine vom Superintendenten Lukas Unglerus oder dem

---

[183] P í r n a t, Die Ideologie (wie Anm. 140), S. 135-160.
[184] Ebenda, S. 160.
[185] Veröffentlichung des Briefs ebenda, S. 137.
[186] Ebenda, S. 160.
[187] Das Schriftstück wird wiedergegeben ebenda, S. 139-148.
[188] STAH: U.V, Urkundensammlung N.[ova] Coll.[ectio] Post.[erior], Nr. 1377, L.[a-de] 70.

Generaldechanten einberufene Generalsynode der Geistlichen der siebenbürgisch-sächsischen Kirche kann es nicht gewesen sein; denn über solche besitzen
wir eindeutige Überlieferungen. Aber auch die Annahme, daß es eine Synode
des Unterwälder Kapitels sein könnte, muß abgelehnt werden, weil das Selbst-
zeugnis der Schrift diesem widerspricht. Die Versammlung nämlich, auf der
in Weißenburg die Verdammung „ettliger Czeklischer Ketzerischer prediger"
erfolgte, wird eine „Kristlige Kirchen besammelungh" genannt. Das ist eine
Bezeichnung, die für eine sächsische Synode, sei sie nun eine Generalsynode,
eine Partialsynode oder ein Kapitelskonvent, nicht zutrifft. Es gab allerdings
auch Provinzialsynoden, die der Fürst einberief, und eine solche ist im Jahre
1576 in Enyed bezeugt, wo die Eheangelegenheit des Franz Davidis verhandelt wurde; es fehlt aber eine solche Bezeugung für Weißenburg für das Jahr
1575. Die an der Versammlung teilnehmenden Männer, die das Urteil über
die Ketzer sprachen, waren nun allerdings „Pastoren", denn die Resolution
trägt die Überschrift: „*Censura* oder Urteil der Teuttscher Kirchen Pastoren
über forbeschribene Artikel der Ketzer". Eine evangelische Synode sächsischer
Geistlicher ist wohl nie so bezeichnet worden. Besonders merkwürdig fällt auf,
daß „Teuttsche Kirchen Pastoren" über szeklerische Ketzer zu Gericht sitzen
sollen und zwar an einem Ort, der nicht zu einem Kapitel der siebenbürgischen
sächsischen Kirche gehörte. Vielleicht kann aber doch etwas über die Art dieser
Versammlung gesagt werden. Die vier szeklerischen Ketzer unterschieden sich
auch von den Bekennern der antitrinitarischen Kirche, vor allem in ihrer Lehre
über die Seele. Es wäre möglich gewesen, zur Untersuchung ihres Falles ihre
kirchliche Obrigkeit, also die Leitung der Unitarischen Kirche in Anspruch
zu nehmen, wie das in ähnlichen Fällen geschehen war. Man könnte also
vermuten, die christliche Versammlung, die hier genannt ist, sei eine solche
der unitarischen Kirche selbst, denn auch die Allgemeinheit des Ausdrucks
könnte dafür sprechen. Das ist aber nicht der Fall gewesen, sonst würde es sich
in den Teilnehmern nicht um deutsche Pastoren handeln, und auch der Inhalt
der *Censura* spricht gegen diese Annahme, wie noch zu zeigen sein wird. Die
Entgegensetzung: Szekler-Deutsch, die es in dieser Weise auf den Synoden
nicht gibt, deutet auf den nationalen Gegensatz und auf den Gegensatz der
Stände hin. Das hier genannte Schriftstück, ist den kirchlichen Amtsstellen
entgangen und wurde von dem Archiv der sächsischen Nation aufbewahrt.
Die Nationsuniversität stand aber mit Báthory in seiner Auseinandersetzung
mit Bekesch in gutem Einvernehmen. Sie war sich mit ihm, wie gezeigt wurde,
auch über den Grundsatz einig, daß der weltliche Stand berufen sei, auf die
Reinheit der Lehre zu achten. So könnte angenommen werden, daß in Zusammenarbeit des Fürsten mit der Nationsuniversität einige Pastoren den Auftrag
erhielten, das Bekenntnis der Angeklagten zu prüfen und zu beurteilen. Dafür
kann auch die Abfassung der Verhandlungen in deutscher Sprache sprechen.
Oder handelt es sich dabei geradezu um ausländische deutsche Pastoren, die
ein Urteil sprechen?

Kommen wir hierbei über Vermutungen nicht hinaus, so spricht dagegen der Inhalt der Schrift eine klare Sprache. Wir wenden uns zunächst einigen Bekenntnisaussagen der Angeklagten zu. Es ist ein Mißbrauch des Vaterunsers, so heißt es bei ihnen, wenn man glaubt, daß die darin gesprochenen Worte eine besondere Kraft hätten; das ist so wenig der Fall, wie bei dem Taufwasser, das auch vormals bei vielerlei Krankheiten gebraucht worden wäre. Es käme nicht auf die Form des Gebetes an, sondern darauf, daß das Gebet ernst und wahrhaft sei, dann allein sei es von Nutzen. Nehmen hierbei die Angeklagten gegen ein magisches Verständnis der Gebetsworte Stellung, so zeigen sie in der Frage der Feiertage ihre antiliturgische Haltung. Gott habe die Feiertage Israels durch die Propheten abschaffen wollen,[189] deshalb sind auch unsere Feiertage nicht auf Gottes Wort gegründet. Das sittliche Moment ist in dem Bekenntnis stark hervorgehoben. Es nimmt Stellung gegen die Trunkenheit und den Müßiggang an Feiertagen und beschuldigt die Päpste, daß sie, welche den heidnischen Irrtum ablegen wollten, durch Einführung des Sonntags einen nicht geringeren in die Kirche eingeführt hätten. Die Ausführungen über die Sterblichkeit der Seele sind sehr kurz gehalten. Absichtlich sagt das Bekenntnis nur aus, daß die Seele sterblich ist. Es führt dafür keine nähere Begründung an. Es macht aber den Glauben an die Unsterblichkeit der Seele dafür verantwortlich, daß allerhand Mißbräuche und Abgötterei entstanden sind, wie das Gebet der Mönche für die Verstorbenen, das Messelesen, der Glaube an das Fegefeuer. Merkwürdig muten die Anschauungen der Angeklagten über das Abendmahl an. Es gibt nach ihnen ein einziges wahres Abendmahl, nämlich jenes, welches Jesus mit seinen Jüngern zu Jerusalem gehalten hat, und jede Wiederholung desselben ist ein Affenspiel, weil Christus dazu kein Gebot erlassen hätte. Die Betonung der Sittlichkeit kommt auch darin zum Ausdruck, daß auf den Willen Gottes hingewiesen wird, die Hungrigen mit Brot zu speisen. Auf das Verdienst Christi dürfe man nicht hoffen, denn die Schrift lehre, daß Gott Abraham ganz ernstlich das Gesetz gegeben habe, mit der Verheißung, er würde leben, wenn er sich daran halte; das gälte auch für seine Nachkommen. So kann der Mensch nicht durch das Verdienst Christi, sondern nur durch gute Werke selig werden.

Soweit das Bekenntnis dieser Männer. Charakteristisch ist für sie die starke Betonung der Sittlichkeit, die Ablehnung der römisch-katholischen Bräuche, wie überhaupt jedweder Zeremonie. Sie stehen aber auch mit den Grundbekenntnissen der Reformatoren im Widerspruch, vor allen Dingen mit der Lehre von der Rechtfertigung aus Glauben allein.

Daß die nun zu Gericht sitzenden Geistlichen Glieder der lutherischen Kirche sind, geht aus der folgenden „Censura" hervor. Ihr Bekenntnis ist eindeutig trinitarisch, wenn es heißt, daß Gott in alle Ewigkeit zusammen mit dem Sohn und dem Geist gepriesen werden solle. Die Angeklagten, heißt es weiter, haben nicht die rechte Erkenntnis davon, daß Gesetz und Evangelium säuberlich unterschieden werden müßten. Mit der Leugnung des Verdienstes

---

[189] Vgl. dazu Amos 5,21; 8,10 und Hosea 2,13.

Christi verachten sie auch das bittere Leiden und den Tod des Sohnes Gottes und richten allerhand heidnischen und türkischen Glauben auf. Vor allem aber sind sie im Irrtum befangen, wenn sie die Unsterblichkeit der Seele leugnen. Die Heilige Schrift sage, daß die Seele nicht stirbt oder sterblich sei, sondern daß sie sein wird, auch wenn der Leib zu Staub zerfallen ist. Von Schriftstellen, die zur Beweisführung angeführt werden, decken sich einige mit denen aus der F.P.C., so daß eine Abhängigkeit von ihr vermutet werden kann.[190]

Damit sind wir nach diesem Exkurs wieder zur F.P.C. zurückgeführt worden. Die weiteren Schicksale der „Szeklerischen Ketzer", ihre Einkerkerung und nachherige Befreiung, können hier übergangen werden. Es sollte bloß herausgestellt werden, wie die F.P.C. Antwort geben wollte auf die Glaubensfragen, die zur Zeit ihrer Entstehung in Siebenbürgen erörtert wurden.

Die übrigen durch die Instruktionen Stephan Báthorys veranlaßten Aussagen des Bekenntnisses können mit der Forderung, es solle die Augustana verdeutlichen, zusammengenommen werden. Wir haben es nun in der F.P.C. weiterhin mit Artikeln zu tun, die neben Bekenntnis zur Gesamtheit der christlichen Kirche die typisch reformatorischen Gesichtspunkte wiedergeben. Die Tatsache jedoch, daß die reformatorische Theologie seit der Abfassung der Augustana manche Probleme aufgegriffen hatte, die 1530 noch nicht bestanden, wie auch der Umstand, daß 1530 Fragen wichtig waren, die zur Zeit der Abfassung der F.P.C. ihre Aktualität verloren hatten, bringt es mit sich, daß wir in der F.P.C. nicht bloß eine Wiederholung der Augustana vor uns haben.[191] Die Lehrentwicklung in der lutherischen Kirche in den Jahren von 1530 bis 1571 hat in ihr ihren Niederschlag gefunden. Der Vergleich zwischen den beiden Bekenntnisschriften der C.A. und der F.P.C. zeigt zunächst eine Reihe von Entsprechungen, wenn auch die einzelnen Artikel der beiden Schriften in verschiedener Reihenfolge angeordnet sind und die Überschriften sich nicht immer decken. Das gilt von den Artikeln, die folgende Sachgebiete der beiden Bekenntnisschriften hervorheben: Die Lehre von Gott und dem Sohne Gottes (Art. 1 u. 2 der C.A. und 2 der F.P.C.); von der Erbsünde, Sünde und Rechtfertigung (Art. 2 und 4 der C.A. und 4 u. 5 der F.P.C.); von den guten Werken und dem neuen Gehorsam (Art. 6 der C.A. u. 6 der F.P.C.); von der Beichte und Buße (Art. 11 u. 12 der C.A. und 12 u. 13 der F.P.C.); von der Wiederkunft Christi und dem letzten Gericht (Art. 18 der C.A. und 8 der F.P.C.); von den Sakramenten, von der Taufe und vom Abendmahl (Art. 9, 10, 22 u. 23 der C.A. und 9, 10, 11 der F.P.C.); von dem Predigtamt, der Kirche, ihrem Regiment und ihren Ordnungen (Art. 5, 7, 8, 14, 15 der C.A. und 17, 18, 19 der F.P.C.); von der Polizei und dem weltlichen Regiment (Art. 16 der C.A. und Art. 16 der F.P.C.). Es fällt dabei auf, daß die Entsprechungen mitunter soweit gehen, daß dieselbe Sache unter derselben laufenden Zahl behandelt wird.

---

[190] Vgl. das Wort Jesu vom Leib und Seele töten, Matth. 10,28; Lazarus; Hinweis auf Henoch und Elias.

[191] S c h u l l e r u s , Die Augustana (wie Anm. 1), S. 284f.

Hat man nun die Artikel der C.A. im Auge, welche von der F.P.C. nicht aufgegriffen werden, so stößt man auf Behauptungen, welche durch die Entwicklung des kirchlichen Lebens inzwischen ihre Wichtigkeit verloren hatten, so daß man sie nicht mehr zu erwähnen brauchte. So war es nicht nötig, auf den „Dienst der Heiligen" (Art. 21 C.A.) in der F.P.C. zurückzukommen, ebenso wenig auf den Ehestand der Priester, da diese Fragen in den lutherischen Kirchen schon einer Lösung zugeführt worden waren, die nicht beanstandet wurde. Die Sache, um die es im Artikel über den Dienst der Heiligen ging, fand in der F.P.C. in dem Artikel über die Anrufung und das Gebet Berücksichtigung. Die Fragen nach den Klostergelübden und der Gewalt der Bischöfe (C.A. Art. 27 u. 28) waren teils überholt, teils für die Lage der F.P.C. gegenstandslos geworden und finden deshalb keine Erwähnung. So sehen wir, wie die F.P.C. nur zu jenen Fragen Stellung nimmt, die für ihre Zeit von Bedeutung sind.

Das gilt auch von den Aussagen, durch welche sie in der Augustana ergänzt werden. Es ist dabei zu unterscheiden zwischen den Aussagen, welche den Glaubensstand betreffen, und denen, welche sich auf das kirchliche Leben und die christliche Sitte beziehen. Zu dieser zweiten Art der Aussagen gehören Artikel, die gleichsam eine Lebensordnung der Kirche geben wollen; so sprechen sie von der Ehe (Art. 15), vom Leben und den Sitten der Kirchendiener (Art. 22) von den Kirchenvisitationen (Art. 24), von der Art der Begräbnisse (Art. 25), von den Feiertagen (Art. 26) und von den Schulen (Art. 27). Diese Artikel, die Verfassungsfragen der Kirche kennzeichnen, bleiben hier zunächst außer Betracht. Was die Glaubensaussagen im engeren Sinne anbetrifft, so wurde über den Artikel von der Unsterblichkeit der Seele schon ausführlich gesprochen. Der erste Artikel der F.P.C., in welchem die Verankerung ihres Bekenntnisses in dem Glauben der alten Kirche festgehalten wird, ist seinem Inhalte nach in den einzelnen Artikeln der C.A. enthalten und findet im späteren Konkordienbuche in der Voranstellung der altkirchlichen Symbole seine Entsprechung. Über den Unterschied von Gesetz und Evangelium wird in der C.A. nicht so ausführlich gesprochen, wie in der F.P.C. Jene weist bloß darauf hin, daß die Christen vom Zeremonialgesetz frei sind[192] und spricht im übrigen bloß von dem Amt, das Evangelium zu verkündigen. Wenn die F.P.C. nun ausführlich vom Gesetz und Evangelium spricht, so deutet das darauf hin, daß sie das Gespräch des Luthertums um die Klärung dieser Frage berücksichtigt. (Art. 2) Dasselbe gilt auch von der Prädestination, von der die C.A. ebenfalls nicht gesondert spricht.

Das Ergebnis des Vergleiches zwischen der C.A. und der F.P.C. ist also dieses: Die F.P.C. fußt auf den Glaubensaussagen der Augustana. Sie erweitert sich aber um Aussagen, die in dieser nicht enthalten sind und nimmt die lutherische Lehrentwicklung in ihr Bekenntnis auf. Sie läßt von den Aussagen der C.A. über Sitte und Brauch fallen, was zu ihrem Zeitpunkt keine Bedeutung mehr hat, und fügt hinzu, was zur Ordnung des kirchlichen Lebens dienlich ist.

---

[192] BSLK 1930, S. 126, 37.

Bevor wir nun aber zu den einzelnen Artikeln der F.P.C. übergehen, ist noch ein Vergleich durchzuführen: Der mit der *Confessio doctrinae Saxonicarum ecclesiarum* von 1553 (C.D.S.), also dem Bekenntnis kurfürstlicher sächsischer Theologen, mit welchem Melanchthon sich zum Konzil von Trient aufgemacht hatte, aber wegen des Überfalls des Moritz von Sachsen auf den Kaiser, der der zweiten Periode des Konzils ein Ende bereitete, in Nürnberg festgehalten wurde.[193] Das Bekenntnis hatte in der siebenbürgischen Kirche starke Verbreitung gefunden. Der Kronstädter Stadtpfarrer Valentin Wagner schenkte seinem Hermannstädter Amtsbruder Paul Wiener ein Exemplar desselben.[194] Der Pfarrer von Budak und Bistritzer Dechant Lebellius, der als Spitalsprediger in Hermannstadt schon 1540 das Abendmahl in beiderlei Gestalt gereicht haben soll,[195] fertigt 1555 einen Auszug der C.D.S. für seine Kapitelsbrüder an, welcher von diesen „mit ganzem Herzen" als Bekenntnis angenommen wurde.[196] Der Rückgriff auf die „C.D.S" ist in mehrfacher Hinsicht bedeutungsvoll. Die Unterzeichner im Kurfürstentum Sachsen hatten ihr das Zeugnis ausgestellt: Diese Schrift ist Augsburgischer Konfession und *locibus comunibus* gemäß. Über den Einfluß Melanchthons auf die siebenbürgischen Bekenntnisschriften wird noch zu sprechen sein. Hier sei nur soviel erwähnt, daß Lukas Unglerus, der 1572 die F.P.C. verfassen sollte, sich zur Zeit der Entstehung der C.D.S. in Wittenberg aufhielt.[197] Wenn er hier auch nicht nur allein den Einflüssen Melanchthons ausgesetzt war, so zeigt doch seine spätere Tätigkeit dessen nachhaltige Wirkung auf ihn. Es läßt sich aber noch eine andere Beziehung des Unglerus zu den Unterzeichnern der C.D.S. feststellen. Als er nämlich 1561 von deutschen Akademien Gutachten über die „*Brevis Confessio de coena Domini*" einholen sollte, da wandte er sich auch an solche Theologen, welche die C.D.S. gutgeheißen hatten und erhielt ihr Einverständnis.[198] Daß nun nach zehn Jahren in der F.P.C. die C.D.S. wiederkehrt, hat also zunächst darin seinen Grund, daß Unglerus mit andern einflußreichen siebenbürgischen Theologen Schüler Melanchthons und seines Kreises war. Darüber hinaus besteht aber auch eine Entsprechung in der Absicht der beiden Schriften; beide

---

[193] W a l t e r , Die Geschichte des Christentums (wie Anm. 150), S. 356.

[194] Die Widmung ist aufschlußreich. Sie lautet: „Clarissimo Domino M. Paulo Wienero Valent. Wagnerus Coron. dd." Es fällt dabei auf, daß Wiener nicht als Superintendent angesprochen wird, wo doch das Exemplar bestimmt nach 1553 gewidmet worden ist; das Büchlein konnte in der Baron Brukenthalischen Bibliothek eingesehen werden.

[195] R e i n e r t h , Die Reformation (wie Anm. 59), S. 36.

[196] STAH: MS Varia III 20. Codex Pancratius, S. 629-664; S c h u l l e r u s , Die Augustana (wie Anm. 1), S. 286.

[197] Immatrikuliert am 9. Juli 1550 in Wittenberg. Vgl. J e k e l i , Unsere Bischöfe (wie Anm. 33), S. 25.

[198] Unterschrift unter die C.D.S. in dem erwähnten Exemplar; Unterschriften und Gutachten zur Brevis Confessio bei S c h w a r z , Abendmahlsstreitigkeiten (wie Anm. 90), S. 270, 273. Es decken sich in der C.D.S. und in der Brevis Confessio die Namen: Johann Pfeffinger, Georgius Major und Paulus Eberus.

wollen vor einem römisch-katholischen Forum – dort ist es das Trienter Konzil, hier der katholische Landesfürst – die wahre Katholizität des Augsburgischen Bekenntnisses und der lutherischen Lehre bezeugen. Zudem hatte auch der Fürst, wie die Verhandlungen auf der siebenbürgisch-sächsischen Synode von 1572 zeigen, geradezu die kirchlichen Verhältnisse im Kurfürstentum Sachsen im Auge; es lag also auf der Hand, ihm ein Bekenntnis auszuhändigen, welches eben dort seinen Ursprung hatte.

Wie steht es aber nun mit der Ähnlichkeit der beiden Konfessionen? Wenn wir die beiden Bekenntnisse miteinander vergleichen, so prüfen wir zunächst, wie wir das bei dem Vergleich mit der C.A. getan haben, die Anordnung und Benennung der einzelnen Artikel. Dabei fällt zunächst auf, daß jene Artikel der F.P.C., die in der C.A. nicht enthalten sind, wie die dogmatischen Aussagen über Gesetz und Evangelium, Prädestination und die Unsterblichkeit der Seele, auch in der C.D.S. nicht vorkommen. Dasselbe gilt für den Artikel der F.P.C., der durch ihre antitrinitarische Frontstellung bedingt ist, nämlich von der Aussage von Gott und den drei göttlichen Personen (Art. 2). Auch jene Aussagen der F.P.C., die kirchliche Verwaltungs- und Rechtsfragen regeln, sind in der C.D.S. nicht enthalten. Das zeigt zunächst, daß die F.P.C. auch zu diesem Bekenntnis Erweiterungen bringt und nicht als seine Kopie angesehen werden darf. Näher steht die C.D.S. der Augustana in der Erwähnung des mönchischen Lebens (Art. 20), was mit dadurch bedingt ist, daß sie ihr zeitlich näher steht.

Neben diesen Unterschieden sind aber auch die Entsprechungen der beiden Bekenntnisse offensichtlich. Die Aussagen über die Sünde, Sündenvergebung, Rechtfertigung und neuen Gehorsam, über die guten Werke, sind in beiden an den Anfang gestellt und ihrem Inhalte nach gleich. Abweichend von der C.A. haben beide Bekenntnisse den Artikel *de doctrina* (Art. 1 in beiden Bekenntnissen) vorangestellt und befassen sich in einem gesonderten Artikel mit der Ehe (*de coniugio*, Art. 17 der C.D.S. und 15 der F.P.C.). Die Artikel: *de sacramentis*, *de baptismo*, *de coena domini* sind in beiden Schriften in der Anordnung und Überschrift gleichlautend und nehmen ungefähr ihre Mitte ein (Art. 12, 13, 14 in der C.D.S. und 9, 10, 11 in der F.P.C.).

Schon diese formellen Entsprechungen der beiden Bekenntnisschriften deuten auf die Benützung der C.D.S. bei der Abfassung der F.P.C. hin. Wir haben nun noch zu prüfen, wie sich die F.P.C. mit ihren Aussagen in den einzelnen Artikeln mit der C.D.S. deckt, manches ausläßt oder ergänzt.

Es erübrigt sich, im Rahmen dieses Vergleichs über die Rechtfertigung und den neuen Gehorsam ausführlich zu sprechen, da sich die Aussagen beider Bekenntnisse decken. Es kommt beiden Bekenntnisschriften darauf an, die Rechtfertigung des Sünders allein auf Christus zu gründen, wer glaubt, wird durch Christi Verdienst gerecht. Beide Bekenntnisse sind sich auch einig in ihren Aussagen über die Sünde; die Erbsünde wird in beiden durch die Bibelstellen Römer 5 und Epheser 2 belegt. In der Lehre von der Willensfreiheit gründet sich die F.P.C. auf die Aussagen der C.D.S.; denn diese sagt, daß der Wille nicht müßig sei, *accepto spiritu sancto* (Art. 7 CDS S. 52). Ähnlich lehrt darüber die F.P.C., wie in der Erörterung der einzelnen Artikel noch zu zeigen sein wird. Gleichlautend sind in beiden Konfessionen auch oft die Verwerfungsurteile: Es wird fast mit denselben Ausdrücken im Artikel *de doctrina* die Verdammung der Heiden, Juden, Mohammedaner und Arianer ausgesprochen. Die Ansicht, daß die Person gerecht werde auf Grund neuerworbener Qualitäten, wird von beiden Schriften abgelehnt. Die Lehre der neueren päpstlichen Theologen[199] über die Rechtfertigung wird von beiden Schriften ausdrücklich verworfen.

Die F.P.C. hat nun in ihren einzelnen Artikeln nicht alle Ausführungen der D.C.S. übernommen; so unterläßt sie es, das Wesen der Kirche ausführlich zu erörtern und beschränkt sich nach einer kurzen Definition darauf, die ihrem Kirchenbegriff entgegenstehenden Meinungen zu verwerfen. Dagegen nimmt die Behandlung des Kirchenbegriffs in der C.D.S. einen sehr weiten Raum ein, was wiederum durch ihre geschichtliche Lage bedingt ist.

Außer den bereits erwähnten Zusätzen können in der F.P.C. noch beträchtliche Erweiterungen festgestellt werden. Wo sie in ihrem ersten Artikel von der Lehre spricht, da ergänzt sie ihr Urteil über die Irrlehrer noch durch die Verabscheuung des römischen Götzendienstes und der Jesuiten.[200] Der Artikel über die Sünde wird noch durch die Abgrenzung gegen jene erweitert, welche behaupten, die Menschen müßten mit stoischer Notwendigkeit sündigen,[201] – eine Aussage, die mit dem Artikel von der Prädestination, der in der F.P.C. zusätzlich gebracht wird, zusammengesehen werden muß. Schließlich sei noch erwähnt, daß die F.P.C. die Rechtfertigungslehre des Osiander von der einwohnenden Gerechtigkeit, wodurch das Verdienst Christi eingeschränkt werde, ausdrücklich zurückweist.[202] Eine solche Formulierung findet sich in der C.D.S. nicht. Sie wäre auch nicht möglich gewesen, weil die Streitigkeiten um die Rechtfertigungslehre des Osiander zur Zeit ihrer Abfassung erst begonnen hatten; sie wäre wohl auch sonst nicht vorgekommen, da eine Auseinandersetzung mit ihr dem Anliegen dieses Bekenntnisses widersprochen hätte. Dagegen will die F.P.C. schon das Ergebnis der Gespräche im lutherischen Altprotestantismus festhalten und legt sich dabei gegen Osiander auf die Rechtfertigungslehre Melanchthons fest.

Es sollen nun einzelne Artikel der F.P.C. wiedergegeben werden, soweit dieses nicht schon geschehen ist. Wenn sie vom G e s e t z u n d E v a n g e l i - u m spricht (Art. 3), so ist nicht zu verlangen, daß sie neue Lehren aufstellt, sondern bloß, daß sie die lutherische Lehre darüber klar wiedergibt. Diese

---

[199] „doctores moderni pontifici." (aus der F.P.C.) In: UEL Bd. 2, S. 153.

[200] „Idololatricos cultus et corruptelas impias Romanorum pontificum et Jesuitarum." In: UEL Bd. 2, S. 145.

[201] „qui Stoicam necessitatem peccandi asserunt." In: UEL BD. 2, S. 151.

[202] „Rejicimus etiam cum piis ecclesiis Osiandris kenophonia de recens efficta essentiali et in nobis habitante justitia, qua derogatur meriti et justitiae filii dei, domini nostri Jesu Christi, cui soli gloriam, justitiam, redemptionem et nostram salutem tribuimus." In: UEL Bd. 2, S. 153.

besteht aber in der eindeutigen Scheidung der beiden Lehrweisen der Kirche, die auf die prophetischen und apostolischen Schriften zurückgeht. Nur wenn der Unterschied dieser beiden Lehrweisen beachtet wird, fällt Licht auf die heilige Schrift. Unkenntnis dieser Unterscheidung hat in der Kirche immer Dunkelheiten und Irrtümer hervorgerufen. In der Gesetzesoffenbarung tut Gott seinen Willen kund. Das geschah schon in der ersten Schöpfung und wurde auf dem Berge Sinai wiederholt. Er verspricht darin Gutes denen, die ihm Gehorsam erweisen, und zeigt ewige Strafe allen an, die nicht in ihm bleiben. Das Gesetz zeigt, wer Gott ist und was er bei uns sucht, es mahnt zur rechten Zucht, erschüttert die Gewissen und ruft zur Buße. Es ist der Erzieher auf Christus hin.[203] Die Predigt des Gesetzes hat deshalb in der Kirche ihren Ort, weil sie zeigt, daß das Heil in Christus zu finden ist. Somit wird der Standpunkt der Antinomisten zurückgewiesen, welche der Verkündigung des Gesetzes in der Kirche keinen Raum geben wollen.[204] Dem Gesetz steht das Evangelium gegenüber, in welchem der verborgene Wille Gottes geoffenbart wird; in ihm verheißt Gott Vergebung der Sünden, die Gabe des heiligen Geistes und das ewige Leben allen, die seinem Wort glauben.

Wir schließen hier die Behandlung der Anschauungen über die Sünde, die Sündenvergebung, die Rechtfertigung und den neuen Gehorsam an. Die S ü n d e n l e h r e der F.P.C. reicht in die Anthropologie hinein. Der Mensch wird in seinem durch Gott verliehenen, schöpfungsmäßigen Urstand und im Zustand der Verderbnis geschildert. Aus dem *Status integritatis* wurde durch den Mißbrauch der Willensfreiheit der *status corruptionis*. Das geschah aber nicht mit „stoischer Notwendigkeit", so daß Gott die Schuld an der Sünde des Menschen treffen könnte, sondern durch freie Willensentscheidung. So versucht die F.P.C. die alle Menschen umgreifende Erbsünde so zu verstehen, daß die Schuld und Verantwortung des Sünders nicht ausgeschaltet wird.

Hauptartikel reformatorischen Bekenntnisses bleibt auch für die F.P.C. der Artikel von der R e c h t f e r t i g u n g des Sünders allein durch Christus, allein durch Gnade. Vor Gott gilt nur die durch Christi Verdienst geschenkte und deshalb angerechnete Gerechtigkeit.[205] Die Abgrenzung dieses Verständnisses der Gerechtigkeit von der wesenhaft einwohnenden Gerechtigkeit des Osiander ist schon erwähnt worden. Eine zweite Abgrenzung erfolgt gegenüber der Rechtfertigungslehre der *doctores moderni pontifici*, worunter die Theologen zu verstehen sind, welche auf dem Tridentinischen Konzil das Dekret aber die Rechtfertigung verfaßt hatten (13. Januar 1547). Die F.P.C. wendet sich gegen die Rechtfertigung, in welcher der Glaube von vornherein mit der Tugend

---

203 „Est quoque lex paedagogus ad Christum." In: UEL Bd. 2, S. 150.

204 „Haec antinomis opponenda sunt, qui legem Mosis in universum ex ecclesia dei explodunt, nec esse docendam clamitant." In: UEL Bd. 2, S. 150.

205 „Nam haec beneficia justificationis gratis donantur et impunantur in Christum credentibus per fidem [...] gratis justificamur, sine operibus, sine lege." In: UEL Bd. 2, S. 152.

verbunden ist.[206] Sodann erfolgt die Verwerfung der Anschauung, der Glaube sei gleichsam eine Vorbereitung zur Rechtfertigung. Auch hierbei wendet sich die F.P.C. gegen das Rechtfertigungsdekret des Tridentinums, welches den Ausführungen über den Stand der Rechtfertigung solche über die Vorbereitung und Disposition dazu vorausschickt. Es ist dort davon die Rede, daß der Mensch über den Grund aller Gerechtigkeit unterrichtet wird und dem, was er dabei hört, zustimmt.[207] Die F.P.C. verwirft die Anschauung, daß der Mensch nach solcher Kenntnisnahme wegen seiner Liebe und anderer Tugenden gerechtfertigt werde.[208]

Die Absicht des Rechtfertigungsglaubens wird dort offenbar, wo von den guten Werken und dem neuen Gehorsam gesprochen wird. Wer nicht allein auf Gott und seine in Christus erschienene Gnade vertraut, sondern mit eigener Leistung vor Gott etwas gelten will, dessen Gewissen wird bei der Unvollkommenheit und Gebrechlichkeit der menschlichen Taten nicht getröstet, sondern in steten Ängsten gehalten. So nimmt die F.P.C. hier eine seelsorgerliche Haltung ein. „Gute Werke" des Gerechtfertigten sind notwendig, aber sie führen die Seligkeit nicht herbei. Gott fordert sie, weil durch sie unter anderem die irdischen Gemeinschaftsordnungen, so auch die staatlichen Ordnungen in ihrem Bestand gefördert werden. Damit nimmt die F.P.C. eine Mittelstellung in dem nachlutherischen Streit über die Notwendigkeit der guten Werke ein. Sie sind zur Seligkeit nicht notwendig, wie Major behauptet hatte, sind aber auch nicht schädlich, wie Amsdorff meinte, sondern zum Erweis des neuen Gehorsams notwendig als Früchte des Glaubens.

Wie die vorhin erwähnten Artikel, so ist auch die Behandlung der Willensfreiheit als Ergebnis der Glaubensgespräche innerhalb des Luthertums anzusehen. Es geht zunächst darum, ob der Wille des Menschen bei der Aneignung des Heiles tätig sei oder in Untätigkeit verharre. Flacius hatte bekanntlich in den synergistischen Streitigkeiten behauptet, daß der menschliche Wille sich bei der Aneignung des göttlichen Heiles bloß empfangend, passiv verhalte; er sei wie ein Baumstumpf oder ein Stein (*truncus et lapis*). Dagegen wurde von Melanchthon und seinen Anhängern gelehrt, der Wille sei Mitarbeiter, *synergos*. In dieser Auseinandersetzung stellt sich die F.P.C. nun auf den zuletztgenannten Standpunkt, indem die Mitarbeit des Willens am Heilswerk unter deutlicher Bezugnahme auf die vorangegangenen Lehrstreitigkeiten behauptet wird.[209] Die Alleinwirksamkeit der göttlichen Gnade beim Zustandekommen des Heils-

---

[206] „Rejicimus [quoque] callidam συνεκδοχήν de fide formata et copulatione omnium virtutum seu operum cum fide in justificatione." In: UEL Bd. 2, S. 153.

[207] Friedrich L o o f s: Leitfaden zum Studium der Dogmengeschichte. Bd. 2. Halle ⁵1951, S. 558.

[208] „fidem tantum esse notitiam et preparationem, ut postea per dilectionem et ceteras virtutes vere justificemur." In: UEL Bd. 2, 153.

[209] „voluntas humana non est pure passiva, nec similis est trunco vel lapidi, sed mota et adjuta a spiritu sancto non repugnat, assentitur, obtemperat deo, et est synergos". In: UEL Bd. 2, S. 157.

werkes ist deswegen nicht gefährdet; denn es wird hervorgehoben, daß es dem Menschen unmöglich sei, wahre Gottesfurcht, Reue und Geduld zu üben, ohne die vorausgegangene Tätigkeit des Heiligen Geistes. Wenn Gott seine Gnade anbietet, so hat der Mensch Gelegenheit, das dargebotene Heil zu ergreifen oder sich ihm zu verschließen; im Zustimmen oder Ablehnen besteht seine Freiheit, allerdings unter der Voraussetzung, daß Gott oder der Heilige Geist zuvor die Willenskräfte in Bewegung gesetzt hat. Mit dieser Lehre sollte der Verantwortung des Menschen beim Zustandekommen des Heilswerkes Raum gegeben werden; nirgends ist die Anlehnung an Melanchthon so offensichtlich wie hier. Die F.P.C. spricht auch in anderer Hinsicht vom freien Willen; in der äußeren Zucht ist auch dem Entscheidungsfreiheit gelassen, der nicht wiedergeboren ist. Er hat Wahlfreiheit; er kann eine Handlung vollziehen oder unterlassen. Auch hier geht es letztlich um die Verantwortlichkeit; Verbrechen dürfen nicht auf Gott zurückgeführt werden.

In der Behandlung der Prädestinationslehre nimmt die F.P.C. Stellung dagegen, daß nach dem verborgenen Ratschluß Gottes gefragt wird. Man habe sich an seinen geoffenbarten Willen zu halten. Gott hat nicht nur wenige auf die Schicksalstafeln geschrieben, denen er das Heil bereitet, selbst wenn sie widerstreben. Er verwirft auch nicht solche, die bei seinem Sohne Zuflucht suchen. Er ruft alle zur Buße und zum Heil und will, daß allen Menschen geholfen werde. Ein Widerstreben des Menschen ist möglich, denn diese Freiheit hat er, wie auch die Ausführungen über die Willensfreiheit zeigten, behalten. Wir sehen, wie auch in der Frage nach der Prädestination das seelsorgerliche und pädagogische Anliegen ausschlaggebend ist, es möge der Verzweiflung und Erschlaffung gewehrt werden. Es wird nicht erwähnt, gegen wen sich die F.P.C. in ihren Lehren abgrenzt. Es werden bloß jene abgelehnt, welche meinen, alle Handlungen der Menschen würden mit „stoischer Notwendigkeit" vollzogen und welche die Ursache aller Verbrechen auf Gott zurückführen. Mit dieser in den siebenbürgischen Bekenntnisschriften oft gebrauchten, sonst aber kaum verwendeten Bezeichnung, soll eine Prädestinationslehre getroffen werden, die sich in ihrer Starrheit mit dem heidnisch-philosophischen Schicksalsglauben deckt.

Die Ansichten der F.P.C. über Gesetz und Evangelium, Sünde, Rechtfertigung und gute Werke, Willensfreiheit und Prädestination bilden eine Einheit. Es werden überall Fragen aufgegriffen, welche seit Luthers neuer Grundlegung im Protestantismus erörtert worden waren. Es liegt den erwähnten Artikeln letztlich eine besondere Form der Heilsdarbietung und Heilsannahme zugrunde. Bei den Schlußfolgerungen, die nach der Erörterung der Fehlwege gezogen werden, ist meistens die Theologie Melanchthons ausschlaggebend. Der Schöpfer der F.P.C., Lukas Unglerus, wie auch die meisten theologisch gebildeten Mitglieder der Synode waren dessen Schüler und zugleich bestrebt, den theologischen Gegensatz zwischen Luther und Melanchthon nicht zur Geltung kommen zu lassen.

Die Autorität der F.P.C. hing demnach vor allen Dingen davon ab, ob die Lehrautorität Melanchthons in der siebenbürgisch-sächsischen Kirche längeren Bestand hatte.

Eine besondere Beachtung verdienen in der F.P.C. die Aussagen über das Abendmahl. Darüber lagen ja schon einige Bekenntnisse in der siebenbürgisch-sächsischen Kirche vor, vor allem Heblers: *Brevis confessio de coena Domini* vom Jahre 1561. Diese hatte sich in ihren Formulierungen an Melanchthons spätere Ausgaben der *Loci* und an die *Augustana variata* des Jahres 1540 angelehnt. Zum Verständnis der Abendmahlsfrage in der siebenbürgisch-sächsischen Kirche ist es nötig, sich des Unterschiedes der Augustana vom Jahre 1530 und der *variata* vom Jahre 1540 in Erinnerung zu rufen. In dem 10. Artikel der Augustana des Jahres 1530 heißt es, daß Leib und Blut Christi im Abendmahl anwesend sind und den Genießenden ausgeteilt werden.[210] Die *Variata* von 1540 hat folgenden Text: „cum pane et vino vere exhibeantur corpus et sanguis Christi vescentibus".[211] Es ist nun zu fragen, inwieweit sich die *Brevis Confessio* von 1561 an die *Augustana Variata* anlehnt. Es heißt dort, das Abendmahl sei die Handlung, in welcher Christus mit dem Brot und Wein seinen Leib und sein Blut darreicht. „cum pane et vino vere exhibet suum corpus […] et sanguinem"[212] und an anderer Stelle „dicimus […] nobis cum pane et vino verum Christi corpus et sanguinem perhiberi"[213]. Damit ist die eindeutige Anlehnung der *Brevis confessio* an die *Variata* erwiesen. Der Unterschied zur Augustana des Jahres 1530 besteht in der Verwendung der Redewendung *cum pane et vino* und der Vokabel *exhibere* statt *distribuere*; beide Aussagen geben der sinnbildlichen Deutung den Vorzug. Ähnlich hatte auch die *Confessio saxonica* 1553 gelehrt: „Docemus […] coenam Domini esse sacramentum, in quo cum pane et vino Christus suum corpus manducandum et sanguinem suum bibendum porrigit" (*porrigere-exhibere*, darreichen). Die F.P.C. steht nun in größerer Nähe zur Augustana des Jahres 1530, was wohl dadurch mitbedingt ist, daß der Fürst ausdrücklich die Festlegung auf sie verlangt hatte. Die Vokabel *distribuere* wird wieder aufgegriffen. Es heißt „credimus […] vere Christum praesentem esse, ac distributis et acceptis externis symbolis, pane et vino, distribui et sumi verum et substantiale corpus et sanguinem domini nostri Jesu Christi";[214] die Wendung *cum pane et vino* ist vermieden worden. Allerdings ist die Ausdrucksweise so vorsichtig gewählt, daß man bei dem Gebrauch der Ablative „distributis et acceptis externis symbolis, pane et vino" durchaus die Anschauung der Variata unterlegen kann. Die hier gegebene Formulierung verfolgt somit den Zweck, einen Kompromiß herbeizuführen. Die meisten Synodalen waren zweifellos

---

[210] „corpus et sanguis vere adsint et distribuantur vescentibus". In: BSLK 1930, S. 62-63.

[211] Ebenda, S. 63.

[212] UEL Bd. 2, S. 40.

[213] UEL Bd. 2, S. 41 [„distribuens corpus et sanguinem cum pane et vino"].

[214] UEL Bd. 2, S. 159.

Anhänger der Formulierung in der *Variata*; sie wollten dieses auch dort zum Ausdruck bringen, wo eine größere Annäherung an die *Invariata* geboten war. Die sonstigen Beschreibungen über das Mahl sind in der F.P.C. kurz gehalten, fassen aber doch die Hauptfragen, nämlich die nach der Gegenwart Christi und nach der Wirkung des Mahles klar zusammen. Die Anwesenheit Christi ist dadurch bedingt, daß er freiwillig gegenwärtig sein will, und zwar in der Handlung der Austeilung selbst und nicht vorher und nachher. Kraft seiner Allmacht ist es ihm möglich, überall gegenwärtig zu sein, wo er sich selbst mit seinem Wort verbinden will.[215] Als Wirkung und Zweck des Mahles werden angegeben, daß die Verheißung der Sündenvergebung sich an den Einzelnen wende, der Glaube des Genießenden befestigt werde und die Glieder der wahren Kirche von den Unfrommen geschieden würden.

Bei der Schilderung der Religionspolitik Stephan Báthorys zu Beginn dieser Arbeit konnte angeführt werden, was verschiedene Autoren über seine Motive geäußert haben. Bei der Behandlung des Inhaltes der F.P.C. war es nicht nötig, ausführlich darüber zu sprechen, wie sich verschiedene Autoren bisher über ihn geäußert haben; denn es hat ihn noch niemand eingehend erörtert. Friedrich Teutsch spricht in wenigen Sätzen davon,[216] worauf gelegentlich hingewiesen wurde. Erich Roth geht in seiner Dissertation ebenfalls nicht näher auf sie ein.[217] Die ausführlichste Wiedergabe und Beurteilung des Inhaltes hat Adolf Schullerus gegeben. Seine Ausführungen und Vergleiche sind in dieser Arbeit um einiges ergänzt worden.

Nicht beachtet wurde bis heute die B e d e u t u n g der F.P.C. für das spätere Leben der siebenbürgisch-sächsischen Kirche. Es lohnt sich, die Frage zu stellen, ob sie für längere Zeit ihr gültiges Bekenntnis gewesen ist. Diese Frage muß eindeutig verneint werden. Die Gültigkeit der F.P.C. ist zeitlich sehr begrenzt gewesen. Schon im Laufe der siebziger Jahre des 16. Jahrhunderts wurde sie in ihrer Bedeutung durch ein zweites, das Bekenntnis von 1578, verdrängt, und die heftigen Auseinandersetzungen um die rechte Lehre zu Beginn des 17. Jahrhunderts kommen auf sie kaum zu sprechen.[218] Der Grund dafür, daß die F.P.C. keine dauernde Gültigkeit erlangt hat, wird in den späteren Synoden nicht genannt; er liegt aber zweifellos darin, daß die theologische Entwicklung in der siebenbürgisch-sächsischen Kirche eine andere Richtung nahm. Diese wird nachher geschildert werden. Wie wenig die theologischen Ansichten der F.P.C. in späterer Zeit ausschlaggebend und gültig waren, zeigt ein Beispiel aus der Zeit der Auseinandersetzung der Hochorthodoxie mit dem Pietismus.

---

[215] „ac Christum veracem et omnipotentem esse, qui et vellit et possit ubique esse praesens, quocunque se suo verbo alligavit." In: UEL Bd. 2, S. 160.

[216] Fr. T e u t s c h , Geschichte (wie Anm. 3). Bd. 1, S. 297.

[217] R o t h , Die Reformation (wie Anm. 2), S. 108-121.

[218] Zu den Synoden von 1614, 1615: STAH: MS Varia II.81, Poeldner, Georg: Codex Poeldner; STAH: MS Varia II 45; Georg H a n e r : Nota bene maius [...] T[o]m[us] I. Schäßburg 1701-1731, S. 198ff.

Der Pietist Deiderich hatte behauptet, die Rechtfertigung müsse in lebendigem Glauben ergriffen werden und gab damit in seiner Weise dem Synergismus Raum, also der Ansicht, daß der Mensch beim Zustandekommen des Heilswerkes aktiver Mitarbeiter sei. So hatte auch etwa 150 Jahre früher die F.P.C. gelehrt. Nun aber wird diese Meinung von dem „rechtgläubigen" Vertreter der Hochorthodoxie und damit auch von der offiziellen Lehrautorität, dem Bischof Lukas Graffius, verworfen; er vertritt den Standpunkt, welchen die F.P.C. abgelehnt hatte. Gott allein rechtfertigt aktiv, der Mensch kann sich dabei nur passiv verhalten. Er gleicht der Erde, die den Regen einsaugt.[219]

Ist somit der Geltungsbereich der F.P.C. als Bekenntnisschrift – wie noch zu zeigen sein wird – beschränkt, so ist doch ihre Bedeutung für die Theologiegeschichte groß: Sie ist ein Beweis für das rege theologische Denken und Leben in der siebenbürgisch-sächsischen Kirche in der zweiten Hälfte des 16. Jahrhunderts.

Das Bekenntnis des Jahres 1573

Es war nicht ein Jahr seit der Abfassung der *Formula pii Consensus* vergangen, als die Synode am zwanzigsten Mai 1573 von Neuem zusammentrat, um ein Bekenntnis zu formulieren. Teutsch berichtet darüber,[220] es sei eine teilweise Wiederholung und Ergänzung des Bekenntnisses aus dem Vorjahre. Beim Vergleich des Bekenntnisses von 1573 mit der F.P.C. stellt sich tatsächlich heraus, daß keine wesentlichen Veränderungen im Lehrgehalt vorgenommen worden sind. Was sich verändert hat, ist die äußere Gestalt. Die zwanzig Artikel der Synode vom 20.-22. Mai 1573 sind straffer gegliedert als die aus dem Vorjahre und vermeiden weitschweifige lehrhafte Ausführungen. Wir haben in ihnen ein Musterbeispiel einer kurzen, nach-reformatorischen Dogmatik vor uns. Mehr als das Werk des Unglerus, die F.P.C., trägt das Bekenntnis von 1573 den Charakter einer Gemeinschaftsarbeit; man kann wohl sagen, es ist viel objektiver und nicht so sehr an die Zeitumstände gebunden, wie das des Vorjahres; fürstliche Instruktionen spielen bei seiner Abfassung keine Rolle mehr. Das geht schon aus den Einberufungsschreiben und den genauen Berichten, die wir über die Synode besitzen, hervor. Das Einberufungsschreiben des Superintendenten an das Bistritzer Kapitel spricht nur davon, die Abgesandten mögen so in Mediasch eintreffen, daß am zwanzigsten Mai mit der Anrufung Gottes begonnen werden könne.[221] Die „einmütig angenommenen Artikel", welche „die Summe der himmlischen Lehre" enthalten, wurden auf der Synode nach vorangegangenen Vorträgen und Aussprachen über die einzelnen Glaubensgegenstande formuliert.[222]

---

[219] Jekeli, Unsere Bischöfe (wie Anm. 33), S. 157-158.

[220] Fr. Teutsch, Geschichte (wie Anm. 3). Bd. 1, S. 296.

[221] UEL Bd. 2, S. 177.

[222] Vollständige Überschrift des Bekenntnisses: „Articuli summam doctrinae coelestis continentes, Mediae in synodo ad diem 20. Maiji anno MDLXXIII congregata, propositi et approbati [unanimi] consensu." [vgl. UEL Bd. 2, S. 177.]

Der sehr aufschlußreiche Bericht, den der Burzenländer Dechant Christian Massa nach Rückkehr von der Synode seinen Kapitelsbrüdern hielt, verdient schon deshalb Beachtung, weil wir aus ihm entnehmen können, wie die Formulierung des Bekenntnisses zustande kam.[223] Der Superintendent macht zu Beginn der theologischen Aussprachen die Synodalen darauf aufmerksam, daß der hauptsächlichste Grund für die Einberufung der Synode in der Wiederholung, Veranschaulichung und Bestätigung der wichtigsten Glaubensartikel bestünde. Zu diesem Zwecke wird zunächst der Bistritzer Dechant Baltasar, Pfarrer von Oberwallendorf gebeten, den Artikel über Gott und die Trinität zu erläutern. Er tut es, indem er die Begriffe der einen Substanz, der drei Personen und der Göttlichkeit Christi erklärt. Seine Ausführungen werden ergänzt durch die des Heltauer Pfarrers Georg Melas, der im Anschluß an den Anfang des Johannesevangeliums auf die Vorordnung des Logos vor den Kreaturen und die Vereinigung von Gott und Mensch in der Person Jesus Christus aufmerksam macht. Erst jetzt wird die Vorlage des Artikels über Gott verlesen, zur Aussprache gestellt und einmütig angenommen. Doch wird die Aussprache über die Gottheit und Menschheit Christi noch am folgenden Tag, dem 21. Mai fortgeführt. Es wird dabei die Frage erörtert, welche Schriftworte für die Behauptung herangezogen werden könnten, daß der Sohn noch vor der Annahme der menschlichen Natur als Logos bezeichnet werden könne. Mathias Glatz führt die Schriftstellen 2. Sam 7 [224]und Ps. 2[225] an. Simon Hermann ergänzt noch Sprüche Salomonis 30,4.[226] Für die Behauptung der Ewigkeit des Sohnes zieht er auch Eph. 3,15 heran. Es wird sodann noch ausgesagt, daß die Benennungen Gott, Jesus Christus, nicht eine Näherbestimmung der Essenz derselben seien, sondern sich nur auf das Amt beziehen können. Denn man könne so wenig wie vom unsichtbaren Gott, der in einem Lichte wohne, da niemand zukommen kann, von der Essenz Jesu Christi nähere Aussagen machen. Die Göttlichkeit Jesu Christi besteht eben in seinem Amt der Versöhnung, Erlösung und Sündenvergebung. Nach der Aussprache erfolgt die Verlesung des II. und III. Artikels von der Schöpfung und Vorsehung. Sodann wird der Artikel von der Offenbarung des Willens Gottes in Gesetz und Evangelium verhandelt (Art. IV). Die auf der Synode anwesenden drei Ordinanden werden dabei über den Unterschied von Gesetz und Evangelium geprüft, ein Zeichen dafür, wie ernst gerade dieser Artikel genommen wurde. Die Prüflinge wandten sich dagegen, daß das Evangelium Predigt der Buße genannt werde; denn diese sei vor allem das Amt des Gesetzes. Doch wird festgehalten, daß auch der Glaube ein

---

[223] Colbius, Lucas: Supplementum annalium ecclesiasticorum (Tom. II), S. 308, 319ff. In: Statistisches Jahrbuch der evangelischen Landeskirche A. B. in Siebenbürgen 16. Hermannstadt 1885, S. I-X.

[224] 2. Sam 7,14.: Ego ero ei in patrem et ipse erit mihi in filium.

[225] Ps. 2, 7b: filius meus es tu, ego hodie genite, is est ab aeterno.

[226] Qui ascendit in coelos, aut descendit; [...] Quod est illi nomen, quod nomen filii ejus? Nach Colbius, Supplementum. In: Statistisches Jahrbuch der evangelischen Landeskirche A. B. in Siebenbürgen 16. Hermannstadt 1885, S. VIII.

Teil der Buße sei; und da er im Hören des Evangeliums seinen Ursprung hat, so ist es möglich, vom Evangelium als von der Predigt der Buße zu sprechen. Nach der Prüfung der Ordinanden werden ohne weitere Aussprache die Artikel über die Gottebenbildlichkeit des Menschen und über die Erbsünde verlesen und angenommen (Art. V. u. VI). Aufschlußreich ist die Verhandlung über die Rechtfertigung und den rechtfertigenden Glauben. Darüber hält Mathias Glatz eine längere Rede. Am Schluß seiner Rede erwähnt er, Luther habe irgendwo gesagt, die guten Werke seien zur Seligkeit nicht nur nicht notwendig, sondern sogar schädlich. Dieser Satz dürfe nicht für sich genommen werden. Er wäre nur gültig unter einer Bedingung: wenn man nämlich erwarte, durch Werke erhielte man Gerechtigkeit. Denn dadurch würde das Verdienst Christi durch das Vertrauen, welches man auf die eigenen Werke setzt, aufgehoben.[227] Der Bericht weist dann noch darauf hin, daß die restlichen Artikel, der von der Prädestination und der Berufung, unverändert angenommen wurden, und daß am letzten Tage die Artikel von den Sakramenten, der Taufe und dem Abendmahl, verlesen wurden.

Wir können also aus dem vorliegenden Bericht entnehmen, wie das Bekenntnis von 1573 zustande kam. Seine Abfassung stand unter ganz anderen Voraussetzungen als die der F.P.C. So werden auch Aussagen, die die F.P.C. aufnehmen mußte, um die sächsische evangelische Kirche gegen Angriffe zu verteidigen, wie die umfangreichen Ausführungen über das kirchliche Amt, die Eheschließung, den Gehorsam gegen die Obrigkeit, über die Bestattung u. a. m. fallen gelassen. Was über die Zeremonien zu sagen ist, ist straff gegliedert. Während die F.P.C. auch Fragen des kirchlichen Lebens und der Sitte aufgriff, beschränken sich die Artikel von 1573 nur auf die rechte Lehre. Das verringert selbstverständlich den Umfang des Bekenntnisses; doch enthält es neben wörtlichen Anklängen an die F.P.C. auch wertvolle theologische Ergänzungen. Die einzelnen Artikel enthalten kein Verdammungsurteil gegen die, welche anders lehren; ein Zeichen dafür, wie sehr die Festigung der eigenen Lehraussagen im Vordergrund stand. Nur der Schlußartikel nennt summarisch jene Richtungen, denen gegenüber eine Abgrenzung erfolgt. Die theologische Auseinandersetzung mit der Rechtfertigungslehre des Osiander und mit der Anschauung, daß der Mensch im Rechtfertigungsgeschehen passiv sei wie ein Baumstumpf, wird wie in der F.P.C. auch hier aufgegriffen.

Versucht man es nun, das in zwanzig Artikel gegliederte Bekenntnis darzustellen, so geschieht es am besten so, daß man mit der Theologie im engeren Sinne, die wegen ihrer trinitarischen Orientierung zugleich Christologie ist, beginnt, von hier aus zur Lehre vom Menschen im Hinblick auf seinen Urstand, den Fall und seine Rechtfertigung und Erlösung fortschreitet und daran die

---

[227] „Si operibus tribuatur justitia et derogetur meritis Christi, tunc noxia sunt propter fiduciam, quae in eis collocatur." Nach Colbius, Supplementum. In: Statistisches Jahrbuch der evangelischen Landeskirche A. B. in Siebenbürgen 16. Hermannstadt 1885, S. VIII.

Lehre von der Kirche anschließt. Alle Aussagen darüber sind unter der im Vorwort zu den Artikeln enthaltenen Voraussetzung gemacht, daß die wahre Lehre in dem Gotteswort ihren Bestand habe, in den Schriften der Propheten und Apostel enthalten und von den gültigen Bekenntnissen veranschaulicht worden sei.

Von Gott können nur auf Grund seiner Wortoffenbarung Aussagen gemacht werden. Die trinitarischen Aussagen des altkirchlichen Bekenntnisses, welche bereits in den bisherigen Bekenntnissen der siebenbürgisch-sächsischen Kirche gemacht worden sind, und welche auch der Dechant Baltasar von Bistritz auf der Synode erläuterte, werden auch 1573 in das Bekenntnis aufgenommen.[228] Gott gibt sich zu erkennen in der Erschaffung der Welt, welche als sein äußeres Handeln bezeichnet wird. Es ist wie ein Nachklang zu der Auseinandersetzung auf der Synode von Weißenburg 1568, daß hier Gottes Schöpfungshandeln, wodurch alle Kreaturen aus dem Nichts in das Dasein gerufen werden, als das gemeinsame Handeln des Vaters, des Sohnes und des Heiligen Geistes angesehen wird.[229] Gott erinnert seine Kreaturen täglich an seine Vorsehung und Güte; sie sind nicht einer „stoischen Notwendigkeit" ausgeliefert, sondern nach seinem Willen dazu bestimmt, seinen Namen zu verherrlichen. Er wollte aber auch sein Wort in den heiligen Schriften der Propheten kundtun und es dort aufbewahren.

Durch die Aussagen über den Schöpfergott und die Heilige Schrift, wird das Heilswerk Gottes offenbar, welches sich am Menschen vollzieht. Der Mensch des Urstandes war das Ebenbild Gottes; er hatte vollkommene Weisheit und ungebrochenes Gottvertrauen; er lebte in vollständiger Übereinstimmung mit dem Willen seines Vaters. Er war frei von jeder Todesfurcht und zum ewigen Leben, zur Seligkeit und zur Freude vor Gott bestimmt.[230] Der Sündenfall brachte die gänzliche Verderbnis des Ebenbildes mit sich, so daß nunmehr kaum eine Spur der ursprünglichen Gerechtigkeit im Menschen sichtbar werden kann.[231] Es liegt nun dem Bekenntnis alles an der Aussage, die Verkehrtheit des Willens und Hinneigung zum Bösen nicht auf Gott zurückzuführen, als ob er die Menschen mit Notwendigkeit in sie hineingestoßen hätte. Die erste Ursache der Sünde ist der Teufel, der sich freiwillig von Gott abgewendet hat und sein Feind wurde; ihre zweite Ursache ist der verkehrte Wille des Menschen, welcher dem teuflischen Willen zustimmte und sich von Gott abkehrte. Ihre

---

228 „Hunc enim [sic!, recte: igitur] fatemur verum, unicum, solum et altissimum Deum, qui est pater, filius et spiritus sanctus, in cuius una divina essentia [...] tres distinctae hypostases seu personae subsistunt." In: UEL Bd. 2, S. 178.

229 „Haec enim [sic!, recte: autem] actio externa Dei, quam volens suo consilio omnes creaturas rationales et irrationales, visibiles et invisibiles ex nihilo conditit, est communis patri, filio et spiritui sancto." In: UEL Bd. 2, S. 179.

230 „In voluntate fuit vera conversio ad deum vera iustitia et integra oboedientia, in qua arsit verus amor, timor et fiducia erga deum et omnes virtutes." In: UEL Bd. 2, S. 180.

231 „et sic speculum dei in homine peccato corruptum est, ut vix vestigium aliquod rectitudinis appareat residuum." In: UEL Bd. 2, S. 181.

Folge ist die unheilvolle Lage des Menschen und seine Feindschaft gegen Gott, welche dessen Zorn herbeiführt; weiterhin die Verderbnis und Entstellung aller göttlicher Gaben und die ewige Verdammnis.

Die Wiederherstellung zu Gottes Ebenbild kann keineswegs durch den Menschen selbst und durch seine Verdienste herbeigeführt werden, sondern allein durch Christus, den Gott in die Welt gesandt hat, damit er das verlorene Menschengeschlecht mit seinem teuren Blute von der Sünde, dem Tode und der ewigen Verdammnis loskaufe und die ursprüngliche Gerechtigkeit wiederherstelle. Das führt zum Artikel der Rechtfertigung, der auch hier als der Hauptartikel der christlichen Lehre angesehen wird. Darauf deutete ja auch die ausführliche Rede des Mathias Glatz auf der Synode hin. Die Rechtfertigung des Menschen vor Gott ist die gnadenweise Vergebung der Sünden, die Versöhnung mit Gott und die Anrechnung der Gerechtigkeit; ebenso auch die Annahme zum ewigen Leben allein wegen des Verdienstes des Gottessohnes. Die Gnadentat der Versöhnung erlangen wir allein durch den Glauben an Christus, ohne unsere Werke, unser Verdienst oder unsere Genugtuung.

Wenn die Rechtfertigung auf diese Weise allein aus Gnaden, durch Christus, erfolgt, so ist damit nicht gesagt, daß die Bekehrung nicht notwendig sei. Es muß schon auf Erden ein Leben beginnen, welches vom Geiste Gottes durchdrungen ist. Ebenso ist es nötig, im Glauben den neuen Gehorsam zu betätigen und gute Werke zu vollbringen. Diese sind allerdings nicht notwendig zum Heile, so wenig von ihnen ausgesagt werden kann, daß sie zum Heile schädlich seien (Siehe Ausführungen des M. Glatz). Gute Werke mögen getan werden, damit Gott verherrlicht, der Glaube des Christen erkannt, die wahre Buße und das christliche Leben bezeugt und die Wiedergeborenen von den Nichtwiedergeborenen unterschieden werden können.

Wie schon erwähnt, ist die Bekehrung oder Buße beim Werke der Rechtfertigung nicht auszuschalten. Bekehrung ist aber ein Willensakt. Gott wollte nicht, daß der Wille beim Akte der Bekehrung müßig bleibe wie ein Baumstumpf, sondern daß er, vom Heiligen Geist und durch das Wort aktiviert, zum Glauben hingelenkt werde.[232] Das Wort Gottes gibt auch die einzige Möglichkeit, über die Prädestination zu sprechen. Aus ihm erkennen wir die allgemeine Berufung als das höchste Gut und erfahren, daß Gott will, daß allen Menschen geholfen werde. Gott hat vor der Grundlegung der Welt die Zukunft der geschaffenen Wesen vorausgewußt, wie er auch den Sündenfall voraussah. Er hat aber auch aus Liebe und Erbarmen den Entschluß zur Wiederherstellung und Versöhnung des Menschengeschlechtes gefaßt und niemand von vornherein zur Verdammnis bestimmt, sondern beschlossen, das Verlorene aus Gnaden durch seinen Sohn zu retten. Alle, welche Christus im Glauben ergreifen, sind

---

[232] „tamen deus non vult hominis voluntatem in conversione esse otiosam, nec vult deus esse efficax in homine tanquam in trunco nihil agente, sed voluntas mota a spiritu[i] sancto per verbum debet flecti ab oboedientiam." In: UEL Bd. 2, S. 185.

erwählt und haben das ewige Leben,[233] alle, die ihn ungläubig verwerfen, sind verworfen und verdammt.

Schon beim Akte der Bekehrung war auf den Willen des Menschen Bezug genommen worden. Im Sein des Urstands war der Mensch mit dem freien Willen ausgestattet, das heißt mit der Fähigkeit, in freier Entscheidung zuzustimmen oder etwas zurückzuweisen. Diese Fähigkeit ist durch den Sündenfall erschüttert worden und ging verloren. Es bleibt jedoch auch in der verdorbenen Natur des Menschen ein Rest von Freiheit übrig; sie ist allerdings fehlerhaft und matt, durch die Unbeständigkeit des Menschen und die Tyrannei des Teufels in ihrer Ausübung gehindert. Zur wahren Gottesverehrung, zum Glauben und zur Bekehrung kann der Wille nichts beitragen, wenn nicht der Heilige Geist durch das Wort und die Gnade zuvorkommt, welchem der Wille zustimmt.[234] Versucht man die die Anthropologie betreffenden Aussagen des Bekenntnisses in ihrem Zusammenhang darzustellen, wie es oben geschehen ist, so stellt man fest, daß vom Menschen nur in seinem Verhältnis und seiner Abhängigkeit vom Dreieinigen Gott gesprochen wird. Dieser ist sein Schöpfer, Richter und Erlöser; ohne ihn verfällt er dem Verderben und der Nichtigkeit.

Damit ist aber auch die Frage der K i r c h e gestellt, in welcher Gott sein Heilswerk vollbringt. Das Bekenntnis von 1573 spricht von den drei Wesensmerkmalen, an denen die Einheit der wahren Kirche erkannt werden kann. Die Übereinstimmung in der Lehre auf Grund des Gotteswortes, den rechten Gebrauch der Sakramente und den schuldigen Gehorsam gegen das Amt. Da das Bekenntnis von der Lehre bereits gesprochen hat, geht es gleich zur Behandlung der Sakramente über. Sie bezeugen die Wohltaten des Gottessohnes; sie sind sichtbares Wort und äußere Zeichen, durch welche die Lehre, die Verheißung und der Glaube bewahrt und befestigt werden.

Das Sakrament der Taufe ist heilsnotwendig und beruht auf dem ausdrücklichen Befehl und der Verheißung Christi. Da sich Christi Befehl und Verheißung auch auf die Kinder beziehen, wie Matthäus 10 und Matthäus 18 bezeugen, ist auch die Kindertaufe geboten. Schwierig ist es aber, vom Glauben zu sprechen, den die Kinder bei der Taufe schon besitzen. Denn der Glaube kommt durch das Wort, und das Wort haben die Kinder, welche zur Taufe gebracht werden, noch nicht gehört und verstanden. Es muß trotzdem angenommen werden, daß sie glauben, doch die Art und das Vorhandensein ihres Glaubens kann von den Erwachsenen nicht verstanden werden. Weil der Glaube Gottes Geschenk ist, so kann ihn Gott auf wunderbare Weise auch den Kindern geben, so daß sie vom Taufbunde nicht ausgeschlossen sind. Wenn es auch unverständlich

---

[233] „ut omnes, quotquot hunc filium unigenitum vera fide apprehenderint, sint electi, nec pereant, sed habeant vitam aeternam." In: UEL Bd. 2, S. 186.

[234] „Causa igitur spiritualium actionum in piis sunt tres: verbum dei, auditum vel cogitatum, deinde spiritus sanctus incedens et movens cor obedientiam, et pia voluntas, mota a spiritu sancto, quae non est otiosa aut pure passiva, similis lapidi vel trunco, sed auditis a deo assentitur et obtemperat." In: UEL Bd. 2, S. 187.

zu sein scheint, daß hierbei der Glaube ohne das Wort geschenkt wird, so ist
doch gegen jeden Augenschein anzunehmen, daß der Heilige Geist auch in den
Kindern durch die Taufe wirksam ist.[235] Eine derartige Begründung der Kindertaufe hatte die F.P.C. nicht gegeben. Sie wird auch im späteren Bekenntnis,
wie wir sehen werden, nicht wieder aufgenommen. Christian Massa berichtete
seinen Amtsbrüdern, daß die Frage der Sakramente auf der Synode nur kurz
besprochen worden sei. So ist es vielleicht dazu gekommen, daß Ansichten
vertreten wurden, zu denen man später nicht mehr stehen konnte.

Beim Abendmahl ist darauf zu achten, daß es gemäß der ursprünglichen
Einsetzung Christi und den Worten des Paulus vorgenommen wird. Die wahre
und wesentliche Gegenwart Christi in ihm wird hervorgehoben. Eine Kom-
promißformel scheint wiederum vorzuliegen:[236] Indem das Brot und der Wein
den Abendmahlsgästen ausgeteilt und empfangen werden, werden ihnen der
wahre Leib und das wahre Blut des Herrn Christus dargereicht und mitgeteilt.
Als Ziel des Mahles wird angegeben, daß die einzelnen Gläubigen die Vergebung der Sünden und andere Wohltaten empfangen und daß die Glieder
der wahren Kirche Gottes von den Ungläubigen unterschieden würden. Wie
bei der Begründung der Kindertaufe wird auch bei dem Abendmahl gesagt,
die menschliche Vernunft müsse sich bescheiden, wenn es um die heiligsten
Offenbarungen des Wortes Christi unseres Herrn ginge.

Als drittes Kennzeichen für die Einheit der Kirche wird das kirchliche Amt
genannt. Es ist von Gott eingesetzt. Er schickt gelehrte Männer und fromme
Diener, durch deren Wort der Heilige Geist die Kirche sammelt.[237]

Im Anschluß an die Sakramentslehre gibt das Bekenntnis eine vorbildliche
Unterscheidung der beiden Bereiche, des geistlichen und des weltlichen. Das
geistliche Amt hat nicht die Aufgabe, mit Hilfe von Waffen und weltlichen
Gesetzen zu regieren, sondern hat sich um die Fragen der Kirche zu kümmern:
Die unverfälschte Verkündigung des Wortes Gottes, die sachgemäße Auslegung
der Schrift und die einsetzungsgemäße Verwaltung der Sakramente.[238]

Die Wiedergabe des Inhaltes des Bekenntnisses von 1573 sei mit dem Hinweis auf die Aussagen über die Zeremonien geschlossen. Es möge in ihnen eine
gewisse Freiheit herrschen. Diese Ansicht wird auch dogmatisch begründet: Sie

---

[235] „Etsi enim rationi nostrae secus appareat, cum verbum dei non audiant, neque
intelligant, tamen spiritus sanctus in iis efficax est per baptismum." In: UEL Bd. 2, S. 188.

[236] „Et est talis actio, in qua filius dei vere et substantialiter praesens est, sic, ut distributis et acceptis externis elementis, pane et vino, in legitimo usu simul exhibentur ac
communicantur verum corpus et sanguis domini nostri Jesu Christi sumentibus." In:
UEL Bd. 2, S. 189.

[237] „instituit deus immensa sua misericordia ministerium ecclesiasticum et semper
misit salutares doctores et pios ministros, quorum voce spiritus sanctus verbum et
sacramentorum usum colligit ecclesiam usque ad finem mundi." In: UEL Bd. 2, S. 189.

[238] „sed versatur ministerium maxime circa curam gubernationis ecclesiae dei, in
propaganda doctrina coelesti, vera interpretatione scripturarum et legitimo usu sacramentorum." In: UEL Bd. 2, S. 190.

sind Adiaphora, und wenn man sie nicht als solche ansieht und zuviel Gewicht auf ihre Einheitlichkeit legt, könnten sie so wichtig genommen werden, daß sie als verdienstliche Werke erscheinen.[239]

Gerade diese letzten Ausführungen haben gezeigt, daß im Bekenntnis von 1573, inhaltlich gesehen, keine wesentlichen neuen Dinge gegenüber der F.P.C. zur Sprache kommen. Es sind auch dieselben Träger der kirchlichen Lehre, die in den beiden Bekenntnissen zu Worte kommen. Wenn es sich bloß um die Systematisierung der Lehraussagen des Vorjahres handeln sollte, so standen die Theologen auf der Synode vor keiner schweren Aufgabe. Der Bericht des Christian Massa zeigt, daß neben dem Superintendenten Lukas Unglerus auch der Generaldechant Mathias Glatz an den Formulierungen erheblichen Anteil hatte. Dieser starb aber noch im selben Jahre. Die nächsten zusammenhängenden Bekenntnisformulierungen wurden ohne ihn 1578 vorgenommen. Sie werden manche Veränderungen zeigen.

Das Bekenntnis des Jahres 1578

Während die beiden vorhin behandelten Bekenntnisse untereinander keine wesentlichen inhaltlichen Verschiedenheiten aufweisen, es sei denn, daß einige Ergänzungen und Auslassungen vorgenommen wurden, so zeigt demgegenüber das Bekenntnis, welches von der Junisynode 1578 verfaßt wurde, daß sich inzwischen in den theologischen Ansichten manches verändert hat. Das ist deshalb so, weil die Ereignisse in Siebenbürgen und die Veränderungen, die sich im Zeitraum von 1573 bis 1578 im Gesamtprotestantismus vollzogen, das theologische Gespräch und die Bekenntnisbildung beeinflußten.

Für die E r e i g n i s s e   i n   S i e b e n b ü r g e n ist von Bedeutung, daß Stephan Báthory mit Hilfe der Sachsen seine Herrschaft in Siebenbürgen festigen und seine unitarischen Gegner am 10. Juli 1575 besiegen konnte.[240] Es hatte sich dabei gezeigt, daß die evangelischen Sachsen auf der Seite des Fürsten standen. So wich das gegenseitige Mißtrauen immer mehr und der Fürst versuchte, auch weiterhin nicht, die Bekenntnisbildung der sächsischen Kirche maßgebend zu beeinflussen. Allerdings war die Gefahr des „Arianismus" noch nicht beseitigt, und so trägt auch das Bekenntnis von 1578 einen scharfen antitrinitarischen Zug. So sehr Stephan Báthory sich auch bemühte, den Rahmen der Verfassung in seiner Religionspolitik nicht zu verletzen, so war er doch bestrebt, den „Arianismus" zu schwächen und begünstigte den Sturz des Franz Davidis, wozu er zwei Provinzialsynoden, die von beiden Nationen beschickt wurden, einberief.[241] Wenn nun auch eine Anspielung auf Franz Davidis in den Synoden der sächsischen Geistlichkeit nicht mehr erfolgt, so verläuft die Bekenntnis-

---

[239] „Vult enim deus in his ritibus conspici quandam libertatem, cum sint adiaphora, ne homines relabantur in Pharisaicos errore et falsos cultus meritorum." In: UEL Bd. 2, S. 190.

[240] G. D. T e u t s c h , Die Geschichte (wie Anm. 137), S. 288.

[241] Provinzial Synode 1576 in Enyed: „ex utraque Natione Enyedinum Anno 1576 convocatis certis Pastoribus constans." In: CAS, S. 26. Ebenso: Karlsburg 1578: „Utrisque

bildung, was die Frage der Gottessohnschaft und Trinität anbetrifft, doch in
der Richtung des Antitrinitarismus, die 1572 und schon früher eingeschlagen
worden ist. Mit der veränderten Lage hängt es wohl auch zusammen, daß
eine ausdrückliche Berufung auf die Augsburger Konfession im Bekenntnis
des Jahres 1578 unterbleibt; sie war nicht nötig, da die sächsische Kirche ihren
Standpunkt bereits unter Beweis gestellt hatte. Die Geistlichkeit konnte auch
dem Fürsten dankbar sein. Er hatte ihre Zehnteinkünfte unter seinen Schutz
gestellt.[242] Es mag mit dem sich immer mehr verfestigenden Vertrauensver-
hältnis zusammenhängen, daß die Fragen der Obrigkeit, der Ordnung der Ehe
und der sonstigen kirchliche Handlungen im Bekenntnis des Jahres 1578 nicht
aufgenommen wurden. Da es nun hier nicht galt, dem Wunsche des Fürsten
in Einzelfragen entgegenzukommen, sondern allein den eigenen Standpunkt
durch eindeutige Lehrentscheidungen zu klären, ist auch die Frage nach der
Unsterblichkeit der Seele, worüber Báthory 1572 ein Aussage verlangt hatte,
nicht wieder aufgenommen worden.

Es muß die Frage gestellt werden, ob die g e g e n r e f o r m a t o r i s c h e n
B e s t r e b u n g e n in dieser Zeit das theologische Gespräch und die Bekenntnisbildung nicht beeinträchtigt haben. Der katholische Fürst hatte ja die Jesuiten
ins Land gerufen, die in Klausenburg und Weißenburg Schulen gründeten;
er weigerte sich jedoch, den Andersgläubigen seinen Schutz zu entziehen,
als dieses von ihm verlangt wurde. David Hermann berichtet darüber,[243] der
Fürst habe auf ein solches Ansinnen geantwortet, er sei ein König über die
Völker, nicht über die Gewissen. Derlei habe sich Gott vorbehalten, nämlich
aus nichts etwas zu machen, die Zukunft voraus zu wissen und die Gewissen
zu beherrschen.[244] Ob nun diese Nachricht die ursprüngliche Aussage des
Fürsten wiedergibt oder nicht, mag dahingestellt bleiben; es kann sein, daß
ihm von den Geschichtsschreibern ein Standpunkt unterschoben wurde, der an
lutherische Anschauungen anklingt. Die Nachricht gibt jedoch die traditionelle
Meinung wieder, daß der Fürst das evangelische Bekenntnis achtete. Erst als
er 1576 zum König von Polen gewählt worden war und Siebenbürgen seinem
Bruder Christoph überließ, konnten die Jesuiten an Macht gewinnen. Jedoch
kamen sie erst 1579 zu entscheidender Geltung[245] so daß die Synode von 1578
sich nicht genötigt sah, sich gegen den römischen Katholizismus entschiedener
abzugrenzen, als das bis dahin der Fall war.

Gentis Pastoribus ac Nobilibus compluribus coacta in causa ultimae condemnationis
Francisci Davidis." In: CAS, S. 29.

[242] Georg Daniel T e u t s c h : Das Zehntrecht der ev. Landeskirche A. B. in Siebenbürgen. Eine rechtsgeschichtliche Abhandlung. Schäßburg 1858, S. 157 (Urkunde vom
10. Okt. 1575); Fr. T e u t s c h , Geschichte (wie Anm. 3). Bd. 1, S. 320.

[243] De statu ecclesiarum. In: Josephi Comitis Kemény Collectio minor Manuscriptorum
historicum [Akademiebibliothek Klausenburg], S. 165.

[244] Rex sum populorum non conscientarum; Tria enim sibi Deum reservasse. 1. Ex
nihilo aliquid facere. 2. Futura scire. 3. Conscientias dominare.

[245] Fr. T e u t s c h , Geschichte (wie Anm. 3). Bd. 1, S. 359.

Von wesentlicher Bedeutung für die Entwicklung der Theologie und des Bekenntnisses in der siebenbürgisch-sächsischen Kirche wurden hingegen die Ereignisse, die sich in einigen lutherischen Gebieten Deutschlands zutrugen. Es ist die Zeit, in der sich eine Reihe von Theologen, wie Jakob Andreae, Martin Chemnitz und Nikolaus Selneccer bemühen, den durch Lehrunterschiede gespaltenen lutherischen Protestantismus zur Einigkeit zurückzuführen. Das abschließende Lehrbekenntnis, die *Formula Concordiae* von 1577, entschied die schwebenden Lehrstreitigkeiten zuungunsten der Melanchthonianer. Während die Arbeit am Einigungswerk des Luthertums im Gange war, hatte sich die Wittenberger Fakultät, die zu Beginn der siebziger Jahre ganz unter der Vorherrschaft der Melanchthonschüler stand, zurückhaltend verhalten.[246] Das war auch für die siebenbürgisch-sächsische Kirche von Bedeutung; denn solange der „Philippismus" in Blüte stand, richtete sich ihre Theologie nach ihm aus. Doch erfolgte bald nach 1574 sein jäher Sturz, und dieses hatte auch Rückwirkungen auf die siebenbürgische Bekenntnisbildung.

Es ist also die Frage zu stellen, wie sich nun diese Ereignisse in der siebenbürgisch-sächsischen Kirche widerspiegeln. Zunächst zeigt sich, daß der Theologie des Melanchthon 1578 nicht mehr dieselbe Bedeutung zugemessen wird wie bisher. Hingegen treten jene theologischen Bemühungen, die zur Abfassung der Konkordienformel führen sollten, immer mehr in den Vordergrund.[247]

Wenn wir nun auf Einzelfragen des Bekenntnisses eingehen, so fassen wir zunächst den letzten Artikel, den über das Abendmahl, ins Auge, um nach Behandlung der übrigen Glaubensaussagen mit der bedeutendsten Erweiterung, die das Bekenntnis enthält, mit den Aussagen über den Sohn Gottes, zu schließen. Da das Bekenntnis von 1578 in späterer Zeit, vor allem zu Beginn des siebzehnten Jahrhunderts, mehr im Vordergrund der Auseinandersetzung stand als die beiden vorangegangenen, so ist eine möglichst ausführliche Wiedergabe seines Inhaltes geboten. Die Aussagen über das Abendmahl bringen zunächst keine wesentlichen Veränderungen. Die symbolische Deutung, welche die Elemente nur als Zeichen (*nuda symbola*) für den abwesenden Leib Christi ansieht, wird wie bisher abgewiesen; ebenso die Anschauung der „Papisten", bei denen es üblich ist, die Elemente nach der Transsubstantiation zur Schau zu stellen und herumzutragen. Der Leib und das Blut des Herrn sind mit den äußeren Elementen, dem Brot und dem Wein gegenwärtig (*verum et reale*) und werden den Teilnehmern ausgeteilt, damit ihr Glaube befestigt und bestätigt werde.[248] So mögen die Einsetzungsworte in ihrem ursprünglichen Sinn (*nativa*

---

[246] W a l t e r , Die Geschichte des Christentums (wie Anm. 150), S. 418.

[247] Diese Aussage bezieht sich allerdings bloß auf das Bekenntnis des Jahres 1578; im Übrigen sollte die Theologie Melanchthons in der siebenbürgisch-sächsischen Kirche noch eine bedeutende Nachblüte erleben.

[248] „docemus, sumentibus distribui cum externis elementis pane et vino, verum et reale corpus et sanguinem domini nostri Jesu Christi, in eum finem, ut in credentibus fidem confirmet et obsignet." In: UEL Bd. 2, S. 224.

sententia) und ohne allegorische Deutung verstanden werden. Der Unterschied dieser Aussagen zu denen der Bekenntnisse von 1572 und 1578 ist gering. Am ehesten läßt sich noch ein Unterschied zwischen den Aussagen von 1573 und 1578 feststellen. Dort, 1573, wird nämlich gesagt, daß gleichzeitig mit der Austeilung der Elemente (*distributis et acceptis externis elementis*, Art. XVI) der Leib und das Blut unseres Herrn Jesus Christus dargereicht würden (*Simul exhibeantur*). Das läßt eine melanchthonische Deutung zu. In der F.P.C. 1572 heißt es, daß mit dem Brot und dem Wein ausgeteilt und verzehrt würden (*distribui et sumi*) der Leib und das Blut unseres Herrn Jesus Christus. Es ist also hier mit der *Augustana invariata* mehr Ernst gemacht worden. Zu dieser Ausdrucksweise kehrt nun das Bekenntnis von 1578 zurück, indem es zum Ausdruck bringt, daß die Genießenden Leib und Blut erhalten, ohne daß der Ausdruck *exhibere* verwendet wird („docemus, sumentibus distribui […] verum et reale corpus et sanguinem domini nostri Jesu Christi"). Es ist allerdings auch hier für die melanchthonische Deutung Spielraum gelassen, indem die Wendung „mit dem Brot und Wein" (*pane et vino*) beibehalten wird.

Was vom Abendmahl ausgesagt wird, gilt auch von der Taufe, nämlich daß durch sie die Heilsgabe nach den offenbaren Worten Christi vermittelt und dargeboten wird. Im Artikel von der Taufe steht die Berufung auf die Tradition der alten Kirche im Vordergrund; so wird auch die Praxis der Kindertaufe mit Berufung auf den üblichen Brauch der Alten Kirche begründet. Vorher ist aber die Kindertaufe auf den ausdrücklichen Befehl Christi zurückgeführt worden; er hat gesagt, daß den Kindern das Himmelreich gehöre. Gott hat an ihnen Gefallen, sie zu seinem Reich erkoren, und deshalb sind sie als Mitglieder der Kirche anzusehen.[249] Die Begründung der Kindertaufe durch ein besonderes, den Erwachsenen nicht verständliches Gnadengeschenk Gottes, welches ohne Wortverkündigung an sie durch den Geist den Glauben wirken kann, wie das Bekenntnis von 1573 ausführte, unterbleibt hier. Die Taufe wird im allgemeinen, wie üblich, auf den Befehl Christi zurückgeführt; sie ist das Bad der Widergeburt und der Erneuerung des Heiligen Geistes durch das Blut unseres Herrn Christus; wer getauft ist, der ist Mitglied der Kirche Gottes und als solches Erbe des ewigen Lebens.

Wenn man also von geringfügigen Verschiedenheiten absieht, so kann nicht davon die Rede sein, daß sich bei der Lehre von den Sakramenten im Vergleich zu früher viel verändert habe. Deutlicher sind die Auslassungen und Hinzufügungen in den Äußerungen, die sich auf die Willensfreiheit und die Grenzen der menschlichen Vernunft, also auf die a n t h r o p o l o g i s c h e n A u s s a g e n, beziehen. Zwar werden zunächst die Anschauungen der *Formula pii Consensus* aufgegriffen. Es wird gezeigt, daß der Mensch durch eigene Entscheidung die ursprüngliche Vollkommenheit verloren habe. Das ganze Menschengeschlecht ist von einer grauenhaften Destruktion befallen, die zum Tode und

---

[249] „Haec regeneratio […] pertiret etiam ad infantes, qui Christo et ecclesia offeruntur." In: UEL Bd. 2, S. 223.

zur Verdammnis führt. Der Mensch ist des freien Willens in allen geistlichen Angelegenheiten beraubt und deshalb unfähig, aus sich selbst heraus, ohne Mithilfe des Heiligen Geistes, etwas zu seinem Heile beizutragen.[250] Eine gewisse Freiheit in äußeren Dingen, in der Erfüllung der bürgerlichen Pflichten und in der Einhaltung der sittlichen Gebote behält auch der sündige Mensch. Er kann sie betätigen, bevor er durch den Heiligen Geist wiedergeboren wird. Aber auch diese Freiheit ist schwach und fehlerhaft, getrübt und gehemmt durch die Irrungen des menschlichen Geistes und der Tyrannei des Satans. Wenn man diese Willenslehre betrachtet, so sieht man, wie sehr sie mit der Lehre von den drei Ständen des Menschen, dem Urstand, dem Stand nach dem Sündenfall und dem Stand nach der Wiedergeburt zusammenhängt. So ist die ursprüngliche Freiheit die des vollkommenen Menschen, der nach Gott geschaffen ist in Gerechtigkeit und Heiligkeit. Im gefallenen Menschen ist noch die bürgerliche Freiheit vorhanden, welche die Voraussetzung für die zivile Ordnung und die Wirksamkeit der Gesetze ist. Aber erst durch die Wirksamkeit des Heiligen Geistes und durch die Wiedergeburt wird der Wille wirklich frei für die rechte Gottesverehrung und zum Tun der guten Werke. Vergleicht man diese Willenslehre mit den vorher behandelten Bekenntnissen, so stößt man zunächst auf manche Ähnlichkeiten. 1573 hieß es wörtlich genau so wie es 1578 lautet: Der fleischliche Mensch vernimmt nichts vom Geiste Gottes.[251] Bezeichnend aber ist, daß der Synergismus des Melanchthon, der 1572 und 1573 aufgegriffen worden war, 1578 nicht mehr erwähnt wird. 1572[252] (Art. VIII) hieß es, wie wir gesehen haben, daß der menschliche Wille sich nicht bloß passiv verhalte, wie ein Baumstumpf oder Stein, sondern Gott beistimmen könne, also Mitarbeiter, *synergos* sei, und dieselbe Wendung kehrt 1573 wieder.[253] Im Bekenntnis von 1578 ist davon nicht mehr die Rede. Auch die Abweisung der Ansicht, daß der Mensch wie ein Baumstumpf oder Stein sei, kommt nicht mehr vor. Es ist offensichtlich, daß hier vom Synergismus Melanchthons abgerückt worden ist, wie überhaupt die Ausführungen über den freien Willen stark eingeschränkt sind.

Damit im Zusammenhang steht die Frage, welche Fähigkeiten der menschlichen V e r n u n f t in dem vorliegenden Bekenntnis zugeschrieben werden. Einen gesonderten Artikel über die Vernunft des Menschen enthält das Bekenntnis allerdings nicht; es war ja auch keineswegs üblich, daß darüber zusammenhängend gesprochen wurde. Wo aber im vorliegenden Bekenntnis vom Geheimnis der Trinität gesprochen wird, da heißt es, daß der blinden menschlichen Vernunft die Erkenntnis des Dreieinigen Gottes nicht möglich ist. Deshalb ist das Bekenntnis zur Trinität für Heiden und Weltmenschen eine große Torheit. Ebenso kann der in Gesetz und Evangelium geoffenbarte Wille Gottes von der

---

[250] „Animalis enim homo non percipit ea, quae sunt spiritus Dei." In: UEL Bd. 2, S. 221.
[251] UEL Bd. 2, S. 187.
[252] UEL Bd. 2, S. 157.
[253] UEL Bd. 2, S. 187.

blinden menschlichen Vernunft nicht verstanden werden;[254] denn sie ist abgeirrt vom wahren Licht, hat Schiffbruch erlitten und treibt ziellos umher, bald von Zweifeln umhergeworfen, bald der Unaufmerksamkeit und dem Schlaf verfallen. Auch das Geheimnis der Prädestination kann die menschliche Vernunft nicht ergründen;[255] sie geht in die Irre, wenn sie es gedanklich durchdringen will, weil Gottes Wege für sie nicht begreifbar sind. In dieser Weise ist in den bisherigen Bekenntnissen über die menschliche Vernunft nicht gesprochen worden. Die *Formula pii Consensus* erwähnt ihr Unverständnis weder im Artikel von der Trinität noch in dem über Gesetz und Evangelium, erstrecht nicht bei der Erörterung der Prädestination. Ebenso erörtert das Bekenntnis von 1573 die Trinitätslehre und die Lehre vom Gesetz und Evangelium ohne Hinweis auf die Unfähigkeit der menschlichen Vernunft. Erst wo 1573 von der Prädestination gesprochen wird, wird festgestellt, daß wir in diesem Leben nicht alles durchschauen könnten, ohne daß ausdrücklich auf die Unfähigkeit der verdorbenen Vernunft des Menschen Bezug genommen wird. Im Bekenntnis von 1578 wird die Willensfreiheit eingeschränkt und die Begrenzung der menschlichen Vernunft stärker betont als bisher; dadurch wird die Alleinwirksamkeit des dreieinigen Gottes gegen jede Form von Synergismus hervorgehoben.

Wir schließen hier die Lehre von der R e c h t f e r t i g u n g , von den guten Werken und von der Buße an. – Die Aussagen über die Rechtfertigung bringen zu den bisherigen Aussagen nichts Neues hinzu; der Mensch wird gerecht nicht aus eigenen Kräften, Verdiensten oder der Würdigkeit seiner Werke, sondern allein durch die Barmherzigkeit Gottes wegen des Gehorsams Jesu Christi.[256] Durch ihn erreichen wir umsonst unser Heil, die Vergebung der Sünden, angerechnete Gerechtigkeit (*iustitia imputata*) und ewiges Leben. Wir ergreifen diese Wohltaten allein durch den Glauben, *sola fide*. Bemerkenswert ist, daß die Frage der innewohnenden Gerechtigkeit nicht mehr erörtert wird. Der Streit um die Rechtfertigungslehre des Osiander, der 1572 namentlich erwähnt und auf den 1573 sachlich noch Bezug genommen wird, lag schon zu weit zurück und war nicht mehr aktuell.

Wie die übrigen Bekenntnisse, so beschäftigt sich auch das von 1578 mit der Frage der g u t e n W e r k e . Wenn auch allein der Glaube, mit welchem wir uns das Verdienst Christi aneignen, in der Rechtfertigung des Sünders ausschlaggebend ist, so sucht eben doch Gott als Frucht solchen Glaubens die guten Werke,[257] weil der Gerechtfertigte schuldig ist, nicht nach dem Fleisch,

---

[254] „Voluntas [...] dei [...] non potest plene ex caeca ratione humana et depravata natura percipi". In UEL Bd. 2, S. 219.

[255] „Occulta enim consilia dei nostra ratione perscrutari impossibile est." In: UEL Bd. 2, S. 220.

[256] „De justificatione [...] docemus, eam non quaerendam esse in nobis ipsis [...] sed in unica et sola dei gratia et misericordia, propter obedientiam, mortem et meritum domini nostri Jesu Christi." UEL Bd. 2, S. 221.

[257] „bona opera [...] sunt enim fructus fidei, et in conversione semper spiritus sanctus excitat in renatis noros motus et novam obientiam." In: UEL Bd. 2, S. 221.

sondern nach dem Geist zu leben. Die Schöpfung, Versöhnung und Heiligung des Menschen ist nicht deshalb geschehen, damit er in Bosheiten verharre, sondern deshalb, damit dem Teufel Widerstand geleistet und Gott verherrlicht werde. Wo die guten Werke fehlen, da weicht die Gnade mit allen ihren Gaben; für die guten Werke sind aber von Gott reiche Belohnungen verheißen. Gut ist aber, was dem Befehl Gottes gemäß ist. Es ist bei dieser Beschreibung der guten Werke die Frage zu stellen, ob die Behauptung, daß allein der Glaube die Rettung des Sünders bewirkt, nicht außer Geltung gesetzt worden ist. Es geht hier aber nicht um die Frage, wie der Weg zur Rettung gefunden werden kann, sondern darum, wie der Glaube sich bewähren soll. Da wird nun eingeschärft, daß auch der, welcher gerechtfertigt wird, durch seine guten oder bösen Taten, Gottes Gnade oder Gericht zu gewärtigen hat.

Zum Schluß dieses Abschnittes, der eigentlich, ausgehend von der Rechtfertigung, das Verhältnis des sündigen Menschen zu Gott und Christus im Auge hat, sei noch auf den Artikel von der B u ß e hingewiesen. Er weist zunächst auf die Häufigkeit und Wichtigkeit der Bußpredigt in der christlichen Kirche hin. Es ist nötig, beiden, den Wiedergeborenen und Nichtwiedergeborenen, Buße zu predigen.[258] Darüber, daß sie an die Nichtwiedergeborenen herangetragen werden muß, ist kein Wort zu verlieren. Den Wiedergeborenen aber muß sie deshalb gepredigt werden, weil sie nicht sündenfrei sind, sondern weil ihnen ihre Sünden bloß vergeben und nicht angerechnet worden sind. Weil die Sünde immer bestrebt ist, auch den „Heiligen" wieder zu Fall zu bringen, ist dem Christen der Glaubenskampf aufgetragen. Wer durch die Bußpredigt Reue empfindet, erlangt sodann durch den Glauben an Christus Trost und Vergebung der Sünden. Daran schließt der neue Gehorsam an, welcher die Frucht der Buße und der Bekehrung zu Gott ist. Es kommt in diesen Ausführungen darauf an, daß von einem Prozeß, von einem Vorgang im Bewußtsein des sündigen Menschen berichtet wird, in welchem die Initiative von Gott und Christus ausgeht und durch welchen der Sünder zu Gott hingeführt wird. Nicht erörtert ist dabei allerdings die Frage, ob zwischen der Buße der Wiedergeborenen und Nichtwiedergeborenen ein Unterschied besteht. Damit ist auch die Frage aufgeworfen, aber eben nicht beantwortet, welcher Unterschied zwischen der Sünde des Nichtwiedergeborenen und Wiedergeborenen besteht. In gewissem Sinne galt ja jeder, der zur Kirche gehörte, durch die Taufe als ein Wiedergeborener; und trotzdem galt auch jedem die Predigt der Buße. Hier liegen Fragen vor, die noch einer späteren Lösung harren.

Wenn wir nun an die so oft erörterte G o t t e s f r a g e herantreten, so steht zunächst das Bekenntnis zur Trinität im Vordergrund. Dabei wird die altkirchliche Trinitätslehre aufgenommen und gegen ihre Feinde verteidigt. Nur hier und sonst nirgends wird auf die Glaubensgespräche im eigenen Vaterland

---

[258] „Quae poenitentia contio necessaria est tam in renatis, quam in non renatis, quibus etiam renatis peccata non imputantur, sed gratis per fidem in Jesum Christum remittentur." In: UEL Bd. 2, S. 222.

hingewiesen. Der Teufel hat es verursacht, daß im eigenen Lande Feinde der
Trinität aufstanden, welche die Wahrheit in Lüge verdrehen, die Kirche Gottes
beunruhigen und zu zerstören trachten. Namen werden allerdings nicht genannt. Im Bekenntnis besinnt sich die siebenbürgisch-sächsische Kirche auf die
Lehre vom dreieinigen Gott, nachdem die akute Gefahr des Antitrinitarismus
für sie schon überwunden ist. Sie ist aber als Gefahr ständig vorhanden und
deshalb betet die Kirche, Gott möge sie vor solchem Irrtum bewahren.

Der dreieinige Gott ist eine Offenbarungswirklichkeit; er hat sich durch
sein Wort als Vater, Sohn und Heiliger Geist kundgetan und will nur als solcher erkannt und verehrt werden.[259] Es besteht kein Zweifel darüber, daß die
Trinitätslehre in der Heiligen Schrift enthalten ist, und wer in der Schrift
Offenbarung Gottes sieht, muß auch den dreieinigen Gott bekennen. Die einzelnen Aussagen, die nun das Bekenntnis von 1578 über die Trinität macht,
sind formell allerdings nicht an der Bibel orientiert, sondern am altkirchlichen
Bekenntnis, welches den Substanz- und Personbegriff des griechischen Den-
kens aufgenommen hat. Von der einen göttlichen Substanz werden die drei
Personen oder Hypostasen Vater, Sohn und Heiliger Geist unterschieden, die
alle drei gleich ewig, gleich göttlich und von der einen Substanz sind. Die
Behauptung der einen göttlichen Substanz, läßt die drei Personen in ihrer
Ewigkeit von der Welt geschieden sein und stellt Sohn und Geist auf die Seite
Gottes. Das Bekenntnis zu den drei Personen macht Ernst damit, daß sich der
eine Gott als Vater, Sohn und Heiliger Geist geoffenbart hat. Dem Vorwurf,
daß die drei Personen eigentlich drei Götter seien, sucht das Bekenntnis so zu
begegnen, daß es ausspricht, die drei Personen seien eigentlich der eine, ewige
Gott, der der Schöpfer und Erhalter der Welt und der Menschen sei. Hier wirkt
auch der Streit gegen die „Arianer" in Siebenbürgen nach, die dem Sohn die
Mitwirkung am Schöpfungswerk absprachen. Es kommt dem Bekenntnis auch
weiterhin darauf an, auszusagen, daß die drei Personen nicht nur *„nomina"*,
leere Benennungen sind, die gleichsam nur gewisse Seiten des göttlichen Wesens zum Ausdruck bringen, sondern wirkliche, selbständige und ungeteilte
Personen. Es wird also im Sinne der Alten Kirche die Wirklichkeit der geistigen,
individuellen Personen gelehrt, die aber von allen anderen Personen dadurch
unterschieden sind, daß sie dem einen göttlichen Wesen, der einen göttlichen
Substanz zugehören. Auch über das Verhältnis der drei Personen zueinander
werden im Bekenntnis Aussagen gemacht. Der Sohn ist von Ewigkeit her vom
Vater gezeugt; die Zeugung ist „unerzählbar" (*inenarabilis*), das heißt so, daß
von ihr nichts berichtet werden kann, weil sie kein weltimmanenter Akt ist.
Sie ist geheimnisvoll und unerklärbar. Von der Zeugung ist die Sendung zu
unterscheiden. Diese erfolgt, damit der Sohn menschliche Natur annehme und
das Menschengeschlecht von der Macht der Sünde loskaufe. Das Bekenntnis

---

[259] „docemus, hanc esse veram dei agnitionem, quod pater, una cum filio et spiritu
sancto sit ille unus aeternus deus, qui se suo verbo et divinis testimoniis sic patefecit,
nec aliter vult agnosci aut coli in genere humano." In: UEL Bd. 2, S. 215.

zur Trinität muß auch über den Heiligen Geist Aussagen machen. Er geht vom Vater und vom Sohn aus und ergießt sich in die Herzen der Glaubenden, um in ihnen die göttlichen Bewegungen hervorzurufen.[260] Hierbei erfolgt keine Stellungnahme gegen die orientalischen Kirchen, welche bloß den Ausgang des Geistes vom Vater lehren, wie überhaupt eine Auseinandersetzung mit den Lehren der griechisch-orthodoxen Kirche nicht vorgenommen wird. Soweit sie in der Tradition der Alten Kirche drinsteht, wird sie anerkannt, ihre weitere Entwicklung wird nicht mehr ins Auge gefaßt.

Wenn von der Gotteslehre die Rede ist, so ist neben der Trinität auch nach dem W i l l e n G o t t e s zu fragen. Da dieser von der menschlichen Vernunft nicht erkannt werden kann, hat ihn Gott selbst in seinem Worte offenbart. Es sind aber zwei Offenbarungsweisen des göttlichen Wortes zu unterscheiden, die des Gesetzes und des Evangeliums.[261] Das Gesetz offenbart Gottes Zorn über die Sünde und droht mit Gericht und ewiger Verdammnis; die selbstsichern Menschen werden beunruhigt und zur Besserung bewogen. Durch die Botschaft des Evangeliums erfahren die erschrockenen Gewissen die Barmherzigkeit Gottes; er schenkt sie denen, die an Christus glauben. Während in der Frage der Trinität die altkirchliche Lehre aufgenommen wurde und es dabei, wie bei den Reformatoren, so auch in den Aussagen dieses Bekenntnisses nicht zu einer Fortbildung derselben kam, so erfolgt in den Aussagen über den Willen Gottes ganz offensichtlich eine Anlehnung an die von den Reformatoren geübte Unterscheidung von Gesetz und Evangelium, welche Luther als die eigentliche Kunst des Theologen ansah.

Während Gott als Schöpfer seine Güte in der Erschaffung der Welt und in der Bestimmung des Menschen zu seinem Ebenbilde offenbart, erweist er sich in der Vorsehung als der Gütige dadurch, daß er das Menschengeschlecht vor dem Verderben bewahrt, die bürgerliche Ordnung erhält, die Bösen bestraft und die Guten belohnt.

In den Aussagen über die P r ä d e s t i n a t i o n kehrt die Abwehr der Ansicht wieder, daß Gott auch der Urheber der Sünden sei: es ist falsch, ihn zum Urheber der Sünde zu machen. In der Prädestination offenbart er seinen Willen zum Heile des Menschengeschlechtes; er hat vor der Grundlegung der Welt durch seinen ewigen Ratschluß um seines Sohnes willen seine Kirche unter dem Menschengeschlecht ausersehen und die ihm Wohlgefälligen dazu bestimmt, daß sie durch seine Gnade und Güte Erben des ewigen Lebens seien. Wer im Glauben an den Sohn Gottes beharrt, geht nicht verloren, sondern hat das ewige Leben; wer ihn aber verschmäht, ist gerichtet und verdammt.

Wenn wir auf die Aussagen zurückblicken, welche das Bekenntnis von 1578 über Gott in Absehung von der Trinität macht, so müssen wir feststellen, daß

---

[260] „spiritus sanctus procedit a patre et filio et infunditur in corda credentium ad excitandos motus divinos." In: UEL Bd. 2, S. 216.

[261] „voluntas dei erga nos plenissime expressa est in lege et evangelio, quae genera doctrinae pure et fideliter in ecclesiis nostris proponuntur." In: UEL Bd. 2, S. 219.

auch bei der Erörterung des Willens Gottes, der göttlichen Vorsehung und Vor-
herbestimmung, immer auch die zweite Person der Trinität, der Sohn Gottes,
mitgesetzt ist. Er ist bei der Verkündigung von Gesetz und Evangelium dabei,
die Bewahrung der Welt geschieht auf die von ihm zu vollbringende Erlösung
hin, und die Prädestination ist ebenfalls an das in der Kirche und durch den
Glauben an Christus sich vollziehende Heilsereignis gebunden.

Damit sind wir bei dem Artikel angelangt, der der ausführlichste des Bekenntnisses ist und bei dem dessen Fortbildung am offensichtlichsten in Erscheinung tritt, bei der C h r i s t o l o g i e . Das Bekenntnis zum Sohne Gottes
ist zunächst zweifellos auf die biblischen Aussagen zurückzuführen. Es geht
zunächst um Jesus Christus, als dem Herrn jener, die im Bekenntnis sprechen.
Der Herr ist mit dem Gottessohn, dem *filius dei*, identisch. Das Bekenntnis zum
Sohne Gottes, deutet dessen Ewigkeit an. Er ist dem Ablauf der Zeit und der
Vergänglichkeit entrückt; der Person Jesu Christi kommt Ewigkeit zu. Zur
näheren Erläuterung dessen, was über Jesus Christus ausgesagt werden kann,
werden zunächst vorwiegend biblische Wendungen gebraucht. In ihm wohnt
die Fülle der Gottheit leibhaftig. Gott hat seine Göttlichkeit nicht anderswie
vergeben, sondern sie in der Zeugung ganz dem Sohne vorbehalten, in welchem
auch unser Heil und ewiges Leben allein Bestand hat. Außer Christus gibt es
kein Heil. Ihm, der alle Gewalt im Himmel und auf Erden hat, der der Herr
aller Mächte und Engel ist, vor dem sich alle Knie beugen, gebührt Ehre und
Lob in Ewigkeit. Er ist wahrer Gott.[262] Seine Göttlichkeit ist nicht nur ein ihm
vom Menschen zugelegter Titel, auch nicht ein vorübergehendes Amt oder eine
nur für eine bestimmte Zeitspanne gültige Aussage; auch schenkt Gott Jesus
Christus nicht aus Gnaden die Sohnschaft, indem er ihn adoptiert, sondern
läßt ihn in Wahrheit seinen eingeborenen Sohn sein.

Diesen Tatbestand drückt das Bekenntnis mit Hilfe der altkirchlichen Redeweise so aus: Der Gottessohn ist Sohn der Natur. Mit dem Begriff der Natur,
der gleichbedeutend ist mit dem griechischen Physisbegriff, wie auch mit der
Aufnahme des Begriffs der Homousie von Vater und Sohn, ist die alt-kirchliche,
der griechischen Denkweise entnommene christologische Terminologie in das
Bekenntnis der Synode von 1578 aufgenommen. Mit diesen Begriffen beabsich-
tigte man, wie im altkirchlichen Bekenntnis so auch in dem siebenbürgischen
des Jahres 1578 die von der Bibel verkündigte Gottheit des Sohnes zu retten.

Nachdem sie auf diese Weise bekannt worden ist, wird gegen Juden, Türken und Arianer zu Felde gezogen, welche behaupten, Christus sei bloß ein
Mensch.[263] In diesem Zusammenhang wird nun die Zweinaturenlehre aufgenommen, die auf die Aussagen der Schrift zurückgeführt wird; denn diese
behauptet die wunderbare Vereinigung der beiden Naturen, der göttlichen und
der menschlichen, in der einen Person Jesus Christus. Im Einzelnen wird über

---

[262] „verum [...] unicum deum cum patre dicimus." In: UEL Bd. 2, S. 217.

[263] „Non autem blaspheme cum Judaeis, Turcis et Arianis, Christum purum tantum
hominem esse credimus." In: UEL Bd. 2, S. 217.

die beiden Naturen noch festgehalten: die göttliche Natur existiert von Ewigkeit her, die menschliche hat der Logos aus dem Mutterleibe der seligen Jungfrau Maria angenommen. Es hat also nicht die göttliche Natur die menschliche angenommen; diese Feinheit in der Ausdrucksweise muß festgehalten werden, denn sonst gäbe es keine Vereinigung der beiden Naturen, und die Unveränderlichkeit der göttlichen Natur wäre gefährdet. Der Rest der Ausführungen über Person und Natur erfolgt im Sinne des Bekenntnisses von Chalcedon: Es wird der Unterschied zwischen Person und Natur hervorgehoben. So gibt es nicht zwei Söhne Gottes, denn der Sohn ist Person, auch nicht zwei Christusse, denn Christus ist ebenfalls Person. Durch die Vereinigung der beiden Naturen wird eine einzige Person, ein einziger Christus, der Retter, Versöhner und Mittler nach beiden Naturen ist. Die paradoxen Aussagen des altkirchlichen Bekenntnisses kehren wieder: Durch die unscheidbare Vereinigung werden die beiden Naturen nicht verändert, verwechselt oder vermischt, sondern jede behält ihre Eigenart.

Wenn nun von der Vereinigung der beiden Naturen in der einen Person gesprochen wird, so müssen auch über ihr beiderseitiges Verhältnis zueinander Aussagen gemacht werden. Das führt zur Lehre von der *Communicatio idiomatum*, mit deren Hilfe verdeutlicht werden soll, wie die Einheit der Person bei der Vereinigung zweier verschiedenartiger Naturen möglich ist. Es zeigt sich dabei auch auf diesem Teilgebiet der theologischen Aussagen, wie sehr in dem Bekenntnis der siebenbürgisch-sächsischen Kirche die altkirchliche vorscholastische Christologie ausschlaggebend ist, welche ihrerseits wieder von der sich nunmehr entwickelnden lutherischen Hochorthodoxie aufgenommen und fortgebildet wurde. Wie also die scholastische Abendmahlslehre im Bekenntnis keinen Raum hatte, so auch die scholastische Christologie. Damit wird auch die Einigkeit der Bekenntnisaussagen von neuem unter Beweis gestellt; ebenso wird der Zusammenhang der christlogischen Aussagen mit denen über das Heilige Abendmahl offenbar. Wie sehr nun die Aussagen des Bekenntnisses von 1578 mit der altkirchlichen Theologie und der lutherischen Hochorthodoxie zusammenhängen, kann nur eine vergleichende Wiedergabe zeigen.

Im Bekenntnis von 1578 werden drei grundlegende christologische Aussagen gemacht, welche die *Communicatio idiomatum* betreffen.[264]

1. Die Eigenschaft oder Handlungsweise jeder einzelnen Natur wird der Person Christi mitgeteilt. Die Mitteilung der Eigenschaft der einen Natur an die andere erfolgt aber nicht im Gebiete des Abstrakten, das heißt nicht dort, wo die beiden Naturen für sich genommen werden. Kommunikation findet nur im Konkreten, also in der Verdichtung der beiden Naturen zu der einen Person Christus statt. Gelegentlich dieser Mitteilung wird die eine Natur nicht in die andere verwandelt, noch findet eine Vermischung der beiden ungleichartigen Naturen statt. Es muß immer genau unterschieden werden, welche Natur der

---

[264] „proprietas aut operatio, uni naturae conveniens tribuatur personae." In: UEL Bd. 2, S. 218.

Person Christus etwas mitteilt. Diese Aussagen bewegen sich zunächst in der Richtung, welche die Kirchenväter der alten Kirche eingeschlagen hatten, denn diese sprachen von der Durchdringung der beiden Naturen in der persönlichen Einheit und davon, daß jede derselben der anderen das ihr eigene mitteilt, so daß man etwa sagen kann: Der Herr der Herrlichkeit ist gekreuzigt.[265] Diese Aussagen wurden von der lutherischen Orthodoxie unverkürzt übernommen. Das beweisen folgende Ausführungen von Brenz: Die Eigenschaften oder Handlungen der beiden Naturen sind derart, daß eine der anderen ihre Eigenschaften mitteilt.[266]

2. Die zweite Aussagereihe in dem Bekenntnis von 1578 hat das Zusammenwirken der beiden Naturen nach ihrer Vereinigung im Sohne Gottes im Auge. Es verrichtet dabei jede der beiden Naturen das, was ihr eigen ist, so daß das Wort tut, was des Wortes ist und das Fleisch, was des Fleisches ist. Diese Aussagen gleichen sehr stark denen Chemnitz' in seinem Werk: *De duabus naturarum* 1570, wo er sagt: Jede der beiden Naturen wirkt nach der Vereinigung, das, was ihr eigentümlich ist.[267] Es handelt sich darum, daß in und durch diese Vereinigung beide Naturen zum Amte und zum Versöhnungswerk Christi beitragen, nämlich dazu, daß er der Versöhner, Retter und König ist. Die Konkordienformel sprach hier vom *Genus apotelesmaticum*, also von den Werken des Berufes und Amtes Christi. Die Erlösungsakte, die beruflichen Funktionen Christi, sind nicht Akte und Funktionen der einen von beiden Naturen für sich, sondern beider zugleich. Von Christus, in welchem immer beide Naturen zusammenwirken, kann ausgesagt werden, daß er uns erlöst, uns mit Gott versöhnt und gerettet hat. Es geht hieraus hervor, daß die Ansichten der Theologen der Konkordienformel, wenn nicht auch diese selbst, was zeitlich durchaus möglich ist, in Siebenbürgen bekannt und vertreten wurden, als das Bekenntnis vom Jahre 1578 abgefaßt wurde.

3. Soviel sei gesagt, von der zweiten Aussagereihe, die sich, wie erwähnt, mit dem sogenannten *genus apotelesmaticum* der lutherischen Orthodoxie deckt. Darüber hinaus werden aber auch Aussagen gemacht, welche nur die menschliche Natur in Christus angehen. Es wird dabei nicht allein darauf Bezug genommen, welche wesentlichen Eigenschaften von ihr ausgesagt werden. Denn sie erhält durch ihre Vereinigung mit der Gottheit eine neue Seinsweise, welche die physi-

---

[265] RE [Realencyklopädie für protestantische Theologie und Kirche] 1878 (2. Auflage) Bd. 3, S. 326ff.

[266] „Proprietates et actiones harum naturarum ea sunt condicione, ut altera alteri suas proprietates seu actiones cummunicet, quod communicationem idiomatum vocant." In: Brenz: De libello Bullingeri, S. 105, zitiert nach: RE 1898 (3. Auflage) Bd. 4, S. 257; vgl.: UEL Bd. 2, S 218: „quo altera natura tantum secundum se considerata significatur, quam formam loquendi usitate vocant communicationem idiomatum".

[267] „agit utraque natura cum communione alterius quod proprium est." In: Chemnitz: De duabus naturis in Christo, S. 77, zitiert nach: RE 1898 (3. Auflage) Bd. 4, S. 257; vgl.: UEL Bd. 2, S. 218: „ubi cum communione alterius utraque conjunctim agit, quod cuiusque proprium est."

schen Eigenschaften ihres Leibes übertrifft.[268] Es kommt also der menschlichen Natur in Christo zu, geboren zu werden aus der Jungfrau ohne Mitwirkung des Mannes, zu wandeln auf dem Wasser, verehrt zu werden von den Engeln und einem Namen zu haben, der über alle Namen ist. Allerdings findet eine ähnliche Mitteilung der menschlichen Natur an die göttliche nicht statt, so daß nicht von einer realen physischen Kommunikation gesprochen werden kann. Stellt man diese Sätze in den theologiegeschichtlichen Zusammenhang hinein, so ist leicht festzustellen, woher sie abhängig sind. Schon die Kirchenväter des vierten Jahrhunderts sprachen nicht von einer Durchdringung der göttlichen Natur durch die menschliche,[269] sondern der menschlichen durch die göttliche. Von den Theologen der lutherischen Orthodoxie spricht Chemnitz davon, daß die göttliche Natur die menschliche in die Gemeinschaft ihrer Handlungsweise aufnehme.[270] Wir haben hier das sogenannte *genus auchematicum* oder *majestaticum* vor uns, deshalb so genannt, weil die menschliche Natur mit der göttlichen Majestät ausgestattet wird (*auchema* = Zierde, Ruhm). Darnach kann Christus auch nach seiner menschlichen Natur gegenwärtig sein, wo er will, ohne daß dadurch seine Natur in die Gottheit verwandelt worden oder mit ihr gleichgesetzt wäre. Auch die Konkordienformel lehrt eine unumkehrbare Durchdringung der menschlichen Natur mit den Eigenschaften der göttlichen, wie wir es vorhin beim Bekenntnis von 1578 sahen.[271] Wie in der alten Kirche, wird auch bei den Theologen der Konkordienformel und in Abhängigkeit davon, bei den siebenbürgischen Theologen die Konsequenz nicht gezogen, auch von einer Mitteilung der Idiome der menschlichen Natur an die göttliche zu sprechen; man fürchtete dadurch, die Unveränderlichkeit der göttlichen Natur zu gefährden.

Damit können wir die Ausführungen über die *Communicatio idiomatum* und die Christologie abschließen. Das Anliegen, welches dabei ausschlaggebend war, war das nach der Gegenwart des ganzen Christus im Abendmahls und damit im Zusammenhang die Überzeugung, daß nur der Gottmensch in seiner unteilbaren Einheit, aber in seiner vollen Gottheit und Menschheit das Erlösungswerk vollbringen könne. So ist die Bekenntnisbildung 1578 an dem Punkt angelangt, von dem sie ausgegangen war, nämlich, bei dem Bemühen um das Verständnis des Abendmahls und der Person Jesu Christi, welches letztlich durch das Heilsinteresse bedingt ist.

---

[268] UEL Bd. 2, S. 219.

[269] RE 1878 Bd. 3, S. 326ff.

[270] „divina natura voluit assumptam nostram naturam in communionem divinarum suarum operationem assumere." In: De duabus naturis, S. 162, zitiert nach: RE 1898 Band 4, S. 257. Vgl.: UEL Bd. 2, S. 219: „humanae naturae in Christo aliquid amplius accessisse supra physicas proprietates corporis, quod donatum et communicatum sit ex hypostatica unione cum divinitate, et ex glorificatione et exaltatione."

[271] Edmund Schlink: Theologie der lutherischen Bekenntnisschriften. München 1948, S. 260.

Die Arbeit auf der Synode von 1578 ist ein Zeichen für das rege Interesse, welches die siebenbürgisch-sächsische Kirche der Entwicklung im Luthertum entgegengebracht hat. Es zeigt sich, wie sehr sie auch an den Veränderungen Anteil genommen hat, welche sich in den siebziger Jahren des sechzehnten Jahrhunderts in der theologischen Entwicklung vollzogen.

Schlußbetrachtungen

Am Ende dieses Teiles der Arbeit, der die Theologie und das Bekenntnis in den siebziger Jahren des sechzehnten Jahrhunderts behandelte, ist die Frage zu stellen, ob eine s y s t e m a t i s c h e   Z u s a m m e n s c h a u in der Art gegeben werden soll, daß die Aussagen der verschiedenen Synoden über denselben Gegenstand noch einmal vergleichsweise dargeboten und beurteilt werden. Das würde aber nur zu einer unnötigen Wiederholung führen. Auch bei dem Versuch, der in dieser Arbeit unternommen worden ist, in darstellender Weise jedes Bekenntnis für sich zu betrachten, war manche Wiederholung nicht zu vermeiden. Wo Vergleiche nötig waren und sich aufdrängten, da sind sie bei der Behandlung der einzelnen Fragen durchgeführt worden.

Damit ist als zweite Frage die nach der möglichen und notwendigen E r w e i - t e r u n g dieser Arbeit gestellt. Soweit es sich darum handelt, die Entwicklung der Theologie nach 1578 ins Auge zu fassen, ist es selbstverständlich, daß die Arbeit fortgeführt werden muß. Eine Erweiterung ist aber auch nötig im Hinblick auf die hier bereits erörterte Periode; es müßte mehr, als es bisher der Fall war, auf die theologischen Hintergründe dessen geachtet werden, was auf den Synoden geschah. Eine solche Ergänzung ist aber erst möglich, wenn ausführliche Studien über die Bildungsgrundlagen und die theologischen Ansichten jener Männer vorliegen, die bestimmend auf den Synoden tätig waren. Es wird sich dann genauer als bisher zeigen, welche mitunter sich widersprechenden Ansichten des lutherischen Altprotestantismus in der siebenbürgisch-sächsischen Theologie sich widerspiegeln. Besonders aufschlußreich wird dann der Richtungsstreit zwischen dem Einfluß der Brenz'schen und Melanchthon'schen Theologie sein. Er kündigt sich in dem behandelten Zeitraum schon an, führt aber über ihn hinaus.[272]

Wenn also die Erweiterung der theologiegeschichtlichen Darstellung einer späteren Zeit vorbehalten werden muß, so ist hier noch eine Frage zu stellen: Die nach der R e i c h w e i t e der hier verfaßten Bekenntnisse und der ihr zugrunde liegenden Theologie. Die Artikel der Synoden halten fest, daß sich eine bestimmte Zahl von Theologen einmütig für bestimmte Glaubenssätze ausgesprochen haben. Die das taten, waren jedenfalls in der theologischen Meinungsbildung maßgebend. Daß die Pfarrerschaft sich fast einhellig an die in den Synoden gefaßten Glaubensentscheidungen hielt, geht aus der Beantwortung der Rund-

---

[272] Über den Richtungsstreit Brenz – Melanchthon siehe: Statistisches Jahrbuch der evangelischen Landeskirche 16. Hermannstadt 1885, S. XI.

fragen hervor, welche der Superintendent an die Dechanten zur Überprüfung des Glaubensstandes der Kirche stellte. Auch die wenigen aus dem sechzehnten Jahrhundert erhaltenen Predigten, wie die des Damasus Dürr und des Johannes Budaker, vertreten die theologischen Grundansichten, die gleichzeitig auf den Synoden zur Geltung kamen.[273] Was aber das Kirchenvolk anbetrifft, so dürfte seine Lage weniger einheitlich gewesen sein. Unter den Geistlichen bildet wohl der 1570 verstorbene Denndorfer Pfarrer Antonius Schwarz, dessen Testament Züge römisch-katholischer Frömmigkeit aufweist, eine Ausnahme;[274] es ist aber anzunehmen, daß sich im Volke ähnliche Ansichten noch lange hielten. Dafür spricht auch die Nachricht, daß es wegen Beschlüssen der Synode von 1578, welche die Feier des Jakobustages und des Peter und Paulstages einschränken wollten, zu Volksaufständen gekommen sei, in denen manche Pfarrer mit dem Tode bedroht worden wären.[275] Noch bis in das siebzehnte Jahrhundert hinein, mußte des öfteren auf den Synoden die Frage erörtert werden, was mit jenen Abendmahlsgästen zu geschehen habe, welche die Entgegennahme des Weines verweigerten.[276] Hat man aber die Gesamtheit der Gemeinden im Auge, so kann man sich des Eindrucks nicht erwehren, daß sie recht bald von den lehrhaften Aussagen der Synoden durchdrungen wurden. Das beweist so manches schriftlich erhaltene Zeugnis lutherischer Laienfrömmigkeit. Die Geistlichkeit war auch bestrebt, ihr Bekenntnis in die deutsche Sprache zu übersetzen, damit es verständlicher werde.[277]

Wenn nun zum Abschluß eine W ü r d i g u n g der Arbeit auf den Synoden gegeben werden soll, so kann zunächst darauf hingewiesen werden, welch enge Verbindung die siebenbürgischen Theologen mit den Fragen des gesamten Luthertums und seiner Theologie hatten. Man darf nicht erwarten, daß hierbei Lösungen gefunden wurden, die es sonstwo nicht gab; man war autoritätsgebunden und kam höchstens in Konflikt, wenn sich die gültigen Autoritäten widersprachen. Gewisse Schwerpunktverlagerungen waren nicht zu vermeiden; so kam es, bedingt durch den Vorstoß der Antitrinitarier, zu einem besonders entschiedenen Bekenntnis zur Trinität.

---

[273] Siehe dazu die veröffentlichten Predigten im zweiten Band dieses Sammelwerkes und die Betrachtungen über Damasus Dürr in der Arbeit über die Christologie daselbst. [Der Beitrag „Wagner, Klaus: Katechismuspredigten des Johannes Budaker" wurde in den vorliegenden Band aufgenommen, während Hans K l e i n : Die Christologie in den Bekenntnissen der siebenbürgisch-sächsischen Kirche in den Jahren 1572-1600, im Typoskript der ursprünglichen Festschrift zu Müllers 80. Geburtstag 1964 verblieben ist.]

[274] Georg Daniel T e u t s c h : Das Testament des Denndorfer Pfarrers Antonius Schwarz vom 8. Dezember 1570. In: Archiv N.F. 1, S. 363ff.

[275] In Josephi Comitis Kemény collectio minor. Manuscr. histor. David Hermann, De statu eccl., S. 167.

[276] Zum Abendmahl: Mai-Synode 1615. In: STAH: MS Varia, II 81, Georg Poeldner: Codex Poeldner, S. 337.

[277] Nach Colbus, Lucas: Supplementa II. In: Statistisches Jahrbuch der evangelischen Landeskirche A. B. in Siebenbürgen 16 (1885), S. XVI.

Entscheidend ist aber nicht, daß in den Bekenntnissen die Übereinstimmung der einzelnen Artikel mit der rechten lutherischen Lehre zum Ausdruck kommt, sondern daß sich in ihnen das Grundanliegen des lutherischen Glaubens, die Frage nach dem gnädigen Gott, ausspricht. Die Beantwortung dieser Frage führt dazu, Jesus Christus ganz auf die Seite Gottes zu stellen und ihm gleichzeitig die volle Menschheit zuzugestehen. Voraussetzung für die Frage nach dem gnädigen Gott, ist das Wissen um die eigentliche Bestimmung des Menschen und um seine gegenwärtige unheilvolle Situation; das führt aber zur Rechtfertigung allein aus dem Glauben ohne des Gesetzes Werke. So rundet sich das Bild, welches wir von der Theologie und dem Bekenntnis erhalten, und es wird sichtbar, wie bei aller Verschiedenheit der Einzelaussagen doch nur das eine bekannt wird: Die Heilstat Gottes in Christus und ihre zutreffende Aneignung durch den gläubigen Menschen.

DIE KATECHISMUSPREDIGTEN
DES JOHANNES BUDAKER

Von Klaus Wagner

Einführung

In der Bibliothek des Brukenthalischen Museums wird ein Foliant aufbewahrt,
dessen Einbanddeckel das Bild Martin Luthers und die Jahreszahl 1563 trägt.
Erwähnt auch bei Friedrich Teutsch in seiner Geschichte der Evangelischen Kirche
in Siebenbürgen.[1] Der Besitzer des Bandes war Johannes Budaker, der mit dem
1613 in Birthälm verstorbenen Generaldechanten gleichen Namens nicht identisch
ist. Der Foliant enthält Eintragungen in folgender Anordnung: 1. Ein Versuch,
verschiedene theologische Begriffe zu definieren wie *deus, lex, ira* u. a. 2. Zitate
aus verschiedenen theologischen Büchern, die eine starke anticalvinische Tendenz
zeigen. 3. Die hier in Abschrift mitgeteilten Katechismuspredigten.

Die Predigten sind im Nösnergau gehalten worden. Darauf deutet, abgesehen
vom Namen des Verfassers, auch eine Bemerkung hin, die er bei der Einteilung
der 10 Gebote macht:

> „Wir nösner wollen die nicht urteilen, die nur drey gebott in die erschte tafel
> zelen und sieben in die andere. Desselbigen gleichen soln auch sie wiederumb
> uns nösner nicht verachten, sondern guttwillicklig vergunnen, das wir mögen
> nach gewonheit unserer Kirchen vier gebott in die erste taffel und sechs in
> die andere zelen".[2]

Höchstwahrscheinlich wurden die Predigten in Bistritz gehalten. Denn der Prediger weist darauf hin, daß er die Auslegung des Katechismus auf Veranlassung
des „Ehrwürdigen Herrn" vornimmt: es waren also mehrere Geistliche am Ort
und er selbst in untergeordneter Stellung. Bei der Festsetzung der Zeit können
die Anmerkungen des Verfassers am Ende des Bandes herangezogen werden.
Dort sind unter den Jahreszahlen 1585, 1570, 1575, 1566 Aufzeichnungen wirt-
schaftlicher Art verzeichnet. Auch die Bemerkung, die auf den Tod Martinuzzis
und des bischöflichen Vikars von Weißenburg, Franz Zekel, hindeuten, sind für
die Zeit der Abfassung aufschlußreich: „den man weiß noch wol wie schendlich

---

[1] Friedrich T e u t s c h : Geschichte der evangelischen Kirche in Siebenbürgen. Hermannstadt 1921, S. 316.
[2] Budaker-Ms. S. 41. Signatur 636 in der Handschriftenabteilung der Bibliothek des
Brukenthal-Museums.

der Schatzmeister mönch, und der Herr Frantz der Vicarius und andere mehr
Verfolger der Christligen lehr umbkomen sind." Das zeigt, daß der gewaltsame
Tod der beiden den Hörern noch in lebhafter Erinnerung war.

Die reichhaltigen, für die Theologiegeschichte sehr wertvollen Ausführungen
der Predigten über Gesetz und Evangelium, über die Trinität, über die Anwesenheit Jesu Christi im Alten Testament u. a. m. werden hier nicht erörtert.
Es wird anschließend nur der Text wiedergegeben. Die Gliederung der nicht
vollendeten Predigtfolge ist folgende:

1. Predigt: /Vorrede/
   Über die Notwendigkeit des Katechismus, S. 124-128
2. Predigt: /Zweite Vorrede: zwei Ansätze.
   Entwurf und Ausführung/
   Wes Glaubens bist Du?, S. 128-134
3. Predigt: Warum bist Du ein Christ?, S. 134-137
4. Predigt: Woher lernet man den christlichen Glauben?, S. 137-140
5. Predigt: Vom ersten Stück des Katechismus von den zehn
   Geboten., S. 140-148
6. Predigt: Wie sind diese Gebote geteilet?, S. 148-151
7. Predigt: Über das erste Gebot, S. 151-153

Der Kleine Catechismus

Die erste Predig:

Ein vorred über den Catechismus
Lieben freund in Christo, die weil ich aufwärters willen des Ehrwürdigen Herrn
eurer Seelen zu dieser Stundt mitt Gottes Hilff Hinfort eine kurze auslegung der
fragstuk des Catechismi, in unser kirchen gebreuchlich für mich nemen werdt,
auff das auch solche Predigen besser angenommen seien, so wil ich izt an statt
einer vorreden, ettwas darvon sagen, wie hoch dii lehr des heiligen Catechismi
von noten sei.

Den viel leutt verachten den Catechismum stolziklig, das sie in auch nitt
werd schetzen, zu üben, und zu treiben ob sie gleich im predigampt sein: Daher
wo sii in dem apt nicht sind, meinen sie es steht allein den kleinen kindern zu,
denselbigen zu lehren. Das kompt on zweiwel daher, weil sie gehört haben,
das der Catechism ein kinderlehr genand wird, und wissen nicht – betrachten
auch nicht was der Catechismus in der Wahrheit sei. Wern sie aber, von den
sachen recht unterichtet, so würden sie fürwar diise lehr nicht so gering achten.

Den es wird wol der Catechismus eine kinderlehr genannt, aber nicht ihr
meinung, das er die allein angehören solte, die alters halben kinder sind:
sonder, das er in gemein alle Christen angeht, sintemal sie alle in der heiligen
Schrifft kinderen vergleicht werden, und wird inen befolen, das sie in der
bosheit kinder sein sollen. Alls den im 8. Psal. geschrieben stehet: Auß dem
mund der kinder und seuglinge hastu Macht zugericht: Matth. 18 Es sey den

das ihr noch umbkerret, und werdet wie die kinder, so werdet ihr nicht in das Himelreich komen. In der ersten Epistel Petr. 2. So leget nun ab alle bosheit, und allen betrug und heucheley, und neid und alles affterreden, und seid girich nach der vernunfftigen, lautteren milch als die letzt geborenen kindelein, auff das ihr durch die selbe zunemet: Und in der 1 Epistel 5. Pauli an die Corinther 14 cap. Lieben bruder werdet nicht kinder an dem Verstandtniß, sondern an der bosheyt: Seit kinder an dem Verständnis aber seyt volkommen! Ja eben daher das der Catechismus ein kirchlehr gemacht wird, wird angezeigt, das ehr so nötig sey zu wissen, das niemand unter den Christen sein soll, der nicht bald gleich von kindt auff angehalten werde denselbigen zu lehren: Den er eine solche lehr, der da als in einen gebundtlein begreifft, alles was gott seiner kirchen in den langen Schrifften der Propheten und Apostel furgegeben hatt: Und ist nichts in den selbigen das nicht auff ittlige, aber zugleich auff alle zil des Chatechismi geht, oder gezogen möge werden.

Nemet das ein beispiel oder zwey: Am nächsten Freytag haben wir gehabt die sag von der bekerung 5. Pauli, welche er selbst sagt, das sie vorgefallen sey, zu einem Zeugnis der barmherzigkeit gottes, gegen alle busfertige Sunder. l. Tim. l Derhalben ob gleich die geschicht nicht von wort zu wortt, in dem Catechismo stehet. So gehört sii doch der Haupt lehr nach, in das zil des Christlichen glaubens, da wir bekennen, das wir Vergebung der sunden glauben: und dii fünffte bitt des Heiligen Vaterunsers, da wir sprechen: Vergib uns unsere Schuld.

Heutt haben wir hören auslegen zwey herrlige Wunderwerk Christi: Eins, da er gegenwertig einen aussatzigen gereiniget hatt, das andere da er einen gichbrüchigen knecht des hauptmans zu Capernaum abwesend gesundt gemacht hat. Beides allein durch sein Wortt. Solche geschicht stehet zwar dem Text nach nicht im Catechismo, aber doch wird sie der hauptlehr nach darinnen begriffen. Den die Wunderwerk Christi sind erstlig gezeugnis von seiner Person, das er nicht sei allein blosser mensch, sondern auch zugleich waren allmechtiger gott. Zum andren sind sii gezeugnis seines ampts, das er sei – ein erlöser von allen heligen und geistligen noten, und der geber aller zeitligen und ewigen gutter. Zum dritten zeigen sii an alle seine guttwilligkeit zu helffen allen bekummerten menschen. Und zum letzten sind sii eine bestetigung seiner gantzen lehr.

Darumb so gehoren diese und alle andre wunderzeichen Christi Jesu, in den andren hauptartikel unsers Christlichen glaubens von der person und ampt Christi. Ite, in den dritten von den wohlthaten Christi gegen der Christligen Kirchen und in das gantze Vater Unser. Denn alles das wir in den selben stuken des Catechism erkennen, das wir es glauben, und bitten das uns gegeben werd, das bezeugen die Wunderwerck unseres Herren Jesu Christi.

Derhalben welche Ursachen und befelen das wortt gottes in der Propheten und Apostel schrifften begriffen eben dii selbigen vermanen uns auch den Catechismus mitt fleiß und ernst zu lehren. Unter den selbigen aber ist die Mandem Dei! Ersten, das ernste gebott gottes: den im fünften buch Mosi im 6. Capitel stehet also geschrieben: Höre Israel, der Herr unser gott ist ein einiger

Gott, ist ein einiger Herr, und du solt den Herren deinen gott lieb haben, von gantzem herzen und gantzer seelen, von allem vermögen: Und diese wortt die ich dir heutt gebiette (welche den kürzlig im Catechismus erzählt werden) sol tu zu hertzen nemen. Und solt sie deinen kinderen schärffen, und davon reden wen du in deinem hauß sizest, oder auff dem weg gehest: wen du dich niderlegest, oder auffstehest, und solt sie binden zu einem Zeichen auff deine hand, und sie sollen dir ein gedenkmal sein für deinen augen sein, und solt sie über deines Hauses Pfosten schreiben, und an die thore: das ist, du segnest was du segnest, du sprichst wo du sprichst, so sollen sie dir nimmer auß dem gedachtnis kommen.

Und Jo. 5 spricht Christus der Herr: Suchet in der schrifft (welcher inhalt der Catechism.) denn ihr meindt ihr habet das das ewig leben drinnen: und sie ist, die von mir gezeuget. Und dergleiche spruch mehr. –Aequitas: Zum andren soll uns zu solchem fleiß bewegen dii gerechtigkeit: Den es war gar unbillig, das mir nicht wolten lehren den willen gottes, welcher gar kurzlich im Catechismo verfasset ist, von dem mir so manch iar her, leib, seel, narung, kleidung, gesundheit, frieden, Eigentum, Sacrament, Ja Christum Jesum selbst und andere unseglige leibliche und geistlige wolthaten haben empfangen.

Honestas: Zum dritten, die Erbarkeit: Den gleich wie es eine große Schand ist, wen sich iemand einer kunst beweißt, da er doch nichts zu können, wen sich einer rhümet, er war ein gutter Schreiber, und weiß doch nicht wie man ein feder in dii Hand nem zu schreiben. Oder wen sich iemand rhümet, er war ein guter Schneider, und weiß doch noch nicht wie man sich mitt der nadel soll stellen zu nehen. Solchen menschen wird man in keiner Zunf nicht leiden!

Also gehört fürwar der mensch in der rechten Christen zal nicht, der doch nichts weiß, will auch nicht lehren den anfang, grund und inhalt des christligen glaubens, der in dem Catechismo begriffen ist.

Necessitas: Zum vierten fordert von uns solchen fleiß die nott unserer See-lenseligkeit „Den unsere Seelen Seligkeit stehet im glauben, der glaub aber kompt und wird erfahren durch das Wort gottes, das durch die Propheten und Apostel gegeben ist. Der wievielst mensch aber kan derselben gantze schrifften auslernen auch unter den hochgelerten leuten? Fürwar sehr wenig. Darumb erfodert es die noht, das alle die da gerne seelig zu werden, zum wenigsten doch den Catechismum lehren, der iener schrifften inhalt ist, auff das sie daraus durch die Wirkung des Heiligen Geistes den rechten glauben uberkommen, dadurch sie mögen seelig werden.

Utilitas: Zum fünftem soll uns zu solchem fleiß reitzen, der große nutz den wir davon haben kunnem: Denn alle schrifft von Gott eingegeben (welcher inhalt der Catechismus ist) ist nutz zur lehr, zur straff, zur besserung, zur unterweisung in der gerechtigkeit, das ein mensch gottes sey vollkommen, zu allem gutten werck geschikt, wie 5 Pauli sagt in der 2. Epistel an Tim. 3. Und verheißet Gott Weisheit und glük in ihrem beruff denen die sein wortt wert halten, da er schreibt zu Josua: „Laß das buch deines gesetz nicht von deinem mund kommen, sonderen bewart es tag und nacht, auff das du haltest und thuest aller ding nach dem das drinnen geschrieben stehet: Als den wird dir gelingen in allem, das du thust, und wirst weißlig handeln kunnen." Dargegen dreuest Gott irrtumb den Verächtern seines worts in allen ihren anschlagen und ungluk in allem ihren leben. Schier durch das gantze 26. des dritten, und 28. cap. des fünften buch Mosi, und anderswo mehr.

So kann auch kein liebligeres, ia auch kein herrliger kunst gedacht oder gewunschet werden: Den es schamet sich Gott der Herr selbst nicht stets damitt umbzugehen und immerdar wider zuholen. Und wer da mitt fleiß und ernst die stuke des Catechismi lernet und ubet, der höret in den Zehen gebotten, im glauben und in den Sakramenten, Gott mit ihm reden, und fühlt in mitt ihm handeln. Im gebott aber redet ehr mit Gott, und hatt also Gott immerdar mitt allen gnaden bey ihm kegenwertig: Nach dem Spruch des Herrn: Matt. 18 Wo zween unter euch eins werden auff erden warumb es ist das sie bitten wollen, das soll ihn widerfaren von meinem vatter im himel: Den wo zween oder drey versamelt sind in meinem namen da bin ich mitten unter ihnen. Und Joh. 14 Wer mich liebet wird mein Wortt halten, und mein vatter wird ihn lieben, und mir werden zu ihm kommen, und wonung bey ihm machen.

Daher S. Augusting recht sagt: wer allzeit begere mitt Gott zu sein, der soll offt beten, offt lesen / oder hören und bewahren das wortt Gottes: / Denn wen wir beten, so reden wir mit Gott, wenn wir aber lesen / oder hören und reden das wortt gottes / so redet Gott mit uns: und auff diese weis ie nehr sich der mensch zu Gott rhumt so viel furder iagt ihnen der teuffel von sich weg.

Derhalben sollen alle Christen ihnen billig den Catechismum auffs allerfleißigst lassen befolen sein.

Und Sunderlig wird von den elteren ernstlig erfodert, das sie ihre Kinder von iugent auff fleißig in dieser lehr unterrichten, und darzu halten, wie wir zuvor des dem 6 Capittel des 5 buchs Mosi gehörtt haben: und im 18. Psalm steht also: Gott richtet ein gezeugnis an in Jacob, und gab ein Gesetz in Israel, das er unseren vättern gebott zu lehren ihre kinder, auff das es die nachkommen lehrneten. Und dii kinder die nach sollten geboren werden, wenn sie auffkomen, das sie es auch ihren kindern verkündigten, das sie setzten auf Gott ihre hoffnung, und nicht vergässen der thaten Gottes, und seine gebott hielten. Item zun: Eph. am 6 Cap. Ihr vätter reitzet eure Kinder nicht zu Zorn, sondern ziehet sie auff in der Zucht und Vermanung zu dem Herren. Darumb hatt auch gott nicht nur allein den Herren und Hausfrauen gebotten an Sabbathtag zu feihren, sondern auch die Kindern und dienstboten, ia auch das viehe von der arbeit frey zu lassen, auff das das gantze Hausgesinde eine Zeit habe Gottes wortt und Catechismum zu lehrnen.

Es sind auch die die Hausherren und frawen dem natürlichen recht nach solche freiheit schuldig ihrem gesind für den gehorsam, den sie die gantze wochen über von ihm nach gottes wortt fordern, – und mitt was gewissen kunnen sii den gehorsam von den ihren fodern, so sii vorder fur sich selbst Gott keinen

gehorsam leisten wölln, noch ihr hausgesinde darzu lassen? Damit begehen
sie warlig ein große Sünde, welche Gott auch nicht wird ungerochen lassen,
sintemal die Kinder und gesinde seiner gaben beilag und knecht und mägd
sind. Ja es solten auch dii dienstbotten in keinen werg inen von gott solch gegebene freiheit nemen lassen: und viel lieber ihre herren verlassen, sampt dem
lohn, als ihre sehligkeit also versaumen: Aber was thut die weit nicht golds und
des bauchs halben? Und tragen viel hausvätter und mütter größere Sorg auff
das viehe, denn auff ihrer kinder seeligkeit: Denn sie tragen den sontag eben
sowoll als die ganze woch wber sorg darauff, das ihren Schweinen, kühen und
pferden zu rechter Zeit und ettlig mal fuder und tranke gereicht werde, da sii
dieweil wenig darnach fragen ob ihre kinder irgend einmal die speis der seelen
uberkomt. Solche verklärte unart, wird gott furwar nicht ungestrafft lassen.

Werden aber die hausherren und hausfrawen, sampt ihrem gesindt ihn
diesem fall thuen was sie schuldig sein, so werden sii auch noch in dieser weit
dii huld und kegenwertigkeit Gottes erfinden: und ihn der zukünfftigen das
rechte furnemste endt des wortts gottes und des glaubens empfahen, nemlig
die Ewige seeligkeit in Christo Jesu unserem herren, welche mit dem vatter
und dem heiligen geist ist der ware gott gelobt in Ewigkeit AMEN.

Ein andre Vorred.
Der h. Apostel Paulus gibt seinem Jünger Timotheo welchen er den Ephesern
seiner stad zu einem lehrer gelassen hatt, unter andren, auch diesen befehl: Halt
an den fürbild der Heilsamen wortt: dii du von mir gehört hast vom glauben und
von der Liib in Christo Jesu. Mitt diesen Worten will er das Timothius nicht wii
unfursichtige Prediger flegen immerdar neue weiß erdenken soll, sein zuhörer
das wortt gottes zu lehrnen, darmit seine große kunst zu beweisen, sonder eine
gewisse einfeltige form bestandiglig behalten, darauß die Zuhörer sich mercken
kunnen, das dii ganze lehr fornemmlig auff diese zwey stuck gerichtet sei, auff
den glauben gegen Gott, und auff die liebe des nächsten in Christo Jesu: Denn
das wörtlein das Pauly im Griechischen braucht und furbild verteutscht ist, heist,
wen man ein sach´ also bescheiden mitt wortten furgibt, als sehe man sii fur augen
geschehen. Desgleichen spricht er auch in Tim.l. Die haupt summa des gebotts ist
liebe von reinem herzen und von guttem gewissen, und von ungeferbtem glauben.

Und zu Philip 3 cap. fasset er dii ursach solches befels da er spricht, das
ich euch immer einerley schreibe, verdrist mich nicht, und macht euch desto
gewisser: Den wen eine lehr offt auff einerley weise widerholet wird, und zu
einem gewissen Zill gericht ist, wird sii auch desto ehr zu sinn genommen, und
behalten, und macht das man auch desto weniger daran zweiwelt, wie den beid
in schulen und auf allen handswerken, dii erfarung beweiset.

Dieweil den der Catechismus in solche form das heilsame wortt gottes ist,
dii da der ganzen Heiligen Schrift inhalt begreifft, und den zill zeigen, dahin
alle schrifften der Propheten und Apostelen gerichtet sind, nach dem wir den
selben mitt einer kurzen auslegung durch die hilf gottes einmal verendt haben,

wollen wir in nach S. Pauly recht, abermal von anfang wider holen, auff das die welche nicht schrifft kunnen, die summa der gantzen Christligen lehr, desto sieger zu gedachtnis fassen und ihn derselbiger rechten verstand, den wir bisher durch die gnad gottes, gehört haben, gesterkt werden mögen.

Es soll aber beide mich und euch alle zu großeren fleiß solche predigen bewegen. Erstlig das ernste gebott gottes!

Ein andre vorred.

Lieben freund in Christo. Es sprich der H. Apostel Pauly in der Epistel an die Philipper im 3 cap. also: Das ich euch immer einerley schreibe, verdriest mich nicht und macht euch desto gewisser. Und wer seine schrifften fleißig durchlieset, der befindet auch also, das er immerdar von einerley artikeln der lehr uberall, auch schier einerley wortt gebraucht. Solches ist zwar den verzärtelten menschen sehr verdrislig, dii nur fleischlige kurzweil und wolust in den bucheren suchen. Aber der Heilige Pauly zeigt an, das es den frommen Christen, dii ihre seeligkeit her achten, den weltlige wolust, sehr nutzlig sey, auff das sii in der Christligen lehr desto fester gegründet, und versichert werden: Denn die erfarung beweiset es auch in allen kunsten, und auff allen handewerken, das, wen eine lehr offt auf einerley weiß widerholet, und eingebildet wird, so wird sie auch desto ehr zu sinn genommen, und ihm gedachtnis behalten, und macht das man auch desto weniger dran zweiwelt, da dargegen dii leutt weder eins noch das ander woll können fassen noch behalten, wo man immerdar ettwas neues, und auff neue weiß furgibt wie an unseres landes Schwermeren zu sehen ist, die damitt ihren steten euserungen die leutt also bethören, daß der gemeine man schier nicht weiß, wo er beidt mitt der Zeit und mit dem glauben dran ist. –

Gleich wie es derhalben ein sehr nützliche Ordnung ist, für den gemeinen Christen hauffen, das man dii Sontags und der furnemsten feiertag Eglien und Epistelen sampt ihrer auslegung von iar zu iar, so viel müglig ist, einisch lehrt und handelt: Also ist es auch ser nutzlig das man ihn der lehr des Catechismi desgleichen thue.

Darumb nach dem wir denselbigen das vergangen iar mitt einer kunstligen auslegung, durch die gnad gottes beendet haben, wollen wir in nach S. Pauly recht und exempel, auff das neue iar, mit desselbigen gottes hilff, abermall von anfang widerholen, auff das die, welche nicht schrift können, die Summa der gantzen Christligen lehr, desto siger zu gedachnis fassen und in demselbigen rechten verstand, den wir bisher durch die gnad gottes gehöret haben, ge-sterkt werden mögen. Es soll aber beide mich und andere prediger und auch alle, zu größerem fleiß solch predigten bewegen: Erstlig das ernste gebot gottes.

In der nechsten predig vom Catechismo hab ich lieben Christen erzalt, dii Ursachen, welche uns bewegen sollen. Den Catechismum fleißig zu hande-len, und zu lernen. Nun wollen wir im namen des Herrn Gottes, dasselbigen kurze auslegung anheben nach den fragstuken unserer kirchen. Es ist aber sehr nüzlig bedacht, das man die Summa des heiligen Catechismi also in kurz fragen und antwort gestellet hat: Sintemal wen es einer vor ihm hatt, so wird er desto fleißiger, und so er irre oder fele, kan man ihn besser ermanen und zurechte bringen: Oder so er ettwas gar nicht weiß, kann man ihn desto sieger unterichten und belehren.

Nu ist dii erste frag im Catechismo:

Wes glaubens bis tu?

Das Wortt Glaube, bedeut in diser frag nicht das, das es in der antwortt auf die nachfolgende frag bedeut, nemlig, das vertrauen an Jesum Christum, sonder bedeut hier ihn gemein die lehr von gott und des menschen seeligkeit dies auch in der dritten frag und antwortt, und ist also viel geredt: welcher lehr von gott und der menschen seeligkeit hangs tu an, oder zu welcher lehr haltes tu dich von Gott, und dem menschen seeligkeit? Die frag ist nicht on wrsach zu forderst gesezt im Catechismo. Den es sein viel leutt, die allerley glauben verachten.

Es sind auch andre, die meinen es sey nichts daran gelegen, was für glauben einer halte, er werde dennoch seelig, wen er nur für der welt ein Erbar unstrefflig leben für. Wider solche ihrtum lehret diise frag, das man dii ewige seeligkeit nicht haben könne, ohn allein in dem ewigen, rechten glauben, und vermanet, das unser furnemste sorg, unser höchster fleiß, sein soll, den rechten glauben zu lehrnen, und zu halten: den darumb sind wir auch nicht nach andren creaturen gestalt, sondern nach dem gebildnis gottes geschaffen, und dazu wiederbracht durch den sonn gottes unserm Herrn Jesum Christum, das wir den waren gott recht sollen lehrnen erkennen, und ehren, das foddert auch von uns das erst gesetz gottes du sollt gott ehren, desgleichen das erste gebott im gesetz Gottes du solt nicht andere götter haben, neben mir. Den wie können wir denn rechten gott ehren, und für anderen göttern uns hüten so wir nicht zuvor den rechten gott erkennet haben?

Darzu so steht auch in solchem erkenntnis allein unser ewige seeligkeit, wie Christus spricht: das ist das ewig leben, das sii dich vatter, als du warer gott bist, und Jesum Christum den du gesandt hast, erkennen: Und im buch der weishit stehet geschrieben: Dich kennen, das ist ein vollkommene gerechtigkeit, und deine macht wissen, ist ein wurzel des ewigen lebens.

Welches aber der rechte glaub sey lehret dii antwortt auf dii vorgewelte frag: Den nach dem der mensch gefragt wird, wes glaubens bistu? Thut man ihm also antworten: Ich bin ein Christ: das ist. Ich hab mich zu der lehr von gott, und der seeligkeit der seelen bekennet, welcher die leutte anhangen, die man Christen nennet.

So lehret nun diese antwort: das allein die christlige lehr, dii rechte lehr sey. Darauß man gott recht erkennt, und ehren und darnach den Weg zur seeligkeit lernen möge.

Merkt aber lieben Christen auff dii gezeugnis und bewarnis, das dem also sey: Den das ist ietz und die schwerste Versuchung der heiden wider die Christen das sie sagen, wenn der Christen glauben recht wäre, so kont uns gott nicht solch groß gluck geben wider sie, sonder inen wider uns: Damitt uberreden sie viel schwachgleubig Christen, das sie vom Christen glauben zum heidnischen glauben fallen. Zeitliges gluks und wollust halben, und nicht bedenken die rechte Ursachen warumb die feinde gluk, und die Christen ungluk haben, und was beider gluk und ungluk, für ein end werd nemen. Auff das man sich nu nicht ergere, an dem auffeligen ungluk der Christen, unde derhalben nicht von dem Christligen glauben auff den heidnischen falle, so ist von noten, das man wo11 Zusinne neme, und betrachte dii gezeugnis – und bewarnis, das allein der Christen lehr und glaub, sei die rechte lehr und der rechte glauben von gott und der seelenseligkeit.

Das beweisen erstlig ihr Ursprung und alter. Den es sind zwey furnemste stuk Christliger lehr, das gesatz, welches summa in den zehen geboten verfasset ist, und das Evangelium von vergebung der sunden, durch den glauben an Jesum Christum zu erlangen: der beider stuk aber keins ist von irgend einem engel, oder menschen oder irgend einer anderer creatur, erdacht und erfunden:

Sonder das gesetz, ist bald in der ersten erschaffung, den engelen und menschen, on alles mittel von Gott selbst eingepflanzet worden und darnach als sein erkentnis sehr verdunkelt war, mit newen wunderzeichen auff dem berg Sinai widerholet.

Das Evangelium aber iß auch bald nach dem fall der ersten menschen noch, im paradiß offenbaret worden, da gott zum Satan in der Schlangen sprach: Ich will feindschaft setzen zwischen dir und dem weib, zwischen deinem samen und ihrem samen, Derselbig soll dir den kopff zertretten und du wirst in in die ferschen stechen. Und ist zu der Zeit von Gott kein andre lehr in der ganzen Welt gewest denn diese: Es ist aber immerdar das erst und das warhaftigste, und beste wie der heilig Tertulliang spricht:

Zum andren beweisen solches die wunderwerk: den diese lehr zu befestigen sind von leutten die beide der natur, und alters haben unfruchtbar waren, als von Abrahm und Sara, Kinder geboren, auß welchen ein unzeliges Volk ist erwachsen, das meehr und Jordan haben einen sicheren, trocknen ausgang durch sich gegeben: Sonne und Mond ist am Himmel still gestunden; die Sonn ist zurük gegangen; widerumb eine Jungfrau hat mitt unversehrter Jungfrauschafft einen Sonn geborett. Aussetzige sind gereinigt worden: Blinden sehend gemacht. Teuffel ausgefahren, und ander unzelige wunderwerk geschehen, die keine Creatur machen kann.

Zum dritten, so sind auch in keiner andern lehr solch gewisse weissagungen, von so treffligen großwichtigen, und über so lange zeit zukunfftigen dingen: In dieser lehr ist geweissagt worden, wie lang die kinder Israel in der wüsten sein sollten, und ist also geschehen: Es ist verkündiget zu welcher Zeit, und an welchem Ortt Christus solte geboren werden, und es ist also geschehen. Auch sind sonst irgend solche gewisse Weissagungen von den letzten Zeiten und von dem end der Welt, als in den bucheren der Christen. Solch gewissheit

kann nicht anderwoher sein, on allein von dem waren gott; darumb auch die
Christlig lehr allein von dem waren gott sein muß.

Zum vierten so wbertroffen auch die Sachen darvon die Christlige lehr
handelt, sind die Sachen die in andren lehren vor gegeben werden: den mitt
größerem fleiß andere lehren geforschet haben, nach dem wesen und willen
Gottes, und weniger gewisses haben sii funden. Sie haben auch nicht gewisses
funden vom end der welt, von Ursprung der Sonn Mon, und aller menschligen trubsalen und des todes von rechtem trost in anfechtungen, und allerley
bekummernis, von der Versunung mit gott, von der aufferstehung der toden,
von dem zukunfftigen gericht, und von dem Ewigen leben. Aber die Christlige
lehr gibt von diesen dingen allen gewissen bericht, so viil in disem leben zu
wissen von noten ist.

Zum funften bezeugen auch der Christenmenschen gewissen das die Christlige lehr wahrhafftig von gott sey. Denn sie allein gibt gewissen bestandigen
trost im erschroken der sunden, in allerley trubsal und anfechtungen, und in
dem tod, den menschen gantz und gar verlassen. Nemet das zu einem beyspil
den gewaltigen Keyser den großen Alexander, und den König David, der der
weltligen gewalt nach, nicht gegen in zu rechnen war: Es tödet der Alexander in
seiner trunkenheit seinen besten freund Climus der im zuvor das leben erhalten
hatte, David tödet auch seinen getreuen Ritter Uria: Aber ienen kunden alle
seine weisen und männer, mit all ihrer kunst, und gewalt, kaum aufgehalten,
das er sich nicht widerumb selbst ermordert, da er bey nüchteren mitt erkennet
was er gethan hatte, David aber ließ sich mitt einem einigen wort des Eglimus
zufried stellen, da der Prophet Nathan zu ihm sprach: Der Herr hatt deine
sunde weg genomen, du wirst nicht sterben, der König Menassi hatt mehr
unschuldiges blut vergossen den Saul noch verzagt er nicht wie ehr. Warumb?
Darumb das sich Manassi noch hielte an die verheißung der gottes gnade und
des zukunfftigen Messia willen, darvon aber war Saul abgefallen. Also kann
man auch von Petro und Juda und von andren dergleichen reden.

Am sechsten bezeugen solches auch die wunderbarlige erfahrungen und
erretungen einzelner menschen, und ganzer gemeinen, oder völker dii an
dieser lehr gehangen sind, als Nohah und seines gesindes, da sonst dii ganze
welt durch dii Sunnflutt umbkam; Loth sampt seinen töchteren, da Sodom
und Gomorra, und die andere Statt durch feuer und Schwewel vom himmel
umbgebracht wurden: der kinder Israel in Aegipten in der wüsten wider den
könig Sanherib, in persien, und sonst, der dreyer knaben in ofen zu Babilon,
Danielis unter den Lowen. Des Christligen mannes, biß auff diisen tag, wider
das gantze Römisch Reich, wider die Gotten wunder thun, sterken des Lieben
vatters Doct. M. Luther wider das gantze Babstumb. An welchen erhaltungen
und errettungen man offentlig dii gottlige huld und gewalt muß spueren.

Zum siibenten da das gesetz, das zil Christliger lehr von neues mit großen
Wunderwerken verkündiget und bestettiget worden, da sind gegenwertig
gewesen mehr als 600.000 man, on weiber, kinder und ander unzeliges gesindt.

Das das Eglium das ander zil Christlicher lehr mit neuen zeichen an Pfingstag ist bekrefftiget worden, und verordnet in die gantze welt auszubreiten, da ist ein sehr große meng der menschen vorhanden gewesen, auß allerley volk, das unter dem himmel ist wie S. Lucas schreibt, und diise alle haben gezeugnis gegeben, das beide zil Christliger lehr von gott sind.

Zum achten. Andre heidnische glauben, haben von ihn selbst allgemacht abgenomen, und sind untergangen: die Christlige lehr hatt nimmermehr gantz und gar kunnen ausgerottet werden, ob sii gleichwoll sehr verdunkelt ist worden, und ihmmerzu große Verfolgung hatt müssen leiden, wird auch bis auff den jüngsten tag nicht ausgetilget werden. So bestendig and so wahrhafftig kunte sii nicht sein, wenn sii nicht vom allmechtigen Gott wäre, und durch in erhalten wurde.

Zum neunten: Und wiewol zu einer Zeit die lehrer weiser sind gewesen, den zur andren, so sind doch immerdar in selber ordung ettlige nacheinander gewesen, welche dii summa des gesetzes und Eglien gantz unferfelschet bekennet haben, biß auff diesen tag. Solche stette ordung der lehrer kan man in keinem andren glauben zeigen.

Zum zehnten, ist kein Zal der menschen dii da getrost und frolig entweder des naturligen tods, oder von den tyrannen umbbracht, in bekentnis Christligen lehr sind gestorben, dii doch weise und heilige leutt gewest sind.

Ja auch öffentlige himlische gezeugnis der wunderzeichen gehabt haben, das sii gott hatt liib gehabt, als, Adam, Eva, Abel, Nohah, Abraham, Isac, Jacob, Joseph, Moses, Esaias, Jeremias, Zacharias, Johannes der teuffer, Stephanus, Jacobus, Petrus, Pauly, und unzelig ander mehr welches furwar nicht geschehen war, wen die Christlig lehr nicht gewiß von gott wehr.

Zum eylfften beweist solches auch der unverheimlicht haß des Satans, welcher nie kein lehr so hefftig und grausam verfolgt hatt durch seine glieder, gottlose menschen, ketzer, und tyrannen, als eben diese welcher furwar der abgesagte feind gottes auch nicht thut, wofür nicht mitt gott am höchsten uns und im grad zu wider wehre.

Zum zwölfftem und zum letzten beweist solchs auch das, das gott zu allen Zeiten, etligen, die für andren wider den Christligen glauben gewütet haben, herumb gerukt hatt, und mit bewundren greuligen straffen ausgesondert daran man offentlig gemerkt hatt den Zorn gottes, und das ihm ihr thuen nicht hatt gefallen. Als Pharao der hat nach langer Verfolgung Christliger lehr, mitt alle seinem volk ihm mehr müssen ersauffen. Die Juden zu der Zeit Christi wolten nicht erkennen die zeit ihrer heimsuchung und sich nicht durch dii predig des Evangeliums unter die flugel Christi versamlen lassen: und sihe da, ihr hauß ist ihnen wüst gelassen, an ihrem tempel ist nicht ein stein auff dem andren blieben, und sii sind ohn alle hoffnung der widerfart zerstreuet in dii ganze weit, wii ihnen den Christus der herr geweissaget hatt. In der Apostel geschichte am 13 Cap. als Barnabas und Pauly den Christligen Glauben predigten, widerstand ihnen Elias der Zauberere, aber er war alsbald mitt blindheit geschlagen. Corinthus der widersetzte noch bey St. Johannis des Evangelisten leben, der furnemsten artikel der Christligen lehre von der gottheit unsere herren Jesu Christi, des herzogen des Christligen glaubens, aber er ward mit seinen Jungeren von der badstuben fal todtschlagen. Das that auch Arnig unter dem Keyser Constantin des großen frommen Constantin sonn, und muß sein seel und eingeweid schandlig in eim heimligen gemach ausffgeben.

Der Kaiser Julianus hatt ihm nach vielen anderen Verfolgungen furgenommen, wenn er dii Person ueberwunden hatte, alle Christen im ganzen Römischen Reich auszutilgen, aber auff dem Weg ward ehr unversehens mitt eim Pfeil, niemand weiß woher geschossen, und gezwungen wider seinen will die warheit Christliger lehr und dii gottheit Christi zu erkennen: den als er seines lebens ende fület nahm ehr dii hand vol bludtes sprengt es gegen himel, und sagt: du Galilaer / also flegt er Christum den Herren schamweis zu nennen / hast ia gewonnen: solcher exempel sind dii Kirchen historien vol. Auch mangelt unser Zeit nicht: den man weiß noch wol wii schendlich der Schatzmeister mönch, und der Herr Frantz der Vicarius und andere mehr Verfolger der Christligen lehr, umbkomen sind. Auch ist nicht zu vergessen, wii der Schwärmer Santa Marton, ehe des Jahres end, ist gestorben, da ihm dii Christlige versamlung zu Clausenburg fluchet, das er nicht das iar ausleben solte, wie er vom Abendmahl des Herren unrecht lehret. 1557.

Auß diisen gezeugnissen ist gewiß und offenbar, das allein der Christen lehr und glauben, dii rechte göttlig lehr, und der seeligmachend glaube sey. Derhalben sollen wir uns weder ander feinde gluk, noch an der Christen ungluk ergeren dar von abzufallen: Den lieber wie lang wird doch beides waren? und was für ein end wird es nemen? Sonder sollt gott herzlich danken, das er uns darzu hatt komen lassen, und darin fleißig sein, und ohn Unterlaß betten, das wir bis an das end unsers leibiigen lebens, darinn bestendiglig beharren mögen: Den allein der wird selig, der bis ans ende beharret, und ihn des Christligen glaubens Erkenntnis, von diiser welt scheidet. Das verhilf uns gott der Ewig vatter, Son, und heilige geist AMEN.

In der nachsten Predig vom Catechismus habt ihr lieben Christen gehört, das dii erst und summe ernster sorg des menschen sein soll, das er erkennt und anneme den Rechten Christlichen glauben, und das allein der Christliche glaube der rechte glaube sey. Nun ists aber nicht genug das wissen, sondern man muß auch lehren, welches da sey, und worin bestehe der Christlige glaube. Darumb folget nun weiter ihm den fragstuken:

Warumb bistu ein Christ?

Diese frag vermanet erstlig, das wir alle Zeit bereit sein sollen zu Verantwortung iederman, der grund fodert der hoffnung dii ihn uns ist mitt sanfftmutigkeit und furcht wii S.P. spricht in seiner Epistel im 3 cap. Demnach vermanet sii das wir nicht allein uns mit dem mund des Christligen glaubens thuen sollen, sondern auch den glauben halten.

Und die summa Christlig leer also lernen auff das wir wenn wir gefragt werden rechenschaft darvon geben mögen. Denn gleich wii ein Schuler, wen er gefragt wird, warumb er ein Schuler sey, weiß er bald zu antworten, darumb das ich kan schreiben, lesen, und waß sonst zun freien kunsten gehoret. Desgleichen ein Schneider wen er gefrag wird, warumb er sich ein Schneider nennet, weiß er bald zu antworten, darumb, das ich kleider machen kann. Also auch andere handwerker. Und war große schand, das einer sich für ein Schuler ausgebe, der noch keine buchstaben kennet: oder für ein Schneider, der kein kleid machen kont, oder sich eines andren handtwerks erkunnet, der noch nicht den ersten anfang desselbigen gelehrnet hatte, und wird ein solcher nitt in dii Zech des handtwerker aufgenommen werden: das er sich so felschlig rhumet. Also ist es auch billig, das der, der sich einen Christen bekennet, wisse zu antworten warumb er ein Christ sey. wer solches aber nicht weiß und will es auch nicht lehrnen, der rühmet sich unrechten des Christligen namens und gehört in der wahrheit nicht in dii zal und gemeinschafft der rechten Christen. Daher auch S. Pauly spricht: 1 Kor. 14,20: Werdet nicht kinder an dem verstand, sonder an der bosheit seid kinder, an dem verstandnis aber seid vollkommen, nemlig so weit in disem leben muglig ist, das ihr wissen solt die Summa de lehre, von welcher ir den namen hatt.

Worin aber der Christlige glauben kurzlig stehe, zeigt an dii antwort auff furgewelte frag, welche also lautet, darumb das ich glaube an Jesum Christum und bin ihn seinem namen getaufft.

Den darumb ist einer nicht ein Christ, das er von Christen eltern geboren ist, oder das er unter Christen wonet, und mitt ihnen zu zweien in dii Predig und zum abentmal des Herren gehet, welches auch dii gottlosen Sunder thuen kunden, sondern darumb das er glaub an Jesum Christum und in seinem namen getaufft ist. Den also lehret Christus Jesus selbst: wer da glaubt und getaufft wird der wird selig werden: Selig werden aber heiß ein rechter Christ sein, sintemal niemand seelig wird er sey den ein rechter Christ.

Es werden aber die zwey ding: glaub und Tauff nicht einerlei meinung darzu erfordert, das er ein Christmensch: Den der glaubt wird schlecht on allen auszug darzu erfordert als on welchen es unmuglig ist selig zu werden, wie Christus der Herr bezeuget Mark, am 16, da er spricht: wer nicht glaubtt /er sey getaufft oder nicht getaufft/ der wird verdampt werden. Und Joannis der Täufer Joan. 3 wer dem son nicht glaubtt, der wird das leben nicht sehen, sondern der Zorn Gottes bleibt über im. Desgleichen S. Pauly zun Ebreern am II. cap. On glauben ist unmuglig gott zu gefallen, dii tauff aber wird erfordert mitt dem unterscheid, so man sii haben mag, und als ein Verzeichnung der himmlischen gutter, dii der mensch durch den glauben hatt empfangen; den dii heiligen vatter und Propheten des alten testaments sind nicht wenig recht Christen gewesen, und seelig worden durch dii gnad unsers herrn Jesum Christi. Wie S. Petro spricht ob sie gleich nicht getaufft sein und auch die tauff noch nicht ihrer Zeit ist eingesetzt gewest: für zeiten hat man viel newen Christen zur marter gefurt, ehr sie haben können getaufft werden. Es sterben auch heutigen tages viel klein kinder, ehe sii zur tauff können gebracht werden, welche doch durch ihre frommen eltern Christiges Gebet noch im Mutterleib gott dem herren sind befolen worden, sollen wir halten das solche verdampt waren? Das sey fern – wii sollen dii verdampt werden dii ihr blut umb Christi willen vergissen durfften? So haben auch die Christen ein gewisse verheißung, das sii von gott empfahen sollen, alles was sii nach seynem willen bitten werden. Was ist aber dem willen gottes ebenmassiger als das er sich der kleinen kinder anneme, und sii selig mache? Und das Exempel des Propheten Jeremia und Johannis des tauffers bezeuget klarlig, das der heilige Geist nicht weniger den rechten glauben und dii Seligkeit wirken kan in den kindern ihm Mutterleib, als in den getaufften alten, umb diesen ursach willen sollen Christlige eltern, sobald sii die gaben gottes fühlen, diiselbigen mitt ernstem gebet gott furtragen, und befehlen, und darnach nicht an ihrer seeligkeit zweiweln, ob sie gleich zur auffalligen tauffe nicht komen konten.

Was heißt aber an Christum Jesum glauben?

Antwort: Es heist glauben, das Jesus Christus von Maria der Jungfrau geborn, und unter Pontio Pilato gekreuziget sey gottes Sonn, warer gott und mensch vor langen Zeiten vergessen, und endlich gesand, das er sey unser aller erlöser, und heiland zum ewigen leben; Das lehrt der Evangelist Johannis klärlig am 20 cap. da er spricht: Dsse Zeichen sind beschrieben, das ihr glaubet Jesus Christus sey der Son gottes, und das ihr durch den glauben das leben habet in seynem namen.

Desselbigen gleichen getaufft sein im namen Christi heißt getaufft seyn nach dem befehl Christi, seinem wortt zu glauben und zu folgen, und zu gemeinschafft aller seyner himmlischen gutter. Den also sagt S. Pauly zun Galatern am 3 cap. wieviel ihr getaufft sind die haben Christum angezogen. Und zun Römer am 6. Alle dii wir in Jesu Christ getaufft sind, dii sind in seinen todt getaufft. So sind wir mitt im begraben durch die tauff in den todt auff das gleich wii Christus ist aufferweckt von den todten durch die herrligkeit des vatters, also sollen wir auch in einem newen leben wandelen.

Hieraus ist nu wol zu verstehen, das eim menschen nitt bessers, nit heiligers kan widerfahren, als wenn er durch den glauben an Jesum Christum, und durch die tauff ein Christ wird, den ein Christ wird genandt von Christo, diiweil er ist ein gleichwert bruder Christi: und derhalben gerecht und heilig, ein uberwinder der sunden, des todtes und der hollen, ein kind gottes, ein erbe aller gutter gottes, und ein besitzer der himmlischen ewigen seeligkeit, was für weitliger herrligkeit mag mitt diiser herrligkeit verglichen werden. Den wen gleich iemand in allen fried und reichtumb war Turkischer Kayser, so ist doch ein Christen schaffhirt seeliger den solcher, den iener ist doch in des ein kind des teuffels und wird bald hernach alle weltlige pracht verlassen müssen und in dii Ewige verdamnis faren. Ein schaffhirt aber der ein rechter Christ ist, ist ein Son des allerhöchsten gottes, und wird nu bald erlöset werden, von aller mühseeligkeit des kegenwertigen lebens, und dii Ewige seeligkeit in Christo und mit Christus besitzen, den also sagt der heilig E.glist Johannes in seiner ersten Epistel am 3 cap. Meine lieben, wir sind nu gottes kinder, und ist noch nicht erschiinen was wir sehen werden wir wissen aber wen es erscheinen wird, das wir ihn gleich sein werden, den wir werden in sehen wii er ist; darumb sollen wir uns weder durch wolust noch durch trübsal diiser welt vom Christligen glauben abwenden lassen.

Je großer aber nun der adel und herrligkeit des Christligen namens ist, ii mit großerem fleiß sollen wir uns fursehn das wie ihn nicht mitt einem schandligen sundigem leben verunehren und besonderlich was wär wnehrliges, als wen einer war ein Son und erb eines gewaltigen königs nii auf erden und fing an die allergemeinste handtwerk zu treiben. Und ein solch lose leben zu fuhren wii die allerverachtesten menschen flegen. Vil unflettiger, viel schandtliger stehet es, wenn einer ein Christ wil geheisen sein, und welzet sich doch wie ein Sau in allen lästern und Untugend. Den, ist er ein kind gottes, warumb lebt er den wii ein kind des teuffels? Ist er ein erb des himelreiches warumb eilet er den so mitt seinen sunden, dii hollen zu ererben; und ist er ein uberwinder des todts, warumb gibt er sich den mit seinem bösen leben in denn ewigen todt mutwillig gefangen? wii sollen wir in sunden leben, spricht S. Paul, die wir abgestorben sind? Derhalben last uns allen unseren fleiß daran wenden, das wir unsren Christligen namen auch mitt einem erbaren wandel und heiligen leben ziiren und preisen, auff das nicht umb unsers sundigen lebens willen, der namen Jesu Christi unter den heiden gelastert werde, und wir nicht aus der erbschaft solcher großer himlischer gutter, welche durch den Christennamen bedoten fallen, sondern dii selbe ewiglig behalten. Dazu verley uns seine gnad gott der heilig geist, der ewig ware gott, gelobt und gebenedeit von Ewigkeit zu Ewigkeit AMEN.

Im nachsten hatt Eur lieb hören sagen, und mit 12 starken ursachen beweisen, das allein der Christlige glaube und dii Christlige lehr von Gott, der wahre glaube und die gottlige lehr sey, welche zu lehrnen uns zimet, und zu halten sich furnemlig und am allermeisten befleißigen sollen, alle dii den waren gott seinen willen recht erkennen, und die ewige seeligkeit erlangen wollen. Derhalben ist von noten das man wisse woher man den Christligen glauben lehrnen soll darumb folget in unseren fragstuken in rechter Ordnung diise frag?

Woher lernet man den Christligen glauben?

Diise frag erinnert uns der verlornen ersten Vollkommenheit menschliger natur: den also war der mensch anfaglig erschaffen, das er war ein volkomen und lauter ebenbild gottes, und kante gott rechtschaffen, ohn irgend einer erschaffenen lehrer, und on alle bucher, und kondte seinen willen volkomlig gehorsam sein. Nach dem aber Adam und Eva gefallen sind, so sind nu dii menschen, von ihnen geboren, nicht allein beraubet des Vermögens gott volkomlig gehorsam zu sein, sondern konnen auch auß ihm selbst kein recht erkenntnis gottes und

seines willens haben, wii der heilig Apostel Pauly bezeuget in der Epistel an dii
Corinther im andren Capitel, da er spricht: der natürlige mensch vernimpt nichts
vom geist gottes: es ist im eine thorheit, und kan es nicht erkennen, denn ehr
wird von geistligen Sachen gefragt. Darumb können wir nirgind anders woher
wissen, was zur rechten gottseligkeit und zum ewigen leben diinet, den nur
aus der Offenbarung gottes vatters, wii unser herr I. C. anzeiget da er zu Petro,
als er bekant den furnemsten artikel des Christligen glaubens, Du bist Christus
des lebendigen gottes son, sagt: Fleisch und blut hatt dir das nicht offenbart,
sondern mein vatter im himel. Derselbe offenbaret aber solches durch seinen
heiligen geist in der heiligen schrift, daher befilt Christus Jo. 5 cap. sehet in der
schrifft den ihr meinet ihr habt das ewig leben darinnen, und sii ist die von mir
gezeuget: darumb wird auff dii vorgewte frag recht geantwortet: Der Christlige
glaube ist kurtzlich verfast im Catechismo: den der selbige begreifft in summa
alles, was gott seiner kirchen in seinem wortt durch dii lang und viile Schriften
der Propheten und Apostel furgegeben hatt, wie ich in der vorred angezeiget
hab. Als zu einem beispil: heut haben wir hören auslegen, das erste öffenttlig
wunderzeichen unsers H.J.C., welches er gethan hatt zu Cana in Galilea, da er
wasser auf einer hochzeit zu wein gemacht hatt, damitt er klarlig beweiset hatt,
das er warer allmechtiger gott sey, der alle Creaturen erschaffen habe, und endern möge nach seinem gefallen, und in Sonderheit hatt er damitt verehret und
gepreiset des heiligen Ehestanden, und bezeuget, das er gottsfurchtige Ehleut
in keiner nott will verlassen. Derhalben, ob woll dii historia nicht von wort zu
wort im Catechismo stehet, so kann doch iedermann merken, das sii gehört ins
fünfte, siebent und zehente gebott gottes. Darinnen auch der Ehestand gelobt und
bestettigt wird, und in dem andren haubtartikel des Christligen glaubens, da wir
Jesum Christum für den einigen Son Gottes des vatters, und unsern herrn, das
ist, warer gott, unserem helffer in allen nöten, bekennet: und ihn dii viertte bitt
des vatter unsers, da wir umb das teglige brodt umb alle notturfft dieses lebens,
bitten. Also ist auch sonst in der gantzen heiligen schrifft, nichts, das nicht auff
eins, oder zugleich auff alle stuke des Catechismus möge gezogen werden.

Was ist den der Catechismus?

Antwort: Der Catechismus ist ein buchlein in welchem kurzlig verfast ist alles,
was uns Christen vonnöten ist zu wissen zu unser seelen seeligkeit.

Das wortt Catechismus kompt vom grichischen wortt welches heist einen
mitt lebender stime von etwas, es sey was es wil, unterrichte, also das derjinnige
wider auffsagen muß, was er gehört hat.,

Und ein solcher Unterricht heist Catechismus. Darumb ist auch dii Summa
Christliger lehr also genandt worden: den in der ersten kirchen nach den
Aposteln waren besondere lehrer verordnet, welche man Catecheten oder
Catechisten hiiß, dii da mit lebendiger stimm dii summa Christliger lehr fur-
gaben denen, dii auß dem Judenthumb oder heidenthumb zum Christligen
glauben kamen, und diise nennet man Catechumenoien und wurden nicht ehr

zur tauff gelassen, sii hatten den zuvor bekant und auffgesagt was sii von den Catechisten gelernet hatten. Welch beispil den auch ietzt solte beide lehrer und zuhorer billig in der Christenheit bewegen, den Catechismus mitt größerem fleiß zu treiben, und zu lehrnen. Es wird aber ein kinder lehr genand, nicht das sich ausgewachseni alte leutt sein schämen sollen, sondern viel mehr darumb, das alle Christen verflicht sind den selbigen wie /ein/ kind auffzulehrnen. Den wen wir gleich den Jaren nach alt sind, so sein und bleiben wir doch bei gottes wort immerdar nur kinder in diesem leben und können es nimmermehr gantz auslernen. Darzu wird uns gleich gebotten das wir der bosheit nach kinder sein sollen /1 Cor. 14/ daß ist, in der bosheit unerfahren das wir uns ia nicht dürffen der lehr des Catechismy ausreden, darumb das wir der iarhalben nicht kinder sind.

Volget weiter. Wiiviil stuck hat der Catechismy?

Antwort: Er hat fünff stuck. Welches sind dii? Antwort: das erste die zehen gebott, das andere, der glaube, das dritte, das vatter unser, das vierte, das sacrament de tauffe, das funfte, daß sacrament deß herren abendtmahls.

Denn alle lehr der heiligen schrift, alten und newen testaments, kan auff diise funfft stuck vergleicht, und darauß destobesser vastanden werden, wii droben angezeigt ist. Auch soll alle lehr und glauben, sie werde furgegeben von wem sii wolle, in diesen stucken probirt werden als auf einem streichstein, und angenommen werden, so sie damit oberein stimmet, verworffen aber werden, so sie darwider ist.

Es sindt auch zu allen Zeitten fromen leutt gewesen die solchen fleis angewandt haben, und darumb sindt nicht alle verdampt worden die unther dem Bapstumb, und andren kezerei gelehrt haben. Denn ob gleich an vielen orten in offentligen Versammlungen, nichts anders den nur eitel ihrtumb und abgötterei gepredigt und geübt worden, so hat doch gott aus unausprechlicher lieb und sorg für seyne auserwelten dennoch den bloßen text deß alten und neven testaments, und des catechismi, darzu etlige christlige lieder von dem verdienst der menschenordnung, des leidens und Sterbens, und der aufferstehung Jesu Christi, unferfelscht wunderbarlich erhalten, dadurch immer zu ettligen für offentligen irtumen und abgötereyen bewaret, etligen kurz für ihrem sterben zum rechten Christligen glauben bekerett, sindt worden. Des nennen wir S. Bernard zum exempell. Zu des selbigen Zeitten war die Christlige lehr sehr vertunckelt worden durch menschen sazungen, und hatte daß mönchische wesen sehr überhandt genomen, und S. Bernard für anderen sinderlich streng gelebt, da er aber nu bald sterben soll vergas er aller mönchischer Heiligkeitt, und gedacht an die lehr des Catechismi, daraus schepfet er ein trost, und sprach, Meine Zeitt hab ich verloren, den ich hab schendlich gelebet, Aber mein Herr Jesus Christus hatt das himelreich ererbet vom vatter, weil er ist der einige, ewige son gottes, diß recht bleibt im allein. Zum andern als verdienst durch sein leiden, diß recht und verdienst hat er uns geschenkt, den er hat ia für uns gelitten.

Diese fragstück die wir bis her gehandelt haben, sindt gleich eine vorred des catechismi, und zeigen kurtzlig an den inhalt des ganzen werks, des hernach folget, und sind furnemlig dahin gerichtet, das man daraus erkenne, wii hoch von nöten und nutz dii lehr des Catechismi sey. Denn so dii seeligkeit und das ewige leben, all, in kompt aus dem rechten glauben zu gott, der glaub aber aus der predig des worts gottes /Rom 10/ Und der Catechismus ist eine kurze summe des ganzen worts gottes, so ist offenbar das in zu lehrnen, auffs höchst nötig und nutzlig sey und sunderlich ist das zu sehen, wen man iegliges stuk in sunderheit betrachtet.

Den was kan nötiger und nützliger sein als wissen, was gott gethan und gelassen wil haben, welches dii 10 gebott anzeigen? Wii man recht an gott glauben sol, das dii artikel des glaubens lehren? Wii man gott recht an soll ruffen, welches im vatter unser vorgebildet wird? Und wormit der glaub in aller widerwertigkeit und wider alle anfechtungen möge gesterkt werden, welches durch dii sacrament geschiht? Darumb last uns folgen dem Exempel einer vorsichtigen stadt, von der man sagt: Woll der stadt, dii zur zeit des friedens sich zum krieg rüstet, und dii weil wir noch zeit und lehrer haben, den Catechismus lehrnen auff das wir nicht eins mal ungeschikt und angerüstet vom trubsal und anfechtungen uberfallen werden. Laßt uns auch gegen unsre kinder und hausgenossen halten wie ein gartner, der im nicht last genügen, das ihr den garten voll allerley guter a l t e r bäum und kraut hatt, sondern zeugt immerdar mehr darneben auff und beuget die junge bäum seines wolgefallens, diiweil sii noch zart und geschwank sind, ehe sii hart werden, das man sii on schaden nicht biegen kan.

Also sollen wir auch nicht gedenken, das wir unsers ampt genug getan haben, wenn wir dii Christlige lehr wissen, und also in den garten des Herren, das ist, in der Christligen kirch stehen, sondern sollen auch unsere iugend und denen wir zugebiiten haben, zwingen, und weisen dii selbige zu lehrnen, und zu üben, dieweil sii gelegenheit darzu haben; Auff das auch sii sampt uns in diisem leben den waren gott recht lehrnen erkennen, und ehren, und sich wider all ungluk und anfechtungen, mit gottes wort rüsten, und endtlich dii ewige seeligkeit erlangen, durch Jesum Christum unsern Herrn der mitt sampt dem vatter und dem H.G. lebt und herrschet, ein ewiger und warer Gott von E. zu E. AMEN.

Bis her haben wir gehört lieben Christen, dii vorred des Catechismi, und darin gehört, wii nötig und nutzlig ding oder lehr der Catechismus sey, und worvon er furnemlig handelt, nemlig von diesen funff stuken, von den 10 gebotten gottes, von dem glauben, von dem vatter unser, von dem sacrament der tauffe und von dem sacrament des herren Abendmals. Nu folget der Catechismus an ihm selbst, welches erste zil ist die lehr.

Vom ersten stuck des Catechismi von den zehen gebotten gottes.

Die gantze heilige Schrifft altes und neves testaments, hatt zwey furnemlige haubtstuk, das gesetz und das evangelium. Das gesetz heißen die sprüch, in welchen gebotten wird, wii wir geschickt sein sollen, und was gott von uns gethan wil haben, und wird verbitten was wir lassen sollen. Das Evangelium heißen dii sprüch, in welchen verheißen wird Vergebung der sunden, gerechtigkeit für gott und ewiges leben, leutter umbsonst, um des sonß gottes unseres herren I. C. wegen. Zu diesen zweien haubtstuken gehört alles, was auch sonst in der gantzen heiligen Schrifft begriffen ist: den entweder ist es ein auslegung des gesetzes, oder des Egly; oder verheißung oder belohnung des gehorsams, oder der straffe des ungehorsame gegen das gesetz, oder exempel derer dii das gesetz gehalten, und dii verheißene belohnung empfangen haben, oder deren dii es ubertretten haben, und darumb gestrafft sind worden: oder geschiht von denen, dii der verheißung des Egly. geglaubt, und dadurch Vergebung der sunden und dii ewige seeligkeit uberkommen haben, oder dem Eglium nicht geglaubt und sind verdampt worden, dii summa des gesetzes ist verfast in den zehn gebotten, der inhalt des Egly. in den übrigen stuken des Catechismi.

Es wird aber billig im Catechismo vor angefaßt dii lehr von den zehen gebotten gottes. Den erstlig ist ihr erkentnis den menschen gleich in seiner ersten erschaffung von gott eingepflanzet worden, das Eglm. aber erst nach dem fall gegeben worden, welches auch nicht von nöten gewesen war, denn der mensch nicht gefallen wäre.

Zum anderen sagt dii schrift: die furcht des herren ist der weisheit anfang. dii zehen gebott aber lehren und wirken, furnemlig dii furcht gottes im menschen. Das zu verstehen, so merkt hier lieben Christen, das zweyerley furcht des herren ist, ein knechtische und ein kindlige. Denn ein knecht furchtet auch seinen herren zu beleidigen, aber was bewegt darzu? Die liibe des lohnes, und die furcht der straff, den ohnzu verliehren, oder schlagen, oder etwas anders zu leiden. Darumb auch gemeiniglich der diesnstboten treue und gehorsam nur so lang wartet, so lang man ihn zustehet, sonst sind sii wii ietzt dii gantze welt klagt. Also ist dii knechtische furcht des herren, wen der mensch erkennet das er die gebott gottes nicht gehalten hatt, und nicht gehalten, und erschrekt also aus der betrachtung des zorns gottes, den er mitt seinen sunden verdienet hatt, on hoffnung der gnaden. Solche furcht wirket das gesetz, wenn es on das Eglm. gepredigt und betrachtet wird, und ist an ihr selbst nicht heilsam, sondern treibt zur verzagnis, und ist ihr ende der ewige todt, wii an Cain, Saul, Juda und dergleichen zu sehen ist. Sol sii aber heilsam sein so muß sii in kindlige furcht verwandelt werden. den ein fromb kind scheuet auch einen vatter zu beleidigen, aber nicht ao sehr aus furcht der straf als auß betrachtung der vielveltigen wolthaten dii es vom vatter hat empfangen. Darumb dünket es unbillig sein wieder in zu thuen, und wo es gleich ubersehen hatt, und den vatter unversehens beleidigt, so macht im doch das lieblige wortt, vatter, ein hertz und zuversicht, wider ihn den vatters huld zu kommen, wo er sich vor ihm demütiget, und umb vergebung der sunden bitten macht. Also ist dii knidtliche forcht des herrn ein gottesgebott zu thuen, aus liebe gegen gott, und betrachtung unzeligen und unaussprechligen leibligen un geistligen, von ihm empfangeenen wolthaten, welche forcht der heilige geist wirket in den menschen, die ihrer sunden halben erschrocken sind, wo neben dem gesetz das Eglm. von der gnad gottes im Chro. Jesu verheißen, verkundiget wird. und obe gleich der mensch in diser kindtlige forcht des herrn ist, durch des teuffels schalkeit, und menschlige gebrechligkeit übereilet wird, und wider gottes gebott thut, so verzagt er doch darumb nicht von stund an, und laufft hin un erhenkt sich, oder erstickt sich selbst, wii Saul und Judas, sonder diiweil er gott für seinen lieben vatter hadt, demutiget er sich für ihm durch bekentnis, und bittet, hoffet auch gewißlig von ihm gnad und Vergebung umb Ch. willen, wii zusehen ist an David, Menasse, Petrus, und dergleichen, welche nach großen sunden wider zu gnaden, von gott sind angenommen worden. Die forcht des herrn ist heilsam, und ist ihr end dii wäre seeligkeit und ewiges leben, von Chr. Jesum wegen, der man mitt dem glauben hatt ergriffen. Darumb so stehen dii zehen gebott billig zu forderst im Catechismus, diiweil sii lehren dii furcht des herren, welche ist der weisheit anfang.

Zum dritten so gebeut euch gott, das man dii buß vor der verheißung der gnaden predigen soll, welches furnemlig durch das gesetz geschiht. „Ruffe getrost, spricht er zum Propheten Esaia schone nicht, erheb deine stimme wie eine Posaune, und verkundige meinem volk ihre ubertretung, und dem hauß Jakob ihre sunde. Und schreib ihnen für die form eine rechte buß oder bekerung, darnach setz erst dii verheißung für die bußfertigen. Also das Chr. der herr Johannes erstlig aussondert vor seinem lehren im Judischen land zu predigen, Befahl das sii sagen sollten, thut buß, das himmelreich ist nahe herbey kommen. Desgleichen sprach er nach seiner aufferstehung zu ihnen: Also ist es geschrieben, und also ump Ch. leiden, und aufferstehen von den todten am dritten tag, und predigen lassen in seinem namen buße und Vergebung der sunden und allen völkern.

Zum vierten haben auch diise Ordnung in der lehr gehalten die heiligen Propheten, im anfang im Esaia ist zu sehen: den nachdem er mitt so villen ernsten Worten das Volk gestraffet hatt, umb der abgötterey und anderen sunden willen, damit sii gottes gesetz ubertreten hatten, und angezeigt wii sii sich bekehren sollen, hebt er darnach an inen zu predigen von Vergebung der sunden. Dergleichen Ordnung ist auch zu sagen ihm Propheten Ezechiel am 18 und am 33 capitel. Joel und in summa in Allen Propheten. Solche Ordnung hatt S. Johannes der teuffer gehalten und also gepredigt: Thut buß den das himmelreich ist nahe erbey komen. deselbigengleichen Chr. der herr Math. 4 und Marc.l Thut buß und glaubt an das Eglm. Also auch die Apostelln wie ihr predigen und schrifft bezeugen, und in sunderheit dii Epistel an die Romer in welcher der Heilige Paulus erstlig allen menschen, Juden und Heiden zu sundern und ubertrettern des gesetzes macht und darnach erst anfehet zu lehren, wie man durch den glauben an Christum Jesum gerecht und seelig werde.

Ja es erfodert auch dii natur solche Ordnung, den dii Christlige lehr ist gleich der arzney kunst. Den gleich wii die arzney den leib gesund machet. Also heilet auch das Wort gottes die Seel, gleich wii man nu in des leibs schmerzen und krankheiten am ersten muß ettlig scharff beißende arzeney gebrauchen, dadurch der eiter, wildfleisch, oder was so die gesundheit hindern mag ausgerottet und vertrieben werde, ehe man dii stuk nimmt, dii eigendlig zur gesundheit dienet, welche sonst nichts kundten ausrichten. Also mussen wir auch in der Christligen lehr dii menschen erstlig durch dii predig des gesetzes erschreken und durch dii Offenbarung der sunden und zorns gottes das wilde fleisch tödten, und darnach dii erschrekten durch die verheißung der gnade gottes trösten. Es ist mitt dem Eglm. /allein/ nichts auszurichten.

Den ein Kranker der dii große und geferligkeit seiner krankheit, oder wunden nicht verstehet, kan derselben Ursachen nicht rechtschaffen hassen, achtet weder den artzt, noch seine kundst groß.

Ein dieb diiweil er gluk hatt am stelen, hatt keinen ernsten misfalen an der dieberey, ist auch nicht besorget umb einen erlöser vom galgen. Wenn er aber ergriffen ist, und keine hoffnung mehr hat on den höchsten galgen, alsdan hebt er erst an der dieberey recht feind zu werden, und hertzlich zu wünschen von solch schendlichen tod loß zu werden, und so ihm gelinget, durch frommer leutt fürbitt, oder sonst, das im das leben gefristet wird, da weiß er nicht wie er gnug seinen helffern danken und die erlösung gnug erheben soll. Also kan kein mensch der sunden rechtschaffen feind werden, noch Christum den heiland herzlig begeren, noch das heilig Eglm., lieb und wert haben, er hab den zuvor auß der predig und Ermahung des gesetzes erkennet, was ein grawel gott an der sund hat und wii hefftig er druber zurnet, und wii hertigklig er sii zeitlig und dort in ewigkeit an leib und seel straffen wil.

Daher ist nu offenbar gnug, das dii zehen gebot billig zu forderst stehen im Catechismo. dieweil sii dii summa des gestzes begreiffen: und fragt man von den zehen geboten in unserer fragstuken erstlig also:

Wer hat uns dii 10 gebott gegeben?

Diß ist ein nötige frag den dadurch werden wir erinnerst, wii hoch wir die zehen gebot achten sollen. Den von wngerechten leutt ihren wortten, sagt man recht, Man soll nicht ansehen wer da redet, sondern was er redet, und so es weißlig und wißlig geredt ist so soll man es der geringen person halben nicht verachten. Aber in großer und anseliger leutt wortte muß man auff beides sehn, wer da redet und was er redet. Den ie größers ansehens dii person ist dii da redet, so viel mehr gilt auch das sii redet. Es wird aber auff dise frag also geantwortet: Gott hat sii uns gegeben.

Nemlig der ware Gott, der himmel und erde Erschaffen, und dii kinder Israel aus Agipten gefurt hatt, den vatter unsers Herren Jesu Christi, den also fahet

Moses an dii zehen gebott zu beschreiben und gott redet alle diese wortt, Ich bin der herr dein gott, der ich dich aus Agipten land auß dem dinst heraussgefurt hab, du solt kein ander götter neben mir haben. Mir felen aber auch nitt, wenn wir sagen, unser herr Jes.Chr. hatt dii zehen gebott gegeben, den gott der vatter thut nichts, on, durch den son, wii Joan: 1 und zu Coloß. 1. klerlig geschrieben steht. Und wiwol Chr. ein andere person ist, den der vatter, so ist er doch dem wesen nach nicht ein andrer gott, sondern mitt dem vatter und dem heil. g. nun derselbige ewige einige ware gott, der himel und erde gemacht und das judisch volk aus Agipten erlöst hatt. Zum andern S. Stephan spricht in der Apostel geschichte am 7. cap. das ein Engel mitt Mose und dem volk auff dem berg Sinai gered hat, da dii zehen gebott gegeben worden. Solch engel aber ist keine Creatur gewesen, den er wird genand gott der herr, der die kinder Israel aus Agipten gefurt hat. Es kan auch nicht eigentlig verstanden werden, vor Gott dem vatter, der ENGEL ist ein namen und heißt ein Bott oder gesandter, welcher namen der Person des Vatters nicht gebürt, den er ist niemandts diener, bott, oder gesandter, darumb ist es eigendtlig grad von unserem herren Jesu Christi, welcher um des amptes willen des mittlere, zwischen gott und den menschen in der heil. schrifft ein diener und Engel genand wird.

Zum dritten spricht der Apostel Paulus am ersten Corin. das dii kinder Israel in der wüste den herrn Christus, versucht haben. Moses aber schreibt im andren buch am 17 und im dritten buch am 14 capitel. das sii versucht haben gott den herrn der sii auß Agiptenland gefurt, und darnach ihnen dii 10 gebot gegeben hatte. Darumb ist Jesus Christ der gott und herr der dii kinder Israel aus Agipten erlost hatt, und dii 10 gebot gegeben hatte. Darumb ist Jesus Chr. der Gott und herr der dii kinder Israel aus Agipten erlöst hatt, und dii 10 gebott gegeben.

Und reimet sich sehr woll, das eben dii person dii zehen gebott gegeben habe, dii in der menschlichen natur das Egl., gnad gottes predigen sollte. Auff das auch damitt angezeiget werde, das das gesetz solt ein Zuchtmeister sein auf Christus, und das den menschan nicht darumb durch die 10 gebott ihre sunden, und gotts zorn offenbart werden, das sii darunter ewigklig bleiben, und verderben solten, sondern getrieben werden Christus den heiland der sunder zu suchen, und durch in gottes gnad und ewiges leben zu erlangen, nach dem weißligen Spruch Ezech am 33: So war ich lebe spricht der Herr, Ich hab keinen gefallen am tod des gottlosen, sondern das sich der gottlose bekern, von seinen wegen, und lebe.

Diiweil den dii 10 gebott von gott dem Herren selber gegeben sind, ist offenbar, das sii sehr hoch zu halten sind sonderlig weil kein rechte gesetze sind, keine rechten Sprüche von guten Sitten, noch in Christligen, noch in heidnischen Schrifften, dii nicht hieher als auß einem Brunnen quellen: den so wir unsres weltligen Keisers, königs oder fursten briff und gebot nicht thuen verachten, wiiviel höher solln wir achten, und mit größerem fleiß lehrnen dii zehen gebot, dii uns unser schöpfer und heiland, der Kayser über alle kayser, der König über alle könig, und herr über alle herren gegeben hat, und sii nicht so gar gering und unnötig achten wii doch /leider/ der meiste hauff auch unter den Christen thutt, das ungestrafft nicht wird bleiben.

Den das uns sagt das gesetzt sey aufgehoben soll man allein verstehen, von der eußerligen Ordnungen, und weltligen gesetze der Juden, und von dem pfluch der 10 gebott, welcher von denen hinweg genommen ist dii an Christum Jesum glauben: nicht von dem wissen und gehorsam der zehen gebott: den der mensch ist in ewigkeit dazu verbunden, diesen gott seinen herren lieben von ganzem hertzen von gantzer seele, von gantzem gemute, und aus allen seinen kräfften und seinen nächsten als sich selbst, welches den ist die summa der 10 gebott. und darin alle gesetz gotts und die propheten stehen

Das sey audd dismal gnug. Gott gebe das solche lehr uns ihm gedachtnis bleibe, und rechtschaffene frucht bey uns schaffe.

In der nächsten predig, haben wir gehört lieben Christen, wer die zehen gebott gegeben hatt. nemlig Gott der herr der himel und erden geschaffen, und dii kinder Israel aus Agipten gefuhrt hatt. Oder /das gleich so vill ist/ unser Herr Jesus Chr. Derhalben soll man diise lehr mitt solchen ehren annemen, als einen brieff und befell des allerhöchsten himlischen kaisers: Nu folget ihn unseren fragstuken weiter:

Durch wen hat er sii uns gegeben?

Das ist auch notig zu wissen, den die zwey furnemste haubtstuke der Christligen lehr sind, gesetz und Eglm. wii in der nechsten predig gesehen ist, also sind auch zwey furnemste lehrer den menschen von gott gegeben, durch welche ieder einen aus der haubtstuk eigentlig und in richtig gestalt auff erden ist gepredigt worden, nemlig Moses und Jesus Chr. Darumb von nöten ist zu wissen durch welchen unter den zweyen, welch stuk in Sonderheit eigentlig zu lauten gebracht sey worden, auff das man ihr beider ampt fein unterscheiden, und unver-wischt behalten möge, und erkennen welches ampt das ander ubertreffe, und durch welches dii größte wolthaten dem menschligen geschlecht sey widerfahren.

Auff solch frag wird recht geantwortet: Durch Mosen auff dem berg Sinay: Den also sagt S. Johannes der teuffer Joh. 1. das gesetz ist durch Mosen gegeben, dii gnad und warheit ist durch Jesu Christ geworden.

Hii mögt iemand sprechen, wie verträgt sich aber das mitt dem das droben gesagt ist, unser herr Jesus Chr. habe dii 10 gebott gegeben? Antwort: Gantz wol, Den S. Johannes halt in diesem spruch Mosen und Christum gegen einander, nicht nach der Person, sondern nach dem ampt, das ein ieder zu seiner zeit auff erden gefurt hatt. Denn man muß Christum auff zweierley weiß ansehen: Erstlig nach seiner unbegreifligen gottligen Maiestet zum anderen nach seinem ampt, das er in menschliger natur auff erden sichtlig gefurt hatt. Seiner untbegreifligen gottligen maiestet nach, ist er gleiches weses und gewalt, und diise weiß nach zu reden, hatt er nicht weniger dii 10 gebott gegeben den der vatter, wii ich fur acht tagen beweist hab, und ist Moses, in dem Christus dii 10 gebott zun kindern Israel bracht hatt, nicht weniger ein diener Christi gewest den des vatters. Also der auffgenomener menschliger natur nach, ist Christus kleiner als der vatter, und was sein ampt belangt, das er im fleisch hatt sollen vorbringen auff erden, ist es recht gesagt, das nicht durch ihn, sonder durch Mosen das gesetz gegeben sey. Den wiewol Chr. auch zu zeiten angenommen hat, dii 10 gebott auszulegen Matt. 5-6 und 1 cap. /und anderwo mehr/, so hatt er doch solches gethan, den falschen verstand der Juden zu straffen, und den rechten verstand widerumb auffzurichten. Ist aber nicht darumb furnemlig in dii welt kommen, sondern sein furnemstes ampt ist gewesen das Eglm. von der gnad gottes predigen, und das menschlig geschlecht durch seinen todt mitt Gott zu versönen, wii er selber in seinem vatterland auß dem Propheten Isaia sagt: der herr hatt mich mitt seinem geist gesalbet, und gesand das Eglm. zu predigen den armen; Und Matt. 20, des menschen son ist nicht kommen, das er im diinen lasse, sondern das er diine und gebe sein leben zur erlösung für viele.

Hii ist nu von nöten zu sagen was für ein unterscheiden sey Zwischen dem gesetz und Evangelio – derselbige besteht furnemlig in diesen dingen. Zum ersten das erkennen des gesetz hat nicht da erst angefangen da die 10 gebot auff den berg Sina gegeben sind worden, sondern ist bald in der ersten erschaffung den menschen eingepflanzet worden, und auch nach dem fall nicht gar verloschen, wii den nicht nur allein die Christen, sunder auch die heiden, beiden schrifften und exempel weisen, und der heilige Pauly bezeuget zum Rom. 2 cap. Das Eglm. aber von der gnad gottes in Christo hat allein der eingeborne Son, der im schoß des himlischen vatters ist offenbaret, da es aller creatur zuvor verborgen war, wie Johan. 1 geschrieben hat. Es verheißt das gesetz gleich so woll zeitlige und ewige gutter, als auch das Eglm. Aber das gesetz thutt solches mitt geding, so man seine gebott volkömlig erfulen würde, und dieweil die menschen das nicht vermögen, somit die verheißungen des gesetzes nicht nützt, sonderlich was dii ewigen gutter betrifft; Aber das evige Eglm. verheißt alles on bedingung unserer werk umbsonst umb Chr. wegen.

Zum dritten, weil die menschen dem gesetz nicht vollkömlig gnug thun können, so strafft und mehret es allein dii sunden, wirket zorn und verdampt dii menschen, welches auch dii erschreklige gewalt bedeutet hatt, darunter dii zehen gebot gegeben sind am berg Sinai, das Eglm. aber diiweil es Christo furtragt, dekt dii sunde zu, und nimpt sii weg, und bringt denen dii ihm glauben, fried und ewige seeligkeit. Zum vierten, das gesetz ist ein predig für dii stoltze, hartnäkische, halzstarrige und unbußfertigen sunder, darnach sii sollen damit geschlagen und gedemütigt werden wie Jeremia 23 und in der Episteln an Tim. 1 geschrieben stett. Dargegen ist das Eglm. ein predig für dii armen, das ist, für dii welche durch das erkenntnis der sunden, und des zorns gottes nu einem zerschlagenen geist, und demütiges hertz haben, auff das sii dardurch auffgerichtet, und widerumb lebendig gemacht werdenn.

Auas diesem unterscheid ist nu zu sehen, welcher unter den zween lehrern, darvon ich droben gesagt hab, der vornemste sey, Moses oder Christus, und durch welchen Gott den menschligen geschlecht dii grösten woltaten beweist hatt: den so viel der Schäffer /Schöpfer mehr ist/ den dii creatur, der herr den der knecht. so viel ubertrifft Christus den Mosen, und so viel die gerechtigkeit besser ist als dii sund, so viel groser sind dii wolthaten dii uns Christus gibt, den dii durch mosen gegeben sind, Das sollen wir stetts mitt dankbaren hertzen und gemutt erkennen und behalten.

Das aber auch hii des bergs Sinai gedacht wird vermanet uns also wir gedenken und zu gedachtnis furen sollen, alle Wunderwerk, und gezeugnis dii da gesehen sind, eh dii 10 gebott gegeben sind, in dem sii gegeben sind, und nach sii gegeben sind, das ansehen derselbigen zu bestetigen, den ehr dii zehen gebott vom himel herab verkündiget sind worden, hatt gott viel Wunderwerk gethan ihm Egipteland, und am Rothen meer, darin auch endtlig der könig mit alle seinem heer wunderbarlig ersaufft ist worden. Gott hatt den kindern Israel gegeben brod vom himel, wasser aus eim felsen, und wachteln zu speiß, auff das sii durch solch Wunderwerk erwekt würden, dii predig der 10 gebot mitt desto großerem fleis und acht zuhören, und zu behalten, da aber letzt dii zehen gebott sollten gegeben werden, ist es also zuwegen gangen. Als das gantze volk Israel, das mehr den 6 mal hunderttausend man waren on die weib und kinder, und gemein gesinde, unten am berg Sinai stunden, da hörte man erschrekligen doner vom himel, man sähe grauligs wetterleuchten und blitzen, es bedeckten den berge ein dike finstere wolke: es klang ein gewaltiger Posaunen hall um den gantzen berg. Den, mitt solchen Zeichen hatt der herr wollen anzeigen dii gegenwertigkeit seiner gottligen maiestet. In dem nu solches alles geschieht, hatt der Sonn Gottes, unser herr Jesus Christus dii zehen gebott zuertzehlen, mitt so großer und grausamer Stimme, das es nicht nu allein alles volk höret /es muß aber ia furwar ein sehr starke simme gewest sein, dii so viel tausend menschen haben kunnen vernemen/ sondern auch also darfur erschrekte, das sii zuruk wichen, und Mosen umb Gottes willen batten, er solte dem herren nicht mehr mitt ihnen lassen reden, sii mögten sonst sterben.

Nach dem aber die zehen gebott gegeben waren, sind dii kinder Israel noch 38 iar in der wüsten wunderbarlig erhalten worden, also das ihre kleider nicht sind veraltet in der langen Zeit und ihre füsse nicht zuschanden von den schweren reisen, der Jordan ist vertroken, das sii zu fuß sind hindurch gegangen: dii mauern an der stad Jericho sind eingefallen, on alle menschliche gewalt. Sonn und mond ist still gestanden. Sieben gewaltige völker der Cananiter sind augetilget worden von ihrem angsicht und sind andere unzelige Wunderwerk bey ihnen geschehen, das sii das ansehen der 10 gebott bestättigten und beweiseten, das die 10 gebott ein himlische göttlige predig sei und dieweil das gesetz ein Zuchtmeister ist auff Christum welchen auch Moses gebeut, wii sich zuhören: darumb sollen wir es darfur halten, das solche wunderzeichen auch sind himlische Zeugniß von dem Eglium unseres herrn Jesus Christus, das dasselbig auch wahrhafftig ein himlische, göttlige predig sey, der wird on allen zweiwel glauben sollen: auff das wir von sunden erlöst werden, und die ewige Seligkeit erlangen, durch denselbigen Jesus Christus unsern herrn. der mit sampt G. dem vatter und G. dem Heiligen Geist lebet und herschet ein ewig warer got von E. zu Ewigheit AMEN.

vor acht tagen haben wir gehort lieben Christen, in der predig des Catechismi, durch wen und mitt was gott die zehen gebott gegeben hatt: Jetzt wollen mir ettwas sagen, von der teilung derselbigen: den also folget in unseren fragstucken.

Wie sindt diese gebott geteilet?

Das ist von nöten zu wissen, auf das man nicht dii werk der zehen gebott in einander menge, sonder einen unterscheid behalte zwischen den werken dii wir gott allein schuldig sind, und zwischen denen da wir eigentlich den menschen mitt dienen, darauf wird im geantwortet: Gott selber hat sii mit seinen eignen fingeren geschrieben und auff zwo steinern tafflen gesetzt.

Den also steht im anderen buch mosi am 31 cap. und da der her/r/ ausgeredt hatte mit mose auf dem berg Sinay, gab er im zwo taffeln der gezeugnis, dii waren steineren, und geschrieben mit dem finger gottes der gleichen im 5 buch mose am 9 cap.

Das aber gesagt wirdt got habe dii zehn gebot mit seinen fingern auf dii taffeln geschrieben, das ist auf menschenweis geredt, und nicht also zu verstehen, als hätte gott leiblige handt und finger damitt er schreibe als ein mensch, sintemal gott ein geist ist, der nicht fleisch und bein wii wir, sondern durch gottes finger soll man hii verstehen dii allmechtige krafft gottes, wii am 8 cap. des andern buchs mosi, da dii Aegiptischen zauberer sagten, von den wunderzeichen mosis, das ist gottes finger: oder den heiligen geist welch /-er/ in den gemeinen Christligen lobgesang: Komm gott schopfer heiliger Geist, der finger an Gottes rechter hand genand wird. und ist dii meinung: Gott hatt dii zehen gebott mitt seinem /finger/ auff dii steineren tafflen geschrieben, das ist, Gott hatt durch seine gottlige allmechtige krafft, oder durch den h. Geist verschaffen das dii schrifft der Zehen gebott in den steineren tafflen ist gestanden: den es sind dii zehen gbott gleich so viel als andere werk Gottes, außer dem gottligen wesen, ein gemein werk aller dreyer personen, des gottligen wesens. wii woll, dii weil die schrifft offt also redet ist woll zu glauben das Moses gsehen hat ein gstalt eines menschen, der auff dii taffelen hat geschriben. Und diese meinung zeiget an ein rechte weis zu vereinigen und zu vergleichen diise nachfolgende spruch dii widerwertig und widersinnich sein scheinen: nemlig im andren buch Mose im 33 cap. Da mose begert, gott woll im sein angsicht und herrligkeit sehen lassen, da anworttet im der herr, du kannst mein angsicht nicht sehen, denn kein mensch kan leben der mich siehet. kurtz aber zuvor sagt dii schrifft, Gott redet mit Mose von angesicht zu angesicht, wii ein mensch mit seinem freunde redet, des gleichen spricht gott selbst im 4. buch Mosi am 12. cap. ist iemand unter euch ein prophet des herrn, dem will ich mich kund machen im meinem gsicht, oder wii mit ihm reden in einem travm, aber nicht also meinem knecht Mose der in meinem gantzen hauß gewesen ist, mündtlig rede ich mitt ihm, und er siehet den herren in seiner gstalt nicht durch dunkel wort, oder durch gleichnis. Wie stimmen diese spruch wbereins? Also: Mose hatt nicht gesehen das göttlige wesen nach dem ersten spruch Er hatt aber dennoch gott von angesicht zu angesicht gesehen, wii der ander spruch lautet: den err hat gesehen den sonn gottes in der gestalt menschlicher natur welche er zur letzen zeit annemen solte von welcher er auch nach seiner menschwerdung sagt: wer mich siehet, der sieht auch den vatter, dem gleich wii wir recht sagen, wir sehen einen menschen, ob wir gleich sein wesen nicht sehehn können sondern allein seine große, gestalt, farbe, und desgleichen, diiweil mitt den dingen, das wesen der menschen gewiß vorhanden ist: Also ist recht gsacht, das moses habe gott von angesicht gesehen, darumb das mitt der menschligen gestalt, die ihm erschienen ist, der sonn gottes in der warheit, gegenwertig ist gewesen, welcher der warhaftig gott ist, und sagt: wer an mich glaubet, der glaubt nicht an mich, sondern an den der mich gesand hatt, wer mich siehet, der siehet den vatter.

Warumb hatt aber gott dii zehen gebott auff steinern taffeln geschrieben gegeben, wo er doch dii kirchen gsetz und weltlige recht mitt worten on schrifft, dem mose hatt befolen. Und warumb hatt er eben steinerne tafflen zu den zehen gebotten wollen gebrauchen, und nitt papiir, pergament, messing, eisen oder silber, oder golt? das ist nicht on ursach geschehen, den der stein besteht beid in fewr und wasser, ehe den ein andere materia: und was in stein gegraben wird, kan nicht leichtlig abgeloschen werden. Darumb hat gott mitt den steinern taffeln anzeigen wollen, das dii zehen gebott nicht sollten auffhören, wie dii andern gesetz der Juden, sondern ewiglig wären, so viel ihre lehre und gehorsamkeit belangt. Item: Man hebe den stein oder trage ihn, so ist er schwer, und trüket: oder, er fallt auf iemand so thut er wehe, oder stosse sich ein mensch daran, so beleidigt er in. Darumb so ist durch dii steinen taffelen auch angezeigt dii art, das ampt und werk der 10 gebott, gegen dii menschlige natur, nemlig das sii des selbige nu immerdar verklagen und töden, wie S. Paul davon schreibt Rom. 3.4.7. und in der anderen Epistel an dii Cor. am 3 cap.

Folget weiter in den fragstukem: wii viel gebott sind auff de ersten taffel? Ant. sii lehren uns wii wir uns gegen gott halten sollen, verstehet mitt hertzen worten und werken, und ist der inhalt dieser 4 gebott von mosen und dem herrn Christus kurtzlich verfaßt in diesem spruch: du solt Gott deinen herren lieben von ganzem herzen! Im 5 buch Mosi am 5 und am 10 cap. Matt. 22 Marcu 12, Luc. 10.

wieviel gebot sind auff der andren taffel geschrieben gewesen. Ant. Sex. was lehren uns dii gebott in der andren taffeln? Ant. Sii lehren uns wii wir uns gegen unsere nächsten halten sollen.

Verstehet dergleichen mit hertzen, worten und werken, und diese gebott sind von Mose, Christus un den Aposteln, kurtzlig eingeschlossen in diesen spruch, du solt deinen nächsten lieben als dich selbst. Im 3 buch Mose am 19 Cap. Mat. 22 Mar.12, Luc.10 Rom.13 Gal. 5 Jac. 2 cap. Item, alles was ihr wollet das auch dii leut thun sollen, das thut ihnen auch. Matt.7 Luc. 6 und nennet

Christus diesen spruch, du solt deinen nächsten lieben als dich selbst, darin dii summa der gebott auff der anderen taffel begriffen ist, das ander gebott das dem ersten und größten gebott von der liebe gottes, darin di summa der ersten taffei begriffen ist, gleich sey, nicht der meinung, als sey der mensch an etwas gott zu vergleichen, oder im mitt gleicher lieb als gott zu dienen: sondern darumb das eben der selbge gott, der da gebotten hatt in wber alle ding zu lieben und fordert nicht mitt geringerem ernst den gehorsam gegen dii ander tafel, den gegen dii erste, und wen dii werk der anderen taffeln auß einem rechten glauben geschehen, und daher gerichtet sind, das gott furnemlig darnach gepreiset und im gehorsam geleistet, werden sii euch werk der ersten tafel, und sindt gleich sowoll recht von got gefellige gottes dienst, als dii werck der erschten taffel. Und über das sindt sie gewisse Zeigen des angefagnen gehorsams gegen dii erschte tafel, wie der heilige loanes anzeigt da er sag: So iemand spricht, ich liebe got, und hasset seynen bruder, Der ist ein ligner. Den wer seynen bruder nicht liebet Den er sihet wie kan er got lieben den er nicht sihet. Und dis gebot haben wir von im, daß, wer gott liebet das der auch seynen bruder liebe. Darum auch S. Pauly sagt: Das das gantze gesetz in dem einen wort verfasset sey: Du solt deinen nechsten lieben als dich selbst: Zun Rom. 13, Gal.5.

Nun war es ia wol zu wünschen das dii zehen gbott in der gantzen Welt, allenthalben gantz einisch getzelet und aufgesagt würden, umb derer willen, dii sich so leichtlig auch an den aller gringsten dingen ergeren und dasselbig auff diise weise, da man ihn dii erste taffel vier, in dii andeere 6 gebott zehlet, wii wir bey unser kirchen thun. den man findet bey keinem alten kirchen lehrer, und Schreiber vor dem heiligen Augustino, welcher mehr als 300 iar erst nach Christi geburt gelebt hatt. Ein andere Weisung das uns weislig wäre. Aber ihr wisset lieben Christen das auch nur in unsrem vatterland die 10 gebott nicht eynerley weiß gezält werden, ist auch nicht gsund zu hoffen das es geschehen werde. Es soll aber solche Ungleichheit der Zall und wort niemanden anfechten und ergeren, den das ist nicht ein sach die in ein gebott verfasset sey, das man gleich muß einerley form hierin halten, und sintemal nicht alle ding ein form haben. Sondern es ist ein ding /das/ dasteht in Christliger freyheitt und mag nach der Christen gewohnheit und gelegenheit gehalten werden. Solches bezeugt am ersten das, das Moses selbst nirgend die Zal darfur setzet, da er die zehen gebott anzeiget, sondern den text bloß daher saget, on zal. Im andren buch am 20 cap. und im funnften buch am 5. welches er doch als der furnemste gesetzlehrer, nicht solte gethan haben, wen so viel an der Zal gelegen were. Also lest er auch selbst im 5 buch am 5 cap. vil wortt aus, die im 2 buch am 20 cap. stehen, und da selbst hatt er auch ein ander Ordnung der wortt am end der 10 gebott, den im andren buch. So halt auch Christus der herr und S. Paul nicht so fest und sorgfeltig an dii Ordnung der 10 gebott. den Matt. 9 Marc. 10, Luc. 18 erzelt Christus das gebott, Du sollt vatter und mutter ehren, nach dem gebott, du solt nicht falsch gezeugnis reden wider deinen nächsten und Luc. 18 setzt er das 7 gebott du solt nicht ebrechen vor das gebott, du solt nicht tödten.

Desgleichen thut S. Paul Rom 13 derhalben sollen Christlige leutt nicht der Ordnung und iegliges worts oder syllaben halben mitt einander feindtseliglig zanken. Sondern es ist gnug das man ins gmein weiß das es 10 gebott sind, und soll dii Ungleichheit in den wortten niemanden ergern. den auch gott selbst on zweiwel nicht dich darauf fragen werde, wie wir seine gbott ordnen und zelen, wen wir sii nur hielten, und recht gebrauchten.

darumb wies auch Paul Rom 14 von der speise sagt, der da isset, verachte den nicht der da nicht isset: wnd welcher nicht isset der nicht der da isset. Also können wir in diisem fall recht sagen, wer dii 10 gebott also zelet, der urteile den nicht der sii also zelet. Wir nösner wollen die nicht urteilen, dii nur drey gebott in dii erschte taffel zelen, und sieben in die andere und die zehen gebott kurzen, und mit weniger wortten erzälen, soweidt sie nur den rechten verstand der selbigen nicht verwerffen noch verrücken. Desselbigen gleichen soln auch sie wiederumb uns nösner nicht verachten, sondern guttwilliklig vergunnen, das wir mögen nach gewonheit unserer kirchen vier gebott in die erste taffel, und sechs in dii andere zelen, und den text der zehen gebott ganz mitinander forsagen: auff das wir also in einem geist, und einerley meinung /wie S. Paul sagt/ in Christligem fried und einigkeit den einen waren gott unser lebenlang dienen, und miteinander die ewige seeligkeit erlangen.

vom ersten precepto Lieben freund in Christo, wir haben bisher gehabt dii vorred über die lehr von den zehen geboten gottes, und daraus gelernet, wer die zehen gebott gegeben habe, durch wen, und in wes gestalt, und wie sii geteilet sind: und wollen wir auß gottes hilff den text derselben für uns nemen, kurzlig auszulegen: den Also folgen weiter in den fragstuken unsers Catechismi:

Wii heist das erste gebott?

Antwort: Du sollt nicht ander götter haben neben mir. Im ersten buch Sm 16 cap. spricht gott zum Propheten Samuel also. Ein mensch siehet was für augen ist, der herr aber siehet das hertz an. und im 8 Psalm werden die ungläubigen Juden gescholten das sii gewest sein ein abtrünnige und ungehorsame art, welchen ihr herz nicht fest war, und ihr geist nicht trewlig hält an gott, wnd hinhalten ihn mitt ihrem mund und logen ihm mit ihren zungen, aber ihr herz war nicht fest an ihm. und hielten nicht trewlig an seinem bund. Solches wirft in auch gott für beim Propheten. Esaia 20 cap. Auß diesem, und der gleichen spruchen ist offenbar das gott von dem menschen furnemlig wnd vor allen dingen ein reines, rechtschaffenes Herz erfoddert. Derhalben stehet diß gebott billig zufoderst in den zehen geboten, diiweil darin verboten wird dii innerlige abgötterey, und erfoddert ein rechtschaffenes herz gegen gott: denn ein gutt herz ist ein brunn und quel aller tugenden, dargegen ist ein böß herz ein brun und quel aller untugend und sunden.

Es mög sich wol iemand wundern, warumb gott so ernstlig verbiet andre götter neben ihm zu haben, so doch nicht mehr den ein einiger warer got ist, Darumb soll man wissen, das ia nicht mehr den ein einiger warer gott ist, wie in der auslegung des Christligen glaubens beweist wird. Aber dii verukte menschliche natur diiweil sie ihren schopffer nicht für augen siehet, gibt sii mancherlei creaturen dii ehre, dii dem waren gott allein zustehet, und macht und halt also für götter, das doch in der warheit kein gott ist, darumb es auch frembde götter und abgötter genandt werden, dieweil sii dii menschen entfrembden und abziehen von dem waren gott, und ihr dienst abgötterey /ist/, sintemal dii menschen dadurch abgezogen werden, von dem rechten gottesdienst des waren gottes.

Wir wollen aber in den auslegungen eines ieglichen gebots diese Ordnung behalten. Zum ersten kurzlig anzeigen dii furnemste tugenden, oder gutte werk, dii darin erfodert werden, und dii furnemste sunden dii darin verbotten werden. Zum andern, was guts gott verheißen habe denen dii solche gebott halten, und exempel oder geschieht derer dii sii gehalten haben und dii verheißene belohnung von gott empfangen.

Zum dritten dii betrawungen /Bedrohungen/ über die ubertretter der gebott gottes, und exempel oder geschieht derer dii sii ubertretten haben, und darumb gestrafft sind worden Zum 4. ten und zum letzten, wie wir uns stellen sollen auff das wir solche gebott auch erfüllen, und dii verheißene belohnung empfangen mögen.

So wird nun erstlig in dem ersten gebotten erfoddert ein rechtes erkentnis des wesens und willens des waren gottes nach dem spruch Jeremia 9 da gott der herr also sagt: ein weiser ruhme sich nicht seiner weisheit, ein starker ruhme sich nicht seiner starke ein reicher ruhme sich nicht seines reichtumbs, sondern wer sich ruhmen will der ruhme sich des, das er mich wisse und kenne, das ich der herr bin, der barmherzigkeit, recht, und gerechtigkeit webet auff erden. Im buch der weißheit am funfzehnten cap. dich herr kennen ist ein volkommene gerechtigkeit, und deine macht wissen ist eine wurzel des ewigen lebens. So spricht auch Christus der herr Jo. 17. Das ist das ewige leben, das sii dich, der du warer gott bist, und den du gesand hast Jesum Christ zu erkennen.

denn wie können wir uns hüten das wir nicht frembde götter haben, so wir den rechten gott nicht kennen. Nu kan aber der ware gott nicht recht erkandt und geehret werden, on Christo wii er sagt Matt. 11. Niemand kennet den vatter, den nur der son, und wem es der son will offenbaren. Jo 5 wer den son nicht ehret, der ehret den vatter nicht, der in gesandt hatt. Und am 14. Niemand komet zum vatter, den durch mich, wer mich siehet, der siehet den vatter. Derhalben auff das wir den waren gott recht mögen erkennen, wird von allen dingen erfoddert, das wir den son gottes, unseren Herren Jesum Christum erkennen und ehren. Wen wir aber das thun werden, so werden wir am ersten erkennen, was das göttlige wesen belangt, das nur ein gott ist, doch in drey unterschiedenen personen, des vatters, des sons, und des heiligen geistes. Denn also hatt sich gott öffentlig offenbaret in der tauff Christi, da des vatters stimme von himel gehört wurde, das ist mein lieber sonn, an welchem ich ein wolgefallen habe, und der son mit der menschligen natur bekleidet vom Johannes der Teuffer im Jordan dii tauff empfing, und der heilige geist in sichtliger gestalt einer tauben wber ihm erschiene. Also lehret auch Christus kurzlig, da er Joan am 14 cap. spricht: der troster der heilige geist, welchen mein vatter senden wird, in meinem namen, der wirds euch alles lehren, und am 15, wen aber der tröster kommen wird, den ich euch senden werde vom vatter der geist der warheit der von vater ausgehet, der wird gezeugen von mir. Item da er befillt alle völker zu tauffen im namen des vatters und des sonß, und des H.G. und on vielen Örtern mehr.

Was aber den willen gottes belangt der ist zweierley. Ein gesetz wille gottes, und ein Evangelisch wille gottes. der gesetz wille Gottes ist der, welche in den zehen gebotten angezeigt ist. das summa ist, das wir got lieben von ganzem herzen von ganzer seele, von ganzem gemutt, und von allen unseren krafften, und unseren nächsten wie uns selbst, und das gott will heimsuchen der vätter missethat an den kinderen biß in das dritt und viert glied an denen die ihn hassen, und will der barmherzigkeit thun an viel tausenden, dii ihn lieb haben und seine gebott halten. Wie woll nu dieser wille Gottes durch Mosen volkomlig gegeben ist, auch den menschen ettligermaß auß der natur bekand, wie S. Paul zum Romern im 1. und andren cap. und weise leut bisher bezeugen, so kan er doch nicht nutzlig erkant werden on das erkentnis Christi, sintemal er on Christo die menschen nur verdampt und tödtet, weil er in aus eignen kräfften nicht kan erfüllen. Rom 1.8. Der Evangelische wille Gottes aber ist, das wir glauben an den namb seines sonß Jesu Christi: und lieben uns untereinander und das ein mensch der da glaubet an den sonn gottes nicht verloren werde, sondern habe das Ewige leben. AMEN.

DIE ENGELLEHRE
BEI MARKUS FRONIUS

Von Dietmar Plajer

Vorwort

In der neueren systematischen Theologie ist man sich darüber noch nicht im klaren, ob die Angelologie in eine Dogmatik eingebaut werden soll und darf oder nicht. Für Markus Fronius war dies keine Frage, und so bildet die vorliegende Arbeit einen Beitrag zur Geschichte der Theologie in Siebenbürgen und speziell einen Beitrag zur Erforschung der Theologie des größten orthodoxen Theologen Siebenbürgens.

Es ist der Versuch gemacht worden, die Engellehre Fronius' in den Rahmen der Engellehre der deutschen lutherischen Orthodoxie hineinzustellen. Der fehlenden Quellen wegen dürfte dieser Versuch wenig fruchtbar ausgefallen sein.

Die religionsgeschichtliche Forschung hat nachgewiesen, daß die Engelvorstellung der Bibel ihren Ursprung in der persischen Religion hat. Im Parsismus finden wir eine ausgebildete Engellehre, die die Engel in hierarchischer Weise ordnet. Die Analogie dazu ist in der Bibel die Unterscheidung von Engeln und Erzengeln. Der dualistischen Religion des Parsismus entspricht die Gegenüberstellung von guten und bösen Engeln. In der Bibel finden wir ebenfalls das Gegenüber von Engeln und Teufeln, wo sowohl Engel als auch Teufel[1] hierarchisch geordnet sind.

Wenn die Engelvorstellung der Bibel enge Beziehungen zur Engellehre des Parsismus aufweist, wenn die biblischen Engelgestalten ihre Vor- und Urbilder in der persischen Religion haben, so kann doch nicht geleugnet werden, daß die Bibel diese Vor- und Urbilder ihrer Engelgestalten umgewandelt hat, so daß von der Form vielleicht vieles beibehalten wurde, der Inhalt aber ein ganz neuer, spezifisch biblischer geworden ist.

Es ist anzunehmen, daß das Alte Testament eine Überlieferung kennt, wo die Engelvorstellung noch frei von jedem persischen Einfluß ist. Es sind dieses die Engelerzählungen aus der älteren Überlieferung vorexilischer Zeit,[2] besonders die Gestalt des Boten Gottes (*malach adonaj*) wo in der Genesis oft kein Unterschied zwischen Gott und diesem Boten Gottes gemacht wird. Als nach

---

[1] Vgl. Luk. 11,15.
[2] Exegetisch veraltet.

dem Babylonischen Exil eine Transzendentalisierung der Gottesvorstellung eintritt und durch das Exil das Volk in enge Berührung mit der persischen Religion gekommen war, sieht man in den Engeln die Wesen, die den immer größer werdenden Abstand von Gott überbrücken könnten. Dazu kommen noch apokalyptische Vorstellungen, die ohne eine ausgeprägte Engelvorstellung nicht recht denkbar sind. So finden wir in der jüngsten Schicht des Alten Testaments eine reich entwickelte Vorstellung von den Engeln, die im Judentum noch zu einer umfassenden Angelologie ausgestaltet wird. Der Ausgang zu aller Engelspekulation ist die seit Daniel immer weiter um sich greifende Apokalyptik. Die rabbinische Lehre achtet aber streng darauf, daß die Engel nie Gott und sein Walten verdrängen. Sie sind immer nur Sichtbarmachung und Ausführung der göttlichen Macht und des göttlichen Willens, sie sind Boten, Hofstaat und Gefolge, und tragen so zur Kenntlichmachung der Erhabenheit, Majestät und Heiligkeit Gottes bei.

Neben der Vorstellung von den guten Engeln tritt hauptsächlich in nachexilischer Zeit im Alten Testament die Vorstellung vom Teufel auf. Im Pentateuch und den anderen älteren Schriften des alttestamentlichen Kanons ist davon noch keine Spur zu finden (Gen. 3 kann vielleicht den Teufel unter der Gestalt der Schlange meinen). In konkreter Gestalt finden wir den Teufel zuerst im Buche Hiob, wo er als Verdächtiger erscheint. Bei Sacharja tritt er schon als Ankläger auf, verbunden mit der Idee des Strafengels, der Gottes strafenden Willen an den Menschen vollzieht. Am konkretesten tritt der Teufel im Buch der Weisheit hervor, wo sein Handeln durch Neid bestimmt wird und der Tod des Menschen als die Folge seiner (des Teufels) Wirksamkeit bezeichnet ist. Der Teufel ist Gott unterstellt und bringt es nie zu einem direkten Gegensatz zu Gott und seinem Handeln; er ist in allem durch Gottes Willen bestimmt.

Es scheint als habe das Neue Testament nicht mehr das Interesse an den Engeln, das das Alte Testament und das Judentum daran fand. Christus, seine Sendung und sein Werk stehen im Mittelpunkt des Interesses, und die Engel dienen nur der Unterstreichung der wichtigsten Ereignisse im Leben des Christus (Geburt und Auferweckung). Wenn in der Apostelgeschichte von der Beteiligung eines Engels am Handeln der Apostel berichtet wird, so will damit nur der Zusammenhang des Handelns der Apostel mit dem göttlichen Handeln bekräftigt werden. Am stärksten tritt die Beteiligung von Engeln am göttlichen Geschehen in der Apokalypse zu Tage, was uns nicht zu wundern braucht, da es Johannes in dieser Beziehung keinesfalls an Vorbildern gefehlt hat. In der Apokalypse sind die Engel die eigentlich Handelnden und diese ganze Schrift kann als ein einziges großes Engeldrama angesehen werden. Die Abwertung der Engelvorstellung durch die Christustatsache erreicht ihren Höhepunkt bei Paulus, vielleicht auch darum, weil er durch diese Abwertung der Engeldarstellung bewußt in Gegensatz zur gnostischen Engellehre treten will. Im Neuen Testament stehen die Berichte von Engeln weit mehr am Rande als im Alten Testament. Die Engel haben keine Bedeutung für sich, wollen einzelne Ereignisse aus dem Leben Jesu und der Urgemeinde hervorheben und den Zusammenhang mit Gottes Handeln kenntlich machen. Das zeigt sich auch darin, daß das Neue Testament kein Interesse an einer hierarchischen Abstufung der Engel hat und einem Erzengel nicht mehr Bedeutung zukommen läßt als jedem anderen Engel.

Wenn im Neuen Testament die guten Engel mehr am Rande erscheinen, so ist das mit den bösen Engeln beziehungsweise mit den Teufeln nicht der Fall. Im Gegenteil, die Teufelvorstellung ist weiterentwickelt worden, der Teufel tritt zwar noch als Feind, Versucher und Ankläger auf, aber er tritt in direkten Gegensatz zum Reiche Gottes, das in Jesus von Nazareth in dieser Welt Wirklichkeit geworden ist. Bei den Synoptikern erscheint er als Feind Christi und als Feind des Menschen. Gleichfalls bei den Synoptikern findet sich die Vorstellung der Diener oder Untergebenen des Teufels, der bösen Geister, gegen die sich ein Teil der Wundertätigkeit Jesu richtet (Heilung von Besessenen). Paulus kennt eine Welt des Bösen, die im Gegensatz zur Welt des Christus steht. Neben dem Teufel, der hier nicht eine so große Rolle spielt, kommt es bei ihm zu einer Personifizierung der Sünde und des Gesetzes, die ebenfalls in diese Welt des Bösen gehören. Grundsätzlich hat die Welt des Christus über die Welt des Bösen schon gesiegt, doch leben wir in der Zeitspanne zwischen Erfüllung und Vollendung. Bei Johannes (in seiner Apokalypse) wird der Endkampf Christi mit dem Antichristen in die Zukunft verlegt, erst am Jüngsten Tag soll der Antichrist endgültig besiegt werden. In dieser Vorstellung ist dem Dualismus Christus-Antichrist schon irgendwie ein Platz eingeräumt worden.

Da die Theologie der Alten Kirche und des Mittelalters mehr durch das Neue als durch das Alte Testament bestimmt ist, so wird auch hier dem Teufel weit mehr Bedeutung zugemessen als den Engeln. Einen Aufschwung erlebt die Engel- und Teufellehre durch die um das Jahr 1000 entstehende chiliastische Hoffnung. Auf der anderen Seite aber verliert sie durch die Mystik an Bedeutung. Auf das Ganze gesehen kann man sagen, daß die Teufellehre und der Teufelglaube bis zum Ausgang des Mittelalters immer weiter entwickelt worden sind, so daß sie am Vorabend der Reformation ihren Höhepunkt erreicht haben. Ähnlich ist es wahrscheinlich auch mit der Engellehre und dem Engelglauben gegangen, doch stehen diese hinter Teufellehre und Teufelglaube zurück.

Das zeigt sich auch bei Martin Luther. Die Engellehre steht bei ihm nur am Rande seiner Theologie, so daß wir sie hier nicht weiter untersuchen wollen. Der Teufel hingegen hat in Luthers Lehre eine große – man könnte fast sagen: zentrale – Bedeutung. Die Zahl der Teufel ist unendlich und durch ihre fünftausendjährige Übung haben sie viel Erfahrung gesammelt.[3] Alle schweren Krankheiten bringt der Reformator in Zusammenhang mit dem Teufel.[4] Es entspricht der alttestamentlichen Teufelvorstellung, wenn Luther in ihm das

---

[3] Vgl. Hermann M u l e r t : Luther lebt! Seine Tischgespräche ausgewählt für unsere Zeit. Berlin 1935, S. 93.

[4] Ebenda, S. 95f.

Hauptwerkzeug des göttlichen Zornes sieht, der die Strafe Gottes an den sündigen Menschen vollzieht. Der Teufel steht ganz in der Abhängigkeit von Gott, er hat seine Macht nur, wo Gott sie ihm gestattet. Gott gebraucht ihn als „seinen Henker, durch welchen er seine Strafe und Zorn ausrichtet." Als Mittel gegen den Teufel empfiehlt der Reformator das Gebet und eine derbe Abfertigung mit bitterstem Hohn. Dieser reformatorische Teufelglaube hat seinen Platz nicht nur in den lutherischen Schriften, sondern auch in den Bekenntnisschriften der lutherischen Kirche gefunden.

Die protestantische Theologie hat den mittelalterlichen Teufelglauben nicht übernommen. Was im Mittelalter dem Teufel an Werken zugeschrieben wurde, wird jetzt zum Teil angezweifelt. Das zeigt sich, bei Ludwig Lavater:

„De spectris, lamuribus et magnis atque in solitis frageribus variisque praesagitationibus, quae plerumque obitum hominum, magnas clades etc. praecedunt liber unus, inter tres partes distributus, omnibus veritati studiosis summe utilis... Tigurino, 1570".

Hier wird gesagt, daß auch viele natürliche Erscheinungen für Gespenster gehalten werden, daß furchtsame Menschen und Betrunkene oft Gespenster sehen, wo nichts dergleichen vorhanden ist. Mit der Reformation hat die Kritik am mittelalterlichen Teufelglauben eingesetzt, aber es hat den Anschein, als ob das Kriterium zu dieser Kritik noch fehle. Denn in Lavaters Schrift ist trotz dieser Kritik noch ein starker Gespenster- und Geisterglaube zu finden.

Von Petrus Thyraeus, einem katholischen Theologen, erschien in Köln 1628 die Schrift: „De variis apparitionibus Dei, Christi, angelorum pariter bonorum atque malorum". Hier wird noch ganz die mittelalterliche Engel- und Teufellehre vertreten. Die Leiber der Teufel bestünden aus verdichteter Luft, wird hier gesagt, und böse Geister könnten mit Speise und Trank in den Menschen gelangen.

Zu dem reformatorischen Teufelglauben kommt in der Zeit der lutherischen Orthodoxie noch ein Aberglaube hinzu, der sowohl durch Gebete und fromme Formeln als auch durch äußere Mittel versucht, vor teuflischen Mächten zu bewahren, oder diese höllischen Kräfte sich dienstbar zu machen. Es kommen Schriften in Umlauf, die zu solchen Handlungen Anleitungen zu geben versuchen. Erwähnt sei hier „Dr. F. Christiani Francisci Paullini heylsame Dreck-Apotheke. Frankfurt a. M. 1687", wo eine Regel empfohlen wird, um die Milch vor Unholden und dergleichen „teufels geschmeiß" zu bewahren. Wie weit der Teufelglaube und Teufelaberglaube in dieser Zeit um sich greift, kann auch folgender Buchtitel zeigen:

„Der höllische Proteus oder tausendkünstige Vorsteller vermittelst Erzehlung der vielfältigen Bild-Verwechslungen Erscheinender Gespenster werffender und polternder Geister, gespenstischer Vorzeichen, Todesfälle, wie auch anderer abentheuerlicher Händel, arglistiger Possen und seltzamer Auffzüge dieses verdammten Schauspielers und von theils gelehrten für den menschlichen Lebensgeist irrig angesehenen Betriegers nebst vorbildlichem Grundbeweis der Gewißheit, daß es wirklich Gespenster gebe abgebildet durch Erasmum Francisci hochgräflichen Hohenlohe-Langenburgischen Rath".[5]

Auch in diesem Werk wird die reformatorische Ansicht vertreten, daß der Teufel nur tun kann, was Gott ihm erlaubt.

Der Teufelglaube hat nicht nur in der Theologie seinen festen Platz, er findet auch in die Physik[6] und Architektur (Teufelsbilder an verschiedenen Stellen in den Kirchen, Wasserspeier) Eingang. Da braucht man sich auch nicht mehr zu wundern, daß dieser Teufelglaube und mehr noch Teufelaberglaube in das Leben der einfachen Menschen Eingang findet, begünstigt auch durch all die Verwirrungen des Dreißigjährigen Krieges. Die Soldaten versuchen in dieser Zeit durch alle Mittel kugelfest zu werden. Dazu benützten sie einerseits Reliquien und Heiligenbilder – wahrscheinlich nicht nur die katholischer Konfession – und andererseits versuchen sie, mit dem Teufel in einen Bund zu treten, indem sie die verschiedensten Mittel dazu verwenden, wie zum Beispiel ein Stück vom Strick, mit dem jemand gehenkt worden war, Wolfsaugen und vieles andere.

Mit diesem Teufelglauben und Teufelaberglauben mußte aufgeräumt werden. Den Feldzug dagegen eröffnete der holländische Arzt Anton van Dale. In „De oraculis Ethnicorum"[7] versucht er zu beweisen, daß hinter den heidnischen Orakeln nicht der Teufel, sondern Priesterbetrug gesteckt habe. Die eigentliche Eröffnung des Feldzuges gegen Teufelglauben und -aberglauben war „Antoni von Dales Harlemensis *Dissertationes De origine ac progressu Idololatriae et super-stitionum: De vera ac falsa prophetia uti et de divinationibus idololatricis Judaeorum. Amstelodami 1696"*. Hier will der Verfasser zeigen, daß die Stellen, wo das Alte Testament von Dämonen spricht, Einfügungen der chaldäischen Targumisten, Talmudisten und Rabbiner sind; der Urtext des Alten Testaments wisse nichts von Dämonen. Allerdings ist diese Schrift sehr vorsichtig gehalten, um nicht zu großen Widerspruch hervorzurufen. Das zeigt sich auch in der Behandlung des Neuen Testaments. Es wird hier gesagt das Neue Testament rede nur dort von Dämonen, wo es zeigen wolle, daß das Wort Gen. 3,15 durch Christus erfüllt worden sei, – Christus habe die Menschen von der Macht des Teufels befreit und so sei aller Teufelglaube Aberglaube.

Erst Balthasar Bekker ruft die Gegner auf das Schlachtfeld durch seine Schrift „Die bezauberte Welt, oder eine gründliche Untersuchung des allgemeinen Aberglaubens, betreffend die Art und das Vermögen, Gewalt und Wirkung des Satans und der bösen Geister über den Menschen, und was diese durch derselben Kraft und Gemeinschaft thun: So natürlicher Vernunft und heiliger Schrift in vier Büchern sich unternommen hat Balthasar Bekker S. Theolog. Dr. und Prediger zu Amsterdam" (1691-1693).

---

[5] 2. Auflage Nürnberg 1695.

[6] Institutiones Physicae. Joh. Sperling Prof. publ. etc. edit. 3, lib. II, p. 384-385. Wittenberg 1653.

[7] Amsterdam 1685.

Bekker ist Rationalist, leugnet jedoch die von der Orthodoxie vertretene Inspirationslehre der Bibel nicht. Dieses ist die erste Schrift, die den Teufelglauben direkt angreift. Bekker leugnet das Vorhandensein der Engel, deutet die Bibel um und beschränkt die Existenz des Teufels auf einen „Anfang". Aus der Schrift könne die Existenz dieser Geister nicht bewiesen werden, sagt er. Eine Flut von Gegenschriften, die die Realität der Geister und Teufel beweisen wollen, ergießt sich über Bekker und in diesem Streit wird er seines Amtes enthoben. Durch van Dale und hauptsächlich durch Bekker war aber der Damm gebrochen und die hereinstürzenden Wellen vernichteten immer mehr von dem vorhandenen Engel- und Teufelglauben, bis nachher Rationalismus und Aufklärung auch die letzten Reste davon aus der Welt geschafft haben.

Erst in neuester Zeit regen sich wieder Bestrebungen, die Engel für den heutigen Menschen verständlich zu machen. Da sind dann viele im Laufe von Jahrhunderten angesammelte Vorstellungen zu zerschlagen, um zu der biblischen Engelvorstellung zurückzufinden. Claus Westermann versucht dieses in seiner Schrift: „Gottes Engel brauchen keine Flügel".[8] Diesen Bestrebungen gegenüber scheint die Satanologie heute ins Hintertreffen geraten zu sein. Das ist nicht verwunderlich wenn man weiß, womit die Teufelvorstellung auch heute noch belastet ist. Vielleicht sind wir heute noch nicht reif um all diesen Ballast über Bord zu werfen und zu einer biblischen Teufelvorstellung zurückzufinden, die auch dem heutigen Menschen verständlich gemacht werden kann.

Wo können wir Markus Fronius mit seiner Engellehre einreihen? Zur Zeit seines Studiums in Wittenberg konnte er van Dales und Bekker noch nicht kennen. Die erste Schrift van Dales war damals schon erschienen, hatte aber kein Aufsehen erregt. Obwohl Fronius aber auch später noch mit seinen Wittenberger Professoren und anderen Theologen in Verbindung stand, müssen wir doch annehmen, daß ihm die Ursachen und das Für und Wider im Bekkerischen Streit nicht bekannt waren, sonst hätte er dazu Stellung genommen, wie er das zum Beispiel bei den pietistischen Streitigkeiten getan hat. Die Schriften seiner Lehrer sind uns nicht zugänglich. Daß er von der landläufigen orthodoxen Engel- und Teufelvorstellung nicht abgewichen ist, muß hier aus zwei Gründen angenommen werden.

1. Hätte er die Bahnen der orthodoxen Engelvorstellung verlassen, so wäre sicher ein Streit entbrannt, denn trotz des Ansehens eines gebildeten Theologen, dessen er sich in seiner Heimat erfreute, wäre er wegen Abweichung von dieser landläufigen Lehre nicht unangefochten geblieben. Mehrere Abschriften seiner „Deutschen Theologie", wo auch seine Engellehre einen Platz gefunden hat, beweisen, daß man hier eine gern gesehene kurze Zusammenfassung aller Lehr- und Glaubensfragen gefunden hatte, die für den damaligen Geistlichen und Laien von Bedeutung hätten sein können.

2. Die Annahme, daß Fronius von der landläufigen Engel- und Teufelvorstellung nicht abgewichen ist, findet ihre Begründung auch in den Parallelen zur

---

[8] Berlin 1957.

orthodoxen Lehre in Deutschland, die uns leider nur bis zu einem Minimum zugänglich sind. Der Buchdrucker und Verleger Sigmund Feyerabend (1528-1590) gab unter dem Titel „Theatrum Diabolicum" eine Sammlung theologischer Studien über die Teufellehre heraus, die die orthodoxe Lehre in diesem Punkt bis zu van Dales und Bekker bestimmt zu haben scheint. Unter dem von diesem Werk ausgeübten Einfluß steht zweifellos auch Fronius.

In einer dieser Studien vertreten Jodocus Hocker und Hermann Hammelmann die folgenden Ansichten: Die Engel sind von Gott geschaffen zu seiner Ehre und zum Dienst am Menschen. Den Zeitpunkt ihrer Erschaffung bestimmt die Bibel nicht, jedoch muß dieser vor die Erschaffung des Menschen angesetzt werden; ebenso ihr Fall, der seine Ursache hauptsächlich in der Hoffart eines Teils der Engel hat, und der vor dem Fall des Menschen stattgefunden haben muß, da der Mensch durch den Teufel zum Ungehorsam verleitet worden ist. Engel und Teufel sind Geister, die Anzahl der Engel entspricht der Anzahl der Teufel und beträgt 2.655.866.746.664. Die Absicht des Teufels ist es, Gott und allen Kreaturen zu schaden, doch darf er nur tun, was Gott ihm erlaubt. Trotzdem ist er immer darauf bedacht, den Menschen Schlechtes zuzufügen und wenn ihm dieses nicht gelingt, so ist das ein Zeichen dafür, daß Gottes Engel die Menschen beschützen. Um die Menschen zu verführen, verstellt sich der Teufel. In allem, was er will und tut, steht er im Gegensatz zu den zehn Geboten. Die einzige Waffe gegen den Teufel ist Glaube und Gebet, keinesfalls Kräuter, Weihwasser und ähnliches. Der Teufel tut seine Wunder aus Gottes Kraft, durch natürliche Mittel, durch Gespenster, durch Verblendung oder durch Kunst und Geschicklichkeit. Gott läßt ihn seine Wunder tun, damit die Frommen sich nicht überheben. Die Macht des Teufels ist aber eingeschränkt, er ist nicht allwissend, er kann die Gedanken der Menschen nur aus gewissen Anzeichen erraten, er kann nur durch natürliche Mittel heilen. Als Geistwesen kann der Teufel auch Leiber annehmen und erscheint dann als verstorbener Mensch, als Schwein, Hund, Katze und in ähnlichen Gestalten. Als Aufenthaltsort des Teufels werden Luft, Wasser, Tümpel, Wüsten und Kirchhöfe aufgezählt. Jeder Mensch hat einen Schutzengel, der ihn vor allen bösen Anschlägen des Teufels behüten soll. Der Schutzengel eines Fürsten ist stärker als der eines Grafen und dieser wiederum ist stärker als der eines einfachen Menschen.

In einer Studie, die den Titel führt „Von des Teufels Tyranney, Macht und Gewalt, sonderlich in diesen letzten Tagen", sagt Andreas Musculus, daß der Teufel auch in Unglücksfällen, Gewittern und Stürmen sein Wesen treibe, aber auch nur mit Gottes Zulassung. Gottes Macht und der Schutz der Engel werden als behütende Kräfte angeführt. – So wie man das bei Luther schon findet, so ist es auch in diesem Werk: Jedes Laster hat seinen besonderen Teufel, es gibt einen Saufteufel, Hoffartsteufel, Lügenteufel usw.

Es sind dieses in der Hauptsache auch die Ansichten, die Fronius in seiner Engellehre vertritt. Nur kommt es bei ihm zu einer systematischen Darstellung der ganzen Lehre, die auf die Auslegung und Interpretation von Bibelworten gegründet ist.

Der Grundspruch der Bibel, auf den Fronius seine Engellehre gründet, ist Hebr. 1,14: „Sind sie nicht allzumal dienstbare Geister, ausgesandt zum Dienst um derer Willen, die das Heil ererben sollen?"

In seiner „Theologia 1702"[9] beginnt Fronius mit einer philosophie- und theologiegeschichtlichen Einleitung. Nicht nur die Juden haben von Engeln geredet, sondern auch die Heiden. In „De defectur oraculorum" meint Plutarch, daß Engel hinter den Orakeln gesteckt hätten. Alles, was Plutarch über die Seelen nach dem Tode sagt, daß sie zuerst Heroen, dann Genien werden, ist wie in einer Komödie abgeteilt und Fronius kann dieser Ansicht nicht zustimmen. Zur Frage, was die Engel für Kreaturen seien, sagen die Pythagoräer, daß die Engel tierische Körper aus Luft hätten, die dadurch viel feiner als menschliche Körper seien. Aristoteles kommt der Wahrheit schon ein wenig näher, wenn er sie *intelligentias* nennt. Ihr Wesen sei im Verstand und so wären sie immateriell, Geister. Grotius stimmt mit den Pythagoräern fast überein und beruft sich auf den 10. Psalm. Die Sadduzäer halten sich an den Grundsatz: „Maniis nostrae sunt ocultae, credunt quod vident", und weil sie keine Engel oder Geister gesehen haben, glauben sie auch an keine. Dasselbe tun die Atheisten auch. Im allgemeinen wollten die Philosophen die Existenz von Engeln und Geistern beweisen und haben sich dabei verschiedener Argumente bedient. Sie schlossen folgendermaßen: Es seien Kreaturen, die nur existieren; andere, die auch Leben hätten und wüchsen, wie die Pflaumen; wieder andere, die nicht nur Leben, sondern auch Sinne hätten und sich bewegten, die Tiere; und noch vollkommenere, die neben all diesen Eigenschaften noch Vernunft und Sprache hätten, die Menschen. Es könnten nun noch vollkommenere Wesen sein als der Mensch, und das seien dann die Engel. Oder Philosophen schlossen anders: Die Erde sei voll mit Lebewesen, weshalb sollte das in der Luft und im Himmel anders sein? Solche Beweisführungen sind aber nur Menschengeklügel und genau so gut wie sie stimmen können, können sie auch falsch sein. Alle Philosophen schweigen aber vom Amt der Engel, sie wissen nicht, wozu die Engel da sind, und weil man das von ihnen nicht erfahren kann, fragt man den Heiligen Geist und findet die Antwort auf diese Frage in Hebr. 1,14.

Die eigentliche Abhandlung beginnt mit der Etymologie des deutschen Wortes „Engel". Die Deutschen haben das Wort nicht gekannt, bis sie es nicht aus der Bibel gelernt haben. Das Wort heißt: „Bote", „Abgesandter", lateinisch: *legatus*, und ist eine Amtsbezeichnung wie Richter, Pfarrer, Schüler, Hauptmann usw. Die Bibel verwendet das Wort Engel nicht nur zur Bezeichnung der Boten Gottes, sondern auch für die Bezeichnung von Menschen, denn wenn zum Beispiel [in] Maleachi 2,7 von dem Engel die Rede ist, den Gott vor seinem Messias hersenden wird, ist damit Johannes der Täufer gemeint. Auch Christus wird im Pentateuch Engel genannt, denn bei den Engelerscheinungen handelt

---

[9] AHG: I F 27: Markus F r o n i u s : Theologia 1702.

es sich eigentlich um Christus, weil den Engeln Eigenschaften zugeschrieben werden, die nur Gott gebühren. Bei den Philosophen führen sie die Namen *Mentes Domini, Daemones, Intelligentiae* und „Schutzgeister", während sie in der Bibel noch „Heerscharen", „Kinder Gottes", „Helden" und „Morgensterne" genannt werden.

Nun beginnt Fronius mit der Exegese des Bibeltextes. „Allzumal" (Παντες) läßt auf zweierlei schließen. Einmal wird dadurch gesagt, daß viele Engel sind. Matth. 26,53 wird von zwölf Legionen gesprochen, Dan. 7,10 werden zehnmal hunderttausend genannt und Johannes berichtet Apok. 5,11, daß er vieltausendmal tausend gesehen habe. Das andere, das dadurch noch gesagt wird, ist, daß es verschiedene Engel gibt. Nach 1. Thess. 4,16 werden von den Engeln die Erzengel unterschieden, Kolosser 1,16 unterscheidet Throne und Herrschaften, Fürstentümer und Obrigkeiten (diese Aufzählung bezieht Fronius auf die Unterscheidung der Engel). Weiter werden in I. Ptr. 3,22 Gewaltige und Kräfte unterschieden. Worin eigentlich der Unterschied zwischen diesen Engeln besteht, weiß Fronius nicht, was er auch öffentlich bekennt.

Die Engel sind G e i s t e r (pneumata), das heißt, sie sind körperlose Substanz.

1. Über das Wesen dieser Geister muß folgendes gesagt werden:
Sie sind
a) selbständige Wesen, nicht wie ein Traum oder Schatten, und sie sind
b) viel vollkommenere Wesen als ein Leib oder Körper.

2. Neben einem Wesen ist diesen Geistern eine ganz bestimmte Natur eigen.
Sie sind
a) subtil, sie bestehen nicht aus Teilen, haben keine Glieder wie ein menschlicher Körper, gehen ohne Füße und hören ohne Ohren. Sie sind
b) unsichtbar. Wenn sie gesehen werden können, dann nur, weil sie einen Leib angenommen haben und weil dem betreffenden Menschen die Augen aufgetan worden sind. Luft ist auch unsichtbar und existiert doch. Christus verschwand vor seiner Jünger Augen (Luk. 24,31). Die Engel sind
c) unwandelbar, nicht wie Gott, der an sich unwandelbar ist, aber so, daß sie nicht alt werden und nicht jung sind, daß sie weder schwächer noch stärker werden.

Die himmlischen Körper sind auch unwandelbar, aber sie werden einmal vergehen, die Engel nicht. Weiter sind diese Geister
d) „unleidentlich", sie können nicht verletzt werden und niemand kann ihnen ein körperliches Leid zufügen, kein Schwert, Wasser oder Feuer kann sie verletzen. Sie sind aber auch
e) unteilbar, denn nur ein Körper kann geteilt werden, ein Geist ist immer ein Ganzes. Daneben sind sie auch
f) unlokalisierbar, nicht auf einen Ort beschränkt. Ein Engel kann einen ganzen Baum erfüllen und doch können in demselben Raum auch tausend Engel sein. Sie sind nicht überall, wie Gott, aber wo ein Geist ist, da können auch sehr viele sein, in einem Menschen kann eine ganze Legion wohnen (Mark. 5,9).

g) Ein solcher Geist kann jeden Körper durchdringen, er kann ungehindert durch Holz, Stein, Eisen und andere Körper hindurchgehen. In Apg. 12 wird berichtet, wie ein Engel zu Petrus ins Gefängnis kam und ihn befreite. Der auferstandene Herr konnte durch verschlossene Türen zu seinen Jüngern kommen. Das Letzte, was von der Natur der Engel gesagt werden kann, ist, daß sie

h) geschwind sind. Geschwinder als Vogel oder Wind, als Pfeil oder Kugel können sie einen Ort erreichen, aber sie können nicht im selben Augenblick überall sein, das kann nur Gott.

Nach der Auferstehung werden wir Menschen auch Geister sein, ähnlich den Engeln, und alle diese Eigenschaften, die den Engeln hier zugeschrieben werden, werden dann auch die Natur der auferstandenen Menschen bestimmen.

Wir haben hier eine ganze Geistspekulation feststellen können. Engel und auferstandene Menschen stehen auf derselben Stufe. Aber auch Gott ist Geist und so müssen hier die Eigenschaften der anderen Geister eingeschränkt werden, was natürlich keiner Konsequenz im Denken entspricht, aber notwendig ist, wenn der Abstand von Schöpfer zu Geschöpf gewahrt bleiben soll. Dieser Abstand von Schöpfer zu Geschöpf, der ganz im Sinne der Bibel immer wieder betont wird, ist hier oberstes Prinzip, und so kann sich die [lutherische] orthodoxe Theologie die Inkonsequenz im Denken bezüglich dieser Geister ohne weiters erlauben.

3. Neben Wesen und Natur muß noch über das Leben der Engel gesprochen werden. Da ist zunächst einmal

a) der Lebensunterhalt, der bei Geistern ganz anders ist als bei Körpern. Alle Lebewesen, ganz gleich ob Pflanzen, Tiere oder Menschen, brauchen einen Lebensunterhalt, wenn sie nicht in kurzer Zeit vergehen sollen. Die Engel hingegen müssen weder schlafen, noch müssen sie essen oder trinken, sie brauchen also keinen Lebensunterhalt. Die Engel zeugen auch keine Kinder, Gott hat sie alle auf einmal geschaffen und ihre Zahl wird weder größer noch kleiner. Daraus folgt, daß sie auch unsterblich sind. Nach der Auferstehung werden auch die Menschen so sein, sie werden weder heiraten noch Kinder zeugen, sie werden weder essen noch trinken, aber sie werden ewig leben, was denen in der Seligkeit größte Freude und den Verdammten größte Qual sein wird. Neben dem Lebensunterhalt ist

b) die Art des Lebens ein wichtiger Punkt der Betrachtung, da hier über Verstand und Willen, Kraft und Reden der Engel Aussagen gemacht werden.

Der Verstand der Engel besteht aus Wissenschaft (Wissen) und Erfahrenheit (Erfahrung). Die Engel sind viel gelehrter, gebildeter als die Menschen, denn auch heute noch sind sie im Stand der Unschuld, während die Menschen gefallen sind.

In II. Sam. 14,20 wird die Weisheit des Engels Gottes gerühmt. Trotzdem sind die Engel nicht allwissend, denn den Zeitpunkt des Jüngsten Gerichtes kennen sie nicht, sie kennen die heimlichen Gedanken des menschlichen Herzens nicht, denn Herz und Nieren zu prüfen, steht allein Gott zu. Neben ihrem Wissen haben sie aber eine große Erfahrung.

> „Ein Engel, der selbst in den welten herum flieget, der den abgrund des meeres durchsuchet, der durch erde und berge gehet, und alles gegenwartig ansihet, der in den sternen selbst und in der brennenden sonne gewesen ist, wie solte der nicht viel wissen?"

> „Man dencke, wenn ein Mensch nur 7 Jahr solche Freyheit hätte, was für eine Erfahrenheit würde Er nicht [auch] zuwege bringen, wie denn die Engel, die numehr fast bis in die 6.000 Jahr in diesem Stand gewesen seyn, wie solten Sie nicht erfahren seyn?"

Überall sind die Engel vorhanden, auch wenn man sich noch so verborgen hält, sehen sie einen.

> „Das wissen Christen, und nehmen deswegen nichts ungebührliches für, diese heilige Frongeisterlein nicht schamroth zu machen."

Mit dem Willen der Engel ist es so, daß sie am Anfang einen freien Willen hatten. Nach ihrer Trennung aber können die bösen Engel nur noch Böses tun, die guten nur noch Gutes.

Die Kraft der Engel ist sehr groß. Ein Engel schlug in einer Nacht im assyrischen Lager 185.000 Mann (II. Reg. 19,35). Auch Besessene haben oft übermenschliche Kräfte gezeigt. Trotzdem sind die Engel nicht allmächtig, sie können keine Wunder tun, sie können die Natur nicht ändern, sie können nicht schaffen und Tote nicht lebendig machen, denn all ihre Kraft haben sie von Gott.

> „Die Sprach anlangend, da gestehe ich daß Sie mich keinmahl haben lassen zuhören, wenn sie miteinander geredet haben."

An Besessenen kann man sehen, daß sie viele Sprachen beherrschen.

> „Wie nicht? Sie wandern unter den leuten, und in so langer zeit haben sie alle spraachen lernen mögen."

Mit den Menschen reden sie im Traum, durch angenommene Leiber oder durch *articulatum sonum* in der Luft.

Dienstbar (*leiturgika*) werden die Engel genannt.

> „Warumb sind die Engel geschaffen? Vielleicht daß Sie ein müssig Heer seyen ... oder daß Sie hin und her in der Luft schweben, als wie die Krähen und Raben im Wind pflegen zu spielen? Nein, denn Sie werden dienstbare Geister genennet".

Was für einen Dienst haben sie auszuführen?

Ihre Sendung (*apostellomena*). Gott, ihr Herr und Schöpfer, sendet sie (Ps. 104,4). Ihr Dienst ist ein doppelter, Sie dienen Gott, der über sie gebietet und sie sendet. Wem dienen sie noch und zu wem werden sie gesandt?

> „Zum Dienst um derer willen, die das Heil ererben sollen."

So dienen die Engel nicht nur Gott, sondern auch den Menschen, aber sie dienen ihnen nicht als ihren Herren, sondern als ihren Mitknechten (Apk. 22,9). Wenn die Engel uns Menschen dienen, dann sind sie uns nicht untergeordnet, wenn die menschliche Natur dadurch, daß Christus sie angenommen hat, auch höher ist als die Natur der Engel. Die Engel dienen uns Menschen so, wie ein Magistrat seinen Untergebenen dient, oder die Apostel der Welt gedient haben. Der Dienst der Engel ist einerseits unmittelbar, andererseits ist er mittelbar. Unmittelbar ist er in seiner Beziehung zu Gott, wenn sie Gott loben und anbeten (Jes. 6,3). Mittelbar ist ihr Dienst dann, wenn sie Gottes Willen ausrichten. Im Text heißt es, daß sie den Auserwählten dienen. Sie dienen aber auch den Gottlosen, denn auch ihnen hat Gott Verstand gegeben und auch ihnen bietet er sein Sakrament an: wenn sie es mißbrauchen, vergrößern sie dadurch allerdings ihre Verdammnis. Gott gebraucht seine Engel nicht nur, um den Menschen Gutes zu tun, sondern auch zur Strafe, denn ein Engel war es, der im assyrischen Heer 185.000 Mann tötete (II. Reg. 19,35).

Wodurch dienen die Engel den Auserwählten? Sie dienen ihnen dadurch, daß sie ihnen

1. Gutes tun. Das besteht darin, daß sie uns Gottes Willen verkünden, wie das im Alten Testament oft der Fall ist. Aber auch heute geschieht es noch, wo einem gute Gedanken kommen oder wo man Trost erfährt, denn das alles kommt vom Schutzengel. Der andere Teil ihres Dienstes besteht darin, daß sie

2. Böses von den Menschen abwenden. Dieses kann wieder von zwei Arten sein. Sie können die Menschen von dem Übel bewahren, wie die Bileamgeschichte das zeigt (Num. 22).

> „Fast ein gleiches erzehlete mir Markus Francisci[10] seelig, wie er einmahl hätte wollen auf Weydenbach reisen, und biß zur Capellen wäre kommen, so hätte das Pferd auf die Seiten außgesprenget, da seyen drey geharnischte aus der Capellen heraus gesprungen, daß er sich mit schwerer Noth hätte in Weydenbach können retterieren."

Die andere Art des Beschützens ist, daß die Engel Menschen im Unglück behüten. „Auff der Burzen-Brück als das Pferd hinunter fiel halff mir ohne allen Zweiffel ein Engel." Petrus wurde von einem Engel aus der Gefangenschaft befreit (Apg. 12,7).

> „Wie ging es dem Heiligen Kirchen-Lehrer Athanasio? Der war in Verrichtung seines Ampts begriffen, da kömpt der Kayser Ihn zu fangen, geht in die Kirchen, Er aber geht allen unvermerckt mitten durch die Kirche und seine Feinde, und zwey Mönch haben ihn begleitet."[11]

Schon vor der Geburt behüten die Engel den Menschen; wie viele würden sonst blind, taub, lahm oder auf eine andere Weise abnormal geboren werden.[12]

> „Darumb, wenn man irgendhin reiset, so soll man sich gar fleißig schicken, zumahl Stoltz und Unkeuschheit meiden, den dabey können die Engel nicht bestehen, ehe werden die Tauben bey dem Gestank, und die Bienen beym Rauch bestehen, als die Engel bey Stoltz und Unkeuschheit."

Wie die Engel den Menschen sein ganzes Leben hindurch bewahren, so sind sie auch dem sterbenden Menschen nicht fern. Ob jeder Mensch von Jugend auf, einen Schutzengel hat oder nicht, ist ungewiß, aber auch unwichtig, da Gott

---

[10] Pfarrer in Weidenbach, gestorben 26. September 1691.
[11] Zwei weitere ähnliche Beispiele werden noch angeführt.
[12] Fronius verweist immer wieder auf Beispiele aus dem „Nürnbergischen viel vermehrten Handbuch", das er wahrscheinlich selber besessen hat.

den Menschen ja den Schutz seiner Engel zugesprochen hat (Ps. 91,11). Oft sind viele Engel bei einem Menschen, Jakob sah zwei Heere (Gen. 32,2). Die Engel beschützen die Menschen gewisser Stände besonders. Einen Menschen, der zum „Lehrstand" gehört, beschützen die Engel mehr als einen gewöhnlichen Menschen. Beim „Regierstand" ist der Teufel oft am Werk und da haben die Engel dann viel zu tun. Auch den Ehestand beschützen die Engel, weil auch hier der Satan in Mißverständnissen und Scheidungen sein Handwerk ausübt.

Was die Engel veranlaßt, die Menschen zu beschützen, ist zunächst einmal Gottes Befehl, – dann, daß sie gegen den Satan kämpfen, der uns immer schaden will, – weiter, weil Christus, ihr König, unsere Natur angenommen hat und schließlich der Auserwählten wegen, da diese an Stelle der gefallenen Engel aufgenommen werden sollen.

Mit diesen Ausführungen schließt der erste Teil der Abhandlung, der sich mit den Engeln im allgemeinen beschäftigt.

Der zweite Teil der Ausführungen befaßt sich mit dem Unterschied, der nach dem Fall der Engel zwischen ihnen eingetreten ist. Die gefallenen Engel haben sich zum Bösen hin verändert, die beständig Gebliebenen zum Guten. So werden im zweiten Teil diese Veränderungen in der Natur der Engel aufgezeigt. Als Grundspruch der Bibel zu diesen Ausführungen hat Fronius Judas 6 gewählt.

Daß es gute und böse Engel gibt, zeigt schon die Erfahrung.

> „Wie anmuthig ließen sich hören die Engel auf dem Bethlehemitischen felde: wie grausam und unsauber thaten seine Engel in den besessenen zu Gadara, und in der einlogierung in die stinkende säue"[sic!].

Die bösen Engel werden sonst noch *Daemones* und „Teufel" genannt. *„Diabolus"*, auch eine Bezeichnung des Teufels, bedeutet „Verleumder", weil er die Menschen bei Gott Tag und Nacht verklagt, denn er ist ein Lügner von Anfang (Joh. 8). Die Bezeichnung „Satan" entstammt dem Hebräischen und bedeutet „ein Widerwärtiger". *Diabolus* und „Satan" kommen in der Heiligen Schrift nur in der Einzahl vor und bezeichnen somit den Fürsten, den Obersten der Teufel. „Lucifer" war in der katholischen Kirche die beliebte Bezeichnung des Teufels und hat ihren Ursprung in Jes. 14,12.

Wenn es also den Unterschied von bösen und guten Engeln gibt, wird nach den bösen gefragt:

> „Wann sind sie aber geschaffen? und wie? ... und aus was?"

Und die Antwort auf diese Frage:

> „Es ist dieses eines unter denen stükken, welche Mose nicht hat aufzeuchnen wollen, sondern unserer Curiosität heimgelassen, daß sich drum rauffen mögen, die da gern mehr wissen, als ihnen offenbahret ist; da sitzet der denn droben, und so er die katzbalgerey der disputier-helden sihet, so lachet er dieser Comödie."

Die Engel sind innerhalb der sechs Tage geschaffen, vor der Erschaffung des Menschen, denn der Satan, der ja auch ein Engel war, hat den Menschen verführt. Wenn Gott aber alle Engel geschaffen hat, hat er dann einen Teil gut und einen böse geschaffen? Auf Grund der Judasstelle kann festgestellt werden, daß am Anfang alle Engel gut geschaffen waren, denn man kann nicht etwas verlieren, was man vorher nicht besessen hat. Auch Joh. 8 bezeugt, daß der Teufel vorher in der Wahrheit bestanden hat.

Wenn Gott somit keine Schuld an diesem Unterschied der Engel hat, wie ist es zu ihm gekommen? Die Engel – alle gut geschaffen – waren in diesem Guten noch nicht bestätigt, sie mußten noch eine Probe bestehen. Diese Probe hat ein Teil der Engel nicht bestanden, sie sind nicht in der Wahrheit geblieben, haben ihr Fürstentum nicht behalten, „etliche engel sind rebellisch geworden". Das ist auf folgende Art zugegangen: Sie wollten nicht Fürsten sein, sie trachteten Gott nach der Krone, wollten wie Gott sein, deshalb konnten sie Eva das auch vorschwatzen. Sie wollten von der Welt angebetet werden, wie die Versuchungsgeschichte Jesu das zeigt. Stolz ist somit die eigentliche Ursache ihres Falls, und Luther ist beizustimmen, wenn er sagt, daß man sich des Teufels am besten durch gläubigen Spott erwehren könne.

> „Wie von dem S. Augustin gemeldet wird, als er an dem ort *quo ire saturi solent*, in seinen gottseligen gedanken gesessen, sey ihm der unsaubere gast erschienen, und höhnisch vorgeworffen, ob sich auch heilige gedanken an diesem unheiligen ort schikketen, dem der mann Gottes geantwortet: Was oben ausgehet, gehöre Gott: was unten aus, gehöre ihm, dem herrn Urian."

Der Stolz verdirbt alles, jede Tugend, die mit Stolz verbunden ist, stinkt. Da nun ein Teil der Engel durch Stolz rebellisch geworden, ein anderer nicht, war auch schon der Unterschied zwischen den Engeln da.

Es müssen viele böse Engel sein, wenn in einem Menschen eine ganze Legion wohnen kann (Mark. 5,9). Aber auch die Anzahl der guten Engel ist nicht gering, denn Daniel sah tausendmal tausend (Dan. 7,10), Johannes nennt vieltausendmal tausend (Apk. 5,11) und Jesus spricht von zwölf Legionen (Matth. 26,53). Die Engel haben auch ihre Ordnungen. Unter den guten Engeln findet man Cherubim und Seraphim (Jes. 6; Hes. 10): Es werden Engel und Erzengel unterschieden (Thess. 4,16; Jud. 9).[13] Es besteht also eine strenge Ordnung unter den guten Engeln, wie es an Königshöfen und unter Kriegsleuten auch eine bestimmte Ordnung gibt. Aber auch unter den bösen Engeln herrscht eine Ordnung; so wie ein Räubervolk ohne Ordnung nicht bestehen kann, muß es auch bei den bösen Engeln eine Ordnung geben. Sie haben einen Obersten, den die Juden Beelzebub nannten (Luk. 11,15). Der jüdische Name Beelzebub („ein fliegen-gott") und der lateinische Name Lucifer werden nicht die richtige Bezeichnung für ihn sein. Paulus nennt ihn Belial (II. Kor. 6,15) und Jesus redet ihn mit „Satan" an (Matth. 4,10). Christus, das Oberhaupt der guten Engel, kann diese auch ohne viel Ordnung regieren, die bösen müssen aber eine gute Organisation haben, und Hieronymus wird richtig urteilen, wenn er meint, daß jedes Laster unter den Teufeln einen Vorsteher habe.

---

[13] Über die Ordnung der guten Engel, siehe oben S. 160.

Engel werden beide Arten genannt und ihre geistliche Natur haben die gefallenen Engel auch behalten, verändert hat sich bei ihnen aber Verstand, Wille und Kraft. Der Verstand hat seine Vollkommenheit nicht mehr. Im Bösen ist der Teufel ein Tausendkünstler, er kann verführen und Schaden tun, „est Doctor non promotus, sed expertus", wie Luther sagte.

> „In natürlichen dingen, was die kräfte der natur und artzney anlanget, hat er aus langwieriger erfahrung wol so viel gelernet, das D. Faust bey ihm in die schul gehen kan, wenn der lehrerlohn einen nur nicht so theur kommen solte."

Er kann Krankheiten heilen, tut es aber immer nur zum Schaden seiner Patienten. Er kann viele Sprachen sprechen, was an den Besessenen zu sehen ist. In Glaubenssachen weiß er genau, welche die rechte und welche die falsche Religion ist, denn die Anhänger der rechten Religion verfolgt er und die Anhänger der falschen fördert er. Der Teufel möchte gern als allwissend gelten; bei den heidnischen Orakeln und den Wahrsagern hat er sich Mühe gegeben so zu erscheinen. Daß er durch den Fall die Vollkommenheit des Verstandes eingebüßt hat, ist eine in der Bibel erwiesene Tatsache.

> „… aber doch begehet Er große Thorheiten und Fehler wie da Er zum Heiligen Christo Math. 4,3 et sequ[entes] sagt: Bistu Gottes Sohn so sprich etc. Hier möchte ich nu gerne wissen; Ob Ers gewußt hat daß Er Gottes Sohn sey? Hat Ers nicht gewußt, so ists eine Thumheit, denn Er hat ja die Verheißung gewußt, die Predigten derer Propheten gehöret. Hat Ers aber gewußt so ists eine Thorheit daß Er gedacht hat Ihn zu betriegen."

Wenn die bösen Engel an Wissenschaft und Erfahrung auch viel behalten haben, so haben sie doch einen Teil davon durch ihren Fall eingebüßt. Gott wird ihnen nicht mehr erlauben, alle Orte der Erde aufzusuchen, so wie das die andern Engel tun. Von geistlichen Sachen weiß der Teufel nicht mehr viel, wie das Beispiel aus der Versuchungsgeschichte zeigt. Von der Zukunft weiß er allerhand, doch tut er oft, als wisse er alles. Die Unruhe seines Herzens, die brennende Qual und sein Verdruß hindern ihn stark am Studieren und Wissen.

> „Also ists mit dieser engel verstand beschaffen. Mit dem willen noch viel elender, der ist also verdorben, daß er kein gutes in gutem absehen wollen kann."

Ein „unerlöschlicher Haß gegen Gott" und seine Geschöpfe und eine „unbeschreibliche Begierde Schaden zu thun" treiben den Teufel. Bei Joh. 8,44 wird er Lügner und Mörder genannt. Mit seinem Haß konnte er Gott nicht schaden, so hat er denn die Kreatur verdorben. Der Grund der Feindschaft des Teufels gegen die Menschen ist die Liebe Gottes den Menschen gegenüber und sein Haß gegen alles, was Gott liebt. Dazu kommt noch, daß die Menschen den Platz der abtrünnigen Engel einnehmen sollen. Als die Menschen dann aber fielen, hat Gott ihnen Rat und Hilfe erwiesen, den Teufeln aber nicht. Lügen und Schadentun ist der Beruf des Teufels. Oft taucht er in Gestalt eines Lichtengels auf, aber nur, um die Menschen besser betrügen zu können. Lügen und Morden kennzeichnen auch die Begierden des Teufels, die sich in Schadenfreude und Mißgunst äußern. Beispiele hiefür gibt es genug.

„Ich habe mirs selbst erzählen lassen von einem, der mit auf dem schiff gewesen und Finnland zu gereiset, als sie in gefahr eines schifbruchs auf dem meer gerathen. Da es nu so weit gekommen, da das schiff an der einen seite ist hangen geblieben, und an den endern angefangen zu sinken, hat sich auf dem meer unter den ungestümen wellen sehen lassen ein gespänst in gestalt eines alten weibes, ist lustig gewesen und hat getantzet. Vielleucht auch nicht vergebenst. Denn da die übrigen in solcher gefahr sich auf den kahn geretten und mit Gottes hilfe zu land gefahren, hat der kauf-gesel, dessen die waaren gewesen, vernehmen lassen, er wolle bleiben, wo das seinigte bliebe, hat auch einen andern landsmann beredet, mit ihm es zu wagen, würden sie glücklich seyn, so wolle er ihm einen theil seiner waren geben. Nach dem denn das schiff untergangen, sind diese zween allein von allen leuten gemisset worden."

In Pestzeiten ist der Teufel sehr geschäftig, denn Unglück und Jammer zu sehen bereitet ihm große Freude. Judas Ischarioth gab er zuerst Geld, dann brachte er ihn an den Strang. Alle seine Ergebenen betrügt er, entweder am Anfang, im Verlauf, das ist im Halten seines Bundes, oder am Ende.

„Als es kömpt auch einmahl ein Müller aus der Stadt, und trifft eben an einen solchen Ort, allwo die Hexen zusammen kommen sind, wie er nu dahin kömpt, so nöthigen Ihn die Hexen mit zu essen. Als er aber nicht will, so geben Sie Ihm ein Fuß (Strümpel wie wirs nennen). Der Müller fähret fort, wie er nach Hause kömpt, fragen Ihn seine Kinder, was Er ihnen mit hätte bracht auß der Stadt? Da greift er in den Schup-sack, willens das Geschenk herauß zu nehmen, als Er aber das Tuch aufmacht da es eingewickelt war, siehet Er, daß es ein ungelegter Apfel ist."

Dies soll ein Beispiel dafür sein, daß der Teufel am Anfang betrügt.

„Ich habe eine gantze Action gelesen von einer Hexe, die, als sie gefraget worden ist: Was Sie doch für Nutzen hatten, daß Sie sich dem Teufel so ergäben? geantwortet hat: O ihr armen Leute, wie miserabel lebet Ihr doch, ich bin Königin gewesen, und wenn Ihr mir nicht glauben wollet, so gehet hin und suchet, den königlichen Schatz werdet Ihr finden auf meiner Stuben in einem Faß. Die Krone in meiner Laden, und die königlichen Kleider hinter dem Offen. Als man nu visitieret finden Sie in der Laden einen Kuhfladen, das ist die Krohne gewesen, auf der Stuben in dem Faß, schwartze Kohlen, hinter dem Offen einen schwartzen zerrissenen geflickten Küttel, das sollte nu der königliche Habit seyn, das heißet ja betrogen, das war in decursu. Wenns zum Ende kömpt, da gehets auch recht miserabel zu … Es hatte einer einen Bund mit dem Teuffel gemacht, aber er solte Ihn drey Tag für seinem Ende warnen, drey Tag darfür stirbt ihm ein Pferd, das soll gewarnet seyn."

Mehrere ähnliche Beispiele wollen das Gesagte veranschaulichen. So wie die bösen Engel nur Böses tun und wollen können, so können die guten Engel nur Gutes tun und wollen.

Die Kraft der bösen Engel ist sehr groß, denn Paulus sagt:

„Wir haben nicht mit Fleisch und Blut zu kämpfen, sondern mit Mächtigen und Gewaltigen, nämlich mit den Herrn der Welt, die in dieser Finsternis herrschen, mit den bösen Geistern unter dem Himmel" (Eph. 6,12).

Christus selbst nennt ihn einen Starken (Luk. 11,21) und Fürsten der Welt (Joh. 14,30). Die Macht der bösen Engel ist aber geringer als die der guten, denn im Streit Michaels und seiner Engel mit dem Drachen und dessen Engeln mußte letzterer weichen (Apk. 12,7-9). Die Macht der bösen Engel ist von Gott eingeschränkt. Sie konnten nur mit Erlaubnis Jesu in die Säue fahren (Mark. 5,12). Der Teufel ist

> „als wie ein Ketten-Hund, da Gott die Kette in Händen hält und läßt Ihn so lang Er will, wenn es gnug ist so ziehet Er ihn wieder zurück".

Das folgende Beispiel soll dieses veranschaulichen,

> „es bliebe ein Fuhrmann über Nacht auff dem Felde. In der Nacht schickt der Teuffel seine Hexen, Sie sölten Ihm was schaden thun; die Hexen gehen fort, als Sie aber nichts ausrichten können, kehren Sie umb mit dieser Antwort: Sie können nichts ausrichten, Er solle selbst mit kommen. Darauf gehen Sie fort, als Sie aber dahin kommen, sagt der Teuffel zu seinen ergebenen: Sehet ihr nicht, Er ist mit lauter Feur umbgeben, Er hat auch seine Pferde Gott befohlen."

Die Kraft des Teufels ist größer als seine Macht, er könnte viel mehr tun als er tut, aber Gott hat ihn an der Kette,

> „Siehestu nu, für wem du dich zu fürchten hast? Nicht für dem rasenden hund, sondern für dem, der den hund an der ketten hat."

Es gibt vieles, das der Teufel nicht kann. Er kann nichts Neues schaffen, er kann das Wesen der Natur nicht ändern, er kann einen Menschen zum Beispiel nicht in einen Wolf, eine Katze oder einen Vogel verwandeln. Hinter solchen Verwandlungen kann nur Betrug stecken. Er kann wunderliche Sachen wohl tun, aber wirkliche Wunder nicht.

Zwei Fragen werden noch geklärt. Die eine ist, ob der Teufel ein Land fruchtbar oder unfruchtbar machen könne, indem er Wetter führt. Die Antwort auf diese Frage ist wieder ein Beispiel:

> „Es soll in Groß-Schenk ein recht merkwürdiges Exempel geschehen seyn, weiß nicht ob Herr Kisch Pfarrer sey gewesen, da wird auch von einem Weibe gesagt, Sie sey eine Wetterführerin: drauf laßt Sie der Pfarrer zu sich holen und *per circumstantias* kömpt Er auf das Wetterführen zu reden, und sagt: Er glaube nicht, daß ein Mensch solches thun könne. Die Hexe sagt: O ja, es können etliche; der Pfarrer leugnet es wieder und so etlich mahl, die Hexe aber affirmierets, und saget, Sie könne es selbst thun. Endlich sagt der Pfarrer: Wenn ihr eins machen könnet, so lasset morgen umb diese Zeit einen großen Hagel kommen; die Hexe sagt: Ja, es solle geschehen. Des andern Tages steigen Wolken auf, da läßt der Pfarrer das Weib holen, und an den Baum binden, dahin Sie das Wetter führen solte (denn der Pfarrer hatte einen gewissen Ort bestimpt wo Sie es sollte lassen hagein), da hatte Sie der Hagel mit dem Baum zerschlagen."

Auch solche Sachen kann der Satan mit Gottes Zulassung vollbringen (ein Beweis dafür ist auch Hiob 1). Er kann auch Krankheiten heilen, aber nur mit natürlichen Mitteln: er kennt weit bessere und viel mehr Heilmittel als die Ärzte, und wenn es Not tut, kann er sie sehr schnell aus Asien oder Afrika holen. Weil er ein Geist ist, kann er auch leicht das Gift aus dem kranken Körper saugen, besonders dann, wenn es von ihm selber stammt.

> „Und diese[s] alles thut er nicht uns zum besten, sondern uns dadurch zu schaden, und sich einen Namen zu machen."

Andere Wunder, wie unheilbare Krankheiten heilen, Tote auferwecken und ähnliches, kann er nicht vollbringen.

Die zweite Frage ist, warum er denn nicht den Willen der ihm Verschriebenen erfüllt, wenn seine Macht so groß ist. Die Antwort auf diese Frage: Gott gestattet es ihm nicht. Die Teufel können Leiber annehmen. Entweder machen sie sich selber Leiber aus „zusammen gepichter Lufft", oder sie nehmen Leiber an. Sie erscheinen gern in Gestalt Verstorbener, aber auch in Gestalt unvernünftiger Kreaturen und sogar als leblose Dinge, ein Faß zum Beispiel, das sich von selbst bewegt. Er kann aber auch in lebendige Tiere fahren. Es folgt ein Beispiel, wie der Teufel in Gestalt Verstorbener erscheint.

> „In Franckreich ists geschehen daß sich ein todes Weib hat auf der Gassen sehen lassen, und große Unruh gethan. Die Wächter steigen auf einen solchen Thurm und weil es hübscher Mondenschein war, so sehen Sie einmahl daß sich ein Grab aufthut, und ein Weib herauß kömpt, läßt aber die Leinlache vor dem Grabe liegen, und gehet darvon. Von denen Wächtern steiget einer herunter und nimmt die Leinlache, wie das Weib kömpt und die Leinlache nicht findet, siehet Sie umb sich und wird dieser auf dem Thurm gewahr, und saget Sie solten ihr das Leinlache herunter werffen, oder Sie wolle hinauf kommen. Diese haben nicht Lust ihre Compagnio zu verstärcken, werffen derowegen die Leinlache herunter, das Weib leget sich nieder und das Grab fällt wieder zu. Des Morgens sagen die Wächter waß sie gesehen haben, da grabt man das Grab auf und schlägt dem todten Weib einen Pfahl durch den Bauch, macht das Grab wieder zu; und lassen das Weib da liegen. Aber es ist wieder auferstanden und hat denen Leuten so Ihm begegnet ziemliche Schläge mit dem Pfahl außgetheilet, wenn seine Zeit kommen ist so ists wieder niedergelegen und hat sich den Pfahl wieder in den Bauch gestecket, biß endlich hat man außgegraben und verbrennet, da ists endlich stille worden. vid. Harsdorfferius Schauplatz jämmerlicher Mordgeschichten".

Diese Veränderungen in der Natur der bösen Engel waren die Folgen ihres Falles. Für ihre Beständigkeit sind die guten Engel entlohnt worden: Sie sind dadurch zu einer noch größeren Vollkommenheit gelangt. Was ihren Verstand anbelangt, haben die guten Engel aus ihrem vertraulichen Umgang mit Gott vielfältige Offenbarung und neue Wissenschaft und Weisheit erlangt. Trotzdem sind sie nicht allwissend, die geheimen Gedanken des menschlichen Herzens kennt nur Gott, und den Zeitpunkt des Jüngsten Gerichtes hat Gott vor ihnen verborgen gehalten.

Auch der Wille und die Begierden der Engel sind nun in einem vollkommeneren Zustand als vorher. Ihr Wille ist dem Guten verhaftet, so daß er nicht allein heilig und unsträflich ist, sondern die Engel können auch nur noch Gutes wollen. Deshalb können sie auch allezeit das Angesicht des himmlischen Vaters sehen. Wenn Adam und Eva der Versuchung nicht erlegen wären, hätte Gott sie wahrscheinlich auch im Guten bestätigt, wie die Engel. „Wenn denn die engel ihre Seligkeit mit solcher ruhe und Sicherheit besitzen,

> so kan man dencken, welch gutes, ruhiges, freudiges gewissen sie dabey haben müssen. ... Ihre eintzige lust ist, Gotte ihrem Herrn wohl-zu-gefallen, dem haben sie alle ihre kräfte gewidmet ..."

Die Menschen zu trösten und zu erfreuen, das bereitet ihnen die größte Freude. Gott liebt die Menschen, Jesus der Fürst der Engel hat sein Blut für die Menschen vergossen, deshalb lieben die Engel die Menschen auch. Sie lieben die Menschen

auch als ihre zukünftigen Genossen, weil sie ja den durch den Fall der bösen
Engel entstandenen Platz ausfüllen sollen.

Im Gegensatz zu den bösen Engeln, deren Handlungen durch Lügen, Un-
sauberkeit und Stolz gekennzeichnet sind, ist das Kennzeichen der guten Engel
ihre Aufrichtigkeit, Keuschheit und Demut. Die Aufrichtigkeit der Engel ist
eine Folge ihres Bestehens in der Versuchung. Daß ein solcher Engel lügen
sollte, „ist so unmöglich, als unmöglich es ist, das die sonne sol nacht machen".
Wer deshalb den Schutz dieser Engel um sich haben will, muß auch in der
Aufrichtigkeit beharren.

Wie man die Tauben mit Gestank vertreiben kann, so die Engel mit Geilheit.
Wegen ihrer Keuschheit sind sie auch die besten Beschützer keuscher Ehebetten.

Die Engel sind demütig. Als Johannes vor seinem Offenbarungsengel nie-
derfiel, willens ihn anzubeten, verwehrte es ihm der Engel mit den Worten:
„Siehe zu, tu es nicht! Denn ich bin dein Mitknecht …" (Apk. 22,9). Stolz ist
sowohl Gott als seinen Engeln ein Abscheu.

Die Kraft und Macht der guten Engel ist bedeutend größer als die der bösen.
So ist auch ihr Schutz mächtiger als der böse Wille des Teufels, der immer seine
Anschläge auf die Menschen macht.

Die Werke der bösen Engel sind gekennzeichnet durch Joh. 8,44: „der ist ein
Mörder von Anfang […] er ist ein Lügner und der Vater der Lüge". Als Herr und
Fürst seiner Engel ist der Teufel ein Lügner. Wie können seine Untergebenen
dann anders als gottlos sein? (Spr. Sal. 17,7; 29,12.) Sein Meisterstück im Paradies
zeigt ihn uns als einen „ertz-lügner sollenissime modo". Alle seine Worte und
Werke sind Lüge, entweder am Anfang, in der Absicht oder am Ausgang. In
geistlichen Dingen, wo es um die Seligkeit der Menschen geht, hat er sich auch
schon den Namen eines kunstfertigen Lügners verdient. Es gibt Menschen, die
von der Wahrheit eines Teufelwortes oder -gedankens so fest überzeugt sind,
daß sie auch ihr Leben dafür einsetzen würden. Das Gleichnis vom Unkraut
unter dem Weizen (Matth. 13) zeigt den Teufel auch als Lügner und Betrüger.
Er schläfert die Menschen in Sicherheit ein, damit er sie leichter verführen
kann. Wenn man die Geschichte der Kirche betrachtet, kann man zweierlei
feststellen:

1. Der Teufel treibt sein Werk in Abwechslung von Wüten, Morden, Märtyrer
machen und von gedankenloser Sicherheit unter den Menschen. Auf der einen
Seite geht das Unkraut unter dem Weizen auf und es kommt zu Irrlehren.

2. Neben der Abwechslung zwischen Verfolgung und Sicherheit steht die
zwischen Glauben und Werken, deren er sich auch bedient, um die Menschen
zu verführen. Glauben und Werke dürfen nie voneinander getrennt werden,
was der Teufel immer wieder versucht. Oft beginnt der Teufel sein Werk mit
schönen und guten Worten, um es dann umso sicherer mit Lüge und Betrug zu
schließen. – Nicht nur in geistlichen Sachen, wie bisher gezeigt, sondern auch
in leiblichen treibt der Teufel sein Werk. Er bringt die Kriege hervor, durch
Lügen hetzt er die drei Stände gegeneinander auf und durch lose Mäuler läßt

er Ehegatten sich verfeinden. Viele Menschen suchen in schweren Zeiten bei ihm Zuflucht. Wird einem ein Lügner helfen können? Man braucht keinen mit blutiger Unterschrift bekräftigten Bund mit ihm zu schließen, am Anfang durch Wahrheit und später durch Lüge weiß er einen schon in seine Macht zu ziehen. Es liegt im Bereich der Möglichkeiten, die dem Teufel gesetzt sind, daß er die menschlichen Sinne verwirren kann. Die Menschen sprechen dabei oft von Verwandlungen, im Grunde ist es aber nur teuflischer Betrug.

> „So haben auch einmahl Eltern ihre Tochter zu S. Martino bracht, und gesagt Sie sey zur Kuh worden, Er solle Ihr doch helfen. Er aber hat keine Kuhe gesehen sondern drey Menschen, denn die Augen waren Ihm nicht vergaukelt, wie denen Eltern, ja die Tochter selbst hat gedacht Sie sey in eine Kuh verwandelt gewesen".[14]

Solche Täuschungen gehören zum Werk des Teufels, das durch Lüge, Betrug und Mord gekennzeichnet ist. Der Teufel lügt in seinen Verheißungen (Worten), seinen Absichten und seinen Taten. Sein Meisterstück in dieser Hinsicht hat er im Paradies vollbracht, denn statt seiner Verheißung, daß die Menschen Gott gleich würden, kam die Erbsünde in die Welt.

> „In der wüsten (Matth. 4), sagt er, alle herrlichkeit der welt sey sein und er möchte sie geben, wem er wolle. Das hieße ja eins gelogen, das es kracht hinter ihm."

Der Teufel beredet die Menschen zu allerhand Taten und wenn sie merken, daß sie betrogen sind und keinen Ausweg finden, nehmen sie sich selber das Leben.

> „Vor nicht vielen jahren hats auch einer aus der vorstadt hurtig gethan, vermuthlich wegen schulden und nicht gnugsamen fortgang seines handels;

---

[14] Zahlreiche Beispiele solcher Täuschungen werden angeführt. Andere dieser Beispiele scheinen ihren Ursprung in einem im Volke verwurzelten Teufelsglauben zu haben und sind sehr legendären Charakters. Es werden hier noch einige davon zitiert. „In der Alt-Stadt kömpt eine dicke Erdkröte zu einem Schmiede, will in die Wiege bey das Kind steigen, darauff ergreifft Sie der Schmiedt mit der glühenden Zungen, brennet Sie sehr und wirfft Sie auf die Gase, nicht lang kömpt man und begehret ein wenig Oel es hat sich eine Frau sehr verbrennet, und sie ist eben diese Kröthe gewesen. Es ist recht wunderlich daß, da es doch nicht die Person ist, der Schade doch an ihrem Leibe geschiehet". „... denn wie in Neustadt eine Magd auf den Stall steiget, so kommen auch etliche in der Lufft und ruffen Sie mit, die Magd aber sagt Sie habe anderes zu thun, darauff wird Sie von der Leiter herunter geworffen, daß Sie den Arm entzwey bricht. Eben zu Agnetheln steht ein Knecht im Hoff und siehet eine Ganse gantz nieder fliegen, denckt: Holla, vielleicht kannst du Sie fangen, sieht aber das Sie auf den Stall fliegat, der Knecht steiget hinauf und findet seine Herrin auf dem Stall Mutter-nackt stehen". „In Wienn soll es geschehen sey, daß eine Frau ihre Wochen-Knecht den Zaum hat angeworffen so ist Er gleich zum Pferd geworden. Dieser arme Knecht wird endlich gantz dürr, mager, deswegen fragt Ihn sein Geselle, waß Ihm seye? Dieser hat anfangs sichs geweigert zu sagen biß endlich auf hartes Nöthigen sagt waß Ihm seine Herrin alle Nachten thue, darauf sagt sein Geselle Er solle Ihn in seine Stelle liegen lassen; dieser läßts gerne zu, wie nu die Herrin kömpt so nimpt Er ihr den Zaum aus der Hänten legt ihn Ihr umb den Kopf da wird Sie zu einem Pferde, der Kerl führet Sie zu seinem Herrn, bittet Er wolle Sie beschlagen, wie Sie nu der Herr schauet, wie es eine so hübsche Stutte sey, nimpt der Knecht des Zaum ab, da siehet jener, deß es sein Ehe Weib ist."

welcher aus der valachey kommend sich erst einen muth in dem nahesten dorf getrunken, so dann in den pusch an den bäum, worunter er durch zu reiten hatte, sich selbst anknüpfete, und das pferd mit den sporn unter ihm durchjagete."

Der Teufel versteht auf seine Art die Menschen auch zu trösten:

„Ey, du bist Gottes kind, der vater nimmts nicht so genau; ein kleines excesschen eintrinken. solte Gott einen um ein christliches räuschchen verstoßen; ein wenig rips-raps gemacht, und den seinen gesammlet, denn wer die seinen nicht versorget, der ist ja ärger denn ein heyde, und hat den glauben verleugnet. Und einmal über die keusche schnaur gehauen, was ists denn mehr? in der galanterie ein wenig zu weit greiffen. hängt doch der himmel nicht an einem faden, daß er flugs einfalle. Ey schönes evangelium. indessen muß Belsazer in den excesschen reich und leben verlieren; das wenige rips-raps brach dem Achan und Judas den besten halß. die galanterie zampfete dem königlichen Amnon sein junges blut bey trunkener weise aus dem leibe. Lasset mir das einen schönen tröster seyn."

Mit der Lüge verknüpft ist der Mord und in den Taten des Teufels zeigt sich, daß er „ein neidischer, grausamer, unbarmherziger, mörderischer Herr" ist. So konnte er von Jesus verlangen, sich vom Tempel zu stürzen (Matth. 4). Auch viele Fälle von Kindermord und Kinderopfer beweisen dieses.

Von den Erscheinungen des Teufels ist zu sagen, daß er in unzähligen Gestalten erscheinen kann. Er erscheint gerne in Gestalt von Tieren. Ein paar Beispiele hiezu:

„Es wird erzählet, daß wie die Kinder einmahl Scopatum sind gegangen, da haben sie einen Buben von Ihnen aufgehenckt von wegen daß Er Sie bey dem Praeceptor hatte verklaget. Sie seyen aber nicht willens ihn hencken zu lassen, es kömpt aber ein lahmer Haase gelauffen, dem lauffen Sie alle nach, vergessen jenes am Baum, daß Er also erwürget war."

„Einer der in seiner Handthierung nicht gar wohl fort kahm, gieng einmahl in den Wald, höret eine Amsel überauß schön singen, der gehet Er nach tieff in den Wald, endlich siehet Er sie auf einem Baum sitzen, und einen Strang unter ihr hencken. Darauf kehret Er alsobald in großer Angst umb und saget zu seinem Weibe: Weib lasset uns fleißig bethen, denn der Teuffel stellet uns nach, Er will uns zu Fall bringen, und haben also ein gottseeliges Leben angefangen."

Von Sterbenden ist bekannt, daß ihnen der Teufel gern in Gestalt eines Raben erschienen ist. Bei den Hexen erscheint er mit Vorliebe als ein Ziegenbock.

„Es stirbt ein Officierer und dessen hinterlassene Wittib besuchet öffters ein anderer Officier, nicht Liebe wegen, sondern nur wegen Freundschaft ihres ersten Herren. Als er nu einmahl bey Abend dahin reiten will, stürtzet das Pferd mit Ihm, da denket Er bey sich: wer weiß für waß für einem Unglück dich dieses warnet, kehret derowegen umb, besuchet auch nachdeß nicht so oft diese Wittib: Diese nu hatte sich vielleicht andere Gedancken von dem Officier gemacht, als Sie solte. und wie Sie siehet daß er Sie nicht so offt will besuchen schicket Sie Ihm den Bock; dieser kömpt wie der Officier auf dem Bette lieget, fängt da an zu grübben und will den Officier haben, der Officier aber greift zum Degen, hauet auf den Bock zu, der Bock stellet sich furchtsahm gehet rücklings in einen Winckel, biß endlich nach langer Mühe der Officier sein los wird."

Am liebsten und am häufigsten erscheint der Teufel in Menschengestalt.

„Einer verkleydete sich gar offt, und gieng auff den Gassen, einmahl begegnete Ihm der Teuffel eben so verkleydet wie Er und sagt: Cammerat, weil du dich ja so gerne verkleidest so und dich mir ähnlich machest so will Ich dich auch in mein qvartier nehmen, und führet ihn also mit sich davon. Vom Baldi wissen die Tartlauer viel zu sagen, wie der Teuffel mit ihm geackert habe. Was derer Valachen ihren Ihmon bedeute, da soll man nicht denken, daß nichts daran sey, denn wie ich einmahl auß Hermannstadt kahm so ließ mich eine alte Valachin umb Allmosen bitten, vorgebend, das, ob Sie gleich 80 jährig sey, käme doch der Ihmon noch alle Nachten bey Sie. Ein Cantor in Neustadt hat einem Wallachischen Buben gehabt, bey den sich der Ihmon auch funden hat."

Wenn die Eltern nicht gottselig leben, sich und Kinder im Gebet nicht Gott befehlen, so kommt der Teufel, nimmt ihnen ihr Kind und legt einen Kobold an seine Stelle. Ein Kobold ist ein Kind mit einem dicken Kopf, das nicht reden lernt. Die Frauen sagen, man solle dem Kobold nicht zu trinken geben und ihn schlagen, das sei eine Beschimpfung des Satans.

„So erzählen sie (die Frauen), es habe eine Bäurin ihr Kind mit aufs Feld genommen, wie sie es aber niederleget und an die Arbeit gegangen sey, so habe nach einer Weile das Kind heftig angefangen zu weinen, das Weib lasset lange weinen endlich gehet Sie auf Zureden der Nachbahrinnen zu sehen was Ihm doch sey, wie Sie aber dahin kömpt, so findet Sie ihr Kind nicht, sondern ein anders, das einen sehr dicken Kopff hat. Sie will Ihm aber nicht zu trinken geben, sondern schlägts, da kömpts wie ein Faß, drehet sich dahin, wirfft das rechte Kind von sich und nimpt den Cobold wieder mit sich."

Fleißiges Beten schützt vor solchen und ähnlichen Teufelstreichen.

Es gibt Menschen, die mit dem Teufel in einem Bund stehen, Magier, Schwarzkünstler und andere mehr.

„Es kömpt auch einer als wenn Er gar müde wäre, geritten, kömpt bey einen Bauren der hält mit einem Fuder Heu, der Magi bittet Ihn Er solle sein Pferd ein wenig fressen lassen, er wolte Ihm dafür zahlen, wie es Ihm der Baur vergönnet, so lasset jener ans Heu, und alsbald hat das Pferd das gantze Fuder Heu fressen. item. Einer verkaufet ein schönes Pferd, sagt aber man solle nicht damit ins Wasser reiten, als es jener aber veracht und ins Wasser reitet so ists ein Stroh-Wisch; der Kauffer suchet darauff den Schwärtz-Künstler, und findet Ihn schlaffen. Er rüttelt und schüttelt Ihn ziehet an den Beinen, da bringt jener durch seine Kunst zuwege daß dieser meynet Er habe ihm den Fuß ausgerissen; da der Kerl das siehet läufft Er davon und lasset den Schwartz-Künstler liegen."

Es gibt auch zwei Arten von „Wildschießern", die einen fehlen ihr Ziel nie, die andern bringen es zustande, daß sich kein Jäger in ihrem Revier aufhalten kann. Es gibt Läufer, die binden sich eine besondere Kugel in die Kniekehle, so daß sie mehrere Tage laufen können ohne müde zu werden. Es gibt auch Handel mit Geistern (*spiritus*), die einen gelehrt, reich, stark und glücklich machen können.

„Es schreibt einmahl ein Kauffmann einem andern Kauffmann seinem gutten Freunde er solle Ihm dergleichen einen spiritum kauffen, welcher Ihn reich machen solte; da Kaufman schreibt wieder zurück, und als Er eben den Brieff versiegeln will so flieget Er eine große Fliege da herumb dieselbe thut Er in den Brieff, und schreibet es sey ein Spiritus und koste 80 Thaler: Jener schicket nach etlichen Jahren das Geld und bedancket sich sehr für den überschickten Spiritum, beschreibet wie zu großem Reichthumb Er durch Ihn kommen sey. Jener erschrecket darüber, und straffet jenen daß Er als ein Christe

mit solchen Sachen umbzugehen sich nicht schäme, und sagt daß es nur eine
Fliege sey. So hats Ihm auch nachdem weil Ers gewußt hat nichts geholffen."

„Etliche sind die nicht können erschossen werden, als wie ein Tartler in Petersberg, auff welchem die Kugeln alle zurück geprallet waren, biß einer auß
Silber eine geschießet und Ihn durch den Kopff schießet."

Es gibt zwei Arten von Besessenen: geistlich Besessene und leiblich Besessene.
Bei den geistlich Besessenen besitzt der Satan des Menschen Herz. Sie sind
daran zu erkennen, daß sie alle Vermahnungen verachten, daß sie sicher in
ihren Sünden leben und des Evangeliums nicht achten, wie Judas, der die
Warnung Jesu (Matth. 26,24) nicht ernst nahm. Diese nehmen an ihrem Leibe
keinen Schaden, ihre Seele aber ist verdorben. Die leiblich Besessenen sind
etwas Schreckliches, aber weniger gefährlich. Der Teufel kann verstorbene
und lebendige Menschen, daneben aber auch Tiere besitzen. Bei der leiblichen
Besessenheit wohnt der Teufel in dem Menschen wie in einem Haus.

„Es ist ein schreckliches Exempel von einem Edellmann, der hat, wenn es Ihn
ankommen ist, sich bemühet mit aller Macht das Maul zu halten, hats doch
endlich auffthun müssen, und da hat der Teuffel grausame Flüche wider Gott
durch ihn ausgespeyet, und das hat Er so eine Weile getrieben, nachdem aber
wenn es Ihn wieder gelassen hat, so hat Ers Gott abgebethen."

Fünf Sachen müssen bei der Besessenheit noch gesondert angesehen werden:

1. Es besteht kein Zweifel, daß es Besessenheit gibt; Christus (Matth. 12,45;
Joh. 8,44), seine Apostel (II. Kor. 4,4; I. Joh. 3,10) und die Erfahrung bezeugen es.

2. Wie kommt der Teufel in den Menschen? Die Erbsünde hat ihm den Weg
geebnet und durch Nachlässigkeit und Sicherheit der Menschen findet er den
Zugang.

3. In den Besessenen wirkt der Teufel innerlich und äußerlich; innerlich,
indem er sie belügt und betrügt, äußerlich, indem er sie zu Lüge und Betrug
gegen Gott und Menschen treibt.

4. Die Zeichen, an denen man Besessene erkennen kann, sind ihre Werke
und Taten, falsche Deutungen, böse Wünsche ihren Nächsten gegenüber und
brennende Lust, besonders beim Trunk.

5. Der Mensch kann die Bande des Teufels durch Gebet und Fasten fliehen.
Wenn er Gottes Finger spürt, sei es im Wort, unter dem Kreuz oder in einer
Wohltat, soll er die Stunde nicht versäumen, sich nicht der Sicherheit hingeben
und sich selbst streng beobachten.

Die Strafe für den Fall der Teufel ist, daß sie keine Hoffnung auf Erlösung
haben und die Qual der Hölle auf sie wartet. Jetzt sind sie nicht nur in der
Hölle, sondern auf der Erde und in der Luft. Wenn sie aber auch nicht immer
in der Hölle sind, so haben sie die Hölle doch immer bei sich. Am jüngsten Tag
werden sie ins Gericht kommen und verdammt werden. In den feurigen Pfuhl
sollen sie geworfen werden und ihre Strafe wird ewig währen.

*

Die Engellehre ist ein wichtiger Artikel in der Glaubenslehre Fronius'. An Umfang übertrifft dieser Artikel fast alle anderen. Das wirft ein Licht auf die Bedeutung, die man ihr damals zugemessen hat. Die vielen Beispiele, von denen hier nur ein Teil angeführt werden konnte, zeigen, daß im Volk – denn diese Geschichten sind ja, wenigstens zum Teil, mündlich überliefert worden – ein Engel- und Teufelglaube geherrscht hat, der uns Menschen von heute befremdet. Da viele der hier angeführten Ausführungen und Beispiele den Predigten Fronius entnommen sind, ist zu ersehen, daß man sich vor 250 Jahren nicht bemüht hat, diesen Engel- und Teufelglauben des Volkes aus der Welt zu schaffen, im Gegenteil, er wird dadurch noch weitgehend gefördert worden sein. So haben wir in der Engellehre des Kronstädter Stadtpfarrers Markus Fronius nicht nur ein Denkmal orthodoxer Lehre, sondern auch ein Bild aus dem Volksglauben seiner Zeit, der durch Engel, Dämonen, Geister und Gespenster nicht wenig bestimmt war.

Literatur
(Handschriften von Fronius)

AHG: IV.F 1.Tn 240: Markus F r o n i u s: Predigten [weitere Predigtbände von Fronius: I.F 9 I-III].

AHG: I.F 27: Markus F r o n i u s: Theologia 1702 [als Abschrift von Johannes Barbenius].

AHG: I.F 46 bzw. I.F 57: Markus F r o n i u s: Deutsche Theologie [Abschriften von Simon Berger].

BÜRGERLICHER PIETISMUS
ZU BEGINN DES 18. JAHRHUNDERTS.
ZUM TAGEBUCH DES SIMON CHRISTOPHORI

Von Gerhardt Binder

Einleitung

In einem zum VII. Band der „Quellen zur Geschichte der Stadt Kronstadt"[1] gehörigen, gesondert erschienenen Heft: „Aus dem Tagebuch des Simon Christophori alias Gaitzer", veröffentlicht von Julius Gross im Jahre 1917, wurde ein aufschlußreiches Zeugnis religiöser Gesinnung, welches erst aus der Verborgenheit des Archivs hervorgeholt werden mußte, interessierten Lesern zugänglich gemacht. In diesem Heft befindet sich ein Tagebuch, geführt vom 11. März 1712 bis Februar 1716 und im Anhang ein Abdruck aus dem „Cron-Städtischen Markt-Protokoll", welches einige Hinweise auf Amt und Person des Tagebuchschreibers enthält, sowie eine vom Veröffentlicher getroffene Auswahl religiöser Gedichte des Simon Christophori.

Diese Hinterlassenschaften „des am 18. X. 1726 verstorbenen Kronstädter Marktrichters und nachmaligen Communitätsorators" Simon Christophori, genannt auch Gaitzer,[2] lassen uns der Art seiner Frömmigkeit recht gut gewahr werden. Dem Gesamteindrucke nach, den der Leser dieser Veröffentlichung alsbald von der Geistesrichtung dieses Mannes gewinnt, läßt sich ohne weiters die Einordnung vollziehen: Er war ein Pietist, wurde auch von anderen als solcher bezeichnet und hielt sich selbst, dieser Meinung stattgebend, als zu dem Kreis der wahren Christen gehörig. Das heißt nun, daß er in Vielem typisch pietistisch dachte und als ein siebenbürgisches Beispiel dieser Geistesrichtung gelten darf, was andererseits nicht bedeutet, daß er nicht ein selbständig denkender Mann gewesen wäre, der mit seinem Frommsein seiner Kirche und Stadtgemeinschaft dienen wollte, um ihr Heil zu fördern. Er vereinigte Gedanken, die auch sonstwo im siebenbürgisch-sächsischen Geistesleben zu finden sind, mit Anliegen, die dem Lebensgefühl des Pietismus zuzuordnen sind.

---

[1] Sämtliche Anmerkungen in diesem Beitrag beziehen sich auf Julius G r o s s (Hg.): Aus dem Tagebuch des Simon Christophori alias Gaitzer. Brassó (Kronstadt) 1917 (= Quellen zur Geschichte der Stadt Kronstadt VII. Band, Beiheft II).

[2] Fremde Aufschrift auf dem Manuscript, siehe Vorwort des Herausgebers Julius Gross.

Wie Simon Christophori sich von diesem Standpunkte aus in seinem Tagebuch und in den von ihm selbst mit einem beachtenswerten Können verfaßten Gedichten, welche er zwischen die übrigen Aufzeichnungen hineinschrieb, zu der vielfach beklagenswerten Wirklichkeit äußert und damit das Urteil eines sächsischen Bürgers jener Zeit abgibt, der für die lebenserhaltende Ordnung der Stadt, der Kirche und seines gesamten Volkes einstand, und das als einer, der nach Gottes Willen handeln wollte, ist frömmigkeitsgeschichtlich bemerkenswert, enthält aber in manchem andeutungsweise die Gesinnungsart, von welcher sich bis auf den heutigen Tag noch Spuren erhalten haben.

Die Umgebung eines Menschen, die Stätte seines Wirkens mit ihrem engeren oder weiteren Gesichtskreis, üben einen entscheidenden Einfluß auf seine persönliche Einstellung aus. Charakter und Herkommen aus einem Lebenskreise mit einer bestimmten Tradition, die erworbene Schulbildung, formten vor seinem Eintreten in ein öffentliches Amt in Kronstadt sein geistiges Dasein und ließen ihn die Erfahrungen aus seiner Umgebung so beurteilen, wie sein Tagebuch und seine Gedichte erkennen lassen.

Über die Herkunft des Simon Christophori läßt sich auf Grund seines Tagebuches eigentlich nichts sagen, da er über seine persönlichen Sorgen, seine Familie, äußerst wenig berichtet. Ein gebürtiger Kronstädter scheint er gewesen zu sein, worauf seine angesehene Stellung schließen läßt, außerdem beschäftigte er sich fast ausschließlich nur mit den Geschehnissen, welche seine nächste Umgebung, Kronstadt und das Burzenland, betrafen. Kronstadt mit den ihm zugeordneten Gemeinden war sein Lebenskreis, für welchen er arbeitete und um welchen er sich kümmerte. Wenig, und auch nur diese engere Heimat Betreffendes, reicht von außen in diesen Lebenskreis hinein. Als die Jesuiten sich zuerst in Hermannstadt bemerkbar machten und sich Übergriffe erlaubten, erregte dies seine Sorge um die gesamte evangelische Kirche seines Volkes. Aus Besorgnis um die evangelische Sache nahm er auch Anteil an den Schicksalen des nach der Schlacht von Poltawa 1709 auf türkisches Gebiet verschlagenen schwedischen Königs Karl XII., Ereignisse, welche die Großmachtstellung Schwedens ins Wanken brachten, was Christophori betrauerte, da dieses Land seit den Zeiten Gustav Adolfs als führende Macht auf protestantischer Seite galt.

Ereignisse, die sich außerhalb des Burzenlandes abspielen, finden sonst wenig Erwähnung; Hermannstadt wird noch genannt, einmal Agnetheln in Verbindung mit einem Gerücht über den dortigen Pfarrer, dann Birthälm und Bischof Lukas Graffius, einmal auch Bukarest, alles aber nur insoweit, als es eine Beziehung auf die engere Heimat des Verfassers hat.

Als Student muß sich Simon Christophori einmal im Ausland aufgehalten haben, denn er nannte sich „utriusque iuris Studiosus academicus",[3] als solcher gelangte er auch in sein Marktrichteramt, wurde zum Hundertmann gewählt und nachher in der Zeit zwischen 1716 und 1726 Communitätsorator.

---

[3] Quellen zur Geschichte der Stadt Kronstadt VII. Band, Beiheft II, S. 54.

In seinem Urteil erweist sich Simon Christophori als ein Gebildeter mit einem weiteren Gesichtskreis als dem der gewöhnlichen Kronstädter Bürger, er konnte z. B. lateinisch und französisch. Besonders aber an Herzensbildung besaß er ein ansehnliches Maß und war darin den besten Geistern seiner Zeit ebenbürtig.

Ein inniges Freundschaftsband knüpfte ihn an den Kronstädter Stadtpfarrer Markus Fronius, der im damaligen Siebenbürgen einen guten Namen hatte, obwohl die Pietisten damals nicht von allen gerne gesehene Leute waren. Diese Freundschaft wird ersichtlich aus einem in das Tagebuch aufgenommenen Briefwechsel; auch sonst wird Fronius mehrfach erwähnt, meist im Zusammenhang mit der Aufforderung, die Kronstädter sollten sich die Predigten ihres Stadtpfarrers mehr zu Herzen nehmen. Und nach dem Tode des Markus Fronius mißbilligte Christophori an den Kronstädtern, daß sie um diesen Mann nicht genügend trauerten.

Christophori stand mit den führenden Männern der Stadt, zu denen er selbst gehörte, in ständiger Verbindung. Auch war er als zuverlässiger und frommer Mann pietistischer Prägung über die Grenzen seiner Vaterstadt hinaus bekannt. Der Sachsengraf Andreas Teutsch in Hermannstadt, selber ein Pietist, muß ihn, nach einer Bemerkung im Tagebuch zu schließen,[4] persönlich gekannt und geschätzt haben. Auch zu anderen Geistesverwandten unterhielt er Beziehungen: Zu den in Hermannstadt weilenden, des Pietismus „verdächtigten" und darum angefeindeten Professoren Martin Obel und Christoph Voigt (auch Johann Baptista).[5] Er erhielt gelegentlich von Professor Voigt einen Brief aus Hermannstadt und 40 aus Halle zugeschickte Neue Testamente, um sie weiterzugeben.[6] Auch den in Deutschland führenden Pietisten Philipp Jakob Spener erwähnte er anerkennenderweise.

Daß wir aus dem Tagebuch des Simon Christophori so wenig über seine eigene Person und Familie erfahren, hat seinen besonderen Grund: Dieser Mann hat darin sein eigentliches Leben erblickt, wo er sich von den alltäglichen Dingen zu frommer Besinnung und Erbauung zurückziehen oder wo er der Öffentlichkeit im Sinne einer höheren Ordnung zur Förderung des Seelenheils dienen konnte. Sein Amt als Marktrichter, in welchem er das Marktleben und Handelswesen der Stadt zu kontrollieren hatte, und welches ihn gerade deshalb in sehr gewöhnliche und weltliche Geschäfte hineinführte, scheint dieser Behauptung zu widersprechen; aber gerade darin war er bestrebt, das Gesetzmäßige, eine allgemeine Ehrbarkeit durchzusetzen und hatte somit eine der Gesamtheit zugute kommende höhere Ordnung im Blick. Seine fromme geistige Haltung pietistischer Prägung trug Christophori in seine engste heimatliche Umgebung hinein und wünschte von Herzen, Gottes Wort möge, wie auch Markus Fronius seiner Stadt gepredigt habe, mehr geehrt werden,

---

[4] Ebenda, S. 102.
[5] Ebenda, S. 112.
[6] Ebenda, S. 102.

damit das Leben der Einwohnerschaft vor dem ihr eigentlich gebührenden Untergang geschützt werde:

> „Sie steht bisnoch der Stadt zur Zierd auf ihrer Wurz',
> [Die Krone über der Wurzel im Wappen der Stadt]
> Gott hüt sie auch dorthin für einem Fall und Sturz."[7]

Zu Hause scheint sich Christophori gerne der geruhsamen frommen Besinnung hingegeben zu haben, die wohl das Treiben der Stadt beobachtete und darauf bessernd einwirken wollte, viel lieber aber sich samt allen anderen von einem himmlischen Frieden umgeben gesehen hätte. Aus seiner Beschaulichkeit, welche sich im Tagebuchschreiben, Gedichteverfassen und Bibellesen erging, ließ er sich ungerne herausnötigen; so folgte er einmal der Einladung zu einem Gastmahl nicht, weil er dort nichts Erbauliches zu finden hoffte und sich lieber die „edle Einsamkeit" erwählte.[8] Als seine Frau, von deren Dasein wir im Tagebuch sonst gar nichts erfahren, einmal irgend etwas anders für wichtiger erachtete als die Dichtkunst und Beschaulichkeit ihres Gemahls, gab er ihr unwillig statt und vermerkte an Stelle einer längeren Abhandlung nur grollend in seinem Tagebuch: „Nunmehro bin ich fast müde von meiner Plage, die von meinem Weibe herrührt, mehr zu schreiben."[9] Mit diesem pathetischen Seufzer verfügte er sich dann an die andere profane, leider im Augenblick wichtigere Arbeit. Aus zwei kurzen Notizen erfahren wir noch, daß Christophori zwei Söhne hatte, vielleicht auch noch außer ihnen Kinder; das Aufschreibenswerteste war ihm aber vor allem, was das Heil seiner Stadt, seiner Kirche und seines Volkes betraf, denen zu Liebe er alle Geschehnisse mit Besorgnis verfolgte.

Simon Christophori ging in seiner Hinkehr zur Beschaulichkeit nicht so weit, daß er sich gerne ganz absonderte, er kümmerte sich im Gegenteil sehr um das Wohl seiner Stadt und Gemeinde und auch um einzelne Menschen. Auch wollte er sich nicht bloß an einen eng umrissenen Kreis der Heiligen halten, vielmehr an die heilige Kirche Christi, wie sie Martin Luther haben wollte, zu welcher alle als Glieder berufen waren, jedoch sich leider zu wenige in rechter Weise bemühten, so daß „der wahren Christen Orden"[10] recht klein da stand. Zu diesem zählte er sich und hätte ihn gerne gesehen, daß er größer werde. Da sich das Maß des wahren Christen nach seinem Urteil nur an wenige anlegen ließ, verfiel er leicht in die seiner Theologie entsprechende Beurteilung der anderen als die Weltgesinnten, von welchen er sich dann lieber doch fern hielt und seine Einsamkeit lobte, die höher zu schätzen sei „als alle Compagnien", in welcher er auch Christum besser fände.[11]

Simon Christophori ordnete gerne alles Gute einer Gott zugehörigen Kategorie zu, alles Böse aber der Welt und dem Teufel. Von daher aus urteilte er

---

[7] Ebenda, S. 127 als Motto des Cronstädtischen Markt-Protokolls.
[8] Ebenda, S. 152.
[9] Ebenda, S. 44.
[10] Ebenda, S. 13.
[11] Ebenda, S. 152.

über „Welt- und Teufelskinder"[12] und steigerte sich gerne in ein weitläufiges Tadeln hinein, als ob das Negative leider überall den Vortritt hätte. Ganz abgesehen davon, daß Christophori einer bestimmten Form der Frömmigkeit zugehört, wird auch seine charakterliche Anlage ihn dazu geführt haben, daß er die Schattenseiten des Lebens deutlicher sieht. Von seinen theologischen Kategorien „Gotteswerk" und „Teufelswerk" oder „Welt" in negativem Sinne her, sah er an den Menschen seiner Umgebung Merkmale des eitlen Weltsinnes und tadelt sie, wo sie sich zeigen. Besonders verhaßt sind ihm: Auf den Markt statt in die Kirche gehen, „dem Madensack Nutzen schaffen" anstatt den „alten Adam zu töten",[13] tanzen, saufen und sich mit „vivat" zutrinken, Geiz usw. Einmal findet auch Folgendes Erwähnung: Die Bosheit der Welt habe sich darin offenbart, daß viele „unserer tollen Sachsen" auf freier Gasse in der Fastnachtwoche sich getrauten, Bärenhäute anzutun und „Teufelsmummerei" zu treiben,[14] was eigentlich als eine harmlose Sache angesehen werden könnte; darin zeige sich aber, meint Christophori, „daß die Welt mit ihrem Bräutigam, dem Satan umgehe". Er selbst wolle sich aber an den Herrn halten.

„Ich will 10.000 mal mit Christo lieber fliehen
als an dem Sündenjoch mit Unbekehrten ziehen."[15]

Aus diesen Urteilen spricht unter anderem auch eine leise Selbstgerechtigkeit, die wohl durch das Bewußtsein der eigenen Sündhaftigkeit und durch die strenge Beurteilung seiner selbst aufgewogen wurde, wenn auch ein Rest von Selbstgerechtigkeit zurückblieb, kann man andererseits sein eigenes Urteil über sich selbst gutheißen,[16] wie es unter anderem auch in einem Gedicht lautet. Von Gott komme, was er könne, und es ginge ihm nicht um Menschenlob, und tue ein anderer es besser, so gönne er ihm das Lob, nicht aber einem Schlechteren, und ungerechten Tadel wolle er auch nicht dulden.

Übrigens hat Simon Christophori in der Dichtkunst eine bemerkenswerte Höhe erreicht, so daß es zu seiner Zeit unter den Siebenbürger Sachsen gewiß nicht viele seinesgleichen gab. Seine Verse sind in einem schönen und fließenden Rhythmus und guten Hochdeutsch geschrieben und schließen sich zuweilen enge an die derzeitige protestantische Kirchenliederdichtung an (z. B. Benjamin Schmolk[17] 1672-1737 „Was Gott tut, das ist wohlgetan"). Seine Gedichte, obzwar unbestreitbar mit dichterischem Talent verfaßt und von einer einheitlichen Frömmigkeit getragen, erwecken in unserer Zeit allerdings den unverwindbaren Eindruck einer sehr festen Bindung an das Lebensgefühl der nach einer bestimmten Richtung überschwenglichen Pietisten des 18. Jahrhunderts. Die

---

[12] Ebenda.
[13] Ebenda, S. 14f.
[14] Ebenda, S. 51.
[15] Ebenda, S. 112.
[16] Vgl. Gedicht ebenda, S. 133.
[17] In unserem Gesangbuch sehr reichlich vertreten, was auf eine frühere große Beliebtheit schließen läßt.

Bilder der Gebundenheit an und der Liebe zum Heiland folgen einander oft in einer aus hoher Gefühlsseligkeit herrührenden Häufigkeit, daß dieses uns sonderbar anmutet. Z. B. die Anrede eines Gedichtes an den Heiland lautet:[18]

„Mein Herzens-Jesu, meine Lust,
In dem ich mich vergnüge"

Es können noch folgende Stellen aus diesem Gedicht als sehr bezeichnend erscheinen:

„Du bist mein starker Held im Streit,
Mein Panzer, Schild und Bogen.
Mein Tröster in der Traurigkeit,
Mein Schiff in Wasserwogen,
Mein Anker, wenn ein Sturm entsteht,
Mein sichrer Compaß und Magnet,
Der mich noch nie betrogen. [...]

Mein Zucker, wenn es bitter schmeckt,
Mein festes Dach, das mich bedeckt,
Wenn ich im Regen stehe. [...]

Im Schlaf mein Traum und süße Ruh,
Mein Vorhang, den ich immerzu
Mir um mein Bettchen mache."

Diese Verse müssen zum größeren Teil von unserem heutigen Lebens- und Stilgefühl aus, obwohl sie einen guten Sinn haben, gerechterweise für etwas süßlich, zuweilen auch wehleidig, bezeichnet werden, was etwa auch folgende Stelle ohne Zweifel belegt:[19]

„Im Himmel wird sich niemand kränken,
Im Himmel wird nur Freude sein.
Mein Jesus wird uns alle tränken
Mit z u c k e r s ü ß e m E n g e l w e i n.
Im Himmel ist kein Jammer mehr,
Ach! Wenn ich nur im Himmel wär'!"

Das Reden und Dichten Christophoris geschieht in gesteigerter pathetischer Form, so daß es oft nicht ausbleibt, daß Worte, Gefühle und seine theologischen, immer in eine bestimmte Richtung hinzielenden Gedanken mitunter in erzwungener Unnatürlichkeit wiedergegeben werden.

Simon Christophoris Frömmigkeit trägt volkstümliche Züge, welche durch einen regelmäßigen Kirchenbesuch und das Anhören wahrscheinlich der Predigt des Markus Fronius geprägt sind. Daneben ist der Einfluß zu bemerken, den ein fleißiges Lesen der Bibel, vielleicht auch der Studienort und pietistische Freunde auf ihn ausübten. Seine theologischen Erwägungen schließen sich meistens an Begebenheiten an, von denen er Kunde erhielt oder die er selbst

---

[18] [Vgl.: Gesangbuch für die Evangelische Kirche Augsburgischen Bekenntnisses in der Rumänischen Volksrepublik, 38. Auflage, ca. 1960, als das in der Abfassungszeit des Beitrages aktuelle Gesangbuch, das insgesamt 20 Lieder von Schmolk nachweist.] Ebenda, S. 161-165 vom 10. Januar 1714.

[19] Ebenda, S. 160.

erlebt hatte. Auch der allgemeine Zustand der Zeit gibt ihm Gelegenheit, seiner Frömmigkeit und Weltschau Ausdruck zu verleihen.

Als volkstümlich und zugleich abergläubisch muß bezeichnet werden, daß er dem Hexenwahn huldigte.[20] 1713 wurde auf Zeugenaussage hin in Kronstadt die Frau eines Messerschmiedes als Hexe festgenommen. Simon Christophori bemühte sich selbst, sie zu einem Geständnis zu bringen, damit ihr wenigstens die Absolution und das heilige Abendmahl vor dem Tode zuteil werde. Sie behauptete aber standhaft, keine Hexe zu sein und wurde verbrannt. Nun machte sich Simon Christophori Gedanken darüber: Wenn sie wirklich keine Hexe gewesen und unschuldig verbrannt worden war? War sie aber eine, so solle sie nur den rechten Weg zur Hölle gehen, dann gehörte sie in dieselbe Kategorie mit Folgenden:

> „Nun fort, nur fortgeschafft mit Huren, Mö[r]dern, Dieben,
> Daß sie die frommen Leut nicht ärgern noch betrüben,
> Nur praf gehängt, geköpft, gepeitscht und ausgejagt."[21]

Nur weg mit denen! Von solchen hätte er am liebsten nie etwas gewußt, die konnten nur sein Entsetzen über die Furchtbarkeit der Sünde erregen.

Oft führen in dem Tagebuch die Gedanken von einem Vorfall, einem wichtigeren oder belangloseren, manchmal auch gekünstelt, einmal in Anlehnung an ein biblisches Gleichnis zu frommen Überlegungen und Urteilen. So wird einmal vermerkt, das Salz sei sehr wohlfeil zu haben, leider nicht so sehr das „Salz der Erde" (Matth. 5,13).[22] Seine theologischen Erwägungen bewegen sich überhaupt nicht weitab von den Vorkommnissen seiner Tage. Als er hörte, daß der Turm in Petersberg am 27. Februar 1713 eingefallen sei, nahm er dieses zum Anlaß, folgendes Gedicht zu schreiben:[23]

> „Herr! Du hast einen Turn in deine Kirch' gebaut
> Und deinen Dienern zu besorgen ausgetan.
> So hilf, daß sie auf das, was ihnen ist vertraut,
> Mit steter Wachsamkeit recht gute Achtung han.
> Denn so der Turn einfällt, so tut er solchen Schaden,
> Den wohl kein Menschenkind genugsam schätzen mag.
> Darum bewahr ihn selbst aus lauter Güt und Gnaden,
> Damit er stehen bleib bis auf den jüngsten Tag."

Die Tatsache, daß der Kirchturm den Petersbergern zur Besorgung anvertraut worden war und sie den Schaden vielleicht nicht bei Zeiten behoben, kleidet er in die Worte, daß Gott diesen Turm hingestellt habe. Der Schluß aber mutet überraschend an, daß Gott denselben behüte aus Lauter Güte und Gnaden, damit er stehen bleibe bis zum jüngsten Tage, da das gerade Gegenteil geschehen war. Der „Turm" wird ihm eben hier zum Gleichnis für jedes von Gott den Menschen anvertraute Gut, in dessen Bewährung sie ihre Treue unter Beweis zu stellen

---

[20] Ebenda, S. 108f. Vgl. dazu auch den Beitrag in diesem Band von Dietmar Plajer zur Engellehre bei Markus Fronius.

[21] Ebenda, S. 43.

[22] Ebenda, S. 13.

[23] Ebenda, S. 49.

haben. Doch kam es ihm trotz des menschlichen Bemühens vor allem auf Gott an. Aus jedem Unglück und Mißgeschick fand er doch immer wieder den Weg zur Güte Gottes, die ihm mehr bedeutete als alle unglückselige Wirklichkeit, in der er lebte. Es war ihm einfach undenkbar, daß Gott [nicht] nur Gutes schicke. Das Böse mußte anderswoher kommen. Dafür machte er immer die Sünde der Menschen verantwortlich. Alles Böse, das einem zukam, konnte nur eine Strafe für begangene Sünden sein; und wenn die Strafe nicht immer gleich eintraf, so hinderte Gott das aus Gnaden, während der Mensch die Strafe öfters noch verdiente, als sie einträfe. Gott handelt immer aus Güte und Gerechtigkeit und nur sein Zorn über die Sünde bringt dem Menschen verdientes Ungemach. Gott aber will die Sünde nicht; dieselbe kommt vielmehr von der Welt und vom Teufel her. Damit wird der immer wiederkehrende Grundzug der Theologie Simon Christophoris berührt. Alle Geschehnisse beurteilte er nach dieser theologischen Auffassung und fand darin seine Beruhigung, daß Gott mit seiner Güte über den Menschen walte, zugleich aber der über die Sünden zornige Gott und darum der aus Gerechtigkeit Strafende sei. Sogar wenn ein vorgefallener Unglücksfall nicht gerade offensichtlich auf irgend eine Sünde zurückgeführt werden konnte, fand er dabei immer etwas, was sein theologisches Denken hierüber bestätigte. An Gottes Güte und Wohlwollen und zugleich an seiner Allmacht und Gerechtigkeit zu zweifeln, kam nicht einmal in Frage, im Gegenteil: Jede Kleinigkeit dachte er sich als eine Fügung Gottes. Gott galt als der im Geheimen alles Lenkende und zugleich als höchstes Prinzip des moralisch Guten, d. h. das sittlich Gute war ihm das feste, unzweifelhaft und ohne Wanken Bestehende, welches Gott allein mit seiner höheren Fügung meinen und gutheißen konnte.

Dieser im Volke allgemein verankerten frommen Auffassungen wegen, wäre Simon Christophori noch nicht als ein Pietist zu bezeichnen, denn auch anders Gesinnte nannten sie ihr eigen; auch waren sie in den bürgerlichen und bäuerlichen Kreisen Siebenbürgens bestimmt gang und gäbe und sind es bis zum heutigen Tage vielfach noch.

Volkstümlich ist auch ein Gedicht,[24] welches Gedanken über Wetter und Ernte äußert, die Anzeichen einer Frömmigkeit sind, die auch heute noch in der bäuerlichen Denkweise verwurzelt ist. Gott gibt Sonnenschein bei der Heuernte, nach Hitze und Dürre gibt er, weil's sein Vaterherz ihm so befiehlt, Regen. Das Geschehen in der Natur wird Christophori ein Bild dafür, wie der Same des Wortes Gottes in den vorzubereitenden Herzensacker gesät wird.

„Wohl dem, der diese Saat in seinem Herzen hegt,
Der sammelt eine Frucht, die hundertfältig trägt!"

Aus dieser Wendung des Gedichtes läßt sich erkennen, wie Christophori – ungestört durch komplizierte Gedanken und Einwände – von einer kindlich einfachen volkstümlichen Frömmigkeit zu dem Evangelium und seinen besondern pietistischen Gedanken hingeführt wurde.

---

[24] Ebenda, S. 4f.

Die Absicht, alles im Sinne der Theodizee zu begreifen, „wobei die Vernunft der Gottestorheit weichen" mußte[25] und „Menschenwitz nicht viel vor dem Geheimnis Gottes zählte", bog die Wirklichkeit manchmal etwas stark zurecht. Zum Beispiel: Am 100. Jahrestag der Schlacht von Marienburg, also am 16. Oktober 1712 gedachte Christophori dieses für das Burzenland so traurigen Ereignisses und verfaßte folgendes Gedicht:[26]

> „Bemerk es Cronen-Stadt, was heut vor 100 Jahren
> Dem Richter und dem Honn für Unglück widerfahren.
> Sie zogen dir zu lieb ins Feld vor deinen Feind.
> So aber Gott mißfiel, wies aus dem Ausgang scheint.
> Fang demnach ja nichts an, ohn' Gott um Rat zu fragen,
> Sonst schlägt es übel aus und häufest dir die Plagen.
> Ach, wohl der Stadt, die Gott zu ihrem Ratmann hat,
> Denn weil sie ihm vertraut, gibt er Glück zur Tat."

Weil die Schlacht von Marienburg 1612 verloren wurde, sind nach Christophoris Ansicht Michael Weiß und sein Gefolge in den Kampf gezogen, ohne Gott um Rat gefragt zu haben. Es fragt sich hier, ob diese Schlußfolgerung gezogen werden kann. Gabriel Báthory hatte wohl auch nicht das Recht auf seiner Seite und verdiente deshalb kaum den Sieg. Es ist jedenfalls schwierig, alle Ereignisse nach dem Gesichtspunkt der Gerechtigkeit Gottes klären zu wollen.

Weil's aber doch nicht immer angeht, Unglücksfälle auf die Sünde und Übeltat des Erleidenden zurückzuführen, gewinnt ihnen Simon Christophori noch eine andere Seite ab:

Sie bedeuten Prüfung oder eine strenge Schule für den Frommen,[27] was der Tatsache ja am besten entspricht: Den schwedischen König Karl XII. führte Gott in eine strenge Schule. Das blieb aber dabei bestehen, daß Gott in der ganzen Welt regiere und mache, daß der eine falle und der andere die Fahne schwinge:

> „Gott ist und bleibt gerecht,
> mein Herz soll sich nur an sein Wort halten."[28]

Er schützt die Welt väterlich vor Krieg, Hungersnot, Pest und Brand,[29] nur wer sich nicht an sein Wort hält, verdient diese Strafen. Darum kehrt die Bitte immer wieder, von Gott auf rechter Bahn geführt zu werden. Tut der Mensch dann Gutes, so sagt er demütig: Herr, es ist dein Werk![30] Alles Gute ist Gottes Werk, und was über den Menschen gesagt werden kann, mündet in das Wehklagen über eine allgemeine Sündhaftigkeit, welche Christophori an sich aber noch viel mehr an anderen feststellte. Besonderen Gesetzeswidrigkeiten und Verbrechen, wie Ehebruch, Selbstmord, Kindsmord u. a. entsetzte sich Christophori darüber, wie der Teufel den Menschen seine Netze stelle. Was Christophori zu tadeln hatte, war meistens ein Vergehen gegen die Gebote, aber auch eine Selbstsicherheit und

---

[25] Ebenda, S. 78.
[26] Ebenda, S. 11.
[27] Ebenda, S. 48.
[28] Ebenda, S. 41.
[29] Ebenda, S. 19f.
[30] S. 51. [Zitat nicht aufgefunden!]

Unbußfertigkeit, die vor Gottes Rache, welche der Stadt, wo sich der Satan regte, recht nahe stehe, nicht zurückschrecke.[31]

Die gesamte Frömmigkeit Simon Christophoris hat schließlich zwei Grundlagen: Er kümmerte sich um die menschlichen Schicksale, um seine eigenen und vor allem um die der ihn umgebenden Gemeinschaft, und mochte sie gerne mehr von Gottes Heil durchdrungen sehen. Diese Betrachtung ist abhängig von seinem moralischen Urteil über alle Geschehnisse. Dieses Urteil schulte sich an den Zehn Geboten und den vielen sittlichen Anweisungen der Bibel, besonders des Apostels Paulus. Die gute Tat verdient eine Belohnung von Gott, die böse seine Rache, wobei Gott durch seine Güte und Liebe eigentlich alle zum Guten bewegen wollte. Das Zweite führt zum Ersten zurück und hängt damit aufs Engste zusammen.

Auf dieser Grundlage baut sich die gefühlsbetonte, im engeren Sinne pietistische Frömmigkeit, auf, welche den Heiland mit „Herzens-Jesu" anredet.

Gott ist dem Simon Christophori nicht allein der Lenker der menschlichen Dinge, sondern das höchste Gut, dem man sich im Tun des ethisch Guten beugt. In der Behauptung „alles Gute kommt von Gott" ist er sich so sicher, daß er mit größter Bestimmtheit von Gott redet, so bestimmt, wie er sich seiner sittlichen Auffassung gewiß ist und an der Aufrichtigkeit seines sittlichen Handelns nicht zweifelt. Was das Gute sei, steht ihm nach Gottes Wort und Gebot und nach seinem eigenen, Gott untergeordneten, Willen fest. Wer in diesem Sinne lebt, hat sich Gott erwählt. Dagegen verurteilt er die „Weltgesinnten", weil sie, anstatt sich Gott zum Gott zu erwählen, andere Dinge als ihr höchstes Gut ergreifen, z. B.[32]

„O du verdammter Geiz! Du Fallstrick derer Seelen,
Die sich zu ihrem Gott den Geldklump tun erwählen."

Dieser Vers klingt an die Worte des Apostels Paulus (Phil. 3,19) an: „Denen der Bauch ihr Gott ist". Als interessant muß daran hervorgehoben werden, daß Christophori ein Gebet an diesen Gott „Geldklump" konstruiert:

„Wie schrecklich lohnst du dem, der dich bei sich hegt
Und alle seine Kraft zu deinem Dienst anlegt."[33]

(Der gemeine Geizhals hatte sich nämlich erhängt). An diesem erdichteten Gebet nimmt man wahr, daß seine wirklichen Gebete, wenigstens die aufgeschriebenen, erdachte Gespräche mit Gott, dem höchsten Gut, waren. Neben dem dichterisch in Worte gefaßten Gebet hat er wahrscheinlich das Gebet während der Besinnung und Erbauung gepflegt. Seine dichterischen Einfälle und gebetsartigen Äußerungen kamen ihm anscheinend, wenn er sich mit der Feder in der Hand hinsetzte und begann, seine Gedanken zu Papier zu bringen. Da befand er sich in einer weihevollen Stimmung, ähnlich wie in der Kirche, und war daher der dem Alltag enthobenen Gedanken mächtig. Wenn er sich in sächsischer Mundart ausdrückte

---

[31] Ebenda, S. 81.
[32] Ebenda, S. 5.
[33] Ebenda.

oder im alltäglichen Leben seinen Amts- und Berufsgeschäften nachging, mag er wohl eine etwas nüchternere Haltung an den Tag gelegt haben, wie man dies auch heutigen Tags noch beobachten kann. Er muß jedoch in seiner ganzen Lebenshaltung seiner Umgebung als Sonderling erschienen sein und wurde wohl auch in die Einsamkeit, die er zwar sehr schätzte, ein wenig hineingedrängt.

Auch von der sächsischen, damals wahrscheinlich zum Teil oder vorwiegend orthodoxen, d. h. dem Pietismus abgewandten Geistlichkeit fühlte er sich auf die Seite gedrängt, war sich aber dabei seiner Zugehörigkeit zum „wahren Christen-Orden" bewußt und fühlte sich daher berechtigt, manches an der damaligen Geistlichkeit als unchristlich zu tadeln. Wie er von einigen Pfarrern, außer Markus Fronius und ähnlich Gesinnten, als ein extravaganter Geist angesehen wurde, geht aus einer Bemerkung im Tagebuch hervor, wo Christophori zu Ohren gekommen war, der Tartlauer Pfarrer Martin Ziegler hätte Ehebruch begangen. Da er so etwas hörte, mußte er sich an die einmal über ihn gesagten Worte, er sei ein „albrer Pietist", erinnern.[34] Nun, so ließ er sich gerne nennen! Seine Geistesart war besser als die des Tartlauer Pfarrers, wo man an den Früchten erkannte, wieviel sein Glauben wert war.

Christophoris moralischer Tadel trifft vor allen anderen deswegen die Pfarrer, da bei ihnen die Früchte des Glaubens mehr sichtbar sein müßten. Gerade sie müßten Beispiele christlicher Tugend liefern! Enttäuscht aber floß eine unbarmherzige Rüge aus seiner Feder, und zugleich ein Entsetzen: Wie kann Gott so etwas noch länger dulden! Der peinliche Fall des Tartlauer Pfarrers beschäftigte unsern lieben Mann sehr, in Prosa und in Versen beschäftigte er sich ständig damit und immer wieder kam er darauf zurück. Er stellte fest: „Ein unsauberer Geist muß heimlich unter diesem Stand schleichen, der aus göttlichem gerechten Verhängnis suchet das heilige Predigtamt bei den [sic!], ohne dem bösen Menschen vollends in Verdacht und Geringschätzung zu bringen". Wenn Pfarrer solches verübten, was ihm vom Genannten und noch von zwei anderen bekannt war, kein Wunder, daß sich niemand mehr bekehrte!

Wie ein Pfarrer in Christophoris Augen sein mußte, geht am besten aus einem Gedicht,[35] das an den Nachfolger des Markus Fronius Paul Neydel gerichtet ist, hervor: Ein Pfarrer müsse Pauli Wort pflegen, nicht das Seine suchen, nicht Wollust, Ehre und Gut mit Heuchelschein verdecken, nicht anderen predigen und selbst verwerflich werden, sein Fleisch und Leib betäuben, seine Vernunft weiche der Gottestorheit (hier finden wir einen kleinen Gegensatz gegen den Rationalismus), er dürfe nicht nach Menschengunst im Lehramt fragen und solle der Welt gänzlich abgestorben sein, und der einzige Gewinn sei ihm Jesus Christus.

Der Kronstädter Stadtpfarrerwahl 1713 maß er große Bedeutung bei, da sie „Gottes Ehre und unser Seelenheil" betreffe.[36] Auch tadelte er die Pfarrer nicht,

---

[34] Ebenda, S. 9.
[35] Ebenda, S. 78.
[36] Ebenda, S. 66.

weil er ihnen gegenüber böse Absichten hatte, sondern weil es ihn kränkte, daß sie ihre Absicht nicht zuerst auf Gottes Ehre richteten. Er verehrte Markus Fronius doch sehr und nannte ihn einen „treuen Gottesdiener".[37] Gleichwohl nahm sein Tadel aber eine große Schärfe an. In erster Reihe mißbilligte er, wie schon angeführt, Vergehen gegen das 6. Gebot innerhalb des Pfarrerstandes. Nun, das waren zwei bis drei sehr schmerzliche Fälle; aber auch andere Gebrechen fand er: So bei Vielen die irdische Gewinnsucht. Die meisten strebten nach einer Pfarre, die ein möglichst hohes Zehnteinkommen versprach,[38] deshalb fühlte sich Simon Christophori veranlaßt, dieselben „Baalspfaffen" zu nennen.[39] In einem Bericht über den Petersberger Pfarrer, der sich zu tief in „bürgerliche Handlungen" vertieft hatte, daher es in seiner theologischen Wissenschaft auch nicht weit gebracht und sich bei seinen Predigten mit Postillen behalf, bringt er ein erdichtetes Traumbild und erschaut einen Pfarrer auf der Kanzel, der als Seelenhirte vor seiner Herde predigt, über die Köpfe seiner Schafe hinweg aber nach den auf dem Felde liegenden Früchten greift, indem er sagt: *Non agnos, sed agros*.[40] Dann folgt eine Anspielung auf das Wort: „Hütet euch vor den falschen Propheten, die in Schafskleidern umhergehen, inwendig aber sind sie reißende Wölfe" (Matth. 7,15). Christophori bemerkt dazu ironisch, daß diese Wölfe sanfter seien als die in der Bibel geschilderten, sie wollten nicht die Schafe fressen, sondern ihnen nur die Wolle und die Milch abnehmen.

Den Zeidner Pfarrer Drauth klagte Christophori in seinem Tagebuch an, er sei durch Simonie in sein Amt gelangt.[41] Diese Frivolität machte er dann auch dafür verantwortlich, daß es in Zeiden in der Folgezeit zweimal arg brannte. Wohl die schärfste Kritik ließ er in folgenden Worten laut werden:[42]

> „Denn diese sitzen fein gemach auf ihren Pfarren,
> Da sie die Bauersleut traktieren wie die Narren,
> Und mästen ihren Wanst gleichwohl von ihrer Müh, [...]
> Ob säßen sie im Dorf an Richters statt,
> Der übers Volk die Macht und Recht zu herrschen hat."

Außerdem tadelt er Weltsinn, das Tragen schöner Kleider, entrüstet sich darüber, daß ein Pfarrer sogar einmal getanzt oder mit kaiserlichen Offizieren getrunken habe, stellt fest, daß die Pfarrer ihre Kinder nicht in Christi Sinn erzögen, überhaupt: Hielte man eine strenge Prüfung, so „müßte mancher von der Pfarre zur Ochsenkarre."[43]

---

[37] Ebenda, S. 51.
[38] Ebenda, S. 90.
[39] Ebenda, S. 22.
[40] Ebenda.
[41] Ebenda, S. 111.
[42] Ebenda, S. 16.
[43] [An der betreffenden Stelle heißt es wörtlich: O Paule Gottesmann, wenn mann nach deinem Schreiben/ Die Lehrer mustern sollt, wer würde Pfarrer bleiben?/ Ich weiß und bin gewiß, manch aufgeblasner Narr/ Müßt von der Kirchenpfarr zu Pflug und Ochsenkarr." Ebenda, S. 17.]

Das Tadeln lag diesem Manne, nur darf man nicht leugnen, daß er dabei eine sehr positive Auffassung über den Pfarrerstand hatte, was ja darin seinen Ausdruck fand, daß er für Markus Fronius nur Anerkennung fand.

Simon Christophori stellte sich auf die Seite der Bekehrten und Gerechten und zog über die um sich greifende Bosheit los, welche Gottes gerechte Strafe verdiente, doch verallgemeinerte er oft einzelne Fälle und ist nicht frei von Übertreibungen, wie z. B. in dem folgenden Gedicht, in welchem er Kronstadt anredet:[44]

> „Deine Huren-Lieb und Brunst ist dem Herren auch bekannt.
> Fresserei und Lust zum Saufen.
> Ist auch schon an hellem Licht,
> Die nach Ehr und Aemptern laufen,
> Haben gleichfalls ihr Gericht."

Von der Feststellung der Sündhaftigkeit und dem Wissen, daß die Strafe Gottes dafür nicht ausbleiben könne, kam Simon Christophori zu einem allein noch die Möglichkeit zur Rettung beinhaltenden Bußruf. Mehrmals können wir im Tagebuch lesen: „Cronstadt tue Buß', bevor die Strafe hereinbricht! Gott ist gnädig und gibt Zeit zur Buße",[45] aber die Welt brüstet sich mit Gottes Langmut[46] und „liegt man wie tot im sicheren Sünden-Schlaf"[47] darum solle man sich auf Gottes Gericht nur gefaßt machen!

Er zählte einen ganzen Lasterkatalog auf,[48] in dessen Befolgung Kronstadt mit einer entsetzlichen Unbußfertigkeit verharre; Eigenlieb, Eigennutz, übermäßige Kleiderpracht, Fresserei, Saufen, üppiges Spazieren, Tanzen, Unreinigkeit, Ungerechtigkeit, Unbarmherzigkeit gegen Dürftige, entzogene Hilfe, Zank, Haß, Hader, Feindschaft zwischen Anverwandten, Übervorteilung, Verleumdung, Urteilen, Richten, heuchlerische Freundschaft, Menschenfurcht, Menschengunst; alles Laster, welche aus der Verachtung des göttlichen Wortes hervorquellen.

Dieser Laster wegen müsse sich Kronstadt aber die Strafen gefallen lassen, die es selbst verursacht hat. An Gott hinge es nicht, denn er habe seit vielen Jahren predigen lassen: Israel, du bringst dich selber in Unglück. Darin finden wir eine Anlehnung an die alttestamentliche prophetische Bußpredigt.[49] Er selber aber wollte sich an Jesum Christum, den Tilger aller Sünden wenden, und zur Zeit an die Besserung denken.

> „Mich aber, o mein Gott, lehr jederzeit bedenken,
> Daß ich auch sterben soll und Rechnung geben muß,
> Auch daß du im Gericht den Frevel nicht wirst schrecken,
> So man ihn in der Zeit nicht hasset und tut Buß."[50]

---

44 Ebenda, S. 3.
45 Ebenda, S. 32.
46 Ebenda, S. 52.
47 Ebenda, S. 79.
48 Ebenda, S. 99f.
49 Ebenda, S. 100.
50 Ebenda, S. 81.

Wer die Frömmigkeit Christophoris schildern will, darf an seinem Bibelverständnis nicht vorübergehen. Aus dem Tagebuch erkennen wir, daß Simon Christophori die Bibel gut kannte, und zwar treffen wir neben neutestamentlichen Stellen auch viele Anklänge an das Alte Testament. Daraus scheint er das Buch Hiob und Jesus Sirach sehr geschätzt zu haben, aber er las und kannte auch die andern Bücher, vor allem den geschichtlichen Teil. Er verglich Karl XII. mit David. Er redete von jemandem, dem der Nachteil der Kirche nicht am Herzen liege, ihn kümmere Josefs Schade[51] wenig. In seinem Marktrichteramt wendete er die Anweisungen aus dem Alten Testament über den Gebrauch der rechten Masse und Gewichte an usw.

Am besten geht seine hohe Meinung über die Bibel aus einem Gedicht hervor,[52] welches die Überschrift trägt: „Gar nichts lieber, weil nichts drüber". Es fängt an:

„Dies ist mein Licht und Stern, der mich im Finstern leitet,
Das Manna, das mich speist in dieser Wüstenei,
Das Schwert, womit mein Geist ganz heldenmütig streitet."

Christophori empfand das Bibellesen als die wichtigste erbauliche Tätigkeit, hielt aber, nebenbei bemerkt, seine beschauliche Lebensweise ansonsten für die Sache eines unkriegerischen Gemüts und behaftete indirekt seinen Pietismus mit dem Zugeständnis einer gewissen Weichlichkeit; denn er verwunderte sich sehr, als er von einem schwedischen Hauptmann erfuhr, Karl XII. habe sein bisheriges Leben zu Pferde gelassen und lese viel in der Bibel. Wie konnte dies, mußte er sich fragen, wenn er es auch begrüßte, bei einem so tatkräftigen Manne geschehen?

Simon Christophori scheint sich, obwohl im öffentlichen Dienste sehr rührig und um das allgemeine Wohl der Stadt, seiner Kirche und der sächsischen Nation stets besorgt, aus dem Grunde, weil er doch verhältnismäßig wenig auf die allgemeine Haltung und das Tun seines Volkes einwirken konnte, mehr dem passiven Begleiten der Geschehnisse in Gedanken gewidmet zu haben. Zu auffällig sind die Klagen über Dinge, die sich kaum zum Bessern wenden ließen, höchstens wenn alle ohne Ausnahme eines Sinnes gewesen wären, wenn alle in frommer Einmütigkeit dem Bösen keine angreifbare Seite geboten hätten. Aber das war nicht der Fall! Da konnte Simon Christophori nichts anders tun, als in seinem Amte nicht um Lohn dienen, sondern seinem Gewissen[53] zu gehorchen, und im übrigen seine warnende Stimme erheben.

Die Gefahren lauerten an allen Ecken und Enden; sie waren schon durch die kleine Zahl der Sachsen gegeben, wurden aber in jener Zeit des zweiten Jahrzehnts der neuerlichen Herrschaft der Habsburger über Siebenbürgen besonders in den gegenreformatorischen Angriffen der Jesuiten spürbar. Dieser

---

[51] Vgl. Amos 6,6.
[52] Ebenda, S. 157f.
[53] Ebenda, S. 132.

„den Papst mehr als Gott fürchtende Orden"[54] achtete die siebenbürgische Religionsfreiheit wenig und störte eine Lebensgemeinschaft, wo nach Christophoris Worten, „das Evangelium so rein gelehrt wurde, wie kaum zu Luthers Zeiten".[55] Die Gefahr jedoch wurde nicht ernst genug genommen, oder man getraute sich nicht, gegen diese Macht, hinter welcher die Staatsmacht stand, entschieden Stellung zu nehmen. Trotzdem war es, abgesehen von einigen minderwertigen Subjekten, für einen evangelischen Sachsen eine Selbstverständlichkeit, für eine katholische Kirche, besonders nach dem Stil der Jesuiten, kein offenes Ohr zu haben; Abneigung, Widerspruch, zu selten auch Widerstand, Angst, manchmal auch Spott waren die Folge. Christophori meinte angesichts dieser Gefahr: „Der Höllendrach rüstet sich" und warnte: „Der Lojola wacht in seines Ordens Pfaffen."[56] Diese Störenfriede und Unduldsamen verdienten auch im Lande der Duldung keine Duldung. Anderen gegenüber waren die Sachsen duldsamer, wie gegen verwandte Konfessionen, Orthodoxe und sogar Juden. Simon Christophori behauptet in einem Gedicht, daß der walachische Pfarrer der Kronstädter oberen Vorstadt in seiner Lehre nichts Gewisses habe, seiner Kirche aber trotzdem mehr traue als allem Gottesrat, weil er in ihr nichts anderes gesehen habe, und die Juden, die hätten noch immer die „Decke" vor den Augen. Er schließt aber doch: „Herr! Mache sie noch zuletzt zu deinem Hausgesind!"[57] Über die Jesuiten hatte er aber zweifellos die Meinung, daß sie des Teufels Hausgesinde seien.

Gewiß liegt in den Gedichten und Reden Christophoris viel Zeitbestimmtes, wenn auch die Verurteilung der sittlichen Zustände, wie sie bei ihm vorkommt, zu andern Zeiten ebenfalls [von] großen Menschen mit einem wachen sittlichen Bewußtsein geübt wurde. Als Mensch, der sich gerecht fühlte, hat Christophori ein waches Auge für die Laster und Sünden seines Zeitalters und schließt in seine Kritik, wie wir gesehen haben, die Pfarrer und das Kirchenvolk ein. An manchen Stellen kommt es einem vor, Worte aus unserer Zeit zu vernehmen, wie etwa das, was über den Kirchenbesuch in einem Gedicht steht:[58]

> „Wie embsig seid ihr doch, ihr lieben Cronenstädter
> An eurer Nahrungs-Sorg zu dieser Jahrmarktzeit,
> Wie gehet ihr im Kot und steten Regenwetter,

---

[54] Ebenda, S. 20. [Der genaue Wortlaut bei Christophori angesichts des Begehrens der Jesuiten die Schwarze Kirche zur Pfarrkirche zugeteilt zu bekommen: „Ach Gott, wenn du ietzund nicht große Gnad erzeigest/ Und zu dem argen Rat des Jesuiten schweigest, / So fällt dein wertes Haus in seine Hand und Macht, / Der doch den Bapst zu Rom mehr als dich selber acht."]

[55] Ebenda, S. 7. [Der genaue Wortlaut bei Christophori: „Das Evangelium wurd ja hier so rein gelehret, / Daß man kaum so klar zu Luthers Zeit gehöret,"].

[56] Ebenda, S. 97. [der genaue Wortlaut bei Christophori: „Wach auf! Du Cronenstatt! Wach auf! Und tu nicht schlafen, / denn Lojola wacht stets in seines Ordens Pfaffen./ Wach auf! Und tue Buß! Sonst trifft dich Gottes Rach, / Es rüstet sich mit grimm der rote Höllendrach."].

[57] Ebenda, S. 94.

[58] Ebenda, S. 14.

Euch ist der Weg zum Markt Geldhaber nicht zu weit,
Allein, wenn ihr zur Kirch im Regen solltet gehn?"
usw. Man weiß, was folgt!

Das Tadeln der Mißstände aber ist eigentlich nichts Erbauliches. Wie man den Kirchenbesuch durch das Reden darüber nicht viel besser machen kann, so geht das bei allem; und trotz Frommsein bewirkt ein solches Reden keine Bekehrung. Daneben aber sind positive Ansätze unverkennbar, die sich, von den Pietisten ausgehend, auf die Kirche, wenn auch nicht in großem Ausmaß, doch bessernd ausgewirkt haben.

So ist für uns das Tagebuch des Simon Christophori-Gaitzer ein wertvolles Zeugnis über die religiösen und sittlichen Zustände zu Beginn des 18. Jahrhunderts. Es zeigt, wie ein in pietistischer Frömmigkeit verwurzelter sächsischer Bürger seine persönliche, besinnliche Glaubenswelt zu bewahren sucht und gleichzeitig in das öffentliche Geschehen, meistens durch Zurechtweisung und Mahnung, eingreifen will. Es ist dabei bezeichnend, wie ein kirchlicher Laie sich seine eigene Frömmigkeit aufbaut und wie diese in Gegensatz zu dem herrschenden Pfarrerstand gerät. Daß an dem Leben und Treiben der Pfarrer, an ihrem Weltsinn und an ihrer Sittenverderbnis Kritik geübt wurde, ist nichts Außerordentliches, und ist auch in der Zeit des sächsischen Altprotestantismus auf der Tagesordnung; neu ist hier bei Simon Christophori der Selbstbericht, die Selbstbeichte, die sich auf das persönlich-besinnliche Leben bezieht. Christophori vertritt einen Frömmigkeitstypus, der in der Kirche seinen Ort hat, aber sich doch auch wieder von der allgemeinen Kirchlichkeit zurückzieht. Es ist zweifellos bei ihm auch ein eigenartiges Persönlichkeitsgefühl zu bemerken, welches ihn befähigt, Selbstgespräche zu führen und darüber hinaus, seinen Gefühlen dichterischen Ausdruck zu geben.

AUTOBIOGRAPHISCHE REAKTIONEN AUF DIE GEGENREFORMATION IN SIEBENBÜRGEN

Von Bernd Dieter Schobel

Das häufige Rückgreifen späterer Autoren auf die von Dr. Rudolf Theil im Archiv des Vereins für siebenbürgische Landeskunde[1] veröffentlichte „Selbstbiographie" des Michael Conrad von Heydendorff[2] zeigt, welche Bedeutung dieser Schrift für die Bereicherung unserer Kenntnis von den Geschehnissen in der zweiten Hälfte des 18. und dem Beginn des 19. Jahrhunderts zukommt. So hat u. a. Michael Csaki seine 1921 gedruckte Biographie Brukenthals[3] fast ausschließlich durch Einzelheiten, die bei Heydendorff aufgezeichnet sind, veranschaulicht. Friedrich Teutsch bringt in seiner Kirchengeschichte[4] als typisches Frömmigkeitsbild aus der zweiten Hälfte des 18. Jahrhunderts einen auf wenige Zeilen zusammengedrängten Umriß der Frömmigkeit, die uns in der erwähnten Selbstbiographie und den Briefen[5] Heydendorffs entgegentritt.

Diese Umstände bewogen mich, oben erwähnte Quelle einer näheren Betrachtung zu unterziehen, und zu versuchen, das darin enthaltene Frömmigkeitsbild in seinen wesentlichen Grundzügen darzustellen, die – wie sich weiter unten zeigen wird – in gewissem Sinne für die ganze Zeit gelten können. Dadurch soll zugleich ein Beitrag zu ihrem Gesamtverständnis geliefert werden. Grundsätzliche Fragen der Frömmigkeitsgeschichte, inwiefern dabei Urteilsbildungen erlaubt oder nicht erlaubt seien, mögen hier unerörtert bleiben. Unter dem Begriff Frömmigkeit verstehe ich für den Gebrauch dieser Arbeit

---

[1] Rudolf T h e i l (Hg.): Michael Conrad von Heidendorf. Eine Selbstbiographie. Bd. 18 mit Index, enthaltend Personen-, Sach- und Ortsregister, 34 Seiten. In: Archiv N.F. 13 (1876), S. 339-351, 365-576; 14 (1877), S. 229-246; 15 (1879), S. 127-161; 16 (1880-1881), S. 158-203, 426-498, 652-683; 18 (1883), S. 1-345.

[2] Schreibweise bei Theil: Heidendorf.

[3] Landeskonsistorium der ev. Kirche A. B. in Siebenbürgen [Hg.]: Zur Erinnerung an Samuel von Brukenthal. Aus Anlaß der 200. Wiederkehr seines Geburtstages. Hermannstadt 1921.

[4] Friedrich T e u t s c h : Geschichte der evangelischen Kirche in Siebenbürgen. Bd. II. Hermannstadt 1922, S. 201.

[5] Friedrich Wilhelm S e r a p h i n (Hg.): Aus den Briefen der Familie v. Heydendorff. In: Archiv N.F. 25 (1894-1896), S. 1-750.

die Gesamtheit des persönlichen Glaubenserlebnisses. Was das Quellenmaterial anbetrifft, so habe ich neben der schon erwähnten Selbstbiographie – ohne, wie ich glaube, dadurch den Charakter des Autobiographischen im weiteren Sinne gesprengt zu haben – aufschlußreiche Briefstellen herangezogen und mir gelegentlich einen Seitenblick auf die geistesverwandten Tagebuchaufzeichnungen George Herrmanns[6] erlaubt.

Wenn ich nun versuche, das Ergebnis dieser Betrachtungen in tunlichst knapper Form zur Darstellung zu bringen, muß doch noch die Bemerkung vorausgeschickt werden, die ein Vorwurf sein könnte, daß es sich im Folgenden keineswegs um die Mitteilung bisher unbekannter Tatsachen handelt, habe ich mich doch auf schon Veröffentlichtes geradezu beschränkt, mit der Erwägung, daß das benützte Material dem vorliegenden Vorhaben einen genügend umfassenden Einblick gewähre. Allein ist nicht nach der Einordnung der Ereignisse in ihrer zeitlichen Abfolge und nach dem Gesetz von Ursache und Wirkung eine ebenso dringliche Aufgabe der Geschichtsschreibung, darüber hinaus vom Gegenwärtigen her ein lebendiges Verständnis des Vergangenen anzustreben, gleichsam einen Blick in die Seele jener Zeiten zu tun? Erst diese unmittelbare Beziehung läßt das Bild des unwiederbringlich Vergangenen in der Vorstellung als geistigen Besitz wieder lebendig werden. Was jene, die Taten vollbrachten, dabei gedacht und gefühlt haben, muß nachgedacht und nachempfunden werden, sonst bleibt die Tat letzten Endes unverständlich. Es ist dies eine Arbeit der Geschichte, die niemals abgeschlossen ist, solange das Leben nicht stille steht. Erstrecht gilt dies vom Verständnis des religiösen Lebens einer Zeit. Auch hier läßt sich die Gegenwart mit ihrem jeweiligen theologischen Selbstverständnis nicht verleugnen. Jede Zeit muß von neuem ihre Fragen an die Vergangenheit richten und immer werden die Fragen ein wenig anders klingen. Man kann dies Verhältnis auch einfacher als das notwendige Maß an Subjektivität bezeichnen, jedoch ging es mir darum, die Notwendigkeit als Aufgabe zu erkennen. Sie erfordert eine Denkungsweise, die vom sicheren Wissen in nur erahntes, tastendes Schauen ausklingt.

Unsere Gegenwart mit ihrer christozentrisch-heilsgeschichtlich-offenbarungsmäßig orientierten Theologie, ihrem paulinischen und reformatorischen Verständnis, ihrer Wertung vom Pietismus, Erweckungsfrömmigkeit und Rationalismus sowie den Erfahrungen der letzten Jahrzehnte mit der von außen herangetragenen, aber nicht zu überhörenden Betonung des Gesellschaftlich-Sozialen und eines humanitären Fortschrittsgedankens, hat daher an die Vergangenheit Fragen zu richten, die ihr ganz bestimmtes Gepräge tragen. Sie sind bei der Gliederung des Stoffes mitbestimmend gewesen. Es sind nämlich zwei Gesichtspunkte, die bezüglich der gegenreformatorischen Zeit bestimmend in den Vordergrund treten, zwei Fragenkreise, die sich daraus ergeben.

---

[6] Julius G r o s s (Hg.): George Michael Gottlieb v. Herrmann und seine Familie. Kronstädter Kultur- und Lebensbilder, von ihm selbst verfaßt. 1737-1800. In: Archiv N.F. 22 (1889-1890), S. 93-328, 537-618.

Der eine wird bestimmt durch den Umstand, daß unsere Kirche infolge Entfremdung einer beträchtlichen Zahl ihrer Gläubigen gegenwärtig in eine Zeit, die Bewährung erfordert, hineingestellt ist. Daher wendet sich das Interesse Zeiten zu, die aus gleichen oder verschiedenen Gründen ebenfalls Bewährung erforderten. Das ist nun in der Zeit der Gegenreformation der Fall gewesen. Und das ist die Bedeutung dieser Zeit für uns. Es ergibt sich demnach die Frage:

1. nach dem A n g r i f f ,
2. nach der F r ö m m i g k e i t , die diesem Angriff standhielt,
3. ob ein direkter oder indirekter E i n f l u ß jenes Angriffs, eine Wandlung innerhalb der dargestellten Frömmigkeit nachweisbar ist.

Neben diesen ersten tritt ein zweiter Gesichtspunkt. Eng verbunden mit dem Begriff Kirche und daher von ihm nicht abzutrennen, tritt uns gerade in der Zeit der Gegenreformation der Begriff „Nation" entgegen. Diesem Wort aber können wir mit den Ereignissen der letzten Jahrzehnte, seit es als Aushängeschild für Nationalismus und Chauvinismus mißbraucht worden ist, nicht mehr unbefangen gegenüberstehen. Wollen wir uns frei in die neuen Verhältnisse fügen, müssen wir aber solche Befangenheit überwinden, müssen auch hier die Auseinandersetzung mit der Vergangenheit suchen. Sollten denn nationalistische Tendenzen, Haß gegen andere Nationen seit Jahrhunderten in die Frömmigkeit unserer Kirche mitverwoben sein? Es folgt daraus die Frage

4. nach Art und Wesen des N a t i o n a l g e f ü h l s , das in enger Verbindung mit dem religiösen Gefühl auftritt.

Die gewählte Methode erfordert endlich, den zeitlichen Rahmen über das Erlöschen der eigentlichen Angriffe hinauszudehnen. Es wird demnach noch ein flüchtiger Blick zu werfen sein

5. auf die n a c h f o l g e n d e Zeit des Josephinismus bis zum Klausenburger Landtag von 1790.

Der Mann, dessen Herz wie ein reiner Spiegel uns Gedanken und Gefühle der Zeit, in der er lebte, offenbart, hieß Michael Conrad von Heydendorff und wurde am 26. November 1730 in Mediasch geboren. Sein Vater, langjähriger Bürgermeister daselbst, war ebenfalls Sohn eines Mediascher Bürgermeisters. Heydendorff besuchte das Mediascher Gymnasium, Vásárhelyer und Enyeder Colleg und das Hermannstädter Gymnasium. Nach Beendigung der Studien begann er die Beamtenlaufbahn in Hermannstadt. Nach Auflösung der Seebergischen Oeconomie-Commission nach Mediasch zurückgekehrt, heiratete er 1758 Susanna Catharina von Hannenheim. Nach der Begründung des Hausstandes verbrachte Heydendorff die längste Zeit seines Lebens in Mediasch in öffentlichen Diensten. Unter Joseph II. wurde er Vizegespan. Dann, nach der Neuordnung, Bürgermeister in Mediasch. Seine Anwesenheit auf dem Klausenburger Landtag von 1790 empfand er als Krönung seiner politischen Tätigkeit. Im Zuge der Regulation 1797 des Amtes enthoben, wurde er 1805 erneut zum Bürgermeister gewählt und blieb es bis 1815. Zwei Jahre zuvor war ihm das Ritterkreuz des Leopolds-Ordens verliehen worden. Im gleichen Jahr

wurde er für das Amt des Comes kandidiert, doch verzichtete er aus Alters-
rücksichten. In den Ruhestand getreten, widmete Heydendorff seine Freizeit
der historischen Forschung. Er starb am 21. September 1821.[7]

Heydendorffs Charakter muß insoweit als ein glücklicher bezeichnet werden, als er jenes angeborene Gefühl besaß, das lehrt, was eine gute Erziehung
gab, im Leben nicht zu verachten. Die Gabe, anderer Schicksal beobachtend zu
lernen, verbunden mit der ihm eigenen tiefen Religiosität, schufen das Bild des
Mannes, dessen Gedanken und Handlungen sich wie ein seltener Lichtblick
vom Dunkel einer Zeit abheben, die weitgehend durch Korruption, Eigensucht
und Glückshascherei bestimmt war.

Erwähnung verdient der Umstand, daß Heydendorff keine ausländische
Universität besucht hat. Zwar reiste er von Mediasch ab, um, wie es damals
üblich war, den Weg ins Ausland zu nehmen, doch wurde er in Hermannstadt
von seinen Anverwandten eines andern belehrt. Das Zeugnis über den Nutzen
ausländischen Universitätslebens ist aufschlußreich:

> „Die meisten jungen Leute hatten nicht Collegia, sondern die Belustigungsorte
> der Universitäten aufgesucht. Ein schädlicher Gesellschafts- und Gewohn-
> heitsgeist machte, daß sie mit siechen Körpern und Seelen ohne Kenntniß
> und mit verdorbenen Sitten zurückkamen [...]. Die meisten damaligen bei
> den Dicasterien und den Publicis angestellten brauchbaren Männer hatten
> sich nicht auf Deutschlands Universitäten, sondern in Diensten und Schulen
> zu Hause ausgebildet und über jene Universitätsleute durch Kenntnisse und
> Fleiß emporgeschwungen."[8]

Ein Zeugnis zugleich über den hohen inländischen Bildungsstand der einheimi-
schen Führungsschicht sowie über deren Einschätzung ausländischer Studien –
dies läßt die Aufzeichnungen Heydendorffs für eine frömmigkeitsgeschichtliche
Betrachtung noch geeigneter erscheinen.

Ein Wort muß gesagt werden bezüglich der sozialen Stellung Heydendorffs.
Er trägt zwar den Adelstitel, doch ist er dem Adel weder innerlich noch äu-
ßerlich verbunden. Sein Gerechtigkeitssinn erkannte, daß „die Aristokratie des
Adels mit der Verfassung des freien Mannes immer im Widerspruch steht".[9]
Seine langjährige Beschäftigung in den Ämtern gab ihm Anlaß zu der Beob-
achtung, daß infolge der Zugehörigkeit

> „zum sogenannten Herrnstand [...] neben den nicht qualificierten katholischen
> Subjekten auch mancher evangelischer Taugenichts sich in die Magistratur mit
> eindrang und den sogenannten Nepotismus vergrößerte."[10]

Heydendorff selber hat sich zum Bürgertum bekannt.[11] Wir können seine Stellung am besten so charakterisieren, daß wir ihn dem städtischen Patriziertum
und führenden Beamtenstande zurechnen. Das weist uns zugleich die Grenzen,
innerhalb deren Heydendorffs Frömmigkeit verallgemeinert werden kann. Sie

---

[7] Ausführliche Lebensbeschreibung siehe Selbstbiographie (wie Anm. 1).
[8] Archiv N.F. 13 (wie Anm. 1), S. 342.
[9] Archiv N.F. 15 (wie Anm. 1), S. 129.
[10] Archiv N.F. 18 (wie Anm. 1), S. 277.
[11] Ebenda, S. 171.

wird, persönliche Eigenheiten abgerechnet, für das gesamte Bürgertum evangelischer Kirchenzugehörigkeit jener Zeit in Siebenbürgen als typisch gelten können. Die Lage dieses städtischen Patriziertums damals war schwierig. Einerseits über dem „Pöbel" stehend und daher ohne genügend festen Grund, auf den es sich stützen konnte, andererseits den absolutistischen Angriffen der Monarchie abwechselnd mit Machtansprüchen des Adels ausgesetzt, befand es sich gleichsam zwischen Scylla und [Charybdis]; seiner Bewegungsfreiheit beraubt, blieben ihm nur zwei Wege zur Wahl. Der erste bestand im Versuch, wobei meist jedes Mittel recht war, den Durchbruch nach oben zu bewerkstelligen, den Aufstieg zu erzwingen. Der glänzendste Vertreter dieser Richtung war der Freiherr Samuel von Brukenthal, eine Ausnahme insoweit, als er der einzige war, dem der Aufstieg mit ehrlichen Mitteln gelang und der auch in der Folge ehrlich blieb. Die andere Möglichkeit bestand in der Selbstbeschränkung. Verzicht auf Ämter und Ehren; Wirken in getreulicher Kleinarbeit, Ersatz des Verlornen durch Wissenschaft und Forschung waren meist der Kaufpreis, der gezahlt werden mußte, um ehrlich und evangelisch bleiben zu können. Es sei nur als Beispiel ein Genie wie George Herrmann, der Verfasser des „Alten und Neuen Kronstadt", erwähnt.[12]

Heydendorff hat den letzteren Weg gewählt. Dazu wurde er einmal durch die Not der Umstände gezwungen. Er verzichtete darauf, Seeberg nach Wien zu folgen, wo er gewiß sein Glück gemacht hätte, da er

> „besorgete nach der damaligen Beschaffenheit der Welt und der Propaganda des Catholizismus [...] allda in die Netze der Jeswiten zu fallen."[13]

Ein andermal lautet der Bericht in ergreifender Schlichtheit:

> „Unter dieser Zeit wurde ich zum Registratur bei der Wiener Hofcanzlei candidiert. Da aber nur Katholiken bei der Hofcanzlei angestellt wurden und ich mich nicht entschließen konnte, meine väterliche Religion zu verlassen, so wurde ich es nicht."[14]

Die väterliche Religion, die zu verlassen er sich nicht entschließen konnte, war also der eine Stein des Anstoßes. Zum andern geht die Haltung aber auch auf eine das ganze vornehmlich historisch geschulte Denken Heydendorffs bestimmende Erkenntnis zurück. Es ist der Gedanke, daß jener erstgenannte Weg des Durchbruchs nach oben, des Aufstiegs Einzelner, nicht der rechte sei. Gedanklich scharf umrissen und sehr klar zum Ausdruck gebracht, wird diese Ansicht in dem großangelegten Überblick der Geschichte der zweiten Hälfte des 18. Jahrhunderts, der im Jahre 1797 den vorläufigen Abschluß der Selbstbiographie bildet. Es heißt dort wörtlich:

---

[12] Oskar von Meltzl (Hg.): Das Alte und Neue Kronstadt von George Michael Gottlieb von Herrmann. Bd. I. Hermannstadt 1883. [Das alte Kronstadt. Eine siebenbürgische Stadt- und Landesgeschichte bis 1800, hgg. von Bernhard Heigl und Thomas Şindilariu. Köln, Wien 2010 (= Schriften zur Landeskunde Siebenbürgens 32).]

[13] Archiv N.F. 14 (wie Anm. 1), S. 231.

[14] Ebenda, S. 246.

„Die Geschichte der alten Zeiten hat uns gelehrt, daß wenn die Sächsische Nation und ihre Mitglieder sich in der Sphäre ihrer bürgerlichen Nations Verfassung gehalten und dadurch wenn auch wie cultiviert, wenn auch wie reich und glücklich geworden sind, so hat dieser Zustand zwar Mißgunst, aber nie Haß der andern Nationen gegen die Sächsische Nation erregt; man hat sie ihr eignes Glück brüderlich genießen lassen. Wenn aber Mitglieder der Sächsischen Nation aus ihrer bürgerlichen Sphäre herausgetreten sind, wenn sie sich zu höhern Landesstellen emporschwangen und diejenigen Stellen, welche der größere Adel vermöge seiner Geburt und der Größe seiner Güter ihm zugehörig und sich durch deren Benehmung verkürzt und beleidigt zu sein geglaubt hat,[15] so schmerzt das die zwei andern Nationen und ihren Adel und reizt sie, solche Maßregeln ausfindig zu machen und solche Einrichtungen zu treffen, daß dergleichen nicht mehr geschehe und sich keine solche Phaenomene mehr aus dem Boden der Sächsischen Nation in die höhern Lüfte der Aristokratie emporschwingen mögen […]. Es hat aber auch die Nation von all diesem Emporschwingen einiger ihrer Mitglieder nicht nur den oben angeführten Schaden, sondern auch gar keinen Nutzen gehabt."[16]

Überraschend aktuell für heutige Leser der Gesichtspunkt, der das nationale Problem im Zusammenhang mit der Klassenordnung nennt. Fragen wir nach den Ursachen, die eine solche Stellungnahme bewirkten, so muß dreierlei hervorgehoben werden: 1. das unmittelbare Erleben des geschichtlichen Ablaufs, der zu obigen Schlußfolgerungen Anlaß gab, 2. die geistige Bindung an die feudale Gesellschaftsordnung der Monarchie, 3. ein selbstloser Patriotismus.

Schon die beiden letztgenannten Gründe führen zu der Annahme, daß es sich hiebei nicht um eine zufällig gewonnene Alterserfahrung Heydendorffs handeln kann, sondern im Prinzip das schon von Jugend auf seine Haltung mitbestimmt hat. Völlig überzeugend aber wird diese Annahme durch den Umstand, daß sich nur dadurch der seltsame Widerspruch in der Beurteilung der Persönlichkeit Brukenthals bei Heydendorff erklären läßt. Es kann nicht wundernehmen, daß eine so überragende Gestalt, wie die des Gubernators, in der Lebensbeschreibung Heydendorffs häufig genannt wird, zumal es sich um den Vetter väterlicherseits handelte. Es ist dabei jedoch ein merklicher Unterschied festzustellen. Fast alle Erinnerungen an den Gubernator aus der Jugendzeit, der Zeit seines Aufstiegs und über den Höhepunkt seines Glanzes hinaus, atmen eine fühlbare Kühle, beinahe Ablehnung. Man ist versucht, den Grund hiefür in einem vermeintlichen Neid des kleinen Vetters dem großen gegenüber zu suchen. Dieser Verdacht findet jedoch einen Anhaltspunkt weder in den benützten Quellen, noch im Charakter Heydendorffs und muß daher fallen gelassen werden. Heydendorff ist viel zu objektiv gewesen, um in seinen Äußerungen Persönliches mitklingen zu lassen. Auch sind die Beziehungen des Brukenthalischen und Heydendorff'schen Hauses von Anfang an freundschaftliche gewesen. Wo er aber meinte, ihm den Vorwurf des Vergessens machen

---

[15] Namentlich werden angeführt: Vankhel von Seeberg, Czekeli von Rosenfeld und Brukenthal. vgl.: Archiv N.F. 18 (wie Anm. 1), S. 317.
[16] Ebenda.

zu müssen, ist es frei herausgesagt, ohne Hintergedanken.[17] Wenn jedoch Brukenthal von sich aus Hebel ansetzen will, um die augenfälligen Gunstbezeigungen Josephs für seinen Heydendorff'schen Vetter in entsprechend höhere Stellung für diesen umzumünzen, Heydendorff hingegen keinen Gebrauch davon macht,[18] so hat ihn nichts anders dazu angehalten als die Überzeugung, daß der erwähnte Weg des Aufstiegs nicht der rechte sei.[19] Brukenthal aber war derjenige, der diesen Weg am entschiedensten und erfolgreichsten ging. Das die Differenz, daher also die innere Ablehnung! Und daher auch das Mißtrauen. Denn keiner, der diesen Weg gegangen war oder ging, tat es unbescholten. Heydendorff mag im Geheimen Zweifel daran gehegt haben, es würde Brukenthals moralische Festigkeit bis ans Ende durchhalten. Das geringste Zugeständnis an diplomatische Unkorrektheit wird gewissenhaft notiert. Der Zweifel erwies sich jedoch in der Folge als unbegründet. Brukenthals Ausnahme bestand ja gerade in seiner Ehrlichkeit und er ist als Einziger mit reinen Händen von der politischen Bühne abgetreten. Und als er vollends auch nach seinem Fall in selbstloser Weise für das Gemeinwohl sich einsetzte, auch durch seinen dauernden Aufenthalt in Hermannstadt oder Freck, das Verhältnis der beiden in ihren Grundanschauungen so nah verwandten Männer Formen inniger Freundschaft annahm, ist endgültig an Stelle des früheren Zweifels die allgemeine Ehrfurcht und die Wärme getreten, die die späteren Erinnerungen an den alten Brukenthal kennzeichnet. Damit ist zugleich der Beweis erbracht, daß Heydendorffs Haltung einesteils zwar durch die Not der Umstände, d. h. seine Glaubenstreue, anderteils aber durch seine politische Überzeugung bestimmt worden ist. Die charakterliche Anlage endlich, die ungewisse Veränderungen und Abenteuer politischer oder finanzieller Art scheute, hat wohl begünstigend, aber nicht entscheidend mitgewirkt.

Damit ist der Lebenspfad Heydendorffs vorgezeichnet und sind auch die Dornen darauf gestreut. Sein Anfang fällt mitten in die gegenreformatorischen Angriffe hinein, davon uns infolgedessen ein recht anschauliches Bild geboten wird.

1. Es war schon die Rede davon, daß Heydendorff befürchtete, in die Netze der Jesuiten zu fallen, daß er aus Glaubensrücksichten einer Beförderung entsagen mußte. Es ist der Unstern der sogenannten „geometrischen Proportion", der dieses Leben überschattete, d. h. derjenigen Verfügung des Hofes, derzufolge alle Ämter zur Hälfte mit Katholiken besetzt sein müßten. Wohin eine solche Verordnung in einem Landstrich mit fast rein evangelischer Bevölkerung geführt hat, zeigt eine Bemerkung Heydendorffs:

> „Ein [...] Übel waren die aus der wegen der sogenannten geometrischen Proportion, oder Beförderung der catholischen Subjecte zu allen kleinen oder größern öffentlichen Aemtern unter der hochseligen Maria Theresia erlassenen scharfen Allerhöchsten Befehle sich ergebenden Folgen. Denn da der Hof auf

---

[17] Archiv N.F. 14 (wie Anm. 1), S. 238.
[18] Archiv N.F. 16 (wie Anm. 1), S. 659.
[19] Ebenda.

der Ausführung dieser Befehle absolut beharrte und so viele taugliche catholische Subjecte nicht waren, als man zur Erfüllung dieses Befehls nötig hatte, so fanden sich gar bald allerhand theils dumme, theils bösherzige Menschen, welche ihre Religion verließen und um ein Amt zur catholischen Religion übertraten, theils wurden aber auch aus Mangel solcherlei sogenannter Convertiten pur Fremde, aus andern Ländern hergelaufene Leute angestellt, die weder Wissenschaft, weder Erfahrung, weder Patriotismus hatten."[20]

Es folgt eine ausführliche Liste diesbezüglicher Beispiele. Überhaupt ließe sich zu diesem Punkt eine Fülle von Material zusammentragen. Da aber eine solche Belastung dem Anliegen der vorliegenden Arbeit kaum dienlich wäre, außerdem diese Dinge aus andern Darstellungen der Gegenreformation hinlänglich bekannt sind, begnüge ich mich mit dem Verweis auf die genannten Quellen und beschränke mich auf einige Bemerkungen über die Wirkung und Folgen der Taktik, die hier entgegentritt.

Eine der übelsten Folgen bestand darin, daß Verdienst und Fähigkeit, die natürlichen Grundlagen der Beförderung in den Ämtern, entwertet wurden. An ihre Stelle trat ein gewissenloses, nur auf sich selbst bedachtes Strebertum. Durch die Berücksichtigung der Religion bei der Verleihung der Ämter waren Tor und Tür Elementen geöffnet worden, deren einziges Ziel im Zusammenraffen von Macht und Reichtum bestand. Wenn ein Tartler öffentlich von sich bekannte, „er wäre bloß Weltbürger und habe weder Vaterland, noch Volk, noch Brüder, noch Vater, noch Mutter; er habe nur sein Ich!",[21] war lediglich beim Namen genannt, was mancher andere unter dem Mäntelchen erheuchelter Gefühle verbarg. Das Ergebnis dieser Politik äußerte sich nicht nur in der mangelhaften Fähigkeit mancher Körperschaften zur Erledigung ihrer Aufgaben, sondern auch im allgemeinen Zeitgeist, wo Korruption und Skrupellosigkeit an der Tagesordnung waren.

Zugleich erwies sich die Methode als ein zweischneidiges Schwert. Eine Folge des Vorhergehenden war nämlich die Entwertung der katholischen Religion selbst. Dadurch, daß sie Unfähigen und politischen Abenteurern als Sprungbrett diente, wurde sie vor aller Augen kompromittiert. Indem der Pragmatismus des Convertitentums nicht nur gefördert, sondern durch seine Anerkennung öffentlich geradezu bestätigt wurde, ging dem konfessionellen Übertritt jeder religiöse Ernst und Glaubwürdigkeit verloren. Es zeugt für die allgemeine Auffassung, wenn in Bistritz ein bankerottierter Kaufmann vor einer öffentlichen Kommission knieend bitten konnte: „Geben Sie mir Brot, sonst werde ich katholisch, retten Sie meine Seele."[22] Infolgedessen wurde katholisch nicht nur, wie oft hervorgehoben wird, gleichbedeutend mit unfähig,[23] sondern,

---

[20] Archiv N.F. 18 (wie Anm. 1), S. 106.
[21] Archiv N.F. 18 (wie Anm. 1), S. 189.
[22] Archiv N.F. 14 (wie Anm. 1), S. 230.
[23] Archiv N.F. 22 (wie Anm. 6), S. 592. vgl. hierzu den Brief Herrmanns an seinen Bruder, als er eine Katholikin heiraten wollte, und die Betrachtung darüber bei T e u t s c h (wie Anm. 4), S. 207.

was noch viel schlimmer war, weitgehend gleichbedeutend mit unmoralisch. Dieser letztere Umstand scheint mir bisher nicht genügend betont worden zu sein. Er hat wesentlich dazu beigetragen, daß in evangelischen Kreisen jene Einstellung entstand, die es als selbstverständlich sozusagen zum guten Ton gehörend empfand, daß man nicht katholisch wurde. Ein Convertit in der Familie wurde als ähnliches Unglück empfunden, als handle es sich um einen Dieb oder Ehebrecher.[24] Übertritt zum Katholizismus bedeutete Austritt aus der natürlichen Lebensgemeinschaft und die Übertreter hieß man „Mamelucken",[25] ein Schimpfwort, das schon im Jahre 1645 als Bezeichnung für Verräter einer Sache bezeugt ist.[26] An Brukenthal dagegen wurde gerühmt, daß er „bekannt fest" sei.[27]

Es ist daher erklärlich, daß die Wirkung dieses Angriffs gering war, reichte doch die Zahl der Convertiten aus einem ganzen Volke nicht aus, um die Hälfte der Ämter zu füllen. Wir dürfen heute mit Recht auf diese Haltung unserer Vorfahren stolz sein, dabei aber nicht vergessen, daß der Angriff von vornherein falsch angelegt und falsch geführt worden ist. Statt das Gespräch mit dem Gegner zu suchen, wurde verdammt, intrigiert und mit allen zu Gebote stehenden Mitteln zur Rückkehr gelockt.

Man fragt sich heute mit einiger Verwunderung, wie es möglich war, daß dieser Umstand denjenigen, die die treibenden Kräfte des Angriffs waren, entgehen konnte. Zugleich taucht die schon lange fällige Frage nach den Urhebern des Angriffes auf. Rechtlich gesehen, geschah alles unter dem Mantel Allerhöchster Befehle. Es wird aber schwer glaubbar, die „große" Theresia hätte, bei all ihrer Liebe zur katholischen Religion, alles, was sich in Siebenbürgen unter ihrem Namen tat, gutgeheißen, wenn sie entsprechende Kenntnis der Sachlage gehabt hätte.[28] Die andere treibende Kraft die sich hier einschaltete, muß im Katholizismus gesucht werden, seinem Wesen entsprechend, auch diesmal überpersönlich zu verstehen. Immerhin wird von allen Quellen ein Name hervorgehoben, der auch bei Heydendorff genannt ist und, für Siebenbürgen wenigstens, als Hauptvertreter gelten dürfte:

> „Ich glaube nicht zu irren, wenn ich es als ein Principium annehme, auf das man bauen kann, daß der Bischof B. Bajtai nach dem Verderben der Nation und eines jeden dessen Publici trachte und damit zugleich die Ausbreitung der catholischen Religion vereinbahre."[29]

---

[24] Teutsch (wie Anm. 4), S. 207.

[25] Archiv N.F. 14 (wie Anm. 1), S. 237.

[26] Gustav Gündisch: Soziale Konflikte in Hermannstadt um die Mitte des 17. Jahrhunderts. In: Forschungen 3 (1960), S. 57-78, hier S. 74.

[27] Archiv N.F. 14 (wie Anm. 1), S. 237.

[28] Selbst Brukenthals ehrlichen Einwendungen sind doch auch immer solche von Gegnern entgegengestanden.

[29] Archiv N.F. 16 (wie Anm. 1), S. 194. Näheres über die Ziele und Absichten Bajtays sowie General Hadik siehe Georg Adolf Schuller: Ein aktenmäßiger Beitrag zur Geschichte der Gegenreformation in Siebenbürgen im 18. Jahrhundert. In: Festschrift Seiner

Ihm und den mitbeteiligten Jesuiten war sehr wohl bewußt, wie unzulänglich die Mittel waren, die hier zur Anwendung gegen den Protestantismus kamen, allein man tröstete sich, es würden die Söhne besser sein als ihre Väter,[30] eine Hoffnung, die unbegründet war und in der Folge auch nur selten in Erfüllung gegangen ist. Es ist unter dem ohnehin spärlichen Saatgut zu viel Unkraut gewesen. Man fragt sich, warum nicht alles darangesetzt wurde, uns wenigstens aus dem Ausland tauglichere Leute herbeizuschaffen? Es ist wohl die Auswahl darin für Siebenbürgen nicht allzu groß gewesen, dann aber verfügte die katholische Partei auch nicht über die Kontrolle aller Einzelheiten. Wenigstens hat die Willkür mancher Kommandierenden insoweit dazwischen gewirkt, daß diese Untergebenen zur Belohnung oder unliebsame Elemente, die sie sich vom Hals schaffen wollten, in Siebenbürgische Ämter versetzten.[31] Letzten Endes aber ruht die falsche Anlage des Angriffes im Wesen von Reformation und Gegenreformation. Weil man den aus Glaubensbesinnung Abgefallenen nichts Ebenbürtiges entgegenzusetzen hatte – ein Mangel, an dessen Behebung erst in unseren Zeiten gegangen wird – blieben keine anderen Mittel zur Wahl als Repressalien und Überredungskünste.

Aus dem bisher Gezeigten ergibt sich denn auch die frömmigkeitsgeschichtliche Wertung der Gegenreformation. Die Ebene der Gesprächsführung, einer glaubensmäßigen konfessionell-dogmatischen Auseinandersetzung ist nicht erreicht, ja nicht einmal berührt worden. Der Angriff richtete sich auf Fragen des praktischen Lebens und des Kirchenrechtes.

Wir müssen infolgedessen die Gegenreformation betrachten als *eine allgemein in Erscheinung tretende Versuchung des Einzelnen, vornehmlich um materieller Vorteile willen dem von den Vätern überkommenen und auf Grund glaubensmäßiger Überzeugung als richtig erkannten Glauben untreu zu werden.*

Wenn ich damit versucht habe, denjenigen Zug herauszustellen, dem die allgemeine Gültigkeit zukommt, so mag dies nicht dahin gedeutet werden, als wolle es besagen, daß *nur* dieser Zug vorhanden gewesen wäre. Es hat einzelne Fälle gegeben, wo die Auseinandersetzung ganz andere Formen trug. Vor allem dort, wo die Mischehe mit Katholiken infolge der diesbezüglichen strengen Bestimmungen Spaltung in die Familien und Unglück über die Kinder brachte. Und wenn uns berichtet wird, daß es Jugendliche gab, die durch kein noch so scharfes Mittel zur Annahme der katholischen Religion gebracht werden konnten, wenn Heydendorff in einem Brief an Brukenthal von einer Mutter berichtet, die mit wahrem Heldenmut dafür kämpft, ihr Kind evangelisch erziehen zu können,[32] so erinnert das doch sehr an altreformatorisches Märtyrertum, als daß dieser Zeit ein „Geist der ersten Zeugen" abgesprochen werden könnte.

Hochwürden D. Dr. Friedrich Teutsch gewidmet zum 25jährigen Bischofs-Jubiläum. Hermannstadt, 1931, S. 274-305.

[30] Teutsch (wie Anm. 4), S. 54.
[31] Ebenda.
[32] Archiv N.F. 25 (wie Anm. 5), S. 132-134.

2. Es gibt ein Sprichwort, das uns aus Kindheitstagen her geläufig ist. Es lautet: „Mit Gott fang an, mit Gott hör auf, das ist der beste Lebenslauf." Und es gibt unter den Dokumenten siebenbürgischer Vergangenheit kaum eines, das in so beredter Weise Zeugnis dafür ablegen würde, wie die Selbstbiographie Heydendorffs, daß dieser Spruch einst Leitmotiv und bestimmende Maxime eines Christenlebens sein konnte. Die Beschreibung jedes einzelnen Jahres, mit Ausnahme der letzten, die nur kurze Andeutungen enthalten, beginnt mit einem Gebet um Gottes Beistand und Führung, schließt oft mit einer frommen Betrachtung, immer aber mit einem Dankgebet für die genossenen Gaben und Wohltaten, für die im Verlauf des Jahres erfahrene Hilfe und wunderbare Erhaltung, auch dann, wenn die Gaben gering, die Prüfungen dagegen schwer und zahlreich waren. So ist jene Schrift nicht nur für die allgemeine Geschichtsschreibung von Interesse, sondern zugleich ein Zeugnis tiefstgehender Frömmigkeit, das wie eine Mahnung und wegweisendes Beispiel in die heutige Zeit herüberklingt.

Soll nun im Folgenden ein Bild dieser Frömmigkeit geboten werden, scheint es mir geboten, im Gegensatz zu der bisherigen freien Darstellungsweise der leichteren Übersicht wegen eine strengere Gliederung vorzunehmen. Die Einteilung folgt dem sinngemäßen Zusammenhang des Darzustellenden ohne Berücksichtigung eines dogmatischen Systems.

An erster Stelle steht daher der Mittelpunkt jeden religiösen Lebens überhaupt, nämlich

A. der Gottesglaube

Hier wiederum wird der eigentliche Gottesbegriff durch einige damit in Zusammenhang stehende Erörterungen auszuweiten und abzurunden sein. Zunächst

a) der Gottesbegriff

Der Name Gottes tritt uns am häufigsten in den Gebeten oder Anrufungen am Anfang und Ende des Jahres entgegen. – Es heißt „mein lieber Gott", „Herr Gott", „Vater", aber auch „Allmächtiger", „Ewiger" oder „Erhalter". Dem Namen werden häufig Eigenschaften beigefügt, die dem liturgischen Sprachgebrauch entnommen sind und ihren Ursprung aus der Welt des Psalters verraten: „gnädig, barmherzig, geduldig, von großer Güte und Treue", „der du mir von Mutterleibe an bist gnädig und barmherzig gewesen", „der du die Raben speisest", „Herr der Welten und Zeiten und meiner Väter". Persönlicher dagegen klingt die Wendung „Gott meiner Jugend und meiner Väter".

Erscheint so in der Namengebung in mehr unpersönlicher Weise der Schöpfergott als Herr des Universums und zugleich doch liebender, barmherziger Vater, wird persönlich Gottes Erhaltertätigkeit dankbar im eigenen Leben empfunden. Zahlreich sind die Stellen, wo von der Vorsehung Gottes gesprochen wird, so etwa, wenn er vor einem Amte bewahrt, das schädlich gewesen wäre,[33] oder in schwerer Krankheit vom Tode errettet.[34] Bis in die kleinsten Einzelheiten des alltäglichen Lebens reicht die Vorsehung herab, war sie es doch, die Heydendorffs Reise so verlaufen ließ, daß er dabei einem mörderischen Hagelwetter entging.[35] Die Gattin, die treue und liebreiche Lebensgefährtin, war ihm von Gott bestimmt.[36] Aber auch in die Politik reicht Gottes Arm, er lenkt beispielsweise Wahl und Zusammensetzung einer Körperschaft.[37] Ja [es] gibt überhaupt keinen Bereich des menschlichen Lebens oder der Natur, wo Gottes Allmacht nicht wirksam wäre, „der allein alles nach seinem besten und heiligen Willen ausführt und sich dazu oft solcher Mittel bedient, die man nicht gedenket und vermuthet." Die einzig richtige Lebenshaltung ist daher die, daß man vorbehaltlos die Wege geht, die Gott einen führt, und Heydendorff sieht sich veranlaßt, auszurufen: „niemand als dir will ich vertraun, alles im Leben, Sterben und nach dem Tode von dir hoffen und an dem Plan meines Lebens nicht das Geringste künsteln."[38]

Es liegt nun im Gedanken von der absoluten Herrschaft Gottes in der Welt mit eingeschlossen, daß seine Erhaltertätigkeit eine doppelte sein muß: wird einerseits in direkter Weise das Gute vollbracht, muß anderseits dem Bösen gewehrt werden. Der liebreich vorsehende und sorgende Gott ist zugleich der gerechte und richtende. Fast ebenso zahlreich als die Stellen, die von der Vorsehung sprechen, sind diejenigen, die Gottes Gerechtigkeit und sein Strafen erwähnen. Es ist dies eine Anschauung, die das ganze Leben Heydendorffs durchzieht und durch Erfahrungen immer wieder bestätigt worden ist. Daß er damit übrigens nicht allein steht, beweist eine Äußerung Brukenthals: „Es kann dem Kaiser [Joseph II.] nicht gut gehen, er hat seine gute Mutter zu viel betrübt."[39] Der Ruin des leichtlebigen Gf. D. Bánffi erinnert Heydendorff an „die über Babel ergangene Prophezeiung".[40] Das elende Lebensende des „stolzen, gewaltthätigen, feindlichen" Weidners und in der Folge auch seiner Kinder, also Strafe bis ins 1. Glied, veranlaßt ihn zu dem gottesfürchtigen Ausspruch: „Herr, du bist gerecht und deine Gerichte sind gerecht!"[41] Es handelt sich dabei meist um Randbemerkungen aus späterer Zeit, Fälle, in denen Heydendorff die Gerechtigkeit Gottes bestätigt fand. Daß ihm die gleiche Anschauung auch in jüngern Jahren eigen war, beweist ein Brief des Jahres 1759 an die Gattin, wo er das Leid der Trennung als Strafe für eigene oder Elternsünde ansieht.[42]

---

[33] Archiv N.F. 14 (wie Anm. 1), S. 234.
[34] Ebenda, S. 244.
[35] Archiv N.F. 18 (wie Anm. 1), S. 18.
[36] Archiv N.F. 14 (wie Anm. 1), S. 233.
[37] Archiv N.F. 15 (wie Anm. 1), S. 134.
[38] Archiv N.F. 18 (wie Anm. 1), S. 34.
[39] Ebenda, S. 157.
[40] Archiv N.F. 16 (wie Anm. 1), S. 676.
[41] Archiv N.F. 18 (wie Anm. 1), S. 11.
[42] Archiv N.F. 25 (wie Anm. 5), S. 71.

Es werden aus den letztangeführten Stellen deutlich Fäden sichtbar, die zum Alten Testament hinführen und scheint deshalb eine Bemerkung notwendig über

b) Alttestamentlichkeit und Alttestamenthaftigkeit des Gottesbegriffs

A. Die Alttestamentlichkeit tritt so deutlich in Erscheinung, daß es dabei einer Erörterung kaum bedarf. Schon „die über Babel ergangene Prophezeiung" ist ja ein direkter Hinweis. Überhaupt erscheint das Verhältnis zum AT damals lebendiger als heute.[43] Von den fünf in der Biographie zitierten oder angeklungenen Bibelstellen sind drei, also mehr als die Hälfte, dem AT entnommen. Wie dies Verhältnis, durch private Lektüre und gottesdienstliche Verkündigung gefördert und gepflegt, Gedankenwelt und Ausdrucksweise beeinflußt hat, zeigt das angeführte Beispiel. Aber im Vergleich einer Situation aus dem eigenen Leben mit einer ähnlichen Situation aus dem Leben einer alttestamentlichen Gestalt, etwa Davids oder Jakobs, lag auch so mancher Trost verborgen.[44]

Andererseits führt auch das Strafen Gottes direkt ins AT hinein. Es wird durchaus diesseitig aufgefaßt. Eine etwaige dogmatische Verirrung darf darin nicht gesucht werden, weil ja, wie sich weiter unten zeigen wird, die Lehre vom Endgericht unangetastet und vollauf geltend bleibt. Vielmehr müssen wir darin die Frucht strengen Ernstnehmens des Dekalogs erblicken. Gott i s t heilig und darum sucht er, wenn es sein muß, die Sünde der Väter selbst an den Kindern heim.

B. Alttestamenthaftigkeit. Es gibt freilich auch einen Zug im Gottesbilde, der an das AT erinnert, ohne daß ein direkter Einfluß nachweisbar wäre. Es handelt sich auch hier wieder um jenen uneingeschränkten Herrschaftsanspruch Gottes, der dennoch die Erfahrung seiner ins Kleinste reichenden Vorsorglichkeit nicht ausschließt. Desjenigen Gottes, der den Namen „Herr" führt, und auch oft in dieser Person angeredet wird. Man wird nun gewiß von einem Manne, der nicht Dogmatiker war, sondern Politiker und Historiker, auch keine Betrachtungen über die Dreieinigkeit Gottes erwarten dürfen. Das Verhältnis der drei Personen beschäftigt wohl die Gedanken, das fromme Gemüt indessen nimmt sie als gegeben hin und zugleich in der Einheit des Wesens. Es nimmt daher nicht wunder, wenn in Heydendorffs Lebensbeschreibung die drei Personen stets zu einem einzigen göttlichen Wesen verschmelzen. Man muß jedoch fragen, woher es komme, daß innerhalb der Dreiheit eine Person, nämlich die des Vaters, des Schöpfers und Erhalters, so stark im Vordergrunde steht. Zumal der damals doch schon recht verbreitete pietistische Einfluß vor allem in der Frömmigkeit ein stärkeres Hervortreten der Person Christi erwarten lassen sollte. In der ganzen Biographie wird der Name Christi jedoch nur siebenmal genannt, davon sechs Mal

---

[43] Vgl. die Begräbnislieder für Heydendorffs Vater, besonders Nr. 1 und 3. Archiv N.F. 25 (wie Anm. 5), S. 128f.

[44] Vgl. Archiv N.F. 18 (wie Anm. 1), S. 99, 120, 122.

in Formulierungen, die der Liturgie entnommen sind, der Heilige Geist überhaupt nur zweimal. Daraus ergibt sich eine Stellung des Schöpfer- und Erhaltergottes, die entfernt an den Monotheismus altisraelitischen Jahweglaubens erinnert. Dann aber gleicht auch das geschichtliche Wirken des erhaltenden Gottes sehr dem Wirken des geschichtlichen Gottes Altisraels. Bei aller Ähnlichkeit fehlen jedoch typische Züge dieses Gottesbildes – etwa das Anthropomorphe – jenem vollkommen. Eine direkte Beeinflussung durch die Schriften des AT befriedigt deshalb als Erklärung nicht und der Grund muß tiefer gesucht werden.

Frömmigkeitsgeschichte hat es immer und nur mit dem erlebten Gott zu tun. Ähnliches Geschick bringt es mit sich, daß der gleiche, d. h. durch die gleichen Offenbarungsquellen bezeugte Gott ähnlich, daß durch verschiedenes Geschick der gleiche Gott verschieden erlebt wird. Vergleichen wir nun das Schicksal unserer eigenen Vorfahren mit dem der Väter Israels, tritt allerdings eine überraschende Ähnlichkeit zutage. Hier: Auszug aus Ägypten, Wüstenwanderung, Einzug in das zwar verheißene, im übrigen aber besetzte und z. T. feindliche Land und endlich Bewährung in dem Lande unter mancherlei Beweisen göttlicher Hilfe und Beistandes; dort: beschwerliche Wanderung durch halb Europa in ein versprochenes, aber ödes Land, in dem Lande allerlei Stürme und Gefahren, die nur durch Gottes Hilfe überwunden wurden. Es ist in beiden Fällen der geschichtliche Gott, der erlebt wird. Und wir haben die Alttestamenthaftigkeit des Gottesbildes vor allem in jenen Anreden zu suchen, wo er „Gott der Väter" genannt wird. Näheres Eingehen auf den Vergleich, der hier nur angedeutet wurde, gehört in das Gebiet der vergleichenden Religionskunde und somit nicht mehr in den Rahmen dieser Betrachtung. Hier sollte nur aufgezeigt werden, daß auch eine innere Verwandtschaft des erlebten Gottesbildes mit dem altisraelitischen besteht. Sie verleiht der Gestalt Heydendorffs jenen patriarchalischen Zug, der wiederum von weitem an Abraham gemahnt. Es mag endlich auch, wenn George Herrmann seiner Bewunderung für den Großvater, einen opferfreudigen Seelsorger, mit den Worten „dieser redliche Israelit" Ausdruck verleiht, nicht bloßes Zitat gewesen sein. Wenn es aber von demselben Manne heißt, daß sein Herz „durch die Wiedergeburt mit dem göttlichen Wesen in einer wahren Verbindung" stand, so ist dies doch das beste Zeugnis dafür, daß jener alttestamenthafte Gott der Vater Jesu Christi gewesen ist.[45]

c) Hausvater der Natur

Gottes Wirken beschränkt sich nicht auf den Rahmen des menschlichen Lebens, sondern erstreckt sich auf den gesamten Bereich der Natur. Wie der Gottesbegriff Heydendorffs an keiner Stelle durch rationale Einflüsse zersetzt ist, tauchen auch hier keinerlei Probleme auf. Gottes Herrschaft über die Natur und ihre Gesetze ist uneingeschränkt. Sie wird auch so erlebt und ein fruchtbarer Regen z. B. dient

---

[45] Vgl. Archiv N.F. 22 (wie Anm. 6), S. 547f.

ihm „zum neuen Stoff zum Lobe Gottes und Beweise, daß Gott als Herr und Meister der Natur der beste Hausvater ist".[46]

Wird dieser Abschnitt besonders hervorgehoben, so deshalb, weil er zugleich einen Beitrag zur Kultur- und Geistesgeschichte darstellt. Es ist die große Zeit der Reisebeschreibung. Mit wahrem Hunger werden Reiseberichte aus aller Herren Länder verschlungen. Man borgt sich aus, was man nicht selber besitzt, und macht sich gegenseitig auf wertvolle Neuerscheinungen aufmerksam. Der Expansionstrieb des modernen Menschen kündigt sich an. Durch die neue Stellung der Vernunft aus der mittelalterlichen Enge befreit, nimmt er mit dem Selbstbewußtsein des Eroberers seine Welt in Besitz. Das in doppelter Hinsicht. Einmal äußerlich, indem immer neue Länder in den Gesichtskreis einbezogen werden. Diese Vorgänge jedoch kommen hier weniger in Betracht, da sie die Welt Heydendorffs kaum berühren. Andererseits hat aber auch das Gefühl seine Entdeckung gemacht. Jene durchsichtige Wand, die bisher Mensch und Natur trennte, ist endlich eingerissen worden. Ungehindert strömt das Gefühl nun in die unmittelbare Natur. Rousseau, der Vorkämpfer, hat sie schon erobert, Dichter besingen, Reisende beschreiben sie und der junge Goethe lebt und liebt mitten darin.

Es hat einen eigenen Reiz, gerade den Schritt des Übergangs in den Naturbeschreibungen Heydendorffs festzuhalten. Sie sind nicht häufig anzutreffen und meist von der Hochgebirgslandschaft angeregt. Freilich trieb ihn nicht die Liebe zur Natur auf die Berge, sondern die Schlichtung von Grenzkonflikten. Aber dankbar benützt er jede dieser Gelegenheiten, um sich Leib und Seele durch die Reinheit der Luft und Schönheit des Anblicks stärken zu lassen. Und es berührt uns seltsam, wenn wir lesen, wie vor nur zweihundert Jahren ein Gebildeter seiner Zeit hier mit Staunen Dinge wahrnimmt, die heute Scharen von Ausflüglern selbstverständlich sind. Die trennende Wand ist noch fühlbar, wenn es in der Beschreibung des Erlebnisses auf dem Surul heißt:

> „Ich hatte dabei das Vergnügen, alle die Phänomene zu sehen und zu genießen, welche sich auf den Gebirgen ordentlich zu ergeben pflegen."

Heißt es aber weiter:

> „Meine Aussicht war unbeschreiblich schön. Ich sah mit einem Blick den Altfluß unter mir mit seinen bespiegelnden Krümmungen fließen",[47]

dann ist jene Wand doch schon hauchdünn geworden.

Im allgemeinen ist es aber der wirtschaftlich geschulte Sinn, der die Natur betrachtet. Der Gedanke, Gott habe dem Menschen aufgetragen, sich die Natur dienstbar zu machen, wird zwar nicht ausgesprochen, doch steht er hinter jener Zukunftsvision, wie durch großangelegte Maßnahmen zur Trockenlegung der Sümpfe in Siebenbürgen Klima und Bodenfruchtbarkeit, ja selbst die Gestalt der Bewohner beeinflußt werden könnte. Es sind die folgenden Jahrhunderte,

---

[46] Vgl. Archiv N.F. 15 (wie Anm. 1), S. 157.
[47] Vgl. Archiv N.F. 18 (wie Anm. 1), S. 118.

die schon herüberblicken. Und wie seltsam ragen die abschließenden Worte in unsere Zeit herein:

> „Möchte dann in den Zeiten der glücklichern Nachkommenschaft mehr Wissenschaft, mehr Kunst, mehr Fleiß, mehr Einigkeit und mehr Trieb zur gemeinen Glückseligkeit die Völker Siebenbürgens beleben."[48]

Das fromme Gemüt aber bewahrt auch in der Natur seine Andacht. Sie ist und bleibt Gottes Welt. Es ergreift uns tief, wenn wir lesen, wie Heydendorff vom Surul schreibt:

> „Noch war meine Seele beinahe beständig mit dem Verlust meines Kindes beschäftigt und je höher ich zum Gipfel der Berge stieg, je näher deuchte es mich zu ihm zu gelangen."[49]

Mag das Verhältnis zur Natur ein mittelbares oder modern unmittelbares sein, das gläubige Herz blickt doch letzten Endes hindurch nach der unsichtbaren, verborgenen Welt Gottes.

B. Die Verbindung mit Gott

Die Stellung Gottes zu den Menschen wurde aufgezeigt. Es folgt nun die Frage, wie tritt der Einzelne vor seinen Gott, welches sind die Wege, die vor das Angesicht Gottes führen. In erster Reihe steht hier sicherlich

a) das Gebet

Es ist für Heydendorff so selbstverständlich, daß sich nirgends eine ausführliche Betrachtung etwa über Notwendigkeit, Sinn und Segen des Gebets findet. Einzig der Bericht einer schweren Krankheit aus dem Jahre 1776, die Heydendorff eine Zeit lang ans Bett fesselte, enthält auch Andeutungen, die uns ahnen lassen, mit welcher Inbrunst er beten konnte. Die Krankheit ließ ihn meist von drei Uhr morgens an nicht mehr schlafen. Die Zeit bis zum Erwachen des Tages verbrachte er mit Gebet und schreibt darüber:

> „Ich grüße euch auch jetzt noch in Gedanken, mit Gott dankbarem Gemüthe, ihr sanften, stillen, heiligen Stunden, die ich dann in heiliger Stille bis um sechs Uhr, wo alles im Hause erwachte und rege wurde, im Gebet und Erhebung meiner Seele zu Gott zubrachte! O, wie angenehm wäret ihr! Angenehm wie die stille Ruhe, heilige Ewigkeit sein wird."[50]

Sonst sind es nur kurze Bemerkungen, die auf das Gebet Bezug nehmen, so, wenn er der Gattin empfiehlt, in der Einsamkeit im Gebete Trost zu suchen,[51] oder von einem schweren Unwetter berichtet:

> „Ich und meine Gattin ergaben uns Gott – sie kniete betend vor der Wiege des Kindes und ich ging betend im Zimmer auf und ab."[52]

---

[48] Vgl. ebenda, S. 258.
[49] Vgl. ebenda, S. 118.
[50] Vgl. ebenda, S. 6.
[51] Vgl. Archiv N.F. 25 (wie Anm. 5), S. 103.
[52] Vgl. Archiv N.F. 15 (wie Anm. 1), S. 146.

Sehr deutlich tritt das Gebet auch als Fürbitte in Erscheinung. Dem Bruder, der als Offizier der Gefahr besonders ausgesetzt war, berichtet Heydendorff in einem Briefe, daß man daheim für ihn bete.[53] Die Mitteilung von der bevorstehenden Hochzeit, wo der Bruder nicht anwesend sein kann, enthält die Bitte: „Erinnere dich aber auch an diesen Tag in deinem Gebete meiner"[54] zugleich auf das Verhältnis der Brüder ein schönes Licht werfend.

Es kann also abschließend trotz der geringen Zahl betreffender Stellen gesagt werden, daß das Gebet im Leben Heydendorffs eine zentrale Stellung eingenommen hat und einen bestimmenden Zug des Frömmigkeitsbildes ausmacht.

Neben das Einzelgebet tritt gleichwertig das Gemeindegebet, der Gemeindegottesdienst, daher

b) das gottesdienstliche Leben

Es ist doch bemerkenswert, daß die schon erwähnte Stelle, wo er die Gattin zum Gebete ermahnt – ob es gleichwohl gewiß nicht Not hatte –, vollinhaltlich lautet: „gehe fleißig in die Kirchen und zu unsern beiderseits armen Eltern und bete auch zu Hause, so wird dir die Zeit gar leicht vergehen."[55] Es wird hier dem Gemeindegebet sogar der Vorrang eingeräumt.

Ein besonderer Höhepunkt im gottesdienstlichen Leben ist die Feier des Heiligen Abendmahles. Sie soll nicht versäumt werden.[56] Durch das, was es wirkt, dient das Abendmahl zur Stärkung:

> „Um aber noch ruhiger reisen und alle die Schicksale, die mir Gott auf dieser Reise vorhergesehen und bestimmt hat, aus seiner Vaterhand gelassen empfangen zu können, habe ich mich vorhero hier in Klausenburg mit dem Sacrament des heiligen Abendmahls gestärket, mich der Vergebung meiner Sünden, des Beistandes und der Gnade Gottes im Leben und Sterben in dem Blute des Lammes versichert."[57]

Auch dieses gedanklich so ausgeprägte Verständnis des heiligen Abendmahles zeigt wiederum deutlich, worauf es dem gläubigen Herzen allein ankommt. Gemeinschaft mit Gott „in dem Blut des Lammes". Es erleichtert endlich den Übergang in die andere Welt. Auf seinem Sterbebett sagte Heydendorffs Vater nach dem Genuß des Abendmahles: „auf dieses habe ich sehnlich gewartet, nun will ich gerne sterben".[58]

Wie durch die enge Verbindung zum gottesdienstlichen Leben die liturgische Sprache die Ausdrucksweise beeinflußt hat, ist weiter oben gezeigt worden.[59] Es sei daher nur noch bezüglich der Kirchenlieder bemerkt, daß es auch außerhalb des Gottesdienstes als Trostspender anempfohlen wird – z. B. „Wer

---

[53] Vgl. Archiv N.F. 25 (wie Anm. 5), S. 58.
[54] Vgl. ebenda, S. 64f.
[55] Ebenda, S. 103.
[56] Ebenda, S. 541.
[57] Ebenda, S. 619.
[58] Archiv N.F. 18 (wie Anm. 1), S. 14.
[59] Vgl. A. – a).

nur den lieben Gott läßt walten".[60] Besonders erwähnt zu werden verdient hingegen eine Form gottesdienstlichen Lebens, die, heute nicht mehr üblich, bei Heydendorff stark im Vordergrunde steht, nämlich

c) der Privatgottesdienst

Der Ausdruck, der heute leicht individualistisch anmutet, stammt von Heydendorff selbst und stellt – dies ist entscheidend – nicht Auflösung, sondern im Gegenteil, Vertiefung des Gemeindegottesdienstes dar, indem die Gemeindefeier als eine liturgisch gestaltete Einheit in den privaten Alltag wie Kirchenlied oder Perikope gleichsam mithinausgenommen wird. Wie wenig Individualismus darin steckt, beweist der Umstand, daß diese Form der Andacht, einst auch von den Reformatoren gepflegt, gerade mit Aufkommen des Individualismus verschwunden ist oder doch wenigstens das Wichtigste, die liturgische Gestaltung, verloren hat.

Einzelheiten über die Form der morgendlichen Andacht erfahren wir aus einem Brief Heydendorffs an seine Gattin:

> „Ich stehe ordentlich nach fünf Uhr frühe auf und [...] lese bei der Kerze des Sturms Betrachtung auf den Tag, dann singe ich hart meine Morgenlieder und das schöne ‚Gott, dessen Allmacht sonder Enden etc.'"[61]

Je nach Umständen wird die Andacht allein oder in Gemeinschaft abgehalten. Auch die Gattin Heydendorffs berichtet in einem Brief: „Den gestrigen Vormittag brachte ich mit meiner schwachen Hausandacht zu."[62] Ein Wort über die Tiefe der Frömmigkeit, die eine Morgenandacht für wichtig genug erachtet, darüber brieflich zu berichten, erübrigt sich.

Die tägliche Andacht im Familienkreise wird nicht erwähnt. Es hat wohl kein Umstand zu ihrer besonderen Erwähnung Anlaß gegeben. Sie muß aber nach dem oben Gesagten mit Sicherheit vorausgesetzt werden.

C. Der Nächste

Es soll hier nicht das Verhältnis zum Mitmenschen in seiner Gesamtheit dargestellt, gleichsam eine Ethik Heydendorffs herausgearbeitet, sondern die Stellung zum Nächsten insoweit betrachtet werden, als sie durch das Gottesverhältnis bestimmt wird. Es sind dabei zwei Gebiete voneinander zu scheiden:

a) die Familie

Sie stellt einen ganz bestimmten, durch Gott festgelegten, weiten, aber begrenzten Lebensbereich dar. Zugehörigkeit zu Familie und Verwandtenkreis, die regen Bande blutsmäßiger Freundschaft pflegen zu können, ist ein Segen, allein unter

---

[60] Zum Beispiel: „Wer nur den lieben Gott läßt walten." Zitat aus: Archiv N.F. 25 (wie Anm. 5), S. 45.
[61] Ebenda, S. 486.
[62] Ebenda, S. 469.

Fremden stehen zu müssen dagegen ein Unglück.[63] Die Innigkeit, mit der hier
familiäre Beziehungen gepflegt werden, hat nichts mit kleinbürgerlicher Engher-
zigkeit zu tun. Sie ist noch im Vaterhaus ins Herz gepflanzt worden und wird
getragen durch das Bewußtsein, daß die Ordnung der Familie von Gott gestiftet
und gewollt ist. Frömmigkeit und Familiensinn gehen teilweise ineinander auf.
Ein geordnetes Familienleben gereicht letztlich Gott zur Ehre. Er vermag aber
auch allein den tragenden Grund zu legen, die Gläubigkeit der Herzen. Und daher ist er es auch, der das Schicksal jeder Familie lenkt und leitet. Liest man, wie
Heydendorff seine Gattin anredet als: „teurestes Geschenke, was ich in diesem
Erden-Leben aus der Hand Gottes empfangen habe",[64] so weiß man, was vor allem
andern dazu beigetragen hat, daß diese Ehe eine so selten glückliche gewesen ist.
Der Brief vom 12. Juli 1793, als Beichte und letzter Wille gedacht, dabei tiefstes
Bekenntnis zu allem, was in fünfunddreißig Jahren der Ehe an Liebe zwischen
zwei Herzen wachsen kann, verdiente durch die Reinheit des Gefühls, die Hoheit
der Anschauung, die aus diesen Zeilen spricht, einen Platz in der Weltliteratur.[65]
    Der moralische Wert dieses durch Frömmigkeit geläuterten Familiengesetzes
ist durchaus bewußt, und mit Entschiedenheit wird zersetzenden Einflüssen
gewehrt. Welche Hindernisse mußte die elterliche Liebe überwinden, ehe sie
sich entschließen konnte, die fremde, unbekannte Wiener Schwiegertochter, der
dazu auch nicht der beste Ruf vorausging, in die Familie aufzunehmen! Selbstbewußtsein und berechtigter Stolz sprechen aus den an sie gerichteten Zeilen:

> „wenn Sie sich von unserm lieben Sohne, Ihrem Gemahl, Begriffe von unserm
> Vaterland, von unserm sächsischen Volk, von unsern männ- und weiblichen
> Vorfahren, von unserer noch lebenden Familie, von unsern Kindern und von
> uns Eltern und von unsern mit all jenem durchwebten Umständen beibringen
> lassen, Begriffe, welche sie belehren, welches Vaterlandes und welches Volkes
> Bürgerin, welcher Familie Mitglied und welcher Eltern Kinde Sie durch die
> Vermählung mit unserm Sohne geworden sind. Halten Sie die Erinnerung
> und den Wert davon auf ewig im Gedächtnis!"[66]

Zugleich erscheint hier die Familie, die von Gott gewollte Ordnung, in einem
ebensolchen, nur weiteren Kreise: national „Volk", politisch „Vaterland". Was
grundsätzlich über die Familie gesagt wurde, gilt uneingeschränkt auch für die
beiden Begriffe Volk und Vaterland. So ist auch Heydendorffs Patriotismus vom
Religiösen her bestimmt. Es ist nicht Idee, sondern Pflicht vor Gott und den in den
gleichen Lebenskreis gestellten Menschen. Wie er ein vorbildlicher Familienvater
war, ist er auch ein opferbereiter Diener seines Volkes und Vaterlandes gewesen.
    Neben dem durch Gottes Ordnung in bestimmte Lebenskreise abgegrenzten
Verhältnis zum Mitmenschen, steht aber auch ein unbegrenztes, die

---

[63] Archiv N.F. 13 (wie Anm. 1), S. 340.
[64] Archiv N.F. 25 (wie Anm. 5), S. 619.
[65] Ebenda, S. 619-624.
[66] Ebenda, S. 706-710.

b) Nächstenliebe zu allen Menschen

Sie äußert sich tätig in der damals üblichen Gewohnheit des Almosengebens.
Heydendorffs Gattin

> „hatte von vielen Jahren her die löbliche Gewohnheit, Hausarmen wohlzuthun,
> Holz, Lebensmittel zu schicken, auch allen ihr in der Stadt bewußten Kranken
> zu ihrem Labsal Wein und Speisen."[67]

Almosen sind ein Schatz im Himmel.[68] Sie äußert sich aber auch gedanklich,
indem sie die zwischen den Menschen bestehenden Schranken überwindet.

So die nationale. Wie gütig und liebevoll wurde doch die arme türkische
Sklavin, Enife, eine Emiostochter, im Heydendorff'schen Hause aufgenommen
und für ihre Erziehung Sorge getragen.

Aber auch die religiöse. Während der Mitarbeit in der „Criminal-Commis-
sion", die gegen die aufständischen Szekler eingesetzt worden war, schloß
Heydendorff enge Freundschaft mit einem ungarischen Adeligen, Adam von
Ribitzci, und berichtet, daß „wir unseren Privatgottesdienst, da er in meine
Religion willig einstimmte, mit einander hielten".[69] Es geht aus den Aufzeichnungen nur soviel hervor, daß Ribitzci nicht Katholik war. Wahrscheinlich ist
er reformiert gewesen. Sind hier nicht schon ökumenische Bestrebungen der
heutigen Zeit vorweggenommen?

Endlich muß sie konsequent auch zur Überwindung der Schranken führen,
die durch die gesellschaftliche Schichtung gesetzt sind. Man darf freilich gerade in diesem Punkte von jener Zeit nicht viel erwarten. Tatsächlich sind es
auch nur Andeutungen, die im Zusammenhang mit dem krassesten Beispiel,
der Leibeigenschaft auftreten. Wenn aber die Aufhebung der Leibeigenschaft
als ein „königlich erhabener Gedanke"[70] gepriesen wird – königlich, weil sie
durch Joseph II. angeordnet worden war – so deutet dieses doch, wenn auch
nur sehr von ferne, darauf hin, daß die christliche Nächstenliebe dem Gedanken
von der Gleichheit aller Menschen vor Gott auch eine äußerliche Gleichheit
der Rechte zubilligt.

D. Sünde

Die Frage der Sündenstrafe im irdischen Leben ist schon behandelt worden.[71]
Es bleibt noch die Frage nach einem allgemeinen Verständnis der Stellung des
Menschen zu Gott zu erörtern, glaubensmäßig die Frage nach dem durch die
Lehre von der Erbsünde bewirkten und auch wirklich empfundenen Sündenbe-
wußtseins. Sie läßt sich direkt nicht beantworten. Über den Menschen findet sich
diesbezüglich keine Aussage. Die Bemerkung, daß „kein Mensch vollkommen

---

67 Archiv N.F. 18 (wie Anm. 1), S. 327.
68 Archiv N.F. 25 (wie Anm. 5), S. 58.
69 Archiv N.F. 15 (wie Anm. 1), S. 135.
70 Archiv N.F. 18 (wie Anm. 1), S. 116.
71 Vgl.: A – a), b), d).

gut und keiner vollkommen böse ist, sondern jeder sein eigenes Gute und seine eigne Schwachheit hat",[72] muß aus dem Zusammenhang verstanden werden. Sie meint die charakterliche Veranlagung, nicht aber die religiöse Stellung. Man kann jedenfalls von einem ausgeprägten Sündenbewußtsein nicht sprechen. Ein einzigesmal, zu Beginn des Jahres 1783 heißt es „Herr, sei mir armen Sünder auch in diesem Jahr gnädig!"[73] Doch steht gerade dieses Wort mit einem im Vorjahr erlebten schweren Leid im Zusammenhang und ist daher so zu verstehen, daß Heydendorff auch hier seinen Kummer als Strafe für eine vorbegangene Sünde auffaßt. Sonst bieten die Quellen keinen direkten Anhaltspunkt. Das steht wohl mit der gedanklich wenig ausgeprägten Christologie, überhaupt mit dem Umstand in Verbindung, daß Frömmigkeit in ihrer Bekundung undogmatisch und daher auch nur schwer in ihrem Gesamtbilde zu erfassen ist. Dazu kommt, daß Heydendorff in seinem ganzen Leben eine wissentliche Sünde sich nicht vorzuwerfen und zu bereuen hat – Segen eines wachen Gewissens! Wenn nun trotzdem seinen Äußerungen auch der geringste Anflug von Selbstgerechtigkeit fremd bleibt, seine Selbstbiographie vom ersten bis zum letzten Blatt den Ton demütiger Ergebenheit wahrt, mag dies als Hinweis gelten, daß unter den Lehren, die das Frömmigkeitsbild bestimmten, neben der Gerechtigkeit allein aus Gnaden, doch auch die Erbsünde stand. Woher denn sonst das Erlebnis der Sündenvergebung beim Abendmahl? Immerhin ist das „böse von Jugend auf" wohl gewußt, aber schwerlich als erlebt zu betrachten. Erlebt ist die Unzulänglichkeit des menschlichen Wesens, allen Pflichten, auch Gott gegenüber, zu genügen, die Heydendorff im 91. Jahr seines Lebens in den Schlußworten der Biographie schreiben läßt:

> „wenn wir auch alles nach unserm besten Wissen und Willen gethan haben, so waren wir doch unnütze Knechte und hatten weder uns noch andern eine Genüge gethan."[74]

E. Jenseitigkeit

Sie bildet den Grundton des ganzen Frömmigkeitsbildes. Tiefe und Reichtum dieses Glaubenslebens kommen hier zur vollkommensten Entfaltung. Aller Reichtum des irdischen Lebens, jedes Glück und die herrlichsten Erfüllungen sind doch nur ein schwacher Abglanz jenes Lebens in der Ewigkeit, das die Kinder Gottes erwartet. „Träume", schreibt Heydendorff, 75jährig, im Epilog zur Selbstbiographie,

> „Vorstellungen der Seele im Schlaf, haben auch ihren Grund in den Gedanken und Beschäftigungen des Menschen am Tage. Wenn der Alte, dem Gott zwischen Geschäften und Tod noch eine Zeit der Ruhe bei noch lichtem Verstände vergönnt hat, sein langes dahin verstrichenes Leben und dessen Ereignisse durchdenkt, wenn er die ihm noch bevorstehende Umwandlung voraus erwägt und sich mit derselben bekannt macht, wenn er in das unübersehbare Feld, in welches er jenseits des Grabes zu gehen hat, hineinsieht und im Dunkeln

---

[72] Archiv N.F. 18 (wie Anm. 1), S. 184.
[73] Ebenda, S. 44.
[74] Ebenda, S. 345.

mit forschenden Augen jene Gegenstände, jene Beschäftigungen und jene Bestimmungen zu erblicken wünscht, welche ihn dort in höhern Regionen erwarten, so ist es eine Folge seiner Tagesgedanken, wenn sich dessen Seele auch im Schlaf und in Träumen mit dergleichen Vorstellungen beschäftigt."

Und er berichtet folgenden Traum: Ihm träumte, er überblicke von der Höhe eines Hügels, am Ende eines freundlichen Tales den bis dahin zurückgelegten Weg. Und er sah eine gebahnte, wohlgebaute Strasse, die sich in unzähligen Windungen das Tal aufwärts schlängelte und mit ihrer sonnigen Breite und Ebenheit inmitten der erfreulichen Landschaft das Reisen mehr angenehm als unangenehm sein ließ. Oberhalb seines Standpunktes, nur noch wenige Klaftern entfernt, sah er das offene Grab, sein eigenes, frisch ausgefertigt und hatte keinerlei Furcht davor. Aber der Weg bis dahin, obwohl ein kurzer, schien der mühseligste. Es war nur ein schmaler Fußpfad, mit Dornen überwuchert, und führte zwischen gefährlichen Sümpfen hindurch. Während er davor stand, bangend, wie er dies letzte Stücklein Weges überwinden würde, gewahrte er einen Mann in mittleren Jahren, weiß gekleidet, der ihn freundlich anblickte und fragte, was er da tue? Heydendorff klagte ihm seine Not und bat ihn, er möchte die Fackel der Wahrheit anzünden und ihn unbeschädigt bis zum Grabe führen. Der hilfreiche Unbekannte tat es und nun stand er vor dem Grabe. Ohne Furcht und Schrecken blickte er hinein, sagte aber auf einmal: „Da bekommt man mich nicht hinein, dahin gehören nur meine Lumpen, die ich auf der bisherigen Reise abgenützt und zerrissen habe", zog hurtig seine Kleider aus und warf sie in die Grube.

„In demselben Augenblicke erschien ein Luftballon und führte mich und meinen holdseligen Freund blitzschnell in die Höhe und ehe ich noch an den Ort meiner Bestimmung kam, erwachte ich lachend voll Vergnügen und mein Traum und mein Lebenslauf ist entschwunden und vollendet."[75]

Träume mögen in einer wissenschaftlichen Betrachtung wenig Raum verdienen, über eines Herzens Frömmigkeit aber, vermag ein solcher Traum mehr auszusagen, als jede Beschreibung es tun könnte. Wollte man alle Stellen – es sind recht viele – die die Jenseitshoffnung berühren, zusammentragen, ginge daraus doch nur hervor, daß Heydendorff schon von frühester Jugend an seinen Lebensweg so vor sich sah, wie er im Alter ihn im Traum gesehen hat. Es war die Hoffnung seines Lebens, die ihn niemals verlassen hat.[76]

Daß dieser Zug dem ganzen Frömmigkeitsbilde das Gepräge gab, ist schon gesagt worden und dürfte nach der obigen Darstellung noch deutlicher geworden sein. Drei wichtige Gesichtspunkte nur seien deshalb noch besonders herausgestellt.

---

[75] Ebenda, S. 322.
[76] Vgl.: Archiv N.F. 25 (wie Anm. 5), S. 60.

a) Das Verhältnis zur Welt

Eine überwiegend jenseitig eingestellte Frömmigkeit weiß, daß die Dinge dieser
Welt nicht Bestand haben. Sie sind vergänglich und eitel.[77] Die Betrachtung ver-
moderter Gebeine erinnert an die Vergänglichkeit alles Menschlichen.[78]

Um so mehr verdient hervorgehoben zu werden, daß die Einstellung
Heydendorffs zum Leben nicht weltfremd war. Seinen Platz darin mannhaft
ausfüllen, ist von Gott angeordnete Pflicht. Die Hoffnung auf ein ewiges
Leben befähigt ihn, die Welt im Lichte der Ewigkeit zu schauen. Eine Belobi-
gung durch den General Hadik erfüllt ihn mit Stolz, aber sein erster Gedanke
dabei ist:

> „Möchtest du doch nach dem Ende deiner irdischen Wallfahrt vor dem Rich-
> terstuhl des Weltrichters eben ein so frohes Urtheil erhalten."[79]

b) Das Verhältnis zum Tode

Stets, wenn Heydendorff von Überwindung einer gefährlichen Krankheit berichtet, vermerkt er mit Dankbarkeit, daß ihn in Anbetracht des Todes keine
Furcht befallen habe. Als zeitweilige Trennung ist der Tod wohl schmerzlich,
dahinter steht aber die gewisse Hoffnung. Das sanfte, mit Gott und der Welt
versöhnte Hinscheiden der Eltern, an deren Sterbebett er stand, mag ihm auch
oft tröstliches Beispiel und Vorbild gewesen sein. Vor allem aber der Tod des
geliebten Töchterchens, den die Eltern auch niemals ganz überwinden konnten.
Sie ist, dreizehnjährig, wie eine Heilige gestorben. Ihre letzten Worte waren trotz
heftigen körperlichen Leidens tröstende Reden an die umstehenden Eltern und
Geschwister, die sie so lange fortsetzte, bis ihre Stimme im Tode brach.[80] Der
Eindruck dieses, für beide Elternteile so schmerzlichen Erlebnisses, hat – sie
starb im Jahre 1785 – den Zug der Jenseitigkeit in der Frömmigkeit Heydendorffs
verstärkt und vertieft.

c) Auf die Gewißheit in der Hoffnung auf das ewige Leben

sei endlich auch besonders hingewiesen. Sie wird genährt aus dem Erlebnis der
Sündenvergebung und Gemeinschaft mit Gott durch das Erlösungswerk Jesu
Christi. Sie zeigt daher auch, was sonst wörtlich nicht belegt werden kann, daß
nämlich die bloß formelhafte Nennung des Namens Christi nicht in das Glaubensleben übertragen werden darf.[81]

---

[77] Archiv N.F. 18 (wie Anm. 1), S. 2.
[78] Ebenda, S. 21.
[79] Archiv N.F. 15 (wie Anm. 1), S. 152.
[80] Vgl.: Archiv N.F. 25 (wie Anm. 5), S. 294-300.
[81] Vgl.: A. – b), ss).

Mit den Briefen der Heydendorff'schen Familie wurde auch ein längeres „Abendlied" veröffentlicht,[82] das von Seraphin dem Verfasser der Selbstbiographie zugeschrieben wird. Dort heißt es in der dritten Strophe:

„Schenke mir nach deiner Huld
Die Vergebung meiner Sünden
Und erlaß mir Straf und Schuld.
Ach, du wollest Heil und Leben
Um's Verdienste Christi geben."

Und das Verdienst Christi ist der Grund, auf dem die Gewißheit beruht, die in der vorletzten Strophe so schön zum Ausdruck gebracht wird

„Geht der Lauf von meinen Tagen
Dann mit dieser Nacht dahin,
so laß mich nicht verzagen,
Sterben ist doch mein Gewinn,
Und du giebst vor deinem Throne
Mir des Sieges Palmenkrone."

Es erhebt sich nun die Frage, inwieweit in dem oben Dargestellten religiöse Zeitströmungen mitklingen.

Der Umstand, daß Heydendorff die Grenzen Siebenbürgens niemals verlassen hat, seine geistige und berufliche Bindung an das Vaterland legen es nahe, ein Hauptaugenmerk auf die in Siebenbürgen herrschenden Strömungen zu werfen. Zwar ist auch der geistige Verkehr mit dem Auslande ein reger gewesen und durch den Import religiöser sowohl als auch schöngeistiger und philosophischer Schriften gepflegt worden. Zudem ermöglichte die Kenntnis des Französischen ein Bekanntwerden mit den Schriftstellern der französischen Aufklärungszeit.[83] Auf kulturellem Gebiete ist auch eine gewisse von dorther ausgehende Beeinflussung nachweisbar.[84] Es ist aber erstaunlich, wie fremd jeder rationalistische Einfluß dem Frömmigkeitsbilde bleibt. In den inneren Bereich des Glaubenslebens, wird der Vernunft jeder Zutritt verwehrt. Die Bezeichnung „Voltaireianer" wird in negativem Sinne gebraucht.[85] Es gibt in der Selbstbiographie Heydendorffs nur einen einzigen Ausdruck, der, wenn man aufklärerischen Anzeichen nachspürt, „verdächtig" erscheint. Er findet sich dort, wo von dem Herrnhuteremmissär Hauser berichtet wird, er habe nicht wie ein „wichtiger Menschenlehrer" ausgesehen.[86] Die Schlußfolgerung daraus auf einen aufklärenden Einfluß wäre aber nur möglich, wenn sich auch weitere Anzeichen auffinden ließen. Das ist jedoch nicht der Fall. Daher bleibt jener Ausdruck für die allgemeine Beurteilung belanglos.[87] Auch der erdenkliche

---

[82] Archiv N.F. 25 (wie Anm. 5), S. 76.

[83] Archiv N.F. 14 (wie Anm. 1), S. 231.

[84] Vgl. das Verhältnis zur Natur A. – c).

[85] Archiv N.F. 16 (wie Anm. 1), S. 672.

[86] Archiv N.F. 14 (wie Anm. 1), S. 234.

[87] Die Frage, ob darin überhaupt ein aufklärerischer Einfluß zu erblicken sei, läßt sich mit Gewißheit nicht entscheiden. Sollte es tatsächlich der Fall sein, so handelt es sich jedenfalls um eine Entlehnung aus dem damaligen Wortschatz der Aufklärung.

Einwand, es sei im Gottesbilde der Gedanke von der Dreieinigkeit als ein der
Vernunft widersprechendes Dogma umgangen worden, ist grundlos.[88] In dem
gänzlichen Fehlen eines rationalistischen Einflusses haben wir das Merkmal
zu erblicken, das die Frömmigkeit Heydendorffs von der seiner Zeitgenossen
unterscheidet.[89]

Sehr stark hingegen ist das Glaubensleben Heydendorffs beeinflußt worden
durch

I. Pietismus und

II. Herrnhut,

wobei freilich zwischen dem, was auf das erstere und dem, was auf das letztere
zurückzuführen ist, kein scharfer Trennungsstrich gezogen werden kann, weil
der Einfluß in beiden Fällen ein mittelbarer war.

I. Ausdrücke, die an den Pietismus erinnern, lassen sich eigentlich selten
feststellen. Es ist die Bezeichnung „Lamm" für den Heiland und das Wort
„Kreuzesschule".[90] Die Frage, ob darin nicht Herrnhuter Einfluß vorliege, ist
für das folgende nicht von Wichtigkeit, in dem beider Einfluß sich zum großen
Teile überdeckt.

Der pietistische Einschlag zeigt sich aber in der Tiefe und Lebendigkeit des
religiösen Erlebens, die für Heydendorffs Frömmigkeit kennzeichnend sind.

Es zeigt sich darin deutlich, wie das Verhältnis zum Pietismus in die zweite,
ich möchte sagen geläuterte, Phase getreten ist. Der Pietismus als solcher war
ja damals schon längst überwunden, Ansätzen zu Schwärmerei oder Übertreibungen gewehrt worden. Was von ihm noch übrig blieb, war der fruchtbare
Kern, Wärme und Lebendigkeit des Glaubenslebens, die sich nunmehr ungehindert und segensvoll ausbreiten konnten, soweit sie nicht in der Folge durch
Aufklärung und Rationalismus verdrängt wurden. Gerade das aber, was uns
als Christen an der Gestalt Heydendorffs so sehr anspricht, ist die segensvolle
Frucht pietistisch gestimmter Frömmigkeit gewesen.

Das ist freilich dahin zu verstehen, daß in dieser Wirkung des Pietismus nun
nicht etwas grundsätzlich Neues lag, sondern daß sie nur wie ein verstärkender
Impuls auf das schon vorhandene, auch vorher schon lebendige Glaubensleben gewirkt hat. Die ersten religiösen Eindrücke, und das sind doch wohl die
nachhaltigsten, hat Heydendorff im Vaterhause empfangen. Es deutet nun aber
manches darauf hin, daß der pietistische Einfluß, wenn nicht ganz, so doch
zum großen Teil von auswärts kam. Vom Großvater, Samuel v. Heydendorff,
jedenfalls ist bekannt, daß Bischof Graffius seine Anwesenheit als Gegengewicht
gegen den pietistismusfreundlichen Komes Andreas Teutsch in der Gerichts-

---

[88] Jener Umstand hat seine Ursache in dem alttestamentlich geprägten Gottesbild.
vgl.: A. – b), ss).

[89] Vgl. dagegen Michael B r u k e n t h a l in Archiv N.F. 25 (wie Anm. 5), S. 569, auch
Georges Michael Gottlieb von H e r r m a n n s Tagebücher in Archiv N.F. 22 (wie Anm.
6), u. a.

[90] Kommt dreimal vor. Archiv N.F. 18 (wie Anm. 1), S. 6.

sitzung wünschte, die über die Hermannstädter Professoren Obel, Voigt und Habermann entscheiden sollte.[91] Dafür, daß Heydendorffs Vater dem Pietismus näher getreten wäre, ist kein Anzeichen vorhanden. Heydendorff selber gibt keinen Hinweis, von welcher Seite er in religiöser Hinsicht beeinflußt worden ist. Wohl aber läßt sich die Heilandsbezeichnung „Lamm" sehr gut zurückverfolgen. Sie taucht zuerst auf im Bericht vom Tode des Michael v. Brukenthal, Bruders des Gubernators, dessen letzte Worte waren, „beten! vom Lamm beten, vom Lamm im Stuhle beten!"[92] Den Eindruck dieses Wortes hat Heydendorff offenbar nicht vergessen können. Fünf Jahre später erscheint es in der gleichen Formulierung in einem Brief an die Schwester, wo er vom verstorbenen Vater schreibt, daß er „vor dem Stuhl des Lammes vor uns betet".[93] Endlich erscheint es in der schon weiter oben[94] erwähnten Form im Zusammenhang mit dem Abendmahl. Bedenkt man nun, daß Heydendorff von demselben Brukenthal aussagt, daß er für den Anteil, den dieser an seiner Erziehung genommen, ihm viel Dank zu schulden habe, so steht wohl außer Zweifel, daß jene Erziehung sich auch auf Gebiete des religiösen Lebens erstreckte.

Es ist mir nun nicht bekannt, ob Michael v. Brukenthal Beziehungen zu den Herrnhutern gehabt hat. Sollte sich letzteres nachweislich ergeben, so hätte alles bezüglich des Pietismus Gesagte unvermindert vom Herrnhutertum zu gelten. Der Sinn der Aussage würde aber auch dann unverändert bleiben, daß nämlich auch vor dem Geltendwerden pietistischen oder Herrnhutischen Einflusses im alten Heydendorff'schen Hause der Geist einer tiefempfundenen Frömmigkeit geherrscht habe.

Es läßt sich auch noch eine Linie verfolgen, die zum Pietismus hinführt. In einem Brief vom 6. April 1758 bittet Heydendorff seinen Bruder, er solle ihm bei nächster Gelegenheit den „Messias" zuschicken.[95] Es dürfte kaum ein Zweifel darüber herrschen, daß damit Klopstocks umfangreiche Dichtung gleichen Namens gemeint ist, davon die ersten drei Gesänge schon 1748 veröffentlicht worden waren. Die Frömmigkeit aber, durch die Klopstocks „Messias" getragen wird, weist nun selbst deutlich pietistische Züge auf. Dann paßt sehr gut in den Zusammenhang und schließt gleichsam den Kreis der Umstand, daß Heydendorff in seiner Morgenandacht „des Sturms Betrachtung auf den Tag" las. Über Christoph Christian Sturm (1740-86), um den es sich zweifellos handelt, heißt es in RGG[96] in seinen Dichtungen gehört er zur Schule Klopstocks, dogmatisch gekennzeichnet durch den Willen zur Aussöhnung der „Vernunftreligion" mit der „Christusreligion".

---

[91] Hermann Jekeli: Quellen zur Geschichte des Pietismus in Siebenbürgen. Mediasch 1922, S. 83.

[92] Archiv N.F. 16 (wie Anm. 1), S. 445.

[93] Archiv N.F. 25 (wie Anm. 5), S. 127.

[94] Vgl. B. – b).

[95] Archiv N.F. 25 (wie Anm. 5), S. 62.

[96] Die Religion in Geschichte und Gegenwart. Handwörterbuch für Theologie und Religionswissenschaft. Zweite, völlig. neubearb. Aufl. Bd. 5. Tübingen 1931, Sp. 864.

II. Wesentlich schwieriger ist es, Heydendorffs Verhältnis zu den Herrnhutern näher zu bestimmen. In der Selbstbiographie findet sich eine einzige darauf bezügliche Stelle, die bekannte Anmerkung über die Begegnung Heydendorffs mit dem Emmissär Hauser. Sie lautet wörtlich:

> „Der Baligha, ein Ungarländer, berufener Mediciner in Siebenbürgen, ein sehr feiner, geschickter Mann und mein besonderer Freund […]. Er war etwas in die Herrnhutterische Seckte verwickelt. Bei ihm hatte ich Gelegenheit, den bekannten Hauser, in den orientalischen Gegenden Europens herumgehenden Apostel der Herrnhutter kennen zu lernen. Sein Äußeres glich mehr einem Handwerkspurschen als einem wichtigen Menschenlehrer."[97]

Die Stelle, die etwas ungenau von Teutsch zur Beschreibung Hausers herangezogen wird,[98] sagt nun zwar über dessen Person, will man vom Vergleich mit dem Handwerksburschen absehen, dem vielleicht eine subjektive Note anhaften könnte, doch soviel aus, daß seiner Wirkung in Siebenbürgen ein gewisser Erfolg beschieden war. Ungeklärt hingegen bleibt die Stellung Heydendorffs. Der Umstand, daß der Bericht fast fünfzig Jahre später erst aufgezeichnet worden ist, bedingt, daß ihm nichts Erlebnishaftes mehr eigen ist und auch die spürbare Distanzierung Heydendorffs in der Beschreibung des Emissärs muß mit Vorsicht betrachtet werden. Mit Gewißheit kann diese kühle Haltung nur auf die Persönlichkeit Hausers bezogen werden, nicht aber auch auf die Sache, die dieser vertrat. Man beachte dabei auch die Freundschaft mit dem Arzte, der Beziehungen zu den Herrnhutern hatte. Es ist im Geiste jener Zeit unmöglich anzunehmen, daß im Austausch der Gedanken religiöse Fragen unberührt geblieben wären. Und wenn die Freundschaft trotzdem nicht getrübt worden ist, so folgt daraus, daß Heydendorff seinem Freunde den Umstand, daß dieser „in die Herrnhutterische Seckte etwas verwickelt war", nicht sehr übel genommen haben kann. Jedenfalls kann soviel gesagt werden: Heydendorff hat zu den Herrnhutern persönliche Beziehungen wohl nicht gehabt, ist ihrer Lehre aber zumindest nicht ablehnend gegenübergestanden.

Weitere Hinweise enthält die Selbstbiographie nicht, was insoweit auffällig ist, als die Herrnhutische Bewegung gerade in Bulkesch einen starken Stützpunkt hatte. Recht bedeutsam in diesem Zusammenhang ist dagegen ein Brief an Heydendorff, vom 25. März 1773 datiert.[99] Sein Schreiber hieß A. v. Moscherosch und war Oberlieutenant bei Gyulaj. Es scheint, daß er gelegentlich eines dienstlichen Aufenthaltes in Mediasch die Bekanntschaft Heydendorffs machte und nun ist der vorliegende Brief als Eröffnung eines regen Briefwechsels gedacht:

> „Dero mir erteilten gütigsten Erlaubnis zu Folge fange ich hiemit in Gottes Namen mit Ihnen, allerbester Freund, einen Briefwechsel an, der zum einzigen Ziel und Endzweck die Ehre Gottes und in dieser trübsalvollen Welt die Erleichterung unserer beschwerlichen Pilgerimschaft durch einen beidersei-

---

[97] Archiv N.F. 14 (wie Anm. 1), S. 234.
[98] Vgl. Teutsch (wie Anm. 4), S. 108, verändert den Sinn der Heydendorff'schen Aussage. Es heißt dort: „wie ein Handwerksbursche zog er umher und warb Anhänger."
[99] Archiv N.F. 25 (wie Anm. 5), S. 109f.

tigen aufrichtigen und freundschaftlichen Beistand haben solle. Der wahreste und allergetreueste Freund im Himmel segne mit Beständigkeit dieses unser löbliches Vorhaben. Amen!"

Es folgt ausführlicher Dank für die im Heydendorff'schen Hause genossene Gastfreundschaft, dann gleich das Bedenken „wie würde die Welt mich beurteilen, wenn dieses Schreiben anderst als wir Gesinnten zu Händen kommen sollte! Die angenehmen Beiwörter bigott, scheinheilig, Gleisner etc. möchten sodann nicht ausbleiben"; „doch es entfalle keinem Menschen das Herz um deswillen 1. Sam. 17,32v". Er will das Innerste seines Herzens in dem Briefe offenbaren und preist sich glücklich, daß er nun den Stab gefunden habe, der ihn „sicher über das schlüpfrige Eis der Eitelkeit und Zerstreuung" leiten soll, denn das verspricht er sich von dem „Beispiel eines solchen Freundes", wonach er sich bisher vergeblich gesehnt hat.

„Freilich habe ich Eltern und Geschwistert, von denen ich Trost und Rat hätte erwarten sollen; allein Briefe, welche nach denen Eingebungen meines Herzens an sie geschrieben gewesen, haben mir immer (sogar von meinem lieben alten Vater) den Vorwurf erworben, daß ich ein Heuchler und Herrenhutter seie, worauf allezeit die Ängstlichsten Klagen wegen der Sorge um mein Seelenheil davon die Beschluß waren. Nun da Sie, lieber Herr von Heydendorff bei meiner letzten Anwesenheit selbst gütig und offenherzig gestanden, Sie seien Herrenhutter (mir ist schon bewußt, wie Sie es verstehen), o so bitte ich Sie demnach mit Eifer und Ernst, mir nach Dero Erfahrung und nach deme, was Sie in ihrer lieben Vaterstadt von erleuchteten Männern hören, getreue Handleistung geben, damit ich auch ein rechtschaffener Herrenhutter nach Ihrem Sinn werden möge. Denn ,Es ist genug, daß wir die vergangene Zeit des Lebens zugebracht haben nach heidnischen – nicht nach Heydendorffischen – Willen' Petr. 1 c 14,15[100] und, da es der Herr nach Spruchw. 2 C. 7v. ,den Aufrichtigen gelingen läßt', so hoffe ich auch, daß wir beide durch seine Gnade viel Nutzen, manchen Trost und den Frieden, den die Welt nicht geben kann, aus diesen unseren Briefwechsel schöpfen."

Es folgt eine Betrachtung, dann unvermittelt der Vers:

„Ich richte mich nach dir,
Du sollst mir gehen für,
Du sollst mir schließen auf
Die Bahn in meinem Lauf."

Gegen Schluß des Briefes wird noch einmal ausgerufen:

„Welcher ungeheure Brief! Allein mir gehet es nicht anderst, wenn ich Herz und Freundschaft reden lasse."

Dem formalen Schluß ist noch ein Postskriptum nachgefügt:

„P. S. Wo find ich Ruh!?
Richt Herz und Sinn dem Himmel zu,
Da findest du die wahre Ruh! Amen."

Ein recht anschauliches Bild also, wie Herrnhutischer Geist auch unter dem Militär Verbreitung fand. Der Verfasser des Briefes scheint jenem Typus des Offiziers anzugehören, der von dem in militärischen Kreisen herrschenden lockeren Tone abgestoßen und unbefriedigt, vereinsamt sich nach höhern Idealen sehnt. Das

---

[100] Der Briefschreiber hat sich offenbar geirrt, der Spruch steht 1. Petr. 4,3.

lebhafte religiöse Gefühl bewirkte den Anschluß an Herrnhut. Auf welche Weise das geschah, geht aus dem Briefe nicht hervor. Die deutliche Unsicherheit, das Suchen und die Sehnsucht nach gleichgesinnten Weggenossen, deuten aber darauf hin, daß der Briefschreiber keinerlei Beziehungen zu „Brüdern" hatte. Er bezeichnet sich auch nicht ausdrücklich als Herrnhuter, erträgt aber mit Geduld jedes Ungemach, das ihm ein solcher Vorwurf bereitet, weil er sich innerlich als dazu gehörend betrachtet. Der Brief beweist dazu eine außerordentliche Bibelkenntnis seines Verfassers. Die Bibelstellen scheinen aus dem Gedächtnis niedergeschrieben worden zu sein, sonst hätte die Verwechslung mit einer ähnlichen Stelle des 1. Petrusbriefes nicht passieren können.

Zu einem Briefwechsel ist es wahrscheinlich nicht gekommen.

Versucht man nun, einige Schlußfolgerungen aus Heydendorffs seltsamen Selbstgeständnis zu ziehen, so muß vorher die Frage nach der Glaubwürdigkeit, d. h. Objektivität des Briefes gestellt werden. Selbst wenn man nämlich den damaligen gefühlsseligen Briefstil sowie den Umstand in Betracht zieht, daß es sich hier um ein Eröffnen des innersten Herzens handelt, kann dennoch dem Briefe eine gewisse Überschwenglichkeit nicht abgeleugnet werden. Hat nun nicht gerade diese Überschwenglichkeit dazu geführt, daß der Schreiber – vielleicht auch nur unbewußt – Heydendorff mehr in den Mund gelegt hat, als dieser sagen wollte? Ein klein wenig scheint es der Fall gewesen zu sein. Jedenfalls wird dem Wort „Herrnhutter" vorsichtshalber die Bemerkung beigefügt „Mir ist schon bewußt, wie Sie es verstehn" oder „Herrnhutter nach ihrem Sinn", um damit nicht vielleicht Ärgernis zu erregen. Es ist, als hörte man den Protest Heydendorffs heraus, der sich nicht vorbehaltlos als Herrnhuter angesehen wissen wollte. Die „erleuchteten Männer" aus Mediasch sind auch nicht, wie man vielleicht meinen könnte, Anhänger der Herrnhuter, sondern Männer, die so denken und handeln, wie Heydendorff selbst. Das entspräche dann der kühlen Haltung, die schon bei der Beschreibung Hausers festzustellen war. Hingegen erscheint Heydendorffs Stellung zum Geiste Herrnhutischer Frömmigkeit als durchaus wohlwollend. Die entscheidende Frage lautet nun: Was bedeutete „Herrnhutter" so, wie Heydendorff es verstand? Die Antwort kann nicht anders gegeben werden, als durch einen Hinweis auf das gesamte Bild der Frömmigkeit Heydendorffs, so, wie es bisher dargestellt worden ist. Es ist die nüchterne Fähigkeit, durch die kirchlicher Glaube unserer Väter vermochte, sowohl in Bezug auf Pietismus als auch Herrnhutertum, den wertvollen Kern aus der Schale zu heben. Dann aber kommt gerade diesem Briefe dokumentarischer Wert für die Frömmigkeitsgeschichte zu, weil darin ein Einzelaspekt jenes allgemeinen Vorgangs festgehalten wird.

3. Welche Einwirkung haben nun die gegenreformatorischen Angriffe auf die Gestaltung des Frömmigkeitsbildes gehabt? Es liegt im Wesen des Angriffes, daß sein Einfluß nicht von entscheidender Bedeutung gewesen ist. Die bestimmenden Einflüsse kamen, wie wir sahen, vom Pietismus und Herrnhut. Hat die

Gegenreformation frömmigkeitsgeschichtlich überhaupt eine Bedeutung, so geht diese über den Kirchenbegriff, denn hier allein erfolgte eine Reaktion. Der Erweis von der Widerrechtlichkeit der Angriffe konnte nur durch eingehendes Studium der alten Dokumente und Beschlüsse erbracht werden. So beginnt auch innerhalb der Kirche die große Hinwendung zur Geschichte, deren Anfang durch die Bischöfe Haner, Vater und Sohn, und deren Blütezeit wiederum durch Vater und Sohn, die Bischöfe Teutsch, markiert wird. Die historische Orientierung innerhalb der Kirche ist auch in Bezug auf die Frömmigkeit nicht wirkungslos geblieben. Sie hat bestärkend auf jenen Zug gewirkt, der hier unter dem Begriff Alttestamenthaftigkeit des Gottesbildes dargestellt worden ist.

Es läßt sich freilich auch nachweisen, wie das Erlebnis aller Ungerechtigkeiten, die die Bevorzugung einer Konfession mit sich brachte, die Hoffnung auf eine ausgleichende Gerechtigkeit Gottes, die Jenseitigkeit in der Frömmigkeit Heydendorffs begünstigt hat. Doch muß dies unter die persönlichen Züge des Frömmigkeitsbildes gerechnet werden, kann jedenfalls nur auf einen sehr kleinen Kreis verallgemeinert werden.

Daß ein Angriff endlich, der die Frage der Lehre unberührt ließ, in einer historisch orientierten Zeit, in Bezug auf reformatorisches Verständnis keine Wirkung gehabt hat, bedarf wohl keiner Erörterung. Solche Reminiszenzen wurden durch die brennenden Fragen der Gegenwart, die sich auf ganz andere Gebiete erstreckten, zu sehr in den Hintergrund gedrängt. Auch das Reformationsjahr 1817 ist vorübergegangen, ohne eine Erinnerung an die Wittenberger Ereignisse wachzurufen. Zwar waren Luther und die Reformationszeit nicht vergessen,[101] nur wurden sie weder in Gesprächen noch in Schriften oft erwähnt. Daher hat dann später auch die Honterusforschung buchstäblich von vorne beginnen müssen, denn die Erinnerung an unsern Reformator war damals schon fast verblaßt. Immerhin findet G. M. G. Herrmann, der Historiker, erwähnenswert, in der Biographie seines Vaters anzumerken:

„man setzte ihn in die Reihe der Stadtrichtersgräber bei, und zwar geschähe es nicht ohne eine geheime Fügung, daß derselbe eben in diejenige Gruft versenkt wurde, wo die Gebeine eines im Jahre 1691 bestattet gewesenen Stadtpfarrers, mit Namen Honterus, verwahret waren. Ein kleines Behältnis von alten vermoderten Gebeinen, welches neben diesem schon größtenteils in die Verwesung gegangenen Sarge gefunden wurde, ließ wahrscheinlich vermuten, daß solches die Reste des um unsere Religion im Kronstädter Kreis so verdient gewesenen M.[agister] Honterus gewesen, welcher unter dem Namen des Reformators bekannt ist. Es sind dieses Mutmaßungen."[102]

Das schrieb seines Volkes in jener Zeit bedeutendster Historiker.

4. Daß die Kirchengeschichte damals nicht Zeit hatte, ihr Augenmerk auf die Reformation zu richten, kommt daher, daß sie zugleich allgemeine Geschichte war, welches seinen Grund in der engen Verbindung der Begriffe Religion und Nation hatte. Die Entwicklung der Ereignisse in der Reformationszeit hat es

---

[101] Vgl. u. a.: Archiv N.F. 25 (wie Anm. 5), S. 569.
[102] Archiv N.F. 22 (wie Anm. 6), S. 558.

mit sich gebracht, daß diese beiden Begriffe, die prinzipiell miteinander nichts zu tun haben, territorial zusammenfielen. Daraus ergab sich notwendig eine enge Zusammenarbeit der weltlichen mit der kirchlichen Führung. Doch war diese Zusammenarbeit mehr eine gelegentliche, wenngleich die Gelegenheiten in den zwei Jahrhunderten mit der Reformation eigentlich ständig vorhanden waren. Zu jener engen Verbindung der Begriffe hat aber erst der gegenreformatorische Angriff geführt. Indem er seine Spitze gegen nationale Einrichtungen richtete, versuchte er dadurch auch die Kirche zu treffen. So bedeutete umgekehrt Wahrung der nationalen Selbständigkeit zugleich Schutz des kirchlichen Lebens. Eine Darstellung der Geschichte dieses Angriffs liegt nicht im Sinne der vorliegenden Betrachtung.[103]

Die grundsätzliche Bestimmung auch des Nationalgefühls bei Heydendorff vom Religiösen her, ist weiter oben behandelt worden.[104] Hier sollen nur einzelne Züge hervorgehoben werden.

Es fällt zunächst auf, daß diesem Nationalgefühl jeder Nationalitätenhaß fremd bleibt. Ihren Grund hat diese Haltung in der christlichen Nächstenliebe. Der Gedanke, daß vor Gott alle Menschen gleich sind, bringt es mit sich, daß auch die mitwohnenden Nationalitäten als Brüdernationen angesehen werden.[105] Daraus folgt die Verträglichkeit der Nationen als Ziel.[106] In einem üblen Lichte erscheinen gewisse nationalistische, ungarnfeindliche Aussprüche des kommandierenden Generalen Buccov. Wenn er rief „die sächsische Nation müsse hoch! hoch! über die Ungarn erhoben werden",[107] so wird dies, obwohl es für die Sachsen verlockend klingen mußte, mit großem Befremden notiert.

Die Probe aufs Exempel bildete ja nun freilich die vierte Nation, die Rumänen, die damals berechtigte Forderungen anzumelden begannen. Und hier wirkt nun doch Heydendorffs konservative Haltung entgegen. Während er den Rumänen zwar das Recht auf Bildung und Entwicklung zugesteht, sie ein „gedrücktes Volk" nennt,[108] kann er sich doch andererseits nicht entschließen ein politisches Zugeständnis zu befürworten.[109]

5. Noch zu Lebzeiten Maria Theresias unter dem Gubernatorat Brukenthals war ein leichtes Nachlassen des gegenreformatorischen Angriffs spürbar. Mit dem Regierungsantritt Josephs verschob sich der Akzent immer mehr. Die Religion trat in den Hintergrund, dominierend blieb nur noch der Absolutismus,

---

[103] Eine eingehende und sehr anschauliche Darstellung hat die Geschichte des gesamten Angriffs in Siebenbürgen durch Johannes Höchsmann erfahren, siehe Johannes Höchsmann: Studien zur Geschichte Siebenbürgens aus dem 18. Jahrhundert. In: Archiv N.F. 11 (1873), S. 253-310. Fortsetzung in: Archiv N.F. 16 (1880), S. 28-157.
[104] Vgl. C. – a) und b).
[105] Archiv N.F. 18 (wie Anm. 1), S. 110.
[106] Archiv N.F. 25 (wie Anm. 5), S. 676.
[107] Archiv N.F. 14 (wie Anm. 1), S. 243.
[108] Archiv N.F. 15 (wie Anm. 1), S. 129.
[109] Archiv N.F. 18 (wie Anm. 1), S. 29.

der sich nun zur Abwechslung mit aufklärerischem Geiste verband. Während aber seine Verordnungen das Land in eine ausweglose Wirrnis verstrickten, ist doch ein deutliches Aufatmen spürbar. Je toller die Reformen werden, um so deutlicher regen sich aber auch neue, im Widerstand gegen die gegenreformatorischen Angriffe erstarkte Kräfte, bis schließlich auch dieses Gebäude zusammenbrach und jener seltsame Landtag von 1790 formal betrachtet den eigentlichen Abschluß der Gegenreformationszeit brachte. Doch liegen diese Ereignisse schon außerhalb des Rahmens dieser Betrachtung.

Es mag jedoch für das Verständnis der Persönlichkeit Heydendorffs aufschlußreich sein, die Einstellung zum Gedanken der Monarchie in ihrer Entwicklung zu beachten. Die in Dialogform aufgezeichneten Gespräche mit dem Kaiser Joseph, als er ihn bei dessen erster Siebenbürgenfahrt durch den Mediascher Stuhl begleiten durfte, sind reinster Erlebnisbericht. Der „wichtigste Auftritt" seines Lebens.[110] Es fällt heute schwer, sich die Gefühle zu vergegenwärtigen, die Heydendorff empfand, wenn der „Allerhöchste Monarch" ihn, den „Wurm" so „holdselig anlächelte". Es ist die allgemeine Begeisterung, die aus diesen Worten spricht, getragen von der Hoffnung auf Erlösung nach schwerer Zeit, die den aufgeklärten, freundlichen Herrscher verherrlichte, eine Begeisterung, die nur Gefühl ist und Gedanken über Wesen und Grenzen des Absolutismus nicht kennt. Erst als nach seinem Regierungsantritt der menschenfreundliche Geist sich in Reformen auswirkte, die sich immer deutlicher als Fehlgriffe erwiesen, tritt eine Ernüchterung ein. Die Freiheit eines Volkes, zu dieser Schlußfolgerung gelangt Heydendorff schließlich, ist eine Grenze, die auch der Allerhöchste Monarch nicht antasten darf.[111] Und nun ist nicht mehr das Gespräch mit dem Kaiser der wichtigste Auftritt seines Lebens, sondern jener Tag, wo er auf dem Landtage von 1790 für die Freiheit seines Volkes so wirkungsvoll auftreten durfte.

*

Wir haben versucht eine Zeit zu betrachten, die wenig Einheitliches in ihren Zügen trägt. Eine Zeit des Kleinen im Großen und des Großen im Kleinen. Eine Zeit, die zudem das Paradoxon aufweist, daß wohlgemeinter Wille in üblen Folgen endigen kann und Entwicklungen sich in ihr Gegenteil verkehren. Eine Zeit, die schwer in eine gemeinsame Formel zu fassen ist.

Wir haben versucht das herauszustellen, was im Wandel der Dinge sich gleich geblieben ist, indem wir das Leben eines Mannes betrachteten, das reich an Freud und Leid, weit in seinem Wirkungskreis und doch eingeengt in seiner Wirkungsmöglichkeit, sich gleich geblieben ist. Und wir haben versucht aus dem, was dieses Mannes Herz uns von seinem Glauben offenbarte, etwas zu erfahren über das, was viele Herzen glaubten. Das Bild ist vielleicht nur ein

---

[110] Archiv N.F. 16 (wie Anm. 1), S. 447-495, hier 447.
[111] Archiv N.F. 18 (wie Anm. 1), S. 155.

kleiner Ausschnitt, denn Heydendorff hat viel mehr gewußt und geglaubt, als in seiner Selbstbiographie und seinen Briefen steht. Doch zeigt uns auch der kleine Ausschnitt eine Frömmigkeit, die Bewährung durch die Tat gekannt und gefordert hat. Die Tat aber hieß: Treue dem Glauben d e r V ä t e r. Das Urteil über den Einzelnen in der Frömmigkeitsgeschichte steht Gott allein zu. Wir dürfen – vielleicht – über die Zeit urteilen. Und jene Zeit, so können wir heute sagen, hat sich in der Glaubenstreue bewährt.

Die Tat aber, die unsere Bewährung fordert, ist fast die gleiche. Nur der Ton hat sich verschoben, denn sie heißt: Treue d e m G l a u b e n der Väter. Auch wir werden einmal unsere Geschichtsschreiber finden. Das Urteil über den Einzelnen, so werden sie sagen, steht Gott allein zu. Über unsere Zeit aber werden sie, die künftigen Schreiber der Frömmigkeitsgeschichte, urteilen.

Literatur

Michael C s a k i : Was Samuel von Brukenthal für unser Volk geworden ist. In: Landeskonsistorium der Ev. Kirche A. B. in Siebenbürgen (Hg.): Zur Erinnerung an Samuel von Brukenthal. Aus Anlaß der 200. Wiederkehr seines Geburtstages. Hermannstadt 1921. AHG: 92/106.

Julius G r o s s : Georg Michael Gottlieb von Herrmann und seine Familie. Kronstädter Kultur- und Lebensbilder. In: Archiv N.F. 22.

Gustav G ü n d i s c h : Soziale Konflikte in Hermannstadt um die Mitte des 17. Jahrhunderts. In: Forschungen 3 (1960).

Johannes H ö c h s m a n n : Studien zur Geschichte Siebenbürgens aus dem 18. Jahrhundert. Teil II. In: Archiv N.F. 16.

Hermann J e k e l i : Quellen zu Geschichte des Pietismus in Siebenbürgen. Mediasch 1922.

Oskar von M e l t z l (Hg.): George Michael Gottlieb von Herrmann: Das alte und Neue Kronstadt. Bd. I. Hermannstadt 1883.

Georg Adolf S c h u l l e r : Ein aktenmäßiger Beitrag zur Geschichte der Gegenreformation in Siebenbürgen im 18. Jahrhundert. In: Festschrift für D. Dr. Friedrich Teutsch. Hermannstadt 1931.

Friedrich Wilhelm S e r a p h i n : Aus den Briefen der Familie von Heydendorff. (1737-1853). In: Archiv N.F. 25.

Friedrich T e u t s c h : Geschichte der Evangelischen Kirche in Siebenbürgen. Bd. II. Hermannstadt 1922.

Rudolf T h e i l : Michael Conrad von Heidendorf. Eine Selbstbiographie. In: Archiv N.F. 13. Fortsetzungen in: Archiv N.F. Bde. 14, 15, 16, 18.

GLAUBEN UND DENKEN
BEI PFARRER J. A. SCHULLERUS
(1793-1867)

Von Wolfgang Rehner

In seiner Schrift „Gustav Adolf Schullerus und Fritz Schullerus" gibt der ehemalige Stadtpfarrer und Bischofsvikar D. Dr. Adolf Schullerus neben dem Lebensbild seines Vaters (Gustav Adolf) und Bruders (Fritz), auch eine kurze Charakterisierung seines Großvaters Johann Andreas Schullerus. Da heißt es: „Johann Andreas Schullerus, nachmals ev. Pfarrer in Großschenk und Bezirksdechant, war eine mildfromme Natur, geschätzt und geliebt ebenso als schlichtergreifender Kanzelredner wie als geistvoller Gesellschafter, dessen reines Kindergemüt fast sprichwörtlich geworden war. Als Student in Jena hatte er noch unter dem Banne der Weimarer Zeit gestanden und im Schloßpark des Großherzogs, unter dem Fenster Goethes stolz den klassischen Boden unter den Füssen gefühlt. Als reifer Mann hatte er in Großschenk zur Stärkung des eigenen festen, wenn auch nicht unfreien Bibelglaubens eine umfangreiche Widerlegung des Lebens Jesu von D. Fr. Strauß[1] für sich niedergeschrieben. Zuversicht und Vertrauen auf die göttliche Vorsehung hat er nie verloren."[2] Diese kurze Charakterisierung stellt J. A. Schullerus in die geistige Umwelt des 19. Jahrhunderts hinein. Seine theologischen und philosophischen Anschauungen darzustellen, soll die Aufgabe dieser Arbeit sein.

Johann Andreas Schullerus (1793-1867) war das zweite Glied in der Kette des Pfarrergeschlechtes Schullerus. Sein Vater Johann Schullerus (1749-1826), war Rektor und Prediger in Großschenk, dann Pfarrer in Tarteln (bei Agnetheln) und schließlich in Schönberg. Johann Andreas absolviert 1814 das Gymnasium in Hermannstadt vorzüglich und bezieht die Universität Jena, wo er Theologie studiert. 1821 begegnen wir ihm als Schulrektor in Großschenk, 1823 wird er als Pfarrer nach Tarteln (bei Agnetheln) gewählt. 1829 stirbt ihm seine junge Gattin und hinterläßt zwei unmündige Mädchen. Schullerus ist tief getroffen,

---

[1] [David Friedrich S t r a u ß : Das Leben Jesu, kritisch betrachtet. 2 Bde. Tübingen 1835/36.]

[2] Gustav Adolf Schullerus und Fritz Schullerus. Ein Lebensbild von Sohnes- und Bruderhand. Hermannstadt 1900 (Separat-Abdruck aus dem „Kalender des Siebenbürgischen Volksfreundes" für 1900), S. 1.

wird einsam und weltfremd. 1832 heiratet er zum zweitenmal und findet sein seelisches Gleichgewicht wieder. Im selben Jahre wird er Pfarrer in Schönberg. Seine Lebensführung ist schlicht, doch hat er Freude an froher Geselligkeit wie auch am Studium. Statt an teuren Möbeln freut er sich lieber an den Blumen, die seine Frau züchtet – und an guten Büchern. Seine Biographin Pauline Schullerus[3] nennt von den Autoren der Werke, die nach seinem Tode in seinem Bücherschrank gefunden wurden, folgende: D. F. E. Beneke, I. Kant, Bretschneider, De Wette, weiterhin Goethe und Schiller. Auch Predigtbücher und Auszüge daraus wurden von ihm hinterlassen.

> „Die von Draeseke scheint er hochgehalten zu haben. Er besaß die ‚Predigten zur dritten Jubelfeier der evangelischen Kirche in Bremen gehalten'. Charak-teristisch ist, daß er bei der Predigt über das Thema ‚Der Mensch auf dem höheren Lebensstandpunkte' folgende Stelle besonders herausstreicht:
> 'Und so finden wir auf dem moralischen Lebens Standpunkte im höheren Sinn, nur den Menschen emporsteigen, der sich gewöhnt hat, dergestalt, daß er es weiter nicht lassen kann:
> Durch die Pflicht alles zu bestimmen,
> Für die Pflicht alles zu leisten,
> An die Pflicht alles zu opfern,
> In der Pflicht alles zu finden.'"[4]

Seit 1846 Pfarrer von Großschenk, nahm er unter anderem an den stürmischen Ereignissen des Jahres 1848 als Freund St. L. Roths Anteil. Ein herzlicher Brief Roths vom 12. Januar 1848 aus Meschen zeugt von dieser Freundschaft. In der Zeit, da er Dechant des Schenker Bezirkes wurde, fällt die Amtstätigkeit seines jüngeren Freundes G. D. Teutsch in Agnetheln. Nach neunmonatiger Krankheit stirbt im September 1867 J. A. Schullerus und hinterläßt aus seiner zweiten Ehe zwei Söhne: Josef, Pfarrer in Zied, Magarei, Marpod und Alzen, und Gustav Adolph, der durch seine Predigtbände bekannt wurde.[5]

In J. A. Schullerus haben wir einen typischen Vertreter der siebenbürgisch-sächsischen Pfarrerschaft aus der ersten Hälfte des 19. Jahrhunderts vor uns, der, selbst einem Pfarrergeschlecht entstammend, vielfach verwandt, ver-schwägert und befreundet mit den Pfarrern seiner Zeit ist; dabei ist seine Bindung an das Amt so eng, daß sein Leben ohne dieses nicht zu denken ist. Wenn wir nun nach seiner theologischen Ausrichtung, nach seiner Stellung zum christlichen Glauben fragen, so interessiert uns diese als ein Beispiel des theologischen Denkens der siebenbürgischen Pfarrerschaft seiner Zeit. Wir werden in unserer Fragestellung ermutigt durch die Tatsache, daß wir bei ihm von einer besonderen Lesefreudigkeit hören.

---

[3] Pauline S c h u l l e r u s : Ein Blatt vom Lebensbaum der vier ältesten Pfarrer Schullerus im Schenker Kapitel. In: Archiv N.F. 42 (1924/1925), S. 15.

[4] Ebenda. S. 13.

[5] Biographische Einzelheiten sowie näheres über den Stammbaum der Schullerus, siehe in Pauline S c h u l l e r u s : Ein Blatt vom Lebensbaum der vier ältesten Pfarrer Schullerus im Schenker Kapitel. In: Archiv NF. 42 (1924/1925), S. 7-20; d i e s.: Blätter von unserem Lebensbaum. Teil II. In: Kirchliche Blätter 22 (1930), S. 38-40 u. S. 46-48.

Wir fragen:
1. Wer waren die theologischen Lehrer des J. A. Schullerus und wie hat er sie verstanden?
2. Wie wirkte sich sein theologisches Denken auf die praktische Verkündigung und Seelsorge aus?

Als Unterlage für diese Untersuchung dienten einige Handschriften, die sich unter dem handschriftlichen Nachlaß des D. Adolf Schullerus im Staatsarchiv in Herrmannstadt befinden, und zwar:

1. Eine sorgfältig geschriebene l a t e i n i s c h e S c h r i f t, 12 Blätter (24 Seiten) stark: „Philosopho Theologum non adversari debere. Dissertatio, quam publicae disquisitioni offert auctor Joannes Andreas Schullerus, Scholae grammaticalis Nagy-Sinkensis Rector. 1821". Es handelt sich dabei wahrscheinlich um eine Pflichtarbeit, die die Grundlage zu seinem Ordinationsgespräch gebildet hat.[6]

2. 89 handgeschriebene P r e d i g t e n: 20 Festpredigten, 37 Bußpredigten, 19 Sonntagspredigten, sechs undatierte Predigten und sieben Gelegenheitsreden (-predigten). Dazu vier Leichenreden und zwei Ansprachen im Lehrerverein.[7] Die Predigten sind zum größten Teil wörtlich ausgearbeitet, wobei der Verfasser großes Gewicht auf die Genauigkeit des Ausdrucks legte, was aus den zahlreichen Korrekturen in den Handschriften zu schließen ist. Besonders genau ausgearbeitet und entsprechend lang sind die Fest- und Bußpredigten, unter den andern sind einige auch nur Entwürfe.

3. B r i e f e : Ein Impur zu einem Brief: „Theure Eltern!", Jena, den 3. November 1815. J. A. Schullerus erzählt darin von einer achttägigen Fußreise mit seinen beiden Freunden Roth (Christian Roth, sein nachmaliger Schwager und Pfarrer von Rohrbach) und Häner: Jena – Weimar – Erfurt – Gotha – Eisenach, das sind hin und zurück rund 200 km. Aus dem Briefe spricht die der Romantik und dem Idealismus eigene Wanderlust.

Ein Brief von seinem Neffen Wilhelm Capesius aus Wien vom 2. Februar 1830.[8]

*

Wir folgen zunächst dem Gedankengang der „Dissertatio": „Philosopho Theologum non adversari debere", welche schon durch die darin enthaltene These zum Ausdruck bringt, daß der Philosoph nicht der Gegner des Theologen sein soll. Haben wir es da mit einem Supranaturalisten zu tun, der dem Philosophen das Recht abspricht, über offenbare Glaubensdinge zu urteilen? Doch gibt der Titel der Schrift darüber noch keinen Aufschluß, wes Geistes Kind ihr

---

[6] STAH: Brukenthal-Sammlung, T. 1-5: 25.
[7] STAH: Brukenthal-Sammlung, T. 1-5: 20.
[8] STAH: Brukenthal-Sammlung, T. 1-5: 21.

Verfasser ist. Ist er vielleicht von Jung-Stilling und G. Chr. Storr beeinflußt?[9] Oder will er gerade umgekehrt seine theologische Position so sehr auf den Verstand und so wenig auf die Offenbarung gründen, daß er dem Philosophen gleichsam zurufen kann: Was willst du mich noch lehren? Das wäre dann also der sogenannte Rationalismus vulgaris?! – Wir begegneten J. A. Schullerus 1815 und 1816 in Jena. 1815 erschien in Halle Wegscheiders[10] Werk: „Institutiones theologiae Christianae dogmaticae" in erster Auflage, welches bis 1844 acht Auflagen erlebte und sich als „Normaldogmatik des Rationalismus" durchsetzte. Karl Barth[11] sagt über Wegscheider, daß er gelesen wurde, während Schleiermacher berühmt war, daß er populär war, während Schleiermacher zu den Gebildeten sprach. Sollten wir demnach Wegscheidersche Theologie in Großschenk finden? Und wenn J. A. Schullerus die Philosophie so hoch gehalten haben sollte, wer waren dann die Philosophen, die er schätzte? Um den Standort J. A. Schullerus' kennenzulernen, ist es wichtig, den Inhalt seiner „Dissertatio" wiederzugeben.

In der Einleitung wehrt sich der Verfasser gegen den Vorwurf, daß er leichtfertig ein gegenwärtig vielfach diskutiertes und noch ungelöstes Problem zum Gegenstand seiner Abhandlung mache und stellt sich als Aufgabe das *Verhältnis zwischen Philosophie und Theologie mehr und mehr zu verstehen und ehrlich zu untersuchen, inwiefern die Philosophie zur Gestaltung und Bedeutung der Theologie beitrage.*[12] Als Quellen (*fontes*) der Streitigkeiten in dieser Frage nennt der Autor die Unwissenheit (*ignorantia*), die zu Aberglauben und vorgefaßten Meinungen neigt, die Selbstüberschätzung (*sui aestimatio*), die keinen andern aufkommen lassen will und die aus der Stubengelehrsamkeit[13] quillt. Besonders spitz wendet er sich gegen die Ehrgeizigen (*ambitiosi*), um schließlich den Müßiggang (*desidia*) als das Hauptübel darzustellen, das jeden Fortschritt hemmt. Andererseits weiß er aber auch die nach Neuerungen Begierigen (*novarum rerum cupidi*) zu geißeln, die unbeständig (*vagi, inconstantes*) sind, die Seelen verwirren und von der wahren Lehre (*vera doctrina*) abbringen. Einige getrauen sich aus Seelenschwäche (*ex animi infirmitate*) nicht, ihre wahre Meinung zu sagen, wenn sie vom Althergebrachten (*a vetustis*) abweicht. Dagegen hebt

---

[9] H. Stephan schreibt: „Am einflußreichsten war der Würtemberger G. Chr. Storr (1746-1805), der das Erbe Bengels ins Supranaturalistische übersetzte. Auf Oettingers Ziel einer Philosophia sacra völlig verzichtend, suchte er das Heil der Theologie in scharfer Trennung von der Philosophie." [Horst S t e p h a n : Geschichte der evangelischen Theologie. Berlin, 1938, S. 61.]

[10] Julius August Wegscheider (1771-1849), seit 1810 Professor in Halle. [Wegscheider, Julius August: Institutiones theologiae christianae dogmaticae. Halle 1815]

[11] Karl B a r t h : Die protestantische Theologie im 19. Jahrhundert – ihre Vorgeschichte und ihre Geschichte. Zürich 1946, S. 425-432.

[12] Dissertatio Blatt 2b: „Ita autem theologiae studere institui, ut in primis statumillius ad philosophiam magis magisque intelligerem, qui probe videam, quantum haec ad formam et valorem illius conferat..."

[13] Dieses Wort schrieb Schullerus in Klammern deutsch.

der Autor diejenigen Männer hervor, die aus fester Überzeugung eine falsche Sache aus allen Kräften bekämpfen.[14] Im darauf folgenden ersten Hauptteil der Dissertatio legt nun der Verfasser seine Meinung über das Verhältnis zwischen Glauben und Denken, sowie zwischen Theologie und Philosophie dar. Er betont, daß er vor den Lehrern der Vergangenheit Achtung habe, kann sich aber dennoch nicht denen anschließen, die – sei es aus Seelenschwäche oder aus Überzeugung – sich den Stützen der Philosophen (*philosophorum conaminibus*) widersetzen. Das Theologiestudium möge die Ohnmacht des Menschenverstandes möglichst deutlich dartun und zur Bescheidenheit leiten,[15] denn Stolz und Ehrsucht und falsche Sehnsucht nach Neuem stehen dem Theologen übel an, doch ziert die Trägheit des Denkens denselben ebenso wenig, daher hat der Theologe sich nach der Philosophie eher auszustrecken als vor ihr zu fliehen.[16] Das anschließende Zitat nach Eichstädt („in program. Jenae 1816"), welches die Mathematik als Schule des Denkens zum Gegenstand hat und das nun J. A. Schullerus auf die Philosophie anwendet, läßt darauf schließen, daß er auch diese nur als Schule des Denkens gelten lassen will. Nur durch das Studium der Philosophie wird der Mensch die fehlerhaften Begründungen, die gegen den Glauben vorgebracht werden, durchschauen und nicht an den unreifen und gänzlich albernen Ergebnissen der Philosophie hängen bleiben.[17] Die Würde und die Vortrefflichkeit der Theologie besteht darin, daß sie an das mit unbeschwerter Seele herangehen kann, was die Philosophie umständlich darlegt, ohne die Tiefen des der menschlichen Erkenntnis Unzugänglichen ergründen zu können.[18] Wenn der Autor aber im selben Zusammenhang von der „Verbesserung der Philosophie durch den unsterblichen Kant" (*post Immortalis Kantii emendationem*) spricht, so erfahren wir gleichzeitig, daß er eine bestimmte Philosophie sehr hoch einschätzt. Aufschlußreich ist hiezu eine deutsche Randbemerkung des Verfassers: „I. Religion geht aller Philosophie vorher. II. Die Theologie ruht auf der Philosophie."[19] Es gibt aber auch eine schädliche Philosophie, die zu Unglauben verführt und alle Grundlagen der wahren Religion und Tugend untergräbt.[20] Als Beispiel hiefür wird ein Zitat

---

[14] Blatt 4: „Denique ille erunt memorandi, qui ex firma, eaque perspectis ac indubitatis rationibus innixa persuasione rem aperte falsam, pravam, noctem removere omnibus viribus et toto pectore incumbunt."

[15] Blatt 4b:„Quum proterea ambitus studii theologici humanae mentis imbecillitatem quam maxime coarguat, atque ad modestiam permoveat;"

[16] Blatt 5: „ Itaque appetenda magis, quam fugienda erit theologo philosophia…"

[17] Blatt 5b: „denique nec immaturis aut prorsus ineptis philosophematibus inhaerere unquam perclitabitur."

[18] Blatt 4b: „Ea enim est theologiae dignitas et praestantia utpote ,quae animum summis imbiut ideus' ut accedere ad eam animo impraeparato: rerum gravissimarum, quas accurate explicare philosophia sustinet, ignaro, adeoque tanquam tenebris abfuso, nefas putarium."

[19] Blatt 5.

[20] Blatt 5b (unten): „ad incredulitatem adigiret, amnisque verae religionis atque virtutis fundamenta labefactaret."

aus D. Meiners (Allg. krit. Gesch. der Religionen 1. Bd. p. 16 Hannover 1866
[sic.!])[21] gebracht:

> „Die einzige Ursache des Ursprungs von Religionen war der Mangel einer
> richtigen Kenntnis der Natur, oder die Unfähigkeit woher Menschen [sic!] die
> wahren Ursachen natürlicher Erscheinung zu erforschen."[22]

J. A. Schullerus weist darauf hin, daß es bei uns zwar keinen richtigen Atheismus
gibt, auch hält er es nicht für möglich, daß sich derselbe jemals durchsetzen
wird, außer wenn ihm der Weg durch Verweichlichung und Entartung (*luxuria
et pravitate*) der Menschheit einerseits und durch verkehrte Lehren der Religion
(*perversis de religione praeceptis*) andererseits schon vorher gebahnt worden ist. Es
gibt zahlreiche Beweise, durch die nachgewiesen werden kann, daß nicht nur die
Anmaßung des Verstandes, sondern auch der Aberglaube und die Dummheit der
christlichen Religion schweren Schaden zugefügt haben. Gegen Meiners führt
er die Allgemeinheit der Religion bei allen Völkern an, die doch nicht nur auf
mangelnde Kenntnis der Natur zurückzuführen sei. *Sed quid est religio? Modus
numen cognoscendi et colendi?* Diese bekannte Definition scheint dem Verfasser
zu eng. Er möchte das Wesen der Religion lieber in dem bekannten Bibelworte
fassen: Der Friede Gottes, welcher höher ist als alle Vernunft [...] Dieser Friede
Gottes, diese Ruhe der Seele, die durch Nachdenken zu erlangen ist (*quam assequi
cogitationibus*) wird gepflegt durch religiöse Bräuche und gute Taten (*bene factis*).
Diese Ruhe der Seele (*animi tranquilitas*) steht über der Vernunft, ist ihr aber
nicht entgegengesetzt. (*Est ea superior ratione, sed non eidem oppo-sita* [...]) Ja, noch
mehr: die Vernunft kann uns zum Glauben führen. J. A. Schullerus erinnert sich
an einen Ausspruch seines Lehrers Gabler: *ratio nos ducat ad Christum.*[23] Darum
irren die, die in Sachen der Religion den Gebrauch der Vernunft mißbilligen und
zum Glauben allein überreden wollen.[24] Eine solche Ängstlichkeit entspricht der
Glaubenszuversicht (*fiduciae*) gerade nicht. Im Sinne des Verfassers können wir
diesen ersten Teil dahingehend zusammenfassen, daß wir sagen: Der Theologe
habe sich eifrig mit Philosophie zu befassen, sich dabei aber vor jeder Form von
Aberglauben und Mystizismus, wie auch vor leichtfertigem Unglauben zu hüten.
Die Philosophen mögen sich nicht bemühen die Existenz Gottes, die Unsterblichkeit etc. mit Verstandesgründen zu beweisen und die Theologen mögen sich
nicht nach solchen Beweisgründen ausstrecken. Es gibt auch Dinge, die über den
Verstand hinausgehen und bei denen das Wort gilt: „Selig sind, die nicht sehen
und doch glauben." (Joh. 20,29)[25]

Im zweiten Teil geht der Verfasser an die Einzelanalyse der verschiedenen
Lehrer. Dieser Teil wird durch ein Zitat von Wegscheider eingeleitet das besagt,

---

[21] [Gemeint ist wohl Dietrich M e i n e r s: Allgemeine kritische Geschichte der Religionen. Hannover 1806, S. 16.]

[22] Blatt 6a.

[23] Blatt 7a.

[24] Blatt 7b: „Exinde errare mihi vehementer, atque ei ipsi vitio, quod praecavere volunt
obnoxii videtur, qui in religiosis rationis usum improbant et solam fidem persuadent.

[25] Vgl. zu dieser Zusammenfassung Blatt 8.

daß Theologie und Philosophie aufs engste durch ein Band verbunden (*vinculo conjuncta*) seien. Dagegen hat J. A. Schullerus einzuwenden, daß es keine wahre Philosophie gäbe, sondern daß die philosophischen Systeme wie alles Menschliche dem Wechsel der Zeiten unterworfen seien und daß der Theologe darum keinem von ihnen anhängen solle.[26] Er braucht aber die Philosophie – wie auch jede andere Wissenschaft – weil sich die Theologie auf allgemeine Kenntnis stützen muß.[27] In diesem Zusammenhang nennt der Autor Fichte, zu dessen späteren Schriften er sich als Theologe bekennen kann, obwohl jener einst als Atheist angeklagt war. Ganz und gar kann man sich mit Schelling einverstanden erklären, nachdem der Heidelberger Theologe Daub keine Bedenken hatte, sich auf ihn zu gründen. Ebenso kann der Theologe den Naturphilosophen Oken[28] nicht tadeln, wenn er auf den ersten Blick auch etwas freier gerichtet erscheint.

An dieser Stelle schiebt der Autor ein Wort über Supranaturalismus und Rationalismus ein, die als schlechthin unvereinbar angesehen werden. Nach ihm aber sind sie das nicht,[29] wofür ein Zitat von Herder ins Feld geführt wird: „Sind sie (Vernunft und Offenbarung) nicht Geschenke eines Gottes? Kann der Eine Geber wohl in seinen letzten Geschenken gegen sich selbst streiten? Und sind zwei Geschenke sich deswegen entgegen, weil sie mehr als Einer sind?"[30] Die Folgerichtigkeit des Rationalismus ist zu loben; dem religiösen Bedürfnis dagegen entspricht der Supranaturalismus mehr. In ethischer Hinsicht wiederum ist der Rationalismus vorzuziehen. – Auf dem letzten Blatt wird der Philosoph Fries erwähnt, dessen Name vorher schon zweimal als Autorität genannt worden war, den der Autor allem Anschein nach besonders verehrt. Zum ersten Mal (Blatt 6) war im Zusammenhang mit seinem Namen am Rande vermerkt: „Jacobi: Von den göttlichen Dingen. Leipzig 1811."[31] Zum zweiten Mal (Blatt 7b) wird sein Buch „Wissen, Glauben und Ahndung" (Jena 1805) erwähnt. Und nun zum Schluß ist neben seinem Namen wie von ungefähr am Rande vermerkt: „cf. Religion und Theologie von Dr. W. M. L. de Wette. Berlin 1815,

---

[26] Blatt 9a: „veram itaque philosophiam nondum revera existere, sed tantum speciem ejusdem, quam definite exprimere omnium temporum eruditi studuerunt menti humanae obversari. Quum his positis recte sibi caveant theologi, ne ulli systemati philosophico temer inhaereant."

[27] Blatt 9b: „quia theologia, ex analogia cujuscunque scientiae ad notiones universales revocari debeat."

[28] Lorenz Oken (Ockenfuß) Naturforscher und Naturphilosoph, 1807-1819 Professor in Jena. Stand Schelling nahe. Ihm war Naturphilosophie Wissenschaft von der ewigen Verwandlung Gottes in der Welt.

[29] Blatt 10b: „In rem favore duxi etiam de Supranaturalismo et Rationalismo brevem injicere mentionem, de quibus, quum multum disceptatum sit inter eruditos, et hodie adhoc sunt, qui judicant, adeo sibi opposita esse ea systemata, ut, dummodo sibi constent, conciliari inter se nequeant. Equidem discrimen inter utrumque historica ratione intelligio quidem, at philosophica nullum plane videre possium."

[30] Blatt 10b.

[31] [Friedrich H. J a c o b i : Von den göttlichen Dingen und ihrer Offenbahrung. Leipzig 1811.]

p. 140. *librum bonae frugir plenissimum.*"[32] Wenn wir aber wissen, daß De Wettes Theologie auf Fries'scher Philosophie fußt und wenn wir in Betracht ziehen, wie große Bedeutung auch J. A. Schullerus diesem Philosophen beimißt, wenn wir uns weiterhin erinnern, daß sich Bücher von De Wette in seinem Schrank befanden, so gehen wir wohl nicht fehl, wenn wir dieser Randbemerkung etwas mehr Gewicht beimessen. Allerdings scheint Schullerus über Fries zu De Wette gekommen zu sein, nicht umgekehrt. Seine Stellung zu Jacobi ist aus der angeführten Randbemerkung nicht klar zu ersehen, da nur der Name und das Werk angeführt ist, ohne jedweden Kommentar. Der Zusammenhang aber läßt darauf schließen, daß Schullerus Jacobis „Sprung in den Glauben" kritisieren will, weil dadurch die Möglichkeit offen gelassen wird, die Religion als etwas den Menschen von außen Eingepflanztes, nicht Ursprüngliches anzusehen, was ein Einfallstor für den Atheismus bedeutet. Die Arbeit schließt mit den Worten: „Pro suo quisque ingenio in veritate indaganda versetur; – modo mens cujusque pura sit et virtutis pietatisque studiosissima." Anschließend sind fünf Thesen angeführt, die jedoch nichts Neues bringen.

Man möge meinen, daß die hier wiedergegebene Dissertatio kein sonderlich hervorragendes Werk sei. Es ist das unausgeglichene Werk eines jungen Kandidaten des Pfarramtes, der vom Ringen der geistigen und theologischen Strömungen seiner Zeit erfaßt ist und nach einem Ausweg sucht. Ausgeglichenheit ist da nicht zu erwarten; doch zeigt der junge Theologe, daß er viel gelesen hat. Mehr noch: die Wahl seines Themas beweist, daß er sich nicht einen beliebigen Gegenstand des Disputierens ausgesucht hat, mit dem er glänzen zu können meinte, sondern daß er mitten in die Problematik, die ihn und seine Zeit bewegte, hineingriff. Wir erfahren hier etwas von der Theologie eines jungen Mannes, der in Jena mit den großen Strömungen seiner Zeit bekannt worden war, zugleich aber tief in seinem Heimatvolk verwurzelt ist. So ist die „Dissertatio" ein durchaus ernst zunehmendes theologiegeschichtliches Dokument unserer siebenbürgischen Heimat. Das Schwanken zwischen Rationalismus und Glauben scheint mir gerade typisch auch für die siebenbürgischen Verhältnisse von damals. Es zeigt, wie sich die jungen Theologen in Siebenbürgen bemühten, verschiedenartigen Geistesrichtungen gerecht zu werden, und zugleich auch einen Weg zu finden, der traditionellen Frömmigkeit der geschlossenen Gemeinden nicht zu widersprechen. Wo es sich aber in der Tradition um den Aberglauben handelte, da wurde er von Schullerus eifrig bekämpft. So könnte man in freier Abwandlung des bekannten Jacobi'schen Wortes sagen: J. A. Schullerus war mit dem Verstande ein Rationalist, mit dem Gefühle aber ein traditionell gläubiger Siebenbürger. Daß in der Praxis das Zweite überwog, geht aus seinen Predigten hervor. Wer die theologischen und philosophischen Lehrer waren, die J. A. Schullerus kannte, – sei es persönlich oder durch ihre Schriften – haben wir von ihm selber erfahren. Der

---

[32] [Wilhelm Martin Leberecht de W e t t e : Über Religion und Theologie. Erläuterungen zu seinem Lehrbuch der Dogmatic. Berlin 1815.]

Rationalismus Wegscheiders ist es nicht, den er vertritt. Gelegentlich kann er ganz abfällig von der Philosophie sprechen (*immaturis aut prorsus ineptis philosophematibus*), daß es fast anmutet, als ob Hegels Ausdruck „der bornierte Verstand"[33] dabei Pate gestanden habe. Hegel wird aber von J. A. Schullerus nicht erwähnt, ebensowenig Schleiermacher, dessen „Reden" doch in diesen Zusammenhang gepaßt hätten. J. A. Schullerus will die Diskrepanz zwischen Rationalismus und Supranaturalismus überwinden, nicht etwa den Rationalismus selber. Kant ist für ihn noch durchaus der große Rationalist.[34] Er sieht aber seinen Weg gewiesen durch die Kantianer Fichte und Schelling und den von ihnen beeinflußten spekulativen Theologen Karl Daub[35] einerseits und den andern Kantianer J. Fr. Fries samt seinem theologischen Gesinnungsgenossen De Wette andererseits sowie durch Herder. Bei der Skizzenhaftigkeit seiner Bemerkungen, müssen wir uns mit diesen Feststellungen begnügen und können dabei nicht Einzelprobleme erörtern. Es muß hier genügen, festzustellen, in welcher geistigen Umgebung sich J. A. Schullerus wie so viele andere seiner Zeitgenossen bewegte.

Wir kommen zur zweiten Frage: Wie wirkte sich das theologische Denken des J. A. Schullerus auf die praktische Verkündigung und Seelsorge aus? Da ist zunächst zu sagen: sein Bekenntnis war stark ethisch-idealistisch geprägt. Wir erinnern uns dabei an das eingangs angeführte Zitat über die *Pflicht*. Zweitens ist aber zu sagen: er stand in der Tradition seiner Kirche. Seine gewissenhaft vorbereiteten Predigten waren sehr eindrucksvoll und man kann auch heute beim Durchlesen sich ihrem Pathos nicht entziehen. In ihren vielen, wohlgesetzten Worten sind sie wirklich eine rhetorische Leistung und tragen die persönliche Note ihres Verfassers. Inhaltlich sind die stärksten Motive: Lobpreis der Schöpfung und des Schöpfers, Betonung der Gottesebenbildlichkeit des Menschen, aber auch der Sünde – wobei meist auf konkrete Gesetzesübertretung Bezug genommen wird – Aufruf, Jesu Jünger zu werden, d. h. dem ethischen Vorbilde Jesu zu folgen, Unsterblichkeit der Seele und Verantwortlichkeit des Menschen vor dem ewigen Richter. Dabei ist zu betonen, daß er die hergebrachten dogmatischen Begriffe wie Heilige Dreieinigkeit, Sündenschuld, Erlösung etc. durchaus häufig gebrauchte. Nur einige Sätze aus einer Predigt des reifen Mannes mögen das eben Gesagte veranschaulichen. Sie sind der Predigt am Christfest 1859 in Großschenk über Lk. 2,1-14 entnommen. Das Thema lautet: „Das Geburtsfest Jesu als ein Tag der Menschheit."

    „Nein, nicht von außen, nicht von der Erde, sondern vielmehr aus der höhern
    Welt stammt sie her, die hohe, innige Freude, welche an diesen festlichen Ta-

---

[33] Vgl. Wilhelm W i n d e l b a n d , Heinz H e i m s o e t h : Lehrbuch der Geschichte der Philosophie. Tübingen 1935, S. 498.

[34] Vgl. Ferdinand K a t t e n b u s c h : Die deutsche evangelische Theologie seit Schleiermacher. Gießen 1926. Hier wird Kant als der Schlußstein des Rationalismus dargestellt.

[35] Vgl. Horst S t e p h a n : Geschichte der evangelischen Theologie. Berlin 1938, S. 69: „Da Daub früh vergessen wurde, sei an die Tatsache erinnert, daß er in der Höhezeit seines Wirkens sogar von Männern wie Rosenkranz über Schleiermacher gestellt wurde."

gen alle geängsteten Herzen durchdringt und bewegt und erhebt. Sie ist eine
rein geistige Freude, gewandelt durch die Worte des Engels: ‚Ich verkündige
euch große Freude [...]'". [...] „Noch hat das Licht des Evangeliums nicht
alle Finsternis verdrängt. Noch herrscht die Sünde und das Verderben. Aber
immer weiter breitet das Christentum sich aus auf Erden, mit ihm die Verheißung des einen wahren Gottes in der Höhe, um Frieden den bekümmerten
Gewissen, Trost den wunden Herzen, Ruhe und Erquickung den Mühseligen
und Beladenen zu bringen."

„Wenn nun die ersten Christen nur den Tod Jesu feierten (!!) als den höchsten
Beweis seines Gehorsams gegen Gott und seiner Liebe zu den Menschen, als
die strahlende Verklärung seiner Würde als Weltenheiland und Versöhner der
Menschheit, – als die Vollendung seines Erlösungswerkes, so fing man schon
im 2. Jahrhundert an, auch die Geburt dessen feierlich zu begehen, 'den Gott
in die Welt gesandt hat, auf daß alle, die an ihn glauben nicht verloren werden,
sondern das ewige Leben haben'" [Joh. 3,16].

„Das hohe Beispiel Jesu wirft auf jedes menschliche Streben, jedes Alter, jedes
Lebensverhältnis ein verklärendes Licht zurück, – oder ist jedem Sterblichen
eine Quelle des Lichtes, des Trostes [...] und des Geistes. Habe darum innere
und äußere Berufung, Forschung über die höchsten göttlichen Angelegenheiten anzustellen, oder siehe dich gedrungen auf vielseitige Geistesbildung
Verzicht zu leisten – stehe auf der Höhe und im Glanz des bürgerlichen Lebens, oder wirke im Dunkelsten und Unberühmtesten – ringe mit mächtigen
Versuchungen und Leidenschaften – sei ein Unglücklicher – stehe als Jüngling
mit h. Begeisterung an der Schwelle einer verheißungsreichen Zukunft – oder
warte als lebensmüder Greis auf deine nicht ferne Todesstunde – in allen
diesen Beziehungen wird dir Jesus wohltuend, heiligend zur Seite stehen."[36]

Wir entnehmen aus diesen, den Predigten entnommenen Sätzen, daß nach
J. A. Schullerus die letztgültige Freude, die zu Weihnachten verkündigt wird,
von „oben" stammt, ähnlich wie die Dissertatio den Frieden höher schätzt als
die Vernunft. Zum andern zeigt es sich, daß er ähnlich dachte wie Fichte, dem
Evangelium die Rolle zusprach, in zunehmendem Maße die Finsternis und Sünde
auf Erden zu verdrängen. Sodann hat J. A. Schullerus, wie viele andere Prediger
seiner Zeit, das Anliegen, Nachrichten über die Entwicklung des Christentums
während seiner Geschichte wiederzugeben. Schließlich kommt es ihm darauf an,
mit Jesus in eine persönliche Beziehung zu treten, das Beispiel seines Gehorsams
im Auge zu haben und bestrebt zu sein, diesem Vorbild nachzufolgen.

Ein Streiflicht auf das seelsorgerliche Verhältnis des J. A. Schullerus zu einem jungen Verwandten, wirft ein Brief seines Neffen Wilhelm Capesius vom
2. Februar 1830, in dem dieser seinem Onkel – allerdings mit einigen Monaten
Verspätung – Beileid und Trost zum Tode der Gattin ausspricht. In der zweiten
Hälfte des Briefes kommt er auf sein Studium zu sprechen. Da heißt es u. a.:

„Für Deinen so richtigen und so wahren Grundsatz, daß [...] ein nüchterner,
besonnener, über das Spiel niedriger Leidenschaften erhabener, über Gott, die
Welt und sich selbst völlig im Klaren befindlicher Geist [...] die Grundlage alles
medicinischen Wissens sei, nimm meinen herzlichen Dank [...]. Dem Ideale,
welches Du mir in Christus aufstellst, will ich gewiß immer ähnlicher zu werden streben. Hoch, unendlich hoch ist zwar dieses schöne Vorbild, aber steht

---

[36] Es sei hier noch auf die Predigt vom 3. Bußtag 1846 hingewiesen, gedruckt in: Drei
Predigten gehalten in der evangelischen Kirche in Großschenk. Hermannstadt 1907.

der Mensch nicht auch schon hoch? und wenn er jenen größten Meister auch nicht erreichen kann, so ist es doch der Mühe wert, ihm nachzustreben. – Für Deine innige Liebe, die mich bis zu Thränen rührte, nimm, theuerster Onkel, meinen herzlichen Dank! Durch Handlungen kann ich sie nie vergelten, zu sehr ist sie über diese erhaben, nur innige, wahre Liebe, die ich gegen Dich hege, kann ich Dir erwidern."

Wenn wir abschließend auf diesen Bericht zurückblicken, so zeigte sich, wie wir auch [am Beispiel] dieser Pfarrergestalt einen Beitrag zum Verständnis der Siebenbürgisch-sächsischen Frömmigkeits- und Theologiegeschichte leisten können. Mag es sich bei J. A. Schullerus nicht um originelle Gedanken handeln, wie bei so vielen seiner Zeitgenossen, so ist doch die geistige Regsamkeit, mit der die Probleme der zeitgenössischen Theologie und Philosophie aufgegriffen wurden, anerkennenswert. Wegscheiders Rationalismus nicht teilend, sieht sich J. A. Schullerus eher in der Philosophie Fichtes und Schellings beheimatet, die ihre religiöse Zielsetzung nie verleugnet hat. Obwohl es nicht dazu kommt, in der Frage von Vernunft und Glaube eine einheitliche Lösung zu finden, wie etwa dadurch, daß dem Religiösen im Sinne Schleiermachers ein eigenes Gebiet zugewiesen wird, so weist doch die Hochschätzung von Fries und De Wette auf ein tieferes Verständnis des religiösen Lebens hin. Man darf nun nicht systematische Ausgeglichenheit verlangen; denn die Einflüsse, die auf ihn eingewirkt haben, sind verschiedener Art; so läßt sich auch nicht leugnen, daß der Friede der Seele, den er in seiner Dissertatio als eigentliches Merkmal des religiösen Lebens erwähnt, nahe bei der Ruhe des Stoiker steht. Mehr als ein Hinweis auf die Zusammenhänge, in welchen J. A. Schullerus steht, konnte deshalb diese Arbeit auch nicht sein.

RUMÄNISCHE AGENDEN-FORMELN
AUS HEIDENDORF

Von Andreas Scheiner

Die Heidendorfer ev. Kirchengemeinde A. B. besitzt – oder besaß – eine hand-
schriftliche Agende, die in mehrfacher Hinsicht bemerkenswert ist. Ein Quart-
band, 180 Seiten stark und mit Schriftzügen verschiedener Herkunft bedeckt,
enthält sie Gebete, Kollekten, Formeln. Ansprachen für alle möglichen Fälle, einiges in Noten gesetzt, eine Abendmahlshandlung lateinisch, die meisten anderen
Stücke deutsch, was aber vor allem auffällt: eine rumänische Beichte (S. 2), eine
rumänische Beerdigungsformel (S. 129), eine rumänische Konfirmationsformel
(S. 134) und eine verbesserte rumänische Beerdigungsformel (S. 170). Nach der
Handschrift und gelegentlichen Jahreszahlen zu schließen[1] stammt die Agende
aus dem Anfang des 19. Jahrhunderts. Die letzten Eintragungen stammen von
Pf. Joh. Mich. Scholtes († 1853). Daß die „geschriebene Agende" im Gottesdienst
tatsächlich benützt worden ist, beweist das Tagebuch der Gemeinde. Zum letz-
tenmal finde ich sie erwähnt mit einem Bußgebet am 31. März 1827, was aber
ihren späteren Gebrauch keineswegs ausschließt.

Denn gerade um diese Zeit tritt mit dem Wechsel des Pfarrers an die Stelle
der alten ausführlichen Aufzeichnungen im Gottesdiensttagebuch eine neue
gedrängtere Form, wo man die Herkunft der gelesenen Gebete nicht mehr
angab. Das Stück „Ad Sepulturam /Prohodul/" habe ich übrigens selbst einmal
als vertretender Pfarrer in Schönbirk am Sarge eines jungen Mannes verwendet.

Es kann keinem Zweifel unterliegen, daß die rumänischen Stücke dieser
Agende für die Zigeuner bestimmt waren, die in der Bistritzer Gegend zum
größten Teil der evangelischen Kirche angehörten. Da die gedruckte Agende[2]
den Pfarrer inbetreff dieser im Stiche ließ, mußte er sich helfen, wie er wußte
und konnte. Als Mittel der Verständigung bot sich ihm die rumänische Sprache
an. Daß dadurch die Schwierigkeiten keineswegs behoben wurden, beweist die
Bemühung, die übersetzten Stücke immer rumänischer und immer sächsischer
zu gestalten, rumänischer im Sinne der Sprachform, sächsischer im Sinne der
Schreibung. Daß zum Schluß noch das Ungarische mit eigenen Aussprache-

---

[1] Zum Beispiel S. 47: Schlußkollekte: „Beÿ Gelegenheit der 1sten Feÿer am Ge-
burths= Tage Franz des 1sten unseres Erbkaÿsers, im Jahr 1809, den 12ten Februar."
[2] Agenda Sacra, Hermannstadt 1748.

zeichen herhalten mußte, verleiht diesen Proben sprachlicher Selbsthilfe ein unverkennbares siebenbürgisches Gepräge.

Ich bemerke noch, daß Pfarrer Scholtes sich im Bibelwort, wie eine Vergleichung erkennen läßt, an den von beiden rumänischen Kirchen gebrauchten Text anlehnt, der nach eingeholter Erkundigung selbst nicht bis auf den Buchstaben feststeht.

Die in der Agende durchgeführten Verbesserungen gebe ich in Fußnoten wieder.

Fragen:[3]

I. Gÿn ti pecatile a voistye peire ve ro pin sche ats facut ge la tetej inmime? Ja.

II. Kregets ke ve poitje schi pekatile a voiste jertaje puntru numule Christos? Ja.

III. Fageduits voi lui dumneso de a mu anainche traiu vost ats cine mai bynÿ ave feri je pekatile. Ja.

IIII. Dare voi cu Kristine[1] a vost gertatuvats? J.

V. Kregets voi, jo o Sluje rinduit je la dumneso je ve posch gerta ge la pekatile avoistje? J.

Beicht.

Jo om serak ni puchensosch om peketos kret anainche lui dumneso kaire in Csér schi pe pemant am peketuit mulche din koptilirieme pune in schas ajastye je perunschile alui dumneso nische una nam putut cine bine, kum au porunschit dumneso em paire roh dela toitje inime me rok de gerteschune gela tatul nost din Csér merok schi dumnevoiste Protzi lassat de la dumneso se me gertats pecatile noste toitje em pare roh de toitje inime fagedueskt je amu anainche traiu jno ahel peketos ge amu anainche a cine mal bÿne.

Ad Sepulturam.

Dieses Stück ist in der Agende durchgestrichen. Darunter steht von der Hand des Pfarrers Scholtes die Bemerkung: „nicht gut – sogar falsch mit verdrehetem Sinn übersetzt kann gar nicht gebraucht werden, ohne sich lächerlich zu machen."

Drasi mne schi omin alui dumnyezo hiristos[2]! Unjie[3] nÿe trÿmeje[4] dumnyeso multye[5] superare in trayu nost pe lume ajasta, si[6] nye je tate si mama fratye si soror, nyam chi[7] kopi, pintru kare nye supérém chi plinsém. Pintru a hea nyi[8] invatza horba svinta se nye[9] supérém ka Paginÿ kayri nau nische o nejesde[10] in rayu Schelului unje[11] noi kate se merem pin somnu morcilor; ka[12] schi svunte kartche noi[13] invatze ka kum se krejem[14]: truppu a jesta kare om[15] ingropam[16] in pemunt ehele[17] jare au insie[18] chi[19] sau scula di mortzi, ku a helle[20] oisa schi ptele inpreunat, dare in alche[21] forma au[22] trei la Domnu Dumnezo bükerie[23]

---

[3] Der Herausgeber dankt Dionisie Arion für die Bearbeitung des Beitrags für den Druck sowie die Übersetzung der rumänischen Texte.

gin vest[24] in vest[25]. Ke a sche spune schi svuntu Pavel in chartche a lui ahe svunte: pe noi krestin schi prechin[26] alui dumneso nu vom ompri[27] de somnu a hel svint in kare som tets krestin kate se dorme, ka kum se nu chitsch[28] superats ka Paginÿ kare au nedeschje de inperecia scherule[29]. Ke dake kregem[30] noi kau murit domnu hiristos[31] schi sau sulat[32] din morti[33] a scha nÿau dusche schi pe noi domnu hiristos[34] dupe sehe om schi durmnit in somne[35] mortzilor. Pintru a hea se kregem[36] kuvuntu lui dumneso[37], spune[38] schi svuntu Pavel, ke noi kere[39] remunem[40] schi treim in luma[41] ajasta noi nom mnyrui[42] imperetia scherului mal intie schi mai kurunt kau mortzi kare dorm in dumnzo[43]. Ke jél hiristos[44] ajevarat[45], impreunat ku insery au[46] vini din cher[47], schi au[48] csula[49] mortzi ginti[50], apoi kare trééskt au[51] dusche inpreunat ku morzi innainche[52] lui dumneso, a kolo or treii[53] din vets[54] in vest[55]. – A m u[56] a s c l u l t a s t[57] schi pe David; o m m u l u i dumneso in chartche lui sche svinta jel sische[58], la tinge[59] avém noi nédeschje[60] domnye a kerna svincenasa[61], e may ku mult mai mult ageverit[62] ka pemuntu, kare sau adjeverit je[63] Pudjera svincelisala[64]. Ke domnu Dumnezo au lasat mortje pe ommu, schi lase je[65] more dare jel jare le[66] chama[67] schi lau[68] scula jin[69] Somnu mortilor schi au[70] dusche in scheru raiului[71]. Ke la svincenasa[72] sint o mnie de[73] ay ka sua[74] che[75] de[76] jer, schi ka o strase de nuapche keire[77] je[78] tresche de[79] grabe. Treiu nost pe luma[80] a jeste[81] se tresche ka[82] Apa schi se topaske[83] ka garba[84]. Munia[85] alui Dumneso schi varga alui fatsche pintru fablÿlie[86] noste[87] ke noi petreschem a sehe je[88] grabe. Pecatile a noische[89] au[90] dusche Hiristos[91] innainche[92] lui dumneso schÿ a hya fak dje se skurzillile[93] noste[94] a sche kurrunt[95]. Traiu nost in luma[96] a jasta se sue[97] puna la schepcheses[98] schi obtzesch die[99] ai[100], schi dake a[101] ku schinzche schi liboff se schere a titta[102] munke schi lukru unje[103] maÿ imvinse superara liboffi[104], schi noi sischem[105] mai binge[106] o[107] schi mort kau sÿu[108]. Dare noi[109] Kristin[110] se nu kregets[111] „ke se tresche in morche[112] tette b i n u l e s c h i superare; schi omului tet[113] una or fatsche bine or roh in luma a jasta. Dare a hela ajevarat[114] kaira[115] faste[116] bine[117] a helle mere in rai, da kare fatsche rélé a[118] furesit de la dumnezo. Invatze ne[119] domnie[120] schi pe noi kaire treim in luma schi nye ade a minche[121] in tet schas demortche[122], in kare se dém innainche[123] alui dumnezo same pintru tottche[124] fabchile[125] schi ku vinche[126] slabe kare lom pétrécut in treiu nost. Ke ommu kaire scheluaske[127] pé altu, ommu kaire furre pe altu, Ommu kare se implinaske[128] si[129] se fasche bogat pe lumma[130], nuse[131] pote[132] kapeta Viatza, schi bingele[133] in sche luma[134], fore a hella kaire tresche[135] ku dréptache[136] mere a kollo undie[137] es inserrÿ[138] la dumnezo hell zvint[139]. Pintru a hea noi[140] garte[141] Pekatilye[142] schi se noi[143] purche[144] ku gindu kell[145] bun, ke schi noi nu stim[146] kint schi kum noi[147] ku prinje[148] schi pe noi Mortche, kum au aflat schi kuprins schi pe M i s k e[149] dje kare avém nedesche[150] bates au fost Peketos, cum sint tets ommin pe lumma[151], ke dumnezo Hiristos[152] lau skos[153] schi lau kirrezit[154] dje pecatile, schi lau[155] dat[156] suffletu jie[157] luÿ in Rai la Inseri, a kollo treesche[158] jéll amu gin[159] Vets[160] in Vets[161] Amin.

V.U. Seegen.

Confirmationsformel.

(Auch dieses Stück ist in der Agende durchgestrichen.)

O! domne tatul nost din Cser, jakete schi noi stem innainche[162] lui altaru ahést svint schi a krestinilor; ke cum se dne[163] dém schi noi, die[164] amu innainche[165] sup krestinaza schi a mere kerelile kare ne indrepta[166] porunka ata. Ke svincenata pofteske[167], se nu se pteirde[168] nische un Suflet de om, fore téts se vie in bukerie schi in Veselie Scheruli. Svincenata voiesche[169] se schim o date inprounat ku inseri schi ku svinzi in Scher. Pintru a schea ni thama[170] domnul Hiristos[171] in tettche zille in svinta Evangelia schi Invezitori lui[172]. Zikint: vinitz lamine tets kare sintest[173] ku Pecache[174] ingrounat, ke jo voi asutura[175], schi voi Kurezi die[176] pecatile avoiste[177]. Asche primesche[178] ne[179] dare domnye schi pe noi schi ne[180] kate ku Mlilluim[181] zata[182] pintru Sinsele[183] a lui Hiristos[184]. Amin.

Omu krestin alui dumnezo, jel de nar ave Svinta kartche schi invezitor, jel nar sti[185] se a da sub Krestinaza, nar sti a se desparta die[186] roh, die[187] pecat schi die karare a drakului fore jél tétt pintunerik ar kalka drumu a Isbenilor, kaire nau nische o partcehe die[188] Imperezia Scherului; nar sti a fatsche dupe Perunschile alui dumnezo. Daro[189] Mnilla alui pe cum nie[190] kate, schi nie[191] grigesche[192] die[193] truppu nost kum ats ausis[194] din Invetzetura me[195]. Asche[196] kate, schi grigesche[197] domnul svint din Scher schi die[198] Sufletu nost[199] ca[200] se nu schi[201] pterdut. Amu dare dake stim[202] din svinte kartche, ke Suffletu schluia[203] mere pterdut, kere nu fatsche dupe Perunke alui dumnezo[204]. Asche[205] se stem in tettche zillele, in tett schas, ku kreginza buna la Dumnezo, schi cu innima bune, kite[206] Frats, Sore, schi tett om. Ke asche nie[207] imvaza domnul Hiristos[208] zikind: drekostizeve[209] laolalta pe cum vam drecostit[210] schi jo pe voi, schi am lasat truppu schi Sinsele amno pintru pecatu vost; jertatseve voi unu la altu Gresschellile[211] pe cum jért schi jo avoiste[212]. Ke schine nu járte, sische[213] domnul Hiristos[214] unu la altu a sche inke nu vau jerta tatul svint din Schér. Amu cum stits, schi ats invacet din Porunschile lui dumnezo die[215] sche stats voi a ische[216] sche[217] vi voia[218]

Nie[219] voia[220] se ne[221] dem[222] sup kretinaza[223]

Sche ve inpreuna ku Kretinaza[224]

　　　　　Nafura.

da sehe[225] Nafura?

Nafura ei[226] trupu schi Schinsile lui Hiristos[227] kare au kurs pintru Pekatile a tettulrora[228]

Das Vater unser.

(In der Agende ebenfalls durchgestrichen.)

Tatul nost kaire jest in Cser[229] svinsekese[230] Numele ato[231] vie[232] nie[233] Inperezia[234], siecen[235] voia ata kum in Cser a scha schi pe pomunt[236], punÿe[237] a noste de toytie zillele nÿ[238] de[239] schi[240] nye jarte domnye pecatile, kum jértém schi noi, greschellile a greschizilor nost[241] schi[242] nu[243] dusche damnye[244] in kaile de isbite[245] dare[246] nye isbeschje[247] de hiklan. ke a tai[248] Slava schi putere, schi perrira[249] die[250] Vets In Vest[251] Amin.

Segen.
(durchgestrichen)

Dumnezo ve alduaske schi ve sokeskaske[252]
Dumnezo ve vade schi ve mnÿluaske
Dumnezo ve katjie[253], schi ve porte in Patsche. Amin.
    4 B Mos: 6,24-26. Der Aronische Seegen. (Von der Hand des Pfarrers Scholtes hinzugesetzt.) Domnul sze[254] ve blagoszloveaszke pre woi schi sze[255] ve pezászke, Domnul sze[256] araetje Fátza sza presztje woi schi sze[257] ve milulaszka – Domnul sze[258] rydjitsche fatza sza presztje woi schi sze[259] daeiae voa Patsche. Amin.

ad Sepulturam (Prohodul).

Nota. Dieser bey unsern Begräbnissen vorgeschriebene Aufsatz ist in dieser wallachischen Übersetzung darum nicht nach den Regeln der wallachischen Orthographie geschrieben, weil beÿ Lesung der ächten Schreibart immer Etwas theils ausgelassen theils zugesetzt werden muß, wenn es für unsere hiesigen Bewohner verständlich seÿn soll; darum habe ich, um auch für den der wallachischen Sprache nicht ganz kundigen Leser verständlich zu schreiben und die Aussprache zu erleichtern, mit j. ch. z. sz nach der ungrischen Betonung auszuhelfen getrachtet. Joh. Michael Scholtes Pfrr.
    Fratzilor ÿn Hristos! dupe tsche Dumnezeu tsel milosztiw schi Tatel nostru multje Nekazuir schi Superér nye trimaetje noa yn Wiatza azt wremelynyike, schi djela noi louynd pre Tatel, schi pre Mame, Frátz schi Szorór, Nyamuir schi Beiaetz; pentru kaire yntrisztindunye lakrimém, nye mÿngaeiaeschte pre noi
    ÿntiu: Kuwÿntu lui Dumnezeu: sze nu yntrisztém ka Pogéngy, kareji nau Nyedjézsdje, de alte Viatze vaétschnyike, la káire noi prin Moartje wremaelynyike trebuiae sze yntrem.
    dje a doa: nye yndjaemne pre noi szwÿnta Szkripture; sze kraédjem noi: Trupul atscheszta, kare visza ÿngropa ÿn Pemÿnt, jare visza ÿnwiae djela Mortz; kae dzitsche Iwbu, kaire jerá fere dje Prihane: „ke schtui, ke waetschnyik jaesztje tschel, tsche me wa reszipí, schi karelye wa szkula pre Pemÿnt Piaelyae mae, kairae szúfere a tschae sztyae." schi wa fi purure la Domnul ÿn Weszelyiae schi Feretschiriae waetschnyike; prekum merturiszaeschtje Szwuntul Apostolu Pawel, kairae dzische: I Thess: 4,13-18. „Iare nu wou sze nu schtitz, woi Fratzilor! pentru tschéi, tsche au adormnyit ka sze nu was yntrisztátz ka schi tschea láltz, kaireji nu au Nyedjaezsdjae. Ke dje kraedjem, ke Isus au murit, schi au ÿnviaet: asche schi Dumnyezeu pre atschei adormnyitz yntru Isus, adutsch-

eiwa ympreúna ku jél. Ke atschasztae greim woa ku Kuwyntul Domnului,: ke noi, tschei wii, kaire wom fi remásch, ÿntru Wenyirae Domnului, nu wom yntraetsche pre tschei adormnyitz; ke ÿnszusz Domnul yntru Porunkae, ku Glaszul Archángyelului, schi yntru Trimbitza lui Dumnezeu sze wa pogori djin Tscheru, schi tschei Mortz antru Hristos wor ÿnviae yntiu, dupa tschéa noi, tsei wii, kăire wom fi remasch, ympreuna ku dynschi nye wom repi yn Noir' yntru Intympinariae Domnulu yn Wezduh, schi aschae pururae ku Domnul wom fi. Drept a tschea, myngeaetziwe unyi pre áltzi ku Kuwyntchelye atsesztjae. – Akuma aszkultatz a n o a d e t s c h i l y e P s a l m u . o Rugetschunye lui Moiszi, omul lui Dumnezeu.

Doamye Szkepáire tchai fekut noa, yn Nyám schi Nyam. Mai naintje dje sche szau fekut Muntzi schi szau zidjit Pemyntul schi Lumae schi djin Viak pÿnae yn Wiak Tu jescht Dumnezeu. Nu yntoarsche pre Om yntru Szmerenyiae: schi au zisz: yntóarschetziwe Fii Oamenyilor. Ke o mniae de Any yn naintchae Okilor tei Doamnye, jesztje ka Ziva de jér, kare au trekut, schi o Sztrázsa yn Noaptjae; Urziszire Anyilor wor fi: diminyatza ka Iarba wa traetsche. Diminyatza wa ynflori, schi wa traetsche; dje ku száre wa kedjae, ynwyrtóschazewa schi wa uska; ke nyam szfÿrschit yntru Utzimiae ta, schi yntru Mynyia ta nyam turburat. Pusz ai Feredelézsilye noastre yn naintcha ta, Wiakul nosztru yntru Luminare Fiaetzi talye; ke toatje Zilelye noasztrae szau imputzinat, schi yntru Mynyia ta nyam sztinsz. Anyi noschtri ka un Paaezsin szau szokotjit. Zilelye Anyilor noschtri yntru dÿnschi schaptje zetsch de áný; jare dje wor fi yn Putjér optzetsch dje Any, schi tschéi mai mult, djekit atschesztjae, Osztenyalae schi Durárae jeszte; ke au venyit Blyndjaetzae preaztje noi, schi nye wom pedjepszi. Tschinye schtjie Putjaeriae Utzimei talyi, schi dje Frika ta Mynyia ta sze o múmere? Drapta ta a schae konoszkutae o fe miae (m n y i a e), schi prae tsche ferekatz ku Inyima yntru Ÿntzeleptschunye. Yntoarschetje Doamnye pÿnae kÿnd? schi tje umilaeschtje spre Robbji tei! Ymplutunyam djiminyatzae dje Mnyilla ta Doamnye schi nyam bukurat, schi nyam weazelyit yn toatjae zililye noasztrae. Weazelyitunyam pentru Zilyelye, yn kairae nyai szmerit pre noi, Anyi yntru karii am vezut Riaelye. Schi kaute spre Robi téi schi spre Lukrurilye talye, schi yndreptjaze pre Fii lor. Schi fiae Lumina Domnului Dumnezeului nostru praeszte noi, schu Lukrurilye Mynyilor noasztrae lye yndreptjaeze szpre noi, schi Lukrul Mynyilor noasztre yndreptjaeze.

Domnului sze nye rugém.

O Doamnye Isus Hrisztos, karelye tu jescht Viatza sohl Ynwiaere, schi prin Moartja ta yngyitzituschau Moartjae, schi prin Inwiaera ta jare nyai kischtjegat Wiatza; noi szerátsch sohl pedjepszitz Peketósch, karii noi yn Miázetzu Wietzi pre Pemynt ku Moartjae szintjem kuprinsch, nye rugém la mairiae Bÿnyaetza ta: sze nye ympotjirescht ku Putjera ta, a birui Putjaera Moartchi, schi a adormi dupe Kuwuntul teu, yn bune Getaire, schi a skepá la Hodjna noasztre; Ke tu jescht un Deregetoir a Moartji, schi a Wiaetzi akuma schi pururae ÿn Waetsch. Amin.

Tatel nosztru, kaire jescht yn Tscher, szfÿntzászkesze Numelye teu, wie Ymperetzia ta, fie Woia ta, prekum yn Tscher, aschae schi pre Pemÿnt. Pÿnya noasztre tschae dje toatje Zilye, de nyeo noa asztetz, schi nye jarte noa Greschaelyilye noasztrae, prekum schi noi jertem Greschitzilor noscht; Schi nu nye dutsche pre noi yn Isbite schi nye izbewaesehtjae dje tschél Reu; ke a ta jesztje Imperetziae schi Putjaerae schi Szláwa djin Waetsch yn Waetsch. Amin.

Patscha lui Dumnezeu, kairiae kowyrschaeschtje toate Mintje, we pezaszke Inyimilye schi Kuzsaétjelye woasztre yntru Hristos Izus. Amin.

Dumnezeu hodjingászke Trupul jészt mort yn Rewenyiria Pemyntului, schi él ynviaeze yn Zua Domnului nosztru Isus Hrisztos, schi daeiae lui Wiatza Waetschnyike, feretschite. Amin.

1 verbessert: Kristini.	38 Spune.	75 sche.
2 Hristos.	39 kare.	76 dje.
3 Ungye.	40 remunyém.	77 kaire.
4 trÿmetje.	41 lume.	78 se.
5 multe.	42 mnyirui.	79 dje.
6 schi.	43 dumnezo.	80 lume.
7 schi.	44 Christos.	81 jasta.
8 nye.	45 adjevarat.	82 kau.
9 nu nye.	46 a.	83 topschtye.
10 negÿesde.	47 scher.	84 jarba.
11 ungye.	48 a.	85 Munya.
12 ke.	49 scsula.	86 fabtele.
13 nye.	50 gyinti.	87 nuoste.
14 kregyem.	51 a.	88 djé.
15 lom.	52 innaintche.	89 nuostje.
16 ingropa.	53 trei.	90 lyé a.
17 ingropa.	54 vetsch.	91 Christos.
18 inschie.	55 vetsch.	92 innaintche.
19 schi.	56 /:Amu	93 skur zillele.
20 hellye.	57 ascultats.	94 nuoste.
21 alte.	58 zische:	95 Die elf letzten Worte
22 a.	59 tinÿe.	durchgestrichen
23 ku bukerie.	60 nedschgye.	(schÿ – kurrunt).
24 vetsch.	61 svincenassa.	96 lume.
25 vetsch.	62 adgeverit.	97 suie
26 pretchin.	63 dje.	98 schepchezesch.
27 opri.	64 svincelisale:/	99 dje.
28 schits.	65 dje.	100 Ai.
29 scherului.	66 la.	101 eÿ.
30 kregyem.	67 tchema.	102 multa.
31 Christos.	68 la.	103 undje.
32 sculat.	69 djin.	104 Die fünf letzten Worte
33 mortje.	70 la.	durchgestrichen
34 Christos.	71 raiului.	(unje – liboffi).
35 somnu.	72 svincena sa.	105 zischem.
36 kregÿem.	73 dje.	106 binÿe.
37 so.	74 zua.	107 oi.

108 schiu.
109 voi.
110 Krestin.
111 kregyets.
112 mortche.
113 i tet.
114 agÿeverat.
115 kaire.
116 fatsche.
117 binye.
118 i.
119 nÿe.
120 domnÿe.
121 mintche.
122 djémortche.
123 innaintche.
124 tuatche.
125 fabtchele.
126 kuvintche.
127 scheluschtye.
128 implineschtje.
129 schi.
130 lume.
131 nu se.
132 puotje.
133 binÿele.
134 lume.
135 treeschtje.
136 drépatche.
137 undje.
138 inscherrÿ.
139 svint.
140 nÿe.
141 järtÿe.
142 Pekatjilye.
143 nye.
144 puortche.
145 hell.
146 schtim.
147 nÿe.
148 kuprindje.
149 N.N., darüber fome ajasta.
150 negÿschje.
151 lumme.
152 Christos.
153 skoss.
154 kurezit.
155 iau.
156 duss.
157 durchgestrichen.
158 treëschtje.

159 gyin.
160 Vetsch.
161 Vetsch.
162 innaintche.
163 nÿe.
164 dje.
165 innaintche.
166 indrapta.
167 poftschtje.
168 ptarde.
169 voieschtje.
170 tÿama.
171 Christos.
172 lui (ohne Punkt).
173 sintgez.
174 Pecatche.
175 aschutura.
176 dje.
177 avuostje.
178 primeschtje.
179 nye.
180 nÿe.
181 Milluin.
182 za ta.
183 Sinschele.
184 Christos.
185 schti.
186 dje.
187 dje.
188 dje.
189 Dare.
190 nje.
191 nje.
192 grigeschtje.
193 dje.
194 ausit.
195 me;.
196 asche.
197 grigeschtje.
198 dje.
199 a nost.
200 ke.
201 schie.
202 schtim.
203 scheluia.
204 dumnezo.
205 asche.
206 kitre.
207 nje.
208 Christos.
209 dregostjizeve.
210 drecostjit.

211 Greschellile.
212 avustje.
213 zische.
214 Christos.
215 dje.
216 ische.
217 Sche.
218 voie?.
219 Nje.
220 voie.
221 nye.
222 dém.
223 kretinaza!.
224 Kretinaza?.
225 sche i.
226 i.
227 Christos.
228 tetturora.
229 Csér.
230 Svinzaske se.
231 to.
232 Vie.
233 Erst verbessert in nje, dann in nye, dann durchgestrichen.
234 Inperezia ta.
235 Schie.
236 pomunt.
237 Punye.
238 nyé.
239 de astez.
240 Schi.
241 nost.
242 Schi.
243 nu nye.
244 domnye.
245 isbite.
246 Dare.
247 isbeveschgye.
248 ta i.
249 Merrira.
250 djin.
251 Vetsch.
252 sokotyaske.
253 katje.
254 durchgestrichen.
255 durchgestrichen.
256 durchgestrichen.
257 durchgestrichen.
258 durchgestrichen.
259 durchgestrichen.

Original	Transkription (angepaßt)	Heutiges Rumänisch	Bibelstelle/Beleg/Kommentar	Deutsche Übersetzung
I. Gÿn ti pecatile a voistye peire ve ro pin sche ats facut ge la tetej inmime? Ja.	I. Dintre păcatile voastre pară vă rău pentru ce ați făcut de la toată inimă? Da.	I. Vă pare rău pentru păcatele voastre, pentru ce ați făcut, din toată inima? Da.	* = Korrekturvorschlag Fußnote angenommen ** = Bemerkung des Übersetzers [...] = Textstelle unklar [xxx?] = unsichere Lesart	Bereut ihr eure Sünden, [das] was ihr getan habt, von ganzem Herzen? Ja.
II. Kregets ke ve poitje schi pekatile a voiste jertaje puntru numule Christos? Ja. III. Fageduits voi lui dumneso de a mu anainche traiu vost ats cine mai bynÿ ave feri je pekatile. Ja. IIII. Dare voi cu Kristine[1] a vost gertatuvats?]. V. Kregets voi, jo o Sluje rinduit je la dumneso ve posch gerta ge la pekatile avoistje?].	II. Credeți că vă pot fi păcatele voastre iertate pentru numele lui Cristos? Da. III. Făgăduiți voi lui Dumnezeu de amu înainte traiul vostru a-l ține mai bine, a vă feri de păcate? Da. IV. Dar voi cu creștinii voștri certatu-v-ați? Da. V. Credeți voi, [că] eu o Slugă rânduit de la Dumnezeu, de vă pot ierta de la păcatele voastre? Da.	II. Credeți că păcatele voastre vă pot fi iertate pentru numele lui Hristos? Da. III. Îi făgăduiți lui Dumnezeu de acum înainte, a ține traiul vostru mai bine, a vă feri de păcate? Da. IV. Dar voi cu creștinii voștri v-ați certat? Da. V. Credeți voi, că eu [sunt] un slujitor rânduit de Dumnezeu, ca să vă pot ierta de păcatele voastre? Da.		II. Glaubt ihr, daß euch eure Sünden um Christi Namen willen vergeben werden können? Ja. III. Gelobt ihr Gott, von nun an ein besseres Leben zu führen, euch von Sünden fernzuhalten? Ja. IV. Habt ihr euch auch mit euren [Mit]Christen gestritten? Ja. V. Glaubt ihr, daß ich, ein von Gott eingesetzter Diener [bin], euch eure Sünden zu vergeben? Ja.
Beicht.	**Spovedanie**	**Spovedanie**		**Beichte**
Jo om serak ni puchensosch om peketos kret anainche lui dumneso kaire in Csér schi pe pemant am peketuit mulche din koptilirieme pune in schas ajastye je perunschile alui dumneso nische una nam putut cine bine, kum au porunschit dumneso em paire roh dela toitje inime me rok de gerteschune gela tatul nost din Csér merok schi dumnevoiste Protzi lassat de la dumneso se me gertats pecatile noste toitje em paire roh de toitje inime fageduestk je amu anainche traiu jno	Eu om sărac, neputincios, om păcătos **cred înainte lui Dumnezeu care în Cer și pe pământ, [că] am păcătuit mulche din copilărime pune in schas ajastye je perunschile lui Dumnezeu nici una n-am putut cine bine, kum a poruncit Dumnezeu, î-mi pare rău de la toată inima, mă rog și dumneavoastra Preoți lăsat de la Dumnezeu să-mi iertați păcatele mele toate, î-mi pare rău, toate inima făgăduiesc de acum înainte traiul meu [nou?] acel	Eu om sărac, neputincios, om păcătos, **cred înaintea lui Dumnezeu, care [este] în Cer și pe pământ, [că] am păcătuit multe, din copilărie până în ceasul acesta; dintre poruncile lui Dumnezeu pe nici una nu am putut-o ține bine, cum a poruncit Dumnezeu; îmi pare rău din toată inima, mă rog pentru iertare de la Tatăl nostru din Cer, mă rog și Dumneavoastră, preot lăsat de la Dumnezeu, să-mi iertați păcatele mele toate; îmi pare rău, din toată inima făgăduiesc să țin	** cred [im heutigen Beichtsprachgebrauch: „mărturisesc" - ich bekenne]	Ich armer, ohnmächtiger, sündiger Mensch, **glaube [im heutigen Sprachgebrauch: bekenne] vor Gott, der im Himmel und auf Erden [ist], daß ich von Kindesbeinen an bis zu diesem Augenblick viele Sünden begangen habe; von Gottes Geboten konnte ich keines gut halten, so wie Gott befohlen hat; ich bereue von ganzem Herzen, ich erbitte von Gott unserem Vater im Himmel Vergebung, ich bitte auch Sie, von Gott eingesetzter Pfarrer [wörtlich: Priester], mir alle

Original	Transkription (angepaßt)	Heutiges Rumänisch	Bibelstelle/Beleg/Kommentar	Deutsche Übersetzung
ahel peketos ge amu anainche a cine mal bÿne.	păcătos de acum înainte a cine mai bine.	de acum înainte mai bine traiul meu cel păcătos.		meine Sünden zu vergeben; ich bereue und gelobe von ganzem Herzen, mein sündiges Leben von nun an besser zu führen.
Ad Sepulturam.	Ad Sepulturam [La înmormântare]	Ad Sepulturam [La înmormântare]		Ad Sepulturam [Zum Begräbnis]
Drasi mne schi omin alui dum-nyezo hiristos²¹ Unjie³ nÿe trÿmeje⁴ dumnyeso multÿe⁵ superare in trayu nost pe lume ajasta, si⁶ nye je tate si mama fratye si soror, nyam chi⁷ kopi, pintru kare nye supérém chi plinsém.	Dragi mne schi omeni alui Dumnezeu Hristos! Unde ne trimite Dumnezeu multă supărare in traiul nostru pe lumea asta, şi ne ia tată şi mama, frate şi surori, neam şi copii, pentru care ne supărăm şi plângem.	Dragi mei şi oameni ai lui Dumnezeu Hristos! Iată că Dumnezeu în traiul nostru pe lumea asta ne trimite multă supărare, şi ne ia tată şi mamă, frate şi surori, neam şi copii, pentru care ne supărăm şi plângem.		Meine Lieben und Menschen Christi [unseres] Gottes! Siehe, Gott sendet uns in unser Leben in dieser Welt viel Kummer, und nimmt uns Vater und Mutter, Bruder und Schwestern, Verwandte und Kinder weg, wofür wir uns grämen und weinen.
Pintru a hea nyi⁸ invatza hor-ba svinta se nye⁹ supérém ka Paginÿ kayri nau nische o ne-jesde¹⁰ in rayu Schelului unje¹¹ noi kate se merem pin somnu morcilor ;	Pintru aceea ne învață vorba sfântă să [nu*] ne supărăm ca păgânii care n-au nici o nădejde in raiul Cerului unde noi [cătăm?] să mergem prin somnul morților;	De aceea Cuvântul Sfânt ne învață să nu ne supărăm ca păgânii, care n-au nici o nădejde de în Raiul Cerului unde noi căutăm să ajungem prin somnul morților;		Darum lehrt uns das Heilige Wort, nicht voller Kummer zu sein wie die Heiden, die keine Hoffnung auf das Paradies des Himmels haben, wohin wir, durch den Schlaf der Toten hindurch, zu gelangen trachten.
ka¹² schi svunte kartche noi¹³ invatze ka kum se krejem¹⁴. truppu a jesta kare om¹⁵ ingro-pam¹⁶ in pemunt ehele¹⁷ jare au insie¹⁸ chi¹⁹ sau scula di mortzi, ku a helle²⁰ oisa schi ptele** inpreunat, dare in alche²¹ forma au²² trei la Dommu Dumnezo bükerie²³ gin vest²⁴ in vest²⁵.	că¹² schi sfânta carte ne* învață cum să credem: trupul acesta pe care l-om îngropa în pământ acela iar au învia şi s-au scula din morți, cu acele vor fi [...] împreunat, dar în altă* formă la Domnul Dumnezeu bucurie din veci în veci.	că şi Sfânta Scriptură ne* învață cum să credem: trupul acesta pe care îl vom îngropa în pământ, va învia din nou şi se va scula din morți, cu aceia va fi [...] împreunat, dar va trăi în altă* formă la Domnul Dumnezeu bucurie din veci în veci.	**ptle – evtl. Fehler beim Abschreiben	Denn auch die Heilige Schrift lehrt uns, was wir glauben sollen: Dieser Leib, den wir in die Erde begraben, wird wieder auf-ersterhen und von den Toten erweckt werden, mit denen wird er [oder: wirst du?] [...] zusammen, doch wird er [oder: werden sie] in einer anderen Gestalt bei Gott dem Herren Freude [gemeint ist: Glückseligkeit] erleben von

Deutsche Übersetzung: Ewigkeit zu Ewigkeit.

Original	Transkription (angepaßt)	Heutiges Rumänisch	Bibelstelle/Beleg/Kommentar	Deutsche Übersetzung
Ke a sche spune schi svuntu Pavel in chartche a lui ahe svunte: pe noi krestin schi prechin[26] alui dumneso nu vom ompri[27] de somnu a hel svint in kare som tets krestin kate se dorme, ka kum se nu chitsch[28] superats ka Pagïnÿ kare au nedeschie de inperecia scherule[29].	Că aşa spune şi Sfântul Pavel în cartea lui aşa sfântă: [pe noi] creştinii şi prieteni a lui Dumnezeu [nu vom opri* de?]** somnul acel sfânt în care [somn?] toţi creştinii [caută?] se doarme, [că cum să nu fiţi* supăraţi ca pagânii care au nădejde de Împărăţia Cerului]**	Că astfel spune şi Sfântul Pavel în cartea lui aşa de sfântă: noi creştinii şi prieteni ai lui Dumnezeu nu ne vom sminti de somnul acel sfânt, în care toţi creştinii [caută?] se doarmă, că să nu fiţi* supăraţi ca păgânii care [nu] au nădejde de Împărăţia Cerului.	**[pe noi … nu vom opri de] – grammatikalische Ungereimtheit | richtig: „noi … nu ne vom opri de" ** [că cum … Cerului] – „denn wie solltet ihr traurig sein wie die Heiden die auf das Himmelreich hoffen" ergibt theologisch keinen Sinn. Es müßte heißen: „damit ihr nicht traurig seid wie die Heiden, die keine Hoffnung auf das Himmelreich haben".	Denn so sagt auch der Heilige Paulus in seinem so heiligen Buch: „wir Christen und Freunde Gottes sollen keinen Anstoß nehmen an diesem heiligen Schlaf, den alle Christen zu schlafen trachten", damit ihr nicht traurig seid, wie die Heiden, die keine Hoffnung auf das Himmelreich haben.
Ke dake kregem[30] noi kau murit domnu hiristos[31] schi sau sula[32] din morti[33] a scha nÿau dusche schi pe noi domnu hiristos[34] dupe sehe om schi durmnit in somne[35] mortzilor.	Că dacă credem noi, c-au murit domnul hristos şi s-a sculat** din morţi, [tot] aşa va face şi cu noi domnul hristos după ce om fi durmit în somnul morţilor.	Că dacă credem, că Domnul Hristos a murit şi s-a sculat** din morţi, aşa va face şi cu noi Domnul Hristos după ce vom fi dormit în somnul morţilor.	** „s-a sculat" – Alternative: „a înviat"	Denn wenn wir glauben, daß der Herr Christus gestorben und von den Toten auferstanden ist, [dann] wird der Herr Christus auch an uns so tun, nachdem wir den Schlaf der Toten werden geschlafen haben.
Pintru a hea se kregem[36] kuvuntu lui dumneso[37], spune[38] schi svuntu Pavel, ke noi kere[39] remunem[40] schi treim in luma[41] ajasta noi nom mnyrui[42]** imperetia scherului mal intie schi mai kurunt kau mortzi kare dorm in dumnzo[43]	Pentru a ceea să credem cuvântul lui Dumnezeu, spune şi Sfântul Pavel, că noi care rămânem şi trăim în lumea aceasta noi nu vom [înmirui?]** Împărăţia Cerului mai înainte şi mai curând de morţii care dorm în Dumnezeu.	Pentru aceea să credem cuvântul lui Dumnezeu, spune şi Sfântul Pavel, că noi care rămânem şi trăim în lumea aceasta noi nu vom dobândi** Împărăţia Cerului mai înainte şi mai curând de morţii care dorm în Dumnezeu.	** „mnyrui" von „mir" (Chrisam) oder „mire" (Bräutigam, Gesalbter) drückt hier die Teilhabe aus, im Sinne des Wortes „heiraten"	Darum, laßt uns – so sagt es auch der Heilige Paulus – auf Gottes Wort vertrauen, daß wir [diejenigen] die übrig bleiben und in dieser Welt leben, das Himmelreichs nicht vor den Toten, die in Gott ruhen, und nicht eher als diese, erlangen werden. [nicht ganz korrekt!]
Ke jël hiristos[44] ajevarat[45], impreunat ku insery au[46] vini din cher[47] schi au[48] csula[49] mortzi ginti[50], apoi kare treéskt au[51] dusche inpreunat ku morzi innainche[52]lui dumneso, a kolo	Că el hristos adevărat, împreunat ku îngerii, va veni din cer şi va scula morţii dintâi, apoi [cei] care trăiesc [s-]au duce împreună cu morţii înainte la Dumnezeu, acolo vor trăi din veci în veci.	Că El, Hristos adevărat, împreună cu îngerii, va veni din cer şi va învia morţii dintâi, apoi [cei] care trăiesc, se vor duce împreună cu morţii înainte la Dumnezeu, acolo vor trăi din veci în veci.	Anspielung auf 1. Th. 4,16f.	Denn Er, der wahre Christus, zusammen mit den Engeln, wird vom Himmel kommen und zuerst die Toten zum Leben erwecken, danach werden die Lebenden, zusammen mit den

Original	Transkription (angepaßt)	Heutiges Rumänisch	Bibelstelle/Beleg/Kommentar	Deutsche Übersetzung
or treii[53] din vets[54] in vest[55]. –				Toten vor Gott treten und dort von Ewigkeit zu Ewigkeit leben.
Amu[56] ascultast[57] schi pe David: ommului dumneso in chartche lui sche svinta jel sische[58] la tinge[59] avém noi nédeschie[60] domnye a kerna svincenasa[61] e may ku mult mai mult ageverit[62] ka pemuntu, kare sau adjeverit je[63] Pudjera svincelisala[64]	Acum ascultaţi şi pe David: omul lui Dumnezeu în cartea lui cea sfântă el zice: la tine avem noi nădejde doamne [...] sfinţenia-Sa e mai cu mult mai mult adeverit ca pământu, care s-au adeverit de Puterea sfinţeniei-Sale.	Acum ascultaţi şi pe David! Omul lui Dumnezeu în cartea lui cea sfântă zice: la tine avem noi nădejde, Doamne [...] Sfinţenia Sa, e cu mult mai mult mai adeverită ca pământul, care s-a adeverit de Puterea Sfinţeniei Sale.	Anspielung auf Psalm 90,1f.	Hört nun auch David! Der Gottesmann sagt in seinem heiligen Buch: auf dich richtet sich unsere Hoffnung, Herr [...] seine Heiligkeit [oder: Herrlichkeit] hat sich viel wahrhaftiger erwiesen als die Erde, die die Kraft seiner Heiligkeit verkörpert hat.
Ke domnu Dumnezo au lasat morţie pe ommu, schi lase je[65] more dare jel jare le[66] chama[67] schi lau[68] scula jin[69] Sommu mortilor schi au[70] dusche in scheru raiului[71]	Că domnu Dumnezeu au lasat moarte pe omul, şi lasă de moare dară el iarăii cheamă şi l-au scula din Somnul mortilor şi au duce în cerul raiului.	Că Domnul Dumnezeu a lăsat moarte asupra omului, şi îl lasă să moară, dar el iarăşi îl cheamă şi îl va scula din Somnul mortilor şi îl va duce în Cerul Raiului.	Psalm 90 Paraphrase mit christlicher Erweiterung.	Denn Gott, der Herr, hat den Menschen dem Tode preisgegeben [wörtlich: hat den Menschen Tod beschert] und läßt ihn sterben, doch ruft er ihn aus dem Schlaf der Toten und wird ihn auferwecken und in den Himmel des Paradieses bringen.
Ke la svincenasa[72] sint o mnie de[73] ay ka sua[74] de[75] de[76] jer, schi ka o strase de nuapche keire[77] je[78] tresche de[79] grabe.	Că la Sfinţenia-Sa sânt o mie de ani ca ziua cea de ieri, şi ca o strajă de noapte care ea trece degrabă.	Că la Sfinţenia-Sa o mie de ani sunt ca ziua cea de ieri, şi ca o strajă de noapte care trece degrabă.		Denn tausend Jahre sind vor seiner Heiligkeit wie der Tag, der gestern vergangen ist, und wie eine Nachtwache, die schnell verfließt.
Treiu nost pe luma[80] a jeste[81] se tresche ka[82] Apa schi se to-paske[83] ka garba[84]	Traiu nost pe lumea aceasta se trece ca apa şi se topeşte ca iarba.	Traiul nostru pe lumea aceasta trece ca apa şi se topeşte ca iarba.		Unser Leben in dieser Welt fährt dahin wie ein Strom und verwelkt wie Gras.
Munia[85] alui Dummeso schi varga alui fatsche pintru fablyjlie[86] noste[87] ke noi petreschem a sehe je[88] grabe.	Mânia lui Dumnezeu şi varga lui face pentru faptele noastre că noi petrecem aşa degrabă.	Mânia lui Dumnezeu şi varga lui face, pentru faptele noastre, ca noi [să ne] sfârşim aşa degrabă.	** sehe – Fehler beim Abschreiben, wahrsch. [sche]	Gottes Zorn und Rute [im bibl. Text: Grimm] wirkt es, daß wir – um unserer Taten willen – so plötzlich vergehen.

Original	Transkription (angepaßt)	Heutiges Rumänisch	Bibelstelle/Beleg/Kommentar	Deutsche Übersetzung
Pecatile a noische[89] au[90] dusche Hiristos[91] innainche[92] lui dumneso schÿ a hya** fak dje se skurzillle[93] noste[94] a sche kurrun[95].	Păcatele noastre au duce Hristos înaintea lui Dumnezeu şi [acelea?] fac de se scurg zilele* noastre aşa curând.	Hristos va duce Păcatele noastre înaintea lui Dumnezeu şi [acelea?] fac de se scurg* zilele noastre aşa curând.	** a hya – unklar ob „acelea" (diese) oder aşa (so, also)	Christus stellt [möglich wäre auch: wird wohl ... stellen] unsere Sünden vor Gott und um dieser willen fahren unsere Tage so schnell dahin.
Traiu nost in luma[96] a jasta se sue[97] puna la schepcheses[98] schi obtzesch dje[99] ai[100], schi dake a[101] ku schinzche schi liboff** se schere a titta[102] munche schi lukru unje[103] maÿ imvinse supera liboffi[104], schi noi sischem[105] mai binge[106] o[107] schi mort kau sÿu[108].	Traiul nost în lumea aceasta se suie până la şaptezeci şi optzeci de ani şi dacă* cu sfinţie şi libov şi se cere atâta muncă şi lucru unde mai [e] învinsă supărarea libovii şi noi zicem: mai bine o fi mort ca viu.	Traiul nostru în lumea aceasta se suie până la şaptezeci de ani, iar dacă a* [trăită] în sfinţenie şi iubire şi [totuşi] se cere atâta muncă şi lucru, când [e] învinsă supărarea morţii [verbal: iubitei] şi noi zicem: mai bine o fi mort ca viu.	** libov – archaischer Regionalismus slaw. Ursprungs	Unser Leben währt siebzig und achtzig Jahre und wenn es in Heiligkeit und Liebe [gelebt wird] und [dennoch] soviel Arbeit und Mühe fordert, so sagen auch wir, wenn der Kummer der Geliebten [d. h. Verstorbenen] besiegt ist: es ist besser tot zu sein als lebendig.
Dare noi[109] Kristin[110] se nu kregets[111] „ke se tresche in morche[112] tette binule schi superare; schi omului tet[113] una or fatsche bine or roh in luma a jasta.	Dar voi* creştini să nu credeţi, că se trece în moarte toate binele şi supărarea?; şi omului tot una ori face bine ori rău în luma a jasta.	Dar voi*, creştini, să nu credeţi „că toate trec în moarte, binele şi supărarea?; şi omului tot una îi e, ori face bine ori rău în lumea asta.		Doch sollt ihr Christen nicht glauben, „daß im Tod alles vergeht, das Gute und der Kummer; und daß es dem Menschen – [gleichwohl] ob er nun Gutes oder Böses in dieser Welt tut – gleich ergeht."
Dare a hela ajevarat[114] kaira[115] faste[116] bine[117] a helle mere in rai, da kare fatsche rélé a[118] furesit de la dumnezo	Dar acela adevărat care face bine acela merge în rai, da care face rele e furisit de la Dumnezeu.	Pentru că acela care face bine, adevărat, acela merge în rai, dar care face rele e blestemat de Dumnezeu.		Denn derjenige, der Gutes tut, der kommt wahrhaftig ins Paradies, doch derjenige, der böse Dinge tut, der ist von Gott verflucht.
Invatze ne[119] domnie[120] schi pe noi kaire treim in luma schi nye ade a minche[121] in tet schas demortche[122], in kare se dém innainche[123] alui dumnezo same pintru tottche[124] fabchile[125] schi	Învaţă-ne Doamne şi pe noi care trăim în lume şi ne adă aminte în tot ceasul de moarte în care să dăm înaintea lui Dumnezeu samă pentru toate faptele şi cuvinte slabe care l-om petrecut	Învaţă-ne pe noi care trăim în lume şi ne adu aminte în tot ceasul de moarte în care vom da seamă înaintea lui Dumnezeu pentru toate faptele şi cuvinte slabe de care ne-am făcut răspun-		Lehre auch uns, Herr, die wir in der Welt leben, und laß uns zu jeder Stunde den Tod bedenken, in dem wir uns vor Gott für alle unnützen Taten und Worte verantworten werden müssen,

Original	Transkription (angepaßt)	Heutiges Rumänisch	Bibelstelle/Beleg/Kommentar	Deutsche Übersetzung
ku vinche[126] slabe kare lom pétrécut in treiu nost.	în traiul nost.	zători în timpul vieții noastre.		die wir in unserem Leben verschuldet haben.
Ke ommu kaire scheluaske[127] pé altu, ommu kaire furre pe altu, Ommu kare se implinaske[128] si[129] se fasche bogat pe lumma[130], nuse[131] pote[132] kapeta Viatza, schi bingele[133] in sche luma[134], fore a hella kaire tresche[135] ku dréptache[136] mere a kollo undie[137] es inserry[138] la dumnezo hell zvint[139].	Că omul kaire siluiește pe altul, omul care fură pe altul, omul care se împlinește și se face bogat pe lume nu se* poate căpăta Viața, și binele în cea lume, fără acela care trece cu dreptate mere a acolo unde iș îngerii la Dumnezeu cel Sfânt.	[Pentru] că omul care siluiește pe altul, omul care fură pe altul, omul care se împlinește și se face bogat pe lume, nu poate dobândi Viața și binele în cea lume; doar acela care trece cu dreptate, merge acolo unde sunt îngerii la Dumnezeu cel Sfânt.		Denn der Mensch, der einem anderen Qual zufügt, der Mensch der einen anderen beraubt, der Mensch der [im Übermaß] anhäuft und auf Erden reich wird, kann in jener Welt das Leben und das Gute nicht erlangen; nur derjenige, der für gerecht befunden wird, kommt dahin, wo die Engel sind, zu Gott dem Heiligen.
Pintru a hea noi[140] garte[141] Pekatilye[142] schi se noi[143] purche[144] ku gindu kell[145] bun, ke schi noi nu stim[146] kint schi kum noi[147] ku prinje[148] schi pe noi Mortche, kum au aflat schi kuprins schi pe Miske[149] dje kare avém nedesche[150] bates au fost Peketos, cum sint tets ommin pe lumma[151] ke dumnezo Hiristos[152] lau skos[153] schi lau kirrezit[154] dje pecatile, schi lau[155] dat[156] sufflettu jie[157] luý in Rai la Inseri, a kollo tresche[158] jéll amu gin[159] Vets[160] in Vets[161] Amin	Pintru aceea ne iartă Păcatele și să ne poarte cu gândul cel bun, că și noi nu știm când și cum ne cuprinde și pe noi moartea cum au aflat și cuprins și pe Miske [* NN. femeia aceasta] de care avem nădejde bates au fost păcătos cum sânt toți oamenii pe lume, că Dumnezeu Hristos l-au scos și l-au curățit de păcatele și i-au dat sufletu lui* în Rai la îngeri, acolo trăiește el acum din veci în veci. Amin.	Pentru aceea să ne ierte păcatele și să ne poarte cu gând bun, că nici noi nu știm când și cum ne cuprinde și pe noi moartea, cum [l-]a aflat și cuprins și pe Miske [* NN. femeia aceasta], de care avem nădejde, cu toate că a fost păcătos, cum sânt toți oamenii pe lume, că Dumnezeu Hristos l-a scos și l-a curățit de păcate și i-a dat sufletul lui* în Rai la îngeri; acolo trăiește el acum din veci în veci. Amin.		Darum möge er uns unsere Sünden vergeben und uns mit guten Gedanken [auf unserem weiteren Lebensweg] begleiten. Denn auch wir wissen nicht, wann und wie der Tod uns umfängt, so wie er auch Miske [* NN. diese Frau] ereilt und umfangen hat, von dem wir hoffen, daß ihn Gott Christus – obwohl er, wie alle Menschen auf Erden, ein Sünder war – herausgenommen und von Sünden gereinigt hat und seine Seele ins Paradies gebracht hat; dort lebt er nun von Ewigkeit zu Ewigkeit. Amen.
V.U. Seegen.	Tatăl nostru. Binecuvântare	Tatăl nostru. Binecuvântare		Vaterunser. Segen

Original	Transkription (angepaßt)	Heutiges Rumänisch	Bibelstelle/Beleg/Kommentar	Deutsche Übersetzung
Confirmationsformel. (Auch dieses Stück ist in der Agende durchgestrichen.)	Formula de Confirmare	Formula de Confirmare		Konfirmationsformel
O! domne tatul nost din Cser, jakete schi noi stem innainche[162] lui altaru ahést svint schi a krestinilor;	O! Doamne, tatăl nostru din Cer, iacă-tă și noi stăm înainte lui altarul acesta sfânt al creștinilor;	O! Doamne, Tatăl nostru ceresc, iată că și noi stăm înaintea altarului acesta sfânt al creștinilor		O, Herr, unser himmlischer Vater, wir stehen nun hier, vor diesem heiligen Altar der Christen,
ke cum se dne[163] dém schi noi, die[164] amu innainche[165] sup krestinaza** schi a mere kerelile kare ne indrepta[166] porunka ata	Că cum să ne* dăm schi noi, de acum înainte sub creștinaza și a mere cărările care ne îndreaptă porunca ta.	[pentru] a ne da și noi, de acum înainte sub credință și a merge [pe] cărările [pe] care ne îndreaptă porunca ta.	** krestinaza – wahrscheinlich „credință" (Glaube)	um uns von nun an dem Glauben anzuvertrauen, und auf den Pfaden zu wandeln, auf die uns dein Gebot weist.
Ke svincenata pofteske[167], se nu se pteirde[168] nische un Suflet de om, fore téts se vie in bukerie schi in Veselie Scheruli.	Că Sfințenia-Ta poftește, să nu se piardă nici un Suflet de om, fără tots sa vină în bucuria și în Veselie Cerului.	Că Sfinția-Ta nu vrea să nu se piardă nici un Suflet de om, ci ca toți să ajungă în bucuria și în veselia Cerului.		Denn Deine Heiligkeit möchte keine Menschenseele verloren geben, sondern [will], daß wir alle die Freude und die Fröhlichkeit des Himmels erlangen.
Svincenata voiesche[169] se schim o date inprounat ku inseri schi ku svinzi in Scher	Sfincenata-Ta voiește să fim o date împreunați cu îngeri și cu sfinți în Cer.	Sfinția-Ta vrea să fim odată laolaltă cu îngerii și cu sfinții în Cer.		Deine Heiligkeit will, daß wir einmal zusammen mit den Engeln und den Heiligen im Himmel sein werden.
Pintru a schea ni thama[170] domnul Hiristos[171] in tettche zille in svinta Evangelia schi Invezitori lui[172] Zikint:	Pentru aceea ne cheamă Domnul Hiristos în toate zilele în Sfânta Evanghelie și învățăturile lui Zicând:	Pentru aceea Domnul Hristos ne cheamă în toate zilele în Sfânta Evanghelie și învățăturile Lui, zicând:		Darum ruft uns Christus, der Herr, Tag für Tag im Heiligen Evangelium und [in] seinen Lehren, und sagt:
vinitz lamine téts kare sintest[173] ku Pecache[174] ingrounat, ke jo voi asutura[175], schi voi Kurezi die[176] pecatile avoiste[177].	viniți la mine toți care sunteți cu păcate îngreunat, că eu voi ajutura, schi voi curăța de păcatele voastre.	veniți la mine toți care sunteți împovărați de păcate, că Eu [vă] voi ajuta și [vă] voi curăți de păcatele voastre.		kommt alle zu mir, die ihr mit Sünden beladen seid, denn ich werde euch helfen und von euren Sünden reinigen.
Asche primesche[178] ne[179] dare domnye schi pe noi schi ne[180]	Așa primește-ne dară Doamne și pe noi ne caută cu miluința	De acea, primește-ne Doamne și pe noi ne caută cu milostivirea		Darum nimm auch uns an, o Herr, und laß uns deine Barm-

Original	Transkription (angepaßt)	Heutiges Rumänisch	Bibelstelle/Beleg/Kommentar	Deutsche Übersetzung
kate ku Mĭlluim[181] zata[182] pintru Sinsele[183] a lui Hiristos[184]. Amin.	Ta pentru sângele al lui Hristos. Amin.	Ta, pentru sângele lui Hristos. Amin.		herzigkeit zuteil werden, um Christi Blut willen. Amen.
Omu krestin alui dumnezo, jel de nar ave Svinta kartche schi invezitor, jel nar sti[185] se a da sub Crestinaza, nar sti a se desparta die[186] roh, die[187] pecat schi die karare a drakului fore jél tétt pintunerik ar kalka drumu a **Isbenilor, kaire nau nische o partcehe die[188] Imperezia Scherului; nar sti a fatsche dupe Perunschile alui dumnezo.	Omul creștin a lui Dumnezeu, el de n-ar avea Sfânta Carte și învățitor, el n-ar ști se a da sub Creștinătă, n-ar ști a se desparți de rău, de păcat și de cărarea dracului, fără el tot pe întuneric al călca drumul [...], care n-au nici o parte de Împărăția Cerului; n-ar ști a face după poruncile a lui Dumnezeu.	Omul creștin al lui Dumnezeu, de n-ar avea Sfânta Scriptură și învățător, n-ar ști să se dea sub credință, n-ar ști să se despartă de rău, de păcat și de cărarea dracului, fără el tot pe întuneric drumul [păcătoșilor], care n-au nici o parte de Împărăția Cerului; n-ar ști a face după poruncile a lui Dumnezeu.	** Isbeni – unbestimmbar, wsch. „păcătoși" (Sünder)	Gottes christlicher Mensch könnte sich dem Glauben nicht anvertrauen, wenn er nicht die Heilige Schrift und [einen] Lehrer hätte, er könnte nicht vom Bösen, von der Sünde und dem Pfad des Teufels ablassen, sondern würde stets im Dunkeln den Weg der Sünder gehen, die keine Teilhabe am Himmelreich haben; er würde nicht nach Gottes Geboten handeln.
Daro[189] Mnilla alui pe cum ne cauta, schi nie[190] kate, schi nie[191] grigesche[192] die[193] truppu nost kum ats ausis[194] din Invetzetura me[195].	Dară Mila lui pe cum ne caută, și ne grijește de trupul nostru, cum ați auzit din învățătura mea.	Însă Mila Lui precum ne caută, se și îngrijește de trupul nostru, cum ați auzit din învățătura mea.		Doch sobald sich seine Barmherzigkeit unser annimmt, sorgt sie gleich auch für unseren Leib, wie ihr aus meiner Predigt [wörtlich: Belehrung] gehört habt.
Asche[196] kate, schi grigesche[197] domnul svint din Scher schi die[198] Sufletu nost[199] ca[200] se nu schi[201] pterdut.	Așa caută și grijește Domnul Sfânt din Cer și de Sufletul nostru ca să nu fie pierdut.	Așa caută și grijește Domnul Sfânt din Cer și de Sufletul nostru ca să nu fie pierdut.		So wendet sich der heilige Herr im Himmel auch unsrer Seele zu und sorgt [für sie], daß sie nicht umkommt.
Amu dare dake stim[202] din svinte kartche, ke Suffletu schluia[203] mere pterdut, kere nu fatsche dupe Perunke alui dumnezo[204]	Acum dară dacă știm din Sfânta Carte, că sufletul celuia merge pierdut, care nu face după porunca lui Dumnezeu.	Și acum, că știm din Sfânta Scriptură, că sufletul aceluia va fi pierdut, care nu face după porunca lui Dumnezeu,		Und nun, da wir aus der Heiligen Schrift wissen, daß die Seele dessen verloren geht, der nicht nach Gottes Gebot tut,
Asche[205] se stem in tettche zilele, in tett schas, ku kreginza buna la Dumnezo, schi cu in-	Așa să stăm în toate zilele, în tot ceasul, cu credința bună la Dumnezeu, și cu inima bună,	să stăm atunci în toate zilele, în tot ceasul, cu credința bună la Dumnezeu, și cu inima bună,		laßt uns also jeden Tag, zu jeder Stunde, guten Glaubens vor Gott und guten Herzens vor unseren

Original	Transkription (angepaßt)	Heutiges Rumänisch	Bibelstelle/Beleg/Kommentar	Deutsche Übersetzung
nima bune, kite[206] Frats, Sore, schi tett om.	către frați, sore și tot omul.	către frați, surori și tot omul.		Brüdern, Schwestern und jedermann sein.
Ke asche nie[207] imvaza dommul Hiristos[208] zikind: drekostizeve[209] laolalta pe cum vam drecostit[210] schi jo pe voi, schi am lasat truppu schi Sinsele amno pintru pecatu vost; jertatseve voi umu la altu Gresschellile[211] pe cum jërt schi jo avoiste[212].	Că așa ne învață Dommul Hristos zicănd: drăgostiți-vă laolaltă pe cum v-am drăgostit și eu pe voi,** și am lăsat trupul și Sângele Meu pentru păcatul vost; iertați-vă voi unul la altul Greșelile pe cum iert și jo avoiste.	Că așa ne învață Domnul Hristos zicând: iubiți-vă unii pe alții, cum v-am iubit și eu pe voi, și mi-am dat trupul și sângele Meu pentru păcatul vostru; iertați-vă unul altuia Greșelile pe cum [le] iert și eu [pe ale] voastre.	** drăgostiți-vă laolaltă pe cum v-am drăgostit și eu pe voi – klingt herrlich!	Denn so lehrt uns Christus, der Herr, und sagt: liebt einander, wie auch ich euch geliebt und mein Leib und Blut für eure Sünden dahingegeben habe: vergebt einander eure Verfehlungen, wie auch ich die eurigen vergebe.
Ke schine nu järte, sische[213] domnul Hiristos[214] umu la altu a sche inke nu vau jerta tatul svint din Schér.	Că cine nu iartă, zice Domnul Hristos, unul la altul așa încă nu vă-au ierta tatăl sfânt din Cer.	Că cine nu iartă pe altul, zice Domnul Hristos, pe acela nici nu îl v-a ierta Tatăl Sfânt din Cer.		Denn wer dem Anderen nicht vergibt, sagt der Herr Christus, dem wird der Heilige Vater im Himmel auch nicht vergeben.
Amu cum stits, schi ats invacet din Porunschile lui dummezo die[215] sche stats voi a ische[216] sche[217] vi voia[218]	Acum cum stits, și ați învățat din Poruncile lui Dumnezeu de ce stați voi aici, ce v-i voia?	Acum că știți, și ați învățat din poruncile lui Dumnezeu, de ce stați voi aici, ce vă e voia?		Nun, da ihr Gottes Gebote kennt und gelernt habt, warum seid ihr hier, was ist euer Wille?
Nie[219] voia[220] se ne[221] dem[222] sup kretinaza[223]	Ne e voia să ne dăm sub Credință.	Ne e voia să ne dăm sub Credință.		Wir wollen uns dem Glauben anvertrauen.
Sche ve inpreuna ku Kretinaza[224] Nafura.	Ce ve împreună cu Credința Nafura.	Ce vă împreunează cu Credința Împărtășania.	nafura, anafură – veralteter Terminus für „Eucharistie".	Was eint euch mit dem Glauben? Das [Heilige] Abendmahl.
da sehe[225] Nafura? De ce-i* Nafura?	De ce-i* Nafura?	Dar ce e Împărtășania?		Und was ist das [Heilige] Abendmahl?
Nafura ei[226] truppu schi Schinsile lui Hiristos[227] kare au kurs pintru Pekatile a tettulrora[228]	Nafura e trupul și sângele lui Hristos care au curs pentru păcatele a tuturora.	Împărtășania este trupul și sângele lui Hristos, care a curs pentru păcatele tuturora.		Das [Heilige] Abendmahl ist der Leib und das Blut Christi, das für die Sünden aller vergossen wurde.

Original	Transkription (angepaßt)	Heutiges Rumänisch	Bibelstelle/Beleg/Kommentar	Deutsche Übersetzung
Das Vater unser. (In der Agende ebenfalls durchgestrichen.)	Tatăl nostru	Tatăl nostru (heutige rumänische Version)	Im Original leicht abweichende Vater-Unser-Version	Vater Unser (Übersetzung der Vorlage)
Tatul nost kaire jest in Cser[229] svinsekese[230] Numele ato[231] vie[232] nie[233] Inperezia[234], siecen[235] voia ata kum in Cser a scha schi ze pomunt[236], punĭe[237] a noste de toytie zilele nĭ[238] de[239] schi[240] nye jarte domnye pecatile, kum jertem schi noi, greschellile a greschizilor nost[241] schi[242] nu[243] dusche damnye[244] in kaile de isbite[245] dare[246] nye isbeschje[247] de hiklan. Ke a tai[248] Slava schi putere, schi perrira[249] die[250] Vets în Vest[251] Amin.	Tatăl nost kaire jest în Cer, sfințească-se Numele tău, vie ne împărăția [ta*], fie-se [facă-se*] voia ta, cum în Cer așa și pe pământ, pâinea noastră de toate zilele, ne dă [astăzi]. Și* ne iartă doamne păcatele, cum iertăm și noi, greșelile a greșiților noști. Și* nu ne* duce Doamne în căile de ispite dară ne ispășește* de viclean. Că a ta-i Slava și putere, și mărirea* din Veci în Veci. Amin.	Tatăl nostru care ești în Ceruri, Sfințească-Se numele Tău. Vie împărăția Ta. Facă-se voia Ta, precum în Cer așa și pe pământ. Pâinea noastră de toate zilele, dă-ne-o nouă astăzi. Și ne iartă nouă greșelile noastre, precum și noi iertăm greșiților noștri. Și nu ne duce pe noi în ispită, ci ne izbăvește de cel rău. Că a Ta este împărăția și puterea și slava în vecii vecilor. Amin.	Auffallendste Abweichung: „Denn Dein ist die Herrlichkeit und die Kraft und der Lobpreis, von Ewigkeit zu Ewigkeit. Amen", heutige Version: „Denn Dein ist das Reich und die Kraft und die Herrlichkeit, in Ewigkeit. Amen" * in der unverbesserten Version „pierirea" (Untergang, Verderbnis)	Vater unser, der du bist im Himmel, geheiligt werde Dein Name. Uns komme dein Reich. Dein Wille geschehe, wie im Himmel so auf Erden. Unser tägliches Brot gib uns heute. Und vergib uns unsere Schuld, wie auch wir vergeben unseren Schuldigern. Und führe uns, Herr, nicht auf den Wegen der Versuchungen, sondern erlöse uns von dem Bösen [wörtlich: Schlauen]. Denn Dein ist die Herrlichkeit und die Kraft und der Lobpreis von Ewigkeit zu Ewigkeit. Amen.
Segen (durchgestrichen) Dumnezo ve alduaske schi ve sokeskaske[252] Dumnezo ve vade schi ve mnĭluaske Dumnezo ve katĭe[253], schi ve porte in Patsche. Amin.	Binecuvântarea Dumnezeu vă ** alduiască și vă ** socotească Dumnezeu vă vadă și vă miluiască Dumnezeu vă caute, și vă poarte în Pace. Amin	Binecuvântarea Dumnezeu să vă binecuvânteze și să vă păzească Dumnezeu să vă vadă și să vă miluiască Dumnezeu să vă caute, și să vă poarte în Pace. Amin	Veraltete Form von Num. 6, 24-26. ** alduiască – ung. Lehnwort „segnen", Archaismus ** socotească – Archaismus	Segen Gott segne und behüte euch, Gott schaue euch an und erbarme sich euer Gott wende sich euch zu und lasse euch in Frieden wandeln. Amen
4 B Mos: 6,24-26. Der Aronische Seegen. (Von der Hand des Pfarrers Scholtes hinzugesetzt.) Domnul sze[254] ve blagoszloveaszke pre woi schi sze[255] ve pezászke, Domnul sze[256] araetje	Cartea a patra a lui Moise [Numerii] 6,24-26. Binecuvântarea Aronită (adăugată de mâna preotului Scholtes). Domnul să vă blagoslovească pe voi și să vă păzească, Domnul să arate Fața	Numerii 6,24-26. Binecuvântarea Aronită (adăugată de mâna preotului Scholtes); Domnul să vă binecuvânteze și să vă păzească, Domnul să-și arate fața Sa peste voi și să vă miluiască – Domnul	Orthodox: Să te binecuvânteze Domnul și să te păzească! Să caute Domnul asupra ta cu fața veselă și să te miluiască! Să-Și întoarcă Domnul fața Sa către tine și să-ți dăruiască pace!	Numeri 6,24-26. Der Aronische Segen. (Von der Hand des Pfarrers Scholtes hinzugesetzt.): Der Herr segne und behüte euch. Der Herr lasse sein Angesicht leuchten über euch und erbarme

Original	Transkription (angepaßt)	Heutiges Rumänisch	Bibelstelle/Beleg/Kommentar	Deutsche Übersetzung
Fátza sza presztje woi schi sze[257] ve milulaszka – Domnul sze[258] rydjitsche fatza sza presztje woi schi sze[259] daeiae voa Patsche. Amin.	sa peste voi și să vă miluiască – Domnul să ridice fața sa peste voi și să deie vouă Pace. Amin.	să-și ridice fața Sa peste voi și să dea vouă pace. Amin.	Cornilescu: Domnul să te binecuvânteze, și să te păzească! Domnul să facă să lumineze Fața Lui peste tine, și să Se îndure de tine! Domnul să-Și înalțe Fața peste tine, și să-ți dea pacea!	sich über euch – Der Herr erhebe sein Angesicht auf euch und gebe euch Frieden.
Ad Sepulturam (Prohodul). Nota.	Ad Sepulturam (Prohodul)	Ad Sepulturam (Prohodul)		Ad Sepulturam (zum Begräbnis)
Fratzilor ÿn Hristos! Dupe tsche Dumnezeu tsel milosztiw schi Tatel nostru multje Nekazuir schi Superér nye trimaetje noa yn Wiatza azt wremelynyike, schi djela noi louynd pre Tatel, schi pre Mame, Fráz schi Szorór, Nyamuir schi Beiaetz; pentru kaire yntrisztindunye lakriméin, nye mÿngaeiaeschte pre noi	Fraților în Hristos! După ce Dumnezeu cel milostiv și Tatăl nostru multe necazuri și supărări ne trimite noua în viața asta vremelnică, și de la noi luând pe Tatăl, și pe Mama, Frați și surori, Neamuri și Băieți; pentru care întristându-ne lăcrimăm, ne mângâiește pe noi	Fraților în Hristos! După ce Dumnezeu cel milostiv și Tatăl nostru ne trimite multe necazuri și supărări în viața asta vremelnică, și luând de la noi pe tatăl și pe mama [noastră], frați și surori, neamuri și copii; pentru care întristându-ne lăcrimăm, ne mângâie		Brüder in Christus! Nachdem uns Gott, der Barmherzige und unser Vater, in diesem vergänglichen Leben viel Ärger und Kummer zukommen läßt, und uns Vater und Mutter, Brüder und Schwestern, Verwandte und Kinder raubt, um die wir – uns grämend – Tränen vergießen, tröstet uns
ÿntu: Kuwÿntu lui Dumnezeu: sze nu yntrisztém ka Pogéngy, kareji nau Nyedjézdje, de alte Viatze vaétschnyike, la káire noi prin Moartje wremaelynyike trebuie sze yntrem.	întâi: Cuvântul lui Dumnezeu: să nu întristăm ca Păgânii, care n-au nădejde, de altă Viață veșnică, la care noi prin Moarte vremelnică trebuie să intrăm.	întâi: Cuvântul lui Dumnezeu: să nu ne întristăm ca păgânii care n-au nădejde, de altă viață veșnică, la care noi prin moarte vremelnică trebuie să trecem.		erstens: Das Wort Gottes: daß wir uns nicht wie die Heiden grämen sollen, die keine Hoffnung auf ein anderes, ewiges Leben haben, zu dem wir durch den zeitlichen Tod hindurch dringen müssen.
Die a doa: nye yndjaemne pre noi szwÿnta Szkripture; sze kraedjem noi: Trupul atscheszta, kare visza ÿngropa ÿn Pemÿnt, jare visza ÿnwiae djela Mortz; kae dzitsche Iwbu, kaire jera fere dje Prihane: „ke schtui, ke	De a doua: ne îndeamnă pe noi sfânta Scriptură; să credem noi: Trupul acesta, care vi sa îngropa în Pământ, iară vi s-a învia de la morți; că zice Iov, care era fără de prihană: „că știu, că veșnic este cel, cel ce mă va răzbi [?], și care	De a doua: Sfânta Scriptură ne îndeamnă să credem [că]: Trupul acesta, care vi se va îngropa în pământ, iarăși vă va fi înviat din morți; [pentru] că zice Iov, care era fără de prihană: „că știu, că veșnic este cel, cel ce mă va		Zum zweiten: Die Heilige Schrift ermutigt uns [also] zu glauben: Dieser euer Leib, der in die Erde begraben wird, wird wieder von den Toten auferweckt werden; denn Hiob, der ohne Sünde war, sagt: „denn ich weiß, daß der,

Original	Transkription (angepaßt)	Heutiges Rumänisch	Bibelstelle/Beleg/Kommentar	Deutsche Übersetzung
waetschnyik jaesztje tschel, tsche me wa reszipî**, schi karelye wa szkula pre Pemŷnt Piaelyae mae, kairae szufere a tschae sztyae."	va scula pe Pământ Pielea mea, care sufera aceste."	răscumpăra şi care va ridica din pulbere pielea mea, care suferă acestea."	** reszipî – Terminus nicht gefunden, laut entsprechender Bibelstelle „răscumpăra" (freikauft, erlöste) wie auch andernorts größere Nähe zum orthodoxen Text	der mich freikaufen wird und meine Haut, die solches erleidet, aus dem Staub erhöhen wird, ewig ist."
Schi wa fi purure la Domnul ŷn Weszelyiae schi Feretschiriae waetschnyike; prekum mertu-riszaeschtje Szwuntul Apostolu Pawel, kairae dzische: I Thess: 4,13-18. „Iare nu wou sze nu schtitz, woi Fratzilor! Pentru tschéi, tsche au adormnyit ka sze nu was yntrisztâtz ka schi tschea lâltz, kaireji nu au Nyedjaezsd-jae. Ke dje kraedjem, ke Isus au murit, schi au ŷnviaet: asche schi Dumnyezeu pre atschéi adorm-nyitz ŷntru Isus, adutscheiwa ŷmpreuna ku jél. Ke atschasztae greim woa ku Kuwyntul Dom-nului: ke noi, tschéi wii, kaire wom fi remâsch, ŷntru Wenyirae Domnului, nu wom yntraetsche pre tschéi adormnyitz;	Şi va fi purure la Domnul în Weszelyiae schi Feretschiriae waetschnyike; precum mărturiseşte Szwuntul Apostol Pawel, kairae zise: I. Tes. 4,13-18: „Iară nu wou să nu ştiţi, voi Fraţilor! Pentru cei, ce au adormit că să nu se întristeze că şi ceilalţi, care nu au Nădejde. Că de credem, că Isus a murit, şi a înviat: aşa şi Dumnezeu pe acei adormiţi întru Isus, aduce-va împreuna cu el. Că aceste gräim voua cu Cuvântul Domnului; că noi, cei vii, care vom fi remâşi, întru Ve-nirea Domnului, nu vom întrece pe cei adormiţi;	Şi va fi pururea la Domnul în veselie şi fericire veşnică; precum mărturiseşte Sfântul Apostol Pa-vel, care zice: 1. Tes. 4,13-18: „Iară nu vreau să nu ştiţi, voi Fraţilor! Pentru cei, ce au adormit, că să nu se întristeze că şi ceilalţi, care nu au Nădejde. Căci dacă credem, că Isus a murit şi a înviat: aşa şi Dumnezeu pe acei adormiţi întru Isus, va aduce împreună cu el. Căci acestea vă spunem voua, cu cuvântul Domnului: că noi, cei vii, care vom fi rămaşi până la venirea Domnului, nu o vom lua-o înaintea celor adormiţi;	**Hiob 19, 25 u. 26** **Iov (Cornilescu, freikirchlich):** Dar ştiu că Răscumpărătorul meu este viu, şi că se va ridica la urmă pe pământ. Chiar dacă mi se va nimici pielea, şi chiar dacă nu voi mai avea carne, voi vedea totuşi pe Dumnezeu. **Iov (ortodox):** Dar eu ştiu că Răscumpărătorul meu este viu şi că El, în ziua cea de pe urmă, va ridica iar din pulbere această piele a mea ce se destramă. zum Vergleich: Hiob: 19,25-26 (Lutherbibel, 1984): Aber ich weiß, daß mein Erlöser lebt; und als der Letzte wird er über dem Staube sich erheben. Und ist meine Haut noch so zerschlagen und mein Fleisch dahingeschwunden, so werde ich doch Gott sehen."	Und er wird immerdar bei Gott sein, in Freude und ewiger Glückseligkeit; so wie es der Heilige Apostel Paulus bezeugt, der sagt: 1. Thess. 4,13-18: „Wir wollen euch aber, liebe Brüder, nicht im Ungewissen lassen über die, die entschlafen sind, damit ihr nicht traurig seid wie die anderen, die keine Hoffnung haben. Denn wenn wir glauben, daß Jesus gestorben und aufer-standen ist, so wird Gott auch die, die entschlafen sind, durch Jesus mit ihm einherführen. Denn das sagen wir euch mit einem Wort des Herren, daß wir, die wir leben und übrigbleiben bis zur Ankunft des Herren, denen nicht zuvorkommen werden, die entschlafen sind."
			Ortodox: Fraţilor, despre cei ce au adormit nu voim să fiţi în neştiinţă, ca să nu vă întristaţi, ca ceilalţi, care nu au nădejde. Pentru că de credem că Isus a murit şi a înviat, tot aşa (cre-	

Original	Transkription (angepaßt)	Heutiges Rumänisch	Bibelstelle/Beleg/Kommentar	Deutsche Übersetzung
ke ÿnszusz Domnul yntru Po-runkae, ku Glaszul Archáng-yelului, schi yntru Trimbitza lui Dumnezeu sze wa pogori djin Tscheru, schi tschei Mortz antru Hristos wor ÿnviae yntiu, dupa tschéa noi, tsei wij, káire wom fi remasch, ympreuna ku dynschi nye wom repi yn Noir yntru Intympinariae Domnulu yn Wezduh, schi aschae pururae ku Domnul wom fi.	că însuși Domnul întru Porun-ca-i, cu glasul Arhanghelului, și întru trâmbița lui Dumnezeu se va pogorî din Cer, și cei Morți întru Hristos vor învia întâi, după aceea noi, cei vii, care vom fi rămaș, împreuna cu dânșii ne vom răpi în Nori întru Întâmpi-narea Domnului în Văzduh, și așa pururea cu Domnul vom fi.	[pentru] că însuși Domnul întru porunca-l, cu glasul arhanghe-lului și întru trâmbița lui Dum-nezeu, Se va pogorî din Cer, și cei morți întru Hristos vor învia întâi. După aceea noi, cei vii, care vom fi rămași, împreună cu ei, vom fi răpiți în nori întru întâm-pinarea Domnului în Văzduh, și așa pururea vom fi cu Domnul.	dem) că Dumnezeu, pe cei adormiți întru Isus, îi va aduce împreună cu El. Căci aceasta vă spunem, după cuvântul Domnului, că noi cei vii, care vom fi rămas până la venirea Domnului, nu vom lua înainte celor adormiți,	Denn er selbst, der Herr, wird, wenn der Befehl ertönt, wenn die Stimme des Erzengels und die Posaune Gottes erschallen, herabkommen vom Himmel, und zuerst werden die Toten, die in Christus gestorben sind, auferstehen. Danach werden wir, die wir leben und übrigblei-ben, zugleich mit ihnen entrückt werden und den Wolken in der Luft, dem Herren entgegen; und
			Cornilescu: Nu voim, fraților, să fiți în necunoștință despre cei ce au adormit, ca să nu vă întristați ca ceilalți, cari n'au nădejde. Căci dacă credem că Isus a murit și a înviat, credem și că Dumnezeu va aduce înapoi împreună cu Isus pe cei ce au adormit în El. Iată, în adevăr, ce vă spunem, prin Cuvântul Domnului: noi cei vii, cari vom rămânea până la venirea Dom-nului, nu vom lua-o înaintea celor adormiți.	
			Ortodox: pentru că însuși Dom-nul, întru poruncă, la glasul arhanghelului și întru trâmbița lui Dumnezeu, Se va pogorî din cer, si cei morți întru Hristos vor învia întâi, După aceea, noi cei vii, care vom fi rămas, vom fi răpiti, împreună cu ei, în nori, ca să întâmpinăm pe Domnul în văzduh, și așa pururea vom fi cu Domnul.	

Original	Transkription (angepaßt)	Heutiges Rumänisch	Bibelstelle/Beleg/Kommentar	Deutsche Übersetzung
Drept a tschea, myngaeatziwe unyi pre ältzi ku Kuwyntchelye atsesztjae. –	Drept aceea, mângâiaţi-vă unii pe alţii cu cuvintele acestea. –	De aceea, mângâiaţi-vă unii pe alţii cu cuvintele acestea. –	De aceea, mângâiaţi-vă unii pe alţii cu aceste cuvinte. **Cornilescu:** căci însuşi Domnul, cu un strigăt, cu glasul unui arhanghel şi cu trâmbiţa lui Dumnezeu, Se va pogorî din cer, şi întâi vor învia cei morţi în Hristos. Apoi, noi cei vii, care vom fi rămas, vom fi răpiţi toţi împreună cu ei, în nori, ca să întâmpinăm pe Domnul în văzduh; şi astfel vom fi totdeauna cu Domnul. Mângâiaţi-vă dar unii pe alţii cu aceste cuvinte.	so werden wir bei dem Herren sein allezeit. / So tröstet euch mit diesen Worten untereinander."
Akuma aszkultatz a noadetschi-lye Psalmu, O Rugetschunye lui Moiszi, omul lui Dumnezeu.	Acum ascultaţi al nouăzecilea Psalm. O rugăciune a lui Moise, omul lui Dumnezeu.	Acum ascultaţi al nouăzecilea psalm. O rugăciune a lui Moise, omul lui Dumnezeu.	**Psalm 89 (orthodox)** [in der Lutherbibel Psalm 90] *Rugăciunea lui Moise, omul lui Dumnezeu.*	Nun hört den neunzigsten Psalm. Ein Gebet Moses, des Mannes Gottes.
Doamye Szkepäire tchai fekut noa, yn Nyäm schi Nyam. Mai naintje dje sche szau fekut Muntzi schi szau zidjit Pemyntul schi Lumae schi djin Viak pýnae yn Wiak Tu jescht Dumnezeu. Nu yntoarsche pre Om yntru Szmerenyiae: schi au zisz: yntóarschetjiwe Fii Oamenyilor. Ke o mniae de Any yn naintchae Okilor tei Doamnye, jesztje ka Ziva de jér, kare au trekut, schi o Sztrázsa yn Noaptjae; Urzisire Anyilor wor fi: diminyatza ka Iarba wa traetsche. Diminyatza	Doamne Scăpare te-ai făcut noa, în Neam şi Neam. Mai înainte de ce sau făcut Munţii şi s-au zidit Pemyntul şi Lumea şi din Veac până în Veac Tu eşti Dumnezeu. Nu întoarce pre Om întru Smerenie: şi a zis: întoarceţi-vă Fii Oamenilor. Că o mie de ani înaintea Ochilor tăi Doamne, este ca Ziua de ieri, care au trecut, şi o Strajă de noapte; Urzisire Anilor vor fi: dimineaţa ca Iarba va trece. Dimineaţa va înflori, şi va trece; de cu seară va cădea, se va întări şi va usca;	Doamne Scăpare te-ai făcut nouă, în Neam şi Neam. Mai înainte de ce s-au făcut munţii şi s-a zidit pământul şi lumea şi din veac până în veac eşti Tu Dumnezeu. Nu întoarce pe Om întru smerenie, Tu, care ai zis: „Întoarceţi-vă, fii ai oamenilor". Că o mie de ani înaintea ochilor Tăi sunt ca ziua de ieri, care a trecut şi ca straja nopţii. Nimicnicie vor fi anii lor; dimineaţa ca iarba va trece. Dimineaţa va înflori şi va trece, seara va cădea, se va întări şi se va usca; că ne-am sfârşit întru	Doamne, scăpare Te-ai făcut nouă în neam şi în neam. Mai înainte de ce s-au făcut munţii şi s-a zidit pământul şi lumea, din veac şi până în veac eşti Tu. Nu întoarce pe om întru smerenie, Tu, care ai zis: „Întoarceţi-vă, fii ai oamenilor". Că o mie de ani înaintea ochilor Tăi sunt ca ziua de ieri, care a trecut şi ca straja nopţii. Nimicnicie vor fi anii lor; dimineaţa ca iarba va trece. Dimineaţa va înflori şi va trece, seara va cădea, se va întări şi se va usca. Că ne-am sfârşit întru	Herr Gott, du bist unsere Zuflucht von Generation zu Generation. Ehe denn die Berge wurden und die Erde und die Welt geschaffen wurden und von Ewigkeit zu Ewigkeit bist Du Gott. Schicke den Menschen nicht zurück in die Niedrigkeit. Und er sprach: Kehrt um, [ihr] Menschenkinder! Denn tausend Jahre, Herr, sind vor dir wie der Tag, der gestern vergangen ist, und wie eine Nachtwache. Das Schicksal der Jahre wird sein: der Morgen wird wie Gras vergehen.

Original	Transkription (angepaßt)	Heutiges Rumänisch	Bibelstelle/Beleg/Kommentar	Deutsche Übersetzung
wa ynflori, schi wa traetsche; dje ku száre wa kediae, ynwyrtósz- chazewa schi wa uska; ke nyam szfyrschit yntru Utzimiae ta, schi yntru Mynyia ta nyam turburat.	că ne-am sfârșit întru luțimea ta, și întru Mânia ta ne-am turburat.	urgia ta, și întru mânia ta ne-am tulburat.	sfârșit de urgia Ta și de mânia Ta ne-am tulburat. ** leichte Textunterschiede zur Lutherbibel im ersten Teil, grö- ßere Unterschiede im zweiten Teil, aufgrund der Benützung einer orthodoxen Bibel, die eine andere Vorlage als die Lutherbibel verwendet.	Morgens wird es blühen und dahinwelken, abends wird es fallen, verhärten und verdorren. Denn wir sind an deinem Grimm vergangen und an deinem Zorn irre geworden.
Pusz ai Feredelézsilye noastre yn naintcha ta, Wiakul nosztru yntru Luminare Fiaetzi talye; ke toatje Zilelye noasztrae szau imputzinat, schi yntru Mynyia ta nyam sztinsz. Anyi noschtri ka un Paaezsin szau szokotijt. Zilelye Anyilor noschtri yntru dynschii schaptje zetsch de ányj; jare dje wor fi yn Putjér optzetsch dje Any, schi tschéi mai mult, djekit atschesztjae, Osztenyalae schi Durárae jeszte; ke au venyit Blyndjaetzae preaztje noi, schi nye wom pedjepszi**. Tschinye schtije Putjaeriae Utzimei talyi, schi dje Frika ta Mynyia ta sze o múmere? Drapta ta a schae konoszkutae o fe miae (mmyiae), schi prae tsche ferekatz ku Inyi- ma yntru Yntzeleptschunye. Yntoarschetje Doamnye pynae kynd? Schi tje umilaeschtje spre Robbji tei! Ymplutunyam djimin- yatzae dje Mnyilla ta Doamnye schi nyam bukurat, schi nyam	Pus-ai Fărădelegile noastre în yn naintea ta, veacul nostru întru Luminare Feței tale; că toate Zilele noastre sau împuținat, și întru Mânia ta ne-am stins. Anyi noștri ca un Păianjen s-au socotit. Zilele Anilor noștri întru dânșii șaptezeci de ani; iară de vor fi în putere, Puteri optzeci de Ani, și cei mai mult, decât aceșia, Osteneală și venit Blândețe peste Durere este; că au venit Blândețe peste noi, și ne vom pedepsi**. Cine știe Puterea Utzimei talyi, și de Frica ta Mânia ta să o mumere? Dreapta ta ceea cunoscută o fă mie, și pe cei ferecați cu Inima întru Înțelepciune. Întoarce- te Doamne până când? Și te umilește spre Robii tăi! Umplu- tu-ne-am dimineața de Mila ta Doamne și ne-am bucurat, și ne- am veselit în toate zilele noastre.	Pus-ai fărădelegile noastre îna- intea Ta, veacul nostru la lumina feței tale; că toate zilele noastre s-au împuținat, și întru mânia Ta ne-am stins. Anii noștri ca [pânza unui] păianjen s-au socotit. Zilele anilor noștri [sunt] șaptezeci de ani; iar de vom fi în putere, optzeci de ani și ce este mai mult decât aceștia osteneală și durere este; că a venit Blândețe peste noi, și ne vom pedepsi**. Cine cunoaște puterea urgiei Tale, și de frica de tine, mânia ta [poa- te] să o măsoare? Fă-mi cunos- cută dreapta Ta, și pe cei ferecați cu inima întru înțelepciune. Întoarce-Te Doamne, până când? Și mângâie-i pe robii Tăi! Umplu- tu-ne-am dimineața de mila Ta Doamne și ne-am bucurat, și ne- am veselit în toate zilele noastre. Veselitu-ne-am pentru zilele, în care ne-ai smerit pe noi, [pentru] anii întru care am văzut rele. Și caută spre robii Tăi și spre	Pus-ai fărădelegile noastre înaintea Ta, greșelile noastre ascunse, la lumina feței Tale. Că toate zilele noastre s-au împuținat și în mânia Ta ne-am stins. Anii noștri s-au socotit ca pânza unui păianjen; zilele ani- lor noștri sunt șaptezeci de ani; iar de vor fi în putere optzeci de ani și ce este mai mult decât aceștia osteneală și durere; Că trece viața noastră și cine măsoară duce. Cine cunoaște puterea urgiei Tale și cine măsoară mânia Ta, după temerea de Tine? Învață-ne să socotim bine zilele noastre, ca să ne îndrep- tăm inimile spre înțelepciune. Întoarce-Te, Doamne! Până când vei sta departe? Mângâie pe robii Tăi! Umplutu-ne-am dimineața de mila Ta și ne-am bucurat și ne veselit în toate zilele vieții noastre. Veselitu-ne-am pentru zilele în care ne-ai smerit noi, anii în care am văzut rele, pen-	Unsere Missetat stellest du vor dich, unser Lebensalter ins Licht deines Angesichtes. Denn unsere Tage fahren dahin, und durch deinen Zorn sind wir vergangen. Unsere Jahre währen so lange wie ein Spinnennetz. Unser Leben währet siebzig Jahre, und wenn wir kräftig sind, achtzig Jahre; und was länger währt als soviel ist Mühe und Schmerz; [denn Sanftmut ist über uns gekommen und wir werden uns bestrafen?]. Wer kennt die Hef- tigkeit deines Zorns und kann dir, bemessen? Offenbare mir deine Rechte und diejenigen, deren Herz mit Weisheit gepan- zert ist. Herr, kehre dich doch wieder [zu uns], bis wann [denn noch]? Und sei deinen Knechten gnädig! Morgens waren wir voll deiner Barmherzigkeit, Herr, und rühmten uns und waren fröhlich an jedem unserer Tage.

Original	Transkription (angepaßt)	Heutiges Rumänisch	Bibelstelle/Beleg/Kommentar	Deutsche Übersetzung
weazelyit yn toaļae zilļye noasztrae. Weazelyituņyam pentru Zilyelye, yn kairae nyai szmerit pre noi, Anyi yntru karii am vezut Riaelye. Schi kaute spre Robi téi schi spre Lukruriļye talye, schi yndrepļjaze pre Fii lor. Schi fiae Lumina Domnului Dumnezeului nostru praeszte noi, schu Lukruriļye Mynyilor noasztrae Iye yndrepļjaeze sz-pre noi, schi Lukrul Mynyilor noasztre yndrepļjaeze.	tale, şi îndreptează pe Fii lor. Şi fie Lumina Domnului Dumneze-ului nostru peste noi, şi Lucrurile Mâinilor noastre le îndreaptează spre noi, şi Lucrul Mânilor noas-tre îndreptează.	lucrurile Tale, şi îndreptează pe fiii lor. Şi fie lumina Domnului Dumnezeului nostru peste noi şi lucrurile mâinilor noastre le îndreaptează spre noi,** şi lucrul mânilor noastre îndrepteze.	tru anii în care am văzut rele. Caută spre robii Tăi şi spre lu-crurile Tale şi îndreptează pe fiii lor. Şi să fie lumina Domnului Dumnezeului nostru peste noi şi lucrurile mâinilor noastre le îndreptează. ** „că au venit Blândeţe peste noi, şi ne vom pedepsi" – fehlt in der heutigen orthodoxen Übersetzung und ergibt keinen Sinn (denn Sanftmut ist über uns gekommen und wir wer-den uns bestrafen)	Wir waren fröhlich der Tage we-gen, an denen du uns gezüchtigt hast, um der Jahre willen, in denen wir Böses gesehen haben. Und wende dich deinen Knech-ten zu und deinen Werken, und bringe ihre Söhne auf gute Wege. Und das Licht des Herren, unse-res Gottes, sei über uns, laß uns Anteil haben am Werk unserer Hände und berichtige das Werk unserer Hände.
Domnului sze nye rugém.	Domnului să ne rugăm.	Domnului să ne rugăm.		Laßt uns zum Herren beten
O Doamnye Isus Hrisztos, karelye tu jescht Viatza sohl Ynwiaere, schi prin Moartja ļa yngyizituschau Moartjae, schi prin Inwiaera ta jare nyai kischt-jegat Wiatza; noi szerätsch sohl pedjepszitz Peketösch, karii noi yn Miázetzu Wietzi pre Pemynt ku Moartjae szintjem kuprinsch, nye rugém la mairiae Bÿnyaetza ta: sze nye ympotjirescht ku Put-jera ta, a birui Putjaera Moartchi, schi a adormi dupe Kuwuntul teu, yn bune Getaire**, schi a skepá la Hodjna noasztre; Ke tu jescht un Deregetoir a Moartji, schi a Wiaetzi akuma schi puru-rae ÿn Waetsch. Amin.	O Doamne Isus Hristos, care tu eşti Viaţa şi Învierea, şi prin Moartea ta înghiţitu-s-au Moar-tea, şi prin Învierea ta iară ne-ai câştigat Viata; noi săraci şi pedepsiţi Păcătoşi, care noi în Miezul Vieţii pe Pământ cu Moarte suntem cuprinşi, ne rugăm la mare Bineţea ta: să ne împotrieşti cu Puterea ta, a birui Putjaera Moartei, şi a ador-mi după Cuvântul tău, în bună Getaire**, schi a scăpa la Odihna noastră; Că tu eşti un Diregător al Moartei, şi al Vieţii acum şi pururi în Veci. Amin.	O, Doamne Iisuse Hristoase, cel ce eşti Viaţa şi Învierea, şi prin moartea Ta înghiţitu-s-a moartea, şi prin învierea Ta iarşi ne-ai câştigat Viata; noi săraci şi pedepsiţi păcătoşi, care noi în miezul vieţii pe pământ cu moarte suntem cuprinşi, ne rugăm la mare milostivirea Ta: să ne întăreşti cu puterea ta, să biruim puterea morţii, şi să adormim după cuvântul Tău, în bună iertare, şi să avem parte de odihnă; Că tu eşti un Domn al morţii şi al vieţii acum şi pururi [şi] în Veci. Amin. Tatăl nostru, care eşti în Cer,	** Fă-mi cunoscută dreapta ta, şi pe cei fericaţi cu inima întru înţelepciune – abweichende Lesung (Offenbare mir deine Rechte und diejenigen, deren Herz mit Weisheit gepanzert ist) ** şi Lucrurile Mâinilor noastre le îndreptează spre noi (laß uns teilhaben am Werk unserer Hände) fehlt in der heutigen orthodoxen Bibelübersetzung. ** Getaire – nicht zu identifizi-eren. Möglicherweise „iertare" oder „vieţuire". Theologisch paßt „iertare" besser.	O, Herr Jesus Christus, du bist das Leben und die Auferstehung und durch deinen Tod wurde der Tod verschlungen und durch deine Auferstehung hast du uns das Leben wieder gewonnen. Wir arme und bestrafte Sünder, die wir inmitten des irdischen Lebens vom Tode umschlun-gen sind, bitten deine große Barmherzigkeit, uns mit deiner Kraft zu stärken, damit wir die Macht des Todes überwinden und nach deinem Worte – in guter Vergebung – entschlafen und [selig] ruhen dürfen; denn du bist ein Herr über Tod und Leben jetzt und immerdar und in Ewigkeit. Amin.

Original	Transkription (angepaßt)	Heutiges Rumänisch	Bibelstelle/Beleg/Kommentar	Deutsche Übersetzung
Tatel nosztru, kaire jescht yn Tscher, szfyntzászkesze Numelye teu, wie Ymperetzia ta, fie Woia ta, prekum yn Tscher, aschae schi pre Pemynt. Pynya noasztre tschae dje toatje Zilye, de nyeo noa asztetz, schi nye jarte noa Greschaelyilye noasztrae, prekum schi noi jertem Greschitzilor noscht; Schi nu nye dutsche pre noi yn Isbite schi nye izbewaeschtjae dje tschel Reu; ke a ta jesztje Imperetziae schi Putjaerae schi Szláwa djin Waetsch yn Waetsch. Amin.	Tatăl nostru, care ești în Cer, sfințească-se Numele tău, vie Împărăția ta, fie Voia ta, precum în Cer, așa și pre Pământ. Pâinea noastră cea de toate Zilele, dă ne-o nouă astăzi, și ne iartă nouă Greșelile noastre, precum și noi iertăm Greșiților noști; Și nu ne duce pre noi în Ispită și ne izbăvește de cel Rău; că a ta este Împărăția și Puterea și Slava din Veci în Veci. Amin	sfințească-se Numele tău, vie Împărăția ta, fie Voia ta, precum în Cer, așa și pe Pământ. Pâinea noastră cea de toate Zilele, ne-o nouă astăzi, și ne iartă nouă Greșelile noastre, precum și noi iertăm Greșiților noști; Și nu ne duce pe noi în Ispită și ne izbăvește de cel Rău; că a ta este Împărăția și Puterea și Slava din Veci în Veci. Amin		Vater unser im Himmel, geheiligt werde Dein Name. Dein Reich komme. Dein Wille geschehe, wie im Himmel so auf Erden. Unser tägliches Brot gib uns heute. Und vergib uns unsere Schuld, wie auch wir vergeben unseren Schuldigern. Und führe uns nicht in Versuchung, sondern erlöse uns von dem Bösen. Denn Dein ist das Reich und die Kraft und die Herrlichkeit in Ewigkeit. Amen.
Patscha lui Dumnezeu, kairiae kowyrschaeschtje toate Mintje, we pezaszke Inyimilye schi Kuzsaetjelye woasztre yntru Hristos Izus. Amin.	Pacea lui Dumnezeu, care covârșește toată Mintea, vă păzească Inimile și Cugetele voastre întru Hristos Isus. Amin.	Pacea lui Dumnezeu, care covârșește orice minte, vă păzească inimile și cugetele voastre întru Hristos Iisus. Amin.	Phil. 4,7 (orthodox): Și pacea lui Dumnezeu, care covârșește orice minte, să păzească inimile voastre și cugetele voastre, întru Hristos Iisus.	Und der Friede Gottes, welcher höher ist als alle Vernunft, bewahre eure Herzen und Sinne in Christus Jesus. Amen.
Dumnezeu hodjingászke Trupul jészt mort yn Rewenyiria Pemyntului, schi él ynviaeze yn Zua Domnului nosztru Isus Hrisztos, schi daeiae lui Wiatza Waetschnyike, feretschite. Amin.	Dumnezey să odihnească Trupul acesta mort, în Revenirea Pământului, și el înviază în Ziua Domnului nostru Isus Hristos, și deie lui Viață Veșnică fericită. Amin.	Dumnezeu să odihnească trupul acesta mort, care revine în pământ, și să-l învie în Ziua Domnului nostru Iisus Hristos, și să i se dea lui viață veșnică fericită. Amin.		Gott schenke diesem toten Leib, der zur Erde zurückkehrt, Ruhe und auferwecke ihn am Tage unseres Herren Jesus Christus; ihm werde ein fröhliches ewiges Leben zuteil. Amen.

1 verbessert: Kristini.
2 Hristos.
3 Ungye.
4 trymetje.
5 multe.
6 schi.

7 schi.
8 nye.
9 nu nye.
10 neğyesde.
11 ungye.
12 ke.
13 nye.
14 kregyem.
15 lom.
16 ingropa.
17 ingropa.
18 inschie.
19 schi.
20 hellye.
21 alte.
22 a.
23 ku bukerie.
24 vetsch.
25 vetsch.
26 pretchin.
27 opri.
28 schits.
29 scherului.
30 kregyem.
31 Christos.
32 sculat.
33 mortje.
34 Christos.
35 sommu.
36 kregÿem.
37 so.
38 Spune.
39 kare.
40 remunyém.
41 lume.
42 mnyirui.
43 dumnezo.
44 Christos.

45 adjevarat.
46 a.
47 scher.
48 a.
49 scsula.
50 gyinti.
51 a.
52 innaintche.
53 trei.
54 vetsch.
55 vetsch.
56 /:Amu
57 ascultats.
58 zische:
59 timÿe.
60 nedschgye.
61 svincenassa.
62 adgeverit.
63 dje.
64 svincelisale:/
65 dje.
66 la.
67 tchema.
68 la.
69 djin.
70 la.
71 raiului.
72 svincena sa.
73 dje.
74 zua.
75 sche.
76 dje.
77 kaire.
78 se.
79 dje.
80 lume.
81 jasta.
82 kau.

83 topschtye.
84 jarba.
85 Munya.
86 fabtele.
87 nuoste.
88 djé.
89 nuostje.
90 lyé a.
91 Christos.
92 innaintche.
93 skur zillele.
94 nuoste.
95 Die elf letzten Worte durchgestrichen (schÿ – kurrunt).
96 lume.
97 suie
98 schepchezesch.
99 dje.
100 Ai.
101 eÿ.
102 multa.
103 undje.
104 Die fünf letzten Worte durchgestrichen (unje – liboffi).
105 zischem.
106 binÿe.
107 oi.
108 schiu.
109 voi.
110 Krestin.
111 kregyets.
112 mortche.
113 i tet.
114 agÿeverat.

115 kaire.
116 fatsche.
117 binye.
118 i.
119 nÿe.
120 domnÿe.
121 mintche.
122 djémortche.
123 innaintche.
124 tuatche.
125 fabtchele.
126 kuvintche.
127 scheluschtye.
128 implineschtje.
129 schi.
130 lume.
131 nu se.
132 puotje.
133 binÿele.
134 lume.
135 treeschtje.
136 drépatche.
137 undje.
138 inscherrÿ.
139 svint.
140 nÿe.
141 järtÿe.
142 Pekatjilye.
143 nye.
144 puortche.
145 hell.
146 schtim.
147 nÿe.
148 kuprindje.
149 N.N., darüber fome ajasta.
150 negÿschje.
151 lumme.

152 Christos.
153 skoss.
154 kurezit.
155 iau.
156 duss.
157 durchgestrichen.
158 treëschtje.
159 gyin.
160 Vetsch.
161 Vetsch.
162 innaintche.
163 nÿe.
164 dje.
165 innaintche.
166 indrapta.
167 poftschtje.
168 ptarde.
169 voieschtje.
170 tÿama.
171 Christos.
172 lui (ohne Punkt).
173 sintgez.
174 Pecatche.
175 aschutura.
176 dje.
177 avuostje.
178 primeschtje.
179 nye.
180 nÿe.
181 Milluin.
182 za ta.
183 Sinschele.
184 Christos.
185 schti.
186 dje.
187 dje.
188 dje.
189 Dare.

190 nje.
191 nje.
192 grigeschtje.
193 dje.
194 ausit.
195 me;.
196 asche.
197 grigeschtje.
198 dje.
199 a nost.
200 ke.
201 schie.
202 schtim.
203 scheluia.
204 dumnezo.
205 asche.
206 kitre.
207 nje.
208 Christos.
209 dregostjizeve.
210 drecostjit.
211 Greschellile.
212 avustje.
213 zische.
214 Christos.
215 dje.
216 ische.
217 Sche.
218 voie?.
219 Nje.
220 voie.
221 nye.
222 dém.
223 kretinazal.
224 Kretinaza?.
225 sche i.
226 i.
227 Christos.

228 tetturora.
229 Csér.
230 Svinzaske se.
231 to.
232 Vie.
233 Erst verbessert in nje, dann in nye, dann durchgestrichen.
234 Inperezia ta.
235 Schie.
236 pomunt.
237 Punye.
238 nyé.
239 de astez.
240 Schi.
241 nost.
242 Schi.
243 nu nye.
244 domnye.
245 isbite.
246 Dare.
247 isbeveschgye.
248 ta i.
249 Merrira.
250 djin.
251 Vetsch.
252 sokotyaske.
253 katje.
254 durchgestrichen.
255 durchgestrichen.
256 durchgestrichen.
257 durchgestrichen.
258 durchgestrichen.
259 durchgestrichen.

DIE „GEMEINSCHAFTSBEWEGUNG" UND IHR EINFLUSS AUF DIE EVANG.-SÄCHSISCHE LANDESKIRCHE IN DER ERSTEN HÄLFTE DES 20. JAHRHUNDERTS

Von Burghart Morscher

> *„Es sind mancherlei Gaben; aber es ist ein Geist.*
> *Und es sind mancherlei Ämter, aber es ist ein Herr*
> *Und es sind mancherlei Kräfte, aber es ist Ein Gott,*
> *der da wirket alles in allen."* 1. Kor. 12, 4-6

Vorwort

Was im Folgenden kurz umrissen werden soll, erhebt für sich weder den Anspruch der Neuheit, noch den der Vollständigkeit. Handelt es sich doch um Ereignisse und Tatsachen, die nur wenige Jahrzehnte zurückliegen und in ihren Wirkungen bis in unsere Tage hinein spürbar sind, so, daß es unter uns wohl kaum jemanden gibt, der nicht irgendwie davon Kenntnis hätte. Wohl ist es für sich auch ein Abschnitt, ein Teil der Frömmigkeitsgeschichte unserer evangelischen Kirche A. B. in Siebenbürgen, wenn auch einer der jüngsten. Und weil seine Wirkungen bis in die Gegenwart reichen, ein besonders lebendiges Stück dieser Geschichte. Man könnte beinahe sagen „aktuelle" Geschichte, die uns darum auch in besonderem Maße angeht.

Freilich ist so der zeitliche Abstand davon, der zur Objektivierung der hier geforderten Schau wesentlich beitragen könnte, sehr gering; ja in gewissem Sinne sogar überhaupt nicht gegeben. Demgemäß ist aber auch das vorhandene Quellenmaterial so reichhaltig und vielgestaltig, daß eine geforderte Beschränkung und Konzentrierung besonders schwer fällt. Um den hier gegebenen Rahmen nicht zu überschreiten, erwies sich eine Begrenzung des Themas im Sinne der gewählten Formulierung als wünschenswert und ebendarin auch als begründet.

Es soll also demgemäß hier nur von derjenigen neupietistischen Frömmigkeitsbewegung die Rede sein, die in unserem Jahrhundert auf dem siebenbürgischen Boden unserer Landeskirche bemerkbar wurde. Die nichtsiebenbürgischen Teile sind also nicht behandelt. Ebenso sind diejenigen Strömungen, die in sektiererischer Tendenz zur Absonderung den Raum unserer Landeskirche

verlassen haben – also vor allem die darbystische und freikirchliche Richtung –
in die Darstellung nicht unmittelbar aufgenommen, sondern nur, soweit es zum
Verständnis des Eigentlichen nötig war, miteinbezogen. Dieses Eigentliche aber
ist nun diejenige Richtung, die sich ganz in den Organismus unserer Landeskirche eingliederte und einfügte mit der alleinigen Absicht, zu erwecken, zu helfen
und zu dienen. Sie hatte ihren Ausgangs- und Mittelpunkt in der sogenannten
„Gemeinschaftsbewegung" in Kronstadt, auf die darum auch die vorliegende
Studie in allem Wesentlichen ihre Aufmerksamkeit gerichtet hat. Daß damit nur
ein Einblick, keineswegs ein umfassender Überblick gegeben werden kann, mag
ein Mangel sein, der nicht verschwiegen werden will; der aber zugleich jedem
näher Interessierten Mut und Freude machen soll, Ansporn sein will, selber in
die Sache einzudringen. Ist es doch ein Kapitel unserer Kirchengeschichte, das
diese Mühe ganz besonders lohnt. Vielleicht, daß die folgenden Bemühungen
manchen helfenden Hinweis dazu bieten können.

Kirchengeschichte aber sollte je immer nur der treiben, dem die Geschicke
der Kirche ein persönliches Anliegen des Herzens geworden sind; ein Teil des
eigenen Geschickes. Der also, der selber in der Kirche und mit der Kirche lebt.
Für ihn wird es darum entscheidend sein, daß er zu einer gläubigen Schau der
Dinge gelangt. Mögen Außenstehende diese Haltung auch als unsachlich oder
unobjektiv rügen, er wird dennoch nicht anders können, genau so wie er weiß,
daß jene nicht anders können. Für ihn aber wird dann solche Geschichte nicht
bloß Geschichte bleiben, nicht tote Wissenschaft, sondern lebendige Kunde von
dem lebendigen Gott und dem Heil, das er uns in Christo bereitet; ein Stücklein
Evangelium, das auch in unseren Tagen immer unterwegs ist!

I. Voraussetzungen zum Verständnis der Entstehung der Bewegung.

A. Die Notwendigkeit und das Verlangen nach geistlicher Erneuerung im Hinblick auf die religiöse Lage des Kirchenvolkes und die Mängel im Gemeindeleben.

1. Äußere Umstände und die daraus erwachsende neue religiöse Lage.

In seiner Ansprache an die Honterusgemeinde am 3. Mai 1911 mit dem Thema
„Seelsorge und Gemeindepflege"[1] hat Stadtpfarrer D. Franz Herfurth diese Umstände, die sich aus einer veränderten geschichtlichen Situation ergaben, und die
damit verbundene religiöse Lage des Kirchenvolkes folgendermaßen umrissen:

> „Christentum und Kirche waren auch bei uns mit Bildung, mit gesellschaft-
> licher Gliederung, mit Sitten und Bräuchen wechselseitig durchdrungen. Die
> Zünfte, die Nachbarschaften, die Bruder- und die Schwesterschaften, waren
> Vermittler nicht nur bürgerlicher Ordnung, sondern auch kirchlicher Glie-

---

[1] Franz H e r f u r t h : Seelsorge und Gemeindepflege. Ansprache an die Honterusgemeinde. Kronstadt 1911.

derung und Sitte. Magistrat und Hundertmänner übten auch die kirchliche Obrigkeit aus. – Aber vom Jahre 1848 an tritt der Gedanke der individuellen Freiheit auch in unsere Reihen wirksamer herein. Schön langsam werden die Formen unserer gesellschaftlichen Gliederung und damit die Stützen unserer kirchlichen Ordnung sowie eines starken Gewohnheitschristentums brüchig. Allmählich entsteht vor unseren Augen ein großes Trümmerfeld der hergebrachten volkskirchlichen Gemeindeordnung [...] Äußerlich helfen wir uns bald! Wir erbauten uns von 1855 an die Landeskirche neu auf dem Grunde der neuen Kirchenverfassung [...]. Aber nach innen können Verfassungsvorschriften nicht helfen, wenn nicht innere Mächte bauend wirken. Innerlich hat unsere Kraft gegenüber dem Ansturm des neuen Zeitalters einfach nicht zugereicht. Wir sind nach langen stillen Jahren des Schlendrians auch kirchlich überrumpelt worden. Wie auf dem Gebiete des Gewerbes, des Handels, der Landwirtschaft, der Geselligkeit und der gesellschaftlichen Ordnungen, so waren wir auch auf dem Boden religiös-sittlicher Lebensentwicklung auf den Übergang in die neue Zeit gar nicht vorbereitet. Der vorurteilslose Kenner unserer Geschichte muß den tiefen Mangel an religiöser Kraft und theologischer Durchbildung in der Führung jener Tage beklagen. Man erkannte die inneren Forderungen der Kirche nicht und fand darum auch nicht die Mittel, dem inneren Leben neue Wege zu bahnen. Das Erbe an Religion, das aus der ersten Hälfte des Jahrhunderts herübergekommen, war dünn und seicht: ein flacher Moralismus, der der eintretenden Zügellosigkeit eines ebenfalls flachen Liberalismus und der Denkweise stofflichen Lebensgenusses nicht standhalten konnte. In unseren Städten erreicht das religiöse Bewußtsein, also auch das kirchliche Leben einen Tiefstand [...]

Ratlos stehen die Führer der Kirche da. Das kirchliche Leben verödet. Der Inhalt der Gottesdienste wird dünner. Ihre liturgischen Teile werden durch unwissenschaftliche Willkür der Prediger sinnlos entstellt. Die Zahl der Gemeindeversammlungen schrumpft zusammen; denn die Wochengottesdienste gehen ein; die Sonntagsvesper und das „Singen" („Hochamt") siechen hin. Kinder-, Jugend-, Gesindeandachten schlafen ein. Die Zünfte, selber verfallend, verlieren auch kirchlich ihre Kraft; [...] Auch die Nachbarschaft sammelt die Nachbarn nicht mehr zur Versöhnung und an den Tisch des Herrn. [...] Wenn Sonntags die Glocken der Gemeinde zur Kirche laden, zieht das jüngere Geschlecht nicht selten im festlichen Aufzug irgend einer Vereinsfeier zu den Toren der Stadt hinaus [...] Neue, an sich nicht unberechtigte Gedanken sind in unsere kleine, enge sächsische Welt eingetreten. Rücksichtslos ringen sie um ihr Dasein untereinander und wider die ererbte Sitte [...] drängen den Gemeindegedanken zurück und bedrohen die Wurzel seiner Kraft, das religiöse Bewußtsein [...]. Das Ansehen der Kirche sinkt auf den tiefsten Punkt [...] Niederreißen und Abschaffen kennzeichnen das kirchliche Leben jener Jahrzehnte."[2]

Wenn sich nun, wie der Vortragende weiter ausführt, seither auch manches geändert hatte, so war deshalb die allgemeine religiöse Lage immer noch fragwürdig genug geblieben. Wohl hatte eine gewisse Besinnung eingesetzt, wohl begann man die Zersplitterung der Gemeinde als immer drückender zu empfinden, aber zu einer wirklichen Änderung war es damit noch nicht gekommen. Viel Unkirchlichkeit gerade unter den Gebildeten, viel Gleichgültigkeit unter der Masse des Bürgertums, das sich dem stofflichen Lebensgenuß und der Bequemlichkeit hingegeben hat, ist zu beklagen. Wohl wünscht und fördert man den äußeren

---

[2] Ebenda, S. 3-5.

Bestand der Volkskirche, aber man fragt nicht mehr nach ihrem Herz, nach den Wurzeln ihrer Kraft: dem Evangelium.

Nachdem der Vortragende seine Hörer von der Notwendigkeit neuer Kontakte zum geistlichen Leben der Gemeinde als jener Wurzelkraft zu überzeugen versucht hat, kommt er auf die „Sprengkörper" in unserer Volkskirche zu sprechen, die ihre Einheit gefährden. Es sind dies seinem Urteil nach folgende drei, sich deutlich abzeichnende Gruppen: Zunächst die schon erwähnte Gruppe der Gleichgültigen, die er als die gefährlichsten bezeichnet. Es sind die Erwerbs- und Genußmenschen, die in selbstsüchtiger Weise im Streben nach materiellen Gütern befangen bleiben und sich um das Gemeindeleben überhaupt nicht interessieren und kümmern. Sie werden rückhaltlos getadelt. Als zweite nennt er die Intellektualisten, vor allem die monistischer Prägung, die sich in weltanschaulichem Gegensatz zur Lehre der Kirche befinden. Diese versucht er durch geschickte Argumentation dem christlichen Denken wieder näherzubringen und ihnen zu zeigen, daß ihr Gegensatz nicht ein unüberbrückbarer sei. Daß nicht nur ihr völkisches Bewußtsein, sondern auch ihr sittlich-religiöses Streben sie zur Treue der Kirche gegenüber verpflichte und zur Teilnahme am Leben der Gemeinde führen müßte, zumal unsere Volkskirche ja auch für freisinniger Denkende liebevolles Verständnis und Raum habe. Als dritte Gruppe nennt er dann schließlich die damals bereits sich bemerkbar machende Gemeinschaftsbewegung; er übt mancherlei Kritik, aus der ersichtlich ist, daß er sie wenig schätzt und ihr auch noch ziemlich mißtrauisch gegenübersteht. Immerhin tritt er für eine abwartende Stellungnahme ihr gegenüber ein und gibt seiner Hoffnung Ausdruck, daß seitens ihrer Führung so viel Takt und tiefere Einsicht nicht mangeln wird, damit sie sich der Volkskirche zum Segen und nicht zum Unsegen auswirke.

Es ist wichtig, daß dieses zeitgenössische Bild über die geistig-religiöse Lage jener Tage von einem Manne gezeichnet ist, der zu den maßgebenden, führenden Persönlichkeiten des damaligen kirchlichen Lebens gehörte und der, wie wir sahen, gerade nicht ein Mann der Gemeinschaftsbewegung war. Das Wissen um die Not, die Mängel und wunden Punkte im Gemeindeleben war also da; und zwar nicht nur bei den Gemeinschaftsleuten, sondern auch auf der Seite der kirchlichen Führung. Und auch an Bemühungen, dem Abhilfe zu schaffen, fehlte es hier nicht. Hatte doch gerade jener Vortrag des Kronstädter Stadtpfarrers und die ihm folgenden Presbyterialbeschlüsse dieses Anliegen im Auge.

2. Die beginnende Tätigkeit der Sekten: Reaktion auf den geistlichen Verfall und Bestätigung desselben.

Im gleichen Jahre, dazu noch im gleichen Monat, nämlich vom 9.-11. Mai 1911 tagte in Hermannstadt die geistliche General-Synode, die sich u. a. auch mit der Frage der Sekten und der Gemeinschaftsbewegung in unserer Landeskirche auseinandersetzte. Anlaß dazu war, wie ja schon das Thema zeigt, die beunruhigende

Tatsache, daß in den vorhergehenden Jahren das Sektenwesen auch in unserer Landeskirche Eingang gefunden hatte. Das Referat hielt Johannes Reichart, das er auf Grund der vom Bischof unter Erlaß Z. 701/1911 angeordneten pfarrämtlichen Berichte aller Gemeinden, in überaus genauer, sachlicher und anschaulicher Weise erarbeitet hatte.[3] Er selbst sieht darin ein mahnendes Zeichen für die Landeskirche, die jenen Menschen, die sich den Sekten zuwenden, das nicht mehr bietet, was sie dort zu finden meinen: lebendige geistliche Gemeinschaft.

„Daß es unserer Landeskirche vielfach an Leben fehlt, wir haben es gewußt. Diese Bewegung zeigt uns zum Greifen, daß dagegen mit viel größerem Ernst gearbeitet werden muß. Sie weiset uns bloß in die unteren Kreise unserer Kirche. Wir aber wissen, wie sie auch in den obersten Schichten zerfressen ist von Materialismus im Leben und naturalistischem Monismus in der Gesinnung."[4] Er zitiert und bekräftigt das Urteil des Zenderscher Amtsbruders über die Adventisten in seiner Gemeinde: „Sie (nämlich die Bewegung) wird nur dann nicht von Dauer sein, wenn wir ihr entschlossen und mit allen Kräften entgegenarbeiten. Ernst ist sie unter allen Umständen zu nehmen. Wir haben es da mit Leuten zu tun, die wirklich ernstlich um ihr Heil besorgt sind und mit allem Eifer danach streben, mit Leuten, die nur durch Unwissenheit, durch Mangel an Urteilskraft, durch einseitige Belehrung in eine falsche Richtung gebracht wurden. Solche Leute schützt auch unsere festgefügte kirchliche Organisation nicht vor Torheit, wenn sie sich selbst überlassen bleiben."[5] Reichhart beginnt sein Referat mit einem statistischen Ausweis über die Anzahl der einer Sekte beziehungsweise der Gemeinschaftsbewegung anhängenden Seelen in den einzelnen Gemeinden der Landeskirche und über die schon erfolgten Austritte aus derselben. Er schildert danach kurz Ursprung und Geschichte der einzelnen Sektengemeinschaften und gibt eine einführende Darstellung ihrer Lehre und ihrer religiösen Lebensformen. Schließlich zeigt er, auf welchen Wegen sie bei uns Eingang gefunden haben und wie sie in den einzelnen Gemeinden Fuß faßten. Begünstigend für sie waren dabei die modernen Verkehrverhältnisse und das reichliche religiöse Schrifttum, das ihnen zur Verfügung stand und das sie werbend verbreiteten. Seine Behandlung befaßt sich zunächst mit jeder einzelnen Gruppe im besonderen in der Reihenfolge: Baptisten, Adventisten, Gemeinschaftschristen. Sodann geht er zu einer zusammenfassenden Darstellung der Wirkungen und Gegenwirkungen über, die sie in den Gemeinden ausgelöst haben. Er zitiert sachlich ihre eigenen Zeitungsberichte über die erzielten Erfolge und Kämpfe, die sie um ihre Existenz führen; wie sie von der offiziellen Kirche und ihren Vertretern oft falsch sowie verständnis- und lieblos behandelt werden. Spott und Hohn, Verleumdung oder Nichtbeachtung oder, wie es aus

---

[3] Johannes R e i c h a r t: Die Sekten und die Gemeinschaftsbewegung in unserer Landeskirche. In: Verhandlungen der Generalsynode der ev. Landeskirche A. B. in den siebenbürgischen Landesteilen Ungarns. Hermannstadt 1911, S. 49-78.

[4] Ebenda, S. 76.

[5] Ebenda, S.70.

Wolkendorf z. B. berichtet wird, sogar Drohung und Gewaltanwendung, sind weder angemessene, noch wirksame Gegenmittel.[6] Sollen diese Menschen der Landeskirche nicht verloren gehen, so muß man ihnen anders entgegentreten. Das haben nun, wie aus den Berichten der einzelnen Pfarrämter andererseits hervorgeht, denn auch viele Pfarrer bereits getan beziehungsweise zu tun begonnen. Sie haben versucht, oder sich zumindest vorgenommen, ihnen mit ebenfalls wirksamer Wortverkündigung entgegenzutreten, ihre Irrtümer zu widerlegen, und durch eine allgemeine, intensivere Seelsorge danach zu trachten, daß nach einem Wort des Honterus, „kein Glied auf fremdem Hattert seine Weide suchen müsse"[7]. In diese Richtung gehen denn auch die Vorschläge, die sehr gut und praktisch bis ins Einzelne ausgeführt der Synode als die Stellungnahme, die hier von der Landeskirche bezogen werden müsse, unterbreitet werden. Es würde zu weit gehen, sie hier alle aufzählen zu wollen.[8] Jedenfalls dürften diese Frömmigkeitsbewegungen und ihre Tätigkeit weder verharmlost werden, wie das in Kronstadt zum Teil der Fall sei, noch zu einer resignierten Haltung Anlaß geben, wie es in Halvelagen beobachtet wurde, sondern sie müssen ganz ernst genommen werden. Man muß ihnen also kirchlicherseits mit einer gleichwertigen und gleichgerichteten Arbeit entgegentreten, die sie als besondere Formation neben oder außerhalb der Kirche überflüssig machen.

Nichts anderes als das hat nun die Gemeinschaftsbewegung in Kronstadt angestrebt und auch getan. Doch davon später.

B. Die Bedeutung der Persönlichkeit führender Berufener für den Werdegang der geistlichen Erneuerung.

Wenn es Gott gefällt, einer Zeit, die der geistlichen Erneuerung besonders bedarf, diese zu schenken, dann beruft er sich dazu auch auf die Menschen, die den äußeren Anstoß zu ihrem Werden geben, die mit ihrer Persönlichkeit führend in ihr wirken und ihr mitunter oft auch ein ganz bestimmtes Gepräge verleihen. Solche Menschen gehören demnach mit zu den Voraussetzungen, deren sich die göttliche Vorsehung bedient, die das Entstehen und die Gestalt einer Frömmigkeitsbewegung bestimmen und von denen aus sie zu verstehen gesucht werden muß. Von dieser Überzeugung ausgehend, ist es dann wohl berechtigt, der vorliegenden Untersuchung den inneren Werdegang von Pfarrer Georg Scherg einzufügen, der ja anerkanntermaßen der geistige Führer dieser Bewegung war.

---

[6] Ebenda, S. 67f.
[7] Ebenda, S. 71.
[8] Vgl. ebenda, S. 70-78.

II. Beginn der Bewegung

1. *Scherg und sein Werdegang: Elternhaus, Studium, Glaubensweg.*

Georg Alfred Scherg wurde am 19. November 1863 in Kronstadt geboren und entstammte einem angesehenen Bürgerhaus dieser Stadt. Er war der einzige Sohn seiner Eltern, die bemüht waren, dem geweckten und begabten Knaben eine möglichst gute und umfassende Erziehung angedeihen zu lassen. Bemerkenswert ist dabei wohl, daß es keineswegs eine fromme, oder auch nur besonders kirchlich gesinnte Familie war. Auf die Erziehung im Glauben wurde dementsprechend wenig geachtet und kein besonderes Gewicht gelegt.

Seine heimischen Bildungsjahre fielen in die Zeit niederreißender Aufklärung. Ernst Häckel und D. F. Strauß bestimmten in weitgehendem Maße die geistige Atmosphäre und die weltanschaulichen Grundlagen jener Tage. Glücklicherweise kam Scherg in seinen beiden letzten Gymnasialjahren unter den guten Einfluß eines ganz anders gesinnten Mannes, des jungen Gymnasialprofessors Franz Herfurth. Dieser geist- und gemütvolle Lehrer war es, der den ebenfalls gemütvollen und feinsinnigen Georg Scherg durch den Religionsunterricht in die Welt des Glaubens einführte und in ihm den Wunsch weckte, Theologie zu studieren, was umso schwerer wog, als seine Familie eigentlich dagegen war.

Als gehorsamer Sohn seiner Eltern begann Scherg denn auch nach wohlbestandener Reifeprüfung zunächst mit dem Studium der Rechte in Leipzig, beschäftigte sich aber dabei mehr mit Musik, die er über die Maßen liebte, und machte sich bald Vorwürfe, gegen den Rat seines Lehrers gehandelt zu haben. Musik, Medizin, Theologie – das waren die Fächer, denen er zugetan war. Aus dieser peinlichen Klemme befreite ihn ganz unerwartet ein Brief des Vaters, in welchem ihm dieser nun das Theologiestudium gestattete und sogar empfahl. Die Ursache dafür war eine Meinungsänderung des Vaters, die von der Überzeugung ausging, daß sein Sohn in der unabhängigen Stellung des Pfarrers eher und mehr für die politischen Rechte des sächsischen Volkes werde kämpfen können wie als Jurist. Eine Erwägung also, in der die Theologie bloß Mittel zum Zweck war. So studierte Scherg nun ab 1883 Theologie und Philologie in Bern, wohin Herfurth ihn „versöhnt und hocherfreut" gewiesen hatte.[9] Eine tiefe Erschütterung bringt ihm die Nachricht vom Tode seiner Mutter. Es ist nicht nur der Schmerz über den Verlust dieses so inniggeliebten Menschen, sondern zugleich die Glaubensfrage, die sich ihm hier neu stellt und persönlich zugespitzt, sein Gewissen beunruhigt. „Wie, so muß er sich fragen, konntest du es wagen, mit deinem leichtfertigen Unglauben nach dem heiligen Priesteramt zu greifen? Wie willst du einmal auf der Kanzel, an Sterbebetten

---

[9] Johannes R e i c h a r t : Ein Mann des Glaubens und der Tat. Pfarrer Georg Alfred Scherg, Gründer der Evangelischen Gemeinschaft in Kronstadt. Sonderdruck aus: Lichter der Heimat. Kronstadt 1943, S. 3ff.

und an Gräbern stehen, wenn du vor Tod und Ewigkeit verstummen mußt?"[10]
Doch wurde dem so ernstlich um Glauben und Heilsgewissheit Suchenden
und Ringenden auch die Gnade des Findens zuteil. Die Wende, die sich in
seinem Leben zu vollziehen begann, war wohl nicht eine plötzliche, im Sinne
eines einmaligen und zeitlich festlegbaren Bekehrungserlebnisses, sondern es
war ein fortgesetztes, ununterbrochenes Ringen, im Studium und im Gebet, in
seelsorgerlichem Gespräch mit seinen gleichgesinnten Freunden und Studien-
genossen, im Briefwechsel mit seinem ehemaligen Lehrer Herfurth. Johannes
Reichart, der Landsmann und treue Freund ist ihm dabei in ganz besonderem
Maße ein gesegneter Begleiter und Weggefährte geworden und geblieben. Sie
besuchten gemeinsam nicht nur die Vorlesungen, sondern auch die Gottesdienste und Bibelstunden der Gemeinde und besprachen alles, was ihr Herz
dabei bewegte. So war dieser Aufbruch dennoch echte, wirkliche Bekehrung:
ein Wachsen und Zunehmen in der Gnade, täglich erneute Hinwendung zu
dem lebendigen Gott, dessen persönlichen Ruf er persönlich vernommen hatte
und dem er zu folgen und zu gehorchen bereit war.

In Berlin, wo Scherg die letzten beiden Jahre seines Auslandsstudiums
zubrachte, erlebte er besonders eindrücklich die innere Spannung zwischen
orthodox und liberal, die damals durch Theologie und Kirche ging, und hat sie
in der eigenen Brust mit der ganzen Leidenschaftlichkeit seines nach Klarheit
und Wahrheit fragenden Herzens durchlitten. Besonders tief beeindruckten ihn
die Vorlesungen und die Persönlichkeit Prof. Pfleiderers, in dessen gastlichem
Hause er ihn gelegentlich auch aufsuchte, um mit ihm persönliche Aussprachen
führen zu dürfen. Nicht weniger nachhaltig war auf der anderen Seite der
Einfluß der Kirche, unter deren Verkündigung sich Scherg regelmäßig stellte.
Während die Gottesdienste der liberalen Prediger den gemütvollen Mann
unbefriedigt ließen, bewegten ihn die der pietistisch-erwecklich orientierten
kaiserlichen Hofprediger aufs stärkste. Vor allem der gewaltige Kögel, aber
auch Baur und Schräder. Der Mann seines Herzens jedoch wurde Emil From-
mel. Besonders die sonntäglichen offenen Abende, wo sich eine geistvolle,
kunstfrohe und glaubensfreudige Gesellschaft im Hause des Hofpredigers
zusammenfand, sind dem Theologiestudenten in schöner, dankbarer Erinnerung geblieben. Auch Adolf Stoecker und die christlich-soziale Bewegung lernte
er in diesen Jahren kennen, stand aber der stark agitatorisch ausgerichteten
Art des bekannten Predigers anfangs sehr skeptisch, ja geradezu ablehnend
gegenüber. Erst ein Brief Herfurths ermunterte ihn, die Arbeit Stoeckers durch
ein eingehenderes, sachliches Studium besser kennen und schätzen zu lernen
und es auch mit der praktisch-tätigen Beteiligung im Dienst der Berliner
Stadtmission zu versuchen.

Und dennoch war er am Ende dieser Zeit mit sich selber noch nicht eins,
noch nicht ins Reine gekommen. Bei einer Prüfung seiner Kraft, je ein Men-

---

[10] Helene S c h e r g: Georgs Werdegang – 1864-1903. Ms. 1929. Nur für die Familie
geschrieben, S. 13ff.

schenfischer für den Herrn zu werden, verzweifelte er fast. Wie aus seinem
letzten Berliner Brief an Reichart ersichtlich ist, war er wohl bereit, sich selber
zu des Herrn Tempel herzurichten, und traute es sich allenfalls auch noch zu,
unter Gleichgesinnten zu wirken, wiewohl ihm auch dies schon schwierig
erschien. Aber Abtrünnige wieder dem Herrn zuzuführen, – das als Aufgabe
in der Heimat –

> „dazu fehlt mir die Kraft. Das ist's was mich zaghaft macht […]. Aber ich hoffe,
> daß ER, der bisher geholfen hat, mir auch ferner beistehen werde. Und komme
> also heim. Dies eine tröstet mich noch, daß ich wenigstens einige Freunde und
> Gleichgesinnte haben werde, daß ich in Dir besonders einen Bruder gefunden
> habe, der mich versteht, den ich verstehe."

So kam er zu seinem letzten Studienjahr nach Klausenburg (1886/87), wo er,
den damaligen Bestimmungen gemäß, die Staatsprüfung zum Teil sogar in
magyarischer Sprache ablegen mußte. Ihm graute davor. Doch bald schrieb er
hochbeglückt, daß er hier eine Oase echten, geistlichen Lebens gefunden habe.
Es war die Familie Rottmaiers, des Leiters der Bibelniederlage, bei der er wohnte.
Fromme, liebe Leute. Baptisten. Morgen- und Abendandacht, Tischgebet rückten
den Tagesablauf in das Licht der göttlichen Wirklichkeit und gaben auch dem
häuslichen Leben das christliche Gepräge. Am Sonntag, vor dem Gottesdienst,
wurde Andacht gehalten, nachmittags Sonntagsschule für deutsche und ma-
gyarische Kinder, die Scherg übernahm. Anschließend Andacht, zu der zehn bis
zwanzig Erwachsene kamen. Mit dem Hausherrn teilte er sich Schriftlesung und
Auslegung. „Ich kann Gott nicht genug danken, daß er mich hierher geschickt
hat", bekennt der junge Theologe. Die segensreichen Erfahrungen, die er hier
machte, sind ihm in seinem späteren Dienst vielfach wegweisend gewesen.

Nach erfolgreich abgeschlossenem Studium kehrte Scherg in seine Vaterstadt
zurück. Hier begegnete man im Allgemeinen der Frömmigkeit des erweckten
jungen Mannes anfänglich mit großem Mißtrauen und kühler Zurückhaltung.
Nur der Kreis der „Freunde und Gleichgesinnten", das sogenannte „theologische Kränzchen" dem er seit 1888 angehörte, nahm ihn herzlich auf. Zu ihm
zählten außer Herfurth, Realschulleiter Johann Hubbes, später Bartholomäer
Pfarrer, Seminarleiter Andreas Tontsch, nachher Blumenauer Pfarrer, Semi-
narlehrer Gustav Schiel, später Pfarrer auf dem Martinsberg, Karl Jüngling,
Dr. Eduard Morres, die Gymnasiallehrer Julius Gross und Friedrich Wilhelm
Seraphin. Im Laufe der Jahre kamen noch hinzu: Reichart, Scherg, Dr. Eugen
Lassel und Dr. Oskar Netoliczka. In den wöchentlich einmal stattfindenden
abendlichen Zusammenkünften wurden Werke der Wissenschaft besprochen,
Schul-, Kirchen- und Volksfragen erörtert, aber auch frohe Geselligkeit gepflegt.
Hier fand Georg Scherg auch das, was er im mutterlosen Elternhause vermiß-
te: die herzliche Innigkeit und wohltuende Wärme familiärer Gemeinschaft.
Besonders im Blumenauer Pfarrhause mit seiner kinderfrohen Familie und der
heiteren, gastlichen Atmosphäre fühlte er sich wie daheim. Hier fand er denn
auch seine Lebensgefährtin, die älteste der Töchter: Helene. Sie starb, leider
allzu früh, kurz nach der Geburt ihres ersten Kindes an Typhus. Für den jungen

Gatten ein schwerer, schmerzlicher Verlust. Doch der Platz an seinem Herzen und seiner Seite blieb nicht leer: Luise, die Schwester der Verstorbenen, trat dann an ihre Stelle und wurde ihm zur treuen Gattin und Begleiterin durchs Leben.

Im August 1889 hatte Scherg seine Lehrtätigkeit am Honterusgymnasium begonnen, und wußte – ein Freund der Jugend – bald die Herzen seiner Schüler zu gewinnen. Der lebendige Unterricht, die Liebe zur Musik, die er in den jungen Seelen weckte und pflegte, die gemeinsamen Ausflüge und nicht zuletzt die biblischen Lesestunden am Sonntag, die er nach dem Klausenburger Vorbild eingerichtet hatte, das alles schuf eine innige und herzliche Bindung zwischen ihm und den Jungen. Er gewann sie zu einem kleinen, aber über die Maßen beglückenden Liebesdienst: am Heiligen Abend wurden Christbaum, Weihnachtslied und Weihnachtsgaben in die Häuser vergessener Armen getragen, und große Freude war ihr Lohn.

2. Erste Ansätze zur Erneuerung des geistlichen Lebens: Kindergottesdienste, Bibelstunden.

Am 11. Februar 1894 wurde Georg Scherg zum Stadtprediger der Honterusgemeinde gewählt, welchem Dienste er von da an seine ganze Kraft widmete. Dabei erkannte er bald die Mängel und wunden Punkte im Gemeindeleben, die religiöse Indifferenz und Oberflächlichkeit, die in den breitesten Schichten vorherrschte. Und so war es denn ihm, dem gläubig erweckten Manne, ein Herzensanliegen, das geistliche Leben der Gemeinde, der er diente, einer Verinnerlichung und Vertiefung zuzuführen. Er begann sein Wirken in dieser Richtung mit der Einrichtung von besonderen Kindergottesdiensten am Sonntag und abendlichen Wochengottesdiensten, in denen Bibelarbeit und biblische Betrachtung im Mittelpunkt standen.

Wohl existierte bereits zu jener Zeit in der Honterusgemeinde die Einrichtung eines Kindergottesdienstes, doch war sie in mehrfacher Hinsicht so mangelhaft, daß man sich damit nicht zufrieden geben konnte. 1882 war der Antrag des Kurators Franz Maager die verpflichtende Teilnahme der Schuljugend am Hauptgottesdienst für neun Feiertage des Kirchenjahres beschlossen worden. Das waren die folgenden: die drei Hochfeste, der Sonntag zu Beginn des Schuljahres, der Sonntag zum Schluß des Schuljahres, das Reformationsfest, der Sonntag Palmarum, der dritte Sonntag nach Ostern und der Konfirmationssonntag.[11] Im Jahre 1888 richtete das Presbyterium im Einvernehmen mit dem Lehrkörper neben dem Religionsunterricht besondere sonntägliche Kindergottesdienste ein, damit den Kindern neben der lehrhaften Unterweisung, die sonntägliche Erbauung, nun auch ihrem Fassungsvermögen angepaßt, nahegebracht und liebgemacht werde. Die Mängel dieser an und für sich sehr

---

[11] Presbyterium der evang. Gemeinde A. B. Kronstadt (Hg.): Einundzwanzigster Jahresbericht der evang. Gemeinde A. B. zu Kronstadt über die Jahre 1880, 1881 u. 1882. Kronstadt 1883, S. 26; u. Helene S c h e r g : Georgs Werdegang – 1864-1903. Ms. 1929. Nur für die Familie geschrieben, S. 59.

begrüßenswerten Einrichtung lagen vor allem darin, daß diese Gottesdienste nicht regelmäßig abgehalten wurden. Teils, weil sie gar nicht für jeden Sonntag des Kirchenjahres vorgesehen waren, teils weil sie auch an den vorgesehenen Sonntagen oft ausfielen, wegen Mangel an Lehrkräften, die sich hierzu nicht in dem gewünschten Maße zur Verfügung stellten: So daß, wie es aus einem Bericht der Mittelschullehrer aus dem Jahre 1896 hervorgeht, von dem später noch die Rede sein wird, praktisch nicht einmal der dritte Teil dieser Gottesdienste wirklich abgehalten wurde und die Kinder oft zu versperrter Kirchentüre kamen. Eine Statistik dieses Berichtes zeigt, wie in den Jahren 1888-1895, in acht Jahren also, von 162 abzuhaltenden Kindergottesdiensten nur fünfzig tatsächlich gehalten worden waren. Ein weiterer Mangel bestand auch darin, daß diesen Veranstaltungen die wünschenswerte Einheitlichkeit mangelte: Und zwar sowohl im Hinblick auf die Person des Predigers, der jedesmal wechselte, und so kein persönliches Verhältnis zu den Kindern finden konnte; andererseits aber auch im Hinblick auf den behandelten Stoff, für den kein Plan bestand und dessen Auswahl der Willkür des jeweiligen Einzelnen überlassen war.

Der äußere Anlaß, der Scherg dazu bewog, sein Vorhaben in die Tat umzusetzen, war die Tatsache, daß eben zu der Zeit die Kronstädter Baptistengemeinde es unternommen hatte, auch die Kinder evangelischer Eltern zu den von ihr veranstalteten regelmäßigen Kindergottesdiensten heranzuziehen, was ihr auch zum Teil gelang. Etwa 40-50 Kinder besuchten über ein halbes Jahr lang ihre Sonntagsschule. Als dann der baptistische Prediger angeblich wegen mangelnder Fähigkeit abberufen, und ein neuer in Aussicht gestellt wurde, entschloß sich Scherg nun seinerseits, einen regelmäßigen Kindergottesdienst abzuhalten, um zunächst einmal die Kinder, die bei den Baptisten gewesen waren, in den Schoß der evangelischen Gemeinde zurückzuführen und ihnen hier das zu bieten, was sie bisher in dem Maße nicht geboten bekommen hatten, gleichzeitig aber auch mit dem Ziel, die übrigen Kinder der Gemeinde dafür zu gewinnen. So versammelte er am 1. März 1896 sechzehn, am 8. März vierunddreißig und am 15. März fünfzig Kinder in seiner Wohnung. Da aber der ihm zur Verfügung stehende Raum mit der wachsenden Kinderzahl bald zu klein wurde, machte er an das Presbyterium eine Eingabe, wo er über die von ihm begonnene Tätigkeit berichtete und um die Erlaubnis bat, daß es ihm für diesen Zweck die Obervorstädter Kirche und im Winter die Aula des Gymnasiums zur Verfügung stellen möchte.[12]

Diese Eingabe löste im Presbyterium und zum Teil auch in der Gemeinde eine Reihe von leidenschaftlichen Auseinandersetzungen und Debatten aus. Wie aus dem ausführlichen Verhandlungsbericht über die Presbyterialsitzung vom

---

[12] Helene S c h e r g : Bericht und Anträge über die Eingabe des Stadtpredigers G. Scherg und die darauf bezüglichen Gutachten der Mittelschulkonferenz des Lehrkörpers der Mädchenschule und der Elementarschule sowie der Stadtdiakonatsprediger. Als Ms. gedruckt Kronstadt, 3. August 1897, S. 1 u. S. 2.

3. August 1897[13] hervorgeht, hatte Scherg inzwischen auch mit der Abhaltung von Bibelstunden begonnen (im Bericht als „private Wochenabendgottesdienste" bezeichnet). Damit war ein Stein ins Rollen gekommen, der die Gemüter bewegte und anfänglich von vielen als ein Stein des Anstoßes empfunden wurde. Doch sollte sich zeigen, daß es ein heilsamer Anstoß war.

III. Reaktion und Opposition

1. In der Honterusgemeinde

Es ist klar, daß Schergs erste Schritte von vielen nicht gebilligt wurden und daß man seiner diesbezüglichen Tätigkeit anfangs mit viel Mißtrauen und Zurückhaltung begegnete. Aber er wurde dennoch ernst genommen, weil sein Anliegen ein ernstes war. Das spürten sogar seine Gegner. So wurde seine Eingabe vom 20. März 1896 erst verhandelt, nachdem zuvor die Gutachten der Mittelschulkonferenz, des Lehrkörpers der Mädchenschule und der Elementarschule, sowie der Stadt- und Diakonatsprediger darüber eingeholt worden waren. Das geschah erst nach mehr als einem Jahr, am 3. August 1897.

Dabei wird zunächst ziemlich einmütig die Eigenmächtigkeit im Vorgehen des Stadtpredigers getadelt, der es einfältigerweise verabsäumt hatte, sich von allem Anfang an über seine Vorhaben mit dem Presbyterium ins Einvernehmen zu setzen. Ebenso einmütig wird aber auch zugegeben, daß die bisherige Praxis des Kindergottesdienstes erhebliche Mängel aufweist, die beseitigt werden müssen. Über den Weg, den Scherg dazu eingeschlagen hatte, gehen die Meinungen stark auseinander. Stadtpfarrer Franz Obert, der in der obigen Sitzung als Berichterstatter und Antragsteller die einzelnen Gutachten verarbeitet und vorgelegt hatte, lehnt den Weg Schergs ab, weil er in ihm sektiererische Tendenzen wahrzunehmen meint, die seiner Ansicht nach die Einheit der Gemeinde gefährden und zu unerwünschten Spaltungen Anlaß geben könnten. Ein Arzt und Mitglied der Gemeindevertretung äußert sogar das Bedenken, ob ein solches „Zuviel" (wöchentlich zwei Stunden Religionsunterricht und eine Stunde Gottesdienst!) sich nicht auf das Nervenleben und die seelische Gesundheit der Kinder schädlich auswirken könnten;[14] eine Meinung, mit der er offenbar nicht allein dastand, da sie zum Gegenstand eines Leitartikels im „Kronstädter Tageblatt" gemacht wurde. Der Leitartikler spricht sich sehr leidenschaftlich für den Geist „religiöser Duldsamkeit und freisinniger Auffassung" aus, welchen er, wie es scheint, durch solche „rückschrittliche Frömmelei" und „dogmatischen

---

13 Ebenda, S. 11. Bzgl. des Presbyterialprotokolls s.: AHG: IV.Ba.55, Sitzung vom 3. August 1897, S. 128-136, hier S. 131.

14 (Johannes) R e i c h a r t, Ein Mann des Glaubens (wie Anm. 9). S. 12; „Eine Angelegenheit von großer Bedeutung". In: Kronstädter Tageblatt, 2. Jg., Nr. 84 vom 11.4.1896. In derselben Ausgabe wird auch der Wortlaut der Interpellation des Arztes Eduard Gusbeth in der Sitzung der Gemeindevertretung gedruckt, und zwar in Form einer Gegendarstellung zur Berichterstattung der Kronstädter Zeitung.

Fanatismus" ernstlich gefährdet sieht. Zweifellos eine Spitze gegen Scherg und eine Mißbilligung seiner Arbeit.

Aber auch die Urteile in den Gutachten der einzelnen Lehrerkonferenzen gehen auseinander. Wohl ist man sich darüber einig, daß der Kindergottesdienst in Zukunft besser, einheitlicher und vor allem regelmäßiger als bisher gestaltet werden muß. Viele begrüßen auch den Anfang, den Scherg gemacht hat und beantragen, seiner Bitte stattzugeben und ihn in der begonnenen Weise fortfahren zu lassen. Andere wieder wollen, daß nicht bloß Scherg allein, sondern auch die übrigen Stadtprediger mit der Abhaltung der Kindergottesdienste betraut werden sollen; die Lehrer aber, nur soweit sie sich dazu berufen fühlen und freiwillig zur Verfügung stellen. Eine Minorität innerhalb der Mittelschul-Professorenkonferenz, die der Ansicht des Stadtpfarrers sehr nahe steht, warnt sogar davor, Scherg allein mit dieser Aufgabe zu betrauen. Ihre Glaubenseinstellung ist, im Gegensatz zu Scherg, extrem liberal. Darüber hinaus scheinen sie auch Schergs Gegner in den politischen Auseinandersetzungen und Streitigkeiten jener Tage gewesen zu sein.

Die Stadtprediger schließlich erklären sich zur Mithilfe bei der Abhaltung der Kindergottesdienste bereit und wollen, sobald diese Einrichtung in der Inneren Stadt und Oberen Vorstadt ununterbrochene Regelmäßigkeit erlangt hat, in den Kirchen ihrer eigenen Seelsorgerbezirke ebenfalls Kindergottesdienste halten.

Das Ergebnis dieser langwierigen Verhandlungen war zunächst einmal dies, daß Scherg am 19. Oktober 1897 seitens des Presbyteriums die schriftliche Verständigung erhält, daß seiner Bitte vom 20. März 1896 nicht stattgegeben wurde. Und doch ist sein Bemühen nicht vergeblich gewesen. Doch haben seine Kindergottesdienste nicht aufgehört und in manches junge Herz zu lebenslangem Segen die Heilandsliebe gepflanzt. Seit 1902, dem Amtsantritt Schergs als Obervorstädter Pfarrer[15] wurden sie von ihm 39 Jahre lang ohne Unterbrechung gehalten und erfreuten sich immer größerer Anerkennung. Das geht aus einer im Jahre 1915 gedruckten, von sämtlichen Lehrerkonferenzen herausgegebenen Aufforderung an die Elternschaft hervor, wo sich der gesamte Lehrkörper eindeutig für den Besuch der nun regelmäßig stattfindenden Kindergottesdienste einsetzt. Es heißt hier gleich zu Beginn:

> „Bekanntlich findet seit einer Reihe von Jahren allsonntäglich in der Obervorstädter Kirche ein Kindergottesdienst statt, dessen Besuch den Schülern und Schülerinnen von der Schule nachdrücklich empfohlen wird. Da wir nun erfahren haben, daß manche Eltern vom Wert dieser Einrichtung noch nicht überzeugt sind und ihr gegenüber sich gleichgültig oder gar ablehnend verhalten, so erlauben wir uns, die Gründe bekanntzugeben, die für den Kindergottesdienst sprechen."

In gleicher Weise wurden auch die Bibelstunden, die seit 1897 allwöchentlich einmal abends stattfanden, und um deren Durchsetzung und Anerkennung anfangs ebenso hart gerungen werden mußte, beibehalten und die darin begonnene Arbeit getreulich fortgesetzt. Umsomehr, da seit dem 6. Juli 1902 Scherg die Obere

---

[15] [De jure war es eine Prediger-Stelle.]

Vorstadt als Seelsorgebezirk zugewiesen worden war. Hier begann der kleine Kern einer durch das Bibelwort erweckten Gemeinde zu wachsen.

Ein einschneidendes Ereignis, durch das sie aus ihrer Verborgenheit hervorzutreten begann und einen größeren Kreis von Menschen sammelte, war die erste Reihe von Evangelisationsabenden, die vom 29. März bis zum 1. April 1909 in der Obervorstädter Kirche von Jakob Koch, einem gewesenen Brauereidirektor aus Blankenburg in Thüringen gehalten wurden. Durch einen freikirchlichen Evangelisten, Johannes Schlosser, der vorübergehend in Wolkendorf bei Kronstadt gewirkt hatte, war Scherg mit dem Schrifttum der Gemeinschaftsbewegung, insbesondere mit den Veröffentlichungen des Pastors Ernst Modersohn bekanntgeworden. Er hatte daraufhin an Modersohn geschrieben und ihn gebeten, zu einer größeren Evangelisation nach Kronstadt zu kommen. Modersohn konnte der Einladung in demselben Jahre nicht Folge leisten und empfahl an seiner Stelle Jakob Koch, der dann auch tatsächlich entsendet wurde und kam. Ein Jahr darauf, 1910, war dann auch Modersohn selber in Kronstadt, evangelisierte eine ganze Woche allabendlich, hielt nachmittags daneben noch einen Bibelkurs und wurde auch in seinen Sprechstunden zu persönlichen Aussprachen sehr in Anspruch genommen.[16]

Diese Missionsabende, die viel Aufsehen erregten, und auch von bis dahin Außenstehenden stark besucht wurden, hatten einen außerordentlich belebenden und segensreichen Einfluß auf den bestehenden Bibelkreis und auf das Leben der Gemeinde. Die Zahl der gläubig Erweckten wuchs, das geistliche Leben wurde verinnerlicht und vertieft. Auch Scherg selbst empfing daraus wertvolle Anregungen für sein weiteres Wirken. 1909 hatte er mit seiner Frau die Blankenburger Glaubenskonferenz besucht und dabei die persönliche Bekanntschaft Modersohns gemacht, der ja dann im folgenden Jahr als Gastprediger in Kronstadt weilte.

Das äußerlich sichtbare Ergebnis dieser ersten Evangelisation war dann die Gründung einer sogenannten „Landeskirchlichen Gemeinschaft" nach deutschem Vorbilde; d. h. der Zusammenschluß solcher Seelen, die auch weiter der Landeskirche und nicht einer Freikirche angehören wollen, aber fortan „mit Ernst Christen sein wollen, um ihrem Volk und ihrer Kirche nach dem Willen des Herrn ein Licht und Salz sein zu können". Das wollen sie erreichen, „in gemeinsamen Zusammenkünften, deren Inhalt Gebet und Gottes Wort ist". Die Ansätze dazu gehen auf Luther selbst zurück, auf den sich Scherg auch gelegentlich berufen hat.[17]

Daß diese Gemeinschaft anfangs nicht nur in der Honterusgemeinde, sondern auch in der Pfarrerschaft und in der Landeskirche von vielen Seiten beargwöhnt und sogar angefeindet wurde, zeigen die Debatten anläßlich des

---

[16] AHG: IV.F.373: Helene S c h e r g : „Wer an mich glaubet ..." Erinnerungen an Pf. G. Scherg. Typoskript. Kronstadt 1953-1956, S. 1-5.

[17] Georg S c h e r g : Die Gemeinschaftsbewegung. In: Johannes R e i c h a r t (Hg.): Das sächsische Burzenland einst und jetzt. Kronstadt 1925, S. 298-302.

zweiten und dritten siebenbürgisch-sächsischen Pfarrertages in Mediasch
und Schäßburg (Mediasch 1911, Schäßburg 1913) und die Verhandlungen der
geistlichen Generalsynode 1911.

2. In Pfarrerschaft und Landeskirche

Am 13. und 14. Juni 1911 wurde in Mediasch der zweite siebenbürgisch-sächsische
Pfarrertag gehalten. Scherg wußte, daß man ihm und seiner Arbeit in der Gemeinschaftsbewegung auch dort mit viel Widerspruch und vielleicht sogar mit
Ablehnung begegnen würde und daß es dementsprechend zu heftigen Auseinandersetzungen kommen müsse. Darum zögerte er bis zum letzten Augenblick,
ob er daran teilnehmen sollte oder nicht und wartete, im Gebete ringend, auf
Führung und Weisung durch Gott. Als er diese, im letzten Augenblick, gefunden
und empfangen zu haben gewiß wurde, begab er sich getrost und zuversichtlich
auf die Reise. Es war das Wort aus 2. Mose 4,12 das der Neukirchner Abreiß-
kalender, den er zur täglichen Andacht und Ausrichtung zu benützen pflegte,
gerade für jenen Tag brachte: „So gehe nun hin; ich will mit deinem Mund sein
und dich lehren, was du sagen sollst."[18]

Das Hauptreferat bei dieser Tagung hielt Bischofsvikar und Stadtpfarrer von
Hermannstadt D. Adolf Schullerus über das Thema „Priester oder Prophet?",
wo der Vortragende in glänzender Rede „priesterliche (sakramentale) und prophetische (geoffenbarte) Religion" als Gegensätze einander gegenüberstellt und
zur „Prophetisierung" der kirchlichen Verkündigung und Handlungen aufruft.
Ein stark religionsphilosophisch und idealistisch geprägter Gedankengang,[19]
der, wie selbst die Kritik eines Laien zeigt,[20] wenig dazu geeignet war, dem
praktischen Anliegen, das ihn veranlaßt hatte zu dienen, nämlich der zuneh-
menden Entkirchlichung entgegenzuwirken. Die Debatte leidenschaftlicher
Auseinandersetzungen aber entzündete sich erst an dem Referat von Pfarrer
Heinrich Schell, das den Titel führte: „Das Sektenwesen und unsere Kirche". In
ihm wies der Vortragende auf die nun auch in unserer Kirche eingedrungenen
Sekten hin, erklärte kurz ihre Entstehung, ihre wichtigsten Wesenszüge und
sprach von den bedauerlichen Wirkungen, die ihre Tätigkeit in vielen Gemeinden hervorgerufen hat. Jedoch richtet er sich bald und ganz im besonderen
gegen die Gemeinschaftsbewegung, die seiner Meinung nach noch gefährlicher
als die Sekte ist, da sie die Loslösung von der Kirche nicht fordert und dennoch
ihre Einheit untergräbt. Er zeichnet dabei in den abschreckendsten Farben alle

---

[18] S c h e r g , „Wer an mich glaubet ..." (wie Anm. 16), S. 20f.
[19] Der 2. siebenbürgisch-sächsische Pfarrertag abgehalten in Mediasch am 13. u.
14. Juni 1911. Hermannstadt 1912, S.11 u. S. 15ff.
[20] Adolf M e s c h e n d ö r f e r : Priester oder Prophet? In: Die Karpathen. Halbmonats-
schrift für Kultur und Leben 6 (1913), H. 8, S. 231-238.

ihre Schwächen, Fehler und Einseitigkeiten, die Anlaß genug dazu geben, sie radikal abzulehnen und wirksame Gegenmaßnahmen zu ergreifen.[21] Scherg empfand darin nicht zu Unrecht eine gewisse Herausforderung und antwortete in der sich anschließenden Aussprache sehr unverblümt mit kräftigen und stichhaltigen Gegenargumenten. Zunächst bemüht er sich, die Unrichtigkeiten und Übertreibungen in der Darstellung des Referenten sachlich richtig zu stellen. Dann versucht er auszuführen, daß die Gemeinschaftsbewegung gerade berufen und wohl auch imstande sei, der Christenheit und nicht zuletzt der Landeskirche zum größten Segen zu werden, weil sie: 1. die Gemeindemitglieder zu ernsten, selbständigen Christen erzieht; 2. dem Pfarrer wertvolle Helfer heranbildet; 3. überdies auch wahrhafte Patrioten erzieht, die da nüchtern, fleißig, sittlich, fromm sind. Weiterhin, daß, wenn man die Gemeinschaftsbewegung dennoch bekämpfen wolle, es wenigstens mit den Waffen des Geistes tun möge und nicht mit Gewalt, wie es in einer Gemeinde geschehen sei, so daß man selber das biete, was sie bieten und sie damit überflüssig mache. Dazu aber sei die Heranbildung eines theologisch gebildeten, gläubigen Pfarrerstandes nötig; Pfarrer, die in erster Linie Träger des geistlichen Amtes sein müssen und nicht Politiker und Vereinsvorsteher. Aber auch nicht liberale Religionsphilosophen von der Art eines Jatho (deutscher Pfarrer, der die Existenz Jesu leugnete und die Evangelien für ein Phantasiegebilde der Jünger erklärte), dem Schullerus in die Spuren zu kommen schiene, weil *solche* Leute, nicht aber die Gemeinschaftsleute, eine ernste Gefahr für unsere Landeskirche werden können. D. A. Schullerus erklärt hierauf, daß er und seine Gesinnungsgenossen alle die Bestrebungen der Gemeinschaftsleute achten und gern bereit sind, sie nicht zu hemmen, sondern zu fördern, weil sie in ihnen eine Vertiefung des religiösen Lebens sehen, die ihnen allen am Herzen liegt. Er bittet Scherg nur, das Seine dazu beizutragen, daß diese Bestrebungen den Rahmen der Landeskirche nicht sprengen und von den Dienern unserer Landeskirche getragen werden mögen, nicht aber von Fremden. Weiterhin, daß die Bewegung auf die Städte beschränkt bleiben möge, weil sie auf dem Lande die festen Lebensformen, die dort eine starke Stütze des religiös-kirchlichen Lebens sind, sprengen könnten.

Pfarrer Hans Wagner ersucht Scherg, den Begriff der Bekehrung und Wiedergeburt einer Revision zu unterziehen und ihn nicht so eng zu fassen, wie das die Gemeinschaftsleute zu tun pflegen.

Scherg antwortet auf die drei Anliegen Schullerus' bezugnehmend, daß er hinsichtlich der beiden ersten mit ihm eines Sinnes sei, hinsichtlich des dritten aber gegenteiliger Meinung. Denn, wenn die Gemeinschaftsbewegung für die Stadt heilsam ist, dann sei sie es erst recht auch für unsere Dörfer. So hatte er unerschrocken und entschlossen seinen Standpunkt vertreten und sich dabei

---

[21] Der 2. siebenbürgisch-sächsische Pfarrertag abgehalten in Mediasch am 13. u. 14. Juni 1911. Hermannstadt 1912, S. 99-112.

die Achtung und das Wohlwollen selbst unparteiischer, nichttheologischer Zuhörer erworben.[22]

Auch der dritte siebenbürgisch-sächsische Pfarrertag, welcher am 9. und 10. September 1913 in Schäßburg gehalten wurde, führte gelegentlich der Aussprache zum Thema „Freiheit und Autorität im Glauben" zu heftigen Auseinandersetzungen. Scherg stand mit seinem streng gefaßten Begriff von der Autorität der Heiligen Schrift im Gegensatz zu den anderen, liberal ausgerichteten Theologen, unter denen sich auch Prof. D. Fr. Niebergall als Gast und Referent befand. Scherg sprach dabei die persönliche Überzeugung aus, daß wir in den letzten Zeiten leben und das Ende aller Dinge nahe sei, so daß die Rückkehr zur einzigen Autorität unseres Glaubens zur Autorität der Schrift das Gebot der Stunde sei. Er blieb auch trotz heftiger Widerrede seinem Standpunkt treu und verteidigte ihn tapfer und überzeugend, ja beinahe leidenschaftlich. Jedenfalls hörte man aus seinen Worten, daß ihm die Sorge um die Sache Christi und das Wohl der Kirche am Herzen liegt.[23]

Wie schon erwähnt, befaßte sich auch die geistliche Generalsynode von 1911 in Hermannstadt nicht nur mit den in der Landeskirche eingedrungenen Sekten, sondern auch mit der Gemeinschaftsbewegung aufs eingehendste. Der Referent Reichart gab dabei dem Wunsche Ausdruck, daß die Kirche von dieser Bewegung für ihre eigene Arbeit lernen möge, daß aber selbst gegen die Sekten nicht mit Gewalt und Ausschluß vorgegangen werden solle. „Solange jemand bei uns bleiben will, wollen wir ihn nicht ausschließen, weil wir unsere Kirche als unser Elternhaus ansehen. Und auch das verirrte Kind wird daraus nicht ausgeschlossen, sondern zu erneuern gesucht".

Bischofsvikar D. Herfurth äußert sich gelegentlich der Aussprache auch in der Richtung, daß die Gemeinschaftsleute nicht bekämpft werden sollen, solange sie den Boden der Landeskirche nicht verlassen und an unserem kirchlichen Gemeinwesen keinen Schaden anrichten; daß ihnen aber kirchlicherseits durch tiefergehende Arbeit und besser organisierte Seelsorge das Gleichgewicht zu halten sei.

Bischof D. Friedrich Teutsch aber weist auf den Pietismus hin, „den die Kirche anfangs bekämpfen zu müssen glaubte, um ihn später in ihren Dienst zu stellen. Wir müssen danach streben, auch die Gemeinschaftsbewegung dem Ganzen dienstbar zu machen, um auch dadurch in gewissem Sinn eine kirchliche Neubelebung unter uns herbeizuführen."[24]

IV. Fortgang: Innere und äußere Entfaltung

Obwohl die kirchliche Öffentlichkeit und insbesondere ihre führenden Männer das Anliegen der Gemeinschaftsbewegung als ein ernstes und notwendiges oder

---

[22] Adolf Meschendörfer: Priester oder Prophet? (wie Anm. 20), S. 238.

[23] Adolf Meschendörfer: Der 3. siebenbürgisch-sächsische Pfarrertag abgehalten in Schäßburg am 9. u. 10. September 1913. Hermannstadt 1914, S. 46-50 u. S. 53-55.

[24] Johannes Reichart: Ein Mann des Glaubens (wie Anm. 9), S. 15f.

doch zumindest fruchtbares anzuerkennen begonnen hatten und versprachen, ihre Tätigkeit nicht zu hemmen, sondern zu fördern, so bedeutete das noch keineswegs das Ende der Auseinandersetzungen und der Opposition. Noch viele Jahre blieb Scherg mit seinen Leuten allein und wurde von weiten Kreisen abgelehnt. Es wurde ihm anfangs nicht gestattet, in fremde Bezirke und ihre Gemeinden zu fahren oder Besuche von Leuten auswärtiger Gemeinden zu empfangen. Amtsbrüder zogen sich von ihm zurück und in den Pfarrerversammlungen des Bezirks stand er jahrelang bei den Aussprachen den anderen allein gegenüber.[25] Der Streit um ihn und seine Sache war über Kronstadt hinausgewachsen und ein Teil der Pfarrerschaft sah in ihm eine große Gefahr. Manche wünschten, andere fürchteten seinen Austritt und dadurch Spaltung der Landeskirche.[26] Scherg selber, ein radikaler Eiferer für seine Sache, zog sich aus dem alten Freundeskreis, dem sogenannten „theologischen Kränzchen" zurück, nachdem er vergeblich versucht hatte, ihn ganz dafür zu gewinnen. Es geschah, wie er selber in einem Brief an Herfurth, der inzwischen Stadtpfarrer geworden war, erklärt, „nach langer, auch im Gebet vor Gott gepflogener Überlegung" und wurde damit begründet, daß „wir uns schon seit langen in den tiefsten Fragen des Lebens nicht mehr verstünden".[27]
Aber seine Arbeit führte er unverzagt und mit beharrlicher Unerschütterlichkeit fort. Mit ihrer Entfaltung begann sich aber dann auch die Wende im Urteil der Öffentlichkeit mehr und mehr zu vollziehen.

1. Evangelisation

Die regelmäßige Bibelarbeit wurde auch weiterhin durch Evangelisationsabende und Wochen, an denen immer wieder auch ausländische Evangelisten als Gastprediger mitwirkten, vertieft, verlebendigt und zugleich einer größeren Öffentlichkeit erschlossen und vertraut gemacht. Nach Pastor Modersohn kamen noch u. a. Friedrich Widmer (Schweiz), Schwester Elise (Rämismühle), Christian Phildius (Generalsekretär des Weltbundes des C.V.J.M.), der Amerikaner Dr. Francis E. Clark (Begründer des Jugendbundes für Entschiedenes Christentum), Martin Urban (Inspektor der Mission für Süd-Ost-Europa), Superintendent Brockes (Gräfenhainichen) und Schuldirektor Josef Perenyi (Budapest). Auch Hochschulprofessoren wie z. B. Prof. Kittel und später Karl Heim, wie auch der russische Professor Marzinovski, dann die ungarische China-Missionarin Irene Kunst und der rumänische Priester Cornilescu.[28]
Einen diesbezüglichen Höhepunkt bildete die „Erste Siebenbürgische Glaubenskonferenz" im Juli 1914. Diesmal waren es gleich fünf auswärtige Redner, die sich in Kronstadt zusammengefunden hatten. Und zwar: Pastor Johannes Urban aus Hausdorf, Pfarrer Max Monsky, Generalsekretär der Evangelischen

[25] Scherg, „Wer an mich glaubet ..." (wie Anm. 16), S. 24.
[26] Johannes Reichart, Ein Mann des Glaubens (wie Anm. 9), S. 26.
[27] Ebenda, S. 15.
[28] Scherg, „Wer an mich glaubet ..." (wie Anm. 16), S. 4.

Gesellschaft für Österreich, Eduard Graf Pückler, Berlin, vom Gnadauer Verband entsandt, Pfarrer Hans Anstein, Sekretär der Basler Mission und Oberlehrer Schumacher aus Agram, der in Jugendbundsachen eine Reise durch den Balkan machte. Es waren segensvolle Tage, voller Harmonie und brüderlicher Eintracht.[29] Der einsetzende erste Weltkrieg brachte dann für viele Jahre eine Unterbrechung dieses fruchtbaren geistlichen Austausches.

2. Wege zur Missionierung und Inneren Mission

Das Betätigungsfeld der evangelischen Gemeinschaft war ein großes und vielfältiges. Die Missionierung breiter Volksschichten und ihre Wiedergewinnung für das Evangelium, war eines ihrer vornehmlichsten Anliegen. Scherg ließ keine zum Evangelisieren sich bietende Möglichkeit ungenützt. Zwei ganz besondere Gelegenheiten mögen hier kurz erwähnt sein: Die erste war eine Viehausstellung in Kronstadt im Jahre 1913, wozu aus ganz Siebenbürgen eine große Anzahl von Männern, insbesondere Bauern gekommen waren, die wohl tagsüber beschäftigt, am Abend aber gerne und auch recht zahlreich den Einladungen zu den Gottesdiensten und Bibelstunden folgten. Die zweite war die Mobilmachung bei Kriegsausbruch im August 1914, wo viele eingerückte Landsturmmänner in Kronstadt auf Ausrüstung und Abtransport warten mußten. Da wurden 14 Tage lang allabendlich in der Kirche Versammlungen abgehalten und manch einer kehrte aus dem Felde dankbar zurück für das, was er damals mitbekommen hatte.

Die Kriegsjahre selbst boten wiederum reichlich Gelegenheit an die vielen verschiedenen Soldaten der Österreichisch-Ungarischen Monarchie Gottes Wort und christliche Schriften heranzubringen. In zwölf Sprachen wurden an durchziehende und in den Lazaretten liegende Soldaten Neue Testamente, Evangelien und religiöse Traktate verteilt. Wie aus einem Bericht Schergs vom 2. November 1916 hervorgeht, waren es bis dahin nicht weniger als 24.440 Schriften, die insgesamt verteilt worden waren.[30]

Auch die Gemeindeberichte der folgenden Jahre heben das anerkennend hervor:

> „Scherg, so heißt es, habe vom Boden der Gemeinschaftsbewegung aus, das Verständnis für den Gedanken der Seelsorge in breiteren Schichten wachgehalten und erweckt."

> „In den Kriegsjahren habe besonders Pfarrer Georg Scherg der Spitals- und Militärseelsorge sich hingebungsvoll angenommen."[31]

Am liebsten wäre Scherg selber Reise-Evangelist geworden, wenn ihn nicht sein Pfarramt, das er als den ihm von Gott gegebenen Platz ansah, daran hinderte und ihn nur selten dazukommen ließ, auswärts mit dem Wort zu dienen. So suchte er nach Helfern und Mitarbeitern, die vorerst die Gemeinschaften in der Schäßburger Gegend betreuen, und später solche, die in Kronstadt Jugendarbeit

---

[29] Ebenda, S. 5.
[30] Ebenda, S. 10f.
[31] Reichart, Ein Mann des Glaubens (wie Anm. 9), S. 23.

treiben sollten. Der erste dieser Hilfsprediger war Otto Szegedi, ein gebürtiger
Siebenbürger Sachse, der in der Mission für Süd-Ost-Europa ausgebildet worden
war und von der Missionsleitung bereitwillig zur Verfügung gestellt wurde; ein
äußerst bescheidener, aber sehr geeigneter Helfer. Er wirkte anfangs etwa drei
Jahre in Kronstadt, dann in Schäßburg als Pfleger der dortigen Gemeinschaft und
Evangelist in den umliegenden Gemeinden. In den Jahren 1913/14 hat er sogar
die evangelisch getauften Zigeuner der Gemeinden des Bistritzer Bezirkes als
Reiseprediger besucht und missionierend unter ihnen gewirkt. Leider hat der
hereinbrechende Weltkrieg seiner segensvollen Tätigkeit durch seine Einberufung zum Heeresdienst ein jähes Ende gesetzt. Der zweite, der aus Hausdorf
für Kronstadt entsandte Johannes Classen, konnte aus dem gleichen Grunde
ebenfalls nur kurze Zeit sein Wirken entfalten. Nach dem Kriege sind beide anderswo verblieben. Man versuchte es dann noch, beziehungsweise wieder, mit
dem ebenfalls aus Hausdorf gekommenen Erich Glafenhein und Walter Etzien
vom C.V.J.M. aus Kassel, der ausschließlich zur Jugendarbeit nach Kronstadt
gerufen worden war. Aber auch diese gut begonnene Arbeit konnte nicht lange
fortgesetzt werden, weil diesen Männern in den komplizierten Verhältnissen
der Nachkriegszeit nur ein begrenzter Aufenthalt erwirkt werden konnte und
auch die Bestreitung des Lebensunterhaltes immer schwieriger und kostspieliger
wurde. So blieb denn nur die Möglichkeit, einen eigenen „landeskirchlichen"
Evangelisten zu suchen und heranzubilden. Prof. Heinrich Rendtorff, der 1927
in Schäßburg an der Tagung des siebenbürgisch-sächsischen Pfarrertages teil-
nahm, bestärkte Scherg in seinem dies bezüglichen Entschluß und sicherte ihm
seine volle Hilfe und Unterstützung betreffs die Ausbildung des dazu berufenen
Mannes zu. Dieser fand sich dann auch in Pfarrer Karl R. Ungar. Mit Rendtorffs
Hilfe ausgebildet, konnte Scherg bereits 1929 ihn der Öffentlichkeit vorstellen
und seinen Dienst antreten lassen.[32] Er tat es mit großer Freudigkeit und wurde
auch freudig aufgenommen. Die anfänglich ablehnende Haltung des Bischofs
wich bald einer wohlwollenderen Beurteilung, wie aus seiner Eröffnungsrede
zur 33. Landeskirchenversammlung hervorgeht, wo er u. a. sagte:

> „Gegenüber der Gleichgültigkeit in bezug auf Glaubensfragen überhaupt
> und in bezug auf die Kirche, die auch bei uns Eingang gefunden hatte, ist
> doch zweifellos vielfach neues Leben in den Gemeinden festzustellen. Der
> Erfolg der Evangelisationen, die von auswärtigen und einheimischen Kräften
> in Angriff genommen worden sind, ist ein schlagender Beweis dafür. Es ist
> mir eine besondere Freude, auch hier es aussprechen zu können, daß es nach
> Überwindung mancher Bedenken gelungen ist, mit der auf dem Boden der
> Kirche stehenden Gemeinschaft Hand in Hand den von ihr berufenen Evan-
> gelisten Pfarrer Ungar in den Gemeinden mit tiefstem Eindruck den Heiland
> verkündigen zu sehen, nach dem die Seelen verlangen."

Die Erweckung, die in drei Jahrzehnten in der ganzen Landeskirche um sich gegriffen hatte, hatte in zahlreichen Gemeinden zur Bildung kleiner Gemeinschaften

---

[32] S c h e r g , „Wer an mich glaubet ..." (wie Anm. 16), S. 13-18; siehe auch Kirchliche
Blätter 1929, Nr. 8, S. 70f.

geführt, in anderen zumindest das geistliche Leben erneuert hatte, begann nun mehr und mehr auch die Anerkennung der breiten Öffentlichkeit zu erlangen.

Parallel zur missionierenden und evangelisierenden Arbeit nach außen ging natürlich die Pflege und Wartung des Gemeindelebens nach innen: überaus vielseitig, und von allen Gliedern der Gemeinschaft in aktiver Beteiligung helfend mitgetragen. Sie umfaßt Seelsorge und Fürsorge, Jugendpflege und Blaukreuzverein, religiöses Schrifttum und noch manch anderen Zweig, wobei aber immer die Wortverkündigung erstes Anliegen beziehungsweise Ziel bleibt.

Die ausgedehnte Lazarettseelsorge während der Kriegsjahre wurde bereits erwähnt. Sie erreichte in den Weihnachtstagen ihren Höhepunkt, wo Scherg beinahe die ganzen Feiertage von Saal zu Saal und Zimmer zu Zimmer zog, die frohe Botschaft verkündend, dazu noch in der Kirche und sogar im Kasernenhof je einen Weihnachtsgottesdienst hielt und überdies auch noch andere Prediger zu seiner Hilfe heranziehen mußte. Das Pfarrhaus, in dem auch die ersten Bibelstunden stattgefunden hatten, öffnete jahraus jahrein unzählig vielen, nach seelsorgerlichem Zuspruch Verlangenden, seine Türen. Neben der Bibelstunde wurde an einem anderen Abend der Woche eine vertiefende Gebetsstunde gehalten.

Um dem Jammer der Trunksucht erfolgreicher begegnen zu können, wurde im Jahre 1911 auf Anregung von Werbern des „Blauen Kreuzes" aus Budapest der Kronstädter Blaukreuzverein gegründet, der im Laufe der Jahre eine ausgedehnte und fruchtbare Tätigkeit entfaltete und von Rechtsanwalt Dr. Ziske geleitet wurde. Ein Saal für Versammlungszwecke der Gemeinschaft und des Blaukreuzvereins wurde gemietet und eingerichtet. Im gleichen Gebäude wurde auch eine „Blau-Kreuz-Wirtschaft" eröffnet, die sich gut bewährte und besonders bei Rüstzeiten große Dienste leistete.[33]

Ebenfalls im Jahre 1911 wurde gelegentlich des Besuches von Superintendent Brockes der „Jugendbund für entschiedenes Christentum" gegründet, der Jungen und Mädchen in getrennten Gruppen zu fröhlichen Bibelstunden sammelte und zu ernstem, tieferen Besinnen über die Fragen des Lebens anregte. Er wurde von Rudolf Schütte und Guste Tontsch geleitet und ging in den späteren Jahren in den „Wehrbund" des „Blauen Kreuzes" über.

Eine andere Gruppe innerhalb der Gemeinschaft war der sogenannte „Tabea-Kreis", in dem Frauen und Mädchen wöchentlich einmal zusammenkamen und allerlei Handarbeiten fertigten, die sie dann vor Weihnachten verkauften, um mit dem Erlös Notleidende und Arme zu beschenken. Natürlich wurde auch sonst, in den anderen Zweigen der Gemeindefürsorge tätig mitgearbeitet.

Scherg hat die Evangelisation und Vertiefung des geistlichen Lebens stets auch durch die Verbreitung geeigneten Schrifttums zu fördern gesucht. Eine Schriftenniederlage wurde errichtet, durch die Bibeln und andere christliche Literatur verbreitet wurde. Im Pfarrhaus wurde eine Leihbibliothek mit einem schönen christlichen Bücherschatz angelegt, die gern und viel in Anspruch

---

[33] S c h e r g, „Wer an mich glaubet ..." (wie Anm. 16), S. 32-36.

genommen wurde. Die meiste Bedeutung jedoch gewann das Halbmonatsblatt „Lichter der Heimat", das zwanzig Jahre hindurch (1920-1940) von Scherg redigiert wurde. Ein „christliches Erweckungsblatt", wie es sich selber nannte, das in erster Linie der Gemeinschaft diente, darüber hinaus aber noch viele Leser förderte. Im dritten Jahrzehnt konnten dann auch wieder Evangelisationen unter Mitwirkung ausländischer Prediger ermöglicht und durchgeführt werden: So z. B. die achtwöchige Volksmission im Jahre 1929 mit Pastor Johannes Holzel in acht sächsischen Städten und Dörfern.

Die Hauptaufgabe dieser Jahre aber muß wohl in der Erweckung und geistlichen Erneuerung des Pfarrerstandes gesehen werden. Ihr dienten die überaus segensreichen elf Pfarrerrüstzeiten, die ebenfalls von der Gemeinschaftsbewegung angeregt und ins Leben gerufen wurden. Es waren dies in chronologischer Reihe die Folgenden:

1. 1923, 19. – 29. August: mit P. Ernst Lohmann und Lic. Ludwig Thimme;
2. 1924, 18. – 27. Juli: mit Sup. Theodor Linnemann und P. Georg Hülsebus;
3. 1925, 21. – 29. Juli: mit P. Ernst Lohmann und Missionsinsp. Erich Schnepel;
4. 1926, 24. August – 2. September: mit Th. Linnemann und Erich Schnepel;
5. 1928, 18. – 27. Juli: (in Hermannstadt) mit Th. Linnemann und P. Friedrich de le Roi;
6. 1929, 3. – 7. Juni: (in Bistritz) mit D. Gerhard Füllkrug, P. Johannes Holzel und P. Walter Birnbaum;
7. 1931, 1. – 8. Oktober: mit P. Karl Immer und Erich Schnepel;
8. 1932, 28. Juli – 3. August: mit Karl Immer und P. Hans Brandenburg;
9. 1934, 9. – 16. August: mit Hans Brandenburg und P. Hans Dannenbaum;
10. 1937, 18. – 25. August: mit Hans Brandenburg und P. Kurt Räder;
11. 1939, 18. – 28. Juli: mit Prof. Karl Heim und Erich Schnepel;

Mit viel Liebe, Hingebung und Opferfreudigkeit haben die Menschen der Gemeinschaft mit ihrem Leiter diese Rüstzeiten, die ja, bis auf zwei, alle in Kronstadt gehalten wurden, vorbereitet und praktisch möglich gemacht. Kollekten wurden eingesammelt, Quartiere besorgt, eine Gemeinschaftsküche für die Zeit der Tagung eingerichtet und Lebensmittel gespendet, Einladungen ausgetragen – und überall fanden sich dafür bereitwilligst freiwillige Helfer. Natürlich waren sie und die ganze Gemeinde bei einem großen Teil der geistlichen Veranstaltungen beteiligt und anwesend und trugen sie auf betendem Herzen. Durch diese rege und innige Anteilnahme und Verbundenheit der Gemeinde mit den übrigen Teilnehmern, entstand eine ganz einzigartige Atmosphäre, die, neben der erwecklichen Ausrichtung der Verkündigung das besondere Kennzeichen dieser Tagungen war und sie von anderen Konferenzen, Pfarrertagen und dergleichen unterschied. Wenn auch die Beteiligung der Pfarrer unserer Landeskirche an diesen Rüstzeiten nicht so groß war, wie es wohl wünschenswert gewesen wäre, – sie bewegte sich nach einer Angabe Schergs aus dem Jahre 1926 zwischen 20 und 35 Teilnehmern – und gerade die Akademiker unter ihnen nicht zahlreich waren, so erschienen dennoch mehr, als man anfangs zu hoffen gewagt hatte. Diejenigen aber, die dabei waren, erfuhren darum eine umso innigere und herzlichere Verbundenheit in Christo und bezeugten mit viel Freude und Dankbarkeit den Segen, den sie dabei empfingen und mitnehmen durften. Gar mancher von ihnen hat hier eine entscheidende Wende für sein ganzes weiteres Leben erfahren: die Wende zu Christus! Im Oktoberheft der „Kirchlichen Blätter" aus dem Jahre 1939 legt ein junger Pfarrer unter dem Titel „Obervorstädter Kirche" ein aufrichtiges Bekenntnis darüber ab.[34] Ganz ähnlich ein anderer siebenbürgisch-sächsischer Pfarrer in „Lichter der Heimat" im zweiten Januarheft des Jahres 1938, wo er rückblickend auf die erste Rüstzeit aus dem Jahr 1923, die für ihn diese Wende brachte, dankbar davon zeugt: „Lobe den Herrn meine Seele!"[35] Auch Pfarrer Karl R. Ungar, der spätere landeskirchliche Evangelist, damals noch Pfarrer in Kreisch, erfuhr seine Bekehrung auf der zweiten Pfarrerrüstzeit in Kronstadt.

Und dann waren ja schließlich die vielen anderen Teilnehmer, zwar nicht nur Menschen aus der Gemeinschaft und der Gemeinde, sondern auch eine Anzahl von Lehrern, die hier Erbauung und innere Aufrichtung und Ausrichtung empfingen. Dazu war das tägliche Programm jener Freizeiten immer reichhaltig und vielfältig genug. Man begann mit gemeinsamer Morgenandacht, dann folgten Vorträge über biblische Themen, abends war Evangelisation, bei welcher die Gemeinde am stärksten vertreten war. Darüber hinaus gab es immer wieder Predigtgottesdienste auch außer den sonntäglichen, vertiefende Gebetsstunden, Diskussionsabende und Gelegenheiten zu persönlicher, seelsorgerlicher Aussprache; schließlich, und nicht zuletzt, die gemeinsamen Abendmahlsfeiern.

In steigendem Maße erkannte nun auch die Öffentlichkeit sowohl kirchlicherseits als auch sonst die Bedeutung dessen, was hier geschah und wußte es mehr und mehr zu würdigen oder wenigstens zu achten. Bischof D. Dr. Friedrich Teutsch verfolgte den ganzen Werdegang der Bewegung mit größter Aufmerksamkeit und mit wachsendem Wohlwollen. Bereits im Jahre 1910 würdigte er, gelegentlich der im Jahre 1910 im Burzenlande abgehaltenen Generalvisitation anerkennend in längerer Zwiesprache Schergs Arbeit und ermunterte ihn, darin fortzufahren. Die Pfarrer aber wies er an, von der Gemeinschaft zu lernen. Ebenso kann seine Stellungnahme auf der Generalsynode 1911 durchaus als unvoreingenommen, sachlich und offen, und zugleich als zuversichtlich-abwartend bezeichnet werden. Das anerkennende Lob, das er 1930 auf der 33. Landeskirchenversammlung in Bezug auf die Evangelisation ausgesprochen hatte, äußerte er bei derselben Gelegenheit, bereits 4 Jahre früher auf der 32. Versammlung, auch über die Rüstzeiten. Es veranlaßt ihn zu der Hoffnung, daß es von hier aus „gelingen wird, das Glaubensleben unserer Kirche zu vertiefen und zu einem recht evangelischen zu machen".[36]

---

[34] Ein junger Pfarrer: Obervorstädter Kirche. In: Kirchliche Blätter 31 (1939), S. 528.

[35] „Lobe den Herrn meine Seele!" Bekenntnisse eines siebenbürgisch-sächsischen Pfarrers. In: Lichter der Heimat 19 (1938), H. 2, S. 11-12.

[36] R e i c h a r t, Ein Mann des Glaubens (wie Anm. 9), S. 24.

Wenn auch erst spät, so vollzog sich schließlich doch auch in Kronstadt der Wandel des Urteils über Scherg und die Gemeinschaft und sogar diejenigen, die seinen Standpunkt nicht teilten, zollten seiner christlich durchläuterten Persönlichkeit ehrerbietige Achtung und anerkannten die fruchtbare Tätigkeit der Gemeinschaft. Von nun an erfuhr auch seine Arbeit überall bereitwilligstes Entgegenkommen und hilfreiche Unterstützung.

Nach erfolgreichem Abschluß der fünften Rüstzeit für Pfarrer 1928 in Hermannstadt hatte Scherg im Anschluß an die Evangelisationen für die Gemeinde zur Bildung eines Bibelstundenkreises aufgefordert, der dann auch tatsächlich ins Leben gerufen worden war. Die evangelisatorische Arbeit wurde durch Ungar weitergeführt und mit guter Wirkung vertieft. In seinem Bericht: „Unsere Gemeinde im Jahrzehnt 1928-37"[37] dankt ihm auch das Hermannstädter Presbyterium für die „wertvolle Hilfe, die Pfarrer Scherg bei den Maßnahmen zum Aufbau der Kirchengemeinde geleistet hat."

Das dreißigjährige Amtsjubiläum Pfarrer Schergs im Jahre 1932, sein 70. Geburtstag im Jahre 1933 und sein Scheiden aus dem Amte im Jahre 1935 gestalteten sich ebenfalls zu einem großen, einmütigen Erweis der Verehrung, der Liebe und der Dankbarkeit ihm und seiner Lebensarbeit gegenüber. Aus den vielen Ansprachen, Zeitungsartikeln und persönlichen Bekenntnissen, die anläßlich dieser Feiern gesprochen und geschrieben wurden, klingt noch mehr als nur die Sympathie und herzliche Liebe zu dem Manne und Seelsorger, der mit vollem Recht „Vater Scherg" genannt wurde, weil er wirklich ganz und vorbehaltlos und mit einer einzigartigen, wahrhaft väterlichen Liebe, Hingabe und Treue seinem Herrn und Heiland, seiner Gemeinde und seiner Kirche gedient hatte. Es ist ein dankbares Zeugnis von dem Wunder der göttlichen Gnade, die hier gewaltet und gewirkt hatte und deren Früchte wachsen und reifen durften. Daß er, der Gefeierte, dessen bescheidenem Wesen der Überschwang solcher Feierlichkeiten ungewohnt und fremd war, weil er ja niemals seine eigene Ehre, sondern allein die Ehre Gottes gesucht hatte, gerade über dieses Zeugnis am allerglücklichsten war, ist wohl nur zu verständlich. War es doch nun auch die äußerlich-sichtbare Bestätigung dafür, daß seine „Arbeit in dem Herrn nicht vergeblich gewesen war" (l. Kor. 15,58) und damit der schönste, herrlichste Lohn dieser Arbeit. Sogar der kompromißlose Radikalismus in seinem Vorgehen und seiner Verkündigung als Buß- und Erweckungsprediger, der ihm anfänglich so viel Gegnerschaft und Abneigung, Schwierigkeiten und Leid bereitet hatte, wurde nun als heilsam und für die damalige Lage als geradezu unerläßlich und notwendig erkannt. War es doch allein die heilige Liebe, der er sich verpflichtet wußte, die ihn dazu drängte und die dann schließlich auch durch ihn gesiegt hat.[38] Aber gerade diese Liebe wurde dann immer mehr

---

[37] [„Unsere Gemeinde im Jahrzehnt 1928-1937. Bericht, hrsg. vom evang. Presbyterium A. B." Hermannstadt 1938, 48 S.]

[38] Vgl. Hr.: Pfarrer Georg Scherg. Ein Gedenk- und Dankeswort zu seinem Ausscheiden aus dem Pfarramte. In: Kirchliche Blätter 27 (1935), S. 503-504.

wahrgenommen und rechtfertigte seinen Radikalismus, der nun, wo einmal
das Feuer brannte, auch nicht mehr in dem Maße nötig war, wie am Anfang,
dem alternden und abgeklärten Manne aber auch nicht mehr so innewohnte.

Und so ist das Urteil geblieben. So sah und sieht man bis auf den heutigen
Tag ihn und die Gemeinschaftsbewegung. Als sie am 1. Adventsonntag des
Jahres 1943 Vater Scherg zu Grabe trugen, da war der schmerzliche Abschied,
den eine große Gemeinde von ihm nahm, noch einmal ein einmütiges, danker-
fülltes Bekenntnis zu diesem Manne und dem Werk, dem er ein Leben lang so
treu und unermüdlich gedient hatte. Die Worte aber, die seiner Todesanzeige
hinzugefügt waren, geben in schlichtester Weise der Überzeugung Ausdruck,
die wir alle im Hinblick auf dieses Werk teilen wollen und teilen müssen:

„Gott begräbt seine Arbeiter, aber sein Werk geht weiter."

V. Schlußbesinnung

Ja, Gottes Werk geht weiter, auch in unseren Tagen. Nicht zuletzt in dem Segen,
der von der Gemeinschaftsbewegung ausging und der auch heute noch unter
uns spürbar ist. Wohl hat in den Stürmen der Zeit, die mit dem zweiten Weltkrieg
ausgelöst wurden, die äußere Gestalt dieser Bewegung zu bestehen aufgehört.
Aber das, wofür sie da sein wollte und da war, von Gott geschenkt nämlich,
in der Kirche für die Kirche und für Christus zu wirken, hat Fortdauer bis in
unsere Tage. Wo unter uns auch heute bewußte christliche Lebensführung und
-haltung, wo Kirchentreue zu finden ist, da geht sie in vielen Fällen auf jene Zeit
der Erweckung und Aussaat des Gottesreiches zurück.

Gewiß hat Gott auch noch andere Mittel und Wege, seine Kinder zu sam-
meln, seine Gemeinde zu bauen und bei Christo im rechten, einigen Glauben
zu erhalten. Und wir dürfen es ihm getrost zutrauen, daß er es auch in Zukunft
tun wird, vielleicht auf eine ganz andere und neue Weise. Aber in jener Zeit
hat es ihm eben gefallen, es auf diese Art und durch diese Bewegung zu tun,
und wir wollen ihm dafür dankbar sein. Man mag den pietistischen Frömmigkeitstypus, wie er uns auch hier entgegentritt, in seinen verschiedensten
Ausprägungen kritisieren; man mag auf seine Einseitigkeiten, Fehler und
Schwächen hinweisen, die ja übrigens jede Frömmigkeitsrichtung hat. Also
etwa den ihm eigenen religiösen Subjektivismus, eine gewisse Sentimentalität,
oder die Gefahr der Absonderung und der selbstgerechten Überheblichkeit
gegenüber den anderen, in die er oft genug gerät. Aber man wird mehr als das
sein großes, ernstes Anliegen achten müssen, das ihn auf den Plan rief, weil es
anderweitig vergessen oder doch viel zu wenig beachtet worden war: daß es
ein christliches Glaubensleben ohne ein persönliches Verhältnis zu Christus
und ohne eine persönliche Entscheidung für ihn nicht gibt. Gewiß ist dieses
Verhältnis und diese Entscheidung wohl auch in anderen Formen frommen
Lebensvollzuges vorstellbar und möglich. Wie es hier gerade zu diesen Formen
gekommen ist, wird man besser verstehen, wenn man ihn im Zusammenhang

mit dem geschichtlichen Hintergrund zu sehen sucht, auf dem er entstand und von dem er sich abhob: erstarrte Orthodoxie und Aufklärung.

Mag die pietistische Frömmigkeit den Menschen unserer Zeit fremder und unverständlicher geworden sein, wir müssen sie neu verstehen lernen in dem, was für alle Zeiten gültig bleibt. Und wir müssen es, wenn ihre Sprache nicht mehr die unsere sein kann, ebenfalls neu, mit neuen Zungen verkünden lernen: das ist ihre Forderung und die Wege, die sie zu ihrer Verwirklichung gegangen ist. Nämlich: lebendiger Umgang mit der Bibel und innige brüderliche Verbundenheit in einzelnen, sichtbaren Gemeinschaften als die Grundzellen und Sammelpunkte praktischen christlichen Lebens mit weitgehendster Beachtung des allgemeinen Priestertums aller Gläubigen.

Das ist das Erbe dieser Glaubensbewegung an uns und so immer auch echt reformatorisches Erbe.

DIE EVANGELISCHE ABTEILUNG
DES THEOLOGISCHEN INSTITUTES
IN DEN JAHREN 1948-1952

Von Georg Wilhelm Seraphin

Mit der Errichtung der Evangelischen Abteilung (Ev. Abteilung) beginnt in der Pfarrerausbildung unserer Kirche ein ganz neuer Abschnitt.

Über die Gründung, die Rechtsgrundlagen und äußere Entwicklung des Theologischen Institutes und seiner Abteilungen in den Jahren 1949-1951 gibt das „Jahrbuch des Protestantischen Theologischen Institutes mit Universitätsgrad Klausenburg 1951", erschienen in Eigenverlag, genügend Aufschluß. Hier soll der innere Werdegang des deutschen Zweiges der Ev. Abteilung in seiner Bedeutung für unsere Kirche gezeigt werden.

I. Die Pfarrerausbildung unserer Landeskirche, 1861-1948

Unsere Kirchenverfassung vom 1. Juli 1861 sprach den Grundsatz aus, daß niemand zu einem geistlichen Amte gelangen kann, der nicht vorher ein Schulamt bekleidet hat. Damit wurde eine auf das Reformationszeitalter zurückgehende Tradition gesetzlich festgelegt.

Aus dem Volksschullehrerstand kamen die nichtakademischen Geistlichen. Die Mittelschullehrer stellten die akademischen Geistlichen. Um die Jahrhundertwende erfaßt der rationalistische, den Wert einer rein wissenschaftlichen Fachbildung überschätzende Zeitgeist die Mittelschullehrer, so daß immer weniger von ihnen in das Pfarramt traten. Es entstand ein empfindlicher Mangel an akademischen Geistlichen; daher mußte 1897 eine Neuregelung der Pfarrerausbildung erfolgen, die bis 1948 in Geltung war. Darnach gab es:

a) akademische Geistliche mit vierjährigem, meist ausländischem Hochschulstudium – theol. et phil. – die auch das Mittelschullehrerdiplom erworben hatten.

b) akademische Geistliche mit vierjährigem theologischem Hochschulstudium im Ausland – „Gruppisten".

c) Nichtakademische Geistliche, die nach Absolvierung des theol. pädagogischen Landeskirchenseminars in Hermannstadt erst Volksschullehrer, dann Hilfsgeistlicher (Prediger), Pfarrlehrer und Pfarrer in kleineren Gemeinden wurden. Alle Geistlichen legten ihre Prüfungen vor einem landeskirchlichen theologischen Prüfungsausschuß ab.

II. Pfarrer und Gemeinden im Spiegel der Zahlen

Im Jahre 1948 hatten wir 113 akademische und 74 nichtakademische Geistliche (darunter etwa 30 aus dem Mittelschullehrerstand hervorgegangen).

Neuanstellungen von Pfarrern:

	1920-1930	1930-1940	1940-1948
akademische	26	35	9
nichtakadem.	24	8	3
zusammen	50	43	12

Das heißt, seit 1935 wurde der Pfarrerberuf mitbedingt durch die neuheidnische Glaubensbewegung dieser Zeit immer seltenerer gewählt.

Pfarrstellen:

	1920	1929	1941	1948
besetzt	269	282	199	176
erledigt	8	9	13	81
zusammen	277	291	212	257

Seelenzahl:

1939	1950
247.951	186.705

Rechnet man etwa 30 Pfarrstellen ab, da für sie die Vorbedingungen für eine selbständige Pfarrei nicht gegeben sind, so bleiben im Jahre 1948 rund 50 selbständige Gemeinden, die keinen Pfarrer haben.

Altersaufbau der Geistlichen 1948

Alter	über 70	60-70	50-60	40-50	30-40	20-30	zus.
akad.	2	21	32	36	22	1	114
nichtakad.	2	10	25	26	10	1	74
zus.	4	31	57	62	32	2	188

Etwa 50 % unserer Geistlichen war 1948 über 50 Jahre alt, etwa 20 % gar über 60 Jahre alt, das heißt, unser Pfarrerstand ist besorgniserregend überaltert.

Ausscheiden aus dem Pfarramte 1945-1953:

Pensionierung	6
Todesfälle	33
Amtsniederlegung	17
zusammen	56

Es vermehrt sich also die Zahl der unbesetzten Pfarrstellen durchschnittlich jährlich um 5 Stellen, und wird sich in den folgenden 10 Jahren um mindestens 50 Stellen erhöhen, wenn nicht für genügenden Nachwuchs gesorgt wird.

Eine Heranbildung von Geistlichen, wie sie bisher erfolgte, war durch das politische Geschehen des Jahres 1944 nicht mehr möglich. Ausländische Hochschulen konnten nicht besucht werden, inländische mit einer ev. theol. Fakultät gab es nicht. Das theol. pädag. Landeskirchenseminar in Hermannstadt war mit 1. September 1948 als Staatsschule erklärt worden, damit entfiel auch die Möglichkeit nichtakademische Geistliche auszubilden. Und doch mußte für geistlichen Nachwuchs gesorgt werden, sollte nicht die Landeskirche durch den Mangel an Geistlichen zusammenbrechen.

Es ist das geschichtliche Verdienst des Bischofs D. Friedrich Müller dies nicht nur erkannt, sondern auch mit größtem persönlichen Einsatz, zäher Beharrlichkeit, beispielloser Arbeitskraft und kluger Auswertung der gegebenen Möglichkeiten diese Neuausbildung in die Wege geleitet und gesichert zu haben.

III. Die vorbereitenden Schritte

Die Verfassung der Rumänischen Volksrepublik und das Dekretgesetz Nr. 177 von 1948, betr. die Allgemeinen Rechtsverhältnisse der religiösen Kulte, gaben den Kirchen das Recht, Schulen zur Heranbildung ihrer Geistlichen, Kantoren und Organisten zu errichten. Das Landeskonsistorium setzte auf Antrag Bischof Müllers am 1. März 1948 zum Studium dieser Frage einen Ausschuß ein, der unter dem Vorsitz und ausschlaggebenden Einfluß des Bischofs vom 1.-3. September in Hermannstadt tagte. Seine Mitglieder waren: Bischofsvikar Dr. Wilhelm Wagner, Stadtpfarrer Dr. Konrad Möckel, Seminardirektor Dr. H. Brandsch, Schulrat G. Rösler, Pfarrer Fritz Schön, Pfarrer Dr. G. Wilhelm Seraphin. Die Mitglieder hatten Entwürfe für die verschiedenen vom Gesetze vorgesehenen Schularten ausgearbeitet. Der Ausschuß sprach sich für die Errichtung einer Organisten-Kantorenschule (sie wurde später vom Ministerium genehmigt, hat aber ihre Tätigkeit bis noch nicht begonnen)[1] und eines Theologischen Institutes mit Universitätsgrad aus. Die Entscheidung über letzteres konnte nur auf der Bischofskonferenz der protestantischen Kirchen des Landes fallen, zu der Bischof Müller als der Alleinbevollmächtigte unserer Kirche entsendet wurde.

IV. Die Bischofskonferenz in Klausenburg 4.-6. September 1948

Gleichfalls in einer Zeit revolutionärer Neuordnung hatten sich genau 100 Jahre früher – 1. September 1848 – die protestantischen Kirchen Siebenbürgens das erste Mal in ihrer Geschichte zu gemeinsamer Beratung in Budapest eingefunden.

---

[1] Die Kantorenschule wurde zunächst in Almen, später in Baaßen eingerichtet. Während sie in den 1950er und 1960er Jahren blühte, verminderte sich vor allem die Zahl der Schülerinnen in den 1970er Jahren; die Schule wurde 1981 nach Hermannstadt verlegt und stand unter der Leitung von Pfarrer Chrestels.

Damals blieb sie ohne praktische Ergebnisse; zu groß waren die konfessionellen und vor allem nationalen Gegensätze. Werden sie bei dieser zweiten Begegnung überbrückt werden können?

Es waren in Klausenburg bei der Beratung über das neu zu gründende Institut folgende Kirchen vertreten:

1. Die Reformierte Kirche. Sie umfaßte rund 800.000 Gläubige, sie hatte für ihre Pfarrerausbildung schon 1622 in Weißenburg eine Theol. Fakultät gegründet, die 1895 nach Klausenburg verlegt wurde. Sie besaß eine reiche Fachbibliothek, ein großes Gebäude mit genügenden Unterrichts- und Internatsräumen und einen geschulten Dozentenkörper.

2. Die Unitarische Kirche. Ihr gehörten rund 70.000 Gläubige an. Seit 1568 bestand in Klausenburg für ihre Pfarrausbildung ein theologisches Kollegium, das 1915 in eine Akademie umgebildet wurde. Sie besaß entsprechende Unterrichts- und Internatsräume, einen ausgebildeten Dozentenkörper und eine große Fachbibliothek.

3. Die Synodal-presbyteriale evangelische Kirche. A. B. mit rund 30.000 Gläubigen. Ihre Geistlichen hatte sie bisher an der reformierten Fakultät ausgebildet.

Alle drei Kirchen hatten die ungarische Verkündigungssprache, und besaßen eine wertvolle Tradition in der inländischen Ausbildung ihrer Pfarrer. Ihre Wirtschaftskraft war durch die Agrarreform nach 1944 nicht entscheidend geschwächt worden.

4. Die Evangelische Kirche A. B. mit rund 186.000 Gläubigen, deren Wirtschaftskraft durch die Agrarreform 1945 fast vernichtet worden war, mit deutscher Verkündigungssprache, ohne Erfahrung in der Ausbildung von Geistlichen im Inlande, ohne für diese Arbeit geschulte Dozenten, ohne Bibliothek, ohne Unterrichts- und Internatsräumlichkeiten. All das gab ein gewaltiges Übergewicht der reformierten, unitarischen und synodal-presbyterialen Kirche sowie der ungarischen Sprache, das nur durch geistig-sittliche Kräfte ausgeglichen werden konnte. Und diese wurden unserem Bischof in diesen Tagen geschenkt.

Vorsitzer war der reformierte Bischof J. Vásárhelyi. Teilnehmer waren der unitarische Bischof Elek Kiss, der Bischof der evang. Kirche D. Fr. Müller; als Vertreter der synodal-presbyterialen Kirche Pfarrer Ernst Opfermann. Die Verhandlungssprache war deutsch und ungarisch Bischof Müller beherrschte beide. Aus seinen grundlegenden Ausführungen sei folgendes gebracht:

„Nach meinem Verständnis des Neuen Testamentes ist das Wort Jesu, daß ‚eine Herde und ein Hirt werden wird' eschatologisch zu deuten. Für die Zwischenzeit, in der das eschatologische Geschehen sich erst vorbereitete, gilt Jesu Wort von den Früchten, an denen die rechten Glaubensboten zu erkennen sind. Und es kann das Wort von den falschen Propheten entweder nicht beachtet werden, oder man kommt auf inquisitorische Abwege, wie die mittelalterliche katholische Kirche, die in ihrer christlichen Substanz eben durch das Entstehen und Bestehen der reformatorischen Kirchen sich erneuern konnte. Umgekehrt zeigt die mangelnde Kontinuität der Sekten, die entstehen und vergehen, während die Kirche in ihren echten Kirchenbildungen bleibt, daß sie am Maß der Früchte, die der Heiland haben will, versagen. Darum begrüße ich es, daß die von Herrn Kultusminister Stanciu Stoian „Neoprotestanten" genannten Sekten an diesem Institut mit Universitätscharakter nicht beteiligt sind, sondern nur die Kirchen der Reformationszeit teilnehmen, die geübt und erprobt sind im Ernstnehmen ihrer Sendung, wozu gegenseitige Duldung unter der Leitung des Geistes Christi unerläßlich ist, um ihm in der Freiheit zu dienen, die er uns schenkt solange wir ihm treu sind. In diesem Sinne bitte ich unsere Beratungen zu verstehen."[2]

Dank des wahrhaft christlich brüderlichen Geistes der Bischofskonferenz kam es schnell zu dem einstimmigen Beschluß:

Die vier protestantischen Kirchen errichten ein Theologisches Institut mit Universitätsgrad mit einer reformierten, unitarischen und evangelischen Abteilung, das zur Heranbildung ihrer Geistlichen dient. Diese verwaltungsmäßige Einheit berührt nicht die restlose kirchliche Selbständigkeit der Abteilungen, über welche die zuständigen Kirchen das uneingeschränkte Verfügungsrecht haben. Bei unbedingter Aufrechterhaltung der Verschiedenheit der Lehre und kirchlichen Selbständigkeit soll doch die gegenseitige Forderung und brüderliches Verstehen angestrebt werden.

Das von der Bischofskonferenz beschlossene Organisationsstatut des Theologischen Institutes wurde am 11. September 1948 im Kultusministerium eingereicht und mit einigen Abänderungen genehmigt. Die Arbeitslast aller dieser Verhandlungen trug für unsere Kirche Bischof Müller allein, während die anderen Kirchen ihren Bischöfen Fachberater an die Seite gestellt hatten. Weil er als einziger Bischof die rumänische, ungarische und deutsche Sprache beherrschte, wozu seine unerschöpfliche Arbeitskraft kam, wurde er von selbst zum ausschlaggebenden Faktor in diesen Verhandlungen.

Solche Bischofskonferenzen sind eine ständige Einrichtung der vier protestantischen Kirchen geblieben. In ihnen werden nicht nur die grundsätzlichen Fragen des Institutes entschieden, sondern auch sonstige gemeinsame kirchliche Angelegenheiten verhandelt. Wir sehen darin einen weiteren Schritt auf die Vollendung hin, die uns in dem Worte Jesu verheißen ist: „Ein Hirt und eine Herde."

Die feierliche Eröffnung des Institutes erfolgte am 25. Februar 1949. Nun sollte die praktische Arbeit beginnen.

V. Der Anfang

Auf Grund der Vorlage des Landeskonsistoriums Z. 2125/1949 hatte die 42. Landeskirchenversammlung am 11. Oktober 1949 die Errichtung des deutschen Zweiges der Ev. Abteilung an dem Theologischen Institut zur Kenntnis genommen. Damit war er ein integrierender Bestandteil unserer Kirche geworden.

Die Ev. Abteilung hat eine Sonderstellung im Theologischen Institut inne. Während die reformierte und unitarische Abteilung e i n e r Kirche unterstellt

---

[2] ZAEKR: 103, GZ 96/1949.

sind und e i n e Vortragssprache – die ungarische – haben, untersteht die Ev. Abteilung z w e i Kirchen, der Evangelischen Kirche A. B. und der synodal-presbyterialen Evangelischen Kirche A. B. und hat z w e i Vortragssprachen: die deutsche und die ungarische. Diese Tatsache schafft große Schwierigkeiten in der Verwaltung und Führung, mit denen die anderen Abteilungen nicht belastet sind. Sie konnten bisher überwunden werden, weil der derzeitige Bischof der synodal-presbyterialen Kirche Georg Argay den Führungsanspruch der größeren Evangelischen Kirche restlos anerkannte und die naturgemäß immer wieder auftauchenden sachlichen und persönlichen Spannungen als echter christlicher Bruder ausglich und weil von Seiten unserer Kirche das Mitbestimmungsrecht der synodal-presbyterialen Schwesterkirche voll anerkannt wurde. Trotzdem ist diese Zweiheit der Ev. Abteilung eine innere Schwäche, die nie ganz beseitigt werden kann, und sich hemmend auf ihr Leben auswirken muß.

Wir standen am Anfang vor ganz großen ä u ß e r e n S c h w i e r i g k e i t e n. Denn es war überhaupt nichts da, was zur Verwaltung und zum Unterricht gehört. Kein Kanzleiraum, kein Stuhl, kein Schreibtisch, keine Schreibmaschine, kein Archivschrank usw. Lange Zeit war das winzige Wohnzimmer des Dekans der Ev. Abteilung auch die Kanzlei und seine Aktentasche der Archivschrank. Die Schreibmaschine und der Schreibtisch wie Stuhl wurden hier und dort von Fall zu Fall ausgeborgt. Es fehlte ein Unterrichtsraum. Die von der synodal-presbyterialen Kirche dafür zur Verfügung gestellte Sakristei der evangelischen Kirchengemeinde war dunkel, kalt, klein, dazu in einem Schulhof gelegen (Kossuth L. Nr. 1) der ständig vom Lärm zweier Volksschulklassen erfüllt war. Auch wurde sie immer wieder für kirchliche Zwecke beansprucht. Einen Arbeitsraum für Studenten und Dozenten gab es nicht, desgleichen keine theologische Bibliothek. Jeder Dozent und Student war auf seine kleine Privatbücherei angewiesen. Daß wir den Leseraum und die Bibliothek der reformierten Abteilung frei benützen durften, half nicht viel, da beide schon für diese zu klein waren. Doch ohne sie wäre uns überhaupt kein Arbeiten möglich gewesen. Die Dozenten hatten bei der großen Wohnungsnot kein eignes Zimmer, geschweige denn eine Wohnung finden können. Sie wohnten im reformierten Anstaltsgebäude zu viert in einem Zimmer. Der Dekan erhielt nach einem Jahre im reformierten Institut ein Zimmerchen von etwa 12 m² mitten unter den Studenten, umtost vom geräuschvollen Internatsleben, das er bis zum Ausscheiden aus dem Dienste bewohnte. Von einem ruhigen gesammelten Arbeiten konnte da natürlich keine Rede sein. Die Hörer wohnten in Zimmern des reformierten Internates (Malinovski Platz Nr. 13), deren Rauminhalt bis aufs Äußerste ausgenützt war. Wir hätten diese Schwierigkeiten aus eigener Kraft überhaupt nicht überwinden können, wenn uns nicht immer wieder die reformierte Abteilung und die Ev. synodal-presbyteriale Kirche nach Kräften behilflich gewesen wären. Wir schulden ihnen viel, viel Dank dafür.

Größer noch waren die i n n e r e n S c h w i e r i g k e i t e n des Anfanges. Wir waren ein Theologisches Institut mit Universitätsgrad. Universität bedeutete

aber für uns, die wir von deutschen Hochschulen herkamen, akademische Lehr-
und Lernfreiheit, wissenschaftliches Arbeiten und Forschen. Dem gegenüber
fanden wir an der reformierten und unitarischen Abteilung eine traditionell
festgefügte theologische Fachschule, deren Unterrichtsform ganz die einer
höheren Mittelschule war. Ihre Hörer waren zum regelmäßigen Besuch von
wöchentlich etwa 40 Unterrichtsstunden verpflichtet, sie wurden ausgefragt,
und mußten am Ende jeden Semesters Teilprüfungen ablegen; ihre Dozenten
hatten bis 12 Wochenstunden. Daß da weder für Dozenten noch Studenten
Zeit für eigne wissenschaftliche Tätigkeit übrig blieb, war klar. Was sollte nun
unsere Evangelische Abteilung werden: eine theologische Hochschule für wissenschaftliche Forschung oder eine theologische Fachschule zur Ausbildung
von praktischen Pfarrern? Des weiteren: Was sollten wir in diesem ersten
Studienjahre unterrichten, das dazu zur Hälfte schon verstrichen war? Wir
begannen den regelmäßigen Unterricht doch erst mit dem 1. März 1949 und
das Studienjahr 1948/49 endete Ende Juni. Dazu waren nur zwei Dozenten für
das erste Jahr ernannt worden. Die konnten sich daher nicht auf ihr Fachgebiet
beschränken, sondern mußten alle vorzutragenden Fächer unterrichten. Daß
da von einem gründlichen Fachunterricht keine Rede sein konnte, hat uns
immer wieder bedrückt.

Darum trägt auch die Vortragsordnung des 1. Studienjahres 1948/49 alle
Zeichen der Unzulänglichkeit und tastenden Versuchens. Es unterrichtete
Dr. Adalbert Domby: Allgemeine Kirchengeschichte, Einleitung in das Theo-
logische Studium, Evangelische Bekenntnisschriften, Religions-Philosophie,
Kirchengeschichtliches Seminar in zusammen 10 Stunden.

Dr. G. W. Seraphin: Neutestamentliche griechische Sprache, Katechetik, Bi-
belkunde des Alten und Neuen Testamentes, Homiletisch-liturgisches Seminar
in zusammen 10 Stunden.

Hebräische Sprache unterrichtete der reformierte Professor Dr. Nagy András; Kirchenmusik und Gesang Lengyel Loránd, Lateinische Sprache Ernst
Opfermann, beide Assistenten des ungarischen Zweiges der Ev. Abteilung.

Mit anderen nichttheologischen vom Staate geforderten Fächern hatten die
Hörer 32 Wochenstunden.

Zu Dozenten des deutschen Zweiges der Ev. Abteilung waren für 1948/9
ernannt worden:

1. Dr. G. W. Seraphin. Pfarrer von Rosenau, geboren 1891 in Kronstadt, der
zugleich das Dekanat der Abteilung zu führen hatte.

2. Dr. Adalbert Domby, geboren 1920 in Karanschebesch. Er war aus Entgegenkommen für die synodal-presbyteriale Kirche am deutschen Zweige
angestellt worden. Zwar war er ein fachlich gut ausgebildeter Theologe, doch
hatte er in ungarischen Schulen seine Ausbildung genossen und dann in Leipzig Theologie studiert. So war ihm die Wesensart unseres Volkes und unserer
Kirche fremd. Daher kam er als E r z i e h e r unserer jungen Theologen weniger
in Betracht.

Die inneren und äußeren Schwierigkeiten für unsere Hörer waren auch groß. Sie hatten überhaupt keine lateinischen, griechischen und hebräischen Sprachkenntnisse, waren nicht gewöhnt an selbständige geistige Arbeit und Zucht. Dazu fehlten ihnen vielfach die einfachsten Kenntnisse der Bibel, des Katechismus, des Gesangbuches, eine Folge ihrer religionslosen Mittelschulerziehung. Daher standen sie der Fülle des theologischen Stoffes, der ihnen geboten werden mußte, so manchesmal fassungslos gegenüber. Sie mußten sich in ihrem ganzen bisherigen Denken umstellen, ihre geistige Welt ganz neu aufbauen. Das gab für sie schwere innere Krisen; einige gaben das theologische Studium auf, die Verbleibenden wuchsen zum Teile nur langsam in das selbstverständliche Bejahen christlichen Glaubenslebens und christlicher Lebensformen hinein. Die Frage des doch für einen Christen und zumal Theologen selbstverständlichen regelmäßigen Gottesdienstbesuches, der Teilnahme am Abendmahle, die Zahl, Form und Inhalt der täglichen Andachten wurde in den ersten vier Jahren immer wieder leidenschaftlich erörtert, bejaht und bestritten. Das durch das Internat bedingte enge Zusammenleben und die vielen Unterrichtsstunden bedeuteten für die Hörer, die auch mit Vorstellungen von akademischer Freiheit gekommen waren, ebenfalls eine schwere innere Belastung, es bedurfte vieler Aussprachen, bis sie alle diese Notwendigkeiten wenigstens verstandesmäßig einsahen.

Das Verhältnis zu den ungarisch reformierten Hörern, mit denen unsere Studenten gemeinsam wohnten und aßen, war dank der brüderlichen Haltung der reformierten Professoren von Anfang an gut. Spannungen blieben zwar bei dem so leicht verletzbaren ungarischen Nationalgefühl und dem jugendlich unbekümmerten Zeigen deutscher Eigenart und Fähigkeiten nicht aus. Es kam aber nie zu ernsten Auseinandersetzungen, sondern manche herzliche Freundschaft wurde geschlossen. Der Verkehr mit so ganz anders gearteten und in anderer Glaubenshaltung stehenden Menschen hat unsere Hörer innerlich bereichert und reifen lassen.

Die Leitung und Verantwortung hatte der Dekan der Ev. Abteilung Dr. G. W. Seraphin, der körperlich durch ständige Krankheiten und Operationen vielfach gehindert und geschwächt war. Gewaltige organisatorische Arbeit galt es zu leisten, um die äußeren Voraussetzungen für die Arbeit der Ev. Abteilung zu schaffen. Noch größere innere Schwierigkeiten mußten gedanklich und glaubensmäßig überwunden werden.

Doch wuchs in diesen schweren Anfangsjahren der Dekan mit seinen ersten sechs Hörern – die eine sittlich-geistige Auslese darstellten – und sich ihrer Verantwortung als Bahnbrecher einer neuen Pfarrerausbildung größtenteils bewußt waren, zu einer inneren Einheit zusammen. Wir waren wie eine große Familie, in der Leid und Freud getreulich geteilt wurden. Gemeinsam aßen und wohnten wir, gemeinsam arbeiteten und berieten wir. Gemeinsam wurden Kino, Schauspiel- und Opernhaus besucht, Ausflüge gemacht, gemeinsam das Kommen der „Fakultätsmutter" – der Frau Dekan Margarethe Seraphin –

gefeiert. Gemeinsam betreuten wir die Kranken, ob Hörer oder Dekan, halfen den Schwachen, lösten bestehende Spannungen. Des christlichen Glaubens verbindende Liebeskraft blieb immer siegreich. Der starke Rückhalt für all dieses war Bischof D. Fr. Müller. Mit sachlichen Hilfen und größtem persönlichen Einsatz stellte er sich den Dozenten und Hörern immer wieder zur Verfügung. Er wußte stets Rat gab stets Hilfe, glich bestehende Gegensätze klug aus, und stärkte die Verzagenden zu neuer Arbeit.

Die letzten Entscheidungen fielen in dem Ausschuß für Angelegenheiten des religiösen Unterrichtes, dessen Sitzungsberichte ein lebendiges Bild dieser Jahre geben.[3] Seine Mitglieder waren Bischof D. Friedrich Müller, Bischofsvikar Dr. Wilhelm Wagner, Stadtpfarrer Alfred Herrmann und als Referent für die Ev. Abteilung der Dekan Dr. G. W. Seraphin.

VI. Die Jahre 1949-1952

Es ist sachlich berechtigt diese vier ersten Studienjahre zu einer Einheit zusammenzufassen. Denn in ihnen wurden die Grundlagen für die Arbeit der Ev. Abteilung gelegt, die großen Richtlinien für die Ausbildung unserer Pfarrer gefunden. Jedes der vier Jahre für sich war ein Versuchen, ein praktisches Erproben der theoretisch durchdachten Möglichkeiten. An ihrem Ende konnte ein fester Arbeitsplan aufgestellt werden, der in Einzelheiten noch viele Abänderungen erfahren wird, deren Grundzüge aber aus dem Wesen unserer evangelisch-sächsischen Kirche erwachsen sind und daher bleiben werden, solange sich diese nicht wesenhaft ändert.

Bei allem Verzicht auf Einzelheiten, die den Rahmen dieser Arbeit weit überschreiten würden, gliedert sich mir der überreiche Stoff, wie folgt:

1. *Die äußeren Gegebenheiten*
   a) die Lebensverhältnisse
   b) der Haushaltsplan

2. *Die Organisation*

3. *Die Ausbildung und Befähigung*
   a) der Theologiestudierenden
   b) der Dozenten und Doktoranden

4. *Die Dozenten*

5. *Das geistliche Leben*

6. *Ergebnis und Rückblick.*

---

[3] ZAEKR: 102 (Bestand Landeskonsistorium, noch unverzeichnet).

1. Die äußeren Gegebenheiten

a) Die Lebensverhältnisse

Im Abschnitt „der Anfang" wurde gezeigt, welche Notlösung für das Wohnen der Studenten und Dozenten, für die Unterrichts- und Verwaltungsräume gefunden wurde.

Am Ende des vierten Studienjahres 1951/52 hatten wir zwar mehr Räume zur Verfügung, sie waren und blieben aber infolge der wachsenden Hörer- und Dozentenzahl unzulänglich. Der Dekan wohnte noch immer in seinem winzig kleinen Zimmerchen im reformierten Internate. Keiner der Dozenten – mit Ausnahme von Dr. Domby – hatte eine Wohnung für sich und seine Familie gefunden. Sie hausten wie Junggesellen in kleinen Zimmern weit von den Anstaltsgebäuden entfernt.

Für die Verwaltung, die immer umfangreicher wurde, stand nur ein kleines dunkles Zimmerchen im Pfarrhause der Evangelischen synodal-presbyterialen Kirchengemeinde zur Verfügung, in dem durch den häufigen Parteienverkehr ein ruhiges Arbeiten nur in den Abend- und Nachtstunden möglich war.

Als Unterrichtsräume hatten wir die Sakristei, die auch als Musikzimmer diente und von der Kirchengemeinde oft in Anspruch genommen wurde. Dazu kam noch ein Zimmer im evangelischen Pfarrhause, das zugleich Bibliotheksraum und Arbeitszimmer der Studenten und Dozenten war. Die anderen drei Unterrichtsräume waren im reformierten Internatsgebäude. Von denen war eines entsprechend: „das Seminar!" Eines lag im Kellergeschoß. Es wurde von den Hörern kennzeichnend „der Hades" genannt: dunkel, geräuschvoll. Eines genannt „Das Loch" bot knapp für sieben Hörer Platz. Da alle diese Räume mit Recht auch von den Hörern des ungarischen Zweiges der Ev. Abteilung beansprucht wurden, gab es ein kompliziertes Wechseln, ein Hin und Her, das viel Zeit kostete und manche Verstimmungen verursachte. Acht Jahrgänge – vier deutsche und vier ungarische – in fünf unzulänglichen Unterrichtsräumen erfolgreich zu unterrichten, kostete viel Nervenkraft, einen entsprechenden Stundenplan aufzustellen war eine fast unlösbare Aufgabe.

Die Einrichtung der Räume erfolgte allmählich durch alt gekaufte und gespendete Tische, Bänke und Stühle, an denen wir viel selbst herumgezimmert haben; ein unbrauchbares Klavier der reformierten Abteilung setzten unsere Hörer selbst vollständig in Stand; zwei Schreibmaschinen wurden angeschafft.

Die Hörer wohnten geschlossen im ersten Stock des Internatsgebäudes, der Dekan mitten unter ihnen. Die Zimmer waren durch Betten, Tische und Stühle – zum größten Teile vom Landeskonsistorium gegeben – so restlos ausgefüllt, daß die Kästen meistens nur auf dem Gange Platz fanden. Diese qualvolle Enge wirkte sich besonders im Winter, bei geschlossenen Fenstern schädlich aus. Der Gesundheitszustand der Hörer war nicht gut, viele von ihnen vertrugen das nasse, neblige, windige Klima Klausenburgs nicht. Erkältungskrankheiten waren an der Tagesordnung. Die Enge bedeutete aber auch eine schwere seelische Belastung für den einzelnen Hörer, der nirgends ein ruhiges Fleckchen in seinem Wohnzimmer fand. Dank der Anspruchslosigkeit und der Zucht unserer Hörer kam es unter ihnen zwar zu Spannungen, nie aber zu ernsten Zerwürfnissen. Der beschränkte Wohnraum drängte uns immer wieder die Frage auf: ob es nicht besser wäre, die Hörer außerhalb des Internates unterzubringen. In einzelnen Fällen mußte dazu geschritten werden. Doch grundsätzlich hielten wir an der Internatsunterbringung fest. Werden die Hörer doch dadurch zum Gemeinschaftsleben erzogen: Sie lernen sich einfügen und anpassen, zu verzichten auf eigne Bequemlichkeit zu Gunsten des anderen. Alles dies sind Eigenschaften, die sie in unseren armen Gemeinden, wo sie gemeinschaftsbildend wirken sollen, brauchen.

Das Essen erhielten die Hörer und fast alle Dozenten in dem reformierten „Konvikt". Es war den Zeitverhältnissen entsprechend gut, aber meist zu knapp. Wo da nicht von Zuhause mitgeholfen wurde, trat in einzelnen Fällen Unterernährung ein.

Zu jedem Studium gehören Fachbücher. Solche gab es aber nicht zu kaufen. Nicht einmal Bibel, Gesangbuch mit Noten, griechisches und hebräisches Testament und Konkordanz besaß jeder Hörer. So mußten die Dozenten ihre Vorträge niederschreiben. Sie wurden von den Hörern auf der Schreibmaschine in vielen Arbeitsstunden, die dem eigentlichen Studium verloren gingen, vervielfältigt und boten doch nur einen kümmerlichen Ersatz für eigene Lehrbücher.

Die Bibliothek war allmählich auf 1.400 Bände angewachsen. Ihren Grundstock bildeten die bischöfliche Zentralbücherei und die Bibliothek des Dekans Seraphin. Von Pfarrern wurde manches gespendet, anderes angekauft. Es waren aber meist ältere Werke und die wertvolleren in zu wenig Exemplaren vorhanden.

Doch wurde unter diesen primitiven Verhältnissen – wie die Prüfungen zeigten – von Dozenten und Hörern gute Arbeit geleistet.

b) Der Haushaltsplan

Die Kosten der Erhaltung der Evangelischen Abteilung gliedern sich in Sach- und Personalkosten. Sie wurden von der Evangelischen Landeskirche und der synodal-presbyterialen Kirche im Verhältnis zur Hörerzahl getragen. Das bedeutet praktisch, daß die synodal-presbyteriale Kirche etwa 1 % der Gesamtkosten gibt: 1950/51 Lei 30.000.

Der Staat bezahlt das Gehalt der Dozenten und der Verwaltungsbeamten (Sekretär und Amtsdiener) und gibt einen kleineren Beitrag zur Beheizung, sowie einige Stipendien. Diese staatliche Gesamtunterstützung betrug 1950/51 rund 1.650.000 alte Lei = 82.500 neue Lei.

Beitrag der Landeskirche 1949-1952:

	1949	1950	1951	1952
Sachkosten	133.843	188.666	242.153	8.271
Stipendien	125.210	169.100	400.645	32.066
Personalkosten	–	182.124	234.100	19.270
Zus. alte Lei	259.053	539.890	876.897	–
Zus. neue Lei	12.953	26.944	43.895	59.607
Prozentualer Anteil an den Gesamtausgaben der Landeskirche	2,76 %	3,93 %	6,40 %	8,41 %

Die S a c h k o s t e n waren: Neuanschaffungen. Mieten für Unterrichts- u. Verwaltungsräume, Beleuchtung. Beheizung, Fahrkosten usw. Die Personalkosten waren die Beträge, die den Dozenten für Ihre Überstunden ausgezahlt wurden. Sie waren zu wöchentlich sechs Vortragsstunden verpflichtet, mußten aber bei ihrer unzureichenden Zahl zwölf und mehr Unterrichtsstunden geben. Diese Mehreinnahmen sollten ihnen ermöglichen, die Kosten ihrer doppelten Haushaltung zu decken. Sie in Klausenburg, ihre Familien an ihren bisherigen Wohnorten. So waren sie nach den Beträgen, die sie erhielten zwar die weitaus bestbesoldeten Angestellten der Landeskirche. In Wirklichkeit aber standen sie infolge ihres doppelten Haushaltes auch nicht viel besser da als die anderen.

Zu den Personalkosten müssen auch die Studienbeihilfen gerechnet werden. Fast alle unsere Hörer stammten aus armen Familien, die die Kosten eines vierjährigen Hochschulstudiums nicht hätten tragen können. Die allgemeine restlose Verarmung unseres ganzen Volkes findet darin ihren Ausdruck. Und so empfingen sie auch fast alle landeskirchliche Studienbeihilfen, zum Teile auch schon vom 1. Semester an. Die Höhe der Beihilfen war so bemessen, daß davon die notwendigsten Lebenskosten gedeckt werden konnten: Wohnung, Beköstigung, Beleuchtung und Beheizung. Das Elternhaus mußte für Kleidung und die anderen Ausgaben sorgen und auch das bedeutete für viele eine fast unerschwingliche Summe. So lebte die große Mehrzahl unserer Hörer in puritanisch einfachen Verhältnissen; sparen, sich einschränken, sich vieles versagen, war oberstes Gebot und gehörte zur Selbstverständlichkeit. Das aber ist gut. Denn unsere verarmten Gemeinden brauchen ein bedürfnisloses Pfarrergeschlecht. Um so größer war die Freude, wenn der Dekan aus eignen und anderen ihm zur Verfügung stehenden Mitteln den Besuch von Theater, Konzerten und dergleichen ermöglichte oder zu gemütlichen Zusammenkünften einlud: wo Trauben oder Pflaumen, frische Kipfel den Leib, fröhlicher Gesang und muntere Wechselreden das Herz erfrischten, den Zusammenhalt festigten.

Voller Dankbarkeit gedachten wir dabei auch unseres Bischofs, der bei seiner sonstigen strengen Sparsamkeit in dem Haushalt der Landeskirche für „seine Fakultät" doch immer wieder die Mittel für alles, die Notwendigkeiten und die Freuden, zur Verfügung stellte.

2. Die Organisation

Der organisatorische Rahmen für die Tätigkeit des Theologischen Institutes war durch staatliche Gesetze und Erlässe gegeben. Näheres darüber bringt das „Jahrbuch" des Institutes.[4] Nun galt es aber innerhalb dieses Rahmens für die Evangelische Abteilung eine Sonderordnung zu schaffen. Da sie eine Einrichtung unserer Kirche ist – unseren früheren Kirchenschulen gleichzusetzen – die ja auch eine kirchliche Schulordnung hatten. Dabei standen wir vor ganz großen Schwierigkeiten: Es fehlte uns jegliche Erfahrung. Wir konnten aber selbst im Rahmen der Staatsgesetze nicht selbständig vorgehen, sondern mußten immer wieder auf die Wünsche und oft ganz anders gearteten Bedürfnisse der synodal-presbyterialen Schwesterkirche, mit der gemeinsam die Evangelische Abteilung gegründet war, Rücksicht nehmen. Außerdem mußten auch die Ordnungen der reformierten und unitarischen Abteilung beachtet werden. Das bedurfte vieler Vorarbeiten, Verhandlungen, Überlegungen. Eine Reihe von Entwürfen mußte immer wieder umgearbeitet werden, bis am Ende des vierten Studienjahres eine 42 Schreibmaschinenseiten umfassende „Vorschrift für Ausbildung und Befähigung der Geistlichen der Evang. Kirche A. B. in der Rumänischen Volksrepublik"[5] fertig gestellt und zur Erprobung vom Landeskonsistorium hinausgegeben werden konnte.

Diese organisatorische Arbeit wurde hauptsächlich vom Dekan geleistet, der in steter Fühlungnahme mit Bischof und Dozenten stand. Oft entscheidende Mithilfe gab ihm der Pfarrer von Honigberg, Fritz Schön, mit seinen hervorragenden organisatorischen Fähigkeiten und seinem einzigartigen juridischen Wissen.

Im Folgenden sei kurz der organisatorische Aufbau der Ev. Abteilung gegeben.

1. Die Evangelische Abteilung gliedert sich in einen deutsch- und einen ungarischsprachigen Zweig. Der Erstere untersteht der Verfügungsgewalt der Evangelischen Kirche A. B., der zweite derjenigen der synodal-presbyterialen Kirche. Die Zusammenarbeit der zwei Zweige wird durch den „Koordinationsausschuß" gesichert, dem die Bischöfe der beiden Kirchen und ihre Stellvertreter angehören.

Die unmittelbare Leitung hat der von allen Dozenten der Ev. Abteilung gewählte Dekan, dem der von allen Dozenten gebildete Abteilungsrat zur Seite steht.

Die Verbindung mit der reformierten und unitarischen Abteilung ist durch den Senat gegeben, in dem jede Abteilung durch Dozenten vertreten ist. An

[4] Jahrbuch des protestantischen Theologischen Institutes mit Universitätsgrad, Klausenburg 1949-1951, Eigenverlag. Hauptbeitrag darin: Die Evangelische Abteilung. Kurzer Bericht über die Studienjahre 1948/49, 1949/50, 1950/51, S. 47-53. ZAEKR-Bibliothek, Tj2.

[5] ZAEKR: 609 (Bestand noch unverzeichnet).

der Spitze des Institutes steht der Rektor, der alljährlich wechselnd durch einen der Dekane der drei Abteilungen gestellt wird.

2. Die Dozenten und Verwaltungsbeamten sind Angestellte ihrer zuständigen Kirche. Ihre Rechte und Pflichten werden durch Staatsgesetze und kirchliche Verordnungen bestimmt.

3. Die Hörer des deutschen Zweiges sind nach dem Vorbild der kirchlichen Bruderschaften zu einer Gemeinschaft mit Selbstverwaltung zusammengeschlossen, die von einem Dozenten – dem Jugendwart – beaufsichtigt und beraten wird. Ihre Mitglieder – die Brüder – sollen einander wissenschaftlich und geistlich, künstlerisch und sportlich fördern, für Ordnung und Zucht sorgen, sich nötigenfalls auch strafen, die in leiblicher und geldlicher Not befindlichen Brüder unterstützen. Kurz sie sollen mit ihren Dozenten einen Leib mit vielen Gliedern bilden, dessen Haupt Christus ist.

Die Beamten und Körperschaften dieser Gemeinschaft sind weitgehend der Rechtsordnung unserer Kirchengemeinden nachgebildet, so daß dadurch die Hörer auch praktisch dafür ausgebildet werden, einmal Führer der Kirchengemeinden zu sein und dort gemeinschaftsbildend zu wirken.

Wir leben in einer Zeit, da die früher so segensvollen Gemeinschaftsformen unserer Kirche vielfach verschwunden sind. Selbst die Familie ist nicht mehr die selbstverständliche natürliche, gottgewollte Einheit. Unsere Hörer kommen daher zum großen Teil aus Verhältnissen, in denen ein christliches Gemeinschaftsleben gänzlich unbekannt ist. Es fällt ihnen meistens im Anfang sehr schwer, sich einzufügen, zu geben und zu vergeben, freiwillig ein zuchtvolles Leben zu führen; und doch ist all dieses die unerläßliche Voraussetzung für ihr Wirken als Pfarrer. Wie unser deutscher Zweig gleichsam eine christliche Familie ist, die Dozenten und Hörer gleichermaßen umfaßt, so sollen es unsere Gemeinden mit ihrem „Herrn Vater" und der „Frau Mutter"[6] auch sein.

4. Eine besondere Gruppe unter den Hörern bildeten die im Pfarramte stehenden nichtakademischen Geistlichen, die durch Privatstudium – wenn auch als ordentliche Hörer eingeschrieben – sich die Befähigung als akademische Geistliche erwarben. Eine solche Fortbildung unseres Pfarrerstandes ist grundsätzlich zu begrüßen. Die bisherigen Erfahrungen zeigen aber, daß dieser Studiengang nur für jüngere – bis höchstens 40 Jahre – besonders begabte und arbeitsfähige Pfarrer in Betracht kommt. Denn die doppelte Belastung des Pfarramtes und des Studiums ist groß.

5. Als etwas völlig Neuartiges und fast Unbekanntes fanden wir bei der reformierten und unitarischen Abteilung und der synodal-presbyterialen Schwesterkirche, die Theologinnen, vor. Sie galten dort den männlichen Theologen als völlig gleichberechtigt sowohl hinsichtlich des Studiums, der Prüfungen, wie der Anstellung. Die durch die Staatsverfassung erfolgte Gleichberechtigung von Mann und Frau war hier auch auf dem kirchlichen Gebiete restlos

---

[6] In den Dorfgemeinden wurde der Ortspfarrer als Herr Vater und seine Gattin als Frau Mutter bezeichnet.

durchgeführt. Die Erfahrungen mit den Theologinnen wurden uns als günstig bezeichnet. Sie sind eifrig und ehrgeizig, sie üben auf die männlichen Hörer einen guten verfeinernden Einfluß aus. Sittliche Verfehlungen auf geschlechtlichem Gebiete sind bis noch nicht vorgekommen, wenn es auch an kleineren Unzukömmlichkeiten nicht fehlte. Nicht zuletzt haben die Theologen so die Möglichkeit, sich eine Lebensgefährtin zu finden, die in besonderem Maße für ihre Arbeit als Pfarrerin und Helferin ihres Mannes ausgebildet ist. Die Gemeinden lehnen die Besetzung der Pfarrstelle durch eine Theologin nicht ab, wenn sie auch einen männlichen Bewerber vorziehen. So weit die Erfahrungen der reformierten, unitarischen und synodal-presbyterialen Kirche.

Wenn es in unserer Landeskirche seit 1914 und besonders seit 1944 auch immer wieder vorkam, daß Pfarrerinnen im Notfall predigten, Bibel- und Religionsstunden hielten und Seelsorge trieben, so galt doch im Allgemeinen bei uns das Alte: *mulier taceat in ecclesia.* [7] Aus einer Rundfrage des Bischofsamtes an unsere Pfarrkonferenzen ergab sich, daß dies ganze Problem bei uns weder theologisch noch praktisch durchdacht und ausgereift ist. Deshalb wurde eine „Vorläufige Regelung" getroffen, bis die unserer Kirche noch fehlenden Erfahrungen gesammelt werden. Danach sind die Theologinnen, betreffend Studiengang und Prüfungen, den Theologen gleichgestellt. Sie erhalten die Befähigung zu Religions- und Konfirmandenunterricht, Bibelstunden und Seelsorge, können in Verwaltungs-, Nächsten- und Orgeldienst tätig sein, dürfen Kinder- und Jugendgottesdienste versehen. Die Abhaltung von Gemeindegottesdiensten, der Altardienst, Sakramentsverwaltung, Kasualien und Ordination steht ihnen nicht zu, desgleichen auch nicht das Tragen eines geistlichen Kleides. Bis 1952 hatten wir nur wenig Theologinnen. Unsere Gemeinden haben ihren Dienst gerne angenommen.

6. Unser Hörerstand 1951/1952:

Studienjahr	I	II	III	IV	Zusammen
Ordentliche	9	10	3	6	28
Außerordentliche	1	-	2	5	8
Theologinnen	1	-	-	-	1
Zusammen	11	10	5	11	37

3. Die Ausbildung und Befähigung der Theologiestudierenden.

Sie ist durch die im vorigen Kapitel erwähnte „Vorschrift" geregelt.

1. Die theoretische Ausbildung der Theologiestudierenden zu Diakonen (nichtakademischen Geistlichen) erfolgt in zwei, zu akademischen Geistlichen in vier Studienjahren. Am Ende eines jeden Semesters muß eine Teilprüfung (Kolloquium) ablegt werden. Ziel des Studiums ist: a) Soweit es in Menschenhand gegeben ist, zu einer herzenswarmen christlichen Gläubigkeit

---

[7] Übersetzung der Vulgata: 1. Kor. 14,34.

hinzuleiten; b) die notwendigen Kenntnisse zur Führung des Pfarramtes als Geistlicher zu vermitteln; c) die Grundlagen für selbständiges wissenschaftliches Arbeiten zu geben.

Aus dieser Zielsetzung ist ersichtlich, daß unsere Evangelische Abteilung eine Theologische Fachschule ist und erst in zweiter Reihe eine „Universität" im alten Sinne, die Wissenschaftler ausbildet. Diese Zielsetzung ergab sich mit zwingender Notwendigkeit aus der Notlage unserer Landeskirche, die Pfarrer braucht; aus dem gleichartigen Charakter der reformierten und unitarischen Abteilung, der gegenüber wir keine Sonderstellung einnehmen konnten; und schließlich aus dem in unserem Staate vorherrschenden Bestreben Fachschulen zu fördern. Welche Schwierigkeiten, dies Ziel zu erreichen, bestehen, wurde im Abschnitt „Der Anfang" gezeigt.

Es werden alle theologischen Disziplinen unterrichtet: Biblische Wissenschaften, systematische und praktische Theologie, Kirchengeschichte, Kirchenrecht, Liturgik und Kirchenmusik. Auf letztere wird größeres Gewicht als früher gelegt, da unsere Pfarrer bei dem Fehlen der Mithilfe der Lehrer und dem sich ständig steigernden Mangel an geschulten Organisten, das kirchlich-musikalische Leben weithin selbst leiten müssen.

Außerdem wird Lateinisch, Griechisch, Hebräisch und werden die russische und rumänische sowie moderne Sprachen unterrichtet, sowie rumänische Staats- und Rechtskunde, russische und rumänische Kirchengeschichte.

Die Kolloquien zeigen, mit welchem Erfolge die Hörer ihre Studien betreiben. Im Jahre 1950/51 war das durchschnittliche Kolloquiumsergebnis bei der reformierten Abteilung: 8.75, bei der unitarischen: 8.21 bei der evangelischen: 8.80, also zwischen gut und vorzüglich, wobei bemerkt werden muß, daß bei uns ein strengerer Maßstab angelegt wird.

Während unsere Theologiestudierenden früher ihren Studiengang weitgehend nach eignem Ermessen gestalteten, sich selbst ihre Vorlesungen auswählen konnten, wobei durch Unerfahrenheit oder Liebhaberei einzelne Disziplinen zum Nachteil einer allgemeinen Ausbildung leicht vernachlässigt wurden, ist nun ihr Studium straff gegliedert und umfaßt alle wichtigen Fächer. Das hat den großen Vorteil einer allseitigen Ausbildung, schließt aber in sich den Nachteil, daß der persönlichen Initiative, Begabung und Neigung wenig Raum gegeben wird.

Die große Zahl der wöchentlichen Vorlesungsstunden – bis 33 – erlaubt nur einzelnen besonders Begabten ein Spezialstudium. Dies ist jedenfalls ein großer Mangel. Er ist aber dadurch bedingt, daß die Hörer aus den Mittelschulen keine Ausbildung für selbständiges Studium mitbringen, und daß es keine Fachbücher zu kaufen gibt. Daher sind sie restlos auf die Vorlesungen angewiesen. Wenn sich dies einmal ändern sollte, kann daran gedacht werden, die Zahl der Vorlesungen zu vermindern und so Gelegenheit zum Selbststudium zu geben.

2. Die praktische Ausbildung der Hörer wird dadurch angestrebt, daß sie in den Ferien vom ersten Studienjahre an unter Aufsicht und Verant-

wortung des zuständigen Pfarrers zu praktischer Arbeit in den Gemeinden verpflichtet sind. Sie haben dort in Haupt-, Jugend- und Kindergottesdiensten zu predigen, Bibel-, Konfirmanden- und Religionsstunden zu halten, die Pfarramtskanzlei zu führen, und Seelsorge zu treiben. Doch sind sie vor ihrer Ordination nicht berechtigt, das geistliche Amtskleid zu tragen, Altardienst und Kasualien zu verrichten.

Damit wird eine große Lücke des gegenwärtigen Studiums ausgefüllt. Wir haben in Klausenburg eine so kleine evangelische deutsche Gemeinde, mit so wenig Kindern (1-2), dazu über das ganze Stadtgebiet verstreut lebend, daß dort keine Gelegenheit zu solch praktischer Betätigung ist.

Noch wichtiger aber ist, daß durch solch praktischen Dienst die Gemeinden ihre heranwachsenden Pfarrer kennen lernen und so mit der Evangelischen Abteilung nicht nur äußerlich durch ihre Beitragsleistungen, sondern auch persönlich, innerlich verbunden werden.

Die Hörer selbst aber erfahren dabei die Wichtigkeit und Notwendigkeit des ihnen theoretisch vermittelten Wissens für die Praxis, sie werden unmittelbar mit lebendigen Gemeinden in Berührung gebracht und erleben schon in der Studienzeit die schöne Schwere des Pfarrerberufes.

3. Die G r u n d p r ü f u n g wird nach zwei Studienjahren abgelegt. Ihr Bestehen verleiht das Recht als nichtakademischer Geistlicher tätig zu sein, sobald nach Beendigung der praktischen Übungszeit auch die Diakonenprüfung (Pfarramtsprüfung für nichtakademische Geistliche) bestanden wurde.

Akademische Geistliche legen nach vier Studienjahren die Fachprüfung und nach ihrer praktischen Übungszeit die Pfarramtsprüfung ab.

Der Prüfungsausschuß ist gebildet aus dem Bischof als Vorsitzer, einem Pfarrer der Landeskirche und den Dozenten des deutschen Zweiges. Da die Dozenten das theologische Studium als Lebensberuf haben, beherrschen sie naturgemäß den Prüfungsstoff viel besser als die früheren Mitglieder des Prüfungsausschusses, die als praktische Pfarrer weniger Zeit und Möglichkeit zu solchen Studien hatten. Dadurch erfolgt jetzt das Prüfen eingehender und fachgemäßer. Nach dem Urteile D. Friedrich Müllers, der viele Jahrzehnte Prüfer war, ist in der Vergangenheit die gegenwärtige Höhe der Prüfungsergebnisse nicht erreicht worden.

4. Das Theologische Institut hat das Recht, die theologische Doktorwürde nach vorangegangenen Studien und Prüfungen zu verleihen. Die erste solche Doktorprüfung fand im Dezember 1949 statt, die Promotion am 16. Februar 1950. An dem deutschen Zweig bestanden sie die Pfarrer Hermann Binder, Stadtprediger in Schäßburg, Hermann Rehner, Pfarramtsverweser in Leschkirch. Es ist das erste Mal in der Geschichte unserer Landekirche, daß so etwas geschah.

Für den Dozentennachwuchs ist es wichtig, daß wir diese Möglichkeit haben. Ende 1951/52 hatten wir zwei Anwärter für die Dozentenlaufbahn eingeschrieben: Gerhard Schullerus und Hans Lienert.

4. Die Dozenten

Dem deutschen Zweig sind neun Dozentenstellen vom Staate zugebilligt worden, um einen entsprechenden Fachunterricht zu ermöglichen. Von diesen waren besetzt:

Im Studienjahre 1948/49 zwei: Dr. G. W. Seraphin, Pfarrer in Rosenau. Er war 1949-1952 Dekan der Evangelischen Abteilung und 1951/52 Rektor des Theologischen Institutes.

Dr. Adalbert Domby. Er war 1949-1951 Prodekan der Evangelischen Abteilung.

Dazu wurden ernannt:

1949/50 Dr. Hermann Binder, Stadtprediger in Schäßburg.

1950/51 Dr. Hermann Rehner, Pfarramtsverweser in Leschkirch.

1951/52 Hans Scheerer, Pfarrer in Pretai.

Zwar wurde durch die vermehrte Dozentenernennung der wachsenden Hörerzahl, nicht aber der Notwendigkeit Rechnung getragen, daß jeder Dozent nur sein Fach unterrichtet. Jeder mußte bereit sein, auch in Überstunden (13-19) alle Fächer zu unterrichten. Und dennoch reichte die geringe Dozentenzahl auch so nicht aus. Zu großem Danke sind wir daher den Dozenten der reformierten Abteilung verpflichtet, die bereitwilligst unsere Hörer deutsch unterrichteten: Dr. Nagy Jozsef und Dr. Dobri J.

Besonders segensreich war die Tätigkeit des reformierten Professors Dr. András Nagy, der die alttestamentlichen Fächer vortrug und als gläubiger Christ auf unsere Hörer tiefen Eindruck machte.

Auch die Dozenten des ungarischen Zweiges der Ev. Abteilung haben mitgeholfen: Dr. Ernst Opfermann, Dr. B. Kiss und Lorand Lengyel. Unsere Dozenten haben Ihrerseits an den beiden anderen Abteilungen den Unterricht in deutscher Sprache gegeben.

Doch sind dies alles nur Notlösungen, die der Besetzung aller uns zustehenden Dozentenstellen durch Angehörige unserer Kirche weichen müssen.

Über die große seelische und wirtschaftliche Belastung unserer Dozenten, die sich aus der Trennung von ihren Familien, der doppelten Wirtschaftsführung, den primitiven Wohnungsverhältnissen, der Notwendigkeit sich in immer neue Fachgebiete einzuarbeiten, ergab, wurde schon gesprochen.

Zwar bestand unter unseren Dozenten ein brüderliches Verhältnis, aber es fehlte verständlicher Weise eine einheitliche theologische und liturgische Ausrichtung und die gleiche pädagogisch-didaktische Haltung, die erst in jahrzehntelanger Zusammenarbeit wachsen kann. Daß es da zu Spannungen kam, auch Gegensätze auftauchten, war unausbleiblich. Doch hat das Ringen der Geister nie unsere Einheit ernstlich gefährdet.

Alle Dozenten des Institutes waren in Arbeitskreisen zusammengeschlossen. Solche waren: Das „Kollektiv" für biblische Wissenschaften, für systematisch-praktische Theologie, für Kirchengeschichte und Kirchliche Musik. Die Verhandlungssprache war ungarisch und deutsch. Obwohl unsere Dozenten die ungarische Sprache nur mangelhaft beherrschten, haben sie doch manchen Nutzen aus dieser Zusammenarbeit gezogen. In einem Arbeitskreise der deutschen Dozenten suchten wir die fehlende einheitliche theologische Ausrichtung zu gewinnen.

Nicht unerwähnt darf die von staatlicher Seite gewünschte Vereinheitlichung der drei Abteilungen bleiben, die sich nicht nur auf das administrative sondern auch auf das didaktische Gebiet erstreckte. Dabei wurde auch die Selbständigkeit der kirchlichen Lehre nicht unberührt gelassen. So war es oft schwer die evangelische Eigenheit zu bewahren, ohne diese Zusammenarbeit zu gefährden. Auch hier war Bischof D. Müller der entscheidende Faktor, der aus seiner klaren evangelischen Glaubenshaltung heraus die Grenzen des Nachgebens erkannte und an ihnen unerschütterlich festhielt.

5. Das geistliche Leben

Auch die tiefgründigste Theologie ist unfruchtbar, wenn sie nicht von geistlichem Leben durchflutet wird. Sie muß getragen werden von einer christlichen Gemeinde. Daß Dozenten und Hörer zu solch einer Kerngemeinde werden mögen, war unser tägliches Gebet und zugleich die schwerste Aufgabe. Kam doch die große Mehrzahl unserer Hörer aus Verhältnissen, da weder der Begriff noch die Tatsache eines geistlichen Lebens bekannt war. Die Formen, in denen das geistliche Leben gepflegt wurde, waren: tägliche Morgen- und Abendandachten, die meist von den Hörern selbst gehalten wurden, Bibelstunden der Dozenten, Gottesdienste der kleinen evangelisch-deutschen Gemeinde in Klausenburg am Sonntagnachmittag. Dazu gehörten auch die „Stillen Tage" am Beginn jeden Semesters, die durch Publika der Dozenten und geladener Gäste über Taufe, Abendmahl, verschiedene Glaubensfragen, durch Andachten und geistliches Singen zu Stunden stiller Besinnung und Vertiefung gestaltet wurden.

Schon früher wurde erwähnt, wie schwer unsere Hörer gerade für dies geistliche Leben reif wurden und Verständnis bekamen. Es kam bei fast jedem zu manchmal sehr schweren Glaubenskrisen. In seelsorgerlichen Gesprächen vor allem des Dekanes konnten sie mit Gottes Hilfe überwunden werden. Es war eine Herzensfreude zu sehen, wie unter der Leitung des Heiligen Geistes die Krisen von Jahr zu Jahr seltener wurden, der Glaubensbesitz des Einzelnen wuchs, die Christliche Gemeinschaft sich bildete und mit ihrem Gebete und Vorbild die Schwachen trug.

6. Ergebnis und Rückblick

In diesen vier Jahren hat es sich gezeigt, daß unsere Kirche in ihrer Evangelischen Abteilung eine so wertvolle Einrichtung zur Heranbildung ihrer Geistlichen hat, daß sie nicht fallen gelassen werden darf, selbst wenn einmal die Möglichkeiten zu einem theologischen Auslandstudium gegeben sind. Denn hier empfangen die zukünftigen Pfarrer eine eigenständige kirchliche Erziehung, wie sie sonst nirgends in der Welt gegeben werden kann. Selbstverständlich werden bei Öffnung der Grenzen für unsere Geistlichen auch Jahre des Auslandstudiums unerläßlich sein, damit unsere Kirche nicht den Zusammenhang mit der ganzen evangelischen Kirche verliert. Von dort her soll sie immer neue Lebensimpulse empfangen. Aber an der Evangelischen Abteilung muß der Grund gelegt werden, hier muß wachsen der evangelisch-sächsische Pfarrer für evangelisch-sächsische Gemeinden. Rückblickend auf die vier Jahre bekennen wir: Der Herr hat ein Wunder unter uns getan. Des sind wir froh. Er hat unserer Kirche, die durch den Pfarrermangel vor dem Zusammenbruch stand, solche Möglichkeiten der Pfarrerausbildung geschenkt, wie wir sie früher nicht einmal zu denken gewagt hätten, die in dieser Zeit unmöglich schienen. Damit ist unsere Kirche von ihrem Herren zu neuem Wirken gerufen. Er hat wieder und immer wieder in seinen Weinberg junge Menschen geführt und durch den Heiligen Geist zu diesem Dienst zubereitet.

Er hat den am Anfang so schwach glimmenden Docht nicht auslöschen lassen.

IHM SEI LOB UND DANK GESAGT!

Literatur

Friedrich T e u t s c h : Geschichte der evangelischen Kirche in Siebenbürgen. 2 Bde. Hermannstadt, 1921/22.
Jahrbuch des protestantischen Theologischen Institutes mit Universitätsgrad, Klausenburg 1949-1951, Eigenverlag.

Aus dem Archiv des Landeskonsistoriums der Ev. Kirche A. B. in der RVR:
Verhandlungsbericht des Studienausschusses eingesetzt vom Landeskonsistorium zum Zwecke der Vorbereitung des Theologischen Instituts (Sitzung vom 10.3. 1948.).
Vorlage an die Landeskirchenversammlung betreff die Errichtung der Evangelischen Abteilung LKZ 2125/1949.
Referat des Bischofs D. Friedrich Müller über das Theologische Institut vom 11.6. 1950.
Protokoll der Bischofskonferenz vom 4.-7. September 1948.
Sitzungsberichte des Ausschusses für Angelegenheiten des reigiösen Unterrichtes in des Jahren 1949-1952.
Jahresbericht des Dekanates der Evangelischen Abteilung 1950/51. LKZ 1525/1951.
Weisungen für praktische Übungen der Hörer Z. 1063/1951.
Bericht des Bischofs D. Friedrich Müller über die Visitation der Evangelischen Abteilung 6.-12.2.1951.
Ordnung der Studienbeihilfen U. 1064/1951.
Bericht des Dekanates der Evangelischen Abteilung 1948/59. Z. 2111/1949.
Bestimmungen für die Ausbildung und Befähigung der Geistlichen der Evangelischen Kirche A. B. in der RVR. Z. 1421/1952.
Der Verkündigungsdienst der Theologinnen. Z. 1421/1952.
Jahresbericht des Theologischen Institutes 1950/51. Z. 1916/1951.
Bericht des Dekanates der Evangelischen Abteilung 1949/50. Z. 1543/1950.
Die privaten Aufzeichnungen des Dekans Dr. G. W. Seraphin.
Das Archiv der Evangelischen Abteilung des Theologischen Institutes.

PERSONENREGISTER

ORTSREGISTER

böhlau

HARALD ROTH
KRONSTADT IN SIEBENBÜRGEN
EINE KLEINE STADTGESCHICHTE

Kronstadt – rumänisch Braşov, ungarisch Brassó – liegt im Burzenland unmittelbar am Fuße der Karpaten und im Zentrum des jungen EU-Staates Rumänien. Die Geschichte der Region setzt mit der Berufung des Deutschen Ordens durch den ungarischen König Andreas II. im Jahre 1211 ein. Die Kreuzritter sollten das Land gegen die heidnischen Kumanen verteidigen und diese missionieren. Die Erschließung des Landes durch deutsche Siedler hinterließ Spuren, die noch acht Jahrhunderte später nachwirken. Als Hauptort dieses stets von einer gewissen Selbstständigkeit geprägten Landstrichs wurde Kronstadt zur größten Stadt Siebenbürgens. Neben dem reichen sächsischen Handelsplatz entstand ab dem ausgehenden Mittelalter auch eine auf lange Sicht hin kulturell bedeutende rumänische Gemeinde. Im 16. Jahrhundert ging von Kronstadt die lutherische Reformation Siebenbürgens aus. Das auf eine lange sächsische Dominanz im 19. Jahrhundert folgende ausgeglichene Verhältnis zwischen den drei siebenbürgischen Völkern – Sachsen, Ungarn und Rumänen – währte nur kurz. Je nach regierendem Nationalstaat dominierten hier zunächst die Ungarn, dann die Rumänen.

2010. 245 S. MIT 17 S/W-ABB. IM TEXT U. 25 FARB. ABB. AUF 16 TAF. FRANZ. BR.
135 X 210 MM.
ISBN 978-3-412-20602-4

BÖHLAU VERLAG, URSULAPLATZ I, 50668 KÖLN. T: +49(0)221 913 90-0
INFO@BOEHLAU.DE, WWW.BOEHLAU.DE | KÖLN WEIMAR WIEN

STUDIA TRANSYLVANICA
ERGÄNZUNGSBÄNDE DES
SIEBENBÜRGISCHEN ARCHIVS

Herausgegeben von Harald Roth und
Ulrich A. Wien

Eine Auswahl.

Band 34: Paul Milata
ZWISCHEN HITLER, STALIN
UND ANTONESCU
RUMÄNIENDEUTSCHE IN DER
WAFFEN-SS
2. durchges. Aufl. 2009. XII, 349 S.
6 s/w-Abb. auf 4 Tafeln. Gb.
ISBN 978-3-412-13806-6

Band 35: Cornelia Schlarb
TRADITION IM WANDEL
DIE EVANGELISCH-LUTHERISCHEN
GEMEINDEN IN BESSARABIEN
1814–1940
2007. X, 669 S. mit 2 Karten. Gb.
ISBN 978-3-412-18206-9

Band 36: Paul Niedermaier
STÄDTE, DÖRFER, BAUDENK-
MÄLER
STUDIEN ZUR SIEDLUNGS- UND
BAUGESCHICHTE SIEBENBÜRGENS
2008. XXX, 470 S. 159 s/w-Abb. Gb.
ISBN 978-3-412-20047-3

Band 37: Dirk Moldt
DEUTSCHE STADTRECHTE IM
MITTELALTERLICHEN SIEBEN-
BÜRGEN
KORPORATIONSRECHTE –
SACHSENSPIEGELRECHT – BERG-
RECHT
2009. IX, 259 S. Gb.
ISBN 978-3-412-20238-5

Band 38: Tamás Szőcs
KIRCHENLIED ZWISCHEN PEST
UND STADTBRAND
DAS KRONSTÄDTER KANTIONAL I.F.
78 AUS DEM 17. JAHRHUNDERT
2009. XII, 437 S. Mit CD-ROM-Beilage. Gb.
ISBN 978-3-412-20239-2

Band 39: Bernhard Böttcher
GEFALLEN FÜR VOLK UND
HEIMAT
KRIEGERDENKMÄLER DEUTSCHER
MINDERHEITEN IN OSTMITTEL-
EUROPA WÄHREND DER ZWISCHEN-
KRIEGSZEIT
2009. VIII, 440 S. Mit 106 s/w-Abb. Gb.
ISBN 978-3-412-20313-9

Band 40: Annemarie Weber
RUMÄNIENDEUTSCHE?
DISKURSE ZUR GRUPPENIDENTITÄT
EINER MINDERHEIT (1944–1971)
2010. VIII, 342 S. Mit 5 farb. Abb. auf 2 Taf.
Gb.
ISBN 978-3-412-20538-6

Band 41: Edda Binder-Iijima,
Heinz-Dietrich Löwe,
Gerald Volkmer (Hg.)
DIE HOHENZOLLERN
IN RUMÄNIEN 1866–1947
EINE MONARCHISCHE
HERRSCHAFTSORDNUNG
IM EUROPÄISCHEN KONTEXT
2010. VI, 196 S. Gb.
ISBN 978-3-412-20540-9

Band 42: Andreas Möckel
UMKÄMPFTE VOLKSKIRCHE
LEBEN UND WIRKEN DES EVANGE-
LISCH-SÄCHSISCHEN PFARRERS
KONRAD MÖCKEL (1892–1965)
2011. XIV, 393 S. Mit 32 s/w-Abb. auf 16 Ta-
feln. Gb.
ISBN 978-3-412-20662-8

böhlau

BÖHLAU VERLAG, URSULAPLATZ 1, 50668 KÖLN. T: +49(0)221 913 90-0
INFO@BOEHLAU.DE, WWW.BOEHLAU.DE | KÖLN WEIMAR WIEN

SCHRIFTEN ZUR LANDESKUNDE SIEBENBÜRGENS

ERGÄNZUNGSREIHE ZUM
SIEBENBÜRGISCHEN ARCHIV

Herausgegeben von Harald Roth
und Ulrich A. Wien.

Eine Auswahl.

Band 27: Richard Schuller
DER SIEBENBÜRGISCH-
SÄCHSISCHE PFARRER
EINE KULTURGESCHICHTE
NACHDRUCK DER AUSGABE
SCHÄSSBURG 1930
2003. XVIII, 396 S. Gb.
ISBN 978-3-412-10203-6

Band 28: Krista Zach (Hg.)
SIEBENBÜRGEN IN WORT
UND BILD
2004. XXII, 631 S. 250 s/w-Abb. Gb.
ISBN 978-3-412-15303-8

Band 29: Annemarie Weber,
Petra Josting, Norbert Hopster (Hg.)
RUMÄNIENDEUTSCHE KINDER-
UND JUGENDLITERATUR
1944–1989
EINE BIBLIOGRAPHIE
2004. XIV, 415 S. Mit CD-Rom. Gb.
ISBN 978-3-412-19003-3

Band 30: Karl W. Schwarz und
Ulrich A. Wien (Hg.)
DIE KIRCHENORDNUNGEN
DER EVANGELISCHEN KIRCHE
A. B. IN SIEBENBÜRGEN
(1807–1997)
2005. IX, 414 S. Gb.
ISBN 978-3-412-13405-1

Band 31: Georg Soterius
»CIBINIUM«
EINE BESCHREIBUNG HERMANN-
STADTS VOM BEGINN DES 18. JAHR-
HUNDERTS
2006. XX, 284 S. Gb.
ISBN 978-3-412-21505-7

Band 32: George Michael
Gottlieb von Herrmann
DAS ALTE KRONSTADT
Eine siebenbürgische Stadt- und
Landesgeschichte bis 1800
Hrsg. von Bernhard Heigl und
Thomas Sindilariu
2010. XXX, 417 S. 10 s/w-Abb.
Mit CD-Beilage. Gb.
ISBN 978-3-412-20439-6

Band 33: Paul Brusanowski
RUMÄNISCH-ORTHODOXE
KIRCHENORDNUNGEN
1786–2008
Siebenbürgen – Bukowina –
Rumänien
Hrsg. von Karl W. Schwarz und Ulrich A. Wien
2011. Ca. 624 S. Gb.
ISBN 978-3-412-20698-7

böhlau

BÖHLAU VERLAG, URSULAPLATZ I, 50668 KÖLN. T: +49(0)221 913 90-0
INFO@BOEHLAU.DE, WWW.BOEHLAU.DE | KÖLN WEIMAR WIEN

RB190

SIEBENBÜRGISCHES ARCHIV

ARCHIV DES VEREINS
FÜR SIEBENBÜRGISCHE
LANDESKUNDE
Herausgegeben von Harald Roth
und Ulrich A. Wien

Eine Auswahl.

Band 35: Heinz-Dietrich
Löwe, Günther H. Tontsch,
Stefan Troebst (Hg.)
MINDERHEITEN, REGIONAL-
BEWUSSTSEIN UND ZENTRA-
LISMUS IN OSTMITTELEUROPA
2000. VIII, 238 S. Br.
ISBN 978-3-412-12799-2

Band 36: Heinz Heltmann,
Hansgeorg von Killyen (Hg.)
NATURWISSENSCHAFTLICHE
FORSCHUNGEN ÜBER
SIEBENBÜRGEN VI
BEITRÄGE ZUR GEOGRAPHIE,
BOTANIK, ZOOLOGIE UND PALÄON-
TOLOGIE
2000. X, 305 S. 32 s/w-Abb. Br.
ISBN 978-3-412-03800-7

Band 37: Ulrich A. Wien,
Krista Zach (Hg.)
HUMANISMUS IN UNGARN UND
SIEBENBÜRGEN
POLITIK, RELIGION UND KUNST IM
16. JAHRHUNDERT
2004. X, 240 S. Br.
ISBN 978-3-412-10504-4

Band 38: Walter König
»SCHOLA SEMINARIUM
REI PUBLICAE«
AUFSÄTZE ZU GESCHICHTE UND
GEGENWART DES SCHULWESENS IN
SIEBENBÜRGEN UND IN RUMÄNIEN
ALS FESTGABE ZUM 80. GEBURTS-
TAG
2005. XVI, 391 S. 1 s/w-Abb. auf Taf. Br.
ISBN 978-3-412-17305-0

Band 39: Paul Philippi
LAND DES SEGENS?
FRAGEN AN DIE GESCHICHTE
SIEBENBÜRGENS UND SEINER
SACHSEN
2008. XII, 394 S. Br.
ISBN 978-3-412-20048-0

Band 40: Harald Roth (Hg.)
DIE SZEKLER IN
SIEBENBÜRGEN
VON DER PRIVILEGIERTEN
SONDERGEMEINSCHAFT ZUR
ETHNISCHEN GRUPPE
2009. VIII, 280 S. 16 s/w-Abb. Br.
ISBN 978-3-412-20240-8

Band 41: Ulrich A. Wien (Hg.)
REFORMATION, PIETISMUS,
SPIRITUALITÄT
BEITRÄGE ZUR
SIEBENBÜRGISCH-SÄCHSISCHEN
KIRCHENGESCHICHTE
2011. VIII, 316 S. Br.
ISBN 978-3-412-20697-0

böhlau

RB094

BÖHLAU VERLAG, URSULAPLATZ 1, 50668 KÖLN. T: +49(0)221 913 90-0
INFO@BOEHLAU.DE, WWW.BOEHLAU.DE | KÖLN WEIMAR WIEN